Adolf Hitler

Mijn Strijd
(Mein Kampf)

OMNIA VERITAS

Adolf Hitler

Mijn Strijd
(Mein Kampf)
1925

Gepubliceerd door
Omnia Veritas Ltd

www.omnia-veritas.com

WAARSCHUWING AAN DE LEZER 7

VOORWOORD 11

EERSTE DEEL 13

    EEN AFREKENING 13

EERSTE HOOFDSTUK IN HET OUDERLIJK HUIS 15

TWEEDE HOOFDSTUK LEER-EN LIJDENSJAREN TE WENEN 27

DERDE HOOFDSTUK ALGEMENE POLITIEKE INDRUKKEN TIJDENS MIJN VERBLIJF TE WENEN 64

VIERDE HOOFDSTUK MÜNCHEN 111

VIJFDE HOOFDSTUK DE WERELDOORLOG 135

ZESDE HOOFDSTUK PROPAGANDA TIJDENS DE OORLOG 150

ZEVENDE HOOFDSTUK DE REVOLUTIE 159

ACHTSTE HOOFDSTUK BEGIN VAN MIJN POLITIEKE LOOPBAAN 175

NEGENDE HOOFDSTUK DE „DEUTSCHE ARBEITERPARTEI" 183

TIENDE HOOFDSTUK DE OORZAKEN VAN DE INEENSTORTING 190

ELFDE HOOFDSTUK VOLK EN RAS 239

TWAALFDE HOOFDSTUK DE EERSTE GROEITIJD VAN DE NATIONAAL-SOCIALISTISCHE DUITSE ARBEIDERSPARTIJ (N.S.D.A.P.) 277

TWEEDE DEEL 309

    DE NATIONAAL-SOCIALISTISCHE BEWEGING 309

EERSTE HOOFDSTUK WERELDBESCHOUWING EN PARTIJ 311

TWEEDE HOOFDSTUK DE STAAT 322

DERDE HOOFDSTUK STAATSONDERDAAN EN STAATSBURGER 367

VIERDE HOOFDSTUK DE PERSOONLIJKHEID EN HET VOLKSSTAAT IDEE 370

VIJFDE HOOFDSTUK WERELDBESCHOUWING EN ORGANISATIE 379

ZEVENDE HOOFDSTUK DE WORSTELING MET HET RODE FRONT 402

ACHTSTE HOOFDSTUK DE STERKE STAAT HET STERKST OP EIGEN VOETEN 423

NEGENDE HOOFDSTUK PRINCIPIËLE IDEEËN OVER DE BETEKENIS EN DE ORGANISATIE DER S.A. 431

TIENDE HOOFDSTUK HET FEDERALISME ALS MASKER 460

ELFDE HOOFDSTUK PROPAGANDA EN ORGANISATIE 480

TWAALFDE HOOFDSTUK HET VRAAGSTUK DER VAKVERENIGINGEN 494

DERTIENDE HOOFDSTUK DE DUITSE BONDGENOOTSCHAPSPOLITIEK NA DE OORLOG 504

VEERTIENDE HOOFDSTUK ORIËNTERING OP HET OOSTEN, OF MACHT OVER HET OOSTEN? 533

VIJFTIENDE HOOFDSTUK HET RECHT TOT ZELFVERDEDIGING 556

NAWOORD 573

ANDERE PUBLICATIES 575

WAARSCHUWING AAN DE LEZER

Deze uitgave van Mein Kampf is een volledige herdruk van de originele uitgave van Nouvelles Éditions Latines (Parijs, 1934), met een bijgewerkte waarschuwing aan de lezer in overeenstemming met het arrest van het Hof van Beroep van Parijs van 11 juli 1979 en 30 januari 1980.

De verspreiding van dit werk kan echter een gevaar vormen omdat het raciale of xenofobe haatgevoelens kan aanwakkeren en zo de menselijke waardigheid kan aantasten.

Het aanzetten tot discriminatie, haat of geweld op grond van afkomst of het al dan niet behoren, werkelijk of vermeend, tot een bepaalde etnische groep, natie, zogenaamde ras of religie; het goedpraten van deze daden; niet-openbare laster of belediging van een persoon of een groep personen op grond van hun afkomst of hun al dan niet behoren tot een bepaalde etnische groep, natie, zogenaamd ras of religie, worden bestraft door de wet van 29 juli 1881 op de persvrijheid in de artikelen 23, 24, 32 en 33, gewijzigd bij de wet van 1 juli 1972.

Artikel 23: Met een boete van 200 tot 40.000 frank worden gestraft de uitgevers, drukkers of verkopers die door middel van toespraken tijdens openbare bijeenkomsten, affiches, posters of geschriften, pamfletten of drukwerk van welke aard dan ook, aanzetten tot discriminatie, haat of geweld op grond van afkomst of het al dan niet behoren, werkelijk of vermeend, tot een bepaalde etnische groep, natie, zogenaamde ras of religie.

Artikel 24: Met de in artikel 32 bedoelde straffen worden bestraft degenen die door toespraken tijdens openbare bijeenkomsten, door geschriften of drukwerken van welke aard dan ook, door verkochte of verspreide geschriften of drukwerken, door opgehangen affiches of posters, aanzetten tot discriminatie, haat of geweld op grond van afkomst of het al dan niet behoren, werkelijk of vermeend, tot een bepaalde etnische groep, natie, zogenaamde ras of religie, of die tot dergelijke daden hebben aangezet tegen de bekleder van een openbaar ambt vanwege zijn functie of mandaat op grond van de afkomst of het al dan niet behoren, werkelijk of vermeend, tot een bepaalde etnische groep, natie, zogenaamde ras of religie.

Artikel 32: Met een gevangenisstraf van één tot zes maanden en een boete van 200 tot 40.000 frank worden bestraft degenen die door toespraken tijdens openbare bijeenkomsten, geschriften, drukwerken of afbeeldingen oorlogsmisdaden of misdaden tegen de menselijkheid hebben verheerlijkt of de daders of medeplichtigen van dergelijke daden in het openbaar hebben geprezen.

Artikel 33: Met een boete van 200 tot 40.000 frank worden gestraft degenen die door toespraken tijdens openbare bijeenkomsten, geschriften of drukwerken van welke aard dan ook, aanzetten tot discriminatie, haat of geweld tegen een persoon of een groep personen op grond van hun afkomst of hun al dan niet behoren tot een etnische groep, een natie, een zogenaamd ras of een bepaalde religie, of tegen de bekleder van een openbaar ambt vanwege zijn functie of mandaat.

De straffen variëren van een maand tot een jaar gevangenisstraf en een boete van 200 tot 300.000 frank. Mein Kampf, geschreven door Adolf Hitler in 1924, is een historisch document dat onmisbaar is voor het begrijpen van die periode, maar het zet openlijk een racistische en xenofobe doctrine uiteen die heeft geleid tot de Tweede Wereldoorlog en misdaden tegen de menselijkheid.

In dit werk zet Hitler zijn plan uiteen voor een rassenstaat en een rijk, gebaseerd op een hiërarchie van "rassen", met de "Ariërs" (superieure Duitsers) aan de top, die voorbestemd zijn om over andere volkeren te heersen. Deze waanzinnige doctrine verdeelt de mensheid in 'superieure' (beschavende en heersende) en "inferieure" rassen ' (bijvoorbeeld de Slaven), en stelt de Joden en Semieten voor als kwaadaardige vernietigers van de beschaving. In de verklaring van de UNESCO van 1950 hebben antropologen het bestaan van mentale of morele hiërarchieën tussen etnische groepen wetenschappelijk weerlegd.

Volgens de getuigenis van SS-generaal von dem Bach-Zelewski in Neurenberg heeft het prediken van de inferioriteit van Slaven en Joden massamoord genormaliseerd, wat rechtstreeks heeft geleid tot de gaskamers van Auschwitz en Majdanek.

Tenuitvoerlegging van Hitlers doctrines:

- **Invasie van Polen** (1939): Beperking van het geboortecijfer onder Slaven (Polen, Tsjechen, Russen); volksverhuizingen om plaats te maken voor Duitse kolonisten; selectie van kinderen op basis van hun uiterlijke "germaniseerbaarheid"; vernietiging van de Slavische cultuur en elites (miljoenen mensen uitgeroeid in kampen of ter plaatse); gebruik van Slaven als slavenarbeiders.
- **West-Europa** (bijv. Elzas, verordening van Neurenberg 1942): Rassenbeleid dat voorzag in de overbrenging van "waardevolle rassen" naar Duitsland en "minderwaardige rassen" naar Frankrijk.
- **Euthanasieprogramma** (1939-1941): geheime order van Hitler na de oorlogsverklaring, gericht tegen "levens die het niet waard zijn om geleefd te worden" (geestelijk zieke of zwakke Duitsers); versnelde dood door psychiaters in 6 euthanasiecentra met koolmonoxide in vermomde doucheruimtes (meer dan 100.000 slachtoffers); misleiding van families door algemene overlijdensberichten; onderbreking van het programma als gevolg van protesten (geestelijken en publieke opinie) en verdenkingen in verband met de rook van de crematoria en de overbrengingen.
- **De zigeuners**: bestempeld als "asociaal" (circulaire van 1938: risico's voor de volksgezondheid, criminele erfelijkheid, parasieten); gedwongen sterilisatie en werkkampen; arrestatie en overbrenging naar Auschwitz in 1942 in een "familiekamp" (geringe privileges); bevel tot vergassing in 1944; in de USSR en Hongarije, gefusilleerd samen met de joden en communisten; ongeveer 200.000 slachtoffers.
- **Het antisemitisme**: Onmiddellijke maatregelen na 1933: verbod voor joden op openbare functies en onderwijs; boycots; ontneming van het burgerschap in 1935; verbod op gemengde huwelijken; vernederende en onteigenende wetten; pogroms van 1938 (synagogen en huizen in brand gestoken, duizenden gevangengezet). Dreigementen van Hitler (vóór 1939): de joodse samenzwering veroorzaakt oorlog, dus uitroeiing van de joden; citaat uit het boek: het vergassen van 12.000 tot 15.000 joden zou miljoenen Duitsers redden. In Polen 1939: isolatie, hongersnood; in de USSR 1941: SS-doodseskaders (bedrog als

"autonoom Joods gebied"); massale executies (getuigenis van Hermann Graebe in Neurenberg: slachtoffers werden uitgekleed en in kuilen doodgeschoten).

Het is essentieel om deze gruweldaden te herinneren om herhaling te voorkomen. De slachtoffers van de ergste misdaden tegen de menselijkheid, zoals de holocaust, mogen niet worden vergeten. Dit boek moet met een kritische en pedagogische blik worden gelezen, om obscurantisme en totalitaire ideeën te bestrijden.

VOORWOORD

Op de 1ste april van het jaar 1924, werd ik, ten gevolge van het vonnis dat het Münchense rechtbank dezelfde dag over mij velde, te Landsberg a/d Lech opgesloten, teneinde mijn gevangenisstraf te ondergaan. Hierdoor kreeg ik, na jaren van onafgebroken activiteit voor het eerst de tijd, om mij te wijden aan een werk, dat velen van mij hadden geëist, en dat mijzelf ook nuttig scheen voor de beweging. Daarom heb ik besloten, om in twee delen niet alleen de idealen van onze beweging uiteen te zetten, maar ook een beeld te geven van haar ontwikkeling, omdat daaruit meer te leren zal zijn, dan uit enige doctrinaire beschouwing zonder meer.

Daarbij had ik tevens de gelegenheid, een schets van mijn eigen levensloop te geven, voorzover dit dienstig kan zijn voor het beter begrijpen van het eerste en het tweede deel, en voorzover dit de vele hatelijke sagen en legenden, welke de Joodse pers om mijn persoon heeft geweven, tot hun ware proporties terug kan brengen.

Ik wend mij met dit werk niet tot de buitenstaander, maar tot die aanhangers van de beweging, die haar werkelijk met hart en ziel zijn toegedaan, en wier verstand vraagt om een diepgaander voorlichting.

Ik weet zeer goed, dat men de mensen veel eerder door het gesproken woord, dan door het geschrevene kan overhalen, en dat iedere grote beweging op aarde haar groei aan haar grote redenaars en niet aan haar grote schrijvers te danken heeft.

Maar toch is het noodzakelijk, dat de beginselen van een leer voor altijd worden vastgelegd, om te maken, dat zij overal op gelijke en uniforme wijze wordt gepredikt. Daarom is het mijn wens, dat deze beide delen als bouwstenen mogen dienen voor ons gemeenschappelijk bouwwerk.

Strafgevangenis
Landsberg a/d Lech
DE SCHRIJVER

Op de 9de november 1923, om 12 uur 30 in de namiddag, vielen voor de Feldherrnhalle, en op de binnenplaats van het voormalige ministerie van Oorlog te München, de volgende mannen, bezield met het vaste geloof in de wedergeboorte van ons volk:

ALFARTH, FELIX, koopman, geboren 5 Juli 1901
BAURIEDL, ANDREAS, hoedenmaker, geb. 4 Mei 1879
CASELLA, THEODOR, bankemployé, geb. 8 Aug. 1900
EHRLICH, WILHELM, bankemployé, geb. 19 Aug. 1894
FAUST, MARTIN, bankemployé, geb. 27 Jan. 1901
HECHENBERGER, ANT., slotenmaker, geb. 28 Sept. 1902
KÖRNER, OSKAR, koopman, geb. 4 Jan. 1875
KUHN, KARL, oberkellner, geb. 26 Jul 1897
LAFORCE, KARL, stud. ing., geb. 28 Oktober 1904
NEUBAUER, KURT, bediende, geb. 27 Maart 1899
PAPE, CLAUS VON, koopman, geb. 16 Aug. 1904
PFORDTEN, THEODOR VON DER, raadsheer bij het
    hoogste Landesgericht, geb. 14 Mei 1873
RICKMERS, JOHANN, ritmeester b.d., geb. 7 Mei 1881
SCHEUBNER-RICHTER, MAX ERWIN VON, Dr. ing., geb.
    9 Jan. 1884
STRANSKY, LORENZ, Ridder von, ingenieur, geb. 14 Maart
    1899
WOLF, WILHELM, koopman, geb. 19 Oktober 1898

Zich nationaal noemende autoriteiten weigerden aan de dode helden een gemeenschappelijk graf. Daarom draag ik het eerste deel van dit werk aan hen allen op, omdat hun bloed getuigt voor de waarachtigheid van onze idealen. Mogen zij de aanhangers van onze beweging steeds tot lichtend voorbeeld strekken.

Landsberg a/d Lech, Strafgevangenis, 16 oktober 1924
                                    ADOLF HITLER

EERSTE DEEL

EEN AFREKENING

Adolf Hitler

Eerste hoofdstuk in het ouderlijk huis

Nu beschouw ik het als een gelukkige schikking van het lot, dat het mij juist Braunau aan de Inn als geboorteplaats aanwees. Dit stadje is immers juist gelegen op de grens van die twee Duitse staten, die vooral volgens ons, jongeren, weer tot één geheel moeten worden verenigd. Duits-Oostenrijk moet weer terug naar het grote Duitse moederland, en dat niet op grond van de een of andere economische overweging. Nee, ook zelfs indien de hereniging, economisch gezien, geen baten zou afwerpen, zelfs indien zij nadelig zou zijn, moest zij toch plaatsvinden.

Eender bloed behoort thuis in één rijk. Het Duitse volk kan geen aanspraken op koloniaal politiek gebied doen gelden, zolang het niet bij machte is, zijn eigen zonen binnen één staatsverband te brengen. Pas wanneer de rijksgrens ook de laatste Duitser omsluit, en het Rijk niet meer de zekerheid heeft, allen te kunnen voeden, pas dan ontstaat uit de nood van het eigen volk het morele recht tot verwerving van vreemde grond. Dan wordt het zwaard tot ploeg en uit de tranen van de oorlog groeit voor de nakomelingen het dagelijks brood. Zo schijnt mij dit kleine grensstadje het symbool van een grote levenstaak te zijn. Maar ook nog in een ander opzicht staat het als een stenen waarschuwing in onze tijd. Het is meer dan honderd jaar geleden, dat dit onaanzienlijke nest het toneel was van een tragische gebeurtenis, waarmee het leven van de hele Duitse natie gemoeid was, en die maakte, dat het in de annalen van de Duitse geschiedenis werd vereeuwigd. In de tijd van de diepste vernedering van ons vaderland, stierf daar voor zijn land, dat hij ook toen, juist toen, met zijn hele hart liefhad, de Neurenberger Johannes Palm, particulier boekhandelaar, overtuigd nationalist en vijand van de Fransen. Hardnekkig had hij geweigerd, de mede-of liever de hoofdschuldigen te noemen. Dus evenals Leo Schlageter. Hij werd dan ook gelijk deze door een regeringsvertegenwoordiger bij de Fransen aangebracht. Een directeur van de Augsburgse politie verwierf deze treurige roem en gaf aldus het voorbeeld aan de Duitse ambtenaren van onze tijd in het rijk van de heer Severing. In dit stadje aan de Inn, dat door het offer van deze Duitse martelaar een aureool zal blijven dragen, dat Beiers is naar het bloed, maar staatkundig Oostenrijks, woonden in de tachtiger jaren van de vorige eeuw mijn ouders; mijn vader was een plichtsgetrouw rijksambtenaar, mijn moeder ging op in haar huishouden en gaf zich vooral aan ons kinderen met altijd eendere liefde en zorg.

Uit deze tijd is mij maar weinig bijgebleven, want al na verloop van enkele jaren moest mijn vader het hem lief geworden grensstadje weer verlaten, om te Passu, dat aan de monding van de Inn, dus in Duitsland zelf, gelegen is, een nieuwe standplaats te gaan innemen. Maar het lot van een Oostenrijkse douanier betekende destijds „vaak verhuizen". Al na korte tijd moest mijn vader naar Linz en werd tenslotte daar ook gepensioneerd.

„Rust" zou dit voor de oude heer evenwel niet betekenen. Vroeger, als zoon van een arme pachter had hij het thuis al niet kunnen uithouden. Als kleine jongen van nog geen dertien jaar had hij zijn rugzak gepakt en was uit het bosland, zijn geboortestreek, weggelopen. Tegen de raad van ervaren dorpsgenoten in, was hij naar Wenen getogen, om daar een ambacht te leren. Dat was in de vijftiger jaren van de vorige eeuw geweest. Een moeilijk besluit, om met drie gulden op zak de wijde wereld in te trekken, een onzekere toekomst tegemoet. Toen de dertienjarige echter zeventien jaar geworden was, had hij zijn gezellenproefstuk met goed gevolg afgelegd, maar de verwachte voldoening had het hem niet geschonken. Eerder het tegendeel. Doordat zijn nood, zijn kommer en ellende destijds zo vreselijk lang duurde, kwam hij tot het besluit, om zijn ambacht nu toch maar weer op te geven en „iets hogers" te worden. En zoals vroeger in het dorp meneer pastoor voor de arme jongen de verpersoonlijking was van het hoogste, wat een mens maar kan bereiken, zo zag hij thans, nu zijn gezichtskring door het verblijf in de grote stad zo veel wijder was geworden, de waardigheid van rijksambtenaar in dit licht.

Deze zeventienjarige, die, half nog een kind, door nood en ontbering, al „oud" was geworden, wierp zich met al zijn energie en taaiheid op deze nieuwe zelfopgelegde taak, en... werd ambtenaar. Na bijna drie en twintig jaar, naar ik meen, was het doel bereikt. Nu scheen ook de gelofte vervuld, die de arme jongen eens aan zichzelf had gedaan, om niet eerder in het geliefde geboortedorp terug te keren, voor hij iets zou zijn geworden. Nu was het doel bereikt; maar in het dorp wist niemand zich de vroegere kleine jongen meer te herinneren, en hemzelf was dit dorp vreemd geworden. Toen hij eindelijk op zesenvijftig jarige leeftijd gepensioneerd werd, zou hij toch van zijn rust als „leegloper" geen dag hebben kunnen genieten. Hij kocht nabij het Oostenrijkse gehucht Ambacht een stuk grond, bebouwde dat, en keerde aldus, in de kringloop van een lang, werkzaam leven, weer terug tot de oorsprong van zijn geslacht. In deze tijd kwamen waarschijnlijk ook in mij al de eerste idealen op. Het vele rondzwerven in de vrije natuur, de lange weg naar school, en ook de omgang met uiterst ruwe jongens, iets wat vooral mijn moeder vaak met grote zorg vervulde, maakten, dat ik allesbehalve een huismus werd. En al dacht ik destijds ook nauwelijks een ogenblik ernstig na over mijn toekomstig beroep, toch stond een ding vast: dat ik me zeer zeker niet tot de levensloop van mijn vader voelde aangetrokken. Ik geloof, dat al in die tijd mijn redenaarstalent zich ontwikkelde, wat tot uiting kwam in meer of minder heftige woordenwisselingen met mijn kameraden. Ik was een kleine belhamel geworden, die op school gemakkelijk en ook zeer goed leerde, maar overigens tamelijk moeilijk te behandelen was.

Daar ik in mijn vrije tijd zangles kreeg in het Coorheeren klooster te Lambach, had ik volop gelegenheid, de bedwelming van de buitengewone feestelijke pracht en praal van kerkelijke plechtigheden te ondergaan. Wat was natuurlijker, dan dat ik nu de heer abt beschouwde als een man, die het hoogste ideaal bereikt had, evenals indertijd mijn vader tegen de kleine dorpspastoor had opgezien. Een tijdlang tenminste was dat het geval. Aangezien mijn vader echter bij zijn vechtlustige jongen om begrijpelijke redenen de redenaarstalenten niet zodanig kon waarderen, dat hij daaruit enige hoopvolle gevolgtrekkingen kon maken voor de toekomst van zijn spruit, nam hij die jongensplannen ook niet ernstig op. Waarschijnlijk baarde dit dualisme van de natuur hem zorg. Inderdaad verdween dan ook het verlangen naar dit beroep vrij snel, om plaats te maken voor verwachtingen, die met mijn temperament beter overeenkwamen.

Bij het doorsnuffelen van mijn vaders bibliotheek had ik verscheidene boeken over militaire onderwerpen gevonden, waaronder een volksuitgave over de Frans-Duitse oorlog van 1870-71. Het waren twee ingebonden jaargangen van een geïllustreerd tijdschrift uit die jaren en die werden nu mijn lievelingslectuur. Het duurde niet lang, of deze titanenstrijd was als het ware een stuk van mijzelf geworden. Van nu af aan dweepte ik hoe langer hoe meer met alles, wat op de een of andere manier samenhing met oorlog of tenminste met het soldatenleven. Maar ook in ander opzicht zou dit van belang voor mij worden. Voor het eerst kwam de vraag bij mij op, hoewel nog in weinig heldere vorm, of, en zo ja, welk onderscheid er dan toch bestond tussen deze Duitsers, die veldslagen leverden, en de anderen. Waarom heeft Oostenrijk toch niet ook meegestreden in deze oorlog; waarom hebben mijn vader en al die anderen niet meegedaan? Zijn wij dan niet gelijk aan al die andere Duitsers? Horen wij dan niet allen bij elkaar? Dit probleem begon toen voor het eerst mijn jeugdige hersenen te pijnigen. Het vervulde mij met een gevoel van diepe afgunst, toen ik in antwoord op voorzichtig gestelde vragen ten antwoord kreeg, dat niet iedere Duitser zo gelukkig was, tot het rijk van Bismarck te behoren. Ik kon dit niet begrijpen.

Ik zou gaan studeren. Uit mijn gehele karakter, en meer nog uit mijn temperament, meende mijn vader de gevolgtrekking te kunnen maken, dat het humanistische gymnasium volkomen in tegenspraak zou zijn met mijn aanleg. De HBS leek hem mij beter te passen. In deze mening werd hij vooral nog gesterkt door mijn kennelijke aanleg voor tekenen, een vak, dat zijns inziens op de Oostenrijkse gymnasia verwaarloosd werd. Misschien echter was ook zijn eigen moeilijke levensweg daarbij wel meebeslissend, die hem de zijns inziens onpraktische humanistische studie minder deed waarderen.

Het stond echter onwrikbaar bij hem vast, dat zijn zoon natuurlijk rijksambtenaar zou, ja moest worden. Zijn harde jeugd was uiteraard oorzaak, dat hem datgene, wat hijzelf tenslotte bereikt had, nog des te groter toescheen, daar hij dit immers uitsluitend door eigen vlijt en energie had verkregen. Het was de trots van de man, die zichzelf heeft opgewerkt, die de wens bij hem wakker riep, om zijn zoon in een gelijke, zo mogelijk hogere levens positie te zien, en dit des te meer, waar hij door eigen vlijt in staat was, zijn zoon deze weg zoveel gemakkelijker te maken. De gedachte, dat ik datgene, wat voor hem zijn gehele levensinhoud vormde, zou kunnen afwijzen, kwam eenvoudig niet bij hem op. Zo was mijn vaders besluit, eenvoudig, duidelijk en helder, en in zijn eigen ogen vanzelfsprekend. Tenslotte zou hij met zijn karakter, dat in de loop van die levenslange strijd om het bestaan heerszuchtig was geworden, de gedachte ook niet hebben kunnen verdragen, dat hij in een geval als dit de eindbeslissing had moeten overlaten aan de in zijn ogen onervaren en dus niet verantwoordelijke jongen zelf. Hij zou bij zo'n optreden ongetwijfeld het gevoel hebben gehad, dat hij de teugels van zijn bewind niet strak genoeg hield, en dat hij de verantwoordelijkheid voor het leven van zijn kind niet ernstig genoeg nam; het zou trouwens ook in lijnrechte tegenspraak zijn geweest met zijn opvatting over plicht. Maar het zou anders uitvallen.

Voor de eerste maal in mijn leven werd ik toen, nauwelijks elf jaar oud, in de oppositie gedrongen. Hoe hard en vastbesloten mijn vader ook mocht zijn bij het doorzetten van eenmaal bepaalde plannen en voornemens, zijn zoon was even koppig en weerbarstig, wanneer het over dingen ging, die hem niet of maar matig aanstonden. Ik wilde geen ambtenaar worden. En geen overredende woorden, geen ernstige vermaningen zagen kans, aan deze tegenstand iets af te doen. Ik wilde beslist geen ambtenaar worden. Alle pogingen om bij mij, door verhalen uit mijn vaders eigen leven, liefde voor dit beroep op te wekken, hadden een averechtse uitwerking.

Ik werd misselijk bij de gedachte, eens als onvrij man achter een bureau te moeten zitten; niet meer heer en meester te kunnen zijn over eigen tijd, en gedwongen te zijn, de inhoud van mijn gehele leven te zoeken in het invullen van formulieren. Wat voor bekoring kon zo een toekomstbeeld ook hebben voor een jongen, die toch werkelijk alles was, behalve zoet in de gebruikelijke zin van het woord. Het grote gemak, waarmee ik leerde, liet mij zoveel vrije tijd, dat ik meer in de zon liep dan op mijn kamer zat. Wanneer in onze dagen mijn politieke tegenstanders mij de aanminnige attentie bewijzen, mijn levensloop te doorsnuffelen tot in die jaren van mijn jeugd, en men eindelijk met innige voldoening kan vaststellen, wat een schandelijke streken „die Hitler" al in zijn jeugd heeft uitgehaald, dan dank ik de hemel, dat men mij langs deze weg ook thans nog iets schenkt uit de herinneringen van deze gelukzalige tijd. Bos en weidegrond waren destijds het strijdperk, waar de onophoudelijke „verschillen van mening" werden uitgevochten. Ook de HBS, die ik nu moest bezoeken, bracht hierin weinig verandering. Wel leidde dit ertoe, dat er nu een andere kwestie moest worden uitgevochten.

Zolang tegen het plan van mijn vader, om mij ambtenaar te laten worden, alleen maar mijn afkeer van dat beroep op zichzelf stond, kwam het conflict niet tot uitbarsting. Net zolang kon ik immers ook mijn innerlijke gevoelens enigszins inhouden, en hoefde ik niet altijd dadelijk tegen te spreken. Mijn eigen vaste besluit, om later geen ambtenaar te worden, was voldoende om mij innerlijk volkomen gerust te stellen. Dit besluit stond bij mij onwrikbaar vast. Moeilijker werd de zaak, toen tegenover het plan van mijn vader een eigen plan kwam te staan. Hoe het kwam, weet ik zelf niet, maar op zekere dag was het mij duidelijk, dat ik schilder wilde worden, kunstschilder. Ik had ontegenzeggelijk talent voor tekenen, en dit was zelfs mede een reden voor mijn vader geweest om mij naar de HBS te sturen; maar nooit en te nimmer zou hij eraan gedacht hebben om mij in die richting te laten opleiden met het oog op een eventueel later beroep.

Integendeel, toen mij voor de eerste maal, nadat ik weer vaders lievelingsdenkbeeld had afgewezen, de vraag werd gesteld, wat ik nu dan eigenlijk wilde worden, en ik vrijwel zonder voorbereiding mijn besluit, – dat intussen al vast was komen te staan – eruit flapte, was vader eerst sprakeloos. „Schilder?

Kunstschilder?" Hij twijfelde aan mijn verstand, meende het misschien ook, niet goed gehoord of verstaan te hebben. Toen iedere twijfel daaromtrent uit de weg was geruimd, en hij vooral de ernst van mijn bedoeling voelde, verzette hij zich daartegen met geheel zijn wil en al zijn energie. Zijn beslissing was zeer simplistisch; er was geen sprake van, dat er ook maar enigszins onderzocht werd of ik misschien inderdaad geschikt was voor dit beroep. „Kunstschilder, nee, zolang ik leef, nooit." Daar zijn zoon nu juist, behalve verschillende andere eigenschappen, ook zijn stijfkoppigheid had geërfd, kwam er een ongeveer even pertinent antwoord terug. Alleen natuurlijk in omgekeerde zin. Aan beide zijden bleef het daarbij. Vader gehandhaafde zijn „Nooit" en ik verhardde in mijn „En toch!" Dit had nu echter niet bepaald aangename gevolgen. De oude heer werd verbitterd, en, hoezeer ik hem ook liefhad, ik ook.

Vader wilde dat ik mijn innige hoop, toch nog eens voor kunstschilder te kunnen worden opgeleid, liet varen. Ik ging nog een stap verder en verklaarde, dat ik dan helemaal niet meer wilde leren. Daar ik nu natuurlijk met zulke „verklaringen" toch aan het kortste eind trok, omdat de oude heer nu zijn gezag meedogenloos liet gelden, zweeg ik voortaan, maar voerde inderdaad mijn bedreiging uit. Ik meende, dat vader, wanneer hij maar eenmaal zou zien, hoe slecht mijn resultaten op de HBS waren, hij mij goed of kwaadschiks toch mijn gedroomde geluk wel zou toestaan. Ik weet niet, of ik op den duur gelijk zou hebben gekregen. Zeker waren voorlopig alleen mijn zichtbaar slechte resultaten op school. Wat ik prettig vond, leerde ik, maar vooral ook alles, wat mij naar mijn mening later als schilder van nut zou kunnen zijn. Wat mij in dat opzicht onbelangrijk toescheen, en mij ook overigens niet aantrok, saboteerde ik volkomen. Mijn rapporten uit die tijd vertoonden, naar belang van het vak en mijn waardering daarvoor, steeds uitersten. Naast „uitmuntend" en „zeer goed" stonden „net voldoende" en „onvoldoende". Verreweg het beste waren mijn vorderingen in aardrijkskunde en nog beter in algemene geschiedenis. Dit waren mijn beide lievelingsvakken, waarin ik mijn klasgenoten verre de baas was. Indien ik nu, na zoveel jaar, mij de resultaten van deze tijd voor de geest haal, en onderzoek, dan zie ik twee in het oog lopende feiten van bijzonder grote betekenis: Ten eerste: ik werd nationalist. Ten tweede: ik leerde de geschiedenis in haar ware betekenis doorzien en begrijpen.

Het oude Oostenrijk was een staat met diverse nationaliteiten. Een onderdaan van het Duitse Rijk kon zich er, over het algemeen tenminste, destijds in het geheel geen beeld van vormen, welke betekenis dit feit had op het dagelijkse leven van de enkeling in zo'n staat. Men was na de wonderbare zegetocht van de heldhaftige legers uit de Frans-Duitse oorlog zo langzamerhand steeds meer vervreemd van het Duitse volk buiten de eigen grenzen: sommige groepen hadden deze broeders zelfs niet meer willen, of misschien niet meer kunnen waarderen. Met betrekking tot de Duitse-Oostenrijker verwarde men vooral maar al te gemakkelijk het door en door rotte vorstenhuis met het in de kern volkomen gezonde volk. Men begreep niet, dat de Oostenrijkse Duitser van het zuiverste bloed moest zijn, om de kracht te bezitten, zijn stempel te drukken op een staat van 52 miljoen zielen, en dat wel zodanig, dat immers juist in Duitsland de foutieve mening kon gaan heersen, dat de Oostenrijks-Hongaarse monarchie een Duitse staat was.

Een misverstand, dat noodlottige gevolgen met zich zou slepen, maar dat toch een schitterende getuigenis was voor de tien miljoen Duitsers van de Oostmark. Van de eeuwige onverbiddelijke strijd voor de Duitse taal, de Duitse school, en het Duitse volkskarakter hadden slechts heel weinig Duitsers uit het Rijk enig vermoeden. Pas nu vele miljoenen uit het Rijk zelf gebukt gaan onder datzelfde harde juk, nu miljoenen volksgenoten onder vreemde heerschappij van een vaderland dromen, dat weer alle Duitsers omsluit, en met een hart vol verlangen naar huis, vechten, om tenminste de heilige rechten op het gebruik van de moedertaal te behouden, nu begrijpt men pas in wijdere kring, wat het zeggen wil, voor zijn volkskarakter te moeten vechten. Nu zal misschien ook de een of ander de grootheid weten te schatten van het Duitse bloed in de oude Oostmark van het Rijk, dat, geheel op zichzelf alleen aangewezen, eeuwenlang de Oostgrenzen van het Rijk verdedigde, om tenslotte in een oneindig uitputtende guerrilla de Duitse taalgrens vast te houden in een tijd, waarin het Rijk zich wel interesseerde voor koloniën, maar niet voor zijn eigen vlees en bloed vlak voor zijn poorten.

Zoals overal en altijd, in iedere strijd, bestonden er ook in de taalstrijd van het oude Oostenrijk drie soorten mensen: de strijders, de onverschilligen en de verraders. Al op school kon men deze drie categorieën onderscheiden. Want dat is wel het merkwaardigste bij iedere taalstrijd, dat zijn golven misschien het zwaarst op de school inbeuken, de plaats immers, waar de jongere generatie voor het leven wordt uitgerust. Deze strijd wordt gevoerd om het kind, en tot het kind richt zich de eerste oproep voor deze strijd. „Duitse jongen, vergeet niet, dat je een Duitser bent" en „Meisje, denk eraan, dat jij een Duitse moeder moet worden." Hij die de ziel van de jeugd kent, die begrijpt, dat juist zij met vreugde het oor leent aan zo een strijdkreet. In honderd verschillende vormen voert zij dan deze strijd, op haar wijze en met haar wapens. Zij weigert, andere dan Duitse liederen te zingen, dweept des te meer met de grootheid van de Duitse helden, naarmate men zich meer inspant haar daarvan te vervreemden; verzamelt geld, dat zij zich uit de mond bespaart voor de strijdkas van de volwassenen; zij hoort ieder woord en doorvoelt iedere bedoeling van de niet-Duitse leraar, en werkt hem op alle manieren tegen; zij draagt de verboden onderscheidingstekens van het eigen volk en voelt zich gelukkig wanneer ze daarvoor gestraft of zelfs gekastijd wordt. Zij is dus in het klein een getrouw spiegelbeeld van de groten, alleen met dit verschil, dat zij er dikwijls een sterker en oprechter overtuiging op na houdt.

Zo was ook ik al in mijn prille jeugd in de gelegenheid om deel te nemen aan de strijd van de nationaliteiten in het oude Oostenrijk. Men collecteerde voor de Duitse scholen en voor de zuidelijkste provinciën, men gaf blijk van zijn overtuiging door middel van korenbloemen en zwart-rood-goud, men groette met „Heil" en zong liever het „Deutschland über alles" dan het „Gott erhalte Franz der Kaiser", wat men ook mocht vermanen en straffen. Wij jongens waren daardoor al politiek geschoold op een leeftijd, waarop een onderdaan van een zogenaamde volksstaat meestal van zijn volkskarakter weinig meer kent dan de taal.

Dat ik destijds al niet tot de onverschilligen hoorde spreekt vanzelf. In korte tijd was ik een fanatiek „Duitse nationalist" geworden, waarbij dit echter niet identiek is met de ideologie van de partij, die heden deze naam draagt. Deze ontwikkeling maakte bij mij snelle vorderingen, zodat ik al op vijftienjarige leeftijd een juist begrip had van het onderscheid tussen dynastiegebonden „patriottisme" en volks „nationalisme"; en voor mij bestond er destijds al niets anders meer dan het laatste.

Voor hem, die zich nooit de moeite getroostte, de binnenlandse verhoudingen van het Habsburgerse Rijk te bestuderen, zal zo een gebeurtenis misschien niet dadelijk begrijpelijk zijn.

De meest elementaire behandeling van de wereldgeschiedenis, op school, moest noodgedwongen de kiem leggen voor deze ontwikkeling, omdat er immers, afgezien van locale kronieken, geen eigenlijke Oostenrijkse geschiedenis bestond. Het lot van deze staat is zozeer verbonden met het leven en de groei van het gehele Duitse volk, dat een poging, om de geschiedenis in een Duitse en een Oostenrijkse helft te splitsen, simpel op een jammerlijke mislukking moest uitlopen. Ja, toen Duitsland tenslotte in twee machten uiteenviel, werd immers juist deze scheiding een gebeurtenis in de Duitse geschiedenis.

De te Wenen bewaarde Rijkskleinodiën, zinnebeelden van de vroegere grootheid en heerlijkheid van het rijk, schijnen ons in hun wondere pracht een onderpand te zijn voor de eeuwige eenheid van de Duitse landen. Die, diep uit het hart opgewelde kreet van het Duits-Oostenrijkse volk: „Weer één met het Duitse moederland!" in de dagen dat de Habsburgse staat ineenstortte, was immers slechts het gevolg van dat gevoel van heimwee naar het nooit vergeten vaderhuis, dat in alle harten leefde. Nimmer echter zou dit verklaarbaar geweest zijn, indien niet de geschiedkundige opvoeding van iedere Duits-Oostenrijker afzonderlijk, dit algemene verlangen gewekt en versterkt had.

Zij is een bron, die nimmer opdroogt, die, vooral dan, wanneer voorbijgaande rust en welvaart dreigen ons te doen vergeten, haar donkere, waarschuwende stem doet horen, en door het verleden over een nieuwe toekomst spreekt. Het onderwijs in algemene geschiedenis op de middelbare scholen is er ook heden nog zeer slecht aan toe. Slechts zelden begrijpt een leraar, dat het doel van het geschiedenisonderwijs nooit en te nimmer gelegen kan zijn in het van buiten leren en afdraaien van geschiedkundige data en gebeurtenissen, dat het er niet op aan komt, of de jongen nu precies weet, wanneer deze of gene veldslag geleverd werd, wanneer die veldheer geboren werd, of zelfs een, (meestal zeer onbeduidend) monarch de kroon van zijn voorvaderen op het hoofd gezet werd.

Geschiedenis „leren" wil zeggen, de krachten opzoeken, die de oorzaak zijn van datgene, wat wij als geschiedkundig gegroeide feiten en toestanden voor ons zien. De kunst van het lezen, evenals van het leren is ook hier:

"Het wezenlijke behouden en de bijzaken vergeten".

Het werd misschien beslissend voor mijn gehele leven, dat het geluk mij juist voor geschiedenis een leraar gaf, die als zeer weinigen de kunst verstond, bij onderricht en examinering dit standpunt de doorslag te laten geven. Mijn toenmalige leraar Dr. Gepoold Putsch van de HBS te Linz voldeed aan deze eis op werkelijk ideale wijze. Deze oude heer, die even goedig van karakter was als vastberaden in zijn optreden, slaagde er, vooral door een schitterende welbespraaktheid, niet alleen in, ons te boeien, maar wist ons ook werkelijk mee te slepen. Nog steeds maakt er zich even een ontroering van mij meester, wanneer ik denk aan die grijze man, die ons in het vuur van zijn woorden menigmaal het heden deed vergeten, het verleden uit de nevelen der eeuwen voor ons deed herleven en de droge geschiedkundige herinnering tot levende werkelijkheid maakte.

Vaak bracht hij ons tot laaiende geestdrift, soms werden wij zelfs tot tranen geroerd. Dat geluk was des te groter, omdat deze leraar de kunst verstond het verleden juist in het licht van het heden te bezien en om uit dit verleden de lessen voor het heden op te maken. Zo gaf hij ons dan ook, meer dan iemand anders, inzicht in al de problemen van de dag, die ons destijds steeds bezig hielden. Ons klein nationaal fanatisme was voor hem een middel tot opvoeding, terwijl hij meer dan eens een beroep deed op ons nationaal eergevoel en daardoor alleen ons deugnieten spoediger tot orde bracht, dan dit door enig ander middel ooit mogelijk zou zijn geweest. Deze leraar heeft geschiedenis tot mijn lievelingsvak gemaakt. In die tijd al groeide, waarschijnlijk tegen zijn zin, in mij de jonge revolutionair.

Wie had ook zonder leiding van zo een leraar, Duitse geschiedenis kunnen studeren zonder tot vijand te worden van deze staat, die door zijn dynastie op zo noodlottige wijze het leven van de natie beïnvloedde? Wie tenslotte had trouw kunnen blijven aan een keizer, wiens huis, zowel vroeger als nu, altijd weer de belangen van het Duitse volk verried omwille van smadelijke eigen voordelen? Dit historisch inzicht in de invloed van het Habsburgse-Huis werd nog versterkt door de dagelijkse ervaringen.

In het Noorden en in het Zuiden vrat het vreemde volkerenvergif aan het lichaam van ons volk, en zelfs Wenen werd kennelijk meer en meer een on-Duitse stad. Het Aartshertogelijk Huis werd steeds meer Tsjechisch, waar dat maar enigszins mogelijk was, en het was de vuist van de godin van de eeuwige rechtvaardigheid en van de onverbiddelijke vergelding, die de dodelijkste vijand van het Duitse bloed in de Oostmark, aartshertog Frans Ferdinand, juist deed vallen door de kogels, die hij zelf hielp gieten. Hij immers was de beschermheer van het Slavendom in Oostenrijk, en het was vooral aan hem te danken, dat de groeiende invloed van deze groep van bovenaf in de hand werd gewerkt. Ongelooflijk zwaar waren de lasten, die men aan het Duitse volk oplegde.

Geweldig waren de offers aan geld en bloed, en niettemin moest ieder, die niet stekeblind was, inzien, dat dit alles tot vruchteloosheid gedoemd zou zijn. Wat ons daarbij nog het meest hinderde, was het feit, dat dit gehele systeem moreel gedekt werd door het bondgenootschap met Duitsland, waardoor de geleidelijke uitroeiing van de Duitse volkskarakter in de oude monarchie nog min of meer door Duitsland zelf gesanctioneerd werd. De Habsburgse huichelarij, waarmee men het klaarspeelde, naar buiten de schijn te wekken alsof Oostenrijk nog altijd een Duitse staat was, voerde de haat tegen dit Huis op tot brandende verontwaardiging en minachting.

Alleen de officiële instanties van het Rijk, die ook toen al de enige „bevoegden" waren, zagen van dit alles niets. Als met blindheid geslagen hingen zij naast een lijk, en meenden zelfs nog in de voortekenen der verrotting blijken van „nieuw" leven te ontdekken. In het noodlottige bondgenootschap van het jonge Rijk met de Oostenrijkse schijnstaat lag de kiem van de wereldoorlog, maar ook van de ineenstorting. Ik zal in het verloop van dit boek mij nog diepgaand met dit probleem moeten bezighouden. Het is voldoende, hier alleen nog vast te stellen, dat ik, op de keper beschouwd, al in mijn prille jeugd tot het inzicht kwam dat mij nimmer meer verliet, maar dat alleen steeds dieper werd: namelijk, dat de vernietiging van de Donaumonarchie een eerste vereiste is voor het bestaan van het Duitse bloed en ten tweede, dat nationaal gevoel niet identiek is aan dynastiek patriottisme, en voor alles: dat het Habsburgse-Huis een ramp was voor de Duitse natie. Ik had destijds al de consequenties van dit inzicht aanvaard, en voelde warme liefde voor mijn Duits-Oostenrijkse geboortegrond, en diepe haat tegen de Oostenrijkse staat.

De wijze van geschiedkundig denken, die mij zo op school bijgebracht werd, heeft mij nooit meer verlaten. De wereldgeschiedenis werd mij steeds meer tot een onuitputtelijke bron van voorbeelden, die mij leerde, de historische gebeurtenissen van het heden, dus de politiek, te begrijpen. Dat was niet, omdat ik haar op de schoolse manier wilde „leren", maar omdat ik inzag, dat zij mij het leven kon leren begrijpen. Terwijl ik er dus zodoende al vroeg op politiek gebied een revolutionaire overtuiging op na hield, op kunstgebied kwam ik al spoedig tot een soortgelijke mening. De hoofdstad van Opper-Oostenrijk bezat destijds een betrekkelijk goede schouwburg. Er werd ongeveer van alles gespeeld. Toen ik twaalf jaar oud was, zag ik voor het eerst "Wilhelm Tell", weinige maanden daarna, de eerste opera in mijn leven, „Lohengrin". Met één slag was ik geboeid. Mijn jeugdige geestdrift voor de grote kunstenaar uit Bayreuth kende geen grenzen. Steeds weer voelde ik mij tot zijn werken aangetrokken, en ik gevoel het nog heden als een bijzonder geluk, dat de gebrekkigheid der opvoering in deze provinciestad maakte, dat ik later, bij een betere bezetting, nog zoveel meer kon genieten. Dit alles maakte, vooral toen ik de vlegeljaren gepasseerd was (hetgeen zich bij mij niet dan zeer pijnlijk voltrok) dat mijn diepe tegenzin tegen een beroep, zoals mijn vader voor mij gekozen had, nog groter werd.

Steeds meer kwam ik tot de overtuiging, dat ik als ambtenaar nooit gelukkig zou worden. Toen ik nu ook op de HBS waardering voor mijn tekentalent vond, stond mijn besluit nog meer vast. Daar konden geen smeekbeden en geen bedreigingen meer iets aan veranderen. Ik wilde schilder worden, en geen macht ter wereld zou een ambtenaar uit mij kunnen maken. Eigenaardig was het alleen, dat met het klimmen van de jaren bij mij steeds meer belangstelling voor de bouwkunst opkwam. Ik hield dit destijds voor een vanzelfsprekende aanvulling van mijn schilderstalent, en verheugde mij innerlijk over deze verruiming van mijn horizon. Dat dit wel eens geheel anders zou kunnen uitpakken, vermoedde ik niet.

De kwestie van mijn beroep zou nu toch nog vlugger beslist worden, dan ik eerder had mogen verwachten. Op mijn 15de levensjaar verloor ik zeer onverwachts mijn vader. Een beroerte trof de overigens nog zo krasse man, en beëindigde op pijnloze wijze zijn aards bestaan, ons allen in diepe smart dompelend. Datgene, wat hij het diepst verlangd had, n.l. te kunnen zorgen dat zijn kind een bestaan verwierf, en het zodoende een bitteren ontwikkelingsgang als de zijnen te kunnen besparen, was hem, voor zijn gevoel, ongetwijfeld niet gelukt. Alleen legde hij, al was het ook geheel onbewust, de kiemen voor een toekomst, die destijds noch hij noch ik hadden voorzien. Voorlopig veranderde er niets.

Mijn moeder voelde zich wel verplicht, mijn opvoeding verder te leiden naar de wens van mijn vader, d.w.z. mij verder te laten studeren voor de ambtenaarsloopbaan. Ik zelf was vaster dan ooit besloten, onder geen voorwaarde ambtenaar te worden. Hoe meer nu de leerstof en de ontwikkeling der middelbare school een richting begon in te slaan, die in strijd was met mijn ideaal, des te onverschilliger werd ik. Toen kwam mij plotseling een ziekte te hulp, en deze besliste in weinige weken over mijn toekomst en over het steeds weer opkomende conflict in het ouderlijk huis. Een zware longaandoening was voor de dokter aanleiding, mijn moeder dringend aan te raden, mij later in geen geval op een kantoor te doen. Mijn bezoek aan de HBS moest eveneens voor minstens een jaar worden gestaakt. Datgene, wat ik zo lang in stilte verlangd had, waarvoor ik altijd gestreden had, was nu door deze gebeurtenis ineens, bijna vanzelf, werkelijkheid geworden. Onder de indruk van mijn ziekte stemde moeder er eindelijk in toe, mij later van de HBS te nemen en de tekenacademie te laten bezoeken.

Dat waren gelukkige dagen, die mij bijna een mooie droom toeschenen. Het zou echter bij een mooie droom blijven, want twee jaar later maakte de dood van mijn moeder een plotseling einde aan alle mooie plannen. Het was het einde van een lange, pijnlijke ziekte, die van het begin af weinig uitzicht op genezing had geboden. Niettemin trof vooral deze slag mij ontzettend zwaar. Ik had respect gehad voor mijn vader, maar mijn moeder had ik werkelijk liefgehad. De nood en de harde werkelijkheid dwongen mij thans, een snel besluit te nemen. De geringe geldmiddelen van mijn vader waren door de zware ziekte van moeder voor het grootste deel verbruikt; mijn wezenpensioen was niet voldoende om van te kunnen leven, en dus was ik nu wel genoodzaakt om op de een of andere wijze zelf mijn brood te verdienen. Een koffer met kleding en wasgoed in de hand, met een onverwoestbare wil, reisde ik naar Wenen. Wat mijn vader 50 jaar geleden gelukt was, hoopte ik het noodlot ook af te dwingen; ook ik wilde „iets" worden, hoewel – in geen geval ambtenaar.

Adolf Hitler

TWEEDE HOOFDSTUK LEER- EN LIJDENSJAREN TE WENEN

Ten mijn moeder stierf, had het noodlot in één opzicht al over mijn lot beslist. In de laatste maanden van haar leven was ik naar Wenen gereisd om toelatingsexamen te doen voor de academie. Met een dik pak tekeningen onder de arm, had ik mij destijds op weg begeven, overtuigd, het examen spelenderwijze te kunnen afleggen. Op de HBS was ik in tekenen al verreweg de beste van de klas geweest; sedertdien had deze vaardigheid zich nog sterker ontwikkeld, zodat ik trots en gelukkig was in het gevoel, dat ik over mijn werk tevreden kon zijn, en er dus maar het beste van hoopte.

Eén enkel ding baarde mij dikwijls zorg: mijn schilderstalent scheen te worden overtroffen door dat in het tekenen, vooral op bijna het gehele gebied der architectuur. Mijn belangstelling voor de bouwkunst zelf hield met deze ontwikkeling gelijke tred, en werd steeds groter. Dit proces werd nog meer versneld, toen ik voor het eerst, als jongen van nog geen 16 jaar, een veertiendaags bezoek aan Wenen had gebracht. Ik reisde er heen om de schilderijengalerij van het Hofmuseum te bestuderen, maar had bijna uitsluitend oog voor het museumgebouw zelf. Ik liep gedurende die dagen van 's morgens vroeg tot 's avonds laat van de ene bezienswaardigheid naar de andere, maar het waren altijd weer enkel bouwwerken, die mij boeiden. Urenlang kon ik voor de Opera staan, urenlang het parlementsgebouw bewonderen; de gehele Ringstrasse werkte op mij als een betovering uit duizend-en-één nacht. Nu was ik dus voor de tweede maal in deze mooie stad, en wachtte met brandend ongeduld, maar ook met trots zelfvertrouwen, op de uitslag van mijn toelatingsexamen. Ik was van het succes zo overtuigd, dat het mij trof als een bliksemslag uit heldere hemel, toen men mij meedeelde, dat ik afgewezen was. En toch was het zo. Toen ik mij aan de rector liet voorstellen en hem verzocht, mij te willen zeggen, om welke redenen ik niet tot de algemene schilders school der Academie was toegelaten, verzekerde deze mij, dat uit de door mij meegebrachte tekeningen zonneklaar mijn ongeschiktheid voor schilder bleek, maar dat mijn talent toch kennelijk op het gebied der architectuur lag.

Voor mij kon nimmer de schildersschool, maar alleen de architectuurschool der Academie in aanmerking komen. Dat ik tot dusverre nog geen bouwkundige school had bezocht, en evenmin enig onderricht in architectuur ontvangen had, kon men zich gewoon niet voorstellen. Terneergeslagen verliet ik Hansens prachtgebouw aan de Schillerplatz, en was het nu, voor de eerste maal in mijn jeugdig leven, oneens met mijzelf. Want wat ik over mijn aanleg had gehoord, wierp plotseling een schel licht op een innerlijke tegenstrijdigheid, die mij al lang had gehinderd, zonder dat ik er tot nog toe in was geslaagd, haar vast te stellen. Na enkele dagen stond het ook bij mijzelf vast, dat ik bouwmeester zou moeten worden.

Weliswaar was de weg buitengewoon moeilijk, want wat ik tot dusver op de HBS had verzuimd, moest zich nu wel bitter wreken. Om tot de architectuurschool van de Academie te worden toegelaten, was het noodzakelijk, dat men de bouwtechnische school had doorlopen, en om hiertoe te worden toegelaten, moest men in het bezit zijn van het einddiploma van een middelbare school. Dit alles ontbrak ten enenmale. Naar menselijke berekening was dus de vervulling van mijn droom om kunstenaar te worden, niet meer mogelijk. Toen ik, na de dood van mijn moeder, voor de derde maal naar Wenen trok, en ditmaal voor vele jaren, had de intussen verstreken tijd mij mijn rust en vastberadenheid teruggegeven. De vroegere koppigheid was weergekeerd, en ik had mij mijn doel eens en vooral vast voor ogen gesteld. Ik wilde bouwmeester worden, en tegenslagen zijn er niet, opdat wij ervoor capituleren, maar opdat wij hen overwinnen. En ik wilde al deze hindernissen overwinnen, met steeds het voorbeeld van mijn vader voor ogen, die eens als de zoon van een arme dorpsschoenlapper was begonnen, en zich tot rijksambtenaar had weten op te werken. Dan waren de wapenen, waarover ik kon beschikken, toch al heel wat beter, en waren mijn omstandigheden toch heel wat gunstiger, en wat ik destijds aanzag voor de hardheid van het lot, prijs ik heden als de wijsheid van de Voorzienigheid.

Terwijl de godin van de nood mijn leven begon te beheersen, en het dikwijls leek, alsof ik de strijd zou moeten opgeven, groeide de wil tot verzet, en tenslotte bleef de wil overwinnaar. Ik dank het aan die tijd, dat ik hard ben geworden en hard kan zijn. En meer nog dan voor deze versterking van mijn wil, ben ik hem dankbaar, dat hij mij losscheurde uit de leegheid van een gemakkelijk leven, dat hij het moederskindje uit het zachte dons trok en hem de zorg als levenskameraad gaf, dat hij de tegenspartelende jongen in de wereld van de ellende en de armoede zette en hem zo met diegenen in aanraking bracht, voor wie hij later zou moeten strijden. In deze tijd zouden ook mijn ogen geopend worden voor twee gevaren, waarvan ik voordien nog maar nauwelijks de naam kende, en waarvan ik zeker nog niet begreep, welk een ontzettende bedreiging zij vormden voor het bestaan van het Duitse volk: Marxisme en Jodendom. Wenen, de stad, die voor zo velen het symbool van argeloze vrolijkheid is, en die men zich zo graag voorstelt als één groot feestterrein, vol vrolijke mensen, wekt bij mij slechts herinneringen op aan de treurigste tijd van mijn leven. Ook heden nog roept deze stad slechts droeve gedachten bij mij op.

In de naam van deze sprookjesstad liggen voor mij vijf jaar van honger en ellende besloten. Vijf jaar, waarin ik eerst als los arbeider, daarna als kleine schilder mijn brood moest verdienen. Mijn eisen op dit punt waren waarlijk bescheiden genoeg, en toch was er nooit voldoende om ook maar de eerste honger te stillen. Hij was destijds mijn trouwe metgezel, de enige, die mij nooit verliet, die alles eerlijk met mij deelde. Ieder boek, dat ik kocht, wekte zijn medeleven; een bezoek aan de opera was voor hem reden, om mij weer dagenlang gezelschap te houden; het was een voortdurende strijd met mijn meedogenloze vriend. En toch heb ik in deze tijd meer geleerd, dan ooit te voren. Op mijn bouwkunde en het zeldzame, uit mijn mond bespaarde bezoek aan de opera na, waren mijn boeken de enige vreugde in mijn leven. Ik las destijds buitengewoon veel, en degelijk. Alle vrije tijd, dat mijn werk mij liet, besteedde ik geheel en al aan mijn studie. In luttele jaren legde ik zodoende de grondvesten van een kennis, waarvan ik ook heden nog de vruchten pluk.

Maar dit was nog niet alles. In deze tijd vormde zich bij mij een wereldbeeld, en een wereldbeschouwing, die tot een muurvast fundament werd en een richtsnoer voor al mijn daden. Ik heb aan datgene, wat ik mij zodoende schiep, s weinig behoeven toe te voegen; te veranderen behoefde ik niets. Integendeel. Het is nu mijn vaste overtuiging, dat in 't algemeen de kiemen van de eigenschap van het creatieve denken, wanneer die althans aanwezig is, al tijdens de jeugd op de een of andere wijze tot uiting komt: Ik maak hier onderscheid tussen de wijsheid van de ouderdom, die alleen de grotere diepte en grotere voorzichtigheid als vrucht van een lang leven laat gelden, en de genialiteit van de jeugd, die in onuitputtelijke vruchtbaarheid gedachten en ideeën voortbrengt, al kan ze deze dan, door hun groot aantal, voorlopig nog in het geheel niet verwerken. De jeugd levert de bouwstoffen en toekomstplannen, waaraan de wijzere ouderdom de stenen ontleent, die hij bijwerkt en waarmee hij de bouw voltooit, voor zover de zogenaamde wijsheid van de ouderdom althans de genialiteit der jeugd niet heeft verstikt.

Het leven, dat ik tot die tijd in het ouderlijk huis geleid had, onderscheidde zich in weinig of niets van dat van alle anderen. Zorgeloos kon ik de nieuwe dag tegemoet zien, en een sociaal vraagstuk bestond er voor mij niet. Het milieu waarin ik opgroeide, was dat van de kleine burgerij, dus een wereld, die met de echte handarbeiders slechts zeer weinig betrekkingen onderhoudt. Want hoe vreemd het op het eerste gezicht ook moge schijnen, toch is juist de kloof tussen deze, gewoonlijk niet bepaald schitterend gesitueerde, volksgroepen en de eigenlijke handarbeider dikwijls dieper dan men denkt. De oorzaak van de bijna aan vijandschap grenzende koelheid, die kenmerkend is voor de onderlinge verhouding van deze twee standen, is de vrees van een maatschappelijke groep, die zich eerst sedert kort boven het niveau der handarbeiders heeft uitgewerkt, om weer terug te zinken naar de oude, weinig geachte stand, of om nog tot die stand te worden gerekend.

Bovendien leefde nog bij velen de onaangename herinnering aan de culturele armoede van deze lagere klasse, de veelvuldige ruwheid in de onderlinge omgang, waardoor ieder contact van de eigen positie in het maatschappelijk leven, hoe onaanzienlijk deze ook moge zijn, met deze overwonnen trap van leven en beschaving, tot een ondraaglijke last wordt. Zo komt het, dat een hoger ontwikkelde dikwijls minder bevooroordeeld tot zijn laagst staande medemens afdaalt, dan iemand, die zelf in die stand heeft geleefd, dit ooit vermag. Want ieder, die zich door eigen energie heeft opgewerkt, behoudt nu eenmaal zijn leven lang, als erfenis van zijn kinderjaren, de herinnering aan zijn vroeger, lager levenspeil, en daarmee de angst voor dat, nog te nabije milieu. Maar ook doodt deze dikwijls zeer harde strijd het medelijden. De eigen moeilijke worsteling om het bestaan maakt ongevoelig voor de ellende van de anderen. Mij was het noodlot in dat opzicht genadig. Terwijl het mij dwong, weer in deze wereld van armoede en onzekerheid terug te keren, die mijn vader in de loop van zijn moeilijke leven al had verlaten, bevrijdde het mij van de vooroordelen, die een bekrompen kleinburgerlijke opvoeding mij had meegegeven. Nu pas leerde ik de mensen kennen, leerde ik onderscheid te maken tussen de lege schijn of het ruwe uiterlijk en het innerlijk wezen. Wenen was al in het begin van deze eeuw een stad met buitengewoon ongunstige sociale toestanden.

De grootste rijkdom en de meest schrijnende armoede wisselden elkaar af, in plotse opeenvolging. In het centrum en in de daaromheen gelegen wijken voelde men wel heel sterk de hartslag van dit rijk van 52 miljoen zielen, met al de bedenkelijke glans en glorie, die de nationaliteitenstaat eigen is. Het hof, met zijn verblindende pracht, trok als een magneet alles wat rijk of ontwikkeld was uit de andere delen van het rijk tot zich; een proces, dat nog versneld werd door het sterk centraliserende streven van het Habsburgse Huis zelf. Hierin was de enige mogelijkheid gelegen om dit mengelmoes van volkeren in een vaste vorm bijeen te houden. Het gevolg daarvan was echter een buitengewone opeenhoping van hoge en hoogste autoriteiten in de hoofd- en residentiestad. Wenen was niet alleen politiek en geestelijk, maar ook economisch het hart der oude Donau-monarchie.

Tegenover het leger van hoge officieren, rijksambtenaren, kunstenaars en geleerden stond een nog veel groter leger van arbeiders, tegenover de rijkdom van aristocratie en handel de bitterste armoede. Voor de paleizen der Ringstrasze slenterden duizenden werklozen, en onder deze „via triumphalis" van het oude Oostenrijk huisden in het schemerdonker en het slijk der kanalen de daklozen. Er zou moeilijk een andere Duitse stad te vinden zijn geweest, waar het sociale vraagstuk zo goed te bestuderen was als juist in Wenen.

Dit bestuderen kan niet van bovenaf geschieden. Wie zich niet zelf in de omklemming van deze wurgende reuzenslang bevindt, leert zijn giftanden nimmer kennen. Anders is het resultaat slechts oppervlakkig gezwets of onwaarachtig sentimenteel gedoe, wat beide even verkeerd is. Het ene is verkeerd, omdat het nooit tot de kern van het probleem kan doordringen, het andere, omdat het deze kern niet zoekt. Ik weet niet, wat noodlottiger is, de onverschilligheid tegenover de sociale nood, zoals de meerderheid van de lieden, die door het geluk begunstigd of door eigen verdienste opgeklommen zijn, dagelijks vertoont, of die even hooghartige als opdringerige, tactloze, maar altijd minzame neerbuigendheid van een bepaald soort van modewijven in rokken en broeken, „die toch zoveel voor het volk voelen".

Deze mensen zondigen in ieder geval meer dan zij met hun instinctloos verstand ook maar bij benadering kunnen begrijpen. Daarom dan ook, dat, tot hun eigen verwondering, het resultaat van de door hen betoonde „sociale gevoelens" altijd nul is, en dat deze zelfs dikwijls verontwaardigd worden afgewezen; hetgeen dan natuurlijk onder de „weldoeners" weer doorgaat voor een bewijs van de ondankbaarheid van het volk. Dat dit met ernstig sociaal werk niet het geringste heeft uit te staan, en dat trouwens dit laatste ook in het geheel geen aanspraak mag maken op dankbaarheid, omdat het immers geen genade wil verlenen, maar enkel en alleen onrecht moet herstellen, – dat is iets, wat hersens van dit soort maar liever niet tot zich laten doordringen.

Het bleef mij bespaard, het sociale vraagstuk op die wijze te leren kennen. Toen het ook mijn leven aantastte en teisterde, leek het er niet veel op, dat het me uitnodigde hiervan te „leren", maar zag het er eerder naar uit, dat het zijn krachten op mij wilde beproeven. Het was niet zijn schuld, dat het proefkonijn niettemin heelhuids en gezond de operatie doorstond. Wanneer ik nu wil proberen, al mijn gewaarwordingen uit die tijd weer te geven, dan kan dit nooit ook maar bij benadering volledig zijn; slechts de meest essentiële indrukken, die voor mij dikwijls de meest schokkende waren, zullen hier worden beschreven, en daarnaast de enkele lessen, die ik er in deze tijd al uit putte.

Nu viel het mij destijds meestal niet erg zwaar, om werk te vinden, aangezien ik immers geen geschoold vakman was, maar slechts als zogenaamd los arbeider, en menigmaal als dagloner moest trachten, mijn dagelijks brood te verdienen. Ik stelde mij daarbij op het standpunt van al degenen, die het stof van Europa van hun voeten schudden, met het onwrikbare voornemen, zich in de Nieuwe Wereld ook een nieuw bestaan te verwerven, een nieuw tehuis te veroveren. Wanneer ze zich eenmaal ontworsteld hebben aan de greep van alle tot dan heersende, verlammende opvattingen over beroep en stand, en niet meer gebonden zijn door omgeving en traditie, grijpen zij naar iedere mogelijkheid om hun brood te verdienen, die zich voordoet, pakken elke arbeid aan, en worden er zich zo steeds meer van bewust, dat eerlijke arbeid nimmer onteert, van welke aard hij ook moge zijn. zo was ook ik vastbesloten, om in die nieuwe wereld met beide benen op de grond te staan, en om mij er een weg te banen. Dat er dan altijd wel het een of andere werk te doen valt, leerde ik aldra, maar even vlug ook, hoe gemakkelijk men dit weer verliest. Het feit, dat ik zodoende nooit zeker was van mijn dagelijks brood, scheen mij na korte tijd een van de ergste schaduwzijden van dit nieuwe leven. Wel zal de geschoolde arbeider niet zo vaak op straat worden gezet als de losse werkman, maar ook hij blijft dit noodlot niet helemaal gespaard. Bij hem is het niet zozeer het gebrek aan werk, als wel de uitsluiting en de staking, die aan zijn brood raken. Hier wreekt zich de onzekerheid van bestaan al het ergst aan het gehele economische leven zelf.

De boerenjongen, die naar de grote stad trekt, aangetrokken door de vermeende of ook wel werkelijk lichtere arbeid, de kortere arbeidstijd, het meest echter nog door het verblindend licht, dat de grote stad nu eenmaal weet uit te stralen, is nog gewend aan enige zekerheid van verdienste. Hij pleegt de oude werkkring ook slechts dan te verlaten, indien hij tenminste een nieuwe in het verschiet heeft. Tenslotte is het gebrek aan landarbeiders groot, de waarschijnlijkheid van een langdurige werkloosheid dus op zichzelf gering. Nu is het foutief, te geloven, dat de jonge man, die zich naar de grote stad begeeft, al daardoor blijk geeft, uit slechter hout te zijn gesneden dan hij, die zich ook verder eerlijk zijn brood verdient op het land.

Nee, integendeel. De ervaring leert, dat eerder gezegd kan worden, dat degenen, die wegtrekken, de gezondste en meest wilskrachtige naturen zijn dan omgekeerd. Tot deze „emigranten" echter behoort niet alleen de man, die naar Amerika gaat, maar ook al de jonge knecht, die besluit, zijn geboortedorp te verlaten, om naar de onbekende grote stad te trekken. Ook hij is bereid om een onzekere toekomst op zich te nemen. Meestal komt hij met enig geld in de stad aan, en behoeft dus, als zijn eerste pogingen mislukken, en hij in deze eerste tijd geen werk weet te vinden, niet dadelijk al de strijd op te geven. Erger wordt het echter, wanneer hij een betrekking heeft gevonden, en deze na korte tijd weer verliest. Vooral in de winter is het dikwijls moeilijk, zo niet onmogelijk, een nieuwe te vinden. De eerste weken gaat het dan nog. Hij wordt gesteund uit de werklozenkas van zijn vakvereniging, en slaat er zich doorheen, zo goed en zo kwaad als het gaat.

Maar, als de laatste eigen cent is opgebruikt, en de werklozenkas tengevolge van de lange duur van zijn werkloosheid de ondersteuning beëindig, dan komt de grote nood. Dan slentert hij hongerig rond, verpandt en verkoopt dikwijls nog zijn laatste bezittingen, komt zodoende ook steeds slechter in zijn kleren te zitten, en daalt daarmee ook uiterlijk af tot een milieu dat, alsof al zijn materiële zorgen nog niet genoeg waren, ook nog zijn ziel vergiftigt. Wordt hij dan ook nog dakloos, en gebeurt dit, wat dikwijls het geval is, in de winter, dan wordt zijn ellende zeer groot. Eindelijk vindt hij weer het een of andere werk. Maar het spel herhaalt zich.

De tweede maal treft het hem even zwaar, een derde maal misschien nog zwaarder, zodat hij langzamerhand immuun begint te worden voor die eeuwige onzekerheid. En tenslotte gaat hij die herhaling gewoon vinden. Aldus verslapt de gehele levenshouding van deze eerst zo vlijtige man, en langzamerhand wordt hij rijp, om als instrument te dienen van diegenen, die hem slechts misbruiken ter wille van eigen platte materiële voordeel. Hij was al zo dikwijls werkloos buiten eigen schuld, dat het er op één keer meer of minder niet aankomt, zelfs indien het daarbij niet meer gaat om de verovering van economische rechten, maar om het vernietigen van staatkundige, maatschappelijke of algemeen culturele waarden. Hij zal, zoal niet belust zijn op staking, er dan toch vrij onverschillig tegenover staan. Ik kon met eigen ogen in duizend gevallen deze gang van zaken waarnemen, en hoe langer ik dit spel aanzag, des te meer groeide mijn afkeer tegen die miljoenenstad, die de mensen eerst hebzuchtig naar zich toe trok, om ze dan zo meedogenloos óp te gebruiken. Wanneer zij kwamen, behoorden zij nog altijd tot hun volk; wanneer zij bleven, gingen zij voor hun volk verloren.

Ook mij had het grotestadsleven her-en-der waards gesmeten, en ik kon dus zelf aan lichaam en ziel ervaren, welke invloed daarvan uitging. Ik zag daarbij nog iets bijzonders: n.l. dat de snelle overgang van arbeid tot werkloosheid en omgekeerd, en ook de daardoor veroorzaakte voortdurende onzekerheid van inkomen, wat dus ook weer maakte, dat men nooit zeker was, de volgende week weer te kunnen rondkomen, op de duur bij velen het gevoel voor spaarzaamheid vernietigde, en tegelijk daarmee het begrip voor een verstandige indeling van het leven.

Het lichaam schijnt er langzamerhand aan te wennen, om in goede tijden in overvloed te leven, en in slechte te hongeren. Ja, ieder voornemen, om later, in gunstiger tijden, voor betere indeling te zorgen, wordt omvergeworpen door de honger, die zijn slaven in een voortdurende fata morgana een goed leventje voortovert, en die de kunst verstaat, om deze droom tot zulk een sterk verlangen op te voeren, dat het ziekelijk wordt, en iedere zelfbeheersing vernietigt, zodra de verdienste maar even boven het levensminimum uitkomt. Daardoor komt het, dat hij, die nog maar pas weer werk gekregen heeft, zo onverstandig is, om dadelijk iedere indeling te vergeten, en in plaats daarvan er maar op los te leven. Dit leidt zelfs tot ontreddering van de geringe wekelijkse huishouduitgaven, daar zelfs hier een verstandige indeling uitblijft; eerst is er nog maar voor vijf dagen genoeg, in plaats van voor zeven, later nog slechts voor drie, eindelijk nog maar nauwelijks voor één dag, en tenslotte wordt alles al in de eerste nacht na de uitbetaling verbrast. Thuis zitten dan dikwijls vrouw en kinderen te wachten. Menigmaal worden ook zij door deze manier van leven aangestoken, vooral indien de man overigens goed voor hen is, ja, ze op zijn manier zelfs liefheeft. Dan wordt het weekloon thuis in twee, drie dagen gemeenschappelijk verbrast; er wordt gegeten en gedronken zolang er geld is, en de laatste dagen wordt er evenzeer honger geleden. Dan gaat de vrouw beschaamd bij de buren en in de omgeving rond, leent hier en daar wat, maakt kleine schulden bij de kruidenier, en tracht aldus de moeilijke laatste dagen der week door te komen.

's Middags zit het hele gezin aan een karig maal, dikwijls ook is er niets op tafel, – en wacht op de aanstaande betaaldag, spreekt erover, maakt plannen, en droomt, al hongerend, alweer van het naderend geluk. En zo worden de kleine kinderen al in hun vroege prille jeugd gewend aan en opgevoed in deze ellendige levensopvatting. Maar de eigenlijke slechte gevolgen komen in die gevallen, waar de man, van het begin af aan, zijn eigen weg gaat, en de vrouw, terwille van de kinderen, daartegen opkomt. Dan komt er twist en ruzie, en naarmate de man dan van de vrouw vervreemdt, komt hij nader tot de alcohol. Elke zaterdag is hij nu dronken, en, uit drang tot zelfbehoud voor zich en haar kinderen, vecht de vrouw met hem om het beetje geld, dat zij hem, en dan meestal nog op de weg van de fabriek naar de kroeg, moet zien te ontfutselen.

Komt hij eindelijk 's zondags of zelfs in de nacht van maandag thuis, dronken en woest, maar altijd volkomen platzak, dan spelen zich soms tonelen af, die geen pen kan beschrijven. Ik heb honderden van zulke gevallen gezien, aanvankelijk met weerzin of ook wel met verontwaardiging, om later de gehele tragiek van dit lijden te begrijpen en de diepere oorzaken ervan te verstaan. Al deze mensen zijn de rampzalige slachtoffers van de slechte toestanden. Bijna nog droeviger waren destijds de woontoestanden. De woonellende van de losse arbeiders te Wenen was ontzettend. Ik ril er nu nog van, als ik aan die jammerlijke woonholen denk, aan die volkslogementen en massakwartieren, aan die sombere tonelen, waar het alom vol afval en stotend vuil lag, en waar men vaak de ergste dingen zag gebeuren. Hoe moest, hoe moet dat eenmaal worden, wanneer de holen der ellende eenmaal de stroom der losgelaten slaven over die andere zo onnadenkende helft van de mensheid uitbraken. Want deze andere helft der wereld is gedachteloos.

Gedachteloos laat ze die dingen hun ellendige gang maar gaan, zonder in haar instinctloosheid ook maar te vermoeden, dat het noodlot vroeger of later tot vergelding moet overgaan, indien de mensen niet bijtijds nog het noodlot weten te bezweren.

Hoe dankbaar ben ik nu, dat de voorzienigheid mij deze school liet doorlopen. Daar kon ik niet saboteren, wat mij niet beviel. Daar werd ik snel en degelijk opgevoed. Indien ik niet wilde wanhopen aan de mensen, die destijds mijn omgeving uitmaakten, dan moest ik leren, onderscheid te maken tussen de uiterlijke schijn en de oorzaken van deze ontwikkeling. Alleen dan was dit alles te verdragen, zonder dat het tot wanhoop bracht.

Dan zag men niet meer de mensen en al die nood en al die ellende, in al die afval en uiterlijke verwaarlozing, dan zag men enkel nog, dat treurige wetten tot treurige gevolgen hadden geleid, waarbij de zwaarte van mijn eigen, toch ook niet lichtere levensstrijd, mij belette, om me er nu maar met miezerige sentimentaliteit bij neer te leggen, dat dit nu de verdierlijkte eindproducten waren van die ontwikkeling, en dat daar verder niets aan te doen zou zijn. Nee, zo moet dit niet worden opgevat. Destijds al voorzag ik, dat hier slechts een tweeledige weg naar het doel, d.w.z. naar een verbetering van deze toestanden kon leiden, en wel:

Een groot sociaal verantwoordelijkheidsbesef, teneinde betere ontwikkelingsvoorwaarden te scheppen, met daarnaast onverbiddelijke gestrengheid tegen hardleerse onsociale elementen. Zoals ook het streven van de natuur er niet zozeer op gericht is, om het bestaande te behouden, als wel om te zorgen voor het nageslacht als de drager van de soort, zo moet er ook in het menselijk leven niet zozeer naar worden gestreefd, om de bestaande onvolmaaktheden kunstmatig te verbeteren, wat — gezien de aanleg der mensen — voor 99 % onmogelijk is, maar wel, om de toekomstige ontwikkeling van de beginne af in betere banen te leiden.

Al tijdens mijn Weense strijd om het bestaan was het mij duidelijk geworden, dat een werkelijk sociale politiek nooit haar taak mag zien in een even bespottelijk als doelloos verstrekken-van-steun-op-zo-groot-mogelijke basis; maar integendeel alles moet doen, om dergelijke fundamentele fouten in de organisatie van ons economisch en cultureel leven te voorkomen, omdat deze de ontaarding van velen tengevolge moeten, of althans kunnen hebben. Het bezwaar, verbonden aan een optreden met gewelddadige middelen tegen de staatsvijandige misdadigerswereld is immers juist gelegen in het feit, dat wij nooit volkomen zekerheid bezitten omtrent de diepere oorzaken van zulke tijdsverschijnselen.

Deze onzekerheid vindt zijn grond in een maar al te juist gevoel, dat men zelf schuld is aan deze rampzalige gevallen van zedelijke verwording; maar dit schuldbesef, hoe juist ook, verhindert nu elk ingrijpend besluit, en maakt, dat zodoende zelfs de meest noodzakelijke maatregelen tot zelfbehoud nog maar ten halve, of met veel te weinig energie worden doorgevoerd. Pas een bewind, dat niet meer, door eigen schuldbewustzijn gekweld, genade voor recht zal moeten doen gelden, zal de innerlijke rust, en daarmee ook de kracht bezitten, om onverbiddelijk en zonder aanzien van de persoon de wilde loten te snoeien en het onkruid uit te wieden. Daar de Oostenrijkse staat nagenoeg in het geheel geen sociale rechtspraak of sociale wetgeving kende, was ook zijn strijd tegen deze uitwassen, zelfs tegen de ernstigste, opvallend krachteloos.

Ik weet niet, wat mij nu in deze tijd het meest ontstelde: de economische ellende van mijn toenmalige lotgenoten, hun zedelijke en morele ruwheid, of het lage peil van hun ontwikkeling.

Hoe dikwijls stuiven niet onze brave burgers vol morele verontwaardiging op, wanneer ze uit de mond van de een of anderen berooide landloper te horen krijgen, dat het hem onverschillig laat of hij Duitser is of niet, en dat hij zich overal op zijn gemak voelt, waar hij maar voldoende heeft om te kunnen leven. Dit gebrek aan „nationale trots" wordt dan diep beklaagd, men weet voor een dergelijke mentaliteit geen woorden te vinden, die scherp genoeg zijn.

Hoevelen van hen hebben zich echter wel eens de vraag gesteld, wat dan eigenlijk de oorzaak is van het feit, dat toevallig juist zijzelf er een moreel hoger staande mening op na houden? Hoe velen van hen begrijpen eigenlijk, dat het juist de som is van die over talrijke herinneringen, die tot ons spreken over de grootheid van ons vaderland en over al datgene, wat onze natie op alle gebieden van kunst en cultuur wist te presteren, welke die gerechtvaardigde trots, dat men tot een zo begenadigd volk mag behoren, bij ons wakker roept. Hoe velen vermoeden eigenlijk, hoezeer deze nationale trots afhankelijk is van onze bekendheid met de grootheid van het vaderland op al deze gebieden? Denken onze burgerlijke kringen er wel eens over na, hoe bitter weinig er gedaan wordt, om „de mindere man" deze noodzakelijke grondslag voor nationale trots bij te brengen? Kom nu niet met het praatje, dat „dit in andere landen immers ook niet anders is en dat de arbeider daar echter niettemin een sterk nationaal bewustzijn bezit." Zelfs indien dit zo zou zijn, zou het niet als verontschuldiging kunnen dienen voor eigen tekortkomingen. Maar het is niet zo. Want wat wij altijd een chauvinistische opvoeding noemen, b.v. die van het Franse volk, is in wezen niets anders, dan dat er buitengewoon de nadruk wordt gelegd op de grootheid van Frankrijk op alle gebieden van de cultuur, of zoals de Fransman pleegt te zeggen, „civilisatie".

De jonge Fransman wordt immers niet tot objectiviteit opgevoed, maar tot het meest subjectieve inzicht, dat men zich maar denken kan, voorzover het er althans om gaat, de betekenis van de politieke en culturele grootheid van zijn vaderland tot hem te doen doordringen. Deze opvoeding zal zich daarbij altijd dienen te beperken tot algemene, zeer belangrijke gezichtspunten, die, zo nodig door eindeloze herhaling, in het gevoel en geheugen van het volk moeten worden geprent. Nu komt echter bij ons, naast de negatieve fout der nalatigheid, nog de positieve, dat wij het weinige, wat een gelukkige enkeling nog van de school mocht meenemen, nog vernietigen.

De ratten, die ons volk met politiek vergiftigden, vraten ook dit weinige nog uit het hart en de herinnering van de grote massa, voorzover de nood en de ellende daar nog niet voor zorgden. Men denke zich het volgende eens in: In een kelderwoning, bestaande uit twee bedompte kamers, woont een arbeidersfamilie, bestaande uit zeven personen. Stel, dat er nu onder de vijf kinderen ook een jongen van een jaar of drie is. Dit is de leeftijd, waarop de eerste indrukken bij een kind tot het bewustzijn doordringen. Bij begaafde mensen zijn nog tot op zeer hogen leeftijd sporen aanwezig van herinneringen uit deze tijd. Alleen al de bekrompenheid en de bedomptheid van de woonvertrekken werken in ongunstige zin op de onderlinge verhoudingen. Twist en ruzie zullen alleen hierdoor al dikwijls aan de orde van de dag zijn. De mensen leven immers op deze manier niet met elkaar, maar verdringen elkaar, leven ten koste van elkaar, van de lucht van de ander en de ruimte van de ander. Ieder meningsverschil, hoe klein ook, dat in een ruimere woning eenvoudig kan worden opgelost, doordat beide partijen elkaar enige tijd uit de weg gaan, leidt hier tot een nare ruzie, waar geen einde aan wil komen. Bij kinderen is dat natuurlijk nog te verdragen; zij kibbelen in zulke gevallen immers altijd en vergeten alles weer spoedig en volkomen.

Indien echter deze strijd tussen de ouders zelf uitgevochten wordt, en dat dan nog bijna elke dag, in vormen, die aan ruwheid dikwijls niets te wensen overlaten, dan moet een dergelijk aanschouwelijk onderwijs na korten of langere tijd zijn invloed op de kinderen doen gelden. En voor iemand, die deze milieus niet kent, is het moeilijk, zich voor te stellen, van welke aard deze invloeden zullen zijn in de, toch niet zeldzame gevallen, dat de vader zich aan de moeder vergrijpt en haar, wanneer hij in beschonken toestand verkeert, zelfs mishandelt.

Op zesjarige leeftijd vermoedt zulk een beklagenswaardige kleine jongen al dingen, waaraan een volwassene niet dan met afgrijzen kan denken. Moreel vergiftigd, lichamelijk ondervoed, het arme hoofdje vol luizen, zo komt de aanstaande „staatsburger" op school. Daar wordt hem dan met veel moeite wat lezen en schrijven bijgebracht, maar dat is dan ook vrijwel alles. Van enig leren thuis kan geen sprake zijn. Integendeel. Moeder en vader spreken immers zelf, en dat wel in tegenwoordigheid van de kinderen, op een wijze die niet weer te geven is, over de onderwijzers en de school, en zijn steeds veel eerder geneigd, de leraar grofheden toe te voegen, dan om hun spruit over de knie te leggen en tot rede te brengen. Wat de kleine man thuis verder nog opvangt, werkt ook niet mee om zijn respect voor de geliefde medemensen te vergroten. Geen goede eigenschap van de mensheid, die moeder en vader niet ontkennen, geen instelling, die ze niet veroordelen; van de schoolmeester tot en met het hoofd van de staat.

Of er sprake is van godsdienst of van de moraal zelf, van de staat of van de maatschappij, het komt er niet op aan, alles wordt beschimpt, op de gemeenste manier door de modder van een minderwaardige mentaliteit gesleurd. Indien nu het jongmens op veertienjarige leeftijd de school verlaat, valt het al moeilijk uit te maken, wat het grootste is: zijn ongelofelijke domheid, wat zijn werkelijk weten en kunnen betreft, de stuitende onbeschaamdheid van zijn optreden, of zijn gemis aan moraal, dat al op deze leeftijd ontstellend groot is. Nu staat het jongmens dus op het punt om een lid van de maatschappij te worden; voor welke plaats is hij geschikt? Er is hem vrijwel niets meer heilig – hij heeft niets groots leren kennen, maar hij vermoedt of kent iedere gemeenheid van het leven.

Uit het driejarige kind is een vijftienjarige gegroeid, die elk gezag veracht. Het leven heeft hem vuilheid en laagheid bijgebracht, maar heeft hem nog niets weten te geven, wat iets hogers bij hem had kunnen wakker roepen. En nu heeft hij nog maar de lagere school van dit leven doorlopen. Thans begint voor hem hetzelfde leven, dat hij gedurende zijn kinderjaren zijn vader heeft zien leiden. Hij dwaalt rond en komt diep in de nacht thuis, ranselt voor afwisseling ook zelf nog eens het ineengeschrompelde wezen af, dat eens zijn moeder was, vloekt op God en de wereld en wordt tenslotte wegens de een of andere bijzondere aanleiding veroordeeld en naar een tuchtschool gestuurd. Daar ontvangt hij de laatste „vorming".

En dan staat de brave burger nog verbaasd over het gebrek aan „nationaal gevoel" bij deze jongen „staatsburger".

Hij ziet, hoe het vergif in theater en bioscoop, in schunnige literatuur en vieze persproducten dag aan dag, met emmers tegelijk, over het volk wordt uitgegoten, en staat dan nog verbaasd over het lage zedelijke gehalte, de „onverschilligheid tegenover het vaderland" bij de grote massa van dit volk. Alsof prullige bioscoopvoorstellingen, vuile couranten en dergelijke ook maar het geringste besef van vaderlandse grootheid konden opwekken, zelfs wanneer men hierbij de vroegere opvoeding van de enkeling buiten beschouwing laat, en een gezonde normale vatbaarheid voor indrukken veronderstelt.

Wat ik vroeger nimmer vermoed had, leerde ik destijds vlug en grondig begrijpen. Het vraagstuk, hoe men een volk zijn nationaal besef terug kan geven is in de eerste plaats een kwestie van het scheppen van gezonde sociale toestanden als fundament voor de opvoedingsmogelijkheden van de enkeling. Want alleen hij, wiens opvoeding er, thuis als op school, op gericht is, om hem de culturele, economische, voor alles echter de politieke grootheid van zijn eigen vaderland te leren kennen, kan en zal ook een grote trots gaan voelen, dat hij tot zulk een volk mag behoren. En strijden kan ik alleen voor dat, wat ik liefheb; ik kan alleen dat liefhebben, waarvoor ik eerbied gevoel; en om achting te kunnen gevoelen moet ik het voorwerp van die eerbied tenminste kennen.

Zodra mijn belangstelling voor de sociale kwestie gewekt was, begon ik haar ook zo diepgaand mogelijk te bestuderen. Het was een nieuwe, onbekende wereld, die hier voor mij openging. In de jaren 1909 en 1910 was er ook in mijn eigen toestand verandering gekomen, in zoverre, dat ik nu niet meer als los werkman mijn dagelijks brood behoefde te verdienen. Ik werkte destijds al zelfstandig als tekenaar en aquarellist. Hoe gering de verdienste in deze ook was — het was nauwelijks voldoende om van te leven

— de school, die ik hier doorliep, was echter voor het beroep, dat ik mij gekozen had, zeer goed. Nu was ik niet meer doodmoe, wanneer ik van mijn werk terugkeerde, zoals vroeger altijd het geval was, maar kon werkelijk af en toe eens een boek lezen, zonder na korte tijd in te dommelen. Het werk, dat ik nu verrichtte, was immers van dezelfde aard als mijn aanstaande beroep. Ook kon ik, nu ik heer en meester was over mijn eigen tijd, deze werkelijk beter indelen, dan vroeger mogelijk was. Ik schilderde om mijn brood te verdienen en leerde voor mijn genoegen. Hierdoor was het mij ook mogelijk, bij mijn aanschouwelijk onderwijs over het sociale probleem de noodzakelijke theoretische kennis dienaangaande op te doen.

Ik werkte zo ongeveer alles door, wat ik aan boeken op dit gehele gebied kon bemachtigen en dacht er overigens ook veel over na. Mijn omgeving moet mij destijds wel voor een zonderling hebben gehouden. Dat ik daarbij ook mijn studies op het gebied van de bouwkunst niet verwaarloosde, spreekt vanzelf. Want de bouwkunst scheen mij, naast de muziek, de koningin van de kunsten te zijn: Daarom had ik, wanneer ik mij met haar bezig hield, ook geen ogenblik het gevoel, „aan het werk" te zijn; integendeel dit waren de gelukkigste momenten, die ik destijds kende. Ik kon tot laat in de nacht lezen of tekenen, het vermoeide mij nooit. zo versterkte zich mijn geloof, dat mijn schone toekomstdroom, zij het ook eerst na lange jaren, toch werkelijkheid zou worden.

Ik was vast overtuigd, dat ik eenmaal als bouwmeester naam zou maken. Dat ik daarnaast tevens de grootste belangstelling bezat voor alles, wat met politiek in verband stond, scheen mij niet van groot belang. Integendeel: dit was in mijn ogen immers de vanzelfsprekende plicht van ieder denkend mens. Wie daarvoor geen begrip bezat, verloor immers het recht tot iedere kritiek, en iedere klacht. Ook hier las en leerde ik dus veel. Nu versta ik misschien onder „lezen" iets anders dan het grootste deel van onze zogenaamde „intellectuelen".

Ik ken mensen, die oneindig veel lezen, boek na boek, letter voor letter, en die ik toch niet „belezen" zou willen noemen. Zij bezitten weliswaar een overmatige hoeveelheid „kennis", maar hun hersens verstaan de kunst niet, het opgenomen materiaal in te delen en te registreren. Hun ontbreekt de gave, om uit een boek datgene wat voor hen van waarde is, op te delven om dat dan in hun hoofd voor altijd te bewaren en om de rest, zo mogelijk helemaal niet te zien, om het in ieder geval echter niet als doelloze ballast mee te slepen. Ook het lezen is immers niet zelf doel, maar enkel middel. Het dient in de eerste plaats mee te helpen om het kader, dat ieder zich door eigen aanleg en kundigheden opgelegd ziet, zo goed mogelijk te vullen; dus moet het de bouwstoffen en werktuigen leveren, die ieder afzonderlijk voor zijn levenstaak nodig heeft, onverschillig of die taak nu enkel bestaat uit het simpele „den kost verdienen" dan wel dat het er om gaat een hoge roeping te vervullen; in de tweede plaats echter moet het een middel zijn om de lezer een algemeen beeld te geven van de wereld.

Maar in beide gevallen is het noodzakelijk, dat de inhoud van het gelezene niet in de volgorde waarin het boek het weergaf, in ons geheugen bewaard blijft; evenmin mag de volgorde, waarin wij de boeken lazen, van enige invloed zijn. Nee, iedere eenheid moet afzonderlijk, als een mozaïeksteentje, de haar toekomende plaats in ons wereldbeeld vinden en moet er op die manier toe meewerken, dat dit wereldbeeld de lezer steeds zo scherp en volledig mogelijk voor de geest staat. Anders ontstaat er een verwarde massa „kennis", die enerzijds volkomen waardeloos is, en anderzijds de ongelukkige bezitter zonder reden verwaand maakt. Want deze meent nu werkelijk in alle ernst „ontwikkeld" te zijn, van het leven iets te begrijpen, kundigheden te bezitten, terwijl hij in werkelijkheid met ieder toenemen van een dergelijke „ontwikkeling" meer en meer van de wereld vervreemdt, totdat hij niet zelden of in een sanatorium of als politicus in een parlement terechtkomt.

Nooit zal het zo iemand mogen gelukken, uit de warboel van zijn „kennis" het juiste te voorschijn te halen voor de eis van het ogenblik, daar immers zijn geestelijke ballast niet in de lijn van het leven geordend gereed ligt, maar in de volgorde der boeken, die hij las. Mocht het noodlot bij zijn eisen voor het dagelijks leven hem al eens herinneren aan het eens gelezene, opdat hij er hier een goed gebruik van zou kunnen maken, dan zou het echter ook nog boek en bladzijde moeten noemen, daar de arme bloed anders in alle eeuwigheid het juiste niet zou vinden.

Aangezien het dit nu echter niet doet, geraken deze waanwijzen op ieder kritiek ogenblik in de grootste verlegenheid, zoeken krampachtig naar analoge gevallen en grijpen natuurlijk met onfeilbare zekerheid naar de verkeerde recepten. Indien dit niet zo ware, dan zouden de politieke prestaties van de bollebozen in de hoogste regeringsfuncties eenvoudig onverklaarbaar zijn, tenzij men dan, in plaats van pathologische aanleg, schurkachtige gemeenheid zou willen veronderstellen.

Wie echter de kunst van het juiste lezen te pakken heeft, die zal bij het doorwerken van ieder boek, ieder tijdschrift of iedere brochure dadelijk voelen wat voor hem – hetzij omdat het voor een speciaal geval betekenis heeft of omdat het in 't algemeen wetenswaardig is – de moeite waard is om onthouden te worden. Zodra datgene, wat men op die wijze verworven heeft, organisch is samengegroeid met het al aanwezige beeld, dat men zich van de zaak in kwestie gemaakt had, dan zal het óf verbeterend of aanvullend werken, dus of de juistheid of de duidelijkheid ervan verhogen. Legt nu het leven plotseling de een of andere kwestie ter toetsing of beantwoording voor, dan zal, bij zo'n manier van lezen, het geheugen ogenblikkelijk het al aanwezige, aanschouwelijke beeld te hulp roepen en daaruit alle, sinds tientallen jaren verzamelde bijdragen te voorschijn halen, die betrekking hebben op vragen van deze aard en zal met behulp hiervan de kwestie ophelderen of beantwoorden.

Alleen wanneer het zo gebeurt, heeft lezen zin en doel. Een redenaar bijvoorbeeld, die niet op zo'n wijze onderlegd is, zal nooit in staat zijn, om, wanneer men het niet met hem eens is, zijn mening op overtuigende wijze te verdedigen, al komt deze mening ook duizendmaal overeen met de waarheid en de werkelijkheid. Bij iedere discussie zal zijn geheugen hem smadelijk in de steek laten; hij zal al evenmin redenen vinden om hetgeen hijzelf beweerd heeft te staven, als argumenten tegen de mening van de tegenstander. Zolang het daarbij, zoals bij een redenaar, in de eerste plaats een blamage is voor de spreker zelf, dan heeft dit nog weinig te betekenen; maar het wordt ernstig wanneer het noodlot zo'n man, die veel „weet" maar niets kan, tot staatshoofd verheft.

Ik heb mij van mijn prilste jeugd af, ingespannen, om op juiste wijze te lezen en was daarbij zo gelukkig, zowel door mijn geheugen als door mijn verstand te worden ondersteund. En in dat opzicht was vooral de Weense tijd vruchtbaar en waardevol voor mij. De ervaringen van het dagelijks leven vormden een prikkel tot steeds nieuwe studie over de meest uiteenlopende problemen. Terwijl ik tenslotte daardoor in staat was, het hoe en waarom van de toestanden te vinden, en die theorie aan de werkelijkheid te toetsen, bleef ik voor twee gevaren gespaard, n.l. enerzijds het gevaar, om in de theorie te verstikken, anderzijds dat, om door de werkelijkheid te vervlakken. zo gaven in deze tijd de ervaringen van het dagelijks leven voor mij de doorslag in twee belangrijke vraagstukken — nog afgezien van de sociale kwestie — en werden mij tevens een aansporing om dieper op de theorie dezer vraagstukken in te gaan. Wie weet, wanneer ik er ooit toe zou zijn gekomen, om mij in de leer en het wezen van het marxisme te verdiepen, indien deze tijd dit vraagstuk niet letterlijk tot een eigen levensprobleem voor mij had gemaakt.

Wat ik in mijn jeugd van de sociaal-democratie wist, was bedroevend weinig en veelal onjuist. Dat zij de strijd voerde voor algemeen en geheim kiesrecht, deed mij innerlijk genoegen. Immers, mijn verstand zei mij toen al, dat dit moest leiden tot een verzwakking van de heerschappij van de Habsburgers. In de overtuiging dat de Donaumonarchie, behalve dan door opoffering van haar Duitse karakter, toch nooit te behouden zou zijn, dat echter zelfs indien men had toegestemd in een langzame Slavisering van het Duitse element, men nog geenszins de zekerheid zou hebben gehad, dat er dan ook werkelijk een levensvatbaar rijk zou ontstaan, daar de staatsvormende kracht van het Slavendom niet dan zeer zwak kan worden genoemd, juichte ik iedere ontwikkeling toe, die, mijns inziens, deze tegennatuurlijke staat ten val kon brengen, deze staat, die tien miljoen Duitsers ter dood veroordeelde.

En hoe meer de chaos van talen het parlement aantastte en uiteenscheurde, des te nader kwam het uur, dat dit Babylonische rijk ineenzakte, maar daarmee ook het uur der vrijheid voor mijn Duits-Oostenrijkse volk. Want alleen zo kon eenmaal de „Anschlusz" aan RijksDuitsland weer bereikt worden. Zodoende stond ik dus niet onsympathiek tegenover de actie van de sociaal-democratie. Ik was destijds nog zo argeloos en dom om te geloven, dat het inderdaad haar einddoel was, de levensvoorwaarden van de arbeiders te verbeteren en dat scheen mij eerder voor dan tegen haar te pleiten. Wat mij het meest in haar afstootte, was haar vijandige houding in de strijd om het behoud van ons Duitse karakter, en haar erbarmelijk gekruip en gelik om de gunst van de Slavische „partijgenoten", die zich dit, voorzover het gepaard ging met materiele voordelen, graag lieten aanleunen, maar zich overigens met een arrogant schouderophalen afzijdig hielden en zo de opdringerige bedelaars hun verdiende loon gaven. Zodoende was mij, toen ik zeventien jaar oud was, het woord marxisme feitelijk nog onbekend, terwijl „sociaal-democratie" en socialisme begrippen van dezelfde orde waren voor mij. Ook hier was eerst weer de vuist van het noodlot nodig, om mij de ogen te openen voor dit hoogst schandelijke volksbedrog.

Tot dusver was ik alleen nog maar als toeschouwer bij enkele massademonstraties met de sociaal democratische partij in aanraking gekomen, en miste ik werkelijk ieder inzicht in de mentaliteit van haar aanhangers of zelfs in het wezen van haar leer. Nu kwam ik opeens in aanraking met de producten van haar opvoeding en „wereld-beschouwing". En wat anders misschien pas na tientallen van jaren opgekomen zou zijn, dat groeide nu in de loop van luttele maanden! het besef namelijk, dat zich hier onder het mom van sociaal besef en van naastenliefde een pestilentie verbergt, van zodanige aard, dat het der mensheid geraden is, de aarde zo spoedig mogelijk hiervan te verlossen, omdat het anders maar al te licht zou kunnen gebeuren, dat de aarde van de mensen verlost raakt.

Bij een woningbouw had mijn eerste ontmoeting met de sociaal democratie plaats. Nu waren de omstandigheden waaronder deze kennismaking plaats vond, al van het begin af, niet ideaal geweest. Mijn kleding was nog enigszins in orde, mijn taal verzorgd en mijn houding iets gereserveerd. Ik had met mij zelf teveel uit te vechten, dan dat ik mij veel met mijn omgeving had kunnen bemoeien. Ik zocht alleen maar naar werk, om niet te verhongeren, en om mij daardoor, hoe langzaam ook, verder te kunnen ontwikkelen. Ik zou mij om mijn nieuwe omgeving misschien helemaal niet hebben bekommerd, wanneer niet al op de derde of vierde dag een gebeurtenis had plaats gevonden, die mij onmiddellijk dwong, partij te kiezen.

Men rade mij vermanend aan, me bij een bepaalde organisatie aan te sluiten. Nu wist ik destijds nog absoluut niets van de vakbeweging af. Ik zou haar doelmatigheid al evenmin als haar ondoelmatigheid hebben kunnen verdedigen. Maar omdat men mij zei, dat ik toetreden moest, weigerde ik. Ik gaf hiervoor als reden op, dat ik van de zaak geen verstand had, maar dat er absoluut niets bestond, waartoe ik mij liet dwingen. Misschien was dat de reden, dat men mij er niet onmiddellijk uitgooide.

Mogelijk hoopte men wel, dat ik na een paar dagen bekeerd of murw geworden zou zijn. In ieder geval heeft men zich daarin volkomen vergist. Na veertien dagen kon ik al niet meer lid worden, ook indien ik nog gewild had. In deze veertien dagen leerde ik mijn omgeving nader kennen, en het resultaat daarvan was, dat geen macht ter wereld mij meer had kunnen bewegen, toe te treden tot een organisatie, welker ware mentaliteit mij intussen in de persoon van haar aanhangers, in alle afzichtelijkheid duidelijk geworden was. De eerste dagen ergerde ik mij. 's Middags ging een gedeelte naar de nabij gelegen herbergen, terwijl een ander deel op de bouwplaats bleef en daar zijn, meestal zeer armelijk, middagmaal gebruikte.

Dit waren de getrouwde mannen, wier vrouwen in armzalig vaatwerk de middagsoep kwamen brengen. Tegen het einde van de week werd dit laatste aantal steeds groter; pas later begreep ik, waarom. Ik dronk mijn fles melk en at mijn stuk brood ergens aan de kant en bestudeerde voorzichtig mijn nieuwe omgeving of dacht na over mijn eigen ellendig lot. Niettemin hoorde ik meer dan genoeg; ook scheen het mij dikwijls toe, alsof men opzettelijk dichter bij mij kwam zitten; misschien om mij er zo toe te brengen, partij te kiezen. In ieder geval was dat, wat ik zoal hoorde, wel geschikt, om mij tot het uiterste te prikkelen. Men gaf op letterlijk alles af; de natie, die een uitvinding van de „kapitalistische" — hoe dikwijls moest ik alleen dit woord niet horen — klasse was; het vaderland, dat een instrument van de bourgeoisie om „de arbeidersklassen uit te buiten" genoemd werd; de school, als instituut tot het kweken van slaven, maar ook van slavenhouders, de Godsdienst als domhoudertje voor het volk, dat uitgebuit moest worden, de moraal als teken van domme, schaapachtige gedweeheid, enz.

Er was werkelijk niets, dat niet op een zeer minderwaardige manier werd gehekeld en bezwadderd. Eerst trachtte ik te zwijgen. Tenslotte was echter ook dat niet meer mogelijk. Ik begon partij te kiezen, begon tegen te spreken. Toen moest ik inderdaad erkennen, dat dit volkomen kansloos was, zolang ik niet een bepaalde kennis had over de omstreden punten. Daarom begon ik om de bronnen te onderzoeken, waaruit zij hun vermeende wijsheid putten. Boek na boek, brochure na brochure kwam nu aan de beurt. Op de aanbouw ging het nu dikwijls warm toe. Ik streed, van dag tot dag, ook over hun eigen stellingen beter ingelicht dan mijn tegenstanders zelf, tot op zekeren dag dat middel te baat genomen werd, dat inderdaad het gemakkelijkst in staat is, om het verstand te verslaan: de terreur, het geweld.

Enige woordvoerders van de tegenpartij stelden mij voor de keuze, om of de aanbouw dadelijk te verlaten, of van de steiger te worden geworpen. Daar ik alleen was en tegenstand niets gebaat zou hebben, gaf ik er de voorkeur aan, om, weer een ervaring rijker, het eerste te kiezen. Ik ging, van walging vervuld, maar was tegelijkertijd zo geschokt, dat het mij geheel onmogelijk zou zijn geweest, om me nu nog langer afzijdig te houden van dit vraagstuk. Nee, toen de eerste diepe verontwaardiging voorbij was, kreeg de koppigheid weer de overhand. Ik was vast besloten, toch weer werk te zoeken bij een nieuwbouw. In dit besluit werd ik nog gesterkt door de nood, die, toen enige weken later mijn geringe spaargelden opgebruikt waren, weer mijn bitter deel werd. Nu moest ik, of ik wilde of niet. En het spel begon dan ook van voren af aan, en eindigde op soortgelijke wijze als de eerste maal.

Destijds vocht ik in mijzelf een moeilijke strijd uit over de vraag, of deze mensen nog waardig waren, om tot een groot volk te behoren?! Een pijnigende vraag, want wordt zij met ja beantwoord, dan is de strijd voor het behoud van de volkseigenheden werkelijk niet meer de moeite en offers waard, die de besten voor zulk een uitschot moeten brengen; luidt het antwoord echter nee, dan heeft ons volk dus al gebrek aan mensen. Ongerust en beklemd zag ik in zulke dagen van peinzen en tobben, hoe het aantal van diegenen, die niet meer tot hun volk gerekend konden worden, aangroeide tot een dreigende legerschaar. Het waren nu wel geheel andere gevoelens, die zich van mij meester maakten, toen ik op zekere dag ter gelegenheid van een demonstratie weer de eindeloze rijen Weense arbeiders zag voorbij trekken.

Bijna twee uur lang stond ik daar en aanschouwde met ingehouden adem die ontzaglijke reuzenslang van mensen, die langzaam voorbij kroop. In gedrukte stemming verliet ik tenslotte mijn plaats en wandelde naar huis. Onderweg zag ik in een sigarenwinkel de „Arbeiterzeitung" het centrale orgaan van de oude Oostenrijkse sociaal democratie hangen. Weliswaar lag het blad ook in het goedkope volkskoffiehuis, waar ik dikwijls kwam, om er kranten te lezen, maar tot dusver had ik mijn walging nog niet zozeer weten te onderdrukken, dat ik dat miserabele blad, waarvan zowel toon als inhoud als geestelijk vitriool op mij werkten, langer dan twee minuten had kunnen inkijken. De deprimerende indruk, die de demonstratie bij mij had wakker geroepen, drong mij nu, om het blad eens te kopen en het dan grondig te lezen. 's Avonds deed ik dat dan ook, waarbij ik menig maal mijn opkomende woede over deze geconcentreerde oplossing van leugen moest onderdrukken.

Ik zag nu al spoedig, dat niet zozeer het doorwerken van de theoretische geschriften der sociaal-democratie, als wel de dagelijkse lectuur van haar pers het best geschikt was, om mij spoedig de ware inhoud en het ware karakter van deze gedachtewereld bloot te leggen. Want wat voor verschil bestaat er niet tussen de theoretische literatuur enerzijds, met haar schitterende frasen over vrijheid, schoonheid en waardigheid, haar misleidend woordenspel, dat zich de air geeft, alsof het er eindelijk, na veel moeite, in is geslaagd, de hoogste wijsheid uit te drukken, haar stuitend humanistische moraal – en dat alles dan nog met de koele zekerheid van een profeet neergeschreven — en anderzijds de grenzeloos grove en platte dagbladpers van deze heilsleer van de nieuwe mensheid, die geen gemeenheid te laag acht, die met iedere laster werkt, en een waarlijk ongelooflijke virtuositeit in het liegen heeft bereikt.

Het eerste is bestemd voor de onnozele halzen uit de middenstand en natuurlijk ook uit de „intellectuele kringen", het andere voor de massa. En van het ogenblik af, dat ik mij verdiepte in de literatuur en de pers van deze leer en organisatie, vond ik de weg naar mijn volk terug. Wat mij eerst een onoverbrugbare kloof toescheen, zou nu aanleiding worden tot een nog grotere liefde dan ooit te voren. Alleen een dwaas kan wanneer hij van dit ongehoorde vergiftigingswerk af weet, nog bovendien het slachtoffer veroordelen. Hoe meer ik mij in de volgende jaren onafhankelijk maakte, des te meer groeide mijn verwijdering van deze gedachtewereld, mijn inzicht in de diepere oorzaken der sociaal-democratische successen. Thans begreep ik de betekenis van de brutale eis, om enkel rode kranten te lezen, enkel rode vergaderingen te bezoeken, enkel rode boeken te lezen, enz. En duidelijk zag ik de onvermijdelijke gevolgen voor mij, waartoe deze leer der onverdraagzaamheid moest leiden. De ziel der grote massa is niet ontvankelijk voor iets, wat halfslachtig en zwak is.

Evenals de vrouw, wier gevoelens ook veel minder bepaald worden door abstracte verstandelijke redenen, maar veel meer door een ondefinieerbaar instinctief verlangen naar aanvullende kracht, en die zich daarom liever buigt voor de sterke, dan dat zij de zwakke beheerst, verkiest ook de massa de heerser boven de smekeling en voelt zich innerlijk meer bevredigd door een leer, die geen andere naast zich duldt, dan door een, die haar in liberale zin de vrijheid laat, zij weet met die vrijheid dan ook maar weinig te beginnen en voelt zichzelf min of meer verlaten.

Het komt niet in haar op, hoe onbeschaamd de terreur is, die zodoende op haar wordt uitgeoefend, zij voelt niet, hoe schandelijk haar menselijke vrijheid hier wordt beknot, eenvoudig, omdat zij in de verste verte niet vermoedt, hoe vals en onjuist deze leer in wezen is. Zodoende ziet zij — de massa — enkel de meedogenloze kracht, en het brute geweld, dat in al de doelbewuste uitingen van deze leer aan de dag treedt, – en dit is iets, waarvoor zij tenslotte altijd buigt. Indien tegenover de sociaal-democratie een leer gesteld wordt van groter waarachtigheid, maar even grote onverzoenlijkheid, dan zal de laatste overwinnen, zij het dan ook na zeer zware strijd.

Voordat er twee jaar verlopen waren, kende ik zowel de leer als ook de techniek van de sociaal-democratie terdege. Ik begreep de schandelijke geestelijke terreur, die deze beweging vooral op de bourgeoisie uitoefent, die tegen zulke aanvallen noch moreel, noch door kracht van overtuiging opgewassen is, een terreur die hoofdzakelijk hierin bestaat, dat op een gegeven teken altijd een formeel trommelvuur van leugen en laster los barst tegen de tegenstander die als het gevaarlijkst wordt beschouwd, wat dan zolang wordt voortgezet, tot de zenuwen van de aangevallenen het begeven, en zij, alleen om maar weer rust te hebben, de grote vijand van de heren marxisten in de steek laten.

Het spel begint opnieuw en wordt zo dikwijls herhaald, tot de vrees voor de boze boeman tot een hypnotische verlamming leidt. Daar de sociaal-democratie de waarde van de kracht uit eigen ondervinding het best kent, loopt zij ook bij voorkeur storm tegen diegenen, die zij er van verdenkt in het bezit te zijn van een gering kwantum van deze, toch al zo zeldzame, bouwstof. Voorts prijst zij iedere zwakkeling aan de andere zijde, nu eens voorzichtig, dan weer luider, naar gelang van zijn vermeende of gebleken geestelijke capaciteiten. Zij heeft minder angst voor een zwak en willoos genie dan voor een energieke figuur met bescheiden geestelijke gaven.

Maar de meest uitbundige loftuitingen heeft ze voor diegenen, die zowel energie als geest missen. Zij weet de schijn te wekken, alsof alleen op die manier de rust kan worden gehandhaafd, terwijl zij ondertussen wijs en voorzichtig, maar niettemin onvermoeibaar de ene positie na de andere verovert, nu eens door chantage, dan weer door doodgewone diefstal op ogenblikken, dat de algemene aandacht op andere dingen gevestigd is, en of niet gestoord wil worden oftewel de kwestie te nietig acht, om er ophef over te maken, waardoor immers de lastige tegenstander ook weer onmiddellijk op zijn achterste benen zou staan. Deze tactiek is in haar soort een meesterwerk dat met alle menselijke zwakheden nauwkeurig rekening houdt, en bijna wiskundig zeker tot succes moet leiden, indien tenminste de tegenpartij niet leert, om gifgas met gifgas te bestrijden. Hierbij moet men de zwakkere karakters er van doordringen, dat het hier een kwestie is van zijn of niet zijn. Al spoedig werd mij ook de betekenis der lichamelijke terreur tegen de enkeling, of tegen de massa duidelijk.

Ook hierbij wordt natuurlijk de psychologische uitwerking zo nauwkeurig mogelijk berekend. De terreur in de werkplaatsen, in de fabriek, in vergaderlokalen, en bij massademonstraties zal altijd met succes bekroond worden, wanneer ze niet een even grote terreur tegenover zich vindt.

Ongetwijfeld zal de partij in dat geval een ontzettend gehuil aanheffen, en moord en brand gaan schreeuwen, ze zal hoewel ze vanouds de staatsmacht veracht, deze jammerend te hulp roepen, en zal in de meeste gevallen door de algemene verwarring werkelijk haar doel bereiken, zij zal namelijk een ezelachtige ambtenaar vinden, die – in de dwaze hoop, zich voor later de genegenheid van de gevreesde tegenstander te verzekeren – de vijand van deze wereldpest helpt neerslaan.

Welke indruk zo'n afloop maakt op de mening van de grote massa, zowel op de aanhangers, als op de tegenstanders, kan alleen hij beoordelen, die de ziel van het volk niet uit boeken, maar uit het leven kent. Want, terwijl in de rijen van haar aanhangers de behaalde zege nu beschouwd wordt als de overwinning van de eigen rechtvaardige zaak, wanhoopt de verslagen tegenstander in de meeste gevallen aan het nut van ieder verder verzet. Hoe meer ik de methoden van deze terreur – en vooral die van de lichamelijke – leerde kennen, des te kleiner werd voor mij de schuld van de honderdduizenden, die voor deze dwang hadden gebukt. Maar voor één ding zal ik die harden en moeilijken tijd steeds dankbaar blijven; dat hij het was, en hij alleen, die mij mijn volk heeft terug gegeven, en dat ik leerde, de slachtoffers van de verleiders te onderscheiden. En anders dan slachtoffers kan men datgene, wat er na deze geestelijke mishandeling nog van de mensen is overgebleven, niet noemen. Want deze poging, om in enkele flitsen het wezen van deze „onderste" lagen van de bevolking naar het leven te schetsen, zou niet volledig zijn, wanneer ik niet erkende, dat ik in deze diepten toch ook weer lichtpunten vond zoals bijvoorbeeld een, dikwijls zeer grote, offervaardigheid, aller trouwste kameraadschap, buitengewone tevredenheid en bescheidenheid, vooral onder de oudere arbeiders.

En hoewel deze deugden ook bij de jongere generatie meer en meer teloor gingen, alleen al door de invloed, die van het grotestadsleven uitging, toch waren er ook zelfs hier nog velen, wier kerngezonde bloed de laagheden van het leven overwon. Dat deze brave, dikwijls hoogstaande mensen, in de politiek toch meestal de partij van de doodsvijanden van het volk kozen, en deze zo versterkten, kwam doordat zij de perfiditeit van die nieuwe leer niet begrepen en ook niet konden begrijpen; ook werd dit veroorzaakt door het feit, dat niemand anders het nodig achtte, zich om hen te bekommeren, en tenslotte, doordat de dwang van de sociale omstandigheden tóch sterker was, dan iedere, mogelijk aanwezige, wil om zichzelf te blijven.

De nood, die de een of andere dag toch hun deel zou worden, dreef hen toch nog het kamp der sociaal-democratie binnen. Daar de bourgeoisie zich ontelbare malen op de meest onhandige, maar ook meest immorele manier verzette tegen letterlijk iedere eis – zelfs tegen een, die een uitvloeisel van de meest elementaire menselijkheid was – en dat dan dikwijls nog zonder enig nut uit een dergelijke houding te verkrijgen of zelfs geheel zonder zulk een nut of voordeel te kunnen verwachten, werd ook de fatsoenlijke arbeider uit de vakorganisatie tot politieke activiteit gedreven.

Ongetwijfeld stonden aanvankelijk miljoenen arbeiders in hun hart vijandig tegenover de sociaal democratische partij, maar deze afkeer werd tenslotte overwonnen door de dikwijls krankzinnige wijze, waarop de burgerlijke partijen zich tegen iedere eis van sociale aard teweer stelden. Dit stomme botte afwijzen van iedere poging om de sociale toestanden te verbeteren, om bij sommige machines beschermende maatregelen te treffen, om de kinderarbeid te beperken, om de vrouw, tenminste in de maanden, dat ze een kind onder het hart draagt, te beschermen, – dit alles werkte er toe mee, om de massa in de armen van de sociaal-democratie te drijven, die al deze bewijzen van die ellendige mentaliteit dankbaar gebruikte, om er politieke munt uit te slaan.

Nooit kan de politieke bourgeoisie weer goedmaken, wat ze hier misdeed. Want door zich te verzetten tegen iedere poging, om sociale misstanden op te heffen, zaaide ze haat en rechtvaardigde schijnbaar de beweringen van de doodsvijanden van het gehele volk, dat alleen de sociaal democratische partij voor de belangen van het werkende volk opkwam.

De bourgeoisie schiep zodoende in de eerste plaats de morele rechtvaardiging voor het bestaan van vakverenigingen, de organisatie, die steeds de grootste werfkracht der politieke partij is gebleken. In mijn leerjaren te Wenen werd ik gedwongen, of ik wilde of niet, om ook mijn houding te bepalen ten opzichte van de vakverenigingen Daar ik ze voor een onafscheidelijk bestanddeel van de sociaal democratische partij zelf aanzag, was mijn oordeel snel gereed – en onjuist. Ik wees ze, vanzelfsprekend, rondweg af. Ook in dit, zo buitengewoon belangrijke vraagstuk gaf het lot mij onderricht. En de uitwerking hiervan was, dat ik mijn oorspronkelijk oordeel herzag. Toen ik twintig jaar oud was, had ik geleerd, onderscheid te maken tussen de vakvereniging als middel tot verdediging van sociale rechten voor de arbeidnemers in het algemeen, en tot verovering van een levenspeil in het bijzonder — en de vakvereniging als instrument van de partij van de politieke klassenstrijd. Het feit, dat de sociaal democratie de enorme betekenis van de vakbeweging inzag, gaf haar dat instrument en daarmee het succes in handen.

Dat de bourgeoisie dit niet begreep, kostte haar politieke positie. Zij meende met een hooghartig afwijzend gebaar een logische ontwikkeling te kunnen weerhouden en dwong deze daardoor nu in onlogische banen. Want dat de vakbeweging als zodanig vijandig tegenover het vaderland zou moeten staan, is onzin en bovendien niet waar. Eerder is het tegendeel juist. Want de vakvereniging heeft ten doel om de bestaansmogelijkheden te verbeteren van een stand, die één der hoofdpijlers van de natie is; en daardoor is niet alleen iedere beschuldiging van vijandschap harerzijds, tegen vaderland of staat, ten ene male misplaatst, maar kan men alleen zeggen, dat ze „nationaal" is in de beste betekenis van het woord.

Zij immers helpt mee de sociale toestanden te scheppen, zonder welke een nationale opvoeding eenvoudig niet denkbaar is. Zij spant zich in, om de sociale kankergezwellen, die ons volk naar lichaam en geest uitmergelen, te verwijderen; hierdoor draagt zij bij tot de algemene gezondheid van het volk, en maakt zich zodoende hoogst verdienstelijk. De vraag of zij noodzakelijk is, mag dus waarlijk overbodig worden genoemd.

Zolang er onder de werkgevers nog mensen zijn met een tekort aan sociaal besef, die zelfs het gevoel voor recht en redelijkheid ontbreekt, is het niet alleen het recht, maar ook de plicht van hun werknemers, die toch een deel van ons volk vormen, om de algemene belangen te beschermen tegen de hebzucht en het wanbegrip van een enkeling; want het handhaven van trouw en geloof in een volk is evenzeer in het belang der natie, als het behoud van zijn lichamelijke gezondheid. Beide worden door een minderwaardig slag werkgevers, die ieder saamhorigheidsgevoel met de volksgemeenschap missen, ernstig bedreigd. Want de toekomst zal de gevolgen van hun hebzucht of meedogenloosheid pijnlijk voelen. Zodoende werkt iedereen, die een dergelijke ontwikkeling tegengaat door haar oorzaken te vernietigen, in het belang der natie, en geenszins anti nationaal.

Laat men nu niet komen met het argument, dat het toch iedereen vrijstaat, om de consequenties te trekken uit een werkelijk of vermeend onrecht, dus om heen te gaan. Nee! Dat is maar een schijnargument en moet gebrandmerkt worden als een poging, om de aandacht van de werkelijke kwestie af te leiden. De opruiming van sociale misstanden is of in het belang der natie of niet. Zo ja, dan moet de strijd ertegen aangebonden worden met de wapens, die kans op succes geven.

De arbeider alléén echter is nimmer in staat, om iets te beginnen tegen de macht van de grote werkgever, aangezien het hier onmogelijk de vraag kan zijn wie gelijk of wie het meest gelijk heeft – in dat geval, wanneer men dus erkende, dat het een kwestie van recht was, zou er immers in het geheel geen aanleiding zijn voor onenigheid – maar het hier eenvoudig alleen om brute macht gaat. Anders zou het aanwezige rechtsgevoel alleen al de strijd op eerlijke wijze beslechten, of juister, het zou die strijd voorkomen. Nee, wanneer ergens een onsociale of onwaardige behandeling van mensen tot verzet leidt, dan kan deze strijd, zolang niet wettelijke rechtelijke instanties geschapen worden, om een einde te maken aan deze misstanden, slechts beslist worden door het recht van de sterkste. Hierdoor komt men echter noodzakelijkerwijze tot de conclusie dat de arbeiders, wanneer ze althans niet al van te voren iedere kans op overwinning willen laten varen, in staat moeten zijn, in de ondeelbaar geheel tegen de patroon op te treden, in wiens persoon immers ook de gehele macht is geconcentreerd.

Zo kan de vakorganisatie het sociale vraagstuk in de praktijk helpen oplossen, en kunnen hierdoor de aloude twistpunten, die telkens weer tot ontevredenheid plachten te leiden, worden vernietigd. Dat dit heden ten dage nog niet het geval is, moet voor een zeer groot deel worden geweten aan diegenen, die de kunst verstonden, letterlijk iedere sociale wet te dwarsbomen, of door middel van hun politieke invloed te voorkomen. En terwijl nu de politieke bourgeoisie de betekenis van de vakorganisatie niet inzag, of beter, niet wilde inzien en die vakorganisatie overal en altijd tegenwerkte, trok de sociaal-democratie zich het lot van de omstreden beweging aan. Zij gaf daarmee blijk van een scherpe blik, en schiep zichzelf door deze hulpverlening een stevige basis, die al enige malen op kritieke momenten de laatste redder uit de nood bleek te zijn.

De sociaal-democratie heeft er nimmer aan gedacht, om toe te staan, dat de zo veroverde vakbeweging ook inderdaad haar werkelijke taak vervulde. Nee. In enkele tientallen jaren was onder haar vaardige hand uit het middel der verdediging van de sociale rechten van de mens, een instrument gegroeid tot vernietiging van de nationale huishouding. Hierdoor raakte echter het eigenlijke doel op de achtergrond en streefde deze misbruikte vakbeweging voortaan geheel andere doeleinden na.

Want ook in politiek opzicht biedt het gebruik van economische dwangmiddelen gelegenheid, om altijd chantage te plegen, wanneer aan de ene kant maar voldoende gewetenloosheid, en aan de andere kant maar voldoende dom schaapachtig geduld is. En aan deze beide voorwaarden was hier voldaan.

In het begin van de twintigste eeuw had de vakbeweging al lang opgehouden, haar vroegere taak te vervullen. Van jaar tot jaar was zij meer een werktuig van de sociaal democratische politiek geworden, en werd tenslotte voor niets anders meer gebruikt, dan als stormram bij de klasse strijd. Zij moest het gehele, met zoveel moeite tot stand gekomen bouwwerk der nationale economie door voortdurende schokken tenslotte tot instorting brengen, waardoor dan het staatsgebouw, dat dus van zijn economische grondvesten beroofd was, gemakkelijker een eender lot zou kunnen ondergaan.

De behartiging van de werkelijke behoeften van de arbeiders raakte hierdoor steeds meer op de achtergrond. Ja, uiteindelijk bleek de hoogste politieke wijsheid zelfs te vereisen, dat er helemaal niets meer werd gedaan, om de sociale en zelfs de culturele noden der brede massa te lenigen, daar men dan immers gevaar liep, dat de verlangens van deze mensen bevredigd zouden worden, waardoor men ze niet langer als willoze stoottroep zou kunnen gebruiken. Een dergelijke ontwikkeling, die de heren leiders van de klassenstrijd maar al te waarschijnlijk voorkwam, joeg hun zo'n angst aan, dat zij tenslotte iedere werkelijk effectieve sociale verbetering kortweg afwezen, en zich zelfs uit alle macht daartegen verzetten.

Mochten er zijn, die een dergelijke houding onverstandig achtten, dan was men om een motivering nooit verlegen. Want doordat men de eisen steeds hoger opvoerde, scheen de kans op een vervulling daarvan klein en onbeduidend. En hierdoor kon men de massa wijsmaken, dat het weer ging om een duivelse poging door de inwilliging van zulk een bespottelijk onbelangrijk onderdeel van de heiligste rechten der arbeiders, hun stootkracht voor een koopje te verzwakken – ja, zo mogelijk lam te leggen.

Gezien het geringe denkvermogen van de grote massa hoeft men zich over het succes van zulke methode niet te verwonderen. In het burgerlijke kamp was men verontwaardigd over de zo kennelijke onwaarachtigheid van de sociaal-democratische tactiek, maar men wist daaruit ook niet de geringste nuttige les te putten voor de richtlijnen van het eigen beleid. Juist de vrees van de sociaal-democratie voor iedere werkelijke opheffing van de arbeidersstand uit de diepte van zijn tegenwoordige culturele en sociale ellende had een reden moeten zijn, dat men zich aan de overzijde tot het uiterste inspande, juist óm deze verbetering te bereiken en om de aanhangers van de klassenstrijd hierdoor langzamerhand dit wapen der ontevredenheid uit de handen te wringen.

Dit gebeurde echter niet. In plaats van, door middel van een eigen aanval, de stelling van de vijand te nemen, liet men zich liever dringen en dwingen, en greep tenslotte naar volkomen ontoereikende middelen, die zonder uitwerking bleven, omdat ze te laat kwamen, en ook gemakkelijk af te weren waren, omdat ze te weinig betekenden. Zodoende bleef in werkelijkheid alles bij het oude, alleen was de ontevredenheid groter dan te voren.

Als een dreigende onweerswolk hing destijds al de „vrije vakvereniging" boven de politieke horizon en boven het bestaan van de enkeling. Zij was een van de vreselijkste terreurwerk- tuigen tegen de veiligheid en de onafhankelijkheid van de nationale economie, tegen de stevigheid van de staat en de persoonlijke vrijheid. Zij was het, meer dan iets of iemand anders, die het begrip democratie tot een weerzinwekkend belachelijke frase maakte, die de vrijheid schond en de meest grove bespotting van iedere idee van broederschap was, door de haar maar al te zeer nagestreefde leus: „Und willst du nicht Genosse sein, so schlagen wir dir die Schädel ein." (En wil je onze kameraad niet zijn, dan slaan wij je de hersens in.)

Zo leerde ik destijds deze vrienden van de mensheid kennen. In de loop der jaren heeft mijn mening over haar zich wel verbreed en verdiept maar te veranderen behoefde ik ze niet. Hoe meer inzicht ik kreeg in het uiterlijke wezen van de sociaal- democratie, des te groter werd mijn verlangen, om de eigenlijke kern van deze leer te begrijpen. De officiële partijliteratuur kon hierbij natuurlijk maar van weinig nut zijn. Zij is, waar het economische kwesties betreft, onjuist in stelling en bewijs; waar politieke doelstellingen behandeld worden, is ze leugenachtig.

Daarbij kwam, dat vooral de nieuwe, rechtsverdraaide wijze van uitdrukking en de manier, waarop de dingen werden voorgesteld, mij zeer tegen de borst stuitten. Met een geweldigen stroom van vage of onbegrijpelijke woorden flanst men zinnen samen, die even zinloos zijn, als ze geniaal willen schijnen. Alleen het meest decadente gedeelte van onze grote stads bohème kan zich behaaglijk voelen in dit doolhof van het verstand, en alleen dit allegaartje ziet kans om uit de mest van dit literair dadaïsme nog „innerlijk beleven" op te vissen; een mogelijkheid, die natuurlijk nog vergroot wordt door de spreekwoordelijke bescheidenheid van een deel van ons volk, dat in de woorden des te diepere wijsheid vermoedt, naarmate het er zelf minder van begrijpt. Maar ik kreeg, door zo de onwaarachtigheid en innerlijke tegenstrijdigheid van de theorie en het werkelijke beeld, dat zij ons bood, te vergelijken, langzamerhand een helder inzicht in de werkelijke bedoelingen van deze leer.

In zulke uren bekropen mij sombere voorgevoelens en vreesde ik het ergste. Ik zag dan een leer voor mij, die uit egoïsme en haat was opgebouwd, die wiskundig zeker de overwinning kon behalen, maar die daardoor tot de verdelging van de mensheid zou leiden. Want ik had ondertussen het verband leren zien tussen deze leer van de vernietiging en het karakter van een volk, dat mij tot die tijd bijna volkomen onbekend was geweest.

Want alleen hij, die het Jodendom door en door kent, is in staat, om de diepste, dus de werkelijke bedoelingen van de sociaal- democratie te doorgronden. Hij die dit volk kent, doorziet al de valse voorstellingen, die deze partij omtrent haar doel en streven wekt, en ziet uit de mist van sociale frasen, het ware gezicht van het marxisme opdoemen: een grijnzende satanskop.

Het is moeilijk, zo niet onmogelijk voor mij, om vast te stellen, wanneer het woord „Jood" mij voor de eerste keer tot nadenken bracht. Ik herinner mij niet, dat ik in het ouderlijk huis, zolang vader leefde, het woord ooit heb gehoord. Ik geloof, dat de oude heer al in een mogelijke bijzondere nadruk, die men op deze naam had gelegd, een symptoom van een laag beschavingspeil zou hebben gezien. Hij was in de loop van zijn leven tot min of meer wereldburgerlijke opvattingen gekomen, die niet alleen niet in botsing kwamen met zijn sterk nationale overtuiging, maar ook nog enigszins op mij overgingen. Ook op school was er geen bijzondere aanleiding voor mij om deze traditionele opvatting te herzien.

Op de HBS leerde ik wel een Joodse jongen kennen, die door ons allen met enige terughoudendheid werd behandeld, maar dit was alleen, omdat wij, ook al gewaarschuwd door enige ervaringen die wij met hem hadden opgedaan, zijn geslotenheid niet erg vertrouwden; de een of andere bijgedachte kwam daarbij al evenmin in mij als in de anderen op. Pas op dertien- of veertienjarige leeftijd kwam ik het woord Jood af en toe tegen, onder meer in politieke gesprekken. Ik voelde enige antipathie tegen dat woord, en kon nooit dat onaangename gevoel onderdrukken, dat mij steeds bekroop, wanneer godsdienstige ruzietjes in mijn tegenwoordigheid werden uitgevochten. Want een andere zijde zag ik destijds nog niet aan deze kwestie. Linz telde slechts zeer weinig Joden. In de loop van de eeuwen had hun uiterlijk zich vereuropeest en was menselijk geworden; ja, ik zag ze zelfs voor Duitsers aan. Het dwaze van deze opvatting drong nog niet tot mij door, omdat ik immers meende, in de afwijkende godsdienst het verschil te moeten zien. Dat zij, naar ik toen meende, om die reden vervolgd zouden zijn, deed dikwijls mijn afkeer van onsympathieke uitlatingen over hen bijna tot afschuw groeien.

De mogelijkheid van een doelbewuste strijd tegen het Jodendom kwam destijds nog geen ogenblik bij mij op. En toen ging ik naar Wenen. Geboeid door de veelheid van indrukken op het gebied van architectuur en terneergeslagen als ik was door de zwaarte van mijn eigen lot, had ik de eerste tijd geen oog voor de wijze, waarop de bevolking van deze reuzenstad was samengesteld. Hoewel Wenen al in deze jaren op een totaal aantal inwoners van twee miljoen, omstreeks twee maal honderdduizend Joden telde, viel mij dit niet op. Mijn oog en geest waren nog niet bij machte, de invloed van nieuwe waarden en gedachten, die in de eerste weken hier op mij instormden, zo maar te verwerken. Pas toen de rust langzamerhand terugkeerde en er enige tekening in de chaos begon te komen, keek ik mijn nieuwe wereld eens beter rond en stuitte ik nu ook op het Jodenvraagstuk.

Ik wil niet beweren, dat de manier, waarop ik met deze kwestie in aanraking kwam, mij nu bepaald aangenaam aandeed. Nog steeds zag ik in het Jodendom enkel een godsdienstige sekte, en stond daarom ook hier scherp afwijzend tegenover de gedachte aan de bestrijding van deze bepaalde religie.

Juist op dit gebied scheen mij een algemene verdraagzaamheid de aangewezen houding. zo vond ik ook de toon, waarop deze discussie werd gevoerd, en vooral die, welke de Weense antisemitische pers aansloeg, de oude traditionele beschaving van een groot volk onwaardig. De herinnering aan zekere gebeurtenissen in de middeleeuwen, die ik niet gaarne herhaald zou zien, belette mij hierbij, een zuiver oordeel te vormen.

Aangezien de bedoelde kranten voor onbelangrijk door gingen, (hoe dat eigenlijk kwam, wist ik destijds zelf niet precies) zag ik ze meer als de producten van boosaardige afgunst dan als organen, die een bepaald – juist of onjuist — beginsel aanhingen. Deze opvatting werd nog versterkt door de, mijns inziens, veel waardiger wijze waarop de werkelijke grote pers op al deze aanvallen antwoordde; wanneer zij ze niet volkomen onvermeld liet en doodzweeg, wat mij nog het meest juiste standpunt toescheen. Ik las ijverig de zogenaamde grote pers „Neue Presse", „Wiener Tageblatt", en stond verbaasd over het vele, wat zij de lezers boden en over de objectiviteit, waarmee zij dit deden. Ik waardeerde de voorname toon; en het enige wat mij dikwijls niet helemaal bevredigde, of zelfs wel eens onaangenaam aandeed, was de al te pompeuze stijl. Maar dit kon tenslotte ook aan de verheven sfeer van de wereldstad liggen. Ik zag Wenen destijds inderdaad voor een wereldstad aan, en ik geloof, dat dit feit, wat voor mijzelf later mijn opvattingen uit deze eerste dagen verklaarde, ook als geldige verontschuldiging voor deze blindheid mag gelden.

Wat mij echter herhaaldelijk afstootte, was de onwaardige manier, waarop de pers met het hof flikflooide. Er kon in het paleis bijna niets, hoe onbelangrijk ook, gebeuren, of de pers vond het nodig, daarvan of met de uiterste geestvervoering, of wel met de diepste neerslachtigheid gewag te maken; een gesol, dat, speciaal wanneer het over de „meest rechtvaardige monarch aller tijden" zelf ging, nog het meeste leek op de smachtende lokroep van de auerhaan. Dit kwam mij wat al te onwaarachtig voor, en hierdoor boette de liberale democratie in mijn ogen voor het eerst iets in van haar zuiverheid en volmaaktheid. Want een dergelijk minderwaardig geschooi om de gunst van het hof was in strijd met de waardigheid der natie.

Dit was de eerste schaduw op het ideale beeld, dat ik mij aanvankelijk van de „grote" Weense pers had gevormd. Evenals altijd te voren volgde ik ook te Wenen de gebeurtenissen in Duitsland met de grootste belangstelling, onverschillig of het daarbij politieke dan wel culturele kwesties betrof.

Vol bewondering vergeleek ik de opkomst van het Rijk met het wegkwijnen van de Oostenrijkse staat. Maar terwijl de buitenlandse politiek meestal mijn onvermengde vreugde opwekte, gaf het binnenlandse politieke leven mij dikwijls reden tot ernstige bezorgdheid. Ik kon mij destijds ook niet verenigen met de strijd, die men toentertijd tegen Wilhelm II voerde. Ik zag in hem niet alleen de Duitse keizer, maar in de eerste plaats de man, die Duitsland een vloot had gegeven.

Het spreekverbod, dat de Rijksdag meende, de keizer te moeten opleggen, ergerde mij vooral daarom zozeer, omdat het uitging van een instelling, die daartoe wel allerminst het recht had, omdat deze parlementaire ganzen immers in één enkele zittingsperiode meer onzin bijeen snaterden dan een gehele dynastie van keizers in eeuwen en eeuwen, de aller zwaksten inclus, ooit zou vermogen. Ik was verontwaardigd, dat in een staat, waar iedere halve gek niet alleen het recht had, om vrijelijk zijn kritiek te laten horen, maar zelfs in de Rijksdag als „wetgever" op de natie kon worden losgelaten, dat daar de drager van de keizerskroon een „terechtwijzing" kon krijgen van de oppervlakkigste zwetsers vergadering aller tijden.

Mijn verontwaardiging was echter nog veel groter, toen die zelfde Weense pers, die voor het minste paard uit de keizerlijke Habsburgse stallen een diepe, eerbiedige buiging maakte, en in laaiende geestdrift raakte, wanneer het beest toevallig zijn staart bewoog, nu, schijnbaar bezorgd, maar mijns inziens, met maar al te slecht verborgen boosaardigheid, haar „bezwaren" tegen de Duitse keizer liet horen.

Niet, dat men zich in de binnenlandse aangelegenheden van het Duitse rijk wilde mengen, nee, verre van dat – maar, door zo op vriendschappelijke wijze de vinger op de zere wond te leggen, werkte men enerzijds geheel in de geest van het bondgenootschap, terwijl men anderzijds zijn journalistieke plicht, om de waarheid te spreken vervulde enz. En nu woelde dan die vinger naar hartelust rond in de wonde. In zulke gevallen steeg mij het bloed naar het hoofd. Dat was de reden, dat ik langzamerhand de grote pers met andere ogen begon te bezien. Ik moet ook erkennen, dat een van de anti-Semitische kranten, het „Deutsche Volksblatt" zich bij zulke gelegenheden fatsoenlijker gedroeg.

Wat mij ook nog zeer ergerde, was de weerzinwekkende wijze, waarop de grote pers destijds al Frankrijk verafgode. Wanneer men die zoetelijke lofzangen op de „grote cultuurnatie" onder ogen kreeg, moest men zich gewoonweg schamen, Duitser te zijn. Deze ellendige Fransdolheid bracht mij er meer dan eens toe, om één van die „grote bladen" in een hoek te smijten. Ik greep nu trouwens, ook zonder speciale aanleiding, van tijd tot tijd naar het „Volksblatt" dat weliswaar veel kleiner was, maar dat mij op dit punt iets minder bedorven scheen. Met de scherp antisemitische toon was ik het weliswaar niet eens, maar toch las ik ook af en toe motiveringen, die mij tot nadenken brachten. In elk geval leerde ik hierdoor de man en de beweging kennen, die in die tijd het lot van Wenen bepaalden: Dr. Karl Lueger en de Christelijk-sociale partij. Toen ik in Wenen kwam, stond ik vijandig tegenover beiden. De man en de beweging waren mijns inziens „reactionair". Maar naarmate ik meer in de gelegenheid kwam, de man en het werk nader te leren kennen, dwong het normale rechtvaardigheidsgevoel mij, om dit oordeel te herzien; en langzamerhand groeide de rechtvaardige beoordeling tot onverholen bewondering. Nu beschouw ik deze man, meer nog dan vroeger, als verreweg de grootste Duitse burgemeester aller tijden. Hoeveel van mijn vooroordelen werden echter niet omvergeworpen door zo'n verandering van mijn standpunt ten opzichte van de Christelijk-sociale beweging!

En toen de tijd dan ook langzamerhand mijn gevoelens ten aanzien van het anti-semitisme wijzigde, werd daarmee de grootste ommekeer van alle tot stand gebracht. Deze verandering van overtuiging heeft mij veel innerlijke strijd gekost, en eerst na maandenlang worstelen tussen verstand en gevoel begon het verstand langzamerhand de overhand te krijgen. Twee jaar later was het gevoel het verstand gevolgd en was van die tijd af zijn trouwste wachter en waarschuwer.

In de tijd van deze zware strijd van het nuchtere verstand, met de sfeer, waarin ik was opgevoed, had het aanschouwelijk onderwijs in de Weense straten mij onschatbare diensten bewezen. Nu liep ik al spoedig niet meer, gelijk dat in de eerste dagen het geval was geweest, als blind door de machtige stad, maar had, behalve voor de gebouwen, ook een open oog voor de mensen. Toen ik op zekere dag zo de binnenstad rond zwierf, ontmoette ik plotseling een verschijning in langen kaftan, en met zwarte lokken. Is dit ook een Jood? was mijn eerste gedachte, zo zagen zij er in Linz waarlijk niet uit. Ik beschouwde de man onopvallend en voorzichtig, maar toen ik langer naar dit vreemde gezicht staarde, en trek voor trek aandachtig naging, nam die eerste vraag langzamerhand een andere gedaante aan. Is dit ook een

Duitser? Zoals steeds in zulke gevallen begon ik nu te trachten, om mijn twijfel door middel van boeken op te heffen. Ik kocht destijds voor een luttel bedrag de eerste anti-Semitische brochures in mijn leven. Helaas veronderstelden al deze werkjes, dat de lezer het Joodse vraagstuk al tot op zekere hoogte begreep, of tenminste kende. Tenslotte was de toon, die zij aansloegen, meestal van zodanige aard, dat er weer twijfel bij mij opkwam, tengevolge van de, soms vrij oppervlakkige en buitengewoon onwetenschappelijke bewijzen voor hun beweringen. Dat bracht mij in mijn ontwikkeling soms weken, eenmaal zelfs maanden achteruit. De kwestie scheen mij zo buitengewoon belangrijk, de aantijging zo mateloos toe, dat ik, uit vrees, onrechtvaardig te oordelen, weer angstig en onzeker werd.

Zeker, dat het hier niet ging om Duitsers van een bijzondere geloofsbelijdenis, maar om een afzonderlijk volk, dat was ook voor mij boven iedere twijfel verheven; want nu ik begonnen was, mij met deze vraag te bemoeien en mijn aandacht eenmaal op de Jood gevestigd was, nu verscheen Wenen mij in een geheel ander licht dan vroeger. Waar ik nu liep, zag ik ook Joden, en hoe meer ik er zag, des te scherper zag ik het verschil tussen hen en de andere mensen. Vooral in de binnenstad en in de buurten ten Noorden van het Donaukanaal wemelde het van mensen, die zelfs uiterlijk niets meer met ons Duitsers gemeen hadden. Maar wanneer dit mij nog niet geheel overtuigd mocht hebben, dan werd deze twijfel voorgoed uitgewist door de houding van vele Joden zelf. Er bestond immers een zeer sterke, ook te Wenen vele aanhangers tellende beweging onder hen, die het feit, dat het Jodendom een apart volk, en zijn bijzonder karakter een volkskarakter was, nogmaals zo nadrukkelijk mogelijk bevestigde: het Zionisme. Het scheen weliswaar alsof slechts een deel van de Joden deze houding tot de hunne maakten, en alsof de grote meerderheid het met een dergelijk vastleggen van haar houding niet eens was, en in haar hart zelfs scherp afwijzend daartegenover stond. Maar bij nadere beschouwing verdween deze schone schijn door de weinig appetijtelijke aard van de argumenten, die men tegen het Zionisme inbracht; want zo men dit al geen leugens kon noemen, dan toch wel zuiver opportunistische uitvluchtjes. Want de z.g. ,,liberale Joden" ontkenden immers niet, dat ook de Zionisten Joden waren, maar vonden alleen, dat het Zionisme, dat immers een openlijke erkenning van het bestaan van een Joods volk inhield, onpraktisch en misschien zelfs gevaarlijk was.

Aan hun innerlijke saamhorigheid deed dit alles niets af. Deze schijnbare onenigheid tussen Zionistische en liberale Joden wekte al na korte tijd mijn weerzin door de volkomen onwaarachtigheid en leugenachtigheid ervan, iets wat zeer slecht paste bij de verheven en zuivere moraal van dit volk, waarvan men altijd zo hoog opgaf. Die morele en verdere reinheid van dit volk was toch alleen een kwestie op zichzelf. Dat deze lieden niet bepaald dol waren op water, was iets, wat men aan hun uiterlijk helaas al kon constateren, dikwijls zelfs met gesloten ogen, later overkwam het mij wel eens, dat ik onpasselijk werd van de lucht, die deze kaftandragers verspreidden. Daarbij kwam nog de onzindelijke kleding en hun weinig heldhaftig voorkomen. Dit alles tezamen kon al moeilijk aantrekkelijk werken; maar men werd pas afgestoten wanneer men, naast de lichamelijke onzindelijkheid, plotseling ook de morele smetten van het uitverkoren volk ontdekte.

Niets heeft mij in korte tijd zozeer tot nadenken gebracht als het langzamerhand doorbrekend inzicht in de wijze, waarop de Joden op bepaalde gebieden werkzaam waren. Bestond er eigenlijk wel ergens iets vuils, een schaamteloosheid, in welke vorm ook, vooral op cultureel gebied, waaraan niet minstens één Jood had meegewerkt? En wanneer men nu maar voorzichtig in zulk een gezwel sneed, vond men, als de made in rottend hout een Joodje dat dikwijls nog met verblinde ogen knipperde in het plotselinge licht. Toen ik de werkzaamheid van het Jodendom op het gebied van kunst, litteratuur, film en toneel leerde kennen, begreep ik ook, hoe groot de verantwoordelijkheid was, die het droeg voor de daar heersende toestanden. En dat was een overtuiging, waaraan geen zalvende verzekering „dat toch het tegendeel waar was" meer iets kon afdoen. Het was al voldoende, om alleen maar een reclamezuil te bekijken, en de namen te bestuderen van degenen, die het afschuwelijke maakwerk voor bioscoop en schouwburg, dat daar aangeprezen werd, op hun geweten hadden, om voor lange tijd hard te worden. Want datgene waarmee men hier alle waarden van het volk vernielde, was een pestilentie, een geestelijke pestilentie met noodlottiger gevolgen dan vroeger de Zwarte Dood had gehad.

En in welk een hoeveelheid werd dit vergif dan nog voortgebracht en verspreid. Het is niet meer dan natuurlijk, dat het met dalen van het geestelijk en moreel peil van zulke kunstfabrikanten, hun productiviteit evenredig stijgt, tot een dergelijk heerschap tenslotte wel een machine lijkt, die geen andere taak heeft, dan onophoudelijk een regen van vuil op de mensheid te doen neerkomen. En dan moet men nog bedenken, hoe talrijk zij zijn; tenslotte laat de natuur tegen één Goethe zeker tienduizend knoeiers en klungels van het bovengenoemde soort op de wereld los en deze tienduizend doen nu dienst als bacillendragers van het ergste soort, en besmetten alom de zielen. Het was ontzettend, maar het viel niet te ontkennen, dat de natuur voor deze schandelijke arbeid vooral Joden in grote getale scheen te hebben uitverkoren. Zou de uitverkorenheid van dit volk op zulke gebieden moeten worden gekocht?

Ik begon destijds zorgvuldig te letten op de namen van al de geestelijke vaders van deze gore producten in het openbare kunstleven. Het resultaat hiervan toonde mij meer en meer de onjuistheid van mijn oorspronkelijke houding ten aanzien van de Joden. En al verzette het gevoel zich daartegen duizendmaal, het verstand moest uit deze constateringen zijn conclusies trekken. Het feit, dat negentig procent van al het vuil op literair – van het prulwerk op kunst – en van alle onzin op toneelgebied voor rekening komt van een volk, dat nauwelijks een honderdste deel van de totale bevolking uitmaakt, was eenvoudig niet te loochenen, het was nu eenmaal zo.

Ik begon nu ook mijn beminde „grote pers" op deze punten te toetsen. Hoe scherper ik hier echter leerde zien, des te minder bleef er van mijn voormalig idool over. De stijl werd steeds onverdraaglijker, de inhoud moest ik als oppervlakkig en banaal afwijzen, de objectiviteit in het weergeven van de feiten scheen mij thans meer een wijdverbreide leugen te zijn dan eerlijke waarheid; en degenen die er in schreven waren – Joden.

Duizend dingen, die ik vroeger nauwelijks gezien had, bleken mij thans waard om op te merken, en weer andere, die mij vroeger al te denken gaven, leerde ik nu begrijpen en verstaan De liberale gezindheid van deze pers zag ik nu in een ander licht, haar deftige toon in het beantwoorden van aanvallen evenals het doodzwijgen ervan ontpopte zich nu voor mij als een even slimme als gemene truck; haar ophemelend geschreven theaterkritieken waren steeds voor de Joodse schrijver, en nimmer trof een afwijzend oordeel iemand anders dan de Duitser. De onophoudelijke steken onder water tegen Wilhelm II toonden door de volharding het systeem, dat hier overal heerste, evenals het aanbevelen van Franse cultuur en civilisatie. Nu drong ook tot mij door dat het dwaze in de korte verhalen in werkelijkheid onzedelijkheid was, en in de taal hoorde ik de stem van een vreemd volk; de zin van het geheel echter stond zo kennelijk vijandig tegenover het Duitse volk, dat het niet anders dan opzet kon zijn. Wie kan daar echter enig belang bij hebben? Was dit alles slechts toeval ? Zodoende werd ik langzamerhand minder zeker van mijn zaak. Deze ontwikkeling werd echter nog versneld door het inzicht, dat ik kreeg in een reeks andere gebeurtenissen. Dit waren de algemene opvattingen over zeden en moraal, die een groot deel van het Jodendom huldigde en in praktijk bracht.

Dienaangaande gaf de straat weer aanschouwelijk onderwijs, en dat soms wel van een bijzonder immoreel soort. Het aandeel van het Jodendom in de prostitutie en meer nog in de handel in jonge meisjes zelf, kan men in Wenen beter bestuderen dan in enig andere West-Europese stad, afgezien misschien van Zuid-Franse havensteden. Wanneer men 's avonds wat door de straten en stegen van de wijk Leopoldstadt liep, werd men elk ogenblik, of men wilde of niet, getuige van gebeurtenissen, die voor het grootste deel van het Duitse volk verborgen gebleven waren, tot de oorlog de soldaat aan het Oostelijk front gelegenheid bood, of misschien beter gezegd, dwong om iets in dezelfde trant mee aan te zien.

Toen ik voor het eerst had gezien, dat het de Jood was, die dit aller schandelijkste bedrijf van het uitschot der grote stad leidde, en hoe hij enerzijds ijzig koud bleef, en anderzijds zonder de minste morele scrupules alles deed, om zijn „zaken" te laten floreren toen liep er mij even een rilling over de rug. Maar dadelijk daarop werd er iets in mij wakker. En terwijl ik vroeger ieder gesprek over het Joodse vraagstuk angstvallig had vermeden, zocht ik dit nu. Toen ik nu echter naar de Jood leerde zoeken op alle gebieden en bij alle uitingen van het culturele en artistieke leven, vond ik hem plotseling op een plaats, waar ik dit het minst had verwacht. Toen ik zag dat de Jood leider van de sociaal-democratie was, begonnen mij de schellen van de ogen te vallen. Dit maakte voor mij een einde aan een lange innerlijke strijd.

Al in de dagelijkse omgang met mijn kameraden viel mij de verbazingwekkende vaardigheid op, waarmee zij, ten opzichte van een en hetzelfde vraagstuk van mezing konden veranderen, soms binnen een tijdsverloop van enkele dagen, dikwijls zelfs van slechts enkele uren. Ik kan moeilijk begrijpen hoe mensen, die, in een gesprek onder vier ogen, altijd nog verstandige opvattingen bleken te bezitten, plotseling ieder gezond verstand verloren, zodra de massa vat op hen kreeg. Het was dikwijls om er wanhopig van te worden. Wanneer ik na urenlang praten al overtuigd was, ditmaal eindelijk het ijs gebroken en een onzinnige opvatting weggevaagd te hebben en mij al hartelijk verheugde over mijn succes, dan moest ik tot mijn spijt de volgenden dag weer van voren af aan beginnen; het was alles tevergeefs geweest.

Bepaalde volkomen krankzinnige denkbeelden schenen met mechanische regelmaat en zekerheid, als de slingers van een klok, terug te komen. Veel van dat alles kon ik begrijpen; dat ze met hun lot ontevreden waren, het noodlot vervloekten, dat hen dikwijls zo hard sloeg; dat ze de ondernemers haatten, die ze voor harteloze voltrekkers van dit noodlot aanzagen; dat ze op de autoriteiten scholden, die hun inziens geen begrip hadden voor hun toestand, dat zij demonstreerden tegen de prijzen van de levensmiddelen en voor hun eisen de straat opgingen, dit alles kon men, rekening houdende met hun verstand, tenminste nog begrijpen. Wat echter ten enenmale onbegrijpelijk bleef, was de grenzenloze haat, die zij tegen hun eigen volk koesterden, de wijze, waarop zij de grootheid daarvan hoonden, zijn geschiedenis besmeurden en zijn grote mannen door het slijk haalden. Deze strijd tegen het eigen volkskarakter, het eigen nest, het eigen geboorteland was even zinloos als onbegrijpelijk. Sterker, het was tegennatuurlijk. Men kon hen wel eens voor korte tijd van deze kwaal genezen, maar nooit voor langer dan enkele dagen, of hoogstens enkele weken.

Kwam men nadien de man tegen, die men meende, te hebben bekeerd, dan was hij weer de oude geworden. Dan had het tegennatuurlijke zich alweer van hem meester gemaakt.

Dat de sociaal-democratische pers hoofdzakelijk door Joden werd geleid, merkte ik ook langzamerhand; ik hechtte echter aan deze omstandigheid geen al te grote waarde, omdat dit immers bij de andere couranten eveneens het geval was. Of misschien was er in dit verband toch één ding merkwaardig: n.l. dat er niet één enkel blad bestond, waaraan Joden meewerkten, dat werkelijk nationaal was in de volkse betekenis, die mijn opvoeding en overtuiging mij aan dat woord hadden leren hechten. Toen ik mij mijzelf overwon, en trachtte, dit soort marxistische persproducten te lezen, waardoor echter mijn afkeer hiervan op ongekende wijze toenam, probeerde ik ook de fabrikanten van dit gecomprimeerde vergif nader te leren kennen. Het waren, bij de uitgevers te beginnen uitsluitend Joden. Ik greep naar alle sociaal-democratische brochures, die ik maar enigszins machtig kon worden, om de namen van de schrijvers vast te stellen.

Onveranderlijk bleken het Joden te zijn. Ik onthield de namen van alle leiders, het waren voor verreweg het grootste deel eveneens personen behorende tot het „uitverkoren volk" onverschillig of het nu degenen waren, die de partij in de Rijksraad moesten vertegenwoordigen, dan wel de secretarissen van de vakverenigingen, de voorzitters van de organisaties of de agitatoren op straat. Men zag steeds hetzelfde sombere beeld. De namen Austerlitz, David, Adler, Ellenbogen, enz. zullen eeuwig in mijn herinnering blijven. Eén ding was mij duidelijk geworden. De partij waartoe al deze mensen, die nu al sinds maanden mijn heftigste tegenstanders waren, behoorden, werd geheel geleid door een vreemd volk, want van het feit, dat een Jood geen Duitser kon zijn, was ik, tot mijn grote innerlijke voldoening nu wel overtuigd.

Thans echter leerde ik deze bedervers van ons volk pas werkelijk kennen. Een jaar Wenen was voldoende geweest, om mij de overtuiging bij te brengen, dat geen arbeider zo verstokt kon zijn, dat hij niet, wanneer hem alles was uitgelegd, voor juistere argumenten gezwicht zou zijn. Ik was langzamerhand een kenner van hun eigen leer geworden en gebruikte die kennis als wapen in de strijd voor mijn innerlijke overtuiging. Bijna steeds was nu het succes aan mijn kant. De grote massa kón gered worden, al zou dat dan de zwaarste offers aan tijd en geduld kosten. Maar het was onmogelijk, om een Jood van zijn opvatting af te brengen. Ik was destijds nog zo kinderlijk, om hun de krankzinnigheid van hun leer te willen aantonen, praatte mij in mijn kleine kring de tong stuk en de keel hees en meende, dat het mij toch mest gelukken, ze te overtuigen van de verderfelijkheid van hun marxistische waanzin; maar dan bereikte ik pas goed het tegendeel.

Het scheen wel, alsof hun vastberadenheid slechts versterkt werd, naarmate zij beter inzagen, hoe verderfelijk de sociaal-democratische ideeën en de uitwerking daarvan, moesten zijn. Hoe langer ik zo met hen twistte des te beter leerde ik hun wijze van disputeren kennen. Eerst speculeren zij op de domheid van hun tegenstanders, om zich daarna, als er geen uitweg meer was, eenvoudig maar dom te houden. Baatte alles niet, dan begrepen zij iets niet goed of sprongen, vastgeraakt, over op een ander terrein, en kwamen nu aandragen met dingen, die vanzelf spraken; gaf men de juistheid hiervan echter toe, dan knoopten ze hieraan onmiddellijk geheel andere conclusies vast, en deden, alsof die nu ook aanvaard waren, viel men ze dan weer aan, dan weken ze uit en wisten niets meer precies. Waar men zulk een apostel ook aangreep, het was kwalachtig slijm, wat men pakte; dat glipte tussen de vingers door, om zich het volgend ogenblik alweer aaneen te sluiten. Werd zo iemand echter werkelijk vernietigend verslagen, zo dat hij, onder het kritisch oog van de omstanders, niet anders meer kon dan toestemmen, en meende men, zodoende tenminste een stap vooruitgekomen te zijn, dan was de volgende dag de verbazing groot. De Jood bleek zich nu van dat, wat er gebeurd was, niet het minste te herinneren, vertelde zijn oude onzin opnieuw, alsof er helemaal niets was voorgevallen en deed, wanneer men hem ter verantwoording riep, hevig verbaasd, kon zich in de verste verte niets meer herinneren, behalve de al de vorige dag bewezen juistheid zijner eigen beweringen.

Ik stond er dikwijls verstomd over. Men wist niet, waarover men zich meer moest verbazen: hun vaardigheid van tong of hun vaardigheid in liegen. Langzaam aan leerde ik hen te haten. Dit alles had nu de goede zijde, dat naarmate ik de eigenlijke dragers of tenminste de verbreiders van de sociaal-democratie beter leerde kennen, de liefde voor mijn volk moest groeien. Wie kan, wanneer hij de duivelse handigheid van deze verleiders ziet, het rampzalige slachtoffer ook nog vervloeken?

Hoeveel moeite kostte het immers mijzelf niet, om de gladde dialectiek van dit ras, toch te verslaan. Maar hoe weinig baatte zo een succes bij lieden, in wier mond iedere waarheid verdraaid en verwrongen wordt, die het zo juist gesproken woord verloochenen, om er zich de volgende minuut, wanneer dat in hun voordeel is, al weer op te beroepen. Nee, hoe beter ik de Jood leerde kennen, des te minder kon ik de arbeiders hun houding nog kwalijk nemen.

Nu kwam ik tot de overtuiging dat niet de arbeider de grootste schuld droeg, maar dat die gezocht moest worden bij al degenen, die het niet de moeite waard hadden geacht, om zich over hem te ontfermen, om ook de man uit het volk in strikte rechtvaardigheid, datgene te geven, wat hem toe komt, en de verleiders en bedervers aan de kaak te stellen. Geprikkeld door de ervaringen van het dagelijks leven, begon ik nu de bronnen van de marxistische leer zelf na te gaan.

De wijze waarop zij te werk gingen was mij tot in de finesses duidelijk geworden, het succes vertoonde zich dagelijks voor mijn opmerkzame blik, en met enige verbeelding kon ik mij ook de gevolgen wel voorstellen. De vraag was nu nog slechts, of de grondleggers van dit systeem het werkelijke eindresultaat hunner schepping, voor ogen hadden gehad, of wel, dat ze zelf slachtoffers van hun dwaling waren geworden. Ik had het gevoel, dat beide mogelijkheden openstonden. In het eerste geval was het de plicht van elk denkend mens, om in de gelederen van deze noodlottige beweging te dringen, om, indien het nog mogelijk was, zo het ergste te verhinderen; in het andere geval echter moesten de oorspronkelijke verwekkers van deze volkeren ziekte ware duivels zijn geweest; want slechts in het brein van een monster – niet in dat van een mens – kon het plan rijpen voor een organisatie, waarvan het einddoel moest leiden tot een vernietiging der menselijke cultuur en dat van de wereld een woestenij zou maken.

In dit geval stond er maar één reddende weg meer open; die van de strijd, de strijd met alle wapenen, die menselijke geest, verstand en wil kunnen scheppen en hanteren, onverschillig, aan wie het noodlot dan de overwinning schenkt. Daarom begon ik nu, mij met de grondleggers van deze leer vertrouwd te maken, om zodoende de grondslagen van de beweging te bestuderen. Dat ik hier spoediger mijn doel bereikte, dan ik misschien zelf eerst durfde hopen, was uitsluitend te danken aan dat pas gerijpte inzicht in het Jodenvraagstuk, al was dit inzicht ook nog zo jong en nog weinig verdiept. Alleen dit inzicht stelde mij in staat, om de, werkelijkheid met de snoevende theorieën van de stichters en apostelen der sociaal-democratie te vergelijken, omdat het mij de taal van het Joodse volk had leren verstaan, van dat volk, dat spreekt, om zijn gedachten te verbergen of om die, op zijn best: te versluieren, wat ook de reden is, dat men de werkelijke bedoelingen niet in, maar tussen de regels moet lezen. In die tijd vond in mijn binnenste de grootste omwenteling plaats, die ik ooit beleefd had. Ik was van halfovertuigd wereldburger tot fanatiek antisemiet geworden.

Nog ééenmaal slechts – het was de laatste maal – kwamen angstige benauwende gedachten bij mij op. Toen ik zo de invloed naging, die het Joodse volk gedurende vele eeuwen op de menselijke geschiedenis had gehad, kwam plotseling de bange vraag bij mij op, of niet misschien toch het ondoorgrondelijk noodlot, om redenen, die ons armzalige mensen onbekend zijn, de eindoverwinning van dit kleine volk in zijn eeuwig onveranderlijk besluit had vastgesteld? Zou aan dit volk, dat altijd uitsluitend voor het aardse leeft, deze aarde als beloning zijn toegekend?

Hebben wij een objectief recht tot de strijd voor ons zelfbehoud, of is ook dit slechts een subjectieve overtuiging? Terwijl ik mij in de leer van het marxisme verdiepte en zo de invloeden, die van het Joodse volk waren uitgegaan, nuchter en zakelijk onderzocht, gaf het noodlot zelf mij antwoord. De Joodse leer van het marxisme wijst het aristocratische principe van de natuur af en zet op de plaats van het eeuwige voorrecht van de kracht en van de sterkste, de massa van het getal en haar dood gewicht. Zij ontkent hierdoor in de mens de waarde van de persoonlijkheid, bestrijdt de betekenis van het volk en ras, en onttrekt daarmee aan de mensheid de grondslag van haar bestaan en haar cultuur. Indien deze leer tot grondprincipe van het heelal werd, dan zou dit het einde betekenen van iedere denkbare orde. En zoals in dit grootste ons bekende organisme, een dergelijke wet onvermijdelijk tot de chaos zou leiden, zo zou zij op de aarde niets anders tengevolge kunnen hebben dan de vernietiging van het leven op deze planeet. Indien de Jood met zijn marxisme de overwinning behaalt op de volkeren vaan deze wereld, dan zal een krans, gevlochten uit de lijken van de gehele mensheid, zijn kroon zijn; dan zal deze aarde wederom, evenals miljoenen jaren geleden, van ieder menselijk leven ontdaan, zwijgend haar weg door de ether gaan.

Want de natuur, die eeuwig is, wreekt onverbiddelijk iedere inbreuk op haar geboden. Daarom is het mijn overtuiging, dat ik werk in de geest van de almachtige Schepper: Want door mij te verweren tegen de Jood strijd ik voor het werk van de Heer.

DERDE HOOFDSTUK ALGEMENE POLITIEKE INDRUKKEN TIJDENS MIJN VERBLIJF TE WENEN

Ik ben tot de overtuiging gekomen, dat een man zich in het algemeen, gevallen van bijzonder begaafdheid uitgezonderd, niet vóór zijn dertigste levensjaar openlijk met de politiek moet bemoeien. Hij moet dat daarom niet doen, omdat het algemene platform, dat hem in staat stelt, de verschillende politieke problemen zelfstandig te overzien, en er een eigen definitieve mening over te vormen, pas omstreeks die tijd tot een evenwichtig geheel is uitgegroeid. Pas nadat hij zodoende een stevige basis voor zijn wereldbeschouwing heeft verkregen, en daardoor de zekerheid, dat zijn mening over de vraagstukken van de dag, niet meer een wankele maar een besliste principiële zal zijn, pas dan moet of mag hij zich met de politieke leiding van het gemenebest ophouden, omdat hij immers dan pas tot innerlijke rijpheid is gekomen.

Heeft hij dit geduld niet, dan loopt hij de kans, om op zekere dag de houding, die hij ten aanzien van essentiële vraagstukken had ingenomen, te moeten herzien, óf om tegen beter weten in een mening te blijven verdedigen, die zijn eigen verstand en zijn eigen overtuiging allang hebben verworpen. Doet hij het eerste, dan is dat voor hem persoonlijk zeer pijnlijk, omdat hij nu - zelf immers bewust van de onstandvastigheid van zijn mening — niet meer met recht van zijn aanhangers mag verwachten, dat ze de juistheid van zijn zienswijze even onvoorwaardelijk als tevoren zullen aanvaarden; bij diegenen echter, die in hem geloofden, wekt zo een ommezwaai van de leider radeloosheid en maakt dikwijls, dat ze zich min of meer beschaamd voelen, tegenover hen, die zij steeds bestreden. In het tweede geval echter gebeurt iets, wat wij vooral tegenwoordig zo dikwijls zien: naarmate de leider niet meer aan zijn eigen woorden gelooft, wordt zijn verdediging leger, oppervlakkiger en gemener in de keuze van zijn middelen.

Terwijl hijzelf er niet meer aan denkt, om zijn politieke openbaringen in ernst te verdedigen, (men sterft niet voor iets waaraan men zelf niet gelooft) worden de eisen, die hij aan zijn aanhangers stelt, steeds groter en onbeschaamder, tot hij tenslotte het laatste, wat hij nog van de leider in zich heeft opoffert en „politieker" wordt; dat wil zeggen, een leider, wiens enig werkelijk geloof, het ongeloof is, dat dan nog met brutale opdringerigheid en een dikwijls werkelijk schaamteloze handigheid in het liegen wordt opgesierd. Wanneer zulk een heerschap dan, zeer ten nadele van het fatsoenlijke deel van de mensheid, ook nog in een parlement komt, dan kan men al van te voren weten, dat voor hem de eigenlijke kern van de politiek enkel nog bestaat in de heldhaftige strijd om het altijddurende bezit van deze baan, die immers voor hem zo goed als voor zijn gezin de grote fles melk is waaruit zij worden gevoed.

Hoe meer nu zijn vrouw en kind aan deze fles melk gehecht zijn, des te taaier zal hij voor zijn zetel strijden. Ieder ander, die over politieke instincten beschikt, is alleen al daardoor zijn persoonlijke vijand, in iedere nieuwe beweging vermoedt hij instinctief het mogelijke begin van zijn einde in iedere man, die groter is dan hijzelf, het gevaar, dat hem waarschijnlijk ook van deze zijde weer dreigt. Ik zal dit soort parlementswandluizen nog nader onder de loep nemen. Ook de dertigjarige zal in de loop van zijn leven nog veel moeten leren, maar dat zal enkel een aanvulling en vervolmaking zijn van het kader, dat gevormd is door de wereldbeschouwing, die uit zijn principes voortkomt. Zijn leren zal meer een bijleren zijn, een aanvullend leren, niet meer een strijd om de fundamenten, waarop het gehele ideologische bouwwerk rust; en zijn aanhangers zullen niet het beklemmende gevoel behoeven te verwerken, dat hij hen tot dusver verkeerd had voorgelicht, integendeel: zij zien hoe de overtuiging van hun leider zich organisch ontwikkelt, en dat zal hun sterken in hun mening, omdat zijn groei immers de verdieping betekent van hun eigen leer.

Dit is dan echter in hun ogen weer een bewijs voor de juistheid van de opvattingen, die zij tot dusver beleden. Voor de leider, die heeft ingezien, dat zijn gehele ideeënwereld op onjuiste grondslagen berust, staat, indien hij een man van eer is, maar één weg open: hij moet tegenover zichzelf de begane fouten ten volle erkennen en moet daaruit iedere consequentie trekken.

Het allerminste, wat men van hem eisen kan, is, dat hij zich in het vervolg van iedere politieke actie in het openbaar moet onthouden. Want, nu hij eens gefaald heeft in een belangrijke principiële kwestie, is de mogelijkheid, dat dit een tweede keer gebeurt, niet uitgesloten. In geen geval echter heeft hij nog het recht, om verder een beroep te doen op het vertrouwen zijner medeburgers, laat staan het te eisen.

Dat tegenwoordig zoveel leiders op deze wijze tonen, dat zij géén mannen van eer zijn, bewijst slechts de algemene minderwaardigheid van het gespuis, dat zich tegenwoordig geroepen voelt, om aan politiek te „doen". Er is nauwelijks één waarlijk uitverkorene onder hen allen. Ik had mij er indertijd wel voor gewacht ergens in het openbaar op te treden, hoewel ik geloof, dat ik mij meer met politiek bemoeid had, dan zo vele anderen. Ik sprak alleen in zeer kleine kring over dat, wat mij innerlijk bewoog en aantrok. Dit spreken in kleine kring had een goede zijde; ik kreeg weliswaar minder sprekersroutine, maar leerde de mensen kennen in hun dikwijls zeer simplistische opvattingen en bezwaren tegen andere meningen. Daarbij oefende ik mijzelf zonder tijd te verliezen, voor mijn eigen verdere vorming, zonder door de onvermijdelijke fouten, die ieder maakt bij het leren, mijn eigen mogelijkheden te beperken. De gelegenheid daartoe was zeker nergens in Duitsland destijds zo gunstig als in Wenen.

Het algemene politieke denken in de oude Donau-monarchie was in de eerste plaats naar omvang groter en ruimer dan tezelfdertijd in het Duitse Rijk, afgezien van Hamburg, van de Noordzeekust en van bepaalde streken van Pruisen. Nu versta ik in dit verband onder „Oostenrijk" dat deel van het grote Habsburgse Rijk, dat ten gevolge van het feit, dat zich Duitsers hadden gevestigd, niet alleen in de geschiedenis staatvormend was opgetreden, maar dat tevens binnen haar grenzen dat deel van de bevolking huisvestte, hetwelk de geweldige kracht had bezeten die nodig was geweest om dit politieke gedrocht toch zo sterk met een levende cultuur te doordringen, dat het eeuwen en eeuwen kon blijven bestaan. Wanneer men de oude erflanden het hart van het rijk wil noemen, dat steeds weer vers bloed pompte in de slagaderen van het staatkundig en cultureel leven, dan moest men Wenen tegelijk de hersens en de wil noemen.

Alleen al op grond van haar uiterlijk voorkomen moest men aan deze stad toegeven, dat zij de kracht bezat, om zo een mengelmoes van volkeren te binden om als koningin over allen te heerschap en om zelfs door de pracht van haar eigen schoonheid de ernstige ouderdomsverschijnselen van het geheel te doen vergeten. Hoe krampachtig de stuiptrekkingen ook waren, waarmee dit rijk reageerde op de voortdurende bloedige onderlinge twisten van zijn volkeren, — het buitenland, en vooral Duitsland, zag niets anders dan het lachende gezicht van deze stad. De misleiding was des te groter omdat Wenen juist nu een periode doormaakte, waarin het zijn laatste en mooiste bloei scheen te zullen beleven, die het ooit had gekend.

Onder het bestuur van een waarlijk geniaal burgemeester ontwaakte deze eerbiedwaardige residentie der keizers van het oude rijk nog eenmaal tot een wonderbaarlijk jeugdig leven. De laatste grote Duitsers, die het kolonistenvolk van de Oostmark uit zijn rijen voortbracht, werd officieel niet gerekend tot de z.g. „staatslieden", maar omdat deze man, Dr. Lueger, als burgemeester van de residentie en hoofdstad van het rijk, Wenen, de ene geweldige prestatie na de andere leverde, op alle gebieden van economie en cultuur, waarover de gemeente te zeggen had, versterkte hij het hart van het gehele rijk, en werd langs deze omweg een groter staatsman, dan al de z.g. „diplomaten" van die dagen tezamen.

Het feit', dat deze legkaart van volkeren, die men „Oostenrijk" noemde, niettemin te gronde ging, zegt niet het minste tegen de politieke bekwaamheid van de Duitsers in de oude Oostmark, maar was onvermijdelijk, omdat het nu eenmaal een absolute onmogelijkheid is, om met tien miljoen mensen een staat van vijftig miljoen zielen bijeen te houden, die verschillende naties omvat, tenzij dan, dat hier zeer bijzondere omstandigheden gelden. De Duits-Oostenrijker dacht ruimer dan wie ook. Hij was altijd gewend geweest in een groot rijk te leven en had de daaraan verbonden verplichtingen nimmer uit het oog verloren. Hij was de enige in deze staat, die over de grenzen van het kroonland heen, nog naar de rijksgrenzen keek; ja, toen het noodlot tenslotte dreigde, hem van het gemeenschappelijke vaderland te scheiden, trachtte hij nog steeds, zijn al te zware taak te vervullen en datgene, wat de vaderen in eindeloze strijd eenmaal aan het Oosten hadden ontworsteld, voor het Duitse bloed te behouden. Hierbij moet tevens nog bedacht worden, dat dit slechts met halve kracht gebeuren kon; want het hart en de herinnering van de besten bleven steeds het gemeenschappelijke moederland als het eigenlijke beschouwen; zodat er slechts een restant voor de geboortegrond overbleef. Het algemene gezichtsveld van de Duits-Oostenrijker was al betrekkelijk ruim.

Zijn economische betrekkingen omvatten dikwijls bijna het gehele veelvormige rijk. Bijna alle werkelijke grote ondernemingen bevonden zich in zijn handen, bijna alle leidende posities, of het nu op technisch gebied was, dan wel in het ambtenarencorps, werden door Duits-Oostenrijkers ingenomen. Hij leidde echter ook de buitenlandse handel, voorzover niet het Jodendom op dit eigenste gebied de hand gelegd had. In politiek opzicht was hij de enige, die de staat nog bijeen hield. Zijn diensttijd in het leger bracht hem al ver buiten de nauwe grenzen van zijn geboorteland. De Duits-Oostenrijkse rekruut werd misschien wel bij een Duits regiment ingelijfd, maar dat regiment zelf kon even goed garnizoen houden in Herzegovina als in Wenen of in Galicië. Het officierskorps was nog altijd Duits, de hogere ambtenaren waren overwegend Duits.

Duits waren tenslotte ook de kunsten en wetenschappen. Afgezien dan van het prulwerk, waartoe zich de „modernste" kunst ontwikkelde, wat echter een prestatie was, die ieder negervolk ongetwijfeld in gelijke mate had kunnen leveren, was de Duitser de enige, die waarlijk zin voor de kunst bezat en verbreidde. Op het gebied van de bouwkunde, de muziek, de beeldhouwkunst en de schilderkunst was Wenen de bron, die in onuitputtelijke rijkdom het gehele rijk voorzag, zonder zelf ooit merkbaar uitgeput te raken.

Afgezien van het geringe aantal Hongaren, dat hierbij een rol speelde, was ook de buitenlandse politiek in handen van het Duitse element. Niettemin was iedere poging, om dit rijk in stand te houden, tevergeefs, aangezien daartoe de meest essentiële voorwaarde ontbrak. Voor de Oostenrijkse volkerenstaat bestond er slechts één mogelijkheid, om de centrifugale krachten bij de verschillende naties te overwinnen. De staat moest door een sterk centraal gezag geregeerd worden, maar dan ook dienovereenkomstig inwendig worden georganiseerd, of hij was volkomen ondenkbaar.

Soms, in heldere ogenblikken, zagen ook de „aller hoogste" instanties zich deze noodzaak wel eens in, doch men vergat maar al te spoedig, of legde het voornemen al te gemakkelijk weer terzijde, omdat men het "zo moeilijk uitvoerbaar" achtte. Iedere poging, om het rijk tot een federalistische vorm te herleiden, moest noodgedwongen mislukken, omdat het meest noodzakelijke ontbrak, een sterke staatsvormende kiemcel, die tevens in een absoluut overheersende machtspositie stond.

Daarbij kwam nog, dat de binnenlandse toestanden van de Oostenrijkse staat zo volkomen anders waren dan die in het Duitse rijk, dat Bismarck had gebouwd. In Duitsland hoefde men slechts politieke tradities te overwinnen, omdat de gemeenschappelijke culturele basis al aanwezig was. Het belangrijkste was echter, dat het Rijk, afgezien van enkele, uiterst minieme gemeenschappen, slechts mensen van één volk bevatte.

In Oostenrijk waren de toestanden juist omgekeerd. Hier was van een herinnering aan eigen grootheid bij de verschillende landen, uitgezonderd bij Hongarije, of in 't geheel geen sprake, of deze was in de loop der jaren tenietgegaan, of althans vervaagd of onduidelijk geworden. In plaats daarvan ontwikkelden zich nu, in het tijdperk van het nationaliteiten principe, in de verschillende gebieden de volkskrachten, waarvan de invloed steeds moeilijker te breken viel, omdat er overal langs de grenzen van de monarchie staten ontstonden, bewoond door volken, die van hetzelfde ras waren als de verschillende minderheden in Oostenrijk, of minstens ras verwant en die uit dien hoofde dus een veel sterkere aantrekkingskracht uitoefenden dan waartoe de Duits-Oostenrijkers bij machte waren. Zelfs Wenen kon op den duur deze strijd niet langer volhouden.

En toen Boedapest nu tot grote stad was uitgegroeid, had de hoofdstad voor het eerst een mededingster gekregen, die er niet meer in de eerste plaats op uit was, om het gehele rijk bijeen te houden, maar die integendeel enkel nog maar de versterking van één der deden nastreefde. Al na korte tijd zou Praag dit voorbeeld volgen, daarna Lemberg, Laibach, enz. Toen deze provinciesteden tot de nationale hoofdsteden van de verschillende gebieden waren geworden, werden zij gelijktijdig tot centra van eigen nationale culturen, die in steeds sterkere mate naar zelfstandigheid streefden. Maar daardoor kregen de volkspolitieke instincten pas hun geestelijken grondslag en verdieping. Zodoende moest eens het tijdstip aanbreken, waarop deze middelpuntvliedende, krachten van de verschillende volken sterker zouden worden dan de bindende kracht van de gemeenschappelijke belangen, en dan was het met Oostenrijk gedaan.

Deze ontwikkeling was sinds de dood van Josef II in haar loop zeer duidelijk te volgen. Haar snelheid was afhankelijk van een reeks factoren, die voor een deel binnen de staat zelf lagen, voor een ander deel echter het gevolg waren van de positie, die het rijk in Europa innam. Wilde men de strijd voor het behoud van deze staat in alle ernst opnemen en doorzetten, dan kon alleen een even consequente als standvastige centralisering redding brengen. Dan moest echter in de eerste plaats door de vaststelling van een eenheidstaal voor de gehele staat de nadruk worden gelegd op de zuiver formele saamhorigheid; dan diende men aan het gouvernement echter het technische hulpmiddel te verschaffen, dat nu eenmaal eerste vereiste is voor de schepping en instandhouding van een eenheidsstaat. Zo kan men ook alleen langs deze weg op den duur door middel van school en onderwijs een patriottische staatse vaderlandsliefde aankweken.

Dit was niet in tien of twintig jaar te bereiken, maar hier moest men in eeuwen denken, zoals in 't algemeen bij alle kolonisatievraagstukken de volharding van veel groter betekenis is, dan de energie van het ogenblik. Dat dan ook het gouvernement en de politieke leiding in ijzeren hand moeten liggen, spreekt vanzelf. Het was nu voor mij buitengewoon leerrijk, om vast te stellen, waarom dit niet geschiedde, of beter, waarom men dit niet heeft gedaan. Want hij, die schuldig was aan dit verzuim, was ook alleen en uitsluitend schuldig aan de ineenstorting van het rijk.

Het oude Oostenrijk was meer dan enige andere staat afhankelijk van de bekwaamheid van zijn leiding. Hier ontbrak immers het fundament, wat een volksstaat steeds bezit, die uit de nationale grondslag altijd nog een kracht tot behoud kan puiten, hoezeer de leiding ook tekort mag schieten. Een volksstaat kan, tengevolge van de natuurlijke traagheid van zijn inwoners en de daarmee gepaard gaande weerstandskracht, dikwijls verbazend lange perioden van zeer slecht bestuur verdragen, zonder daaraan innerlijk te gronde te gaan. Het schijnt dan dikwijls, alsof er in zo een lichaam geen leven meer was, alsof het dood was en afgestorven, maar plotseling heft de dood gewaande zich weer op en geeft aan de overige mensheid verbazingwekkende blijken van een onverwoestbare levenskracht. Geheel anders is het bij een rijk, dat verschillende ongelijke volken omsluit en dus niet door gemeenschap van het bloed gebonden is, maar veeleer door één sterke vuist bijeengehouden wordt. Een zwak punt in de leiding van zo een mengsel van volkeren, zal niet, zoals bij een organische staat, tot een soort winterslaap voeren, maar zal onverbiddelijk al de individuele instincten wakker roepen, die steeds in het bloed sluimeren, maar die in tijden waarin een sterke wil ze in toom houdt, zich niet kunnen ontwikkelen.

Slechts door eeuwenlange gemeenschappelijke opvoeding, door gemeenschappelijke tradities, gemeenschappelijke belangen enz. kan dit gevaar worden verminderd. Daarom zullen zulke kunstmatige staten des te meer afhangen van de begaafdheid van de leiding naarmate ze jonger zijn, en zelfs, wanneer ze door buitengewone krachtige figuren en grote geesten zijn gebouwd, toch dikwijls al na de dood van de alleenstaanden groten stichter weer uiteenvallen. Maar ook na eeuwen kan dit gevaar niet als overwonnen worden beschouwd, het sluimert slechts om dikwijls heel plotseling te ontwaken, zodra de zwakte van de gemeenschappelijke leiding de kracht van de opvoeding, en de hoogheid van de oude tradities niet meer voldoende zijn, om de gloed van de eigen levenswil van de verschillende stammen te overwinnen. De schuld van het huis Habsburg, een misschien tragische schuld, is, dat het deze dingen niet heeft begrepen.

Eén enkeling onder de vele Habsburgers had nog het voorrecht, de toekomst van zijn land te mogen aanschouwen; het noodlot hield een fakkel boven zijn hoofd en deed hem zien; maar daarna doofde ze voor altijd. Joseph II, Duits-Roomse Keizer, zag met hevige angst hoe zijn Huis, naar de uiterste grens van het rijk gedrongen, eenmaal in de maalstroom van een chaos van volkeren zou verdwijnen, tenzij ter elfder ure het verzuim van de vaderen werd goedgemaakt. Met bovenmenselijke kracht zette deze „mensenvriend", zoals hij genoemd werd, zich schrap tegen de zorgeloosheid van zijn voorvaderen, en trachtte in een tiental jaren in te halen, wat in eeuwen verzuimd was. Waren hem maar 40 jaar gegund geweest voor zijn werk, en hadden nog twee generaties op dezelfde wijze het begonnen werk voortgezet, dan zou het wonder waarschijnlijk gelukt zijn. Toen hij echter, na een regering van nauwelijks 10 jaar, opgeteerd naar lichaam en geest, stierf, zonk met hem ook zijn werk in het graf, om, niet meer opgewekt, voor eeuwig te ontslapen in de grafkelder der Kapucijnen. Zijn opvolgers misten zowel de geest, als de wil, om een dergelijke taak te vervullen.

Toen nu de eerste revolutionaire bliksemstralen een nieuwe tijd voor Europa aankondigden, toen begon ook Oostenrijk langzamerhand vlam te vatten. Maar toen de brand eindelijk uitbrak, toen werd de gloed minder aangewakkerd door sociale, maatschappelijke of algemeen politieke oorzaken, dan vooral door drijfkrachten van volkse oorsprong. De revolutie van het jaar 1848 kan overal uit klassenstrijd zijn voortgekomen, maar in Oostenrijk was zij al het begin van een nieuwe rassenstrijd. Toen de Duitser zich destijds in dienst stelde van deze revolutionaire beweging, – 't zij omdat hij de diepere oorzaken niet zag, die eraan ten grondslag lagen, 't zij omdat hij ze was vergeten – bezegelde hij daarmee zijn eigen lot. Hij hielp mee, de geest van de Westelijke democratie op te wekken, die hem na korte tijd de grondslagen van zijn eigen bestaan ontnam.

Met de vorming van een parlementair vertegenwoordigend lichaam, zonder de voorafgaande bepaling en vastlegging van een gemeenschappelijke staatstaal, was het eerste begin van het einde der hegemonie van de Duitsers in de monarchie gekomen. Van dit ogenblik af aan was daarmee ook de staat zelf verloren.

Alles, wat nu nog volgde, was slechts de historisch onvermijdelijke vernietiging van een rijk.

Het was even ontzettend als leerrijk, om deze ontbinding op de voet te volgen. In duizenden en nog eens duizenden vormen werd dit vonnis van de geschiedenis aan ieder onderdeeltje van deze staat voltrokken. Dat een groot deel van de mensen blindelings aan de degeneratieverschijnselen voorbijging, bewijst slechts, dat de goden Oostenrijk werkelijk wilden verderven. Ik wil hier niet in details treden, daar dit niet de taak is van dit boek. Ik wil alleen die dingen aan een nader onderzoek onderwerpen, die door de eeuwen heen het verval van volken en staten hebben veroorzaakt, en dus ook voor onze tijd van belang zijn; ook, omdat zij tenslotte meehielpen de grondslagen van mijn politieke denkwijze vast te leggen.

Het parlement, of de Rijksraad, zoals dat in Oostenrijk heette, dus het instituut, waarvan de meeste kracht had behoren uit te gaan, demonstreerde in werkelijkheid duidelijker dan iets anders de verwording van de Oostenrijkse monarchie, zo duidelijk zelfs, dat het ook de kleinen bourgeois opviel, die overigens toch niet bekend staat om zijn scherpen blik. Dit lichaam was kennelijk gevormd naar Engels model, omdat Engeland immers het klassieke land der „democratie" was. Men had deze gehele verrukkelijke instelling daar opgeraapt, en praktisch onveranderd overgebracht naar Wenen. In het Lager- en Hogerhuis herleefde het Engelse tweekamer systeem. Maar de „Huizen" zelf waren iets anders.

Toen Barry eens zijn parlementsgebouw uit de wateren der Theems liet opstijgen, greep hij terug in de geschiedenis van het Britse wereldrijk en haalde daaruit de stof, waarmee hij de 1200 nissen, consoles en zuilen van zijn prachtig gebouw versierde. zo maakten beeldhouwers en schilders van dit gebouw, waar de Lords en het volk beiden vergaderden, een tempel voor de roem der natie. Hier kwam de eerste moeilijkheid voor Wenen. Want toen de Deen Hansen de laatste gevel van het marmeren huis der volksvertegenwoordiging had opgetrokken, toen was hij wel gedwongen, om de onderwerpen voor zijn versieringen ook in de Oudheid te zoeken. Romeinse en Griekse staatslieden en filosofen versierden nu dit theater der „Westerse democratie" en in symbolische ironie trekken de vierspannen boven beide huizen naar de vier hemelstreken uiteen en drukken zo op de meest welsprekende manier uit, hoe ideaal de verschillende krachten in deze staat samenwerkten.

De „nationaliteiten" hadden het als een belediging en een provocatie beschouwd en waren er daarom tegen opgekomen, dat de geschiedenis van Oostenrijk hier zou worden verheerlijkt, zoals men immers in het Duitse rijk zelf ook eerst in de dreun van de veldslagen van de wereldoorlog de moed vond, om op het Rijksdaggebouw van Wallot de inscriptie: „dem deutschen Volke", aan te brengen.

Toen ik voor de eerste maal het prachtgebouw aan de Franzensring betrad – ik was toen nog geen twintig jaar oud — om als toeschouwer en toehoorder een zitting van het Huis van afgevaardigden bij te wonen, kwamen er tegenstrijdige gevoelens in mij op. Ik had al van het begin af het parlement gehaat, echter geenszins de instelling op zichzelf. Integendeel, omdat ik de vrijheid liefhad, kon ik mij een andere mogelijkheid van regeren helemaal niet indenken, want alleen al de gedachte aan de een of anderen vorm van dictatuur zou ik in verband met mijn standpunt tegenover het

Habsburgse Huis, voor een misdaad tegen de vrijheid en tegen het gezond verstand hebben gehouden. Iets, wat in grote mate tot een dergelijke opvatting had bijgedragen, was wel het feit, dat mij als jonge man door de vele kranten, die ik had gelezen, zonder dat ik het zelf vermoedde, een zekere bewondering voor het Engelse Parlement was bijgebracht, die ik niet zo gemakkelijk weer kwijt wist te raken. De waardige wijze, waarop ook vooral het Engelse Lagerhuis zich van zijn plichten kweet, (zoals onze pers zo mooi wist te schilderen) maakte diepe indruk op mij. Was er eigenlijk wel een verhevener wijze mogelijk, waarop een volk zichzelf kan regeren? Maar juist daarom was ik een vijand van het Oostenrijkse parlement. Ik vond, dat zijn gehele wijze van optreden het grote voorbeeld onwaardig was. Nu kwam daar echter nog het volgende bij. Het lot van het Duitse element in de Oostenrijkse staat was afhankelijk van zijn positie in de rijksraad. Tot aan de invoering van het algemeen en geheim kiesrecht was er nog een, zij het ook zeer geringe Duitse meerderheid in het parlement geweest.

Deze toestand was trouwens eigenlijk al onhoudbaar, omdat bij vraagstukken van nationale aard op de sociaal-democratie maar weinig staat was te maken. Deze partij wilde immers vooral haar aanhangers onder de vreemde volkeren niet afstoten en handelde daarom, wanneer het om levensbelangen van het Duitse volk ging, altijd anti-nationaal. De sociaal-democratie kon al destijds niet als een Duitse partij worden beschouwd. Met de invoering van het algemeen kiesrecht hield echter het Duitse overwicht ook zuiver numeriek op. Nu stond aan het streven om dit land zijn Duitse karakter geheel te ontnemen, geen hindernis meer in de weg. De drang naar nationaal zelfbehoud maakte, dat ik om die reden al destijds weinig op had met een volksvertegenwoordiging, waarin het Duitse element nooit werkelijk vertegenwoordigd, maar altijd verraden werd. Maar dit waren gebreken, die, evenals vele andere niet de schuld waren van de instelling zelf, maar van de Oostenrijkse staat. Ik meende vroeger nog, dat, indien men de Duitse meerderheid herstelde, er geen aanleiding meer was, om principieel tegen vertegenwoordigende lichamen gekant te zijn, omdat de oude staat immers toch op zijn laatste benen liep. Die overtuiging was ik toegedaan, toen ik voor de eerste maal deze even geheiligde als veelomstreden zalen betrad. Voor mij lag die heiligheid echter alleen in de verheven schoonheid van het prachtige gebouw. Een Helleens wonderwerk op Duitse grond. Hoe spoedig echter had mijn bewondering plaatsgemaakt voor diepe verontwaardiging over het jammerlijk schouwspel, dat zich nu voor mijn oren afspeelde. Er waren enige honderden van deze volksvertegenwoordigers bijeen, die juist hun houding moesten bepalen ten opzichte van een belangrijke economische kwestie. Deze eerste dag was al voldoende om mij wekenlang stof tot nadenken te geven.

Het geestelijke peil van het gesprokene was werkelijk tamelijk beschamend, voor zover men het dan nog kon verstaan; want sommige der heren drukten zich niet in het Duits uit, maar in hun Slavische moedertalen of beter dialecten. Wat ik tot dusver alleen nog maar uit couranten wist, kon ik nu met eigen oren horen. Een gesticulerende, wild bewogen massa, die in alle toonaarden door elkaar schreeuwde en gepresideerd werd door een goedaardige, oude oom, die in het zweet van zijn aanschijn moeite deed, om de waardigheid van de vergadering weer uit de doden te wekken. Nu eens luidde hij, met veel misbaar, een bel, dan weer sprak hij de heren kalmerend of vaderlijk vermanend toe, maar het baatte weinig.

 Ik moest erom lachen. Enige weken later woonde ik opnieuw een zitting bij. Het beeld was een volkomen ander. De zaal geheel en al leeg. Men sliep daar beneden. Enige afgevaardigden zaten op hun plaatsen elkaar aan te geeuwen, één „hield een redevoering". Een vice-voorzitter van de Kamer was aanwezig en keek, zichtbaar verveeld de zaal in. De eerste bezwaren kwamen bij mij op. Nu ging ik, als mijn tijd het maar enigszins toeliet, er telkens weer heen, aanschouwde stil en aandachtig het beeld, wat zich mij die dag bood, hoorde de redevoeringen aan, voor zover ze te verstaan waren, bestudeerde de meer of minder intelligente gezichten van deze uitverkorenen der naties van deze miserabele staat – en begon er langzamerhand het mijne van te denken. Een jaar lang sloeg ik dit alles zo kalmweg gade, en dit was voldoende, om mijn vroegere mening over het karakter van deze instelling in het tegendeel te doen verkeren, of beter, om mij die helemaal af te nemen. Want eigenlijk had ik geen mening meer over de misvormde gedaante, die deze gedachte in Oostenrijk aangenomen had; nee, nu kon ik het parlement als zodanig niet meer erkennen. Tot dusver had ik gemeend, dat het ongeluk van het Oostenrijkse parlement lag in het ontbreken van een Duitse meerderheid, nu echter zag ik dat de gehele aard en het wezen van deze inrichting het maakten, tot wat het was. En nu kwam er een gehele reeks vragen bij mij op.

 Ik begon mij vertrouwd te maken met het democratische principe, dat de meerderheid beslist; wat immers de grondslag van deze gehele inrichting is, maar schonk ook niet minder aandacht aan de geestelijke en morele waarde van de heren, die als uitverkorenen der naties hier waren, om de stem van de meerderheid te doen horen. zo leerde ik tegelijkertijd de instelling en haar dragers kennen. In de loop van enige jaren leerde ik dat symbool van de hoogste waardigheid in onze tijd, het parlementslid, door en door kennen en begrijpen.

 Het beeld, dat ik mij al dadelijk van hem vormde, was zodanig, dat ik er later nooit enige werkelijke verandering in heb behoeven aan te brengen. Ook ditmaal had het aanschouwelijk onderwijs der praktijk voorkomen, dat ik vastliep in een theorie, die weliswaar velen op het eerste gezicht verleidelijk schijnt, maar die in werkelijkheid tot de degeneratieverschijnselen der mensheid behoort. De huidige Westerse democratie is de voorloopster van het marxisme, dat zonder haar eenvoudig niet denkbaar zou zijn. Zij levert de voedingsbodem, waarop zich deze wereldpest dan later kan uitbreiden. de uiterlijke vorm die ze aannam, werd tot een „miskraam van vuil en vuur" waarvan helaas op 't ogenblik het vuur nog uitgebrand schijnt.

Ik moet het noodlot meer dan dankbaar zijn, dat het mij ook deze vraag nog in Wenen voorlegde, want ik vrees, dat ik mij in Duitsland het antwoord destijds te gemakkelijk zou hebben gemaakt. Indien ik de belachelijkheid van deze inrichting, parlement genaamd, het eerst in Berlijn had ervaren, dan zou ik misschien in het tegendeel vervallen zijn en mij schijnbaar met reden, bij hen hebben aangesloten, die meenden dat het heil van volk en rijk enkel te dienen was door de positie van de keizer in de staat te versterken, en die daardoor vreemd en blind tegelijk stonden tegenover de tijd en de mensen.

In Oostenrijk was dit onmogelijk. Hier kon men niet zo gemakkelijk van de ene fout in de andere vervallen. Het parlement mocht dan niet deugen, maar de Habsburgers deugden nog veel minder – in geen geval méér. Met de verwerping van het „parlementarisme" alleen was het hier nog niet afgelopen; want dan bleef altijd nog de vraag: wat dan wél? De verwerping en opheffing van de Rijksraad zou immers als enige regeringsinstantie het huis Habsburg hebben overgelaten, iets, wat vooral voor mij, een ondraaglijke gedachte was. De moeilijkheid van dit bijzondere geval bracht mij ertoe, dit probleem zelf grondiger te bestuderen, dan ik anders op zo jeugdigen leeftijd wel zou hebben gedaan.

Wat mij het allereerst en allermeest te denken gaf, was de overweging, dat er kennelijk niemand verantwoordelijk was. Het parlement neemt het een of ander besluit, en hoe funest de gevolgen daarvan ook mogen zijn, er is toch niemand, die daarvoor enige verantwoordelijkheid draagt en niemand behoeft daarover ooit rekenschap af te leggen. Of wil men bijgeval beweren, dat een regering, die aftreedt, wanneer haar politiek tot een weergaloos échec heeft geleid, daarmee de verantwoording voor haar daden op zich neemt? Of wanneer de coalitie veranderd of zelfs het parlement ontbonden wordt?

Is het eigenlijk wel mogelijk, dat een veranderlijke meerderheid van mensen ooit verantwoordelijk gesteld wordt? Is niet iedere gedachte aan verantwoordelijkheid juist aan een persoon gebonden? Kan men echter praktisch de persoon van het hoofd der regering aansprakelijk stellen voor handelingen, die hun ontstaan en hun uitvoering uitsluitend te danken hebben aan de wil en de neigingen van een veelheid van mensen?

Of is het soms niet zo gesteld, dat de staatsman, die de leiding heeft, niet zozeer zijn taak moet zien in het voortbrengen van vruchtbare ideeën en plannen, maar vooral in het aanleren van de kunst, hoe hij het geniale van zijn plannen het best kan laten doordringen tot een kudde leeghoofden, waardoor hij dan hun goedgunstige toestemming kan afsmeken? Is dit soms het kenteken van een staatsman, dat hij de kunst der overreding in even hoge mate bezit als de staatsmanwijsheid, waardoor hij grote richtlijnen kan ontwerpen en belangrijke besluiten kan nemen? Is de onbekwaamheid van een leider soms daardoor bewezen, dat hij er niet in slaagt, voor een bepaalde idee de meerderheid te winnen van een menigte, die door allerlei meer of minder nobele toevalligheden bijeengeraapt is? Heeft deze menigte eigenlijk ooit wel een idee begrepen, voordat het succes daarvan haar grootheid verkondigde? Is niet elke geniale daad op deze wereld het zichtbare protest van het genie tegen de traagheid der massa?

Wat moet echter een staatsman doen, die er niet in slaagt, om likkend en vleiend de goedkeuring van deze menigte te verkrijgen? Moet hij ze kopen? Of moet hij, gezien de domheid van zijn medeburgers, dan maar aftreden en erin berusten, dat de maatregelen, die, naar zijn vaste overtuiging levensnood- zakelijk zijn voor de natie, onuitgevoerd blijven? Of moet hij toch maar aanblijven?

Moet in een werkelijk man van karakter in zulk een geval niet een onoplosbaar conflict opkomen tussen inzicht enerzijds, en fatsoen, of beter eerlijkheid, anderzijds? Waar ligt hier de grens, die de plicht tegenover het algemeen welzijn scheidt van de verplichting tegenover de eigen eer? Moet een ware leider niet beslist weigeren, om op die wijze te worden gedegradeerd tot politiek beursjobber? En moet niet omgekeerd iedere zwendelaar zich nu geroepen voelen, aan politiek te „doen", omdat de werkelijke verantwoordelijkheid immers nooit op zijn schouder alleen ligt, maar altijd op die van de een of andere ongrijpbare menigte!? Moet ons parlementair meerderheids- beginsel niet noodzakelijkerwijze leiden tot afbraak van het leidersbeginsel in ieder opzicht? Of gelooft men soms werkelijk, dat het de hersenen van meerderheden zijn geweest, en niet die van de enkelingen, die deze wereld hebben vooruitgeholpen?

Of meent men misschien, dat men in de toekomst dit beginsel, dat de eerste voorwaarde is voor iedere menselijke cultuur, kan ontberen? Schijnt zij, integendeel, niet noodzakelijker te zijn dan ooit? Doordat het parlementaire meerderheidsprincipe de autoriteit van de persoon verwerpt, en vervangt door het toevallige aantal individuen, waaruit de toevallige menigte bestaat, zondigt het tegen het aristocratische grondbeginsel van de natuur, wat nu echter helemaal niet wil zeggen, dat de opvatting die de natuur heeft van aristocratie in onze hedendaagse decadente upper ten belichaamd zou zijn.

Welke verwoestingen dit uitvloeisel van de moderne democratische parlementheerschappij aanricht, zal de lezer van Joodse dagbladen zich ongetwijfeld moeilijk kunnen voorstellen, voor zover hij niet geleerd heeft, om zelfstandig en kritisch te denken. Dit principe in de eerste plaats is de oorzaak, dat het gehele politieke leven tegenwoordig op zo onwaarschijnlijke wijze overstroomd is met de minderwaardigste sujetten. Want evenzeer als de ware leider zich verre zal houden van een politieke werkzaamheid, die voor het grootste gedeelte bestaat uit sjacheren en marchanderen om de gunst van een meerderheid en allerminst de gelegenheid biedt tot werkelijk vruchtbare arbeid en prestatie, evenzeer zal dit juist de lagerstaande aantrekken, omdat dit geheel in zijn lijn ligt. En hoe armzaliger zulk een grutter vandaag aan de dag aan geest en talenten is, en hoe beter hij zich van zijn eigen nietigheid bewust is, des te luider zal zijn loflied klinken op een systeem, dat van hem in het geheel geen bijzondere kracht of begaafdheid vraagt, maar al tevreden is, wanneer hij maar de leegheid van een dorpsschout bezit en dat zelfs een „wijsheid" van dergelijk soort liever ziet dan die van een Pericles. Daarbij hoeft zo een bloed zich nimmer zorgen te maken voor de eventuele verantwoordelijkheid, die hij voor zijn daden zou moeten dragen. Hij is voor deze zorgen volkomen gevrijwaard, alleen al, omdat hij heel goed weet, dat zijn toekomst, hoe de resultaten van zijn gepruts als „staatsman" ook mogen zijn, toch al volkomen vastligt; hij zal mettertijd zijn plaats moeten ruimen voor een andere figuur van hetzelfde formaat.

Want het is typerend voor zulk een verval, dat het aantal der grote staatslieden toeneemt, naarmate de maatstaf, die men de enkeling aanlegt, krimpt. Dit aantal zal echter, naarmate de staatsman afhankelijker wordt van parlementaire meerderheden, steeds kleiner moeten worden, aangezien enerzijds de grote mannen zullen weigeren, om de loopjongens van domme nietskunners en kletsers te zijn, terwijl anderzijds de vertegenwoordigers der meerderheid, dat is dus van de domheid, niets intensiever haten dan een werkelijk groot man. Het is altijd een troostrijk gevoel voor zo een vergadering van

„Kamper raadsleden" om te weten, dat de wijsheid van de voorzitter op hetzelfde peil staat als die van alle aanwezigen; zo heeft immers ieder het genoegen, van tijd tot tijd ook eens zijn „esprit" te kunnen laten blinken – maar bovenal, omdat Piet toch zeker ook best eens de baas kan zijn, wanneer Jan het kan! Deze democratische uitvinding ligt echter nog op de meest roerende wijze in de lijn van een eigenschap, die de laatste tijd tot een ware nationale schande is uitgegroeid, n.l. de lafhartigheid van een groot deel van onze zogenaamde leiders.

Hoe comfortabel is het niet, om zich bij iedere beslissing van enige werkelijke betekenis opnieuw te kunnen verbergen achter de jaspanden van een z.g. meerderheid. Men lette nu eens goed op met hoeveel zorg zo'n politieke struikrover bij alles, wat hij doet, de toestemming van de meerderheid afbedelt, om zich zodoende te voorzien van de nodige medeplichtigen, waardoor hij altijd de verantwoordelijkheid van zich kan afwentelen. Dit is echter juist een van de belangrijkste redenen, waarom een dergelijke politieke werkzaamheid iedere man, die in zijn hart fatsoenlijk is, tegen de borst stuit en zijn haat opwekt, terwijl het alle beroerde karakters

— en wie niet voor zijn daden durft te staan, maar zich achter anderen tracht te dekken is een laffe ploert — aantrekt.

Zodra echter de leiders van een natie uit zulke treurige kerels zijn gerekruteerd, dan zou zich zoiets al na korten tijd bitter wreken. Dan zal geen van allen meer de moed hebben om vastberaden op te treden, dan zal men iedere ontering, hoe smadelijk ook, liever aanvaarden, dan zich tot een besluit te vermannen; er is immers niemand meer aanwezig, die vrijwillig bereid is, zichzelf in te zetten voor de doorvoering van een onwrikbaar besluit. Want één ding moet en mag men nooit vergeten: de meerderheid kan ook hier nimmer de man vervangen. Zij is niet alleen altijd de vertegenwoordigster van de domheid, maar ook van de lafheid. En zo min als honderd leeghoofden samen evenveel waard zijn als één wijze, evenmin komt er uit honderd lafaards een heldhaftig besluit. Hoe geringer echter de verantwoordelijkheid van de leider is, des te meer zal het aantal van diegenen zijn zelfs onder de meest minderwaardigen, die zich geroepen voelen, om eveneens hun onsterfelijke kracht ter beschikking der natie te stellen. Ja, zij zullen het ogenblik eenvoudig niet meer kunnen afwachten, dat het hun tijd is, om eindelijk ook eens aan de beurt te komen; zij staan in een lange rij en tellen spijtig het aantal wachtenden, dat nog voor hen staat en rekenen bijna het uur uit, dat zij naar menselijke berekening aan de beurt zullen zijn.

Daarom verlangen zij naar iedere wisseling in het door hen begeerde ambt en zijn dankbaar voor ieder schandaal, dat de rij vóór hen dunt. Wil echter soms iemand de, eenmaal bezette plaats, niet weer afstaan, dan gevoelen zij dit bijna als het verbreken van gemeenschappelijke solidariteit. Dan worden zij kwaad en rusten niet, vóór de onbeschaamde ten val is gebracht en zijn warme plaats weer ter beschikking staat van het algemeen. De „boosdoener" zal daardoor niet zo spoedig weer op deze plaats terugkeren. Want zodra één van deze knechtenzielen gedwongen is, zijn post te verlaten, zal hij trachten, zich dadelijk weer in de lange rij der wachtenden te schuiven, voorzover het losbarstend geschreeuw en gescheld der anderen hem daarvan tenminste niet weerhoudt.

Het gevolg van dat alles is, dat in zo een staat de belangrijkste plaatsen en ambten telkens door anderen worden bekleed, die elkaar in een benauwend tempo opvolgen, een resultaat, dat altijd ongunstig, dikwijls echter bijna catastrofaal werkt. Want nu zal immers niet slechts de domkop en onbekwame dit lot ondergaan; maar, belangrijker: ook de werkelijke leider, indien het noodlot het nog ooit klaar speelt, zo iemand op deze plaats te brengen. Zodra men dit echter bemerkt heeft, zal men dadelijk een eensgezind afweerfront vormen, vooral wanneer zo'n groot man niet uit hun rijen is voortgekomen, en zich toch verstout, dit verheven gezelschap binnen te dringen. Men duldt principieel geen lieden, die niet in het eigen kringetje thuis horen, en haat met een gemeenschappelijke haat iedere man van betekenis, die onder de nullen misschien een één zou kunnen worden.

En hier is het instinct des te fijngevoeliger, hoezeer het ook in ieder ander opzicht moge falen. Het gevolg hiervan moet dus wel zijn, dat de geestelijke armoede onder de eersten in de staat steeds nijpender wordt. Wat er tenslotte in zo'n geval van de natie en de staat terechtkomt, kan iedereen, die niet zelf tot dit soort „leiders" behoort, wel begrijpen.

Het oude Oostenrijk bezat de parlementaire regering al „in reincultuur". Wel werden telkens de minister presidenten door de koning-keizer benoemd, maar deze benoeming was niets anders dan de voltrekking van de wil van het parlement. Het sjacheren en handelen echter om de verschillende ministerszetels was al Westerse democratie van het zuiverste water. De resultaten waren volkomen in overeenstemming met de principes, waarvan men was uitgegaan. In dezelfde mate echter schrompelde de grootte van de telkens optredende „staatslieden" ineen, tot eindelijk enkel nog dat type van kleine parlementaire beursjoppertjes overbleef, wier waarde als staatsman slechts gemeten en erkend werd naar de waardigheid, waarmee het hen gelukte, telkens de, op dat ogenblik gewenste coalities aaneen te plakken, dus die onbetekenende zaken te doen, die voor deze volksvertegenwoordigers de enige mogelijkheid zijn, om hun geschiktheid voor praktische arbeid aan te tonen.

Zodoende was Wenen een school, die vooral op dit gebied de allerbeste en duidelijkste lessen gaf. Wat niet minder mijn belangstelling trok, was de vergelijking tussen de kennis en capaciteiten van deze volksvertegenwoordigers met de taak, die ze op zich hadden genomen. Daartoe moest men dan echter, – of men wilde of niet – ook de geestelijke horizon van deze uitverkorenen der volken zelf van meer nabij bezien, waarbij het dan weer volkomen onvermijdelijk was, om ook de nodige aandacht te schenken aan de gebeurtenissen, die tot de ontdekking van deze prachtverschijningen in ons openbaar leven hadden geleid.

De manier, waarop het werkelijke kunnen dezer heren in de dienst van het vaderland gesteld en benut werd, dus de technische kant van hun activiteit, mocht zeker 66k wel eens grondig en kritisch worden onderzocht. Hoe dieper men in deze interne aangelegenheden durfde door te dringen, om de personen en toestanden, die aan het geheel ten grondslag lagen, met onvoorwaardelijke objectiviteit onder de loep te nemen, des te droeviger werd het totale beeld van het parlementaire leven. Overigens was dit wel de aangewezen weg bij een instelling, die het nodig vindt, om door haar dragers telkens weer de nadruk te doen leggen op de „objectiviteit" als de enigen rechtvaardigen grondslag voor ieder onderzoek en voor iedere houding ten aanzien van enig vraagstuk. Men onderzoeke de heren zelf maar eens en tevens de wetten van hun moeilijk bestaan en men zal zich over het resultaat verbazen.

Er bestaat letterlijk geen enkel beginsel, dat, objectief bezien, zo onjuist is als juist het parlementarisme. Men mag daarbij nog gerust afzien van de wijze, waarop de verkiezing van de heren afgevaardigden plaats vindt, hoe zij eigenlijk aan hun ambt en aan hun nieuwe waardigheid komen. Dat liet hierbij slechts voor een uiterst klein gedeelte gaat om de vervulling van een algemene wens om van de voorziening in een algemene behoefte nog maar niet te spreken, zal iedereen direct duidelijk zijn, die weet, dat het politieke begrip van de grote massa helemaal niet zodanig ontwikkeld is, dat zij bij machte zou zijn om uit zichzelf tot bepaalde algemeen politieke beschouwingen te komen en ook zeker niet, om de personen uit te zoeken, die daarvoor in aanmerking zouden komen. Datgene, wat wij altijd aanduiden met het woord „openbare mening" bestaat voor een zeer klein gedeelte uit zelf opgedane ervaringen of inzichten van bepaalde mensen, maar voor verreweg het grootste deel uit de voorstelling, die gewekt wordt door een dikwijls grenzeloos opdringerige en aanhoudende methode van „voorlichting".

Zoals de godsdienstige richting het gevolg is van de opvoeding en slechts de religieuze behoefte zelf in het binnenste van de mens sluimert, zo is ook de politieke mening der massa het eindresultaat van een menigmaal ongelofelijk taaie en grondige bewerking van ziel en verstand.

Het leeuwendeel van de politieke „opvoeding", die men in dit geval met het woord propaganda zeer juist aanduidt, komt voor rekening van de pers. Zij is het in de eerste plaats, die deze voorlichtingsdienst verzorgt, en daardoor een soort school voor volwassenen vormt, alleen dit onderwijs ligt niet in handen van de staat, maar in de klauwen van ten dele uiterst minderwaardige krachten. Ik had juist in Wenen, en dat al op jeugdigen leeftijd, de beste gelegenheid, om de eigenaars en geestelijke vaders van deze massa opvoedingsmachine door en door te leren kennen. Aanvankelijk stond ik stomverbaasd, hoe snel deze gevaarlijke grote macht binnen de staat erin slaagde, om een bepaalde mening te doen ontstaan, ook wanneer het daarbij ging om een volledige verdraaiing van ongetwijfeld aanwezige innerlijke wensen en opvattingen van het publiek. In enkele dagen had men iets belachelijks tot een belangrijk optreden van de staat gemaakt, terwijl anderzijds tegelijkertijd belangrijke levensproblemen aan de algehele vergetelheid werden prijsgegeven, of beter gezegd, eenvoudig uit de gedachte en de herinnering van de massa werden gestolen.

Zo slaagde men er in, om, na verloop van luttele weken, namen uit het niets te voorschijn te toveren, te maken, dat de grote massa het ongelooflijke daarvan verwachtte, ja, dat zij een zo grote populariteit verwierven, als de man van werkelijke betekenis in zijn gehele leven niet ten deel valt; namen, waar bovendien een maand tevoren nog letterlijk niemand van had horen spreken, terwijl tegelijkertijd oude, beproefde figuren uit staat of maatschappij, hoewel zij volkomen gezond waren, voor de medewereld eenvoudig afstierven of met zulk een verschrikkelijke smaad werden overstelpt, dat hun naam in korten tijd het symbool dreigde te worden van een bepaalde gemeenheid en schurkachtigheid. Het is een uiterst perfide Joodse manier, om opeens en als bij toverslag van meer dan honderd zijden tegelijk, lage lasteringen en eer rovende beweringen, bij vuilnisemmers vol, over het onschuldige hoofd van eerlijke mensen uit te gieten, en men moet dit hebben gadegeslagen en bestudeerd, om het gehele gevaar, dat deze persploerten opleveren, op zijn volle waarde te kunnen schatten.

En dan bestaat er niets, waarvan zulk een geestelijk roofridder geen gebruik zou maken, om zijn minderwaardig doel te bereiken. Dan zal hij tot in de geheimste familieaangelegen- heden snuffelen en niet rusten, eer hij, met zijn instinct voor alles, wat vuil en rot is, de een of andere gebeurtenis heeft opgeschommeld, die uitgebuit zal worden, om het ongelukkige slachtoffer naar de maan te helpen. Is er echter noch in het private leven, noch in het openbare, zelfs bij het grondigste onderzoek ook maar het allerminste te vinden, dan grijpt zo'n heerschap eenvoudig naar de laster, in de vaste overtuiging, dat er niet alleen, zelfs al wordt het duizendmaal tegengesproken, toch altijd wel iets zal blijven hangen, maar ook, dat het voor het slachtoffer toch meestal volkomen zinloos is, om tegen deze eerroof, die immers onmiddellijk door al de medeplichtigen van dat persheerschap, honderdvoudig wordt herhaald, de strijd op te nemen; waarbij nog komt, dat de motieven, die dit rapaille bewegen, nooit die zijn, die voor andere mensen bepalend- of tenminste verklaarbaar zouden zijn. Verre vandaar!

Wanneer zo'n spitsboef zijn geliefde medemens op de meest schurkachtige manier aanvalt, hult hij zich als een inktvis in een ware wolk van burgerlijk fatsoen en zalvende frasen, kletst over „journalistieke plicht" en andere leugenachtige bombast, ja, heeft zelfs nog de brutaliteit, om op vergaderingen en congressen, dus bij gelegenheden, waar deze plaag in de meest geconcentreerde vorm aanwezig is, te wauwelen over „journalistieke eer", die het verzamelde Jan Hagel elkaar dan wederkerig toekent. Dit gespuis echter fabriceert voor meer dan tweederde gedeelte de „openbare mening", uit welker schuim dan de parlementaire Afrodite opstijgt.

Men zou boekdelen nodig hebben om deze manier van doen juist weer te geven en in haar hele leugenachtige onwaarachtigheid te schetsen. Maar ook wanneer men daarvan helemaal afziet en slechts het product, zoals het daar voor ons ligt, benevens zijn werkzaamheid, bekijkt, dan moet dit er, mijns inziens, toe leiden, dat ook hij, die altijd alles, wat de pers zegt, voetstoots gelooft, de volkomen objectieven waanzin van deze instelling ziet doorschemeren. Men zal deze even dwaze als gevaarlijke menselijke dwaling het eerst en ook het gemakkelijkst doorzien, wanneer men het democratisch parlementarisme gaat vergelijken met een werkelijke Germaanse democratie. Het kenmerkende van het eerste ligt daarin, dat er, laat ons zeggen, een vijfhonderd mannen, of in de laatste tijd ook vrouwen, gekozen worden die nu de taak hebben, om over alles en nog wat de definitieve beslissingen te nemen. Alleen zij vormen de regering. Want ook indien door hen een kabinet wordt gekozen, dat dan naar buiten de leiding der staatszaken in handen heeft, blijft deze gehele autoriteit toch maar schijn. In werkelijkheid kan deze zogenaamde regering geen voet verzetten, zonder eerst tevoren de toestemming der algemene vergadering te hebben verworven. Zij kan echter daardoor voor geen enkele regeringsdaad verantwoordelijk worden gesteld; daar de eindbeslissing immers nooit bij haar ligt, maar altijd alleen bij de meerderheid van het parlement.

Zij is, wat zij ook doet, nooit iets anders dan de uitvoerster van de wil van de meerderheid. Men zou haar politieke bekwaamheid eigenlijk alleen kunnen beoordelen naar haar vaardigheid, om óf zich aan te passen, óf om die meerderheid naar haar zijde over te halen. Zij daalt evenwel daarmee van de rang van een werkelijke regering af tot die van een bedelares tegenover de toevallig die dag aanwezige meerderheid. En haar belangrijkste taak kan nu enkel nog daarin bestaan, dat zij of zich bij ieder geval opnieuw verzekert van de gunst van de bestaande meerderheid of wel een nieuwe meerderheid tracht te vormen, die haar meer genegen is. Gelukt haar dit, dan mag zij weer een klein poosje verder „regeren"; gelukt het haar niet, dan kan ze vertrekken. De meerdere of mindere juistheid van haar plannen doet hier absoluut niets terzake.

Daarbij wordt echter praktisch iedere verantwoordelijkheid uitgeschakeld. Wat hiervan de gevolgen moeten zijn, blijkt al bij een zeer simpele en weinig diepgaande nadere beschouwing. Indien men nl. nagaat, hoe deze volksvertegenwoordiging is samengesteld, en dan wel in het bijzonder, wat deze vijfhonderd mensen stuk voor stuk in hun beroep betekenen, en over welke capaciteiten zij beschikken, dan ontstaat er een zeer onevenwichtig en meestal ook zeer bedroevend beeld. Want er zal toch zeker niemand in ernst kunnen menen, dat deze vijfhonderd in geestelijk of in verstandelijk opzicht, uitverkorenen zullen zijn? Men zal toch, naar ik hoop, niet veronderstellen, dat uit de stembiljetten van een toch allesbehalve begaafd kiezerskorps de staatslieden maar bij honderden tegelijk opschieten.

Er zijn eenvoudig geen termen te vinden, scherp genoeg, om de waanzinnige mening, dat door het algemeen kiesrecht genieën naar voren zouden komen, te kwalificeren. Ten eerste staat er in een natie slechts zeer, zeer zelden een werkelijk staatsman op, en dan nog niet zomaar honderd of meer ineens, en ten tweede heeft de massa een bijna instinctieve afkeer van alles, wat werkelijk geniaal is. Eer gaat een kameel door het oog van een naald, dan dat een groot man door een verkiezing ontdekt wordt. Wat werkelijk boven het normale alledaagse gemiddelde uitsteekt, pleegt zich in de wereldgeschiedenis meestal uit zichzelf wel aan te melden.

Zo echter stemmen vijfhonderd mensen van zeer bescheiden kwaliteiten over de gewichtigste belangen van de natie, stellen regeringen aan, die dan weer verplicht zijn, om in ieder afzonderlijk geval en bij iedere bijzondere kwestie de toestemming van de luchtige vergadering te veroveren, en dus wordt zodoende feitelijk de politiek door vijfhonderd verschillende mensen gefabriceerd. En dat is er dan ook meestal zeer goed aan te zien. Maar zelfs geheel afgezien van de genialiteit dezer volksvertegenwoordigers, men zal toch moeten bedenken, van hoe verschillenden aard de problemen zijn, die afgedaan moeten worden; en hoe uiteenlopend de gebieden, waarop beslissingen getroffen en waar oplossingen gevonden moeten worden, en hoe juist daarom een regeringsstelsel moet zijn, dat de definitieve beslissing laat afhangen van het oordeel van een massavergadering, waar altijd slechts een uiterst gering percentage der leden kennis en ervaring bezit van de behandelde materie. De belangrijkste economische maatregelen worden zodoende onderworpen aan het oordeel van een forum, waarvan slechts een tiende van de leden kan bogen op enige economische opleiding. Dat betekent toch eenvoudig, dat men de eigenlijke beslissing overlaat aan lieden, die hiertoe ten enenmale ongeschikt zijn.

Zo gaat het echter met ieder ander vraagstuk eveneens. Altijd zal een meerderheid van lieden zonder kennis of capaciteiten de doorslag geven, daar de samenstelling van dit college immers onveranderd blijft, terwijl het feit, dat de te behandelen problemen zich uitstrekken over bijna alle gebieden van het openbare leven, juist een voortdurende wisseling der afgevaardigden, die over hen moeten oordelen en beslissen, wenselijk zouden maken. Het is toch een onmogelijkheid, om dezelfde mensen en over de verkeersaangelegenheden, en b.v. over een belangrijk vraagstuk van buitenlandse politiek te laten beslissen. Tenzij natuurlijk, dat het allemaal universele genieën waren, zoals er nauwelijks eenmaal in eeuwen wordt geboren.

Helaas gaat het hier meestal geenszins om „knappe koppen", maar om dilettanten, die even bekrompen, als ingebeeld en opgeblazen zijn, een geestelijke „demi-monde" van het ergste soort. Vandaar dan ook de dikwijls onbegrijpelijke lichtzinnigheid, waarmee deze heerschappen praten en beslissingen nemen over dingen, die zelfs de grootste geesten niet dan met ernstig overleg zouden behandelen. En deze lieden beslissen over maatregelen, die van het grootste gewicht zijn voor de toekomst van de gehele staat, meer nog: van de gehele natie, op een manier, alsof er sprake was van een spelletje kaart, wat heel zeker meer in hun lijn had gelegen, en alsof het lot van hun ras er niet mee gemoeid was.

Nu zou het zeker onrechtvaardig zijn, te denken dat ieder van de afgevaardigden van zo'n parlement van huis uit al zo weinig verantwoordelijkheidsgevoel zou hebben bezeten. Dat is dan ook geenszins het geval. Maar, doordat dit systeem de enkeling dwingt zijn standpunt te bepalen ten opzichte van hem geheel onbekende zaken, bederft het langzamerhand zijn karakter. Niemand zal de moed hebben, om te verklaren: „Mijne Heren, ik geloof, dat wij van deze aangelegenheid niets begrijpen.

Ik persoonlijk begrijp er althans niet het minste van. (Overigens zou dit slechts weinig verandering brengen, want zeker zou zulk een oprechtheid niet alleen in het geheel geen begrip vinden, maar men zou zo'n eerlijken ezel zeker niet de kans geven, om het prachtige spelletje in de war te sturen.) Wie de mensen echter kent, zal begrijpen, dat in zo'n illuster gezelschap niemand graag de domste zou willen zijn, en in zekere kringen is eerlijkheid altijd identiek met domheid.

Zodoende komt ook de volksvertegenwoordiger, die het aanvankelijk eerlijk meent, onvermijdelijk op de weg van algemene leugenachtigheid en bedriegerij terecht. Juist de overtuiging, dat het aan de zaak zelf niets zou veranderen, of hij alleen er al dan niet aan meedeed, smoort elke eerlijke opwelling, die bij de een of ander nog zou kunnen opkomen. Hij zal zich tenslotte nog zelf wijsmaken dat hij persoonlijk nog niet de slechtste is van het hele stel, en door zijn meedoen misschien nog erger kan voorkomen.

Nu zal men, mij wel tegenwerpen, dat weliswaar iedere afgevaardigde afzonderlijk in al deze kwesties al geen bijzonder inzicht moge hebben, maar dat zijn partij, die immers de politiek van dit heer bepaalt, hem een bepaalde gedragslijn in deze aanraadt, en dat die partij toch haar bijzondere commissies heeft, die door deskundigen bovendien meer dan voldoende worden ingelicht. Op het eerste gezicht schijnt dit te kloppen. Maar dan blijft toch die vraag: waarom kiest men er vijfhonderd, als er toch maar enkelen de nodige wijsheid bezitten, om in de belangrijkste kwesties een oordeel te vellen? En dat is het nu juist, waar alles om draait.

Onze huidige parlementaire democratie heeft niet ten doel, om een vergadering van wijzen samen te stellen; veeleer om een schare geestelijk afhankelijke nullen bijeen te garen, die des te gemakkelijker volgens bepaalde richtlijnen te leiden zijn, naarmate de bekrompenheid van ieder afzonderlijk groter is. Alleen hierdoor kan men partijpolitiek bedrijven in de huidige slechte betekenis van het woord. Maar alleen hierdoor is het echter ook mogelijk, dat de eigenlijke drijvende krachten altijd veilig op de achtergrond blijven, zonder dat men ze ooit persoonlijk ter verantwoording kan roepen. Want nu zal geen enkel besluit, hoe schadelijk ook voor het volksbelang, openlijk op naam en rekening komen van enige bepaalde schoften, maar een gehele fractie zal deze verantwoording te dragen krijgen.

Daarmee blijft er echter van enige werkelijke verantwoordelijk- heid niets over, want verantwoordelijkheid kan alleen door een enkel persoon gedragen worden, en niet door een parlementaire kletsclub. En alleen de meest leugenachtige gluipers, die het daglicht hevig schuwen, kunnen deze instelling liefhebben en waarderen; maar iedere eerlijke rechtschapen kerel, die bereid is, zelf voor zijn daden te staan, moet haar haten. Daarom is dit soort van democratie ook het instrument geworden van dat ras, dat om zijn eigenlijke doelstellingen, het daglicht moet schuwen, nu en altijd. Alleen de Jood kan een inrichting prijzen, die vuil en onwaar is als hijzelf. Hiertegenover staat de waarachtige Germaanse democreatie, waarbij de leider gekozen wordt, en dan de verplichting heeft om de volle verantwoordelijkheid voor zijn doen en laten op zich te nemen. Daar stemt geen meerderheid over de verschillende vraagstukken, daar beslist één man, die dan met al wat hij is, en al wat hij bezit, verantwoordelijk is voor de genomen besluiten. Indien men de tegenwerping zou willen maken, dat er onder zulke voorwaarden bezwaarlijk iemand bereid gevonden zal worden, om een zo riskante zaak op zich te nemen, dan kan het antwoord alleen luiden: Goddank! – Want daarin ligt juist de zin van de Germaanse democratie, dat niet ieder willekeurig onwaardig, maar eerzuchtig individu, dat niet iedere morele deserteur het langs kronkelende paden zover kan brengen, dat hij de macht over zijn volksgenoten uitoefent, maar dat zwakkelingen en prullen alleen al door de zwaarte van de verantwoordelijkheid, die aan deze taak verbonden is, worden afgeschrikt.

Mocht er echter toch iemand van een dergelijk kaliber proberen, om naar binnen te sluipen, dan kan men hem gemakkelijker vinden en meedogenloos toesnauwen: Ga weg, laffe ploert! Zet je voetstappen niet op deze treden, want je bevuilt ze. De trappen voor de poorten van het heiligdom van onze geschiedenis zijn niet gebouwd voor reptielen, maar alleen voor helden! Ik had twee jaar lang regelmatig de parlementszittingen te Wenen bijgewoond. Deze overtuiging was de vrucht van wat zich daar aan mij had vertoond. Nadien ging ik er niet meer heen. De zwakte van de oude Habsburgse staat, die van jaar tot jaar erger werd, was mede voor een belangrijk gedeelte het werk van de parlementaire regeringsvorm.

En naarmate de invloed van het parlement groeide, werd de positie van het Duitse element zwakker, en verviel men meer en meer in een systeem, dat berustte op het uitspelen van de enenationaliteit tegen de andere. In de rijksraad ging dit altijd ten koste van de Duitsers, en daardoor uiteindelijk altijd ten koste van het rijk; want omstreeks 1900 moest ook de aller simpelste geest wel inzien, dat de bindende krachten van de monarchie niet meer in staat waren, om aan het separatisme van de landen weerstand te bieden. Integendeel, hoe minderwaardiger de middelen werden die de staat moest aanwenden om intact te blijven, des te meer daalde hij in de algemene achting. Niet alleen in Hongarije, maar ook in de verschillende Slavische provincies, was het gevoel van lotsverbondenheid met het geheel der monarchie zozeer afgestorven, dat men haar zwakte geenszins meer als eigen schande voelde. Men verheugde zich veeleer over zulke tekenen van intredende ouderdom; men verlangde immers meer naar de dood dan naar de genezing van het rijk.

In het parlement werd de volkomen chaos nog voorkomen door een onwaardig spel van steeds maar toegeven, waarbij men zich zelfs liet chanteren, en waarbij de Duitser dan steeds het kind van de rekening werd; en in het land zelf, door de verschillende volken zo handig mogelijk tegen elkaar uit te spelen. Maar de algemene lijn van de ontwikkeling ging toch in anti-Duitse richting. Vooral sedert Franz Ferdinand door zijn rechten op de troon een zekere invloed begon te krijgen, kwam er systeem in de van boven naar beneden uitgeoefende ver-Tsjeching.

Met alle mogelijke middelen trachtte deze toekomstige heerser van Oostenrijk-Hongarije de afbrokkeling van het Duitse karakter van deze staat in de hand te werken, of het tempo kunstmatig te versnellen, en zocht dit overal en altijd met zijn persoon te dekken. Zuiver Duitse plaatsen werden zodoende door mutaties in het ambtenarenkorps langzaam, maar heel zeker in de gevaarlijke tweetalige zone geschoven. Zelfs in Neder-Oostenrijk begon dit proces steeds sneller voortgang te vinden en vele Tsjechen beschouwden Wenen al als hun grootste stad.

Het leidende beginsel van deze nieuwe Habsburger, wiens gezin geen andere taal meer sprak dan Tsjechisch (de prins was door een morganatisch huwelijk verbonden met een Tsjechische gravin, en deze stamde uit kringen, waar anti-Duitse opvattingen traditie waren) was, om in midden Europa geleidelijk een Slavische staat op te richten, die, als tegenwicht tegen het Grieks-Katholieke Rusland, op streng Roomse grondslag moest worden opgebouwd. Daarmee werd, zoals al meermalen bij de Habsburgers, de godsdienst weer eens in dienst gesteld van een zuiver politiek idee dat bovendien nog – van Duits standpunt beschouwd – funeste gevolgen moest hebben. Het gevolg was meer dan treurig in velerlei opzicht.

Maar noch het Habsburgse Huis, noch de Katholieke kerk kregen het loon dat ze verwacht hadden. Habsburg verloor de troon, Rome een grote staat. Want, doordat de kroon ook godsdienstige krachten in dienst stelde van haar politieke ideeën, riep zij een geest op van zodanige aard, als zij zelf zeker niet gedroomd had, dat mogelijk zou zijn. Op het streven, om met alle middelen het Duitse element in het oude Oostenrijk uit te roeien, ontstond als antwoord de Al-Duitse beweging in Oostenrijk. In de tachtiger jaren had het Manchesters liberalisme, met zijn Joodse grondslagen ook in de monarchie zijn hoogtepunt bereikt, zo niet al overschreden. De reactie daartegen kwam echter, zoals steeds in het oude Oostenrijk, niet in de eerste plaats uit sociale overwegingen, maar uit nationale.

De drang tot zelfbehoud dwong het Duitse element tot een uiterst scherp verweer. Pas in de tweede plaats begonnen langzamerhand ook economische overwegingen een belangrijk woord mee te spreken. zo ontstonden er tenslotte twee partijformaties uit de algemene politieke verwarring, de ene meer nationaal, de andere meer sociaal van aard, maar beiden buitengewoon interessant en leerrijk voor de toekomst. Na de slechte afloop van de oorlog van 1866 droomde het huis Habsburg van een revancheoorlog. Alleen de ongelukkige afloop van het Mexicaanse avontuur, waarin men hoofdzakelijk de hand van Napoleon III zag, en dat Keizer Maximiliaan tenslotte het leven kostte, toen de Fransen hem in de steek lieten, voorkwam een nauwer samengaan met Frankrijk. Daartoe was de verontwaardiging over deze daad van de Fransen te groot en had ook het Franse prestige te zeer geleden. Toch lag Habsburg destijds op de loer. Indien de oorlog van 1870-71 niet tot zo een onvergelijkelijke zegetocht was geworden, dan zou het Weense hof het bloedige spel om wraak voor Sadowa nog wel gewaagd hebben. Toen echter de eerste berichten over het heldendom op de slagvelden binnenkwamen, die wonderbaarlijk waren en moeilijk te geloven, maar niettemin waar, toen erkende de „wijste" van alle monarchen, dat het ogenblik toch nog niet rijp geacht kon worden, en speelde zo goed mogelijk mooi weer.

De heldenstrijd in deze beide jaren had echter nog een veel grootser wonder volbracht; want bij de Habsburgers kwam deze veranderde houding geenszins uit innerlijke drang, maar alleen uit de noodzaak van de omstandigheden. Het Duitse volk in de oude Oostmark echter werd door de roes van de overwinning van het Rijk meegesleurd en zag met diepe ontroering, hoe de droom der vaderen weer tot heerlijke werkelijkheid werd. Want vergis je niet: de waarlijk Duitsgezinde Oostenrijker had van de ure der scheiding af terugverlangd, en had ook de slag bij Königgratz niet anders meer kunnen beschouwen dan als een, weliswaar op zichzelf tragisch gebeuren, maar dat toch een noodzakelijke voorwaarde was voor de wederopstanding van een Rijk, dat niet meer de machteloosheid en de rotheid zou kennen waaraan de vroegere.

Duitse bond ten prooi was geweest; en daarvoor bleef het ook gespaard. Vooral ondervond hij hier aan eigen lijf, dat de historische taak van het huis Habsburg eindelijk afgelopen was, en dat het nieuwe Rijk niemand anders tot keizer mocht kiezen, dan een man, die door zijn grote heldhaftigheid waardig is „de kroon van de Rijn" te dragen. Hoeveel meer echter diende men nog het noodlot te prijzen, dat het deze keizerskroon op het hoofd zette de zon van een geslacht, dat al eenmaal lang geleden, een schitterend symbool aan de Duitse natie had geschonken, een symbool, zo machtig, dat het ten allen tijd de harten zal sterken: Frederik de Grote.

Toen het huis Habsburg echter na die groten oorlog, met uiterste vastberadenheid begon, het gevaarlijke Duitse element in Oostenrijk-Hongarije (dat immers geen twijfel liet aangaande zijn sympathieën en antipathieën), langzaam, maar onverbiddelijk uit te roeien – want hierop moest deze Slaviserings politiek tenslotte uitlopen – toen vlamde de weerstand van het ter dood veroordeelde volk omhoog op een wijze, als de nieuwere Duitse geschiedenis nog nooit gezien had. Voor de eerste maal werden nationaal en patriottisch gezinde mannen tot rebellen. Niet tegen de natie rebelleerden zij en ook niet tegen de staat zelf, maar tegen de wijze van regeren, die, naar hun overtuiging, tot de ondergang van hun volk moest leiden. Voor de eerste maal in de Duitse geschiedenis van de laatste tijd scheidde zich de gebruikelijke trouw aan staat en vorstenhuis, van de werkelijke nationale liefde voor vaderland en volk. Het is de verdienste geweest van de Al-Duitse beweging in het Duits-Oostenrijk van de negentiger jaren, dat ze op heldere en ondubbelzinnige wijze heeft vastgesteld, dat een staatsgezag alleen dan geëerbiedigd en beschermd moet worden, wanneer dit de belangen van het volk behartigt of tenminste geen schade berokkent. Het gezag van de staat mag nooit doel, maar moet altijd middel zijn, omdat anders immers iedere tirannie op deze wereld onaantastbaar en heilig zou zijn. Wanneer door de hulpmiddelen van een regeringsmacht een volk naar de ondergang wordt geleid, dan heeft ieder, die deel uitmaakt van dit volk niet alleen het recht, maar ook de plicht, te rebelleren. Het antwoord op de vraag wanneer zo'n geval aanwezig is, wordt echter niet bepaald door theoretische verhandelingen, maar door het geweld en – door het succes.

Daar iedere regering vanzelfsprekend het staatsgezag voor zich opeist, ook al is zij nog zo slecht en al heeft zij de belangen van het volk ook duizendmaal verraden, daarom zal de volkse levenswil, wanneer hij zulk een volksvijandige macht moet neerslaan, ter verovering van zijn vrijheid en onafhankelijkheid, dezelfde wapens dienen te gebruiken als die, waarmee de tegenstander zich tracht te handhaven. De strijd zal daarom precies zolang met „legale" middelen worden gestreden, als ook de macht, die men ten val wil brengen, zich van zulke middelen bedient; wanneer de onderdrukker echter illegale middelen gaat gebruiken zal ook het volk in opstand er niet voor terugschrikken, deze ter hand te nemen.

In het algemeen mag men echter nooit vergeten, dat niet in het behoud van een staat of van een regering de hoogste reden van bestaan voor de mens gelegen is, maar in de handhaving van zijn volk en van zijn volkseigenheden. Wanneer deze volkseigenheden echter zelf eenmaal gevaar lopen, onderdrukt of zelfs vernietigd worden, dan is de kwestie der legaliteit nog maar van ondergeschikt belang. En dan mag de heersende macht zich duizendmaal van zogenaamde „legale" middelen bedienen, maar dan blijft de levenswil der onderdrukten toch steeds de meest verhevene rechtvaardiging van hun strijd met alle wapenen.

Dat zo dikwijls in de loop van de geschiedenis een volk zich op zo ontzagwekkende wijze verweerde tegen de binnen- of buitenlandse dwingeland, die het onder zijn juk had weten te brengen, is enkel een gevolg van het feit, dat het de juistheid van deze stelling inzag. Mensenrecht breekt staatsrecht. Bezwijkt echter een volk in de strijd om de rechten van de mens, dan is dit eenvoudig het teken, dat het door het noodlot gewogen is en te licht bevonden om nog langer op het geluk van een voortbestaan op deze aarde aanspraak te kunnen maken. Want ieder, die niet bereid is, of niet in staat is, om voor zijn bestaan te vechten, is al door de eeuwig rechtvaardige

Voorzienigheid ter dood veroordeeld. Voor lafhartige volken is deze wereld niet geschapen.

Hoe gemakkelijk het echter voor een tirannie is, om zich een aureool van zogenaamde „legaliteit" te bezorgen, daarvan gaf Oostenrijk weer het duidelijkste en treffendste voorbeeld. De legale staatsmacht steunde destijds enerzijds op het anti-Duitse parlement met zijn niet-Duitse meerderheden – en anderzijds op het evenzeer anti-Duitse vorstenhuis. In deze beide factoren was het gehele staatsgezag belichaamd. Het was dwaasheid om het lot van het Duits-Oostenrijkse volk met behulp of door middel van dit gezag te willen veranderen. Uit dit feit had men nu, naar het oordeel van het staatsgezag zelf, en naar dat van de lieden, die geen andere weg dan de legale zagen, de conclusie moeten trekken, dat iedere tegenstand nu ook achterwege zou moeten blijven, omdat er immers met legale middelen niets te bereiken viel. Dit zou echter onvermijdelijk het einde – en wel het spoedige einde van het Duitse bloed in deze staat hebben betekend. Het Duitse element is hiervoor dan ook alleen gespaard gebleven door het ineenstorten van deze staat. De bebrilde theoreticus zou natuurlijk altijd nog liever voor zijn doctrine dan voor zijn volk willen sterven. Hij meent, dat de mensen, omdat ze eerst zelf wetten hebben gemaakt, daardoor later alleen voor die wetten bestaan. Het is de verdienste der toenmalige Al-Duitse beweging in Oostenrijk geweest, dat ze, tot ontsteltenis van alle fanatici voor papieren principes, en van alle andere staats fetisjisten, voorgoed een einde heeft gemaakt aan deze dwaasheid. Terwijl de Habsburgers met alle middelen het Duitse element trachtten te bestrijden, viel deze partij het „verheven" heersershuis aan, en dat wel op meedogeloze wijze. Zij heeft voor de eerste keer de eigenlijke ziekte van deze al volkomen verrotte staat blootgelegd en aan honderdduizenden de ogen geopend. Het is haar verdienste, dat zij het prachtige begrip vaderlandsliefde heeft losgemaakt uit de omknelling van deze miserabele dynastie.

Haar aanhang was in de eerste tijd van haar optreden zeer groot, ja, scheen letterlijk tot een lawine te zullen worden. Maar het succes was niet van blijvende aard. Toen ik naar Wenen kwam, was de beweging allang overvleugeld door de Christelijk-sociale partij, die intussen aan de macht was gekomen; ja, deze laatste had haar bijna iedere betekenis ontnomen. Deze gehele gebeurtenis: de opkomst en de ondergang van de Al-Duitse beweging enerzijds en van de ongehoorde opkomst van de Christelijk-sociale partij anderzijds zou als klassiek studieobject voor mij van de grootste betekenis worden. Toen ik naar Wenen kwam, stonden mijn sympathieën geheel en al aan de zijde van de Al-Duitsers.

Dat men de moed bleek te hebben om in het parlement „Leve Hohenzollern" te roepen, imponeerde mij evenzeer als het mij verheugde dat men zich nog altijd beschouwde als een deel van het Duitse Rijk dat slechts tijdelijk van het moederland gescheiden was; en dat men geen enkele gelegenheid liet voorbijgaan, om in het openbaar van zijn trouw te getuigen, gaf mij geloof in de toekomst; dat men in alle kwesties, waar de Duitse aard in het geding kwam, onvoorwaardelijk kleur bekende en voor geen compromissen te vinden was, wekte mijn volle instemming, omdat ik hierin de enige mogelijkheid zag, om ons volk te redden; dat echter de beweging na zo een opkomst, nu zozeer terugzakte, kon ik niet begrijpen. Nog minder begreep ik echter, waarom de Christelijk-sociale partij juist in dezelfde tijd tot zo'n geweldige macht vermocht te geraken. Zij had destijds juist het toppunt van haar glorie bereikt. Toen ik de beide bewegingen begon te vergelijken, gaf mij ook hier het noodlot (en door mijn overigens vrij treurige omstandigheden, vroeger dan anders) het beste onderwijs, waardoor ik de oorzaken van dit raadsel kon begrijpen.

Ik begin mijn vergelijking met de beide mannen, die als leiders en stichters van de beide partijen beschouwd moeten worden: Georg van Schönerer en Dr. Karl Lueger. Zuiver menselijk gezien, steken zowel de een als de ander, ver uit boven het formaat van de zogenaamde parlementaire figuren. In het moeras van de algemene politieke corruptie bleef hun hele leven rein en onaantastbaar. Toch voelde ik aanvankelijk alleen sympathie voor de Al-Duitser Schönerer, en pas langzamerhand begon ik ook voor de Christelijk-sociale leider te voelen. Wat hun kwaliteiten betreft, scheen Schönerer mij destijds al een beter en grondiger denker toe in principiële vraagstukken. Hij heeft het onvermijdelijke einde van de Oostenrijkse staat juister en helderder voorzien, dan enig ander.

Indien men vooral in het Rijk meer oor had gehad voor zijn waarschuwingen tegen de Habsburgse monarchie, dan had de ramp van een wereldoorlog, waar Duitsland tegen geheel Europa stond, voorkomen kunnen worden. Schönerer mocht dan al in staat zijn, om de grote vraagstukken in hun ware gedaante te zien, maar in de mensen vergiste hij zich keer op keer. Hier lag nu juist de grote kracht van Dr. Lueger. Lueger was een buitengewoon mensenkenner, die er zich vooral voor hoedde, de mensen voor beter aan te zien, dan zij nu eenmaal zijn. Daarom hield hij ook meer rekening met de werkelijke mogelijkheden van het leven, terwijl Schönerer daarvoor maar weinig begrip had. Alles, wat de Al-Duitser dacht, was principieel juist, maar omdat hij de massa te weinig begreep en hem ook de kracht ontbrak, om zijn theoretisch inzicht aan de massa mee te delen, dus om zijn kennis in zo een vorm te gieten, dat die bevattelijk werd voor de grote massa, die nu eenmaal zeer langzaam van begrip is en blijft, bleef zijn inzicht gelijk aan de wijsheid van een ziener, die toch nooit praktische werkelijkheid kan worden. Dit ontbreken van werkelijke mensenkennis leidde echter tenslotte tot een onjuist oordeel over de kracht van gehele bewegingen en oeroude instellingen.

Later heeft Schönerer weliswaar ingezien dat het hier uiteindelijk een wereldbeschouwing betreft, maar hij heeft nooit begrepen, dat zo een bijna religieuze overtuigingen altijd in de eerste plaats door de grote massa's van een volk gedragen moeten worden. Hij zag helaas lang niet scherp genoeg, hoe buitengewoon gering de strijdlust van de zogenaamde „burgerlijke" kringen is, alleen al uit hoofde van hun economische positie, die de enkeling in een voortdurende angst laat leven, dat hij teveel zou kunnen verliezen, wat dus ook al maakt, dat hij zich meer afzijdig houdt. En toch zal in 't algemeen een wereldbeschouwing alleen dan kans op de overwinning hebben, indien de grote massa bereid blijkt als draagster van de nieuwe leer, de noodzakelijke strijd op zich te nemen. Uit dit gebrek aan begrip voor de betekenis van de onderste volkslagen kwam echter ook de absoluut onvoldoende opvatting over de sociale kwestie voort. Op al deze punten was Dr. Lueger het tegendeel van Schönerer.

Zijn gedegen mensenkennis maakte, dat hij enerzijds de mogelijk aanwezige krachten zeer juist wist te beoordelen, terwijl hij anderzijds evenzeer bewaard bleef voor een onderschatting van bepaalde instellingen, en misschien juist óm die reden leerde, ze aan zijn doeleinden dienstbaar te maken. Hij begreep ook maar al te goed, dat de politieke strijdkracht van de gezeten burgerij in de tegenwoordige tijd te gering was en niet voldoende om voor een nieuwe grote beweging de zege te bevechten. Daarom concentreerde hij zijn politieke werkzaamheid hoofdzakelijk op die groepen van de bevolking, wier bestaan bedreigd werd, en trachtte vooral hen voor zich te winnen, wat de strijdlust van zijn organisatie dus eerder aanwakkerde, dan verminderde. Eveneens was hij bereid zich van alle bestaande machtsmiddelen te bedienen en de genegenheid te verwerven van bestaande machtige instituten, om uit zulke oude krachtbronnen voor zijn beweging het grootst mogelijke voordeel te kunnen putten.

Dientengevolge richtte hij de actie van zijn nieuwe partij in de eerste plaats op de met ondergang bedreigden middenstand en bezorgde zich daardoor een zeer standvastige schare van aanhangers, evenzeer van betekenis door hun grote offervaardigheid als door hun taaie strijdkracht. Zijn buitengewoon verstandige houding tegenover de katholieke kerk echter maakte, dat hij in korte tijd de jongere geestelijkheid op zijn hand kreeg, en dat wel in zulk een getale, dat de oude klerikale partij óf gedwongen was, om het veld te ruimen óf nog verstandiger, zich bij de nieuwe partij aansloot, om zodoende langzaam aan de ene stelling na de andere terug te winnen.

Indien men echter zou menen, dat men de man hiermee volledig had getekend, dan zou men hem zwaar onrecht doen. Want, behalve dat hij een goed tacticus was, bezat hij ook de eigenschappen van een waarlijk groot en geniaal hervormer. Maar ook hier was zijn kunnen beperkt door een nauwkeurige kennis van de nu eenmaal aanwezige mogelijkheden en ook van zijn eigen capaciteiten. Het was een buitengewoon praktisch doel dat deze waarlijk belangrijke man nastreefde. Hij wilde Wenen veroveren. Wenen was het hart van de monarchie, van hieruit ging nog de laatste levensstroom naar het ziekelijk en oud geworden lichaam van het stervende rijk. Hoe gezonder het hart werd, des te meer moest ook het overige lichaam opleven. Deze gedachte was principieel juist, maar kon, wanneer ze aan een bepaalde beperkte periode gebonden was, in de praktijk slechts weinig betekenen. En dit was de zwakke zijde van deze man. Wat hij als burgemeester van de stad Wenen gepresteerd heeft is onsterfelijk in de beste zin van het woord. De monarchie kon hij daarmee echter niet meer redden; dat was te laat.

Zijn tegenstander, Schönerer, had dit juister gezien. Wat Dr. Lueger aan praktische vraagstukken ter hand nam, slaagde op wonderlijke wijze; maar de gevolgen, die hij daarvan had verwacht, bleven uit. Wat Schönerer wilde, lukte hem niet, wat hij vreesde, voltrok zich helaas op vreselijke wijze. Zodoende heeft geen van beide mannen zijn eigenlijk doel bereikt. Lueger kon Oostenrijk niet meer redden en Schönerer het Duitse volk niet meer voor de ondergang bewaren. Het is oneindig leerrijk voor onze huidige tijd, om de oorzaken voor het falen van deze beide partijen na te gaan. Dit heeft vooral zin voor mijn vrienden, omdat de toenmalige omstandigheden veel overeenkomst vertonen met de huidige, waardoor fouten vermeden kunnen worden, die al eerder aan een beweging het leven hebben gekost, en die een andere tot vruchteloosheid doemden.

De ineenstorting van de Al-Duitse beweging in Oostenrijk had, mijns inziens, drie oorzaken. De eerste was, dat men de betekenis van het sociale vraagstuk juist voor een nieuwe, in wezen revolutionaire partij, veel te weinig inzag. Daar Schönerer en zijn groep zich in de eerste plaats wendden tot de burgerlijke kringen, moest het resultaat wel zeer zwak en tam zijn. De Duitse bourgeoisie is, vooral in zijn hogere lagen, hoewel haar leden, stuk voor stuk, dat niet vermoeden, waar het gaat om interne aangelegenheden van natie of staat, zo pacifistisch, dat het aan letterlijke zelfverloochening grenst. In goede tijden, dat wil in dit geval dus zeggen, in tijden van een goede regering, is zo een mentaliteit de reden, dat deze groepen van buitengewone waarde voor de staat zijn; wanneer er echter een slechte regering aan het roer is, gaat er een bijna funeste werking van deze kringen uit. Alleen om maar de mogelijkheid te scheppen tot het voeren van een werkelijke ernstige strijd, was het al een eerste vereiste geweest, dat de Al-Duitse beweging al het mogelijke had gedaan, om vat te krijgen op de grote massa's. Dat zij dit niet deed, beroofde haar al van te voren van de bezieling, die zulk een vloedgolf nu eenmaal nodig heeft, wil zij niet al na korte tijd terugvloeien.

Indien men echter dit axioma niet van het begin af voor ogen houdt, en er niet met alle kracht aan vasthoudt, dan verliest de nieuwe partij iedere mogelijkheid, om het verzuimde later weer in te halen. Want door het opnemen van een al te groot aantal gematigd burgerlijke elementen zal de innerlijke tendens van de beweging altijd door deze groep worden bepaald, en zodoende iedere verdere kans, om noemenswaardige krachten uit de grote massa te winnen, tenietdoen. Daardoor zal zo een beweging echter niet verder komen, dan enkel tot wat mopperen en kritiseren. Het bijna religieuze geloof, verbonden met een offervaardigheid in dezelfde trant zal nimmer meer te vinden zijn; in plaats daarvan zal men er echter naar gaan streven, om door „positieve" meewerking – dat wil in dit geval zeggen, door de bestaande toestand in feite te erkennen – de scherpe kantjes van de strijd geleidelijk af te slijpen, en komt tenslotte tot een wormstekige vrede met het bestaande systeem.

Zo ging het ook met de Al-Duitse beweging, omdat zij zich niet van het begin af hoofdzakelijk had toegelegd op de verovering van de massa. Zij werd burgerlijk, deftig, gematigd, „radicaal" Uit deze fout groeide echter de tweede oorzaak van haar snellen ondergang. De strijdpositie van het Duitse element in Oostenrijk was al wanhopig in de tijd, dat de Al-Duitse beweging optrad. Van jaar tot jaar was het parlement meer een instelling tot langzame vernietiging van het Duitse volk geworden. Iedere poging, om het ter elfder ure nog te redden, zou alleen dan enige, zij het ook geringe, kans op succes bieden, wanneer men erin zou slagen, het parlement te doen verdwijnen.

Daarmee kreeg de beweging een vraag van principiële betekenis te beantwoorden: Moest men om het parlement te vernietigen, daarin plaatsnemen, om het, zoals men zich pleegde uit te drukken, „van binnenuit te ondergraven", of moest men die strijd van buitenaf voeren door een aanval op deze instelling zelf? Men ging naar binnen en kwam er weer verslagen uit. Er zat inderdaad niets anders op, dan naar binnen te gaan. de strijd tegen zo een macht van buitenaf doorvoeren, wil zeggen, zich te laden met een onwrikbare moed, maar ook bereid te zijn tot eindeloze offers. Men pakt daarmee de stier bij de horens beet en zal zware stoten te verduren krijgen, zal menigmaal op de grond storten, zal mogelijk eens niet dan met gebroken ledematen weer op kunnen staan, en pas na een uiterst zware worsteling zal de zege bij de stoutmoedige aanvaller zijn.

Alleen de grootte van de gebrachte offers zal nieuwe strijders voor de zaak winnen, tot de volharding tenslotte met succes bekroond zal worden. Daartoe echter heeft men de grote massa van het volk nodig. Deze alleen bezit voldoende vastberadenheid en taaiheid, om deze strijd tot het bloedige einde vol te houden. Op deze grote massa echter had de Al-Duitse beweging nu juist geen vat; daarom bleef haar dan ook niets anders over dan in het parlement te gaan. Het ware onjuist, te menen, dat men een lange, innerlijke tweestrijd had gevoerd, of zelfs maar lang had gewikt en gewogen; integendeel, men had er in het geheel niet over nagedacht. De reden, dat men toch deelnam aan deze waanzin, was deze, dat men niet helder en duidelijk inzag, wat de betekenis en de gevolgen zouden zijn van een eigen deelneming aan zo een instituut, waarvan men zelf immers principieel de onjuistheid al had ingezien. In het algemeen verwachtte men wel, dat men de grote massa's gemakkelijker zou kunnen voorlichten; men kreeg nu immers de gelegenheid, om te spreken voor het „forum van de gehele natie". Ook scheen het vanzelfsprekend te zijn, dat een aanval op de wortel van het kwaad meer succes moest opleveren dan een bestorming van buiten af. Men meende, dat de parlementaire onschendbaarheid de voorvechters een grotere veiligheid zou verzekeren, waardoor dan de kracht van de aanval slechts kon worden verhoogd.

In werkelijkheid evenwel kwam het heel anders uit. Het forum, waarvoor de Al-Duitse afgevaardigden spraken, was niet groter, maar eerder kleiner geworden; want ieder spreekt slechts voor de kring, die in staat is, en de wil heeft, om te horen, of die door de berichten in de pers een verslag van het gesprokene krijgt. Het grootste rechtstreekse forum van toehoorders levert echter niet de zittingzaal van het parlement, maar de grote openbare vergadering. Want daar zijn duizenden mensen, die alleen gekomen zijn, om te horen, wat de spreker hun te zeggen heeft, terwijl er in de zittingzaal van de Kamer maar een paar honderd zijn, die dan meestal nog alleen aanwezig zijn, om het presentiegeld te kunnen opstrijken, en wel in de allerlaatste plaats, om de wijsheid van de een of andere „mijnheer de volksvertegenwoordiger" in hun ontvankelijk gemoed te laten doordringen.

Het belangrijkste bezwaar is echter, dat het immers steeds hetzelfde publiek is, waarvoor men spreekt, dat nooit meer iets zal leren, omdat het niet alleen te weinig verstand bezit, maar ook zelfs het allerminste wil tot leren mist. Nooit zal een van deze volksvertegenwoordigers uit zichzelf toegeven, dat de ander gelijk heeft, en zich daarna ook in dienst van de waarheid stellen. Nee, dat zal geen enkele doen, tenzij dan, dat hij reden heeft, om te hopen, dat zulk een ommekeer zijn zetel voor een volgende periode nog zou kunnen redden. Dus eerst, wanneer het er naar uitziet, dat zijn tegenwoordige partij bij een aanstaande verkiezing klappen zal krijgen, zullen deze sieraden van manhaftigheid zich opmaken, om te kijken, of, en, zo ja, hoe zij zich kunnen aansluiten bij een andere partij of richting, die er vermoedelijk beter af zal komen, waarbij deze koerswisseling natuurlijk altijd met een wolkbreuk van morele redenen gepaard gaat. Daarom zal altijd, wanneer een bestaande partij zich zozeer de antipathie van het volk op de hals heeft gehaald, dat zij een vernietigende nederlaag kan verwachten, een soort van Grote Trek beginnen: de parlementaire ratten verlaten het partijschip.

Met beter weten of beter willen heeft dit echter niets te maken, dit is niets anders dan een soort helderziendheid, die zo een parlementswandluis nog juist bijtijds waarschuwt en hem zodoende steeds weer een ander warm partijbedje bezorgt. Om voor zo een „forum" te spreken, betekent wel in de meest letterlijke zin van het woord: parelen voor de zwijnen werpen. Dat is waarlijk niet de moeite waard. Het resultaat kan hier niet anders dan nihil zijn. En dat bleek ook. De Al-Duitse afgevaardigden konden praten tot ze schor waren, maar ieder nuttig effect bleef uit. De pers ging als volgt te werk:

Ze zweeg de redevoeringen dood, óf wel ze gaf enkele uit het verband gerukte brokken, waardoor de betekenis verdraaid werd, of zelfs geheel verloren ging, wat maakte, dat de openbare mening niet anders dan een slechte indruk van de bedoelingen van de nieuwe beweging kon krijgen. Wat de heren zeiden, deed er niet het minste toe; maar dat, wat men van hen te lezen kreeg, was een uittreksel uit hun redevoeringen, dat in zijn onsamenhangendheid alleen maar een dwaze uitwerking kon hebben – wat ook de bedoeling was. Bovendien bestond het enige forum, waarvoor ze nu in werkelijkheid spraken, uit nauwelijks vijfhonderd parlementariërs, en dit zegt genoeg.

Het ergste was echter het volgende:

De Al-Duitse beweging kon alleen dan op succes rekenen, indien zij van de eerste dag af begreep, dat het hier niet mocht gaan om een nieuwe partij, maar vooral om een geheel nieuwe wereldbeschouwing, daar alleen zo een geheel nieuwe levensbasis de innerlijke kracht zou kunnen ontwikkelen, om deze titanenstrijd ten einde te strijden. Hier zijn echter de allerbeste en aller moedigste kerels maar net goed genoeg, om als voormannen dienst te doen.

Indien de strijd voor een wereldbeschouwing niet wordt gevoerd door helden die tot iedere opoffering bereid zijn, dan zullen er ook na korte tijd geen strijders meer te vinden zijn, die hun leven voor het idee willen wagen. Wie op zo een plaats voor zijn eigen bestaan strijdt, kan voor de gemeenschap niet veel meer over hebben. Om echter aan deze voorwaarde te kunnen blijven voldoen, is het noodzakelijk, dat ieder weet, dat de nieuwe beweging eer en roem kan brengen voor de nakomelingschap, maar niets kan en niets wil geven aan haar strijders van heden. Hoe meer postjes en baantjes een beweging te vergeven heeft, des te groter zal de toeloop van minderwaardigen zijn, totdat deze politieke gelegenheids- arbeiders een partij, die oorspronkelijk succes had, tenslotte dermate overwoekeren, dat de oude rechtschapen strijder zijn beweging niet meer terug kent, en de nieuw aangekomene beslist geen prijs meer stellen op zijn aanwezigheid, omdat zij hem lastig en „ongeschikt" achten. Dan is het echter met de „roeping" van zo een beweging volkomen gedaan. Zodra de Al-Duitse beweging zich aan het parlement verkocht, kreeg zij ook „parlementariërs" in haar rijen en geen voormannen en strijders meer. Zij zakte daarmee af tot het peil van een gewone, alledaagse politieke partij en verloor de kracht, om een rampzalig noodlot met de harde wil tot het martelaarschap tegemoet te treden. In plaats van te vechten, leerde men nu ook „praten" en „onderhandelen". De nieuwe parlementariër echter voelde het al na korte tijd als een prettige plicht, (wegens het mindere risico), de nieuwe wereldbeschouwing te verdedigen met de „geestelijke" wapenen van parlementaire welbespraaktheid, dan zich, zo nodig met inzet van eigen leven, in een strijd te werpen, waarvan de uitslag onzeker was, en die in ieder geval hem persoonlijk niets kon opleveren.

    Toen men nu eenmaal in het parlement zat, begonnen de aanhangers buiten te hopen en te wachten op wonderen, die natuurlijk niet gebeurden en ook niet gebeuren konden. Men werd daarom al na korten tijd ongeduldige want ook dat, wat men zoal van de eigen afgevaardigden te horen kreeg, kwam in geen enkel opzicht overeen met de verwachtingen der kiezers. Dit was zeer verklaarbaar, omdat de vijandelijke pers er zich wel voor hoedde, om het publiek een juist beeld te geven van het streven en de werkzaamheid der Al-Duitse vertegenwoordigers. Hoe meer echter de nieuwe afgevaardigden de smaak van de nog al wat zoetere en zachtere aard van de „revolutionairen" strijd in het parlement en in de provinciale raadscolleges, beet hadden, des te minder waren zij bereid, om de, zoveel gevaarlijker, propaganda onder de grote massa van het volk, op zich te nemen. De massavergadering, de enige mogelijkheid, om door persoonlijk, en daardoor succesvol contact, grote volksdelen te beïnvloeden en te winnen, raakte daardoor steeds meer op de achtergrond. Zodra het spreektafeltje van de vergaderzaal voorgoed verwisseld was voor de tribune van het parlement, en men in het vervolg van dit spreekgestoelte de redevoeringen hield, en ze ook niet meer in de eerste plaats in het hart van het volk, maar vooral in de hoofden der zogenaamde uitverkorenen wilde gieten, hield de Al-Duitse beweging ook op, een volksbeweging te zijn en schrompelde na korte tijd ineen tot een meer of minder belangrijke club tot het houden van academische uiteenzettingen. De door de pers verwekte slechte indruk werd dientengevolge op geen enkele wijze meer door persoonlijk vergaderingwerk van de verschillende heren gerectificeerd, zodat het woord „Al-Duits" tenslotte een zeer slechte klank kreeg in de oren van het volk.

    Want dit mogen alle veel schrijvende fatten en pennenlikkers zich voor gezegd houden: de grootste omwentelingen op deze wereld hebben nog nimmer plaats gevonden onder de leiding van een ganzenpen! Nee, het werk van de pen bleef steeds beperkt tot de theoretische motivering ervan. De macht echter, die de grote historische lawines van godsdienstige en politieke aard aan het rollen bracht, is, door alle eeuwen heen, alléén de toverkracht van het gesproken woord geweest. Vooral de grote massa van het volk wordt altijd alleen meegesleept door de macht van de redevoering. Maar alle grote bewegingen zijn volksbewegingen, zijn vulkanische uitbarstingen van menselijke hartstochten en gevoelens, die, óf door de wrede godin van de nood, óf door het woord, dat als een fakkel onder de massa werd geworpen, werden ontketend; het zijn géén limonade achtige ontboezemingen van geleerden en salonhelden. In het leven van een volk kan alleen een storm van gloeiende hartstocht een ommekeer brengen, en alleen hij kan hartstocht opwekken, die dat vuur zelf in het hart draagt. Die hartstocht is het alleen, die dan aan de daarmee begiftigde de woorden ingeeft, die als hamerslagen de poorten naar het hart van een volk weten open te breken. De man echter, die de hartstocht niet kent, zal stom blijven en geen sterke woorden vinden; de hemel heeft hem niet uitverkoren tot verkondiger van de wil der Voorzienigheid. Daarom moge iedere schrijver bij zijn inktpot blijven, om theoretisch werkzaam te zijn, indien hem voldoende verstand en capaciteiten geven zijn; voor leider is hij noch geboren, noch geroepen. Een beweging met grote doelstellingen moet daarom angstvallig zorg dragen, dat ze het contact met de grote massa niet verliest. Zij dient elke kwestie in de eerste plaats uit dit oogpunt te bekijken en haar beslissing hiervan afhankelijk te maken. Zij moet verder alles vermijden, wat haar vat op de massa zou kunnen verminderen, of ook maar verzwakken, niet om maar iets te noemen, om „demagogische" redenen, maar eenvoudig vanwege het inzicht, dat zonder de geweldige kracht van de massa geen groot idee, hoe groots en verheven zij ook moge zijn, verwerkelijkt kan worden.

De harde werkelijkheid alleen moet de weg naar het doel bepalen. Wanneer men onaangename wegen niet wenst te bewandelen, dan zal men op deze wereld maar al te dikwijls van het doel moeten afzien; of dit nu de bedoeling was, of niet. Zodra de Al-Duitse beweging door haar intrede in het parlement het hoofdgewicht van haar werkzaamheid verplaatste van het volk naar het parlement, verloor zij haar toekomst en won daarvoor een reeks goedkope successies-van-het-ogenblik. Zij koos de gemakkelijkste strijd, maar was daardoor niet meer waardig, de eindoverwinning te behalen. Ik heb deze vraagstukken al in Wenen diepgaand overdacht en heb het feit, dat men het inzicht miste, beschouwd als een van de belangrijkste oorzaken, dat een beweging, die in mijn ogen destijds geroepen was, de leiding van het Duitse element in handen te nemen, toch ineenstortte. De beide eerste fouten, die de Al-Duitse beweging schipbreuk deden lijden, waren met elkander verwant. Het gebrek aan kennis omtrent de inwendige drijfkrachten van grote omwentelingen maakte, dat men de betekenis van de brede volksmassa's onderschatte: daaruit echter kwam weer de geringe belangstelling voor het sociale vraagstuk voort, vandaar ook, dat men zo gebrekkig en in volkomen onvoldoende mate propaganda voerde onder de onderste lagen der natie; vandaar tenslotte ook het standpunt ten opzichte van het parlement, dat op zijn beurt de werfkracht van de partij onder de grote massa weer verzwakte.

Indien men had ingezien, welk een geweldige machtsfactor de massa als draagster van de revolutionaire weerstand altijd betekent, dan zou men in sociaal en in propagandistisch opzicht heel anders gehandeld hebben. Dan zou men zijn krachten ook niet hoofdzakelijk hebben geconcentreerd op het parlement, maar op de werkplaats en de straat.

Maar ook de derde fout is een gevolg van die blindheid voor de betekenis van de massa, die – wanneer ze eenmaal door grotere en betere in beweging is gezet – dan echter ook, gelijk een vliegwiel, de aanval massief en duurzaam doet zijn. De zware strijd, die de Al-Duitse beweging met de katholieke kerk uitvocht, is alleen te verklaren uit het feit, dat men veel te weinig inzicht had in de grondslagen van het volkskarakter. De oorzaken van de heftige aanval tegen Rome waren de volgende. Zodra het Habsburgse Huis definitief had besloten, Oostenrijk in een Slavische staat te veranderen, vatte het ieder middel aan, dat ook maar enigszins dienstbaar kon zijn aan dit doel. Ook godsdienstige krachten werden door dit meest gewetenloze van alle vorstenhuizen zonder scrupules in de dienst van het nieuwe „staatsidee" gesteld. Het benutten van Tsjechische parochies en hun zielenherders, was maar één van de vele middelen, om dit doel, een Slavisch Oostenrijk, te bereiken. Men ging daarbij ongeveer als volgt te werk: In zuiver Duitse gemeenten werden Tsjechische pastoors aangesteld, die langzaam maar zeker de belangen van het Tsjechische volk boven die van de kerk begonnen te stellen, en tot cellen van de anti-Duitse strijd werden. De Duitse geestelijkheid schoot tegenover zulk een optreden ten enenmale tekort. Niet alleen, dat zijzelf voor een soortgelijke strijd in Duitse zin volkomen onbruikbaar was, maar zij was ook niet bij machte, om de aanvallen van de anderen met de nodige kracht af te weren. Zodoende werd de Duitse cultuur, langs de omweg van misbruik van godsdienst enerzijds en door onvoldoenden afweer anderzijds, langzaam maar onophoudelijk teruggedrongen. In het klein gebeurde dit, zoals hierboven beschreven, – en in het groot ging het helaas al weinig anders. Ook hier ontmoetten de anti-Duitse strevingen der Habsburgers, vooral door toedoen van de hogere clerus, niet de noodzakelijke tegenstand, terwijl de behartiging der Duitse belangen zelf geheel en al op de achtergrond raakte.

De algemene indruk kon niet anders zijn, dan dat men hier te doen had met een grove krenking van de rechten der Duitsers door de katholieke geestelijkheid als zodanig. Daardoor scheen het echter, dat de kerk niet met het Duitse volk meevoelde, maar zich op onrechtvaardige wijze aan de zijde van Duitslands vijanden schaarde. De wortel van dit kwaad lag echter, naar men – en vooral Schönerer – meende, in het feit, dat de leiding van de katholieke kerk niet in Duitsland gevestigd was, en dat dat alleen al een vijandige houding tegenover de belangen van ons volksleven tengevolge moest hebben.

De zogenaamde culturele vraagstukken raakten daarbij, zoals destijds bijna altijd in Oostenrijk, geheel op de achtergrond. Beslissend voor de houding van de Al-Duitse beweging ten opzichte van de katholieke kerk was niet zozeer het standpunt, dat deze laatste bijvoorbeeld tegenover de wetenschap, enz. innam, maar vooral het feit, dat ze oog noch oor had voor de Duitse rechten en integendeel, steeds de grootste ijver aan de dag legde, wanneer het erom ging, aan de aanmatiging en de hebzucht van het Slavendom tegemoet te komen. Georg Schönerer echter was er de man niet naar, om iets half te doen. Hij nam de strijd tegen de kerk op in de overtuiging, dat alleen daardoor het Duitse volk nog te redden was. De opbouw van deze beweging, die „Los van Rome" in haar vanen had geschreven, scheen het machtigste, maar ook het' moeilijkste aanvalswapen tegen de macht van de vijand. Wanneer deze aanval met succes bekroond werd, dan zou ook de noodlottige kerkelijke verdeeldheid in Duitsland overwonnen zijn, en de inwendige kracht van het Rijk en van de Duitse natie kon door zo een zege buitengewoon stijgen. Maar noch de principes, waarvan men uitging, noch de conclusies, die men meende te moeten trekken, waren juist.

Zonder twijfel was de nationale weerstandskracht van de Duitse clerus in alle kwesties, waar het om de strijd voor het Duitse volkseigen ging, geringer dan die van haar niet-Duitse, vooral Tsjechische ambtsbroeders. Evenzo kon alleen een idioot blind zijn voor het feit, dat het niet dan uiterst zelden voorkwam, dat de Duitse geestelijkheid er ook maar aan dacht, om in actieve zin voor de Duitse belangen op te treden. Maar evenzeer moest ieder, die niet blind was, toegeven, dat dit in de eerste plaats een uitvloeisel is van een omstandigheid, waaronder wij Duitsers allemaal zo zwaar te lijden hebben, n.l. het feit, dat wij tegenover ons volk en volkseigen even objectief staan als tegenover iedere willekeurige andere zaak.

En terwijl de Tsjechische geestelijke subjectief stond tegenover zijn volk en slechts objectief tegenover de kerk, was de Duitse pastoor subjectief aan zijn kerk verknocht en bleef objectief tegenover de natie. Een verschijnsel, dat wij helaas nog in duizend andere vormen, kunnen constateren. Dit is geenszins een bijzondere erfenis van het katholicisme, maar een algemene mentaliteit, die dermate in ons volkskarakter verankerd ligt, dat er haast niets kan bestaan – en vooral geen ideologie of staatsinstelling – of ze krijgt na korte tijd de lasten van deze kwaal te dragen.

Men vergelijke b.v. eens de houding, die ons ambtenarencorps aanneemt tegenover het streven naar nationale wedergeboorte, met die, die in zo een geval de ambtenaren van een ander volk zouden innemen. Of meent men bijgeval, dat het officierscorps van enig ander land ter wereld op een dergelijke wijze de belangen van de natie voor een theoretisch „staatsgezag" zou hebben vergeten, als bij ons sedert vijf jaar natuurlijk, ja zelfs nog bijzonder verdienstelijk wordt geacht? Nemen bijgeval niet beide kerkgenootschappen ten aanzien van het Joodse vraagstuk tegenwoordig een standpunt in, dat met de belangen van de natie al evenmin strookt, als met de werkelijke behoeften van de religie? Men vergelijke toch eens de houding van een Joodse rabbijn ten aanzien van alle kwesties, die van enige betekenis zijn voor het Joodse ras, met het standpunt dat verreweg het grootste gedeelte onzer geestelijkheid, en maar liefst van beide confessies, in zulk een geval ten aanzien van Duitse belangen inneemt.

Dit verschijnsel doet zich bij ons overal voor, waar het gaat om de verdediging van een abstract idee als zodanig.

„Staatsgezag", „democratie", „pacifisme", , , internationale solidariteit enz. zijn allemaal begrippen, die bij ons bijna steeds tot zo starre, zuiver doctrinaire voorstellingen ontaarden, dat vraagstukken, die van algemeen levensbelang zijn voor onze natie, enkel nog van zulk een standpunt uit beschouwd worden. Dit funeste systeem, om alle belangen alleen te beschouwen in het licht van een bepaalde vooropgezette mening, ontneemt iedere mogelijkheid, om zich subjectief te verplaatsen in een aangelegenheid, die objectief in tegenspraak is met de eigen doctrine en heeft tenslotte tot gevolg, dat men middel en doel volkomen verwisselt. Men zal zich verzetten tegen elke poging tot een nationale herstelrevolutie, wanneer men, om deze tot stand te brengen, eerst een slechte en schadelijke regering zou moeten verjagen, omdat dit een inbreuk zou zijn op het „staatsgezag" en omdat deze objectiviteitsfanatici in het „staatsgezag" niet een middel zien, maar een doel, zo verheven, dat zij er hun gehele schamele leven mee kunnen vullen. zo geredeneerd, zou men zich b.v. met verontwaardiging verzetten tegen iedere poging om een dictatuur te vestigen, zelfs indien haar drager een Frederik de Grote was, en de lieden, die deel uitmaakten van de parlementaire meerderheid van het ogenblik slechts miserabele nietsnutten of zelfs minderwaardige knechten waren, omdat voor zo een man, die het leven vergeet om de principes, de wet van de democratie belangrijker en heiliger is dan de welvaart der natie.

De een zal dus de slechtste dwingelandij, die zijn volk te gronde richt, beschermen, daar het „staatsgezag" op dat ogenblik in die dwingelandij belichaamd is, terwijl de ander zelfs de meest zegenrijke regering afwijst, wanneer die niet overeenkomt met zijn opvatting van „democratie". Evenzo zal een Duitse pacifist zwijgen bij iedere onderdrukking van de natie, hoe bloedig ook, zelfs wanneer ze van de meest verfoeilijke militaire instituties uitgaat, indien een verandering van dit lot alleen te bereiken ware door actieve weerstand, dus geweld, want dit zou immers in strijd zijn met de geest van zijn vredesvereniging. De internationalistische Duitse socialist echter mag door de rest van de wereld solidair worden uitgeplunderd, hij zal dit steeds met broederlijke genegenheid blijven beantwoorden, en denkt niet aan vergelding of zelfs maar aan protest, omdat hij nu eenmaal een Duitser is. Dit moge te betreuren zijn, maar wanneer men een toestand wil wijzigen, moet men die eerst in zijn ware gedaante kunnen zien. En ten aanzien van de slappe wijze, waarop een deel van de clerus de Duitse belangen behartigde kon ditzelfde worden gezegd. Dat is noch eigenlijke kwaadwilligheid, noch een gevolg van, laten wij zeggen, bevelen van „hogerhand" maar men moet zo een gebrek aan nationaal bewustzijn slechts zien als het gevolg van een opvoeding, die zich er enerzijds veel te weinig op toelegde, om van het kind een bewust Duitser te maken, terwijl ze anderzijds alles deed, om het onvoorwaardelijk te onderwerpen aan een idee, die tot een afgodsbeeld verstard was.

De opvoeding tot democratie, tot internationalistisch socialisme, tot pacifisme, enz. is een zo starre, absolute, (dus van hun standpunt, zuiver subjectieve), dat daardoor ook de algemeens wereldbeschouwing de invloed van deze dogmata ondergaat, terwijl de houding ten opzichte van hun volk immers van hun kinderjaren af, zeer objectief was. Zodoende zal de pacifist, terwijl hij zich geheel subjectief aan zijn idee geeft, bij ieder gevaar dat zijn volk bedreigt, hoe onverdiend en ernstig ook, — maar dit natuurlijk alleen voor het geval hij een Duits pacifist is, — altijd eerst gaan uitpluizen, wie nu eigenlijk objectief gelijk heeft, en zal nimmer zijn eigen plaats in zijn eigen kudde innemen, om uit zuiver instinctieve drang tot zelfbehoud mee te vechten.

Hoezeer dit ook voor de verschillende confessies opgaat, moge nog uit het volgende blijken. Het protestantisme behartigt uit zichzelf de Duitse belangen beter, voorzover dit tenminste in overeenstemming is met zijn ontstaan, en met zijn later gegroeide traditie; het blijft echter in gebreke op het ogenblik, dat deze verdediging van nationale belangen zou moeten plaats hebben op een gebied, dat in zijn wereldbeschouwing en zijn denksysteem en traditionele ontwikkeling 't zij ontbreekt, 't zij misschien om de een of andere reden wordt verworpen. zo zal het protestantisme steeds voor alles wat Duits is, op de bres staan zolang het gaat om innerlijke reinheid of nationale verdieping, om de verdediging van de Duitse aard, de Duitse taal of de Duitse vrijheid, daar dit alles immers stevig in het protestantisme gegrondvest ligt, het bestrijdt echter dadelijk en met al zijn kracht iedere poging, om de natie te redden uit de dodelijke omhelzing van haar ergste vijand, omdat de protestantse houding tegenover het Jodendom nu eenmaal tamelijk stevig in zijn dogmata is vastgelegd. Nu gaat het hier echter om een kwestie die van zo bijzonder groot belang is, dat alle pogingen, om langs een andere weg een Duitse wedergeboorte of een verheffing te bereiken, volkomen zinloos en onmogelijk zijn en blijven.

Ik bezat tijdens mijn verblijf in Wenen tijd en gelegenheid genoeg, om ook dit vraagstuk onbevooroordeeld te onderzoeken en kon daarbij nog in de dagelijkse omgang de juistheid van mijn opvatting duizendmaal vaststellen. Hier, waar de meest uiteenlopende nationaliteiten vertegenwoordigd waren, bleek onmiddellijk ten duidelijkste, dat juist alleen de Duitse pacifist de belangen van de eigen natie steeds objectief tracht te zien, maar dat de Jood bijvoorbeeld nimmer die van het Joodse volk objectief beschouwt; dat alleen de Duitse socialist internationaal is in die zin, dat zijn principe hem verbiedt, om op andere wijze dan door klagen en janken voor zijn eigen volk gerechtigheid af te smeken bij zijn internationale kameraden, maar dat een Tsjech of een Pool zich nimmer tot een dergelijk standpunt zal laten verleiden; kortom, ik zag destijds al in, dat deze noodlottige toestand slechts voor een deel aan die doctrines zelf te wijten was, en dat de andere reden voor deze gang van zaken gezocht moest worden in de opvoeding, die ten enenmale te kort schiet in haar taak, waar het de bewustwording van het geloof in en dus de toewijding aan het eigen volk betreft.

Daarmee werd aan de Al-Duitse beweging het belangrijkste zuiver theoretische wapen in de strijd tegen het katholicisme uit de hand geslagen. Wanneer de opvoeding van het Duitse volk er eenmaal op gericht zal zijn, om de staatsburger al van zijn prilste jaren af, uitsluitend de rechten van het eigen volk bij te brengen, om te voorkomen, dat al de harten van de kinderen, ook wanneer het de handhaving van ons eigen ik betreft, door onze „objectiviteit" worden aangetast en bedorven, dan zal na korte tijd al blijken, dat, evenals in Ierland, Polen en Frankrijk, ook in Duitsland de katholiek steeds Duitser zal zijn. Eerste voorwaarde is dan echter een radicaal nationalistische regering.

Het geweldigste bewijs hiervoor is echter geleverd door de jaren 1914 tot 1918, toen ons volk opnieuw was aangetreden voor de rechterstoel der geschiedenis om op leven en dood voor zijn bestaan te vechten. de gehele tijd, dat destijds de leiding van bovenaf functioneerde, heeft het volk zijn plicht op overweldigende wijze vervuld. Het is voor een belangrijk gedeelte aan de zielenherders van beide kerkgenootschappen te danken, dat wij onze weerstandskracht zo lang ongebroken behielden, en dat niet alleen aan het front, maar ook achter de vuurlijn. In deze jaren en vooral bij het eerste oplaaien, bestond er werkelijk in beide kampen niets dan een heilig Duits Rijk, en voor het bestaan en de toekomst van dat Rijk smeekte ieder op zijn eigen wijze de genade van de hemel af. Eén vraag had de Al-Duitse beweging in Oostenrijk zich ter beantwoording moeten voorleggen: Is het mogelijk of niet, dat het Duitse volk in Oostenrijk onder een katholiek geloof Duits blijft? zo ja, dan mocht de politieke partij zich niet bekommeren om godsdienstige of confessionele vraagstukken; was het antwoord echter „nee", dan moest men een godsdienstige reformatie ontketenen en zeker nooit een politieke partij opzetten. Wie meent, dat hij langs de omweg van een politieke organisatie tot een godsdienstige reformatie kan komen, levert daarmee het bewijs, dat hem zelfs het minste inzicht in het ontstaan van godsdienstige voorstellingen of zelfs van geloofsleren en hun kerkelijke belichamingen ten enenmale ontbreekt. Men kan hier werkelijk geen twee heren dienen. Waarbij ik dan toch de stichting of vernietiging van een godsdienst aanmerkelijk belangrijker acht, dan de stichting of vernietiging van een staat, laat staan van een partij. Laat men nu niet komen met de bewering, dat de genoemde aanvallen slechts afweermaat- regelen waren tegen aanvallen van de andere zijde! Ongetwijfeld zijn er altijd gewetenloze kerels geweest, die er niet voor terugdeinsden, om ook de godsdienst aan hun politieke koehandel (want daar gaat het bij zulke heerschappen bijna steeds en uitsluitend om) dienstbaar te maken: maar even zeker is het onjuist, om de godsdienst of ook maar de confessie verantwoordelijk te stellen voor de daden van een aantal schoften, die hem ten bate van hun slechte instincten evenzeer misbruikten als ze ook met alle mogelijke lagere en mindere dingen hadden gedaan. En niets is zo een parlementaire deugniet en dagdief meer welkom, dan dat men hem zodoende de gelegenheid geeft, om tenminste achteraf nog de rechtvaardiging te krijgen voor zijn politieke knoeierij.

Want zodra men de godsdienst of de confessie verantwoordelijk stelt voor zijn persoonlijke slechtheid en ze daarom aanvalt, zet de leugenachtige kerel dadelijk een geweldige keel op en roept de hele wereld tot getuige om te zien, hoe gerechtvaardigd zijn optreden tot dusver was, en hoe de redding van godsdienst en kerk alleen te danken is aan hem en zijn welbespraaktheid. De even domme als vergeetachtige wereld wordt nu alleen door het hevige spektakel misleid, en herkent meestal de ware aanstoker van de strijd niet, of weet zich hem niet meer te herinneren, en de schavuit heeft daarmee dus eigenlijk zijn doel bereikt. Dat dit met godsdienst helemaal niets heeft uit te staan, dat weet zo'n sluwe vos heel goed, hij zal dus des te meer in zijn vuistje lachen, terwijl zijn eerlijke, maar onhandige tegenspeler het spel verliest, en zich tenslotte uit alles zal terugtrekken, met een hart vol twijfel aan de trouw en het geloof van de mensen.

Het zou echter ook in een ander opzicht zeer onrechtvaardig zijn, om de godsdienst als zodanig of zelfs de kerk verantwoordelijk te stellen voor de fouten van enkelingen. Indien men de grootheid van de uiterlijke organisatie in het licht van de algemeen menselijke onvolkomenheid beziet, dan zal men moeten toegeven, dat de verhouding van goed tot kwaad daarbij wel gunstiger is dan ergens anders. Ongetwijfeld zijn er ook onder de priesters zelf lieden te vinden, die hun heilig ambt slechts beschouwen als een middel om hun politieke eerzucht te bevredigen, en die in de politieke strijd op dikwijls meer dan treurige wijze vergeten, dat zij dan toch de hoeders van een hogere waarheid moesten zijn en niet de dragers van leugen en laster — maar tegen één zulk een onwaardige vinden wij toch ook weer duizend en meer zielenherders die hun zending niet hebben vergeten, die zich met trouw en toewijding aan hun werk geven en die als kleine eilandjes zijn in het algemene moeras van onze tijd, waar het al leugen en verwording is, wat men ziet.

Evenmin als ik de kerk als zodanig veroordeel of mag veroordelen, wanneer al eens een minderwaardig sujet in priesterkleed op vuile wijze de wetten van de zedelijkheid overtreedt, evenmin kan ik of mag ik zoiets doen, wanneer weer een ander van die duizenden zijn volk besmeurt en verraadt, en dat des te minder in een tijdperk, waar dit in het burgerlijk leven schering en inslag is. Vooral tegenwoordig moge men dan niet vergeten, dat tegenover een zo'n Ephialtes ook weer duizenden staan, die met bloedend hart het ongeluk van hun volk meevoelen en met de besten van onze natie snakken naar het uur, waarin de hemel ook ons weer eens zal toelachen. Wie echter hierop antwoordt, dat het hier niet gaat om kleine alledaagse problemen, maar dat het hier de kwestie is, of de principiële waarachtigheid of de dogmatische inhoud al dan niet aanwezig zijn, die kan men slechts het juiste antwoord geven door een andere vraag. Gelooft u dat het noodlot u heeft uitverkoren, om hier de waarheid te verkondigen, doe het dan; maar heb dan ook de moed, dit niet te willen doen langs de omweg van een politieke partij — want ook dit is oneerlijkheid en knoeierij, — maar vorm dan in de plaats van dat, wat gij in het heden verafschuwt, het andere, wat gij aan beters voor de toekomst draagt.

Ontbreekt het u hiertoe aan moed, of is dat betere uzelf niet helemaal duidelijk, blijf er dan met uw handen af; probeer echter in ieder geval nooit, om langs de kronkelende paden van een politiek streven tersluiks datgene te bereiken, wat u niet met open vizier durft. Politieke partijen hebben met godsdienstige problemen niets te maken, zolang deze niet van volksvreemde aard zijn, en als zodanig de zeden en de moraal van het eigen ras aantasten; terwijl anderzijds de godsdienst evenmin mag worden betrokken in partijgedoe.

Indien kerkelijke waardigheids bekleders zich bedienen van godsdienstige instellingen of leerstellingen, om hun volk te schaden, dan mag men hen op deze weg nimmer volgen en hen nimmer met gelijke wapens bestrijden. Voor een politieke leider moeten de godsdienstige leerstellingen en inrichtingen van zijn volk steeds onaantastbaar zijn, anders mag hij geen politicus zijn, maar moet reformator worden, indien hij hiertoe de capaciteiten bezit. Een andere houding zou, vooral in Duitsland, een ramp betekenen. Bij de bestudering van de Al-Duitse beweging en haar strijd tegen Rome ben ik destijds en vooral in de loop van de latere jaren tot de volgende overtuiging gekomen: Het gebrek aan inzicht in de betekenis van het sociale vraagstuk, dat bij deze beweging bleek te bestaan, kostte haar de waarlijk strijdvaardige massa van het volk, haar parlementaire actie ontnam haar haar geweldig élan en belastte haar met al de zwakheden deze instelling; de strijd tegen de katholieke kerk maakte haar bij vele middenstanders en kleine luiden onmogelijk en beroofde haar daarmee van een groot deel van de beste elementen, waarop de natie kon bogen.

Het praktische resultaat van de Oostenrijkse „Kulturkampf" was bijna nihil. Wel slaagde men erin, om de kerk om en bij de 100.000 leden te ontrukken, maar zonder dat deze door dit verlies ook maar enige noemenswaardige schade ondervond. Zij behoefde over de verloren „schaapjes" werkelijk geen tranen te plengen; want zij verloor slechts wat allang innerlijk niet meer bij haar behoorde. Dit was het verschil tussen de nieuwe reformatie en de vroegere; dat vroeger velen van de besten van de kerk zich van haar afkeerden uit innerlijke godsdienstige overtuiging, terwijl thans alleen diegenen, die toch al lauw waren, haar verlieten, en dat wel uit „overwegingen" van politieke aard. Maar juist politiek gezien was het bereikte resultaat even bespottelijk als diep treurig.

Weer was een goede politieke beweging, die kans van slagen scheen te hebben gehad, voor de Duitse natie verloren gegaan, omdat zij niet geleid was met de nodige onvoorwaardelijke nuchterheid, maar zich op terreinen begaf, die eenvoudig tot versnippering moesten leiden. Want een ding staat vast: de Al-Duitse beweging zou deze fout nooit hebben begaan, wanneer zij ook maar het minste begrip had bezeten voor de ziel van der grote massa. Indien haar leiders hadden geweten, dat men om alleen maar de mogelijkheid te hebben om successen te boeken, al uit zuiver psychologische overwegingen, de menigte nimmer twee of meer vijanden tegelijk mag wijzen, daar dit anders tot een volkomen versnippering van de strijdkrachten leidt, dan zou om die reden al de stootkracht van de Al-Duitse beweging slechts op een tegenstander gericht zijn. Niets is gevaarlijker voor een politieke partij, dan wanneer zij zich bij haar besluiten laat leiden door die bemoeiallen, die alles willen, zonder ooit maar het geringste te kunnen bereiken. Ook indien op de verschillende confessies werkelijk nog zoveel aan te merken ware, dan zou de politieke partij toch geen ogenblik uit het oog mogen verliezen, dat het in de loop van de gehele geschiedenis nog nimmer aan een zuiver politieke partij in een soortgelijke positie gelukt is, een godsdienstige hervorming tot stand te brengen. Men bestudeert echter de geschiedenis niet, om op het ogenblik, dat men er werkelijk gebruik van zal kunnen gaan maken, haar lessen vergeten te zijn, of te menen, dat de toestanden anders zouden zijn, en dat dus de eeuwige waarheden hun waarde zouden hebben verloren; nee, men leert juist geschiedenis, om de lessen en ervaringen van het verleden te leren kennen, opdat men uit de hiertoe geschikte gebeurtenissen, lering voor het heden kan trekken.

Wie hiertoe niet bij machte is, moet zich niet inbeelden, dat hij een politiek leider is; hij is in waarheid een oppervlakkige, en meestal ook verwaande sukkel, en al zijn goede wil kan het feit, dat hij in de praktijk waardeloos is, niet verontschuldigen. De kunst van alle waarlijk grote volksleiders bestaat toch altijd vooral ook daarin, dat zij de aandacht van een volk niet verdelen, maar integendeel altijd op een enkele tegenstander concentreren. Hoe eendrachtiger hier de dragende strijdbereidheid van een volk is, des te groter zal de magnetische aantrekkingskracht van zijn beweging zijn en des te geweldiger de kracht van de stoot. Een waarlijk groot en geniaal leider zal dan ook steeds erop uit zijn, om zelfs tegenstanders, die weinig of niets met elkaar gemeen hebben, als strijders in een front voor te stellen, omdat het bewustzijn, dat er verschillende vijanden zijn, bij zwakke en wankelmoedige karakters maar al te gemakkelijk leidt tot een begin van twijfel aan de rechtvaardigheid van de eigen zaak. Zodra de steeds veranderlijke massa al te veel vijanden tegenover zich ziet, dan zal onmiddellijk de objectiviteit wakker worden en de vraag opwerpen, of werkelijk al die anderen ongelijk hebben, of het recht dan werkelijk alleen bij het eigen volk of de eigen beweging is. Daaruit ontstaat echter ook al de eerste verlamming van de eigen kracht. Daarom moet een veelvoud van innerlijk verschillende tegenstanders altijd samengevat worden, zodat het gros van de eigen aanhangers de indruk krijgt, alsof de strijd slechts tegen één vijand wordt gevoerd.

Dit versterkt het geloof aan het eigen recht en verhoogt de verbittering tegen degene, die dat recht aantast. Dat de Al-Duitse beweging van die dagen dit niet begreep, kostte haar het succes. Haar doel was juist gezien, haar streven zuiver, de ingeslagen weg echter was fout. Zij geleek op een bergbeklimmer, die de top die hij wil bereiken, wel in het oog houdt, en zich ook met grote vastberadenheid en kracht op weg begeeft, maar aan die weg zelf geen aandacht schenkt, en, terwijl hij steeds de blik op het doel gericht houdt, de hoedanigheid van de helling niet ziet en niet onderzoekt en daardoor tenslotte toch nog faalt.

Bij haar grote mededingster, de Christelijk-sociale partij scheen de toestand wel een geheel andere te zijn. De weg die zij insloeg, was verstandig en juist gekozen, maar wat haar ontbrak was de werkelijke doelbewustheid. Bijna op alle punten, waar de Al-Duitse beweging te kortschoot, was het optreden van de Christelijk-sociale partij juist en oordeelkundig. Zij besefte voldoende de betekenis van de massa en verzekerde zich tenminste van een deel daarvan, door van de eerste dag af openlijk de nadruk te leggen op haar sociale karakter. Doordat zij er zich metterdaad op toelegde, om de kleine en kleinste midden- en handwerkerstand op haar hand te krijgen, verwierf zij een even volhardende als offervaardige schare volgelingen. Zij vermeed iedere strijd tegen godsdienstige inrichtingen en verzekerde zich daardoor van de steun van een zo machtige organisatie, als de kerk nu eenmaal is. Zij bezat dientengevolge ook maar één enkele waarlijk grote tegenstander. Zij zag de waarde van een groots opgezette propaganda zeer goed in en wist op waarlijk virtuoze wijze de instincten en gevoelens van het gros van haar aanhangers te bespelen. Dat niettemin ook zij het verlangde doel, de redding van Oostenrijk, niet wist te bereiken, lag aan twee fouten in haar methode en in de vaagheid van haar doel zelf.

Het antisemitisme van deze nieuwe beweging was niet gebaseerd op enig inzicht in de rassenkwestie, maar zocht zijn grondslagen op godsdienstig terrein. De reden, waarom deze fout was ingeslopen, was dezelfde, die ook de tweede dwaling veroorzaakte. Wanneer de Christelijk-sociale partij Oostenrijk wilde redden, dan mocht zij, naar de mening van haar stichters, geen racistisch standpunt innemen, omdat dit anders binnen korte tijd de volledige ontbinding van de staat tengevolge zou moeten hebben. Vooral echter de toestand in Wenen zelf vereiste, naar de leiders van de partij meenden, dat men alles wat scheidde zoveel mogelijk wegwerkte, om op alles wat verenigde beter de nadruk te kunnen leggen.

Wenen telde in deze tijd al zoveel vreemdelingen, vooral Tsjechen, onder haar inwoners, dat alleen de grootste verdraagzaamheid met betrekking tot alle rassenkwesties, in staat zou kunnen zijn, om al deze groepen binnen een niet absoluut anti-Duits partijverband te houden. Wilde men Oostenrijk redden, dan mocht men geen afstand doen van deze staatsburgers. Daarom trachtte men vooral de zeer talrijke Tsjechische ambachtslieden in Wenen te winnen door de strijd tegen het Manchester liberalisme en meende daarnaast, dat de strijd op godsdienstige grondslagen tegen het Jodendom een leus was, sterk genoeg om al de verschillen tussen de diverse volkeren van Oostenrijk te overbruggen.

Dat een bestrijding op zulk een basis de Joden slechts betrekkelijk geringe zorg baarde, ligt voor de hand. In het uiterste geval kon een scheut doopwater immers nog altijd en de negotie en het Jodendom redden. Die oppervlakkige motivering was natuurlijk ook reden, dat het nimmer tot een ernstige wetenschappelijke behandeling van het gehele probleem kwam, en dat men daardoor velen moest afstoten, voor wie dit antisemitisme onbegrijpelijk was. Hierdoor oefende de idee eigenlijk alleen maar aantrekkingskracht uit op de kringen van de eenvoudige, en natuurlijk op de enkeling, die langs de weg van een zuiver instinctieve drang tot werkelijk inzicht wilde komen. Het intellect stond er principieel afwijzend tegenover.

Zodoende begon het er meer en meer naar uit te zien, alsof het hier uitsluitend ging om een nieuwe poging tot bekering van Joden of zelfs om een vorm van concurrentie. Daarmee echter verloor de strijd het kenteken van een innerlijke en hogere wijding en scheen veel – waarlijk niet de slechtste – immoreel en verwerpelijk toe. De overtuiging ontbrak, dat het hier ging om een levenskwestie voor de gehele mensheid, om een kwestie, die zo belangrijk was, dat het lot van alle niet-Joodse volkeren afhankelijk was van de oplossing, die ervoor werd gevonden. Door deze halfslachtigheid verloor de antisemitische houding van de Christelijk-sociale partij haar waarde. Het was een schijnantisemitisme, dat bijna erger was dan helemaal geen; want hierdoor waande men zich veilig, denkend, dat men de vijand stevig te pakken had, terwijl men in werkelijkheid zelf bij de neus genomen werd. De Jood had zich echter al na korte tijd ook aan dit soort antisemitisme zo aangepast, dat het verdwijnen ervan hem meer benadeeld zou hebben, dan het bestaan ervan hem hinderde. Was men hier al gedwongen, om terwille van de nationaliteitenstaat zijn principe geweld aan te doen, dit was nog veel meer het geval, waar het het Duitse bewustzijn en de uiting daarvan, betrof. Men kon niet meer „nationalistisch" zijn, wanneer men niet in Wenen zelf de grond onder de voeten wilde verliezen. Men hoopte, door conciliant en voorzichtigjes om deze kwestie heen te draaien, de staat der Habsburgers nog te kunnen redden en zag niet, dat men hem juist daardoor in het verderf stortte. Op die manier verspeelde de beweging echter die geweldige bron van krachten, die tenslotte als enige in staat is om een politieke partij met innerlijke stuwkracht te laden. De Christelijk-sociale beweging werd juist daardoor tot een partij als alle andere. Ik heb beide bewegingen destijds van zeer nabij gevolgd, de ene, omdat haar hart klopte als het mijne, de andere, uit diepe bewondering voor de buitengewone man, die ik destijds al zag als een bitter symbool van de gehele Duitse strijd in Oostenrijk.

Toen een geweldige lijkstoet de dode burgemeester wegbracht van het raadhuis in de richting van de Ringstrasse, bevond ook ik mij onder de vele honderdduizenden, die het treurspel gadesloegen. Mijn gevoel zei mij destijds al – en dit ontroerde mij diep – dat ook het werk van deze man vergeefs moest zijn door de noodlottige samenloop van omstandigheden, die deze staat onbetwist naar de ondergang zou leiden. Indien Dr. Karl Lueger in Duitsland had geleefd, dan zou hij een plaats hebben ingenomen onder de grootsten van ons volk. Toen hij stierf, lekten op de Balkan de vlammetjes al van maand tot maand gretiger op, zodat het noodlot, toen het hem het leven ontnam, eigenlijk alleen zo genadig was, om hem de aanblik te besparen van datgene, wat hij steeds nog had gemeend, te kunnen voorkomen. Ik echter trachtte de oorzaken voor het tekortschieten van de ene beweging en het mislukken van de andere op te sporen; en dit bracht mij tot de vaste overtuiging, dat, geheel afgezien van het feit, dat het onmogelijk was, om in het oude Oostenrijk nog een versteviging van de staat te bereiken – de fouten van beide partijen de volgende waren.

De Al-Duitse beweging had een juiste principiële kijk op het doel van een Duitse vernieuwing; zij was echter ongelukkig in de keuze van haar middelen. Zij was nationalistisch, maar helaas niet sociaal genoeg om de massa te winnen. Haar antisemitisme echter berustte op het juiste inzicht in de betekenis van het rassenvraagstuk en niet op godsdienstige denkbeelden. Zij beging echter met haar bestrijding van een bepaald kerkgenootschap een grote en tactische fout. De Christelijk-sociale beweging bezat slechts vage begrippen omtrent het doel van een Duitse wedergeboorte, maar had geluk en gebruikte haar verstand bij het zoeken van haar weg als partij. Zij begreep de betekenis van de sociale kwestie, maar dwaalde in haar strijd tegen het Jodendom en had niet het minste idee van de kracht van de nationale gedachte.

Indien de Christelijk-sociale partij naast haar scherpzinnige psychologie van de grote massa, nog een juist begrip had bezeten van de betekenis van het rassenprobleem, zoals de Al-Duitse beweging gegeven was, en indien zij tenslotte zelf nationalistisch geweest zou zijn, of indien de Al-Duitse beweging bij haar juiste inzicht in het doel van het Joodse vraagstuk en de betekenis van de nationale gedachte nog de knappe strategie van de Christelijk-sociale partij overgenomen had, vooral echter haar standpunt ten opzichte van het socialisme, dan zou daaruit die beweging gegroeid zijn, die mijns inziens destijds al met succes in het Duitse noodlot had kunnen ingrijpen. Dat dit niet gebeurde, lag verreweg voor het grootste deel aan het karakter van de Oostenrijkse staat.

Omdat ik mijn overtuiging in geen enkele andere partij belichaamd zag, kon ik er ook later niet toe besluiten lid te worden van een van de bestaande organisaties of zelfs om mee te strijden. Ik achtte destijds al alle politieke bewegingen principieel uit den boze en meende, dat ze zeker niet in staat zouden zijn, om de nationale wedergeboorte van het Duitse volk over de gehele linie, zowel uiterlijk als innerlijk, tot stand te brengen. Mijn diepe afkeer van de Habsburgse staat echter groeide in deze tijd meer en meer.

Hoe vaker ik mij vooral ook ging bezighouden met de vraagstukken van de buitenlandse politiek, des te meer won bij mij de overtuiging, dat dit staatsgebouw eenvoudig noodlottig moest zijn voor het Duitse volk. En tenslotte zag ik ook steeds duidelijker in, dat het lot van de Duitse natie niet meer van hieruit zou worden beslecht, maar in het Rijk zelf. Dit gold echter niet alleen voor algemeen politieke vraagstukken, maar eveneens voor alle facetten van het gehele culturele leven, van welke aard deze ook mochten zijn.

De Oostenrijkse staat vertoonde ook hier op zuiver cultureel of artistiek gebied alle tekenen van verslapping, of gaf op zijn minst blijk, dat hij ook hierin volkomen waardeloos was voor de Duitse natie. Dit gold wel in het bijzonder voor de architectuur. De nieuwere bouwkunst kon daarom al in Oostenrijk niet tot bijzonder grote successen leiden, omdat de opdrachten na de voltooiing der Ringstrasse, althans in Wenen, slechts nog van onbeduidende aard waren, in vergelijking met de in Duitsland opkomende planen.

Zo begon ik steeds meer een dubbel leven te leiden; mijn verstand en de werkelijkheid dwongen mij in Oostenrijk een even bittere als nuttige school te doorlopen; maar mijn hart was elders. Toen ik meer en meer de holheid van deze staat had leren kennen, en tevens had ingezien, dat het onmogelijk was, om hem nog te redden, terwijl ik daarnaast met onwrikbare stelligheid wist, dat hij nooit en nergens meer iets anders dan een ramp voor het Duitse volk kon betekenen, had er zich een drukkende benauwing van mij meester gemaakt. Ik was overtuigd, dat deze staat enerzijds iedere waarlijk grote Duitser evenzeer moest benauwen en hinderen, als hij anderzijds iedere niet-Duitse figuur ten dienste zou staan.

Dit mengelmoes van rassen, dat het dagelijks gezicht van de hoofdstad van het rijk vertoonde, stuitte mij tegen de borst, en evenzeer deze gehele lappendeken van volkeren met zijn Tsjechen, Polen, Hongaren, Roethenen, Serven, Kroaten, enz., en midden daartussen natuurlijk als de eeuwige splijtzwam van de mensheid — Joden en nog eens Joden. Mij scheen deze reuzenstad de belichaming van de bloedschande te zijn.

Het Duits van mijn jeugd was het dialect, dat men ook in Neder-Beieren spreekt; ik kon het niet meer vergeten, noch het Weense jargon aanleren. Hoe langer ik in deze stad vertoefde, des te meer groeide mijn haat tegen dat vreemde volkerenmengsel, dat dit oude heiligdom der Duitse cultuur begon aan te tasten en te vernietigen. De gedachte echter, dat deze staat nog voor langere tijd te behouden zou zijn, leek mij gewoonweg belachelijk. Oostenrijk leek destijds veel op een oud mozaïek waarvan de lijm, die de verschillende deeltjes bijeenhoudt, oud en korrelig geworden is; zolang het kunstwerk niet wordt aangeraakt, kan het nog langer de schijn wekken, alsof het inderdaad nog een sterk geheel vormde, zodra het echter een stoot krijgt, valt het in duizend scherven uiteen.

De vraag was dus alleen maar, wanneer die stoot zou komen. Daar mijn hart nimmer klopte voor een Oostenrijkse monarchie, maar altijd alleen voor een Duits rijk, kon ik het ogenblik, dat deze staat ineenstortte, niet anders zien dan als het begin van de verlossing van de Duitse natie. Door al deze redenen werd mijn verlangen steeds sterker, om eindelijk eens naar het land te gaan, dat mij steeds van mijn vroegste kinderjaren had aangetrokken – iets, waarvan mijn geheime wensen en mijn verzwegen liefde konden getuigen. Ik hoopte eenmaal als bouwmeester naam te maken en als zodanig de kleine of de grote taak, die het lot mij zou toebedelen, naar mijn beste krachten te volbrengen, en zo dienstbaar te zijn aan mijn natie.

Tenslotte echter wilde ik het geluk deelachtig worden, om daar te mogen wonen en werken, van waaruit eens de stoot zou komen, waardoor ook mijn innigste hartenwens in vervulling zou gaan: de aansluiting van mijn geliefd geboorteland bij het gemeenschappelijk vaderland, het Duitse Rijk.

Velen zullen de intensiteit van zo een verlangen ook heden nog niet kunnen begrijpen, maar ik wend mij tot allen, die niet in een eigen vaderland leven, – zij het, dat het lot hun totnogtoe dit geluk heeft geweigerd, zij het, dat het in zijn bittere wreedheid hun dit weer ontroofde; ik wend mij tot al degenen, die, buiten hun vaderland, zelf voor het heilige goed der taal moeten vechten, die wegens hun trouw aan het vaderland vervolgd en gepijnigd worden, en die nu met smartelijke ontroering naar het uur verlangen, waarop zij weer in de armen van hun dierbare moeder kunnen terugkeren. Ik wend mij tot al deze en weet, dat zij mij zullen begrijpen!

Alleen hij, die zelf aan eigen hart en ziel ondervindt, wat het zeggen wil, Duitser te zijn en toch buiten zijn geliefde vaderland te moeten wonen, is in staat, de diepte van dit verlangen te peilen, dat ten allen tijde brandt in het hart der kinderen die gescheiden zijn van het moederland. Dat verlangen blijft al diegenen martelen, die het eens hebben voelen schrijnen, en het weigert hun zolang iedere tevredenheid en ieder geluk, tot de poorten van het vaderland opengaan en in het gemeenschap- pelijke rijk het gemeenschappelijke bloed wederom vrede vindt en rust. Wenen was en bleef echter voor mij de moeilijkste, zij het dan ook de beste school van mijn leven. Toen ik deze stad voor het eerst betrad, was ik nog half een jongen; toen ik haar verliet, was ik een zwijgend en ernstig man.

Hier waren voor mij de grondslagen gelegd van een wereldbeschouwing voor het grotere en een politieke zienswijze voor het meer simpele leven, die ik later alleen nog in enkele onderdelen moest aanvullen; maar in hoofdzaak zijn die grondslagen van toen, mijn grondslagen van heden. Ik ben uiteraard pas heden ten dage bij machte, om de leerjaren, die ik toen doormaakte, op hun juiste waarde te schatten. Daarom heb ik deze tijd ietwat uitvoeriger behandeld, omdat hij mij juist het eerste aanschouwelijk onderwijs gaf, en daarmee het antwoord op die vraagstukken, die mede de reden van bestaan en de basis zijn voor de partij, die zo klein is begonnen, en die in de loop van nauwelijks vijf jaren begonnen is zich tot een massabeweging te ontwikkelen. Ik weet niet, hoe mijn houding ten opzichte van Jodendom, sociaal-democratie, — of beter gezegd, het gehele marxisme — van de sociale kwestie, enz. heden zou zijn, indien er niet al op zo jeugdige leeftijd een fundament van persoonlijke meningen gevormd was, onder de dwang van het noodlot en door eigen studie.

Want al kan het ongeluk van ons vaderland ook duizenden en nog eens duizenden tot nadenken brengen over de innerlijke oorzaken van deze ineenstorting, toch kan dit nimmer leiden tot die grondigheid en dat dieper inzicht, die het deel zijn van hem die zelf eerst na jarenlang worstelen meester werd over zijn eigen lot.

VIERDE HOOFDSTUK MÜNCHEN

In de lente van het jaar 1912 kwam ik voorgoed naar München. De stad zelf was mij al zo goed bekend, alsof ik al jaren lang binnen haar muren had vertoefd. Dit kwam door mijn studie, die mij immers op elke bladzijde sprak over deze stad, waar het hart van de Duitse kunst klopte. Men heeft niet alleen Duitsland niet gezien, als men München niet kent, nee, men kent vooral de Duitse kunst niet, als men nimmer München zag. In elk geval was deze tijd voor de oorlog de gelukkigste en verreweg de rustigste van mijn leven. En al waren mijn verdiensten nog altijd zeer karig, dat was niet erg: ik leefde immers niet, om te kunnen schilderen, maar schilderde alleen, om daardoor te kunnen leven, beter gezegd, om mij verdere studie te kunnen veroorloven. Ik was overtuigd, dat ik het gestelde doel toch eenmaal zou bereiken, en dit alleen maakte al, dat ik alle kleinere dagelijkse zorgen en beslommeringen gemakkelijk en onbekommerd kon verdragen.

Daarbij kwam echter nog mijn grote liefde voor deze stad — een liefde, groter dan voor enige andere plaats, mij bekend — die mij al dadelijk, van het eerste ogenblik van mijn verblijf daar ter stede, vervulde. Een Duitse stad! Wat een verschil met Wenen! Ik voelde walging in mij opkomen, wanneer ik ook maar even terugdacht aan die Babylonische rassenverwarring.

Daarbij kwam, dat het Münchense dialect veel op het mijne leek, en mij, vooral in de omgang met Neder-Beieren, dikwijls aan mijn jeugd herinnerde. Er waren hier wel duizend en meer dingen, die mij van harte lief en dierbaar waren of werden. Wat mij echter het meeste trof, was de wonderbaarlijke wijze, waarop een sterke oerkracht zich hier paarde aan een fijne kunstzinnige sfeer, en hoe de vruchten van deze mooie verbintenis zich in één ononderbroken lijn van het Hofbräuhaus tot het Odeon en van het Oktoberfest tot de Pinakothek vertoonden. Dat ik heden zo gehecht ben aan deze stad, meer dan aan enige andere plek ter wereld, is wel mede, omdat zij met de ontwikkeling van mijn eigen leven zozeer samengegroeid is en blijft. Dat ik echter al toentertijd het geluk van een waarlijk innerlijke tevredenheid proefde, had ik alleen te danken aan de bekoring, die de prachtige residentie van het Wittelsbacher koningshuis moet uitoefenen op ieder mens, aan wie niet enkel een berekenend verstand, maar ook een ontvankelijk gemoed gegeven is.

Wat mij buiten mijn dagelijkse werk het meest aantrok, waren ook hier weer de politieke gebeurtenissen van de dag, en wel in het bijzonder die, welke de buitenlandse politiek betroffen. Ik was op dit gebied opmerkzaam gemaakt door de Duitse bondgenootschap politiek, die ik sinds mijn Oostenrijkse tijd absoluut onjuist had geacht. Maar toch was het te Wenen nog niet geheel tot mij doorgedrongen, hoezeer het Rijk hier zichzelf bedroog. Ik was destijds geneigd, om te veronderstellen – misschien ook gebruikte ik die mening enkel als verontschuldiging voor mijzelf – dat men misschien in Berlijn wel heel goed wist, hoe zwak en onbetrouwbaar de bondgenoot in werkelijkheid zou blijken te zijn, maar dat men om meer of minder geheimzinnige redenen dit inzicht verzweeg, teneinde een bondgenootschap politiek te kunnen handhaven, die Bismarck zelf immers was begonnen en die natuurlijk niet plotseling mocht worden afgebroken, alleen al om het buitenland, dat steeds op de loer lag, niet op te schrikken, of de kleine burgerman binnen de eigen grenzen te verontrusten.

Maar naarmate ik de mensen, en vooral de man uit het volk, meer van nabij leerde kennen, moest ik tot mijn ontzetting al spoedig inzien, dat deze veronderstelling onjuist was. Tot mijn verbazing moest ik overal constateren, dat zelfs kringen, die overigens goed waren ingelicht, niet het minste idee hadden van de ware toestand van het rijk der Habsburgers. Juist onder het volk verkeerde men algemeen in de waan, dat deze bondgenoot een werkelijke grote mogendheid was, die iets betekende, en die in tijd van nood ongetwijfeld dadelijk haar man zou staan. De grote massa zag de monarchie nog steeds voor een „Duitse" staat aan, en meende daarop dan ook te kunnen bouwen. Men was van mening, dat ook hier de kracht naar het aantal miljoenen, vergeleken met het aantal inwoners van Duitsland zelf, kon worden berekend, en vergat helemaal, dat ten eerste Oostenrijk allang had opgehouden een Duits staatslichaam te zijn, dat echter ten tweede de inwendige verhoudingen dagelijks de integriteit van dit rijk meer aantastten.

Ik had destijds deze kunstmatige staat beter doorzien dan de zogenaamde officiële „diplomatie", die, zoals bijna altijd, met gesloten ogen in het ongeluk liep; want de mening van het volk was altijd slechts een uitvloeisel van hetgeen men van bovenaf aan de publieke opinie oplegde. Van bovenaf verafgode men de bondgenoot echter als het gouden kalf. Men dacht blijkbaar door beminnelijkheid goed te kunnen maken, wat aan oprechtheid ontbrak, en telde daarbij ieder minzaam woord voor een ernstige en belangrijke daad. Al in Wenen steeg mij van woede het bloed naar het hoofd, wanneer ik het contrast zag, dat er van tijd tot tijd tussen de redevoeringen van de officiële staatslieden en de inhoud der Weense pers zichtbaar werd. Daarbij was Wenen echter toch nog een Duitse stad, in schijn althans. Maar het zag er nog heel wat donkerder uit, wanneer men van Wenen of beter, van Duits-Oostenrijk uit, in de Slavische provinciën van het rijk kwam. Men behoefde slechts een Praagse krant op te slaan, om te weten te komen, hoe de gehele verheven acrobatiek van het Drievoudig Verbond (tussen Duitsland, Oostenrijk-Hongarije en Italië. Vert.) aldaar beoordeeld werd. Daar had men voor dit „meesterwerk van staatsmanskunst" niets meer over dan bijtende spot en hoon.

Men maakte in volle vredestijd, juist op het ogenblik, dat de beide keizers elkaar vriendschapskussen op het voorhoofd drukten, er geen geheim van, dat dit bondgenootschap afgelopen zou zijn op dezelfde dag, waarop men zou proberen, om het uit zijn romantisch waas van Nibelungen ideaal over te brengen in de praktische werkelijkheid. Wat heeft men zich een paar jaren later niet opgewonden, toen eindelijk het uur geslagen had, dat de bondgenootschappen op de proef werden gesteld en Italië het Drievoudig Verbond aan zijn laars lapte en zijn beide bondgenoten in de steek liet, ja tenslotte de wapens nog tegen hen opnam. Dat men vroeger ook maar een minuut had kunnen geloven, dat Italië gemeenschappelijk met Oostenrijk in de strijd zou gaan, moest iedereen, die niet volkomen met diplomatieke blindheid geslagen was, totaal onbegrijpelijk voorkomen. Maar met Oostenrijk zelf ging het immers precies net zo.

De enigen, die in Oostenrijk het bondgenootschap sterkten en het levend hielden, waren de Habsburgers en de Duitsers. De Habsburgers uit berekening en noodzaak, de Duitsers uit goedgelovigheid en politieke domheid. Uit goedgelovigheid, omdat zij meenden, door het Drievoudig Verbond aan het Duitse Rijk zelf een grote dienst te bewijzen en hierdoor het Rijk te helpen versterken en beveiligen; uit politieke domheid echter, omdat enerzijds het eerste, wat zij wilden bereiken, in het geheel niet gebeurde, maar zij integendeel door dit verbond meehielpen, het Rijk vast te ketenen aan een staatkundig lijk, dat beiden in de afgrond moest sleuren, anderzijds vooral echter, omdat zij immers zelf door dit bondgenootschap steeds meer hun eigen Duitse volkskarakter dreigden te verliezen.

Want doordat de Habsburgers, en helaas terecht, meenden, dat hun bondgenootschap met het Rijk hen vrijwaarde voor een inmenging van die zijde, wisten zij hun binnenlandse politiek, die de langzame terugdringing van het Duitse element ten doel had, al aanmerkelijk gemakkelijker en met minder risico door te voeren. Niet alleen, dat men door de bekende „objectiviteit" een protest van de kant van de Duitse regering in het geheel niet behoefde te vrezen, maar men kon ook het Duits-Oostenrijkse volk onmiddellijk tot zwijgen brengen door iedere keer, dat het eventueel tegen een al te schurkachtige manier van Slavisering zou willen protesteren, eenvoudig op het bondgenootschap te wijzen.

Wat kon de Duitser in Oostenrijk dan nog doen, wanneer de Duitsers in het Rijk zelf aan de regering van de Habsburgers hun waardering en vertrouwen betuigden? Moest hij tegenstand bieden, en in het oog van de gehele Duitse openbare mening als verrader aan zijn eigen volk worden gebrandmerkt? En dat juist hij, die al tientallen van jaren lang, de zwaarste en moeilijkste offers voor dat volk had gebracht!

Welke waarde kon dit bondgenootschap echter nog hebben, wanneer het Duitse karakter van de Habsburgse monarchie afgebroken en vernietigd zou zijn? Was de waarde van het Drievoudig Verbond voor Duitsland niet juist gelegen in het behoud van een Duits overwicht in Oostenrijk? Of meende men werkelijk, dat ook een Slavisch Habsburgs rijk nog als bondgenoot te aanvaarden was?

Het standpunt van de officiële Duitse diplomatie, evenals dat van de gehele openbare mening ten opzichte van het Oostenrijkse binnenlandse nationaliteiten probleem, was al niet meer dom, maar eenvoudigweg waanzinnig. Men bouwde op een bondgenootschap, baseerde daarop de toekomst en de veiligheid van een volk van 70 miljoen zielen, en keek rustig toe, hoe de enige grondslag, die dit verbond aan de andere zijde bezat, van jaar tot jaar stelselmatig en heel zeker vernietigd werd. Op zekere dag moest er dan een „verdrag" met de Weense diplomatie overblijven, maar de hulp van de bondgenoot zelf zou verloren zijn.

Bij Italië was dit al dadelijk van de aanvang af het geval. Indien men in Duitsland maar wat beter de geschiedenis had bestudeerd, en wat aan volkeren-psychologie had gedaan, dan zou men geen uur hebben kunnen geloven, dat het Quirinaal en de Weense Hofburg ooit in een gemeenschappelijk strijdfront zouden staan. Italië zou immers eerder tot een vulkaan zijn geworden, dan dat een regering het had durven wagen, om aan de zo fanatiek gehate staat van de Habsburgers ook maar één enkelen Italiaan op het slagveld ter beschikking te stellen, behalve dan als vijand. Ik heb te Wenen meer dan eens de hartstochtelijke verachting, en de bodemlozen haat, die de Italiaan voor de Oostenrijkse staat voelde, zien uitbarsten.

Het huis Habsburg had zich in de loop der eeuwen teveel aan de Italiaanse vrijheid en onafhankelijkheid vergrepen, dan dat dit uit het geheugen weggeveegd had kunnen worden, ook indien de wil daartoe zou hebben voorgezeten. Die wil was echter helemaal niet aanwezig, noch in het volk, noch bij de Italiaanse regering. Voor Italië bestonden er dan ook maar twee mogelijkheden om met Oostenrijk samen te leven: óf een bondgenootschap óf oorlog. Men koos het eerste en kon zich daardoor rustig op het tweede voorbereiden.

Vooral sedert de verhouding van Oostenrijk tot Rusland kennelijk steeds meer op een gewelddadige oplossing aanstuurde, was de Duitse bondgenootschappolitiek even zinloos als gevaarlijk geworden. Dit was een klassiek geval, waaraan men het ontbreken van iedere grote en juiste lijn in het denken duidelijk kan aantonen. Waarom sloot men dan eigenlijk een verbond? Toch zeker alleen om de toekomst van het Rijk beter te kunnen waarborgen dan zonder hulp van buiten het geval zou zijn geweest?! Deze toekomst van het Rijk echter was toch niets anders dan het vraagstuk, hoe de levensmogelijk- heden van het Duitse volk het best in stand gehouden kunnen worden. Zodoende kon de vraag dan ook alleen maar luiden: hoe moet het leven der Duitse natie zich in de nabije toekomst ontwikkelen, en hoe kan men dan de benodigde grondslagen en de vereiste veiligheid voor deze ontwikkeling waarborgen binnen het kader van de algemene Europese machts- verhoudingen?

Wanneer men nu de noodzakelijke richtlijnen voor de Duitse buitenlandse politiek scherp en onbevooroordeeld bezag, dan moest men tot de volgende overtuiging komen: Duitsland heeft een jaarlijkse bevolkingsaanwas van bijna 900.000 zielen. De moeilijkheid, om dit leger van nieuwe staatsburgers te voeden moet van jaar tot jaar groter worden en zal tenslotte op een catastrofe moeten uitlopen, als men geen middelen weet te vinden, om bijtijds het gevaar van een algeheel verkommeren door de honger te voorkomen. Er waren vier mogelijkheden, om aan zo een ontzettende toekomstige ontwikkeling te ontkomen.

1e. Men kon, naar Frans voorbeeld, de toename van de geboorten kunstmatig beperken en zodoende de overbevolking tegengaan. De natuur zelf pleegt immers in tijden van grote nood of bij een zeer slecht klimaat, en ook bij karige bodemopbrengst, over te gaan tot beperking van de bevolkingstoename van bepaalde landen of rassen; en dan wel op een even wijze als meedogenloze manier. Zij belemmert niet de vruchtbaarheid zelf, wel echter het voortbestaan van het verwekte, doordat zij dit aan zo zware beproevingen en ontberingen onderwerpt, dat alles, wat minder sterk en minder gezond is, gedwongen wordt, weer in de schoot van het eeuwig onbekende terug te keren. Wat zij dan niettemin de hardheden van het bestaan laat overleven, is duizendvoudig beproefd, gehard en goed geschikt, om weer verder voort te telen, opdat de grondige selectie weer van voren af aan kan beginnen. Doordat zij zodoende hardhandig te werk gaat tegenover de enkeling en hem ogenblikkelijk weer tot zich roept, zodra hij tegen de storm des levens niet opgewassen blijkt, houdt zij het ras en de soort krachtig, ja voert die kracht op tot de hoogste prestaties. Daardoor vormt echter de vermindering van het aantal een versterking van ieder individu afzonderlijk, en dus tenslotte een versterking der soort. Anders wordt het, wanneer de mens zelf tracht, een beperking van zijn aantal te weeg te brengen. Hij is niet uit hetzelfde hout gesneden als de natuur, hij is „humaan". Hij weet het beter dan deze wrede koningin van alle wijsheid. Hij beperkt niet het voortbestaan van de enkeling, maar juist de voortplanting zelf. Dit schijnt hem, die immers altijd alleen zichzelf en nooit zijn ras ziet, menselijker en rechtvaardiger dan de andere weg. Maar helaas zijn ook de gevolgen anders. Terwijl de natuur, doordat zij de voortplanting vrij laat, maar het voortbestaan aan een zeer zware proef onderwerpt, uit een zeer groot aantal individuen de besten uitzoekt als waardig om te blijven leven, deze dus alleen behoudt en zodoende maakt, dat het voortbestaan der soort in hun handen ligt, beperkt de mens de voortplanting, zorgt er echter krampachtig voor, dat ieder wezen, dat nu eenmaal geboren is, tot iedere prijs ook in leven blijft. Deze correctie op de goddelijke wil schijnt hem even wijs als humaan te zijn, en hij verheugt zich, dat hij weer eens kans heeft gezien, de natuur te overtroeven, en haar onvolmaaktheid te bewijzen. Dat in werkelijkheid weliswaar het aantal is verkleind, maar daardoor ook de waarde van de enkeling verminderd werd, dat wil de grote wijze mens, die de Al-vader na-aapt, liever maar niet zien of horen. Want zodra de voortplanting als zodanig eenmaal beperkt en het aantal geboorten verminderd wordt, zal men zien, dat de natuurlijke strijd om het bestaan, die alleen de allersterkste en allergezondste in leven laat, wordt vervangen door de vanzelfsprekende wens, om ook het zwakste en ziekelijkste tot iedere prijs te „redden", waarmee de grondslag wordt gelegd voor een nakomelingschap, dat steeds erbarmelijker moet worden, naarmate deze bespotting van de natuur en van haar wil aanhoudt. Het zal er tenslotte op uitlopen, dat op zekere dag aan zulk een volk het bestaan op deze aarde ontnomen zal worden; want de mens kan wel een zekeren tijd lang de eeuwige wetten van de bestaanswil trotseren, maar dit wreekt zich vroeger of later toch. Een sterker geslacht zal de zwakken verjagen, omdat de levensdrang uiteindelijk al die bespottelijke schuttinkjes en hekjes en heilige huisjes van een z.g. humaniteit-van-de-enkeling steeds weer zal stukbreken, om die te vervangen door de humaniteit van de natuur, die de zwakke vernietigt om de vrijgekomen plaats aan de sterke te geven. Wie dus het voortbestaan van het Duitse volk wil waarborgen door het zelf zijn vermeerdering te laten beperken, berooft het van zijn toekomst.

2e. Een tweede weg zou die zijn, die wij ook tegenwoordig weer zeer dikwijls horen voorstellen en aanprijzen: de binnenlandse kolonisatie. Dit is een voorstel, dat velen zeer goed bedoelen, en gewoonlijk door de meeste even slecht begrepen wordt, wat maakt, dat het de grootste schade aanricht, die men zich maar kan voorstellen. Ongetwijfeld kan de vruchtbaarheid van de bodem tot een zekere grens worden opgevoerd. Maar juist slechts tot een bepaalde grens en niet eindeloos verder. Gedurende een zekere tijd zal men dus zonder gevaar voor hongersnood, de vermeerdering van het Duitse volk door een opbrengst verhoging van onze bodem kunnen goedmaken. Maar daar staat tegenover, dat de levenseisen in het algemeen zelfs sneller stijgen dan de bevolking aangroeit. De eisen van de mensen met betrekking tot voeding en kleding worden van jaar tot jaar hoger, en staan nu al bijvoorbeeld in geen verhouding meer tot de behoeften onzer voorvaderen zo'n 100 jaar geleden. Het is onjuist, te menen, dat iedere verhoging van de productie een vermeerdering van de bevolking mogelijk zou maken: nee; dit gaat slechts gedeeltelijk op, aangezien minstens een deel van de productieverhoging dient tot bevrediging van de gestegen behoeften. Maar zelfs bij de grootste versobering enerzijds en de grootste vlijt anderzijds, zal ook hier eens een grens komen, die dan door de bodem zelf getrokken wordt. Eenmaal zal het, hoe vlijtig men ook is, niet meer gelukken, meer uit de bodem te halen en dan verschijnt, zij het ook na enige tijd, de dreigende ramp weer aan de horizon. De honger zal zich aanvankelijk slechts van tijd tot tijd, bij misoogsten enz. vertonen. Dit zal steeds vaker voorkomen, naarmate het aantal inwoners toeneemt, zodat er tenslotte alleen bij bijzonder rijke oogsten geen nood zal zijn. En voortgaande, komt men dan tenslotte zover, dat ook die bijzonder rijke oogsten de nood niet meer kunnen verdrijven, en de honger voor altijd de metgezel van zo'n volk is geworden. Nu moet de natuur weer ingrijpen en de door haar voor het leven uitverkorenen opnieuw selecteren; tenzij dan dat de mens weer zichzelf helpt: dat wil zeggen, dat hij zijn vermenigvuldiging weer kunstmatig tegengaat met al de al vermelde ernstige gevolgen van die voor zijn ras en zijn soort. Men zal nog kunnen tegenwerpen, dat dit lot toch immers voor de gehele mensheid is weggelegd, en dat daarom ook het eigen volk dit lot natuurlijk niet zal kunnen ontgaan. ogenschijnlijk is dit volkomen juist. Niettemin moet men echter hierbij het volgende bedenken: Ongetwijfeld zal op een gegeven tijdstip, wanneer het volkomen onmogelijk zal blijken, om de opbrengst van de bodem nog langer evenredig met het steeds stijgende bevolkingscijfer te doen toenemen, de gehele mensheid zich genoodzaakt zien, om aan deze vermeerdering van het menselijk geslacht een halt toe te roepen, zij het, doordat men de natuur hier weer laat beslissen, dan wel, dat men zo mogelijk zélf weer ingrijpt, – maar dat dan wel op een betere juistere wijze dan nu – en tracht, hier een evenwicht te bereiken. Maar dit lot zal dan alle volkeren gelijkelijk treffen, terwijl thans alleen die rassen onder deze nood gebukt gaan, die niet de kracht bezitten, om zich het nodige grondgebied te verschaffen. Want het is toch een onweersprekelijk feit, dat er heden ten dage nog altijd onbenut grondgebied in geweldige overvloed is, dat enkel ligt te wachten, om in cultuur te worden gebracht. Even onweersprekelijk is het echter, dat dit land door de natuur zelf niet bewaard werd als reservegebied voor een bepaalde natie of een bepaald ras, maar dat het aan dat volk toekomt, dat de kracht bezit, om het te veroveren en de vlijt, om het te bebouwen. De natuur kent geen politieke grenzen. Zij zet de levende wezens voorlopig op deze aarde neer en kijkt dan toe op het vrije spel der krachten. Diegene, die de grootste moed en vlijt blijkt te bezitten, begenadigt zij dan met het herenrecht op bestaan. Indien een volk zich beperkt tot inwendige kolonisatie, terwijl andere rassen zich vastklampen aan steeds grotere gebieden dezer aarde, zal het eerste al tot zelfbeperking gedwongen zijn in een tijd, waarin de overige volken zich nog voortdurend vermeerderen. Eenmaal echter zal ieder volk dit tijdstip bereiken, en wel des te eerder, naarmate de levensruimte, waarover het beschikt, kleiner is. Daar echter in het algemeen helaas maar al te dikwijls de beste naties, of nog juister de enige cultureel waarlijk hoogstaande rassen, de dragers van allen menselijke vooruitgang, in hun pacifistische verblinding besluiten, van het verwerven van nieuwen grond af te zien, en zich tevreden te stellen met „binnenlandse" kolonisatie, terwijl dikwijls juist de minderwaardige naties de kunst verstaan, zich van enorme uitgestrektheden land meester te maken, zou dit op de duur tot het volgende resultaat moeten leiden. De rassen, die cultureel hoger staan, maar meer moraal en meer scrupules kennen, zouden tengevolge van de kleinheid van hun grondgebied, hun vermeerdering al moeten beperken in een tijd, dat de cultureel lagerstaande, maar van nature brutere volken nog in de gelegenheid zouden zijn, zich in hun grotere levensruimte onbelemmerd voort te planten. Met andere woorden: de wereld zal daardoor mettertijd in handen komen van de cultureel minderwaardige, maar meer energieke mensheid. In de toekomst — al is het misschien in een zeer verre — zullen er maar twee mogelijkheden bestaan: óf de wereld wordt geregeerd volgens de ideeën van onze moderne democratie, dan zullen bij iedere beslissing de numeriek sterkere rassen de doorslag geven, óf de wereld wordt beheerst volgens de wetten van de orde der natuurlijke krachten, dan overwinnen de volken, die de meest brute wil tot leven hebben en daardoor juist weer niet de natie, die zichzelf beperkte. Dat deze wereld echter nog eens de meest verwoede gevechten om het bestaan van de mensheid zal moeten aanschouwen, daarover kan onmogelijk enigen twijfel bestaan. Tenslotte is het altijd alleen de drang tot zelfbehoud, die overwint. Voor haar smelt de z.g. humaniteit, die enkel de uitdrukking is van een mengsel van domheid, lafheid en ingebeeld beter weten, als sneeuw voor de maartse zon. In eeuwige strijd is de mensheid groot geworden — en aan eeuwige vrede gaat zij ten onder. Voor ons Duitsers echter zou die z.g. binnenlandse kolonisatie daarom al noodlottig zijn, daar het bij ons dadelijk de mening zou versterken, dat het middel, dat het mogelijk maakt, om geheel in pacifistische geest in een kalm sluimerend leven het bestaan „door arbeid te kunnen veroveren" gevonden zijn. Indien deze leer ooit bij ons in ernst aanvaard zal worden, dan zal dat betekenen, dat wij afzien van iedere inspanning, om ons op deze wereld op de plaats, die ons toekomt, te handhaven. En indien ooit de grote massa der Duitsers tot de overtuiging kwam, dat zij ook zo zeker zouden kunnen zijn van hun leven en hun toekomst, dan zou iedere poging om de levensnoodzakelijke eisen van het Duitse volk actief – d.w.z. op de enig vruchtbare wijze – te behartigen, hebben afgedaan. Indien er zich inderdaad een dergelijke mentaliteit van de natie meester zou maken, dan zou dat betekenen, dat iedere niet volkomen steriele en zinloze buitenlandse politiek en daarmee de toekomst van het gehele Duitse volk als begraven beschouwd zou moeten worden. Het is dan ook geen toeval, dat het vooral altijd de Jood is, die, deze gevolgen doorziend, zich inspant, om zulke levensgevaarlijke ideeën in ons volk opgang te doen maken, en! daarin ook maar al te dikwijls slaagt. Hij kent zijn Pappenheimers maar al te goed, en weet, dat zij gaarne geloof schenken aan iedere Spaanse schatgraver, die hun weet wijs te maken, dat het middel zou zijn gevonden, om de natuur door list te overmeesteren, om de harde, onverbiddelijke strijd om het bestaan overbodig te maken, en in de plaats daarvan, nu eens door arbeid, dikwijls ook door platweg niets te doen, al naar „het uitkomt" op te klimmen tot heerser van deze planeet. Er kan niet genoeg de nadruk op worden gelegd, dat iedere binnenlandse kolonisatie in Duitsland in de eerste plaats gericht moet zijn op het opheffen der sociale misstanden en dat voor alles iedere speculatie met grond onmogelijk gemaakt moet worden, maar dat die kolonisatie, zo ons grondgebied niet wordt uitgebreid, toch nimmer voldoende kan zijn, om te zorgen, dat er een toekomst zal zijn voor onze natie. Handelen wij anders, dan zullen wij in korte tijd niet alleen de grens van de productiviteit van onze bodem, maar ook het einde van onze kracht bereikt hebben. Tenslotte dient nog het volgende te worden vastgesteld. Deze binnenlandse kolonisatie, die een beperking tot een bepaald klein grondgebied met zich brengt, en ook de kunstmatige beknotting van de voortplanting, die dezelfde gevolgen heeft, plaatsen de betrokken natie in militair opzicht in een buitengewoon ongunstige positie. De grootte van het gebied, dat een volk bewoont, is alleen al een belangrijke factor ter bepaling van zijn veiligheid. Hoe groter de ruimte is, waarover een volk kan beschikken, des te groter is ook zijn natuurlijke beveiliging, want nog altijd konden militaire expedities tegen volken die op een klein grondgebied waren samengedrongen, sneller, daarom ook gemakkelijker maar vooral effectiever en meer volkomen hun doel bereiken, dan dit ooit mogelijk kon zijn tegen staten met een meer uitgestrekt territorium. Een uitgestrekt staatsgebied biedt daardoor altijd nog een zekere beveiliging tegen lichtvaardige aanvallen, omdat in die gevallen een succes niet dan na langdurige zware strijd te bereiken is, waardoor dus het risico van een overmoedige overval te groot zal blijken, tenzij dan, dat er zeer abnormale omstandigheden in het spel zijn. Daarom ligt enkel in de territoriale grootheid van een staat al een garantie voor het behoud der vrijheid en onafhankelijkheid van het volk, terwijl omgekeerd de kleinheid van een staat als het ware tot overweldiging prikkelt. Nu werden, in de zogenaamd nationale kringen in het Rijk, de beide eerste mogelijkheden om tussen het stijgende aantal inwoners en de gelijkblijvende voedingsbodem een evenwicht te bereiken, ook verworpen. De redenen voor deze houding waren echter geheel andere dan de bovengenoemde. Ten opzichte van de geboortebeperking stond men vooral uit een zeker moreel oogpunt afwijzend; de binnenlandse kolonisatie wees men met verontwaardiging af, daar men in haar een aanval meende te moeten zien tegen het grootgrondbezit en daarin weer een begin zag van een algemenen strijd tegen het persoonlijk bezit zelf. Gezien de vorm, waarin de laatstgenoemde heilsleer werd aanbevolen, moest een dergelijke veronderstelling ook volkomen juist worden genoemd. In het algemeen was dit afwijzende standpunt niet erg handig gekozen tegenover de grote massa en raakte ook geenszins de kern van het probleem. Zodoende bleven nog maar twee wegen open, om het stijgende aantal volksgenoten van arbeid en brood te voorzien.

3e. Men kon trachten, zijn grondgebied uit te breiden, om jaarlijks de overtollige miljoenen daarheen te lozen en de natie zodoende ook verder op de grondslag der zelfvoorziening te doen voortleven, of men kon er toe overgaan,

4e. Om, door industrie en handel in buitenlandse behoeften te voorzien, en om van de opbrengst daarvan te leven. Dus: of bodempolitiek of kolonisatie en handelspolitiek. Beide wegen werden van verschillende zijden belicht, onderzocht, aanbevolen en bestreden, totdat tenslotte de laatste definitief werd ingeslagen. De gezondste weg van deze twee zou echter de, eerste zijn geweest. Het verwerven van nieuw grondgebied, om daarheen de stroom van volksgenoten, waarvoor geen ruimte is, te kunnen doen afvloeien, bezit oneindig veel voordelen, vooral als men niet het heden, maar de toekomst in het oog houdt.

De mogelijkheid van het behoud van een gezonde boerenstand als fundament voor de gehele natie kan nimmer hoog genoeg gewaardeerd worden. Veel van ons tegenwoordig lijden is alleen het gevolg van de ongezonde verhouding tussen land- en stadsvolk. Een sterke en talrijke stand van kleine en middelmatig grote boeren bleek nog steeds de beste bescherming tegen de vele sociale ziekten waaraan wij tegenwoordig lijden. Dit is echter ook de enige oplossing, die in staat is, om te maken, dat de nationale economie het dagelijks brood van ons volk kan voortbrengen. Industrie en handel moeten hun leidende plaats die zij ten koste van het algemene welzijn innemen, afstaan, en herkrijgen hun normale plaats binnen het algemene bestek van een nationale economie, die de voorziening in de behoeften, en het scheppen van evenwicht in de handels- en betalingsbalans tot taak heeft.

Daardoor zijn handel en industrie niet meer de grondslagen voor de voeding van de natie, maar een hulpmiddel ervan. Doordat zij voortaan nog slechts tot taak hebben, om zorg te dragen, dat de nationale consumptie op alle gebieden overeenkomt, maken zij de gehele voedselvoorziening van het volk in meerdere of mindere mate onafhankelijk van het buitenland, helpen dus mede, de vrijheid van de staat en de onafhankelijkheid van de natie, vooral in moeilijke tijden, te verzekeren. Zeker, zo een bodempolitiek kan bijvoorbeeld in Kameroen niet worden toegepast, maar heden ten dage bijna uitsluitend nog maar in Europa.

Men moet zich daarbij kalm en nuchter op het standpunt plaatsen, dat het zeker niet de bedoeling van de hemel kan zijn, om aan het ene volk vijftigmaal zoveel grondgebied op deze wereld te geven als aan het andere. Men mag zich in dit geval niet uit eerbied voor politieke grenzen ertoe laten brengen, om de grenzen van het eeuwig recht te overschrijden. Indien er op deze aarde inderdaad voor iedereen ruimte is, om te leven, dan dient men dus ons ook het grondgebied te geven, dat wij nodig hebben, om te kunnen leven. Nu zal men dat natuurlijk, wanneer het in goedheid gevraagd wordt, niet gaarne doen. Dan echter treedt het recht tot zelfbehoud in werking; en wat geweigerd wordt, zal dan door de vuist moeten worden veroverd. Indien onze voorvaderen indertijd hun beslissingen afhankelijk gemaakt hadden van dezelfde pacifistische onzin, als de heren van heden, dan zou ons land maar nauwelijks een derde deel van zijn huidige oppervlakte beslaan; het Duitse volk, dat dan bestond, zou maar nauwelijks meer in staat zijn, om de belangstelling, laat staan de bezorgdheid van Europa op te wekken. Nee, aan de natuurlijke wil tot de strijd voor het eigen bestaan hebben wij de beide Oostmarken van het Rijk te danken, en daarmee die hevige kracht en grootheid van ons rijks- en volksgebied, die alleen maakte, dat wij tot heden konden bestaan. Ook nog om een andere reden zou deze derde oplossing de beste zijn geweest. Vele Europese staten lijken heden omgekeerde piramiden. Hun Europese oppervlak is bespottelijk klein, vergeleken met wat ze aan koloniën, buitenlandse handel enz. te dragen hebben.

Men kan gerust zeggen, dat de punt in Europa en de basis in de gehele wereld ligt; in tegenstelling met de Verenigde Staten, die haar basis nog in het eigen continent bezit en alleen met de punt de overige aarde aanraakt. Dit verklaart echter ook de buitengewone innerlijke kracht van deze staat en de zwakte van de meeste koloniale machten in Europa. Ook Engeland kan niet als tegenargument worden aangehaald, aangezien men maar al te gemakkelijk, door het oog te vestigen op het Britse imperium, de Angelsaksische wereld als zodanig vergeet. De positie van Engeland kan, alleen al tengevolge van zijn taal en cultuurgemeenschap met de Verenigde Staten met geen enkele anderen staat in Europa worden vergeleken.

Voor Duitsland lag dientengevolge de enige mogelijkheid tot doorvoering van een gezonde bodempolitiek nog slechts in het verwerven van nieuw land in Europa zelf. Koloniën kunnen voor dit doel niet dienstig zijn zolang zij niet in staat blijken, om werkelijk enorme aantallen blanke kolonisten op te nemen. Langs vreedzame weg waren echter zulke koloniale gebieden in de negentiende eeuw niet meer te verkrijgen. Zulk een koloniale politiek zou dus alleen ten koste van zeer zware strijd door te voeren geweest zijn, die dan echter doelmatiger niet voor buiten-Europese gebieden uitgevochten kon worden, maar voor land op het Europese continent zelf. Zo een besluit eist dan echter onvoorwaardelijk ernst en toewijding. Het gaat niet aan, om met halve middelen of ook maar aarzelend aan een taak te beginnen waarvan de doorvoering niet anders dan met uiterste inspanning kan worden bereikt. Maar dan moest ook de gehele politieke leiding van het Rijk uitsluitend dit doel voor ogen houden, nimmer mocht een stap worden ondernomen, die om andere redenen geschiedde, dan om die, die aan deze taak direct of indirect dienstbaar waren. Men diende er zich rekenschap van te geven, dat dit doel niet dan door strijd te bereiken was, en moest de strijd met de wapenen dan ook rustig en kalm onder de ogen zien.

Dan zouden ook alle bondgenootschappen uitsluitend aan dit standpunt getoetst moeten worden, en op hun bruikbaarheid, om daartoe te kunnen meewerken. Wenste men in Europa uitbreiding van grondgebied, dan kon dit in 't algemeen alleen ten koste van Rusland plaats hebben; dan moest het nieuwe Rijk weer de heirwegen van de oude orderidders begaan, om door middel van het Duitse zwaard aan de Duitse ploeg de aarde te geven, en daardoor aan de Duitse natie het dagelijks brood. Voor een zodanige politiek bestond in Europa nu echter maar een enkele bondgenoot: Engeland. Met Engeland als bondgenoot, om in de rug gedekt te zijn, kon men een nieuwe Germaanse kruistocht beginnen.

Het recht daartoe zou niet geringer geweest zijn, dan "het recht van onze voorvaderen. Niemand van onze pacifisten weigert om het brood te eten, dat uit het Oosten komt, hoewel daar de eerste ploeg „zwaard" heette. Om Engelands genegenheid te winnen, mocht dan echter geen enkel offer te groot zijn. Men moest van koloniën en zeemacht afstand doen en de Britse industrie niet beconcurreren. Alleen een onvoorwaardelijk duidelijke houding kon tot een dergelijk doel leiden, afstand van wereldhandel en koloniën; afzien van een Duitse wereldvloot; concentratie van de totale machtsmiddelen van de staat op het landleger. Weliswaar zou het eerste gevolg een machtsbeknotting zijn geweest, maar tegenover dit tijdelijke nadeel stond de zekerheid van een grote en machtige toekomst.

Er is een tijd geweest, waarin Engeland tot onderhandelingen in deze geest bereid was, omdat het zeer goed had begrepen, dat Duitsland tengevolge van zijn bevolkingstoename, naar de een of anderen uitweg moest zoeken, en deze of met Engeland in Europa, of zonder Engeland in de wereld zou moeten vinden. Het was waarschijnlijk wel in de eerste plaats door zo'n vermoeden, dat omstreeks het begin van de nieuwe eeuw van Londen zelf uit getracht werd, met Duitsland in nadere aanraking te komen. Voor de eerste maal werd daarbij iets zichtbaar wat wij in de laatste jaren in waarlijk verschrikkelijke graad moesten constateren. Men was n.l. onaangenaam getroffen door de gedachte, voor Engeland de kastanjes uit het vuur te moeten halen; alsof er ook maar enig bondgenootschap kon bestaan op een anderen grondslag dan die van wederzijds geven en nemen. Met Engeland echter was zo een ruilhandel heel goed mogelijk. De Britse diplomatie was altijd nog verstandig genoeg, om te weten, dat men geen prestatie mocht verwachten zonder tegenprestatie.

Men stelle zich echter eens voor, dat een verstandige Duitse buitenlandse politiek eens de rol overgenomen had van Japan in 1904; men kan zich nauwelijks voorstellen, welke gevolgen dit voor Duitsland zou hebben gehad. Het zou nooit tot een „wereldoorlog" zijn gekomen. Het bloed van dit jaar 1904 zou het tienvoudige wat in de jaren 1914-1918 vergoten werd, hebben bespaard. Welke positie zou Duitsland dan echter thans innemen in de wereld! Het verbond met Oostenrijk was dan ongetwijfeld een zinloosheid en zinledigheid. Want deze gemummificeerde staat verbond zich niet met Duitsland, om een oorlog uit te vechten, maar om de eeuwige vrede te bewaren, die dan op sluwe wijze kon worden benut, om het Duitse element in de monarchie langzaam, maar zeker uit te roeien. Dit bondgenootschap was echter ook daarom onmogelijk, omdat men toch van een staat, die niet eens de kracht en de vastberadenheid bezat, om een einde te maken aan een openlijke poging, vlak aan zijn grenzen, om Duits bloed, Duitse taal en Duitse cultuur te verdelgen, niet mocht verwachten, dat hij in staat zou zijn, de Duitse belangen offensief te verdedigen. Als Duitsland niet voldoende nationaal besef en harde doelbewustheid bezat, om het lot van tien miljoen stamgenoten te ontrukken aan de klauwen van de tegennatuurlijke staat der Habsburgers, dan mocht men inderdaad niet verwachten, dat het zich ooit tot zo vooruitziende en vermetele plannen zou laten overhalen.

Aan de houding, die het oude Rijk tegenover de Oostenrijkse kwestie innam, kon men als het ware al zien, hoe het zich in de strijd van de gehele natie met het noodlot zou gedragen. In elk geval mocht men niet lijdelijk toezien, hoe het Duitse element jaar op jaar weer werd verdrukt en verdrongen, omdat Oostenrijks waarde als bondgenoot immers alleen en uitsluitend van dat deel van zijn bevolking afhing. Maar men ging deze weg immers helemaal niet. Men vreesde niets zozeer als de strijd, maar liet er zich tenslotte toch, en wel op het meest ongelegen ogenblik, toe dwingen. Men wilde zijn noodlot ontlopen, maar werd erdoor achterhaald. Men verbeeldde zich, de wereldvrede te kunnen behouden en belandde bij de wereldoorlog. En dit was de voornaamste reden, waarom men deze derde manier om een toekomst te scheppen voor het Duitse volk, zelfs geen blik waardig keurde. Men wist, dat nieuw grondgebied alleen in het Oosten te krijgen was, zag de strijd die daartoe nodig was geweest en wilde toch de vrede tot elke prijs; want het parool der Duitse buitenlandse politiek was allang niet meer: handhaving der Duitse natie op alle manieren, maar integendeel: behoud van de wereldvrede met alle middelen. Hoe men hierin slaagde, is bekend.

Ik zal hierop nog nader terugkomen. Zodoende stond alleen nog de vierde mogelijkheid open: industrie en wereldhandel, zeemacht en koloniën. Een zodanige ontwikkeling was inderdaad in de eerste plaats gemakkelijker en waarschijnlijk ook vlugger te bereiken. De kolonisatie van een gebied is een langzaam proces, dat dikwijls eeuwen duurt; de innerlijke kracht is juist gelegen in het feit, dat het hier niet gaat om een plotseling opvlammen, maar om een groei die langzaam, maar zeker en onophoudelijk is, in tegenstelling met een industriële ontwikkeling die in een kort aantal jaren een grote hoogte kan bereiken, maar dan echter ook meer van een zeepbel heeft dan van iets, wat werkelijk sterk is. Er is weliswaar minder tijd nodig om een vloot te bouwen, dan om in hardnekkige strijd en volharding, boerenhofsteden te bouwen en met boerengezinnen te bezetten, maar die vloot is ook wel gemakkelijker te vernietigen dan dit laatste werk.

Indien Duitsland toch deze weg betrad, dan had men tenminste duidelijk moeten inzien, dat ook deze ontwikkeling eens op een oorlog zou uitlopen. Alleen kinderen kunnen geloven, dat ze, door altijd maar vriendelijk en oppassend te zijn, en door maar steeds de nadruk te leggen op hun vredelievende bedoelingen, zonder ooit naar de wapenen te hoeven grijpen, tenslotte wel alles zullen krijgen, wat ze nodig hebben, in een „vreedzame wedstrijd der volkeren" zoals men zo schoon en zo zalvend wist te bazelen. Nee, indien die weg betreden werd, dan moest op zekere dag Engeland onze vijand worden. Het was meer dan dwaas – maar het was wel echt iets voor onze Duitse onnozelheid – om er verontwaardigd over te zijn, dat Engeland op zekere dag zo vrij was, om met egoïstische bruutheid tegen onze vreedzame activiteit op te treden. Wij zouden dit zeker nooit hebben gedaan.

Wanneer het enerzijds een feit was, dat een politiek, die erop gericht was, om in Europa gebiedsuitbreiding te verkrijgen, alleen tegen Rusland kon worden gevoerd, met Engeland als bondgenoot, dan moest anderzijds worden vastgesteld, dat koloniale- en wereldhandelspolitiek slechts denkbaar was met Rusland tegen Engeland. Dan moest men echter ook hier onvoorwaardelijk de consequenties trekken – en in de eerste plaats Oostenrijk zo spoedig mogelijk loslaten. Omstreeks het begin van onze eeuw al was dit verbond met Oostenrijk, hoe men het ook bekeek, klinkklare waanzin geworden. Maar men dacht er immers ook helemaal niet aan, om met Rusland een verbond tegen Engeland te sluiten, evenmin met Engeland tegen Rusland, want in beide gevallen zou het op oorlog zijn uitgelopen en de belangrijkste reden, waarom men zich op deze handels- en industriepolitiek wierp, was immers, dat men iedere oorlog wilde vermijden. Men bezat nu immers in de „vreedzame economische" verovering der wereld een gebruiksaanwijzing, die de geweldpolitiek, die tot dusver steeds gevoerd was, eens en voor altijd de nek zou omdraaien.

Zo nu en dan was men toch weer niet helemaal zeker van zijn zaak, vooral, wanneer Engeland van tijd tot tijd volkomen onbegrijpelijke dreigementen liet horen, daarom besloot men nu ook, een vloot te bouwen, maar ook weer geen aanvalswapen om Engeland te kunnen vernietigen, doch een verdedigings- wapen, om de al gekwalificeerde „wereldvrede" en de pacifieke penetratie te beschermen. Daarom hield men haar dan ook in alle opzichten ietwat aan de bescheiden kant, niet alleen wat het aantal eenheden, maar ook wat de tonnage en de bewapening betrof, om ook hierdoor weer het bewijs te leveren, dat ook dit wapen toch eigenlijk alleen „vreedzaam" was bedoeld. Dat gebazel over de pacifieke penetratie was wel het meest onzinnige principe, dat ooit door een staat tot leidend beginsel van zijn politiek werd gemaakt. Deze waanzin werd nog groter door het feit, dat men er niet tegen opzag, om Engeland als kroongetuige op te roepen, dat zulk een prestatie inderdaad binnen de grenzen van het mogelijke lag. Het deel van de schuld, dat hierbij op rekening van onze professionele geschiedenisonderzoek en geschiedenisbeschouwing komt, is zo groot, dat het nauwelijks ooit weer goedgemaakt kan worden, en toont alleen weer eens overduidelijk aan, hoeveel mensen geschiedenis leren, zonder die te begrijpen. Juist in Engeland had men deze theorie volkomen moeten weerleggen; geen enkel volk immers heeft zijn economische veroveringen bruter en meer berekenend met het zwaard voorbereid of later zo volkomen onvoorwaardelijk verdedigd, als juist het Engelse.

Dat is immers bijna het meest kenmerkende van de Britse staatsmanskunst, dat zij uit politieke kracht economische winsten weet te halen en iedere economische versterking dadelijk weer in politieke kracht weet om te zetten. En hoe deerlijk vergist men zich, wanneer men meent, dat Engeland soms persoonlijk te laf zou zijn, om voor zijn economische politiek ook zijn eigen bloed te wagen. Dat het Engelse volk geen „volksleger" bezat, is geen bewijs daarvoor; want het gaat er hier niet om, welke toevallige vorm de organisatie de weermacht heeft aangenomen, maar om de wil en de vastberadenheid, om alle beschikbare macht in te zetten. Engeland bezat altijd het militaire instrument, dat het nodig had. Het streed altijd met die wapens, die het nodig had om succes te kunnen behalen. Het vocht met huurtroepen, zolang huurtroepen voldoende waren; het eiste echter ook een zware cijns van het kostbare bloed van de gehele natie, wanneer dat, om de overwinning te behalen, noodzakelijk was; maar de strijd bleef altijd dezelfde, en ieder gevecht werd even hardnekkig en onverbiddelijk uitgevochten. In Duitsland kweekte men echter langzamerhand, door middel van de school, de pers en de humoristische bladen, van het karakter van de Engelsman en in haast nog sterkere mate van zijn rijk een beeld, dat tot zeer ernstig zelfbedrog moest leiden; want langzamerhand begon men algemeen geloof te hechten aan deze onzin, en het gevolg ervan was, dat men die vijand onderschatte, iets, wat zich later bitter zou wreken. Dat onjuiste beeld werd zo algemeen aanvaard, dat men de vaste overtuiging had, een zeer sluw maar persoonlijk buitengewoon lafhartig kruidenier tegenover zich te zien. Onze verheven professorale wetenschap zag helaas niet in, dat het een absolute onmogelijkheid is, om een wereldrijk als het Engelse alleen door kruipen en zwendelen bijeen te krijgen.

De enkele waarschuwende stemmen werden niet gehoord of werden doodgezwegen. Ik weet nog heel goed, hoe stom- verbaasd de gezichten van mijn kameraden waren, toen wij in Vlaanderen zelf de Tommies tegenover ons kregen. Ongetwijfeld begon al na de allereerste dagen van strijd in ieder brein het besef op te komen, dat deze Schotten niet bepaald veel gemeen hadden met die, die men had gemeend ons in de humoristische blaadjes en de berichten van de nieuwsbureaus te moeten afschilderen. Toen heb ik voor het eerst eens dieper nagedacht over de doelmatigheid der verschillende vormen van propaganda. Deze verdraaiing van de feiten had echter toch voor de verspreiders van deze berichten haar goede zijde; men kon voor dit voorbeeld – al was het dan ook onjuist – immers de juistheid aantonen van een politiek, die op vreedzame economische verovering van de wereld uit was. Wat een Engelsman kon, moest ook ons lukken, dacht men en argumenteerde dan, dat onze aanmerkelijk grotere „eerlijkheid", en het feit, dat wij die typisch Engelse „perfiditeit" niet kenden, onze kansen in deze toch nog zeer moesten vergroten. Men hoopte namelijk, daardoor zowel de genegenheid der kleine naties en het vertrouwen der groten des te gemakkelijker te verwerven. Dat onze eerlijkheid de anderen een doorn in 't oog was, begrepen wij niet, alleen al niet, omdat wij zelf woord voor woord van wat wij zeiden, meenden en geloofden, terwijl de overige mensheid zulk een houding aanzag voor een bijzonder listige truc, terwijl die rest van de wereld ongetwijfeld bij onze revolutie, met stomme verbazing moest constateren, dat wij inderdaad zo grenzeloos dom waren geweest – en dat onze oprechtheid geen truc, maar werkelijkheid was.

Maar, wanneer men eenmaal de onzinnigheid van zo een „pacifieke penetratie" had ingezien, dan moest men alleen daaruit al de logische en duidelijke conclusie trekken, dat ook het „Drievoudig Verbond" volslagen waanzin was. Maar bestond er dan eigenlijk nog wel een andere staat, waarmee men een bondgenootschap had kunnen aangaan? Met Oostenrijk-Hongarije kon men inderdaad nooit, zelfs niet in Europa, een veroveringsoorlog beginnen. Een Bismarck wist zich ook met zulk een gebrekkig instrument wel te redden, maar daarmee was nog lang niet gezegd, dat iedere krukkige opvolger dat ook kon, en zeker niet in een tijd, dat de eigenlijke omstandigheden, waarop Bismarcks bondgenootschap gegrondvest was geweest, al lang niet meer aanwezig waren; want Bismarck kon nog menen, in Oostenrijk een Duitse staat voor zich te hebben. Maar toen langzamerhand het algemeen kiesrecht was ingevoerd, was dit land gezonken tot een parlementair geregeerde on-Duitse chaos.

Nu was het bondgenootschap met Oostenrijk, ook van volks standpunt gezien, eenvoudig noodlottig. Men liet immers toe, dat er aan de grenzen van het rijk een nieuwe Slavische grote mogendheid ontstond, die vroeger of later nog een geheel andere politiek ten opzichte van Duitsland zou moeten voeren, dan b.v. Rusland. Bovendien moest het verbond zelf wel van jaar tot jaar holler en zwakker worden, naarmate de enige bevolkingsgroep, die de idee van het bondgenootschap levend hield, aan invloed inboette en uit de belangrijkste posities werd verdrongen. Al omstreeks 1900 was het bondgenootschap met Oostenrijk in precies hetzelfde stadium gekomen als dat van Oostenrijk met Italië. Ook hier waren er maar twee mogelijkheden: of het Rijk was de bondgenoot van de Habsburgse monarchie, of het mengde zich in de Oostenrijkse binnenlandse aangelegenheden, en verzette zich tegen de onderdrukking van het Duitse element. Wanneer men echter met zoiets begint, loopt het meestal op openlijke oorlog uit.

Ook de psychologische betekenis van het Drievoudig Verbond was maar betrekkelijk gering, omdat de hechtheid van een bondgenootschap afneemt, naarmate het zich meer beperkt tot de handhaving van de bestaande toestand; omgekeerd zal het des te sterker zijn, naarmate elk der partijen meer reden heeft, om te verwachten, dat zij hierdoor bepaalde concrete expansieve doeleinden zal kunnen bereiken. Zoals altijd en overal, ligt ook hier de kracht niet in de verdediging, maar in de aanval. Dit werd destijds ook al van verschillende zijden ingezien, maar helaas alleen niet door de „bevoegde instanties".

Vooral Ludendorff, die destijds als kolonel bij de grote generale staf werkzaam was, legde in zijn open brief van het jaar 1912 de vinger op deze zere wond. Natuurlijk achtte geen der heren „staatslieden" het nodig, om hieraan enig gewicht te hechten; het is immers al zo vaak gebleken, dat gezond verstand een artikel is, dat alleen bij gewone stervelingen zijn nut kan hebben, doch voor diplomaten ten enen male uit de boze moet worden geacht. Het was voor Duitsland maar gelukkig, dat de oorlog in het jaar 1914 door een Oostenrijks conflict losbarstte, en de Habsburgers dus wel gedwongen waren, mee te doen; ware het namelijk omgekeerd geschied, dan zou Duitsland alleen hebben gestaan. De staat der Habsburgers zou nimmer de kracht of ook maar de wil hebben bezeten, om deel te nemen aan een strijd, die door Duitsland was ontstaan. Datgene, wat men later Italië zo kwalijk nam, zou dan al vroeger door Oostenrijk zijn gedaan: men zou „neutraal" zijn gebleven, om zodoende de staat tenminste voor een revolutie in de eerste oorlogsdagen te redden. De Slaven in Oostenrijk hadden liever de monarchie al in het jaar 1914 kapotgeslagen, dan toegestaan, dat Duitsland geholpen werd.

Hoe groot de gevaren en moeilijkheden, die het verbond met Oostenrijk-Hongarije met zich bracht, eigenlijk wel waren, dat zagen destijds nog slechts zeer weinigen in. Ten eerste bezat Oostenrijk vele vijanden, die hoopten, mettertijd van de halfvergane staat te erven, zodat er noodzakelijkerwijze na enige tijd een zeker gevoel van haat tegen Duitsland moest ontstaan, omdat men Duitsland nu eenmaal beschouwde als de oorzaak, waardoor de volkomen ontbinding van de monarchie, waarop men al zolang gehoopt had, nog maar steeds uitbleef. Men kwam tot de overtuiging, dat Wenen tenslotte alleen langs de omweg over Berlijn te bereiken was.

In de tweede plaats zag Duitsland zich hierdoor weer zijn beste en gunstigste kansen, om elders een bondgenoot te vinden, ontnomen. Ja, men raakte integendeel met Rusland en zelfs met Italië steeds meer op gespannen voet. En dat, terwijl de openbare mening te Rome evenzeer pro-Duits als fel anti-Oostenrijks was. Omdat men nu eenmaal zijn heil had gezocht in een politiek van handel en industrie, bestond er ook niet meer de minste reden voor een strijd tegen Rusland. Zoiets zouden alleen de vijanden van de beide naties kunnen toejuichen. En het waren dan ook voornamelijk Joden en marxisten, die hier met alle middelen hitsten en stookten, om een oorlog tussen deze twee staten te bewerkstelligen.

In de derde en laatste plaats echter moest dit verbond voor Duitsland wel een groot gevaar betekenen, omdat het onder deze omstandigheden voor een grote mogendheid, die werkelijk bewust vijandig stond tegenover het Rijk van Bismarck, kinderspel moest zijn, om een hele reeks kleine staten tegen Duitsland in het harnas te jagen, omdat men hun allen immers gebiedsuitbreiding kon beloven.

Tegen de Donau-monarchie kon men heel Oost-Europa, en vooral Rusland en Italië in het geweer roepen. De wereldcoalitie, waarvoor Koning Edward de grondslag had gelegd, zou nimmer tot stand zijn gekomen, wanneer Oostenrijk, als bondgenoot van Duitsland niet zo een verleidelijke erfenis was geweest. Dit alleen maakte het mogelijk, dat staten, waarvan de belangen en wensen overigens zo ver uiteenliepen, samen in een aanvallend verbond gebundeld konden worden. Ieder der bondgenoten mocht hopen, dat ook hij ten koste van Oostenrijk verrijkt zou worden, wanneer men gemeenschappelijk tegen Duitsland oprukte. Het feit, dat ook Turkije als stille vennoot tot dit ongeluksverbond scheen te horen, maakte dit gevaar nog veel groter.

Het internationale Joodse grootkapitaal had deze lokmiddelen echter nodig, teneinde het al zo lang gekoesterde plan tot verdelging van Duitsland, — dat maar niet wilde berusten in de algemene internationale controle op de financiën en de economie, — ten uitvoer te kunnen brengen. Alleen door zulk buitengewoon lokaas kon men een coalitie samensmeden, die, alleen al gesterkt en moedig door het besef van het aantal soldaten, dat nu marcheerde, bereid was, om Siegfried de onkwetsbare dan eindelijk te lijf te gaan. Het verbond met het rijk der Habsburgers, dat mij al in mijn Oostenrijkse tijd bitter gestemd had, maakte, dat ik mijn standpunt nogmaals zo diepgaand mogelijk onderzocht, met het resultaat, dat ik nog zeer gesterkt werd in mijn oorspronkelijke mening.

Ik maakte er destijds al, in de kleine kring van mensen, waarmee ik omging, geen geheim van mijn overtuiging, dat dit rampzalige verdrag met een staat, die ten dode was opgeschreven, ook van Duitsland een ruïne zou maken, wanneer men er tenminste niet in slaagde, om zich nog op tijd uit die omklemming los te maken. Ook toen de orkaan van de wereldoorlog tenslotte ieder kritisch vermogen scheen te hebben uitgeschakeld, toen zelfs die instanties, die eigenlijk met niets anders rekening mochten houden dan met de meest nuchtere werkelijkheid, ook in een roes van geestdrift leefden, is deze rotsvaste overtuiging toch geen ogenblik geschokt. Ook in de tijd, toen ik zelf aan het front stond, kwam ik steeds, wanneer deze problemen ter sprake kwamen, openlijk uit voor mijn mening, dat de Duitse natie beter nog vandaag dan morgen een eind kon maken aan dit bondgenootschap, en dat het prijsgeven van de Donau-monarchie daarvoor in het geheel geen offer was, wanneer Duitsland daardoor een beperking van het aantal zijner tegenstanders zou kunnen bereiken; want het was niet terwille van een gedegenereerd vorstenhuis, dat al die miljoenen de stalen helm van de soldaat hadden opgezet, maar alleen om de Duitse natie te redden.

Voor de oorlog scheen het nog een paar maal, alsof er tenminste onder een groep mensen enige twijfel rees ten aanzien van de gevoerde bondgenootschapspolitiek. Van Duits conservatieve zijde werden van tijd tot tijd waarschuwende stemmen gehoord, die aanraadden, niet al teveel en niet al te blind op de bondgenoot te vertrouwen, maar ook dit werd, zoals iedere uiting van gezond verstand, in de wind geslagen. Men was vast overtuigd, dat men, op deze wijze voortgaand, inderdaad de wereld zou kunnen veroveren, en dat wel zo, dat het succes onmetelijk zou zijn, terwijl er geen offers gevraagd zouden worden. Voor de bekende „onbevoegden" echter bleef er weer eens niets anders over, dan zwijgend toe te zien, waarom en hoe de „bevoegden" rechtstreeks in het verderf liepen, waarbij ze het brave maar domme volk meesleepten, als eens de rattenvanger van Hamelen de kinderen.

De diepere oorzaak, waardoor het mogelijk werd, dat ons volk die waanzinnige idee van een „economische verovering" als praktisch politiek richtsnoer, en het behoud van de wereldvrede als doel van onze politiek, kreeg voorgezet, en zelfs aanvaardde, was gelegen in de algemenen ziektetoestand van ons gehele politieke denken. En naarmate de zegetocht van de Duitse techniek en industrie steeds schitterender paden betrad, en de Duitse handel steeds groter successen boekte, was men steeds minder geneigd en ook steeds minder bij machte, om in te zien, dat dit alles alleen mogelijk was onder een sterke staat. Integendeel, in vele kringen ging men al zover, om de stelling te verdedigen, dat de staat zelf zijn bestaan aan deze verschijnselen te danken had, dat die staat zelf voornamelijk uit de economische noodzaak geboren was, en dus ook in overeenstemming met de economische belangen bestuurd moest worden, en dat dientengevolge ook zijn bestaan van de economie afhankelijk was, een toestand, die dan als de gezondste en meest natuurlijke werd voorgesteld en geprezen.

De staat als zodanig heeft echter niets uitstaande met enig economisch systeem, of met enige economische ontwikkelingsgang. De staat is niet een geheel van economische contractanten, die binnen een bepaald begrensd woongebied aan verschillende economische eisen moeten voldoen — maar hij is de organisatie van een gemeenschap van levende wezens, die zowel lichamelijk als geestelijk sterke overeenkomst bezitten, en deze organisatie moet er op zijn gericht, om de gunstigste voorwaarden voor het voortbestaan van de soort te scheppen, en om het doel, dat de Voorzienigheid aan deze soort heeft gesteld, te bereiken. Dit en niets anders is het doel en de betekenis van de staat. De economie is daarbij slechts één van de hulpmiddelen, die nu eenmaal noodzakelijk zijn, om dit doel te kunnen bereiken. Zij is echter nimmer de oorzaak of het doel van de staat, wanneer deze althans niet opzettelijk op zulk een onjuiste, want tegennatuurlijke grondslag is geconstrueerd.

Alleen hierdoor is het verklaarbaar, dat het zelfs niet eens een onmisbare voorwaarde voor een staat is, dat hij territoriaal begrensd is. Dit zal alleen een vereiste zijn voor volkeren, die zelf voor de voeding van hun soortgenoten willen zorgen, en dus bereid zijn, om door eigen arbeid de strijd om het bestaan uit te vechten. Volkeren daarentegen, die de kunst verstaan, óm in andere volkeren binnen te dringen, zoals hommels door het stukbijten van de kroonbladeren in bloemen weten te komen, kunnen zelfs zonder enig eigen bepaald woongebied staten vormen. Dit geldt vooral voor het volk, dat in het bijzonder heden ten dage zozeer parasiteert, dat de gehele eerlijke mensheid er onder te lijden heeft: het Jodendom.

De Joodse staat was, wat zijn grondgebied betreft, nooit begrensd, hij was wereldomvattend en grenzeloos, omdat hij immers niet betrekking had op een bepaalde oppervlakte, maar op alle individuen, die tot een bepaald ras behoorden. Overal waar deze waren, was de Joodse staat. Het is één van de geniaalste trucs, die er ooit uitgevonden zijn, om deze staat voor een „religie" te laten doorgaan, en hem daardoor onder de beschermende hoede te stellen van de verdraagzaamheid, die de Ariër altijd voor iedere geloofsbelijdenis over heeft. Want feitelijk is de Mozaïse religie niets anders dan een leer tot instandhouding van het Joodse ras. Zij omvat daarom ook nagenoeg alle terreinen van sociologische, politieke en economische wetenschap, die maar even dienstig kunnen zijn aan dit doel. De wil tot voortbestaan van de soorten is de eerste oorzaak, waardoor er menselijke gemeenschappen worden gevormd. Daardoor is de staat echter een volks organisme, en niet een organisatie. Een onderscheid, dat werkelijk zeer groot is, maar waarvoor de „staatslieden", die heden aan het bewind zijn, natuurlijk volkomen blind blijven. Daarom menen deze heren dan ook, dat ze de staat wetenschappelijk kunnen construeren, terwijl hij in werkelijkheid nooit iets anders kan zijn dan de resultante van de krachten, die uit de wil tot behoud van soort en ras zijn voortgekomen. Dat zijn echter altijd heldhaftige deugden en het gehele grutters egoïsme valt heel zeker buiten de kring van deze eigenschappen, omdat de handhaving van de soort immers uitgaat van de offervaardigheid van de enkeling, een offervaardigheid, die ook voor het leven van die enkeling geen halt maakt.

Dat is immers juist de diepere zin van het woord van de dichter:

„Zo gij uw leven niet waagt — zo zult gij het niet behouden", („Und setzet ihr nicht das Leben ein, nie wird euch das Leben gewonnen sein"), dat het bestaan van de enkeling ten offer moet worden gebracht, om het behoud van de soort te verzekeren. Daaruit volgt dan echter ook de dwingende gevolgtrekking, dat de eerste voorwaarde voor het ontstaan en voortbestaan van een staat gelegen is in een algemeen saamhorigheidsgevoel, dat alle onderdanen eigen is, op grond van hun eenheid van soort, en eenheid van karakter en uit de algemene wil, om voor dit volksbestaan met al, wat men is, en al, wat men bezit, in te staan. Dit zal bij volken, die op eigen grondgebied wonen, heldhaftige deugden aankweken, bij parasieten huichelarij en geniepige wreedheid, voorzover deze eigenschappen niet al kennelijk eerste bestaansvoorwaarden voor deze zo geheel anders gevormde staat waren. Maar steeds zal het volk, dat over dergelijke kwaliteiten beschikt, alleen al op grond daarvan, een staat, of althans de kiem van een staat vormen; en de strijd om het bestaan zal dan hierdoor beslecht worden, dat een van beide partijen de nederlaag lijdt, en wel die, welke of het minst was begiftigd met heldhaftige eigenschappen, of tegen de sluwe listen van de vijandige parasieten niet bleek opgewassen. En nederlaag betekent in deze strijd: slavernij en uiteindelijk: uitroeiing. Maar ook in dit laatste geval is dat bijna altijd niet zozeer het gevolg van een gebrek aan doorzicht, als wel van een gebrek aan vastberadenheid en moed, dat zich onder het dekmanteltje van een humanistische mentaliteit tracht te verbergen.

Hoe weinig de staatsvormende en staatsbehoudende eigenschappen echter met de economie uitstaande hebben, blijkt wel het duidelijkst uit het feit, dat het slechts uiterst zelden gebeurt, dat de staat tegelijk én innerlijk hecht en stevig is, én een periode van z.g. economische bloei doormaakt, maar dat integendeel het feit van zulk een bloeiperiode in oneindig vele gevallen op het naderend einde van de staat schijnt te wijzen. Indien nu echter de vorming van menselijke gemeenschappen in de eerste plaats toe te schrijven zou zijn aan economische krachten of prikkels, dan zou de hoogste economische ontplooiing ook tegelijkertijd de grootste kracht van de staat moeten betekenen, en niet omgekeerd.

Het geloof aan de staatsvormende en staatsbehoudende kracht der economie lijkt des te onbegrijpelijker, wanneer het een land betreft, dat overal duidelijk en onmiskenbaar in zijn geschiedenis het tegendeel aantoont. Juist Pruisen bewijst met bewonderenswaardige duidelijkheid, dat het niet de materiële eigenschappen, maar de ideële deugden alleen zijn, die de kracht leveren tot de vorming van een staat. Eerst onder de bescherming van die deugden weet dan ook de economie tot bloei te geraken, totdat, met het afsterven van de eigenlijke staatsvormende eigenschappen, ook de economie weer ineenstort, een proces, dat wij juist nu weer zo bitter duidelijk kunnen waarnemen. De materiële belangen van de mensen kunnen altijd het best gedijen, wanneer ze in de schaduw der heldhaftige deugden blijven; zodra zij echter trachten, zelf een eerste plaats in te nemen in het bestaan der mensen, dan vernietigen ze zelf de grondslagen voor hun eigen bestaan.

Steeds, wanneer Duitslands macht sterk toenam, begon ook de economie op te komen; altijd echter, wanneer de economie de enigen levensinhoud van ons volk werd, en de ideële deugden daaronder verstikten, stortte de staat weer ineen, en sleurde na korte tijd de economie mee. Als men zich nu echter afvraagt, wat dan eigenlijk de staatsvormende of de staatsbehoudende krachten zijn, dan blijkt men ze in een enkele aanduiding te kunnen samenvatten: offervaardigheid, en de wil van de enkeling, om voor de gemeenschap offers te brengen. Dat deze deugden met economie ook niet het geringste uitstaande hebben, blijkt duidelijk uit het simpele feit, dat men zich immers voor de laatste niet opoffert, of met andere woorden: men sterft niet voor een negotie, maar alleen voor idealen.

Niets bewees duidelijker, dat de Engelsman een meester is in de psychologie van het volk, dan de wijze, waarop hij zijn deelname aan de oorlog motiveerde. Terwijl wij voor ons dagelijks brood vochten, streed Engeland voor de „vrijheid" en niet eens voor zijn eigen vrijheid, nee, voor die der kleine naties. In Duitsland lachte men om deze brutaliteit, of ergerde zich er aan, en bewees met beide houdingen, hoe gedachteloos en dom die zogenaamde staatsmanskunst in Duitsland al voor de oorlog was. Men had ook niet meer het geringste begrip van het ware karakter van die kracht, die in staat is, om mannen uit eigen vrijen wil in de dood te doen gaan. Zolang het Duitse volk in 1914 nog voor idealen meende te vechten, hield het stand; nauwelijks echter maakte men het dagelijks brood tot doel van de strijd, of het liet de moed zakken.

Onze alwijze „staatslieden" echter stonden verstomd over deze veranderde stemming. Het drong nimmer tot hen door, dat een mens, van het ogenblik af, dat hij moet vechten voor een economisch belang, de dood zoveel mogelijk uit de weg zal gaan, omdat die hem immers juist voor altijd berooft van het genot van datgene, waarvoor hij strijdt. Wanneer het erom gaat, haar eigen kind te redden, dan wordt ook de zwakste moeder een heldin, en het was steeds opnieuw de wil, om voor het behoud der soort en voor de beschuttende haard of staat te strijden, die de mannen in de speren van de vijand joeg.

Men kan de volgende, eeuwig ware stelling formuleren: Nog nimmer werd een staat gesticht door de werking van vreedzame economische krachten, maar altijd alleen door de instinctieve wil tot voortbestaan der soort, onverschillig of deze wil nu in heldhaftigheid, dan wel in sluwe list zijn uitdrukking vindt. Het gevolg is dan alleen, dat uit het ene een Arische arbeids- en cultuurstaat groeit, en uit het andere een kolonie van Joodse parasieten. Zodra echter bij een volk of in een staat de economische belangen als zodanig groter invloed beginnen uit te oefenen dan deze instincten, dan zal dit als het ware een uitnodiging aan de vijanden zijn, om dit volk, deze staat te willen overweldigen en te onderdrukken.

De mening, die men voor de oorlog huldigde, als zou het mogelijk zijn, om alleen door middel van handels- en koloniale politiek, en dus zonder strijd, de wereld voor het Duitse volk te ontsluiten, was een klassiek symptoom, dat de werkelijk staatsvormende en staatsbehoudende krachten verloren waren gegaan, en met hen alle daaruit volgende inzicht, wilskracht en dadendrang; de natuur echter, die zich niet laat verwaarlozen, vergold dat door de wereldoorlog, met al de gevolgen van dien.

Voor iemand, die niet dieper nadenkt, moest deze houding van de Duitse natie.— want zij was inderdaad zo goed als algemeen — een onoplosbaar raadsel zijn. Juist Duitsland was immers een prachtig voorbeeld van een rijk, dat alleen door het zwaard was ontstaan. Pruisen, de kiemcel van het Rijk, ontstond door grote heldenmoed, en niet door financiële of zakelijke transacties, en het Rijk zelf was de kostelijke oogst, die was gegroeid uit een sterke leiding en de doodsverachting van vele, vele soldaten. Hoe was het dan mogelijk, dat juist bij dat Duitse volk het politieke instinct zo doodziek was? Want hier ging het niet om een enkel verschijnsel, maar om symptomen van verval, die zich nu eens in benauwend aantal als dwaallichten vertoonden en dan van alle punten van het volkslichaam hun sombere boodschap brachten, en dan weer als giftige gezwellen de natie op velerlei punten aantastten. Het scheen wel, alsof mysterieuze machten een onophoudelijke stroom van gif stuwden tot in de uiterste bloedvaten van dit lichaam, dat eens het lichaam van een held was geweest, om zo het gezond verstand en de simpele levensdrang steeds meer te verlammen.

Toen ik al deze vraagstukken, die ik nodig had, om de bondgenootschap politiek en de economische politiek van het Rijk in de jaren 1912-1914 te kunnen beoordelen, telkens opnieuw nauwkeurig had onderzocht, bleef als oplossing van het raadsel altijd enkel die macht over, die ik al tevoren te Wenen uit een geheel ander gezichtspunt had leren kennen: de marxistische leer en wereldbeschouwing en tevens de invloed, die zij door haar organisatie uitoefende. Voor de tweede keer in mijn leven drong ik door in deze leer van de vernietiging, maar ditmaal niet meer geleid door indrukken en invloeden uit mijn dagelijks leven, maar gedreven door de waarneming van algemene gebeurtenissen in het politieke leven. Ik verdiepte me opnieuw in de theoretische literatuur van deze nieuwe wereld, en trachtte me de mogelijke uitwerkingen daarvan duidelijk voor te stellen, vergeleek deze dan met de werkelijke verschijnselen en gebeurtenissen, waardoor haar werkzaamheid in het politieke, cultureele en economische leven zich kenmerkte.

Voor de eerste maal echter vestigde ik mijn aandacht nu ook op de verschillende pogingen, om deze internationale pest klein te krijgen. Ik bestudeerde nu de opzet, de strijd en het resultaat van Bismarcks socialistenwetten. Langzamerhand kwam mijn overtuiging daardoor op granieten grondslagen te rusten, zodat ik sindsdien nimmer meer gedwongen was, om enige verandering aan te brengen in mijn opvatting over deze kwesties. De onderlinge verhouding van marxisme tot Jodendom onderwierp ik eveneens opnieuw aan een grondig onderzoek.

Maar wanneer ik vroeger in Wenen, Duitsland meer nog dan iedere anderen staat voor een onkwetsbare kolos had aangezien, thans kwam er toch telkens weer een zekere angst en onrust in mij op. Ik kwam innerlijk, en ook in mijn kleine kennissen kring, in verzet tegen de Duitse buitenlandse politiek, en eveneens tegen de, mijns inziens ongelooflijk lichtvaardige manier, waarop men het allerbelangrijkste probleem, dat er destijds feitelijk voor Duitsland bestond, het marxisme, behandelde. Ik kon werkelijk niet begrijpen, hoe men zich zo volkomen blind in het ongeluk kon storten, terwijl men wist, dat de gevolgen daarvan, zoals het marxisme immers wilde, verschrikkelijk zouden moeten zijn. Ik heb destijds al in kleine kring, evenals heden in het groot, gewaarschuwd tegen die redenering, waarachter al die treurige lafaards zich verscholen:

„ons kan niets gebeuren!" Al eerder was een reusachtig rijk te gronde gegaan door zo een funeste mentaliteit. En zouden de wetten, die voor alle andere menselijke gemeenschappen golden, dan alleen voor Duitsland niet opgaan? In de jaren 1913 en 1914 heb ik dan ook voor de eerste maal in verschillende kringen, die heden voor een deel goed nationaal-socialistisch zijn, de overtuiging uitgesproken, dat de toekomst der Duitse natie afhankelijk was van de vernietiging van het marxisme.

In die rampzalige Duitse bondgenootschapspolitiek kon ik niet anders dan een gevolg zien van de ontbindende werking van deze leer; want het vreselijke was immers juist, dat dit gif bijna onmerkbaar alle grondslagen van een gezonde opvatting over staat en maatschappij ondermijnde, zonder dat het slachtoffer ook maar in de verste verte vermoedde, hoezeer zijn wil en zijn daden al werden bepaald door die levensbeschouwing, die hij overigens zo beslist mogelijk afwees.

De innerlijke degeneratie van het Duitse volk was destijds allang begonnen, zonder dat de mensen hadden begrepen, wie het was, die hun bestaan verwoestte; iets, wat men overigens in dit leven wel vaker moet constateren. Soms dokterde men nog een beetje aan de ziekte, maar zag dan al de gevolgen voor de oorzaak aan. Daar men deze oorzaak niet kende, of niet wilde kennen, had de strijd tegen het marxisme echter ook geen grotere waarde dan de eerste de beste kwakzalverij.

Vijfde hoofdstuk DE WERELDOORLOG

Toen ik nog een jonge wildebras was, had mij niets zo dwars gezeten als het feit, dat ik nu juist in een tijd was geboren, waarin kennelijk enkel nog voor grootgrutters of rijksambtenaren monumenten werden opgericht. De golven van de historische gebeurtenissen schenen al zo tot kalmte te zijn gekomen, dat het wel leek, alsof de gehele toekomst werkelijk niets anders meer bood dan die befaamde „vreedzame competitie der volkeren", wat dus wou zeggen een eeuwigdurende kalme, bezadigde, wederkerige begapperij, waarbij het alleen tot de spelregels behoorde, om zich onder geen voorwendsel met geweld te verdedigen. De staten begonnen steeds meer te gelijken op ondernemers, die elkaar wederzijds het gras voor de voeten wegmaaiden, elkaar de klanten en de opdrachten afsnoepten, en trachtten, zich op alle manieren ten koste van de anderen te bevoordelen, en dat alles dan begeleid door een even luid als onbetekenend geschreeuw.

Deze ontwikkelingsgang scheen echter niet alleen blijvend te moeten zijn, maar was, (op algemeen verzoek) voorbestemd, om eens de gehele wereld om te knutselen tot een enkel groot warenhuis, met een voorportaal vol borstbeelden, waarin de nagedachtenis van de meest doortrapte zwendelaars, en van de onnozelste administrateurs voor het nageslacht bewaard zou blijven. De Engelsen zouden dan de kooplieden kunnen leveren, de Duitsers de administrateurs, terwijl de Joden zich wel zouden moeten opofferen en als eigenaars fungeren, daar zij immers, naar hun eigen getuigenis, toch nooit iets verdienen, doch altijd enkel maar betalen, betalen – en bovendien ook nog het grootste aantal talen spreken.

Waarom had ik toch niet een honderd jaar eerder geboren kunnen zijn? Bijvoorbeeld in de tijd van de vrijheidsoorlogen (1813-'15) toen een man werkelijk ook zonder „negotie" nog iets waard was?! Zo had ik me al vaak geërgerd over mijn leven, dat mijns inziens veel te laat was begonnen, en had de tijd van „rust en orde", die mij wachtte, steeds als een onverdiende gemene streek van het noodlot tegen mij persoonlijk beschouwd. Ik was immers ook als jongen geen „pacifist" en alle pogingen, om mij daartoe op te voeden, mislukten jammerlijk. De boerenoorlog was voor mij een even grote verrassing als een bliksemstraal bij helderen hemel geweest zou zijn. Ik loerde iedere dag op de kranten, verslond de telegrammen en berichten, en voelde me al gelukkig, omdat ik tenminste op een afstand getuige kon zijn van deze heldenstrijd.

Toen de Russisch-Japanse oorlog uitbrak, was ik al veel rijper, maar ook aandachtiger. Ik had daarbij al, om meer nationale redenen, partij gekozen, en mij destijds, bij de eerste gedachten wisseling over dit onderwerp, dadelijk aan de zijde van Japan geschaard. Ik zag in de nederlaag van de Russen ook een nederlaag van de Slaven in Oostenrijk. Sindsdien waren er vele jaren verlopen, en wat mij eens, als jongen, een ellendige ziektetoestand scheen, dat voelde ik nu als de stilte voor de storm. Gedurende mijn Weense tijd al hing er boven de Balkan zo een loodgrauwe zwoelte, die meestal een orkaan aankondigt, en al vlamde ook van tijd tot tijd een lichter schijnsel op, dat echter spoedig weer in de dreigende donkerte verdween. Toen echter kwam de Balkanoorlog en daarmee joeg ook al de eerste windstoot over het zenuwachtig geworden Europa. De tijd, die nu kwam, drukte als een zware nachtmerrie op de mensen, broeide als een koortsige tropensfeer, zodat uit de onophoudelijke bezorgdheid voor de ramp tenslotte het verlangen groeide, dat het dan eindelijk maar mocht losbarsten, wanneer het dan toch niet meer tegen te houden was. En daar schoot ook al de eerste geweldige bliksemstraal op de aarde neer; het onweer brak los en in de donder mengde zich het dreunen van de batterijen van de wereldoorlog.

Toen het bericht van de moord op Aartshertog Franz Ferdinand te München bekend werd (ik was juist thuis, en hoorde maar ten naaste bij, hoe alles zich had afgespeeld), maakte zich eerst een grote angst van mij meester, dat de kogels misschien afkomstig waren uit de pistolen van Duitse studenten, die verontwaardigd waren over de anti-Duitse en pro-Slavische actie van de troonopvolger, en het Duitse volk wilden bevrijden van deze binnenlandse vijand. Men kon zich maar al te gemakkelijk indenken, wat daarvan het gevolg zou zijn geweest: een nieuwe stroom van vervolgingen, die de gehele wereld nu „gerechtvaardigd" en „redelijk" zou achten. Toen ik echter, dadelijk nadien, al de namen van de vermoedelijke daders hoorde, en bovendien, dat ze als Serven waren geïdentificeerd liep er mij toch even een rilling over de rug over de wraak van het onberekenbare noodlot. De grootste vriend van de Slaven viel onder de kogels van Slavische fanatici.

Wie in de laatste jaren de gelegenheid had gehad, om de verhouding van Oostenrijk tot Servië voortdurend gade te slaan, die kon er moeilijk lang aan twijfelen, dat de steen nu was beginnen te rollen, en dat er geen ophouden aan was. Men zou de Weense regering onrecht doen, wanneer men haar nu met verwijten overstelpt, wat de vorm en de inhoud van haar ultimatum betreft. Geen macht ter wereld had, in haar positie en onder dezelfde omstandigheden, anders kunnen handelen.

Oostenrijk bezat aan zijn Zuid-Oostgrens een onverbiddelijke doodvijand, die de monarchie met steeds korter tussenpozen tartte, en die daar ongetwijfeld nooit mee zou zijn opgehouden, voordat tenslotte inderdaad het gunstigste ogenblik, om het rijk te vernietigen, zou zijn aangebroken. Men had reden, om te vrezen, dat deze situatie uiterlijk bij de dood van de oude keizer zou zijn aangebroken; maar niemand kon zeggen, of de monarchie op dat ogenblik nog wel tot enig ernstig verweer in staat zou zijn. De gehele staat werd in de laatste jaren uitsluitend nog door de persoon van Franz Joseph bijeengehouden, dat de grote massa al van tevoren het gevoel had, dat de dood van deze oeroude personificatie van het rijk tegelijkertijd het einde van het rijk zou betekenen. Ja, het was een van de sluwste trucs, waarvan zich bij voorkeur de Slavische politici bedienen, om de indruk te wekken, als had de Oostenrijkse staat zijn voortbestaan enkel en alleen nog te danken aan de buitengewone, onovertrefbare staatsmanskunst van deze monarch: een vleierij, die het hof des te aangenamer aandeed, omdat dit zo absoluut niet tot de werkelijke kwaliteiten van de keizer behoorde. De adder, die hier onder het gras school, wist men niet te ontdekken.

Men zag niet — of misschien wilde men ook niet meer zien —, dat, naarmate de monarchie meer uitsluitend afhankelijk was van de „ongeëvenaarde staatsmanskunst van deze wijste monarch van alle tijden", zoals men zich placht uit te drukken, de toestand bij Franz Josephs dood ook des te funester zou worden. Maar was het oude Oostenrijk eigenlijk nog wel denkbaar zonder zijn oude keizer?! Zou de tragedie, die een Maria Theresia getroffen had, zich niet onmiddellijk hebben herhaald?

Nee, men doet de Weense regeringskringen werkelijk onrecht, wanneer men hun verwijt, dat zij nu tot een niet-onvermijdelijke oorlog aanzetten. Want het was onjuist te beweren, dat die oorlog nog te vermijden was geweest: op zijn best had hij nog een of twee jaar uitgesteld kunnen worden. Maar dit was immers juist de vloek, die op de Duitse en de Oostenrijkse diplomatie rustte, dat zij altijd getracht hadden, om de onontkoombare afrekening uit te stellen, tot zij eindelijk op een uiterst ongunstig tijdstip ertoe gedwongen werden. Men kan ervan overtuigd zijn, dat een poging, om de vrede nogmaals te redden, indien zij geslaagd was, de oorlog op een, voor ons nog veel minder gelegen ogenblik had doen uitbarsten.

Neen, indien men deze oorlog had willen vermijden, dan had men ook de moed moeten hebben, om de consequenties van zulk een besluit te aanvaarden. Dan was echter de opoffering van Oostenrijk de enige mogelijke uitweg geweest. De oorlog zou ook dan niet vermeden zijn, maar het zou niet een strijd van allen tegen ons zijn geweest, doch enkel een uiteenscheuren van de Donau-monarchie. En dan moesten wij zelf maar weten, wat wij wilden: meedoen of maar toekijken, waardoor we met lege handen het noodlot op zijn beloop zouden laten. Maar juist diegenen, die heden het luidste vloeken over het begin van de oorlog, en er met de diepste wijsheid en deskundigheid over weten te oordelen, zijn dezelfden, die op de meest noodlottige wijze meehielpen, om op die oorlog aan te sturen.

De sociaal-democratie had sinds tientallen jaren op de meest misdadige manier tot oorlog tegen Rusland opgehitst: het Zentrum (het politieke katholicisme in Duitsland. vert.) had er, om godsdienstige redenen het meest toe bijgedragen, om de Oostenrijkse staat tot de belangrijkste hoeksteen van de gehele Duitse politiek te maken. Nu moest men dan de gevolgen van deze waanzinnige politiek dragen. Wat kwam, moest komen, was op geen enkele wijze meer te vermijden. De schuld van de Duitse regering was daarbij, dat zij, om toch maar vooral de vrede te bewaren, telkens weer het gunstige ogenblik, om te beginnen, verzuimde, zich in haar bewegingsvrijheid liet belemmeren door het verbond tot behoud van de vrede, en daardoor tenslotte het slachtoffer werd van een wereldcoalitie, die, tegenover het streven, om de wereldvrede te bewaren, de vaste wil tot de wereldoorlog stelde.

Indien de Oostenrijkse regering nu een andere welwillender vorm had gegeven aan haar ultimatum, dan zou dit toch aan de toestand absoluut niets meer veranderd hebben, tenzij misschien dit ene ding, dat zijzelf door de verontwaardiging van het volk gedwongen zou zijn geweest, af te treden. Want in de ogen van de grote massa was de toon van het ultimatum nog veel te welwillend, en zeer bepaald niet te veeleisend of te ruw. Wie dit nu tracht te loochenen, is of een leeghoofd zonder geheugen, of een bewuste leugenaar. Die oorlog van 1914 werd de massa's waarlijk niet opgedrongen, maar was iets, waarnaar het gehele volk verlangde. Men wilde niet langer onder het juk van de algemene onzekerheid gebukt gaan. Hieruit alleen is het te verklaren, dat er voor deze titanenstrijd meer dan twee miljoen Duitse mannen en jongens opstonden, en zich om de vlag schaarden, bereid, om die tot de laatste druppel bloed te verdedigen.

Voor mij betekenden die uren de verlossing uit de benauwde ban van die „ordelijke en vreedzame toekomst", die mijn jeugd had vergald. Ik schaam mij ook heden niet, om te zeggen, dat ik, ten prooi aan overweldigende geestdrift, op mijn knieën ben gevallen, om de hemel uit de diepte van mijn overvolle hart te danken, dat mij het geluk was toebedeeld, in deze tijd te mogen leven.

Er was een vrijheidsstrijd begonnen, zo geweldig als de aarde nog niet had aanschouwd, want de strijd was nog maar nauwelijks begonnen of het drong al tot de grote massa door, dat het deze keer niet ging om het lot van Servië, of zelfs om dat van Oostenrijk, maar dat het bestaan van de gehele Duitse natie op het spel stond.

Voor de laatste maal in vele jaren was het volk helderziend geworden aangaande zijn eigen toekomst. Zodoende klonk dan al dadelijk bij het begin van deze geweldige worsteling, in de roes van de allesoverheersende geestdrift de nodige ernstige ondertoon door: want dit diepe inzicht in de ernst van de toestand maakte juist, dat deze nationale wedergeboorte meer werd dan een gewoon strovuurtje. Men hoopte tegen de winter weer thuis te kunnen zijn, om dan opnieuw door vreedzame arbeid zijn brood te verdienen. De mens hoopt en gelooft nu eenmaal altijd datgene wat hij graag wil. De overgrote meerderheid der natie was die altijd dreigende toestand allang moe; en daardoor was het ook maar al te begrijpelijk, dat men in het geheel niet meer geloofde aan de mogelijkheid, dat het geschil tussen Oostenrijk en Servië nog kon worden bijgelegd, maar hoopte, dat het nu tot een definitieve oplossing zou komen. Ook ik bevond mij onder de miljoenen, die dit hoopten.

Nauwelijks was het bericht van de aanslag te München bekend geworden, of er schoten mij dadelijk twee gedachten door het hoofd: ten eerste, dat de oorlog nu dan eindelijk onvermijdelijk voor de deur stond, en daarnaast, dat de Habsburgse staat nu wel gedwongen zou zijn, zijn plichten als bondgenoot ook waar te nemen: want wat ik altijd het meeste gevreesd had, was de mogelijkheid, dat Duitsland zelf op zekeren dag, misschien juist door dit verbond, in een conflict verwikkeld had kunnen raken, zonder dat Oostenrijk daartoe de directe aanleiding had geschapen, en dat de Oostenrijkse staat dan, om binnenlandse politieke redenen, niet de moed zou blijken te bezitten, om zijn bondgenoot bij te springen. De Slavische meerderheid van het rijk zou onmiddellijk begonnen zijn, om zulk een plan, dat niet uit Oostenrijks eigen vrije wil was voortgekomen, te saboteren, en had nog veel liever de gehele staat aan puin geslagen, dan de bondgenoot de gevraagde hulp te verlenen. Dit gevaar was nu van de baan. De oude staat moest vechten, of hij wilde of niet.

Voor mij bestond er nu ook niet meer de allerminste twijfel over het standpunt, dat ik ten opzichte van dit conflict moest innemen; voor mij was het niet Oostenrijk, dat terwille van het een of ander eerherstel door Servië in de oorlog ging, maar vocht de Duitse natie om haar bestaan, om haar vrijheid en haar toekomst. Bismarcks meesterstuk moest thans laten zien, wat het waard was; het jonge Duitsland moest op zijn beurt tonen, dat het datgene waardig was, wat de vaderen in vele veldslagen, van Weissenburg tot Sedan en Parijs, hadden verworven en met hun heldenbloed hadden betaald. Indien het jonge Rijk echter als overwinnaar uit dit strijdperk was gekomen, dan zou ons volk ook weer zijn plaats hebben genomen in de rij der naties, die ook groot zijn aan uiterlijke macht. Dan kon het Duitse volk pas weer een sterke vredesmacht zijn, zonder dat het zich, omwille van de vrede, genoodzaakt zou zien, op het brood van zijn kinderen te beknibbelen.

Als jongen, en later als jongeman, had ik zo dikwijls gewenst nog eens in de gelegenheid gesteld te worden, om door daden te bewijzen, dat mijn nationale geestdrift geen holle frase was. Dikwijls scheen het mij bijna een zonde toe, hoera te roepen, zonder daartoe ook maar het morele recht te bezitten; want wie mocht dit woord uitspreken, zonder tenminste eenmaal de sterkte van zijn eigen hart te hebben beproefd op de plaats, waar alle spel voorbij is en de onverbiddelijke godin van het noodlot de eerlijkheid en de vastheid van overtuiging van mensen en volkeren onderzoekt? zo gloeide mijn hart, evenals dat van miljoenen anderen, van trots geluk, dat ik me nu eindelijk van dat drukkende gevoel, tekort te zijn geschoten, zou kunnen verlossen. Ik had al zo dikwijls „Deutschland über alles" gezongen, en uit volle borst: „Heil!" geroepen, dat het mij bijna een achteraf verleende genade toescheen, dat ik thans bij dit grote oordeel van de eeuwigen rechter zou mogen komen getuigen van de waarachtigheid van dit geloof. Want het stond voor mij van het eerste ogenblik af vast, dat ik, voor het geval de oorlog uitbrak – en ik was overtuigd, dat dit zou gebeuren – mijn boeken onmiddellijk in een hoek zou gooien. En even vast wist ik, dat mijn plaats alleen daar kon zijn, waarheen mijn innerlijke stem me beval te gaan.

Het was hoofdzakelijk om politieke redenen geweest, dat ik Oostenrijk had verlaten; en wat was dan vanzelfsprekender, dan dat ik thans, nu de strijd begon, pas werkelijk rekening moest gaan houden met deze gezindheid. Ik wilde niet voor de Habsburgse staat vechten, maar was altijd bereid mijn leven te geven voor mijn volk, en voor het Rijk, waarin dit volk belichaamd was. De 3de augustus zond ik een rechtstreeks verzoekschrift aan Zijne Majesteit, Koning Ludwig III, waarin ik vroeg, om in een Beiers regiment dienst te mogen nemen. De kanselarij van het kabinet had ongetwijfeld haar handen meer dan vol in deze dagen; des te groter was mijn vreugde, toen ik al de volgenden dag de beschikking op mijn verzoek ontving. Toen ik met bevende handen het schrijven geopend had en de inwilliging van mijn verzoek las, met de uitnodiging, mij bij een Beiers regiment aan te melden, kende mijn vreugde en dankbaarheid geen grenzen. Enkele dagen daarna droeg ik dan het uniform, dat ik pas een zestal jaren later weer zou uittrekken. Zo begon nu ook voor mij, als zeker voor iedere andere Duitser, de meest onvergetelijke en grootste tijd van mijn bestaan op aarde. Naast het duizendvoudig vergrote leven in deze geweldige voorstelling, zonk alles, wat er vroeger geweest was, volkomen in het niet. Het noodlot was zo genadig, mij ook deze eerste weken van de heldenstrijd van ons volk te doen beleven – en vooral nu in deze dagen dat geweldige gebeuren ten tienden male verjaart, denk ik er dikwijls met trotse weemoed aan terug.

Het is me, alsof het pas gisteren gebeurde, zo scherp trekt beeld na beeld mij voorbij; ik zie weer, hoe ik met mijn trouwe kameraden in de uniform werd gestoken, dan, hoe wij het eerst uitrukten, exerceerden enz. tot eindelijk de dag van het vertrek aanbrak. In deze tijd kwelde mij, en vele anderen met mij, slechts één angst, n.l. die, dat wij te laat aan het front zouden komen. Dit alleen was dikwijls oorzaak, dat ik geen rust kon vinden. Daarom klonk voor mij in ieder overwinningsgejuich over nieuwe heldendaden een bittere bijklank, omdat immers met iedere nieuwe zege het gevaar, dat wij te laat zouden komen, groter werd. En zo kwam dan eindelijk de dag, waarop wij München verlieten, ter vervulling van onzen plicht. Voor het eerst zag ik de Rijn, toen wij langs zijn rustige golven naar het Westen reisden, om de vader der Duitse stromen te beschermen tegen de hebzucht van de oude vijand. Toen wij door de tere sluier van de ochtendnevel heen, in het licht van de eerste milde zonnestralen, hoog boven ons het Niederwald monument zagen opblanken, toen barstte uit de honderden en honderden harten in die eindeloos lange transporttrein de oude „Wacht am Rhein" in de frisse ochtendlucht, en het was me, alsof mijn borst te nauw was voor zoveel ontroering.

En daarna moet ik denken aan een vochtige koude nacht in Vlaanderen waar wij zwijgend door het donker marcheren, en wanneer de dag dan uit de nevelen begint op te staan, sist er opeens een ijzeren groet boven onze hoofden, ons tegemoet, en jaagt met een scherpen knal de kleine kogels in onze rijen, dat het slijk van de drassige bodem overal hoog opspat; maar voor het wolkje nog is opgetrokken, dreunt al uit tweehonderd kelen het eerste hoera ten antwoord. Daarna echter begon het te knetteren en te dreunen, te fluiten en te loeien, en een ieder voelde nu, met koortsige ogen, hoe het hem naar voren trok, steeds sneller, totdat plotseling over knollenvelden en heggen de strijd begon, de strijd van man tegen man. Uit de verte echter vingen onze oren de klanken van een lied op, die steeds nader kwamen, die van de ene compagnie op de andere oversprongen; en toen, juist op het ogenblik dat de dood met beide handen in onze rijen tastte, bereikte dat lied ons, en ook wij gaven het nu verder door: „Deutschland, Deutschland, über alles, über alles in die Welt!"

Na vier dagen keerden wij terug. Zelfs onze pas was anders geworden. Deze zeventienjarige jongens zagen er nu uit als mannen. De vrijwilligers van het regiment List hadden misschien niet zo goed geleerd te vechten; maar hoe te sterven, dat wisten ze, alsof ze oude soldaten waren. Dat was het begin. Zo ging het nu verder, jaar op jaar; de romantiek der veldslagen had plaats moeten maken voor de ontzetting. De geestdrift bekoelde langzamerhand, en de al te grote vreugde werd verstikt door doodsangst. Er kwam een tijd, dat ieder een innerlijke strijd te voeren had tussen de drang tot zelfbehoud en het bevel van de plicht. Ook mij bleef deze strijd niet bespaard. Steeds, als de dood op jacht was, trachtte iets vreemds, iets onzegbaars, in verzet te komen, deed dan al zijn best, om het zwakke lichaam ervan te overtuigen, dat hier het verstand sprak, terwijl het in werkelijkheid niets anders was dan de lafheid, die onder zulke vermommingen de enkeling trachtte te misleiden. Dan begon een moeilijk lokken en waarschuwen, en dikwijls had men geheel zijn geweten nodig, om in deze strijd de baas te blijven. Hoe meer deze stem, die tot voorzichtigheid maande, zich echter inspande, hoe luider en dringender zij lokte, des te sterker werd ook de weerstand, tot eindelijk, na lange strijd, het plichtsbesef de overwinning behaalde. Al in de winter van 1915 en 1916 was bij mij deze strijd beslist. De wil was tenslotte volkomen de baas gebleven. Ik had in de eerste dagen jubelend en lachend kunnen meestormen – maar nu was ik rustig en vastberaden. En dit was het blijvende. Nu eerst kon het noodlot tot de uiterste beproeving overgaan, zonder dat mijn zenuwen me in de steek zouden laten, of dat het verstand het moest opgeven. De jonge oorlogsvrijwilliger was een oud soldaat geworden.

Deze ommekeer had zich echter bij het gehele leger voltrokken. Het was door de smidse van die onophoudelijke gevechten gegaan, en er oud en hard uit te voorschijn gekomen; en alles, wat niet in staat was gebleken, al die beproevingen te doorstaan, was er door vernietigd. Maar nu kon men dit leger pas beoordelen. Nu, na twee of drie jaar, waarin het van de ene veldslag in de andere geworpen werd, steeds vechtend tegen een overmacht van mensen en materiaal, dikwijls hongerend, en dikwijls het noodzakelijkste ontberend – nu was het ogenblik gekomen, om de waarde van dit leger te meten. Er mogen duizenden jaren voorbijgaan, maar nooit zal iemand meer het woord „heldendom" in de mond kunnen nemen, zonder het Duitse leger uit de wereldoorlog te gedenken. Dan zal uit de schemering van het verleden het ijzeren front van de grauwe stalen helm opstaan, dat niet wankelde en niet week, en dat ons steeds zijn onsterfelijke daden zal doen gedenken. Zolang er Duitsers leven, zullen zij weten, dat ook deze eenmaal zonen waren van hun volk.

Ik was destijds soldaat, en wilde daarom niet aan politiek doen. Het was er ook waarlijk de tijd niet voor. Ik ben heden nog vast overtuigd, dat de minste voermanknecht het vaderland nog groter diensten heeft bewezen dan het allerbeste parlementslid.

Ik heb deze kletsmajoors nooit zozeer gehaat als juist in de tijd, dat iedere werkelijke kerel, die iets te zeggen had, dit de vijand in het gezicht schreeuwde, of anders zo verstandig was, zijn mond thuis te laten, en zwijgend zijn plicht te doen. Ja, ik haatte destijds al deze „politiekelingen", en, wanneer het van mij had afgehangen, dan zou er dadelijk een schoppenbataljon gevormd zijn, geheel bestaande uit parlementsleden; dan zouden zij onder elkaar naar hartelust hebben kunnen kletsen, zonder fatsoenlijke en eerlijke mensen te kunnen ergeren of benadelen. Ik wilde dus toentertijd niets met politiek te maken hebben, maar was wel gedwongen, mijn standpunt te bepalen ten aanzien van zekere verschijnselen, die nu eenmaal de gehele natie raakten, maar die wel vooral ons soldaten aangingen. Er waren destijds twee dingen, die mij bijzonder ergerden, en die mijns inziens zeer verkeerd waren.

Na de eerste overwinningsberichten al begon een zeker deel van de pers langzaam, en misschien aanvankelijk voor velen nog onmerkbaar enige droppels valeriaan te laten vallen in de algemene geestdrift. Dit gebeurde zogenaamd, omdat men zo welwillend was, en het zo goed bedoelde – en zelfs zo bezorgd was. Men opperde bezwaren tegen een al te uitbundig vieren van de overwinningen. Men vreesde, dat dit in deze vorm ener grote natie onwaardig was, en dat ons volk zich daarom ook van een dergelijk vreugdebetoon diende te onthouden. De dapperheid en de heldenmoed der Duitse soldaten was immers iets volkomen vanzelfsprekends, zodat men daarover niet in zo'n buitengewone vreugde hoefde los te barsten, alleen al vanwege het buitenland, dat veel meer onder de indruk kwam van een stille en waardige vorm van vreugde, dan van uitbundig gejuich, enz. Tenslotte mochten wij Duitsers toch ook nooit uit het oog verliezen, dat wij het niet waren geweest, die de oorlog hadden gewild, en dat wij ons dus nu ook niet behoefden te schamen, om openlijk en ruiterlijk toe te geven, dat wij altijd bereid zouden zijn, om ons aandeel bij te dragen tot een verzoening der mensheid. Daarom zou het nu echter niet verstandig zijn, om de smetteloze daden van het leger te bevlekken door een al te luid geschreeuw, omdat de rest van de wereld zo een houding niet zou kunnen rechtvaardigen. Niets zou daar meer bewonderd worden dan de bescheidenheid, waarmede een ware held zijn daden zwijgend en kalm zou vergeten want daar kwam het hele betoog eigenlijk op neer.

Nu ging men zulk een heerschap niet bij zijn lange oren pakken, om hem naar een hoge paal te slepen, en aan een strop op te trekken, teneinde zo te zorgen, dat de feestvierende natie het esthetisch gevoel van deze penneridder niet meer zou kunnen beledigen. Oh, nee, integendeel: men begon inderdaad tegen de „ongepaste" wijze van feestvieren op te treden. Men begreep blijkbaar absoluut niet, dat men, wanneer men de geestdrift eenmaal kunstmatig bekoeld heeft, een zo spontaan gevoel niet meer willekeurig naar behoefte kan opwekken. De geestdrift is een roes en moet als zodanig in stand worden gehouden. Hoe zou men echter ooit een strijd kunnen doorstaan, die naar menselijke berekening de allerzwaarste eisen zou stellen aan de zielskracht der natie, wanneer men niet over dat kostbare wapen der geestdrift beschikte?

Ik kende de geestesgesteldheid van de grote massa te goed, om niet te weten, dat men hier met esthetisch verheven gedoe het vuur nooit weer zou kunnen aanwakkeren, dat nodig was, om het ijzer heet te houden. Het was mijns inziens krankzinnig, dat men niets deed, om de kookhitte van de hartstocht nog op te voeren; maar dat men dat, wat er gelukkig was, ook nog trachtte te kalmeren, dat was iets, waar ik niet bij kon. Het tweede, wat mij ergerde, was de houding, die men meende, tegenover het marxisme te moeten innemen. Men bewees daardoor, mijns inziens, niets anders dan dat men nog niet het flauwste benul had van de betekenis van deze pestilentie. Men scheen werkelijk in volle ernst te menen, dat het woord van de Keizer, dat hij in het vervolg geen partijen meer kende, ook het marxisme tot inkeer en zelfbeperking had gebracht. Dat het hier in het geheel niet gaat om een partij, zoals al de andere, maar om een leer, die tot vernietiging van de gehele mensheid moet voeren, dat was iets, wat men des te minder begreep, omdat dit immers op de – volledig Joodse – universiteiten niet onderwezen werd, en omdat overigens veel te veel mensen, vooral onder onze hogere ambtenaren, het immers uit nota bene nog aangeleerde, domme verwaandheid, niet de moeite waard vinden, eens een boek ter hand te nemen, en iets te leren, wat nu eens niet op het programma van hun hogeschool genoemd wordt. Zelfs de geweldigste omwenteling maakt geen indruk op deze „kopstukken", wat mede een van de redenen is, waarom staatsinstellingen meestal zo'n eind achter de particuliere inrichtingen komen aansukkelen. Voor hen geldt waarlijk nog het meest het oude spreekwoord: Wat de boer niet kent, dat lust hij niet. De zeldzame uitzonderingen doen ook hier niets anders dan de regel bevestigen.

Het was een krankzinnigheid zonder weerga, om in de augustus dagen van 1914 de Duitse arbeider te identificeren met het marxisme. De Duitse arbeider had zich juist in die uren verlost van die gevaarlijke pest, omdat hij anders immers nooit ook maar bij machte was geweest, om voor de strijd aan te treden. Men was echter dom genoeg, om te menen, dat het marxisme nu misschien wel „nationaal" was geworden, een werkelijk zeer lumineus idee, dat alleen maar bewijst, dat niemand van deze hogere ambtenaren het in al die lange jaren ook maar de moeite waard had geacht, om het karakter van deze leer te bestuderen, omdat men anders toch onmogelijk tot een dergelijke krankzinnige veronderstelling had kunnen komen.

Het marxisme, dat uiteindelijk ernaar streeft, om alle niet Joodse nationale staten te verdelgen, en dat doel nooit loslaat, moest tot zijn ontzetting zien, dat in de juli dagen van het jaar 1914 de Duitse arbeiders, die al voorgoed in zijn web verstrikt schenen, ontwaakten, en zich van uur tot uur in grotere getalen in dienst van het vaderland gingen stellen. In een paar dagen slechts was de gehele invloed en duivelse macht van dit schandelijke volksbedrog gebroken, en stond het Joodse leidersgespuis eenzaam en verlaten, alsof van al die waanzin en al dat valse geloof, dat ze nu al sinds zestig jaar in de hersens der massa hadden gegoten, geen spoor meer restte.

Het was een zwarte dag voor de bedriegers der Duitse arbeiders. Zodra de leiders echter het, hun bedreigende, gevaar herkenden, trokken zij ten spoedigste de „tarnkap" (legendarische muts, die de drager onzichtbaar maakt. Vert.) van de leugen over de oren en speelden een zeer brutaal stukje komedie, door net te doen, alsof ook zij door de nationale opstanding in geestdrift waren ontstoken. Dit was nu echter het aangewezen ogenblik geweest, om tegen deze gehele bedrieglijke troep van Joodse volksvergiftigers op te treden. Nu had men korte metten met hen moeten maken, zonder ook maar de minste aandacht te schenken aan het geschreeuw en gejammer, dat ze misschien zouden aanheffen.

In augustus 1914 was al het Joodse gepraat over internationale solidariteit met één slag uit Duitse arbeidershoofden verdwenen en al een paar weken later begonnen de Amerikaanse granaatkartetsen de zegeningen van een nieuwe vorm van broederschap, in plaats van de oude, over de helmen der marcherende colonnes uit te gieten. Een verantwoordelijke regering zou het als haar plicht hebben beschouwd, om nu, op het ogenblik, dat de Duitse arbeider de weg naar zijn volk had teruggevonden, de lieden, die hem voordien hadden opgehitst, onverbiddelijk uit te roeien. Wanneer het al nodig was, dat aan het front de besten vielen, dan kon men achter het front tenminste het ongedierte verdelgen. Maar in plaats van zo krachtig op te treden, stak Zijne Majesteit de Keizer zelf de oude misdadigers de hand toe, en schonk zo de sluwe sluipmoordenaars van de natie vergiffenis, en de mogelijkheid, om in stilte weer op hun verhaal te komen.

Nu kon het gif dus weer verder kruipen, voorzichtiger dan vroeger, maar daardoor slechts des te gevaarlijker. Terwijl de eerlijken droomden van vrede, organiseerden de meinedige misdadigers de revolutie. Dat men destijds tot zulk een verschrikkelijk halfslachtige maatregel zijn toevlucht kon nemen, was iets, wat mij steeds ontevredener maakte; dat het uiteindelijk resultaat daarvan echter zo ontzettend zou zijn, dat had ook ik destijds niet voor mogelijk gehouden.

Maar wat had men nu moeten doen? De leiders van de hele beweging achter slot en grendel zetten, hen strafrechterlijk laten vervolgen, en de natie van hun aanwezigheid verlossen. Men had onvoorwaardelijk de totale machtsmiddelen moeten aanwenden, om deze pestilentie uit te roeien. De partijen moesten worden ontbonden en de Rijksdag, zo nodig met de bajonet, tot rede worden gebracht; het best echter kon men deze instelling meteen opdoeken. Evenals de republiek zich tegenwoordig het recht heeft toegekend, partijen te ontbinden, evenzeer had het oude Rijk dat moeten doen, en ze had er waarlijk heel wat meer reden toe gehad. Het ging immers om het bestaan van het gehele volk!

Dan bleef er weliswaar nog een vraag onbeantwoord: Is het eigenlijk wel mogelijk, ideeën met het zwaard uit te roeien? Kan men wereldbeschouwingen met bruut geweld bestrijden?

Ik heb in die tijd al vaak naar een antwoord op deze vraag gezocht. Bij het overdenken van gelijksoortige gevallen, waarvan er vooral op godsdienstig gebied in de geschiedenis verschillende te vinden zijn, komt men in principe ongeveer tot de volgende conclusie: Denkbeelden en ideeën, en ook bewegingen met een bepaalde ideologiebasis, onverschillig of deze al dan niet juist zijn, kunnen, van een zeker punt in hun groeiperiode af, alleen nog door zulke technische machtsmiddelen vernietigd worden, die tegelijkertijd de dragers zijn van een nieuwe brandende gedachte, idee of wereldbeschouwing.

Het gebruik van geweld alleen, zonder de motor van een geestelijken grondslag, kan nimmer leiden tot de vernietiging van een idee, en is al evenmin in staat, volkomen een eind te maken aan de verspreiding daarvan, tenzij dan, dat men erin zou slagen, om alle aanhangers van die idee, tot de laatste sympathisant toe, uit te roeien, en tevens de laatste overlevering ervan te doen vergeten. Een zodanig optreden heeft echter meestal tengevolge, dat zulk een staat dikwijls voor zeer lange tijd, soms zelfs voorgoed, een zeer belangrijk deel van zijn betekenis inboet. De ondervinding heeft immers geleerd, dat een dergelijk zwaar bloedoffer steeds ten koste van het beste deel van het volk gaat, omdat iedere vervolging, die tegen een bepaalde nieuwe idee is gericht, als een immorele daad wordt aangevoeld, en als zodanig het protest van de waardevolste krachten van het volk uitlokt, wat dan weer tengevolge heeft, dat deze beste krachten een deel van de ideeën der onrechtvaardig vervolgden tot de hunne maken.

Bij zeer velen gebeurt dit enkel uit een gevoel van innerlijk verzet tegen de poging, om een idee door middel van bruut geweld neer te knuppelen. Daardoor groeit echter het aantal van diegenen, die het bestreden beginsel zijn toegedaan, naarmate de vervolgingen in hevigheid toenemen. Daarom zal de totale vernietiging van de nieuwe leer alleen door te voeren zijn langs de weg van een genadeloze uitroeiing, die dan echter zodanige — en nog steeds groeiende — afmetingen aanneemt, dat tenslotte al het waarlijk waardevolle bloed verloren gaat. Dit wreekt zich echter, doordat nu wel de z.g. „inwendige reiniging" kan plaatsvinden, maar alleen tegen de prijs van algehele machteloosheid. Steeds echter zal zulk een optreden van de aanvang af al tot vruchteloosheid zijn gedoemd, wanneer de te bestrijden leer al in meer dan een bepaalde beperkte kring bekendheid heeft verworven.

Daarom biedt ook hier, zoals bij alles wat groeit, de eerste kindertijd nog de beste kansen tot vernietiging, terwijl met het klimmen der jaren de weerstand toeneemt, om eerst bij het naderen van de ouderdomszwakte, en dan zonder kunstmatige middelen, plaats te maken voor een nieuwe jeugd, al zal deze dan ook een andere vorm en andere grondslagen bezitten. In de praktijk echter lijden bijna alle pogingen, om door geweld zonder geestelijke wapenen, een leer en haar organisatie uit te roeien, schipbreuk en lopen zelfs vaak juist op het tegendeel uit van datgene, wat men wilde bereiken; en dat wel om de volgende redenen:

De allereerste voorwaarde voor een strijd met het wapen van het brute geweld alleen, is en blijft de volharding. Dat betekent, dat de enige mogelijkheid, om het gestelde doel te bereiken, gelegen is in een voortdurend gelijkmatige toepassing van de methoden tot onderdrukking van een leer en haar nevenformaties. Zodra hier echter ook maar een enkele, nog zo geringe en aarzelende kentering komt van genadeloos geweld naar iets groter toegeeflijkheid, dan zal de leer, die men wil verpletteren, niet alleen telkens weer de kop opsteken, maar zal zelfs in de gelegenheid zijn, om uit iedere vervolging opnieuw munt te slaan, doordat na het afnemen van zulk een golf van onderdrukkingen de verontwaardiging over het ondervonden leed en onrecht nieuwe aanhangers wint voor de oude leer, terwijl de oude leden haar met nog grotere hardnekkigheid en diepere haat dan vroeger zullen aanhangen; en zelfs mensen, die allang geleden afvallig werden, zullen, wanneer het ergste gevaar weer geweken is, trachten, weer in contact te komen met de oude beweging.

De allereerste voorwaarde voor het succes is hier de constante ononderbroken toepassing van geweld. Zulk een bestendigheid is echter alleen mogelijk bij de gratie van een bepaald geestelijk fundament. Ontbreekt dit, dan zal het geweld slechts weifelend en onzeker optreden. Het mist dan immers de stabiliteit, die alleen een fanatiek geloof kan schenken. Nu dankt het telkens zijn bestaan enkel aan de energie en de brute vastberadenheid van een enkeling; dit zal dus ook veranderen, zo gauw deze man plaats maakt voor een ander; en de kracht en het karakter van het geweld zullen steeds van geheel andere aard zijn. Daar komt echter nog iets anders bij.

Iedere wereldbeschouwing, of ze nu van meer religieuze, dan wel van meer politieke aard is – dikwijls is de grens hier zeer moeilijk te trekken – streeft niet zozeer naar de vernietiging van de ideeënwereld van haar tegenstanders, als wel naar de overwinning van haar eigen ideologie. Dat betekent dus, dat haar strijd altijd meer aanval dan verdediging zal zijn. Daarbij heeft zij al dit grote voordeel, dat zij zelf haar doel kan bepalen, omdat dit doel immers bestaat in de overwinning van haar eigen idee, terwijl het in het omgekeerde geval niet dan zeer moeilijk is vast te stellen, wanneer dat negatieve doel werkelijk geheel en al is bereikt, m.a.w., wanneer die vijandelijke leer inderdaad totaal is uitgeroeid. Daarom alleen al zal de aanval van een wereldbeschouwing systematischer en ook krachtiger zijn dan de verdediging ervan, trouwens ook hier, zoals overal, is het de aanval, die de strijd beslist, en niet de verdediging. De strijd tegen een geestelijke macht met de middelen van het geweld houdt echter pas op, verdediging te zijn, op het ogenblik, dat het zwaard zelf tot drager en verkondiger van een nieuwe leer wordt. In het kort kan men dus het volgende vaststellen: Iedere poging, om een wereldbeschouwing met gewelddadige middelen te bestrijden, zal tenslotte schipbreuk lijden, zolang de strijd niet de vorm aanneemt van een aanval terwille van een nieuwe overtuiging. Alleen waar twee wereldbeschouwingen met elkaar worstelen, kan het brute geweld, onverbiddelijk en bij voortduring toegepast, de doorslag geven ten voordele van de door dat wapen ondersteunde zijde. Daarop was echter totnogtoe de bestrijding van het marxisme nog altijd gestrand.

Dat was de reden, waarom ook Bismarcks socialistenwetten tenslotte, ondanks alles, tekortschoten, en tekort móesten schieten. Want ook hier ontbrak het platform van een nieuwe wereldbeschouwing, die een positief strijddoel had kunnen zijn. Want dat het gebazel over z.g. „staatsgezag" of over „rust en orde" in staat zou zijn, om de nodige bezieling te geven voor een strijd op leven en dood, dat is een mening, die alleen lieden, die met een zo spreekwoordelijke wijsheid begaafd zijn als hoge ambtenaren aan ministeries, kunnen huldigen. Omdat echter een werkelijk dragende idee in deze strijd ten enenmale ontbrak, moest Bismarck de toepassing van zijn socialistenwetten ook overlaten aan de bevattelijkheid en de goede wil van die inrichting, die zelf een misproduct van marxistisch denken was. Doordat de ijzeren kanselier de uitslag van zijn strijd tegen het marxisme liet afhangen van de goeden wil der burgerlijke democratie, liet hij als het ware de vos op de ganzen passen. Dit alles was echter eigenlijk enkel het noodzakelijk gevolg van het feit, dat het meeste wat wel ontbrak een nieuwe principieel antimarxistische wereldbeschouwing was. Daardoor leidde Bismarcks strijd ook enkel tot een zeer grote teleurstelling. Maar zag het er, wat dit punt betreft, tijdens de wereldoorlog of bij het begin daarvan, dan eigenlijk beter uit? Helaas niet!

Hoe meer ik me destijds bezighield met de noodzakelijke wijziging, die er moest komen in de houding van de regering ten opzichte van de sociaal-democratie, als de huidige vorm van het marxisme, des te pijnlijker voelde ik het gemis van een bruikbare plaatsvervangster voor deze leer. Stel, dat men er nu eens in zou slagen, om de sociaal-democratie te vernietigen; wat wilde men de massa's geven, om de leegte te vullen, die dat verdwenen ideaal had achtergelaten? Er bestond niet eén beweging, waarvan men mocht verwachten, dat het haar zou lukken, om de grote arbeiders scharen, die nu min of meer zoekend en zonder leiders ronddoolden, tot zich te trekken. Het is dwaas en meer dan dom om te veronderstellen, dat een man, die altijd een fanatiek internationalist is geweest, en die de partij van zijn klasse verlaat, zich nu onmiddellijk tot een burgerlijke partij, dus tot een nieuwe, andere, hem vreemde, klasse partij zou wenden. Want, hoe onaangenaam dit ook voor verschillende van deze organisaties moge klinken, toch valt niet te ontkennen, dat zeer vele burgerlijke politici de indeling in klassen als een vanzelfsprekend iets beschouwen, zolang deze verdeeldheid onder ons volk zich niet in politiek opzicht tot hun nadeel begint te ontwikkelen.

Wanneer men dit feit ontkent, bewijst men daarmee alleen hoe brutaal, dom, en leugenachtig men is. Laat men toch vooral oppassen, dat men de grote massa niet voor dommer houdt dan zij is. In politieke aangelegenheden beslist niet zelden het gevoel juister dan het verstand. De opvatting echter, dat het domme internationalisme van de massa toch voldoende zou bewijzen, dat haar gevoel haar op dwaalwegen leidt, kan snel en zeer grondig worden weerlegd, door er eenvoudig op te wijzen, dat de pacifistische democratie niets minder krankzinnig is, hoewel zij haar aanhangers nog wel bijna uitsluitend uit burgerkringen rekruteert.

Zolang miljoenen burgers nog iedere morgen hun Joodse democratische pers aanbidden, past het deze heren wel allerminst, om grappen te maken over de sociaal-democratische „kameraad", die per slot van rekening hetzelfde vuil slikt als zij, al is dan de toebereiding ook enigszins anders. Het is één en dezelfde Jood, die de beide maaltijden heeft samengesteld. Men moge er dus wel goed om denken, dat men geen onloochenbare feiten gaat ontkennen. Het feit, dat het bij het klassenvraagstuk zeer stellig niet alleen gaat om ideële problemen, zoals men ons vooral voor verkiezingen steeds graag wil wijsmaken, kan niet worden ontkend. Het feit, dat een groot deel van ons volk zich verbeeldt, iets te zijn op grond van de „stand" waartoe het behoort, is, evenals de algemene geringschatting voor de handarbeider iets, wat helaas niet aan het koortsige brein van een maanzieke is ontsproten, doch maar al te bittere werkelijkheid is.

Geheel afgezien daarvan, bewijst het echter ook hoe gering het denkvermogen van onze z.g. „intellectuelen" wel is, dat juist in deze kringen niet wordt begrepen, dat een toestand, die niet in staat was, om te voorkomen, dat een pest als het marxisme zich overal verspreidde, nu natuurlijk helemaal niet bij machte zal zijn, om het verloren terrein weer terug te winnen. De burgerlijke partijen, zoals zij zichzelf noemen, zullen er nooit meer in slagen, om de proletarische massa's voor hun idealen te vangen, omdat hier twee werelden tegenover elkaar staan, die gedeeltelijk natuurlijk, gedeeltelijk kunstmatig gescheiden zijn, zodat er tussen hen alleen strijd mogelijk is. De jongste van beiden – en dat zou dan het marxisme zijn, zal als overwinnares uit deze strijd te voorschijn komen. Inderdaad was een succesvolle strijd tegen de sociaal-democratie in het jaar 1914 wel denkbaar, maar het was de vraag, hoe lang een dergelijke mogelijkheid zou blijven bestaan, gezien immers het volkomen gemis aan een ander ideaal, dat de sociaal-democratie zou kunnen opvolgen. Hier gaapte een grote leemte.

Ik was allang voor de oorlog deze mening toegedaan, en kon dan ook niet besluiten, lid te worden van een van de bestaande partijen. In de loop van de oorlog werd ik in mijn overtuiging nog versterkt, doordat maar al te duidelijk bleek, dat het kennelijk onbegonnen werk was, om de strijd op leven en dood tegen de sociaaldemocratie aan te binden, omdat juist een van de aller noodzakelijkste voorwaarden ontbrak: een beweging die meer was dan platweg een „parlementaire" partij. Ik heb mij tegenover mijn beste kameraden dienaangaande openhartig uitgelaten. Overigens dacht ik nu voor het eerst ook eens aan de mogelijkheid, om me later toch zelf nog eens met de politiek te gaan bezighouden.

Dit werd nu ook juist aanleiding voor mij, om meermalen aan de kleine kring van mijn vrienden te verzekeren, dat ik, na de oorlog, niet alleen mijn beroep zou hervatten, maar ook als redenaar zou optreden. En ik geloof, dat het mij daarbij heilige ernst was.

ZESDE HOOFDSTUK PROPAGANDA TIJDENS DE OORLOG

Door mijn grote belangstelling voor alle politieke gebeurtenissen had ik altijd bijzonder belang gesteld in de werking van propaganda. Ik beschouwde deze als een instrument, waarvan vooral de socialistische en marxistische organisaties zich met meesterlijke vaardigheid wisten te bedienen. Ik leerde hierbij al vroeg inzien, dat een juist gebruik van propaganda een ware kunst was, waarvan de burgerlijke partijen nagenoeg niets afwisten. Alleen de Christelijk-sociale beweging, en dan wel vooral in Luegers tijd, wist ook op dit instrument een zekere virtuositeit te bereiken, en had daaraan ook zeer veel van haar successen te danken.

In de oorlog kon men echter pas zien, welke geweldige resultaten een goed gehanteerde propaganda weet te bereiken. Helaas moest echter weer alles aan de andere zijde bestudeerd worden, want onze eigen activiteit op dit gebied bleef ver beneden peil. Maar juist het feit, dat de gehele voorlichting aan de Duitse zijde zo volkomen in haar taak tekortschoot – iets, wat vooral iedere soldaat wel ontstellend duidelijk moest zien – werd voor mij een reden te meer, om die propagandakwestie zo diepgaand mogelijk te onderzoeken. Wij hadden dikwijls meer dan genoeg tijd tot nadenken; en praktijkervaring kregen wij helaas in voldoende mate van de vijand. Want wat wij tekort kwamen, haalde de tegenstander in met de buitengewone virtuositeit en de waarlijk geniale scherpzinnigheid van zijn propaganda. Van die vijandelijke propaganda heb ook ik oneindig veel geleerd. De lieden echter, die in de allereerste plaats hieruit leringen hadden moeten trekken, bleven blind en doof voor dat alles; enerzijds achtte men zichzelf veel te wijs, dan dat men nog iets van anderen had kunnen opsteken, anderzijds ontbrak ook de goede wil daartoe.

Maar werd er dan bij ons eigenlijk wel propaganda gevoerd?

Helaas kan mijn antwoord op deze vraag niet anders dan „Nee" luiden. Alles, wat er in dit opzicht nog werd gedaan, was dermate onvoldoende en zo principieel onjuist, dat deze propaganda in het gunstigste geval niets baatte, en soms zelfs bijna rechtstreeks schadelijk werkte. Wanneer men de Duitse propaganda tijdens de oorlog nauwlettend onderzocht, dan moest men wel tot de conclusie komen, dat ze van vorm onvoldoende en absoluut fout van psychologische opzet was. Men schijnt het al niet geheel met zichzelf eens te zijn geweest over het belangrijkste vraagstuk: namelijk, of de propaganda middel dan wel doel is.

Ze is een middel, en moet dientengevolge, wanneer men haar beoordeelt, steeds het doel in het oog houden. Haar vorm zal dus zodanig moeten zijn, dat zij het nagestreefde doel op de meest effectieve wijze dient. Het is ook duidelijk, dat het doel ten opzichte van de algemene noden en behoeften van meer of minder grote betekenis kan zijn, en dat ook de innerlijke waarde der propaganda volkomen daarvan afhankelijk is. Het doel echter, waarvoor in deze oorlog gestreden werd, was het verhevenste en geweldigste, dat men voor mensen kan bedenken: het was de vrijheid en onafhankelijkheid van ons volk, de zekerheid, dat wij in de toekomst alle Duitsers in het Rijk zouden kunnen voeden, en – de eer der natie; iets dat, niettegenstaande alle huidige afwijkende meningen toch leeft, of liever gezegd, behoorde te leven, omdat het een oude beproefde waarheid is, dat volkeren zonder eer hun vrijheid en onafhankelijkheid vroeger of later altijd verliezen; wat overigens niet anders dan volkomen rechtvaardig kan worden genoemd, want generaties, die niets anders weten voort te brengen dan eerloze schooiers, zijn geen vrijheid waard. Wie een laffe knecht wil zijn, die mag en kan geen vrijheid bezitten, omdat anders de eer zelf immers al spoedig aan de algemene minachting zou zijn prijsgegeven. Het Duitse volk streed voor een menswaardig bestaan, en de oorlogspropaganda had nu de ondersteuning van deze strijd ten doel moeten hebben.

Wanneer volkeren echter strijden voor hun bestaan op deze planeet, en het voor hen dus gaat om zijn of niet-zijn, dan vallen alle humanitaire of esthetische overwegingen volkomen weg; want al deze denkbeelden zijn geen kosmische realiteiten, maar voortbrengselen der menselijke fantasie, en bestaan dus ook alleen bij de gratie van de mens. En wanneer hij van de aardbodem verdwijnt, dan lossen ook deze beelden weer op in het niets, want de natuur, in de wijdere betekenis van het woord, kent hen niet. Maar ook onder de mensen zijn het nog slechts bepaalde volkeren – of beter, bepaalde rassen – die tot overwegingen van deze aard in staat zijn, en dat wel in meer of mindere mate, naar gelang die tendensen overeenkomen met hun sentimenten. Maar ook op een, door mensen bewoonde wereld zouden deze begrippen teloor gaan, zodra de wereld die rassen zou verliezen, die de scheppers en dragers dezer begrippen zijn.

Daardoor echter zijn al deze begrippen bij de strijd van een volk om zijn bestaan op aarde slechts van ondergeschikt belang; en men mag zelfs in het geheel niet meer met hen rekening houden bij het bepalen van de vorm van de strijd, zodra door hun invloed de kracht tot zelfbehoud van een strijdend volk verzwakt zou kunnen worden. In de praktijk is dat echter steeds het enige zichtbare resultaat. Wat nu de kwestie van de humaniteit betreft, zou ik Moltke willen aanhalen. Deze heeft dienaangaande opgemerkt, dat in de oorlog het kortste proces altijd het humaanste is, dat dus de meest genadeloze strijdwijze, humanistisch gezien, de voorkeur verdient.

Wanneer echter iemand zou willen proberen, om ook bij dergelijke vraagstukken esthetisch en soortgelijk gezemel mee te laten spreken, dan kan men zo een man maar één antwoord geven: vraagstukken, die zo belangrijk zijn, dat het bestaan van het volk ervan afhangt, moeten niet in de eerste plaats op een mooie, maar vooral op goede en doelmatige wijze worden opgelost. Het lelijkste, wat er in het leven van de mens kan bestaan, is en blijft het juk der slavernij. Of bevredigt het tegenwoordige lot der Duitse natie bijgeval het esthetisch gevoel van deze artiesten kroeg decadentie? Met de Joden, de moderne uitvinders van die cultuurparfum, behoeft men waarlijk niet te gaan disputeren over dit onderwerp. Zij zijn absoluut niets anders dan vleesgeworden protesten tegen iedere esthetische eis, die men aan het evenbeeld van de Heer zou kunnen stellen.

Wanneer humaniteit en schoonheid als bepalende factoren echter eenmaal zijn weggevallen, dan kunnen ze ook niet meer als maatstaf bij de propaganda gelden. De propaganda was in de oorlog een middel tot het doel, maar dit doel was de strijd om het bestaan van het Duitse volk, en daarom was de doelmatigheid van de maatregelen het enige, wat bij deze propagandakwesties de doorslag mocht geven. De wreedste wapenen waren humaan, wanneer zij de overwinning sneller tot stand konden brengen, en mooi waren alleen die methoden, die de natie hielpen, de waardigheid van de vrijheid te handhaven. Dit was de enige houding, die men bij zo een strijd op leven en dood kon innemen ten aanzien van oorlogspropaganda kwesties.

Indien men zich in de z.g. toonaangevende kringen daarvan goed rekenschap had gegeven, dan had men nooit zo in het onzekere behoeven te verkeren over de vorm en het gebruik van dit wapen; want ook dit is slechts een wapen, al is het dan ook een ontzettend wapen in de hand van wie het weet te hanteren. De tweede vraag van bijna beslissende betekenis was de volgende: tot wie moet de propaganda zich richten? Tot de wetenschappelijk geschoolde intellectuelen, of tot de minder ontwikkelde massa?

Zij moet zich altijd enkel en alleen tot de massa richten! Voor de intellectuelen, of voor datgene, wat zich tegenwoordig helaas dikwijls zo noemt, is er de wetenschappelijke voorlichting, en niet de propaganda. De inhoud van de propaganda is echter al evenmin wetenschap als bijvoorbeeld datgene, wat op een reclamebiljet is afgebeeld, kunst is. De kunst van een reclamebiljet is gelegen in de bekwaamheid waarmee de ontwerper kans heeft gezien, om door vorm en kleur de aandacht van de massa te trekken. Het biljet voor een kunsttentoonstelling moet enkel wijzen op de kunst der tentoonstelling; hoe beter dit lukt, des te groter is dan de kunst van het biljet zelf.

Het aanplakbiljet moet zelf aan de menigte een idee geven van de betekenis van de tentoonstelling, maar dient wel allerminst een surrogaat van de daar geëxposeerde kunst te zijn. Wie zich daarom met de kunst zelf wil bezighouden, moet heel wat meer bestuderen dan alleen het aanplakbiljet, en hij mag zich ook niet tevreden stellen met eenvoudigweg maar eens „door de tentoonstelling te wandelen". Van hem mag worden verwacht, dat hij ieder werk afzonderlijk op zich laat inwerken, en daarna geleidelijk tot een gefundeerd oordeel komt.

En zo slaat dat ook met datgene, wat wij tegenwoordig met het woord propaganda aanduiden. Het is niet de taak van de propaganda, om de enkeling een wetenschappelijke vorming te geven, maar om de massa te wijzen op bepaalde feiten, gebeurtenissen, noodzakelijkheden, enz., waarvan de betekenis dan eerst door de werking van deze biljetten binnen het gezichtsveld van de massa wordt getrokken.

De kunst van het reclamebiljet bestaat nu uitsluitend hierin, om dit op zo voortreffelijke wijze te doen, dat men algemeen overtuigd wordt van de realiteit van een bepaald feit, van de noodzakelijkheid van een gebeurtenis, van de juistheid van een noodzakelijk optreden, enz. Maar omdat de propaganda niet noodzakelijk kan zijn om der wille van zichzelf, omdat zij immers, evenals het aanplakbiljet, ten taak heeft om de aandacht der massa te trekken, en niet om hen, die al enige wetenschappelijke scholing achter de rug hebben, of die naar ontwikkeling en inzicht streven, verder te helpen, daarom moet haar uitwerking ook altijd meer op het gevoel zijn gericht, en niet dan bij uitzondering op het z.g. „verstand".

Iedere propaganda moet populair zijn, en haar intellectueel peil instellen op het begripsvermogen van de meest achterlijke onder diegenen, tot wie zij zich wenst te richten. Daarom moet haar peil, zuiver intellectueel gezien, des te lager worden gehouden, naarmate de te bereiken massa groter is. Is het echter de bedoeling, om een geheel volk te beïnvloeden, zoals bij de propaganda, om in een oorlog tot het laatste toe vol te houden, dan kan men in het geheel niet te voorzichtig zijn bij het vermijden van denkbeelden, die al te hoge intellectuele eisen stellen aan het publiek. Hoe geringer dan haar wetenschappelijke ballast is, en hoe meer zij uitsluitend berekend is op het gevoel van de menigte, des te groter en intenser zal het succes zijn. Maar dit succes is de enige maatstaf voor de juistheid of onjuistheid van propaganda, en niet de kwestie, of men erin geslaagd is, om de goedkeuring van een paar geleerden of een paar esthetische jongelingen weg te dragen. De kunst van de propaganda ligt juist daarin, dat zij de gevoelswereld van de grote massa kent, en nu de psychologisch juiste vorm vindt om de aandacht en daardoor het hart van de grote massa te bereiken. Dat onze onverbeterlijke beterweters dit niet inzien, bewijst slechts, hoezeer ze aan verwaandheid of geestelijke luiheid lijden.

Wanneer men echter de noodzakelijkheid, om de werfkracht der propaganda op de grote massa in te stellen, inziet, dan volgt alleen al daaruit het volgende: Het is fout, om aan de propaganda een veelzijdigheid te geven zoals bijvoorbeeld het wetenschappelijk onderwijs bezit. Het bevattingsvermogen van de grote massa is maar zeer beperkt, het begrip gering, de vergeetachtigheid is daarentegen groot. Deze feiten brengen mee, dat iedere propaganda, die doeltreffend wil zijn, zich tot enkele, zeer weinige punten dient te beperken, om deze punten dan als leuzen overal en op alle manieren te benutten, tot men de zekerheid heeft, dat ook de laatste man en de laatste vrouw aan zo een leus, aan zo een idee de betekenis hecht, die men eraan gehecht wil zien.

Zodra men dit principe loslaat, en veelzijdig wil worden, zal men de werking van de propaganda verzwakken, omdat de massa enerzijds niet bij machte zal zijn, om het behandelde te begrijpen en het haar anderzijds ook niet bijblijft. Daardoor zal het succes verminderen, totdat het tenslotte geheel zal uitblijven. Voorts dient haar tactiek psychologisch des te juister zijn, naarmate haar onderwerp zich meer tot de allerbelangrijkste hoofdzaken beperkt. Het was bijvoorbeeld fundamenteel fout om de tegenstander belachelijk te maken, zoals de Oostenrijkse Duitse propaganda dit deed in de humoristische bladen. Het was daarom zo verkeerd, omdat de eerste kennismaking van de soldaat met de vijand, hem noodzakelijkerwijze al een andere overtuiging moest bijbrengen, iets, wat zich dan op vreselijke wijze wreekte; want nu kreeg de Duitse soldaat, onder de directe invloed van de weerstand, die de vijand bood, het gevoel, dat de lieden, die hem totnogtoe hadden „voorgelicht", hem platweg hadden bedrogen, en plaats dat zijn strijdlust aangewakkerd werd, of zijn standvastigheid vergroot, geschiedde het tegendeel. De man begon te twijfelen.

De oorlogspropaganda van de Engelsen en de Amerikanen daarentegen was psychologisch juist. Terwijl deze propaganda aan het eigen volk inprentte, dat de Duitsers barbaren en Hunnen waren, bereidde men iedere soldaat al voor op de verschrikkingen van de oorlog, en hielp zodoende om hem voor teleurstellingen te bewaren. En nu kon men de vreselijkste wapenen tegen hem gebruiken, hij zou ze alleen beschouwen als een bevestiging van dat, wat hem verteld was, en zoiets zou dus alleen zijn geloof aan de juistheid van de beweringen van zijn regering versterken, terwijl het anderzijds zijn moed en haat tegen een zo verdierlijkten vijand zou doen groeien. Want de ontzettende uitwerking van de wapenen, die de vijand nu ook tegen hem hanteerde, gaven hem langzamerhand de zekerheid, dat die vijand inderdaad een barbaar was, en over een Hunnenmentaliteit beschikte, terwijl geen ogenblik de gedachte bij hem opkwam, dat zijn eigen wapenen misschien, en zelfs waarschijnlijk, een nog ontzettender uitwerking zouden kunnen hebben.

Daarom kon vooral de Engelse soldaat nooit menen, dat hij van huis uit onjuist was voorgelicht, wat helaas aan Duitse zijde zozeer schering en inslag was, dat onze soldaten tenslotte letterlijk alles, wat uit deze bron kwam, als „onzin" en „kletskoek" verwierpen. En dit kwam alleen, omdat men had gemeend, dat de eerste de beste ezel (of zelfs iemand die „overigens" wel over gezond verstand beschikte) nog altijd goed genoeg was voor de propaganda, in plaats van te begrijpen, dat de allergeniaalste psychologen nog maar net goed genoeg zijn voor dit werk. Zodoende bood de Duitse oorlogspropaganda, door haar volkomen gemis aan juist psychologisch inzicht, een voorbeeld zonder weerga, waarvan men kon leren, hoe propaganda niet moet worden gevoerd. Van de tegenstander viel echter oneindig veel te leren voor de man, die met open ogen en een levend, ontvankelijk gemoed de viereneenhalf jaar durende stortvloed van vijandelijke propaganda voor zichzelf ontleedde en verwerkte.

Het allerminste begrip toonde men echter voor die allereerste voorwaarde voor iedere propagandistische activiteit: dat de propaganda namelijk absoluut subjectief moet staan tegenover het behandelde vraagstuk. In dat opzicht werd — nog wel bij het begin van de oorlog, en van bovenaf — op een dergelijke wijze gezondigd, dat men wel alle reden had om te twijfelen, of zoveel waanzinnigheden werkelijk alleen uit domheid voortkwamen. Wat zou men b.v. zeggen van een reclamebiljet, dat een nieuw merk zeep moest aanprijzen, en daarbij ook andere merken als „goed" aanduidde? Men zou alleen maar het hoofd schudden over zoiets. Met politieke reclame is het echter precies net zo gesteld.

Het ligt bijvoorbeeld niet op de weg der propaganda, om het eigen recht tegen dat van de andere partij af te wegen; zij moet uitsluitend en alleen de nadruk leggen op haar eigen recht. Zij moet al evenmin objectief de waarheid opsporen, onverschillig of die in haar voordeel dan wel in dat van de ander zou spreken, om dan het resultaat in doctrinaire oprechtheid aan de massa te vertonen. Zij moet onafgebroken en voortdurend alleen haar eigen deel van de waarheid dienen.

Het was principieel onjuist, om bij de bespreking van het vraagstuk, wie nu eigenlijk schuldig was aan het uitbreken van de oorlog, uit te gaan van het standpunt, dat het Duitsland niet alleen was, dat voor het uitbreken van deze ramp verantwoordelijk kon worden gesteld. Men had het integendeel juist moeten doen voorkomen, alsof de schuld in deze alleen bij de tegenstander lag, zelfs wanneer dit niet zo met de feiten in overeenstemming geweest zou zijn, als nu het geval was.

Wat was echter het gevolg van deze halfslachtigheid? De grote massa van het volk bestaat nu eenmaal niet uit diplomaten of uit leraren in volkenrecht, en zelfs niet uit louter verstandige lieden, die tot oordelen bevoegd zijn, maar uit gewone mensen, die dikwijls aarzelen, en die spoedig tot twijfel en onzekerheid geneigd zijn. En wanneer de eigen propaganda ook maar de allerminste aanleiding geeft om te denken, dat ook aan de andere zijde enig recht is, dan is de grondslag voor twijfel aan het eigen gelijk hebben al gelegd. De massa is nu niet in staat, om te onderscheiden, waar het vreemde ongelijk eindigt, en het eigen ongelijk begint. Zij wordt in zo een geval onzeker en wantrouwend, vooral, wanneer de tegenstander niet dezelfde grove fout maakt, maar van zijn kant alle schuld onvoorwaardelijk op zijn vijand werpt. En dan is het tenslotte ook al niet meer dan verklaarbaar, dat het eigen volk aan de vijandelijke, die meer uniform en positiever optreedt, meer geloof zal gaan hechten dan aan de eigen propaganda. En dat wel heel zeker bij een volk als het Duitse, dat toch al zo behept is met de idee-fixe, niet objectief genoeg te zijn. Want bij dat volk zal ieder er nu naar gaan streven, om toch vooral de vijand geen onrecht te doen, zelfs op het gevaar af, daardoor eigen volk en staat in ernstige moeilijkheden te brengen, en met vernietiging te bedreigen. Dat de bevoegde instanties dit natuurlijk niet hebben bedoeld, dringt in het geheel niet tot het bewustzijn der massa door.

Het gros van het volk is zozeer vrouwelijk ingesteld, dat zijn daden en gedachten eigenlijk veel meer door het gevoel dan wel door nuchter overleg worden bepaald.

Dit gevoelsleven is echter niet gecompliceerd, maar integendeel zeer simplistisch. Hierbij bestaan niet veel schakeringen, maar enkel een positieve en een negatieve kant, liefde of haat, recht of onrecht, waarheid of leugen, maar nooit half zus en half zo, of gedeeltelijk dit en gedeeltelijk dat, enz. Dat alles heeft vooral de Engelse propaganda op waarlijk geniale wijze ingezien — en toegepast. Daar zorgde men wel, dat men geen halfslachtigheden verspreidde, die tot twijfel aan het goed recht van de eigen zaak aanleiding hadden kunnen geven.

Het bewijs, dat men inderdaad uitnemend op de hoogte was van de primitiviteit van de sentimenten van de grote massa, werd wel geleverd door de gruwelpropaganda, die volkomen op deze primitiviteit was ingesteld, en die op een even onverbiddelijke als meesterlijke wijze zorgde, dat het front stand hield, zelfs bij de grootste werkelijke nederlagen; daarvan getuigde overigens ook het feit, dat men de Duitsers volkomen wist te brandmerken tot de enige schuldigen aan het uitbreken van de oorlog, een leugen, die alleen door de volstrekte brutale eenzijdige hardnekkigheid, waarmee zij verkondigd werd, berekend was op de instinctieve en altijd tot uitersten geneigde houding van de grote massa, en daarom geloofd werd.

Hoe werkzaam dit soort propaganda was, bleek wel duidelijk uit het feit, dat zij niet alleen nog na vier jaren bij het publiek aan de eigen zijde grif geloof vond, maar zelfs op ons eigen volk vat begon te krijgen. Dat onze propaganda dergelijke successen niet oogstte, hoefde waarlijk niemand te verwonderen. In haar innerlijke tweeslachtigheid lag de kiem van haar onmacht al besloten. Tenslotte maakte haar inhoud het al weinig waarschijnlijk, dat zij de nodige indruk op de massa's zou maken. Te hopen, dat men erin zou kunnen slagen, om door dit flauwe pacifistische spoelwater mensen met doodsverachting te bezielen, was iets, waartoe alleen onze leeghoofdige „staatslieden" bij machte waren. Zodoende had dit miserabele product geen gunstige, maar alleen een schadelijke uitwerking.

Maar hoe geniaal de propaganda in technisch oogpunt mag zijn, zij zal geen enkel resultaat opleveren, wanneer ze niet altijd met een principe rekening houdt: dat ze namelijk haar activiteit tot een uiterst gering aantal onderwerpen beperkt, en dit luttele aantal uit den treure herhaalt. De volharding is hier, zoals bij zovele dingen op de wereld, de eerste en belangrijkste voorwaarde voor het succes. Juist op het gebied der propaganda mag men nooit afgaan op het oordeel van esthetici of geblaseerde hoeren: op het oordeel van de eersten niet, omdat de propaganda anders al na zeer korte tijd, zowel wat de vorm als. wat de inhoud aangaat, iedere geschiktheid voor de grote massa mist, en enkel nog maar aantrekkingskracht uitoefent op litteraire theekransjes; voor de anderen hoede men zich vooral angstvallig, omdat hun eigen gebrek aan fris, direct gevoel altijd naar nieuwe prikkels zoekt. Deze lieden krijgen al spoedig van alles genoeg; zij zoeken naar afwisseling en kunnen zich nimmer verplaatsen in de gevoelens van hun minder geblaseerde medemensen, en kunnen deze laatsten zelfs niet bij benadering begrijpen. Zij willen altijd iets nieuws, zoeken naar afwisseling, en worden daardoor de ware doodsvijanden van iedere actieve politieke verovering van de massa. Want zodra de organisatie en de inhoud van een propaganda zich naar hun behoeften gaat richten, verliezen en organisatie en inhoud alle kracht en alle uniformiteit, en gaan volledig te niet.

De propaganda heeft echter een andere taak, dan om ervoor te zorgen, dat een stelletje geblaseerde heertjes voortdurend aangenaam wordt beziggehouden, maar is er, om te overtuigen en wel in het bijzonder om de massa te overtuigen. Deze heeft echter in haar traagheid altijd een zekere tijd nodig, voor zij ook maar voor iets nieuws openstaat, en men zal de eenvoudigste begrippen duizendvoudig moeten herhalen, om te bewerkstelligen, dat deze tenslotte in haar geheugen zullen blijven hangen. Geen enkele afwisseling mag ooit de inhoud veranderen van wat de propaganda moet verkondigen, maar dient tenslotte — zij het in andere vorm — het oude thema te herhalen. zo moet de leuze wel van verschillende zijden worden belicht, maar iedere beschouwing moet steeds weer eindigen bij de leuze zelf. Alleen zo kan en zal de propaganda een eenheid vormen, en een sterke onverbrokkelde invloed uitoefenen.

Deze grote lijn, waarvan nooit mag worden afgeweken, biedt kansen op een definitief succes. Maar dat dan nog op voorwaarde, dat men die weg strak, en met steeds consequente drang en volharding gaat. Dan zal men echter met verbazing kunnen vaststellen, welke geweldige bijna onbegrijpelijke gevolgen zo een tactiek heeft. Iedere reclame, of het nu een zakelijke, dan wel een politieke is, behaalt haar successen door de duur en de uniformiteit van haar toepassing. Ook hier leverde de vijandelijke oorlogspropaganda een buitengewoon navolgenswaardig voorbeeld; deze immers bleef beperkt tot enkele gezichtspunten, was uitsluitend berekend op massawerking, en werd met onvermoeibare volharding voortgezet.

Gedurende de gehele oorlog benutte men de principes en methoden, waarvan men de juistheid eenmaal had ingezien, zonder dat er ook maar de geringste verandering in werd aangebracht. Aanvankelijk schenen haar bewegingen bijna krankzinnig te zijn van brutaliteit, daarna begonnen ze onaangenaam te werken, en tenslotte werden ze geloofd. Na viereneenhalf jaar brak in Duitsland een revolutie uit, die haar leuzen ontleend had aan de vijandelijke propaganda uit de oorlog. In Engeland begreep men echter nog iets anders: namelijk, dat dit geestelijke wapen alleen resultaten kan opleveren, wanneer het massaal wordt gehanteerd, maar dat dan het succes ook ruimschoots opweegt tegen alle onkosten.

Daar beschouwde men de propaganda als een wapen van de eersten rang, terwijl zij bij ons het genadebrood voor werkloze politici was, en ook gebruikt werd om helden van meer bescheiden formaat aan een gevaarloos baantje te helpen.

Het uiteindelijk resultaat was dan ook praktisch gelijk aan nul.

ZEVENDE HOOFDSTUK DE REVOLUTIE

In het jaar 1915 was de vijandelijke propaganda bij ons begonnen; sinds 1916 werd zij steeds intensiever, en groeide tenslotte in het begin van het jaar 1918 tot een ware stortvloed aan. Nu kon men ook al bijna overal de uitwerking van deze zielevangst waarnemen. Het leger leerde langzamerhand zo te denken als de vijand het wenste. De Duitse tegenpropaganda schoot echter volkomen tekort. Het leger bezat in de man, die toentertijd zijn wil en zijn hoofd was, weliswaar het voornemen en de harde bereidheid, om ook op dit terrein de strijd aan te binden, maar het beschikte niet over het instrument, dat hiertoe nodig zou zijn geweest.

Ook psychologisch was het niet juist, om deze voorlichting van het leger zelf te doen uitgaan. Die moest, indien ze iets wilde bereiken, uit het vaderland zelf komen. Want alleen in dat geval mocht men erop rekenen, enigszins vat te krijgen op mannen, die tenslotte immers voor dat vaderland nu al bijna vier jaar lang onsterfelijke heldendaden hadden volbracht, en de ergste ontberingen hadden doorstaan. Maar wat klonk er uit dat vaderland? Was het door domheid of door misdadigheid, dat men hier tekortschoot? In het midden van de zomer van het jaar 1918, na het ontruimen van de zuidelijke oever van de Marne, gedroeg vooral de Duitse pers zich al zo ellendig onhandig en zo misdadig stom, dat mijn dagelijks stijgende woede de vraag bij mij deed opkomen, of er dan helemaal niemand meer was, die een einde kon maken aan deze verguizing van het heldendom van ons leger?

Wat gebeurde er in Frankrijk, toen wij in het jaar 1914 in een ongeëvenaarde zegetocht het land binnenstormden? Wat deed Italië in de dagen, dat het Isonzofront ineenstortte? Wat deed Frankrijk in het voorjaar van 1918, toen de aanval van de Duitse divisies de stellingen dreigde te ontwrichten, en de verreikende arm van de langeafstandsbatterijen aan de poorten van Parijs begon te kloppen?

Hoe hadden daar de haastig terugtrekkende regimenten de nationale geestdrift niet met iedere ademtocht ingezogen en met iedere hap voedsel, met iedere slok, in hun lichamen voelen stromen. Hoe werkten toen de propaganda en een geniale massasuggestie samen, om het geloof, dat de zege uiteindelijk toch aan hun zijde zou zijn, in de harten van de gebroken fronten te hameren! Wat deed men ondertussen bij ons?

Niets, of erger nog dan niets. Dikwijls kwam er woede en verontwaardiging in mij op, wanneer ik dan de jongste dagbladen onder ogen kreeg, en daarmee de psychologische massamoord, die men langs deze weg beging. Meer dan eens werd ik gekweld door de gedachte, dat de

Voorzienigheid mij op de plaats van deze onbekwame of misdadige impotente en onwillige van onze propagandadienst had moeten zetten; want ik was er heel zeker van, dat wij dan op een andere manier met ons noodlot hadden gevochten.

In deze maanden gevoelde ik voor de eerste maal de boosaardigheid van een noodlot, dat mij veroordeelde, om aan het front te blijven, waar een toevallige schot van iedere willekeurige neger een eind aan mijn leven zou kunnen maken, terwijl ik het vaderland elders zoveel grotere diensten had kunnen bewijzen. Want ik was destijds al zo hoogmoedig, om te denken, dat zulks inderdaad het geval zou zijn geweest. Maar ik was immers maar een naamloze, een van acht miljoen. Daarom was het maar beter, om te zwijgen, en om op de mij aangewezen plaats mijn plicht te doen, zo goed als mij dat mogelijk was.

In de zomer van het jaar 1915 kregen wij de eerste vijandelijke strooibiljetten in handen. De inhoud daarvan was bijna altijd dezelfde, al was er wel eens enige variatie in de opmaak: dat de nood in Duitsland steeds groter werd, dat de oorlog eindeloos lang zou duren, en dat de kans op een Duitse overwinning steeds kleiner werd; dat men daarom in het vaderland ook zeer naar de vrede verlangde, maar dat het „militarisme" en de „keizer" dit niet wilden; dat de gehele wereld — die hiervan zeer goed op de hoogte was — daarom ook niet tegen het Duitse volk streed, maar eigenlijk alleen maar tegen de enigen schuldige, de keizer; dat de strijd daarom niet afgelopen zou zijn, voor en aleer deze vijand van de vredelievende mensheid van het wereldtoneel verdwenen was; dat de vrijheidlievende en democratische naties na het beëindigen van de oorlog het Duitse volk zouden opnemen in het verbond, dat zeker zou heersen vanaf de ure, waarop het „Pruisische militarisme" vernietigd zou zijn, en dat de eeuwige vrede op aarde zou brengen.

Ter illustratie van deze beweringen werden dan niet zelden „brieven uit het vaderland" afgedrukt, die dit alles schenen te bevestigen. Over het algemeen wekten deze pogingen destijds enkel onze lachlust op. Men las de pamfletten en stuurde ze daarna door naar de hogere instanties achter het front, waarna ze meestal in het vergeetboek raakten, tot de wind wederom een lading van boven in onze loopgraven liet dwarrelen; het waren namelijk meestal vliegtuigen, die deze blaadjes overbrachten.

Één ding moest bij dit systeem van propaganda weldra opvallen, namelijk, dat zij zich in alle sectoren van het front, waar zich Beieren bevonden, altijd met buitengewone consequentie tegen Pruisen richtte, en verzekerde, dat Pruisen de enige schuldige en verantwoordelijke voor de hele oorlog was en dat men tegen Beieren niet de minste vijandelijke gevoelens koesterde; maar men kon natuurlijk niets voor Beieren doen, zolang dit nog in de dienst van het Pruisische militarisme stond, en voor dat militarisme de kastanjes uit het vuur haalde.

Deze manier van beïnvloeding kon inderdaad al in 1915 op bepaalde resultaten bogen. De stemming onder de soldaten werd meer en meer anti-Pruisisch — zonder dat daartegen van bovenaf ook maar het minste of geringste werd gedaan. Dit was al meer dan een onschuldige nalatigheid, het was een ernstige fout, die zich vroeg of laat op vreselijke wijze moest wreken, en dat niet alleen op de „Pruisen", maar op het gehele Duitse volk, en daartoe behoort, niet in de laatste plaats, toch ook Beieren zelf. De vijandelijke propaganda in deze richting wist al van 1916 af, besliste successen te behalen.

Ook van de klaagbrieven, die rechtstreeks uit het vaderland kwamen, ging allang een slechte invloed uit. Het was nu zelfs helemaal niet meer nodig, dat de vijand er nog speciaal door strooibiljetten, enz. de aandacht van de fronttroepen op vestigde. En ook daartegen werd niets gedaan, wanneer men tenminste afziet van enkele, psychologisch uiterst domme „vermaningen" van „regeringswege". Het front werd overstroomd met dit vergift, dat gedachteloze vrouwen thuis fabriceerden, natuurlijk zonder te vermoeden, dat dit hét middel was, om de overtuiging van de vijand, dat de overwinning tenslotte toch aan zijn kant zou zijn, aanmerkelijk te versterken, waardoor dus het lijden van hun echtgenoten en zonen nog werd verlengd en vergroot. De zinloze brieven van Duitse vrouwen kostten in de tijd, die nu kwam, aan honderdduizenden mannen het leven.

Zo vertoonden er zich in 1916 al verscheidene bedenkelijke verschijnselen. Het front mopperde en „kankerde", was al over vele dingen ontevreden, en soms ook terecht verontwaardigd. Terwijl het front hongerde en duizend verschrikkingen en ontberingen doorstond, terwijl vrouw en kinderen thuis gebrek leden, was er elders weelde en overdaad. Ja, zelfs aan het strijdende front zelf was in dat opzicht niet alles in orde. Zo kwamen er destijds al kleinere moeilijkheden tevoorschijn – maar het waren nog altijd „interne aangelegen-heden". Dezelfde mannen, die daareven nog zo hadden gemopperd en geketterd, deden enkele minuten later zwijgend hun plicht, alsof dat iets vanzelfsprekends was. Dezelfde compagnie, die daareven nog zo ontevreden was geweest, klemde zich nu met handen en tanden vast aan het stuk loopgraaf, dat zij te beschermen had, alsof Duitsland zijn lot afhankelijk was van deze honderd meter front, van deze weinige gaten in de kleigrond. Het was nog het front van het oude prachtige heldenleger!

Het verschil tussen de mentaliteit van het front en die van het achterland, zou ik snel na elkaar te zien krijgen, zodat mij niets van het schrille contrast zou ontgaan. Eind September 1916 werd mijn divisie bij de Somme in het vuur geworpen. Dit was de eerste maal, dat wij kennis maakten met de ontzetting der „Materialschlachten" (slagen, waarbij in geen enkel opzicht materiaal wordt gespaard, waar enkel nog de hoeveelheid en de kwaliteit van het materiaal de beslissing brengen. vert.), en ik geloof ook niet, dat ik die indruk zou kunnen weergeven — het was meer hel dan oorlog. De 7de oktober 1916 werd ik gewond. Ik kwam zonder verdere ongelukken uit de frontlijn en moest met een transport naar Duitsland. Het was nu twee jaar geleden, dat ik het vaderland voor het laatst had gezien, wat onder zulke omstandigheden een schier eindeloze tijd is. Ik kon me nauwelijks meer voorstellen, hoe een Duitser zonder uniform eruit zag. Toen ik in Hermies in het centrale hospitaal lag, kromp ik bijna ineen van schrik, toen plotseling de stem van een Duitse vrouw, een pleegzuster, iemand aansprak, die naast mij lag. Na twee jaren bereikten voor het eerst weer zulke klanken mijn oren.

Maar hoe meer de trein, die ons naar het vaderland moest brengen, de grens naderde, des te onrustiger werd het in ieders binnenste. Al die plaatsen, waar wij twee jaren geleden als jonge soldaten ook langs waren gereden, trokken nu weer aan ons voorbij: Brussel, Leuven, Luik, en eindelijk meenden wij het eerste Duitse huis aan zijn hoge gevel en zijn mooie vensterluiken te herkennen. Het vaderland!

Toen wij in oktober 1914 over de grens reden, gloeiden wij van onbedwingbare geestdrift; nu heerste er stilte en ontroering. Ieder was gelukkig, dat het lot hem toestond, om nog eenmaal datgene te zien, wat hij ten koste van zoveel moeite en gevaar, met zijn leven had gedekt; en ieder schaamde zich bijna om de anderen zijn oren te laten zien. Bijna op de dag af twee jaar na mijn eerste vertrek naar het buitenland, werd ik in het hospitaal te Beelitz bij Berlijn opgenomen.

Wat een verandering! Uit de modder van de slag aan de Somme in de witte bedden van dit wonderbaarlijke gebouw. Wij durfden in het begin maar nauwelijks op ons gemak te gaan liggen. Eerst langzamerhand raakte men weer gewend aan deze nieuwe wereld. Helaas was deze wereld echter ook nog in een ander opzicht nieuw. De geest van het front scheen hier al niet meer te heersen. Hier hoorde ik voor de eerste maal iets, wat aan het front nog volkomen onbekend was: er waren hier mannen, die zich beroemden op hun eigen lafhartigheid. Want al kon men daar in de eerste linies ook volop horen mopperen en „kankeren", dat ontaardde toch nimmer in aansporingen tot plichtsverzuim, en nog veel minder in een verheerlijking van het hazenhart. Nee! De lafaard werd nog altijd als lafaard beschouwd, en als niets meer; de minachting voor hem was nog altijd algemeen, evenals de bewondering die men voor de werkelijke held koesterde. Hier in het hospitaal was het echter al bijna andersom. De leegste en lafste ophitsers voerden het hoogste woord, en gebruikten geheel hun miserabele welbespraaktheid, om de ideeën van de fatsoenlijke soldaat als belachelijk en de karakterloosheid van de lafaard als voorbeeldig voor te stellen. Een paar buitengewoon minderwaardige individuen hadden het grootste woord.

Een hunner beroemde zich er op, dat hij zelf zijn hand door het prikkeldraad had getrokken, om zodoende in het hospitaal te worden opgenomen; en niettegenstaande de nietigheid van deze verwonding, scheen hij toch al zeer lange tijd hier te zijn; hij was trouwens ook slechts door bedrog bij het transport naar Duitsland verzeild geraakt. Dit door en door vergiftigde sujet bestond het echter al, om zijn eigen lafhartigheid brutaalweg voor te stellen als de consequentie van een hogere dapperheid dan die van de eerlijke soldaat, die zijn leven offerde. Velen hoorden hem zwijgend aan, anderen verwijderden zich, maar er waren er ook, die hem bijvielen.

Mij steeg de walging naar de keel, maar de leiding van de inrichting duldde de ophitser klaarblijkelijk. Wat moest men doen? De leiding moest natuurlijk wel volkomen op de hoogte zijn met deze man, wist, wie en wat hij was. Maar toch gebeurde er niets. Toen ik weer behoorlijk kon lopen, kreeg ik toestemming om naar Berlijn te reizen.

De nood was nu kennelijk overal zeer nijpend. De miljoenenstad leed honger. Ook de ontevredenheid was groot. In verscheidene door soldaten bezochte tehuizen was de toon van hetzelfde kaliber als in het hospitaal. Het zag er volkomen naar uit alsof deze lieden bij voorkeur juist zulke plaatsen opzochten, om hun opvattingen te propageren. Maar nog veel, veel ernstiger was de toestand in München zelf.

Toen ik, na mijn herstel, uit het hospitaal was ontslagen en bij het reservebataljon werd geplaatst, herkende ik de stad maar nauwelijks. Het was al prikkelbaarheid, mistroostigheid en gescheld, waar men ook kwam. Bij het depotbataljon zelf was de stemming beneden alle kritiek. Dit was mede te wijten aan de ongelooflijk tactloze wijze waarop de frontsoldaten werden behandeld door de oudere instructieofficieren, die nog geen uur aan het front hadden gestaan, en die er alleen al om deze rede slechts gedeeltelijk in konden slagen, om een dragelijke verhouding tussen zichzelf en de oude soldaten tot stand te brengen. Maar geheel afgezien daarvan, was de stemming miserabel; de stiekeme desertie werd al bijna als een teken van hogere wijsheid beschouwd, terwijl trouw en volharding voor symptomen van innerlijke zwakte en bekrompenheid werden aangezien. De bureaus waren met Joden. bezet. Bijna iedere klerk was een Jood, en iedere Jood een klerk. Ik was zeer verbaasd over deze grote menigte van strijders uit het uitverkoren volk, en kon niet nalaten, de overvloed van Joden op veilige postjes te vergelijken met de buitengewone schaarste van deze lieden aan het front.

Bij de economische afdeling was het nog veel erger gesteld. Hier was het Joodse volk waarlijk „onmisbaar" geworden. De spin begon langzaamaan het bloed van het volk uit te zuigen. In de inkoopbureaus had men het middel gevonden om de nationale en de vrije handel langzaam aan de nek om te draaien.

Men verkondigde met grote nadruk de noodzakelijkheid van absolute centralisatie. Zo ging dus in het jaar 1916/1917 praktisch al de hele nationale productie door Joodse handen. Maar tegen wie richtte zich nu de haat van het volk?

In die dagen zag ik met ontzetting een ramp naderen, die, zo ze niet op tijd werd afgewend, een debacle tengevolge moest hebben. Terwijl de Jood de gehele natie bestal, en onder zijn juk dwong, hitste men tegen de „Pruisen". En hier werd al evenmin als aan het front iets gedaan tegen deze noodlottige propaganda. Men scheen volkomen blind te zijn voor het feit, dat de ondergang van Pruisen nog niet de opbloei van Beieren zou betekenen, nee, sterker, dat integendeel het einde van het ene, noodzakelijkerwijze ook de vernietiging van het andere zou betekenen. Deze blindheid enerzijds en deze nalatigheid anderzijds, brandden in mijn hart. Ik kon dit alles niet anders zien dan als een bijzonder geniale truc van de Jood, die de algemene aandacht van zich af wilde leiden, en die op andere wegen bracht. Terwijl Beieren en Pruisen onderling twistten, ontroofde hij aan beiden hun bestaansmogelijkheden. Terwijl men in Beieren op de Pruisen schold, organiseerde de Jood de revolutie, en versloeg Pruisen en Beieren tegelijk.

Ik kon deze vloekwaardige twist tussen de Duitse stammen onderling, niet verdragen en was blij, weer naar het front terug te kunnen; dadelijk na mijn aankomst te München had ik mij weer aangemeld voor de dienst aan het front. Begin Maart 1917 was ik dan ook weer bij mijn regiment. Tegen het eind van het jaar 1917 scheen de ergste neerslachtigheid van het leger voorbij te zijn. Na de ineenstorting van Rusland vatte alles nieuwe hoop en frisse moed. De overtuiging, dat de strijd nu toch met een Duitse overwinning zou eindigen, begon zich in steeds sterkere mate van de soldaten meester te maken. Er werd weer gezongen, en de ongeluksprofeten werden zeldzamer. Men geloofde weer in de toekomst van het vaderland.

Vooral de ineenstorting van het Italiaanse front in de herfst van 1917 had de prachtigste uitwerking gehad. Men zag immers in deze overwinning het bewijs, dat het ook mogelijk was, om elders dan op de Russische slagvelden bressen te slaan in de fronten. Een heerlijk geloof maakte zich nu weer van de harten der miljoenen meester, en deed ze met nieuw vertrouwen het voorjaar van het jaar 1918 tegemoet zien. De vijand was kennelijk ontmoedigd. In deze winter bleef het rustiger dan anders. De stilte voor de storm trad in.

Maar juist terwijl aan het front alles in gereedheid werd gebracht, om nu dan definitief een einde te maken aan deze intens lange strijd, toen er onafzienbare transporten mensen en materiaal naar het westelijk front rolden, en de laatste voorbereidingen werden getroffen voor de grote aanval, juist op dat ogenblik haalde men in Duitsland de grootste schurkenstreek van de hele oorlog uit.

Duitsland mocht niet winnen: te elfder ure, toen het al leek, alsof de lauweren van de overwinning de Duitse wapenen zouden bekronen, greep men naar een middel, dat wel geschikt scheen, om met een slag de Duitse voorjaarsaanval te breken, en de overwinning onmogelijk te maken.

Men organiseerde een staking in de munitiefabrieken. Indien deze staking slaagde, dan moest het Duitse front ineenstorten, en dan zou de wens van de Vorwärts (het belangrijkste dagblad der Duitse sociaal-democraten. Vert.), dat de overwinning ditmaal niet Duitslands deel zou zijn, in vervulling gaan. Het front zou dan, noodgedwongen, na enkele weken, door gebrek aan munitie, doorbroken moeten worden; het offensief was daarmee dan verhinderd en de Entente gered; maar het internationale kapitaal zou daarmee heer en meester van Duitsland zijn geworden en daardoor ware het geheime doel van het marxistische volksbedrog dan bereikt.

Ruïnering van de nationale economie, om op de puinhopen de heerschappij van het internationale grootkapitaal te stichten, een doel, dat dank zij de domheid en goedgelovigheid enerzijds en de grenzenloze lafhartigheid anderzijds, nu immers verwerkelijkt is. Weliswaar slaagde de munitiestaking er niet in, om haar materiele doel te bereiken, en het front door gebrek aan wapenen uit te hongeren; de staking was te kort van duur, dan dat munitiegebrek als zodanig – wat de bedoeling was geweest – de weerbaarheid van het leger had kunnen vernietigen. Maar hoeveel ontzettender was niet de morele schade, die men aangericht had!

Ten eerste: voor wie streed het leger dan eigenlijk nog, wanneer het vaderland zelf de overwinning niet wilde? Voor wie werden dan al die offers gebracht, ter wille van wie werden al die ontberingen verdragen? De soldaat moet om de overwinning vechten, en het vaderland staakt, om hem dat te beletten. Maar de tweede kwestie was: hoe was de uitwerking op de vijand?

In de winter van 1917 op 1918 vertoonden zich voor het eerst donderwolkjes aan de horizon der geallieerden. Bijna vier jaar lang had men stormgelopen tegen de Duitse heros, maar kon hem niet ten val brengen; daarbij had deze echter enkel de arm met het schild ten afweer vrij, terwijl de rechterarm nu eens in het Oosten, dan weer in het Westen een houw moest toebrengen. Nu was de reus eindelijk in de rug vrij. Stromen bloed waren er gevloeid, voor het hem gelukt was, die vijand in de rug voorgoed neer te slaan. Nu zou in het Westen het schild ook de hulp van het zwaard erbij krijgen, en terwijl de vijand er tot dusverre niet in was geslaagd, om die verdediging te breken, zou nu de aanval hem zelf treffen. Men vreesde die aanval en begon te twijfelen aan de overwinning.

In Londen en Parijs volgden de beraadslagingen elkaar bijna zonder tussenpozen op. Zelfs de vijandelijke propaganda had het moeilijk; het viel niet meer zo gemakkelijk, om te bewijzen, dat de Duitsers geen schijn van kans hadden om te winnen.

Datzelfde kon echter ook van de geallieerde fronttroepen worden gezegd, waaronder een suffig zwijgen heerste. De brutaliteit van de heren was plotseling verdwenen. Ook zij begonnen langzamerhand iets te begrijpen, en het hart klopte hen in de keel. Hun eigen oordeel over de Duitse soldaat had zich gewijzigd. Tot dusver mocht hij in hun ogen een dwaas zijn geweest, die eenvoudig moest verliezen, maar nu stond de vernietiger van de Russische bondgenoot voor hen. Onze tegenstanders kregen nu de indruk, alsof het feit, dat wij noodgedwongen onze grote offensieven tot het Oosten hadden moeten beperken, een geniale strategische zet was geweest. Drie jaren lang hadden die Duitsers stormgelopen op Rusland, aanvankelijk zonder het minste resultaat, naar het scheen. Men voelde bijna zijn lachlust opkomen over zulk onbegonnen werk; want tenslotte moest het er toch immers op uitlopen, dat de Russische reus met zijn miljoenenreserves de overwinning behaalde, en dat Duitsland aan bloedverlies te gronde ging. En de werkelijkheid scheen deze hoop te bevestigen.

Sinds de september dagen van 1914, toen voor de eerste keer de eindeloze massa's Russische krijgsgevangenen uit de slag bij Tannenberg langs straat- en spoorwegen naar Duitsland begonnen te komen, werd deze stroom maar nauwelijks meer onderbroken – maar voor ieder verslagen of vernietigd leger stond een nieuw op. Het reuzen rijk van de Tsaar bracht telkens nieuwe soldaten aan, onoverzienbare aantallen, en offerde ze aan de Moloch: oorlog. Hoelang zou Duitsland deze wedren kunnen volhouden? Zou er niet eenmaal een dag moeten komen, waarop de laatste Duitse overwinning was behaald, maar nog steeds de laatste Russische legers niet in de strijd waren geworpen? En wat dan? Naar menselijke berekening kon de Russische overwinning wel worden uitgesteld, maar niet uitblijven. Nu waren al deze verwachtingen in rook vervlogen? de bondgenoot, die de grootste offers aan bloed had gebracht op het altaar der gemeenschappelijke belangen, was aan het einde van zijn krachten en lag voor de onverbiddelijke aanvaller op de knieën.

Angst en ontzetting slopen binnen in de harten van de soldaten, die tot dusverre rotsvast hadden geloofd in een geallieerde overwinning. Men was dodelijk bang voor de komende lente. Want wanneer men er tot heden niet in was geslaagd, om de Duitser te overwinnen, terwijl hij slechts een gedeelte van zijn kracht aan het Westelijk front had kunnen besteden, hoe zou men dan nu nog op de zege kunnen rekenen, nu de totale kracht van de gevreesde heldenstaat zich scheen te zullen concentreren in een aanval op het Westen?

De schaduwen van de bergen van Zuid-Tirol drukten zwaar op de verbeelding; tot in de nevelen van Vlaanderen toverden de geslagen legers van Cadorna bezorgde gezichten tevoorschijn, en het geloof in de overwinning begon plaats te maken voor de angst voor de komende nederlaag. En toen, terwijl men al het eentonig naderrollen van de wagens met de Duitse stormregimenten meende te horen, en met bange zorg het naderende gericht tegemoet zag, toen vlamde er plotseling een schel rood licht uit Duitsland op; en wierp zijn schijnsel tot in de laatste granaattrechter van het vijandelijke front: op het ogenblik, dat de Duitse divisies de laatste voorbereiding voor de groten veldslag ontvingen, brak in Duitsland de algemene staking uit. Eerst was de wereld als met stomheid geslagen.

Toen echter stortte de vijandelijke propaganda zich, met een zucht van verlichting op deze redding te elfder ure. Met een slag was het middel gevonden, om het verdwijnende vertrouwen weer te herstellen, om opnieuw de waarschijnlijkheid van een geallieerde overwinning te kunnen verkondigen, en de angst en de bezorgdheid voor de komende gebeurtenissen te veranderen in vastberaden vertrouwen. Nu kon men aan de regimenten, die in de grootste veldslag aller tijden de Duitse aanval afwachtten, de overtuiging meegeven, dat niet de stoutmoedigheid van de Duitse aanval, maar hun uithoudingsvermogen en de hardnekkigheid van hun verweer, de oorlog zouden beslissen.

De Duitsers mochten nu nog zoveel overwinningen behalen als ze maar wilden; in hun vaderland zou spoedig de revolutie, en niet het zegevierende leger binnentrekken. Nu begonnen de Engelse, Franse en Amerikaanse kranten deze overtuiging in de harten van hun lezers te hameren, terwijl een bijzonder knappe propaganda de fronttroepen weer moed gaf. „Duitsland aan de vooravond van de revolutie! De overwinning der geallieerden onafwendbaar!" Dat was wel het beste geneesmiddel, om de aarzelende Poilus en Tommies weer op de been te helpen. Nu konden de geweren en de mitrailleurs opnieuw tot vuren worden gebracht, en in plaats van in panische schrik het hazenpad te kiezen, bood men nu toch nog weerstand, omdat er weer nieuwe hoop was gekomen.

Dit was het resultaat van de munitiestaking. Zij versterkte het geloof in de overwinning bij onze tegenstanders en maakte een eind aan de verlammende wanhoop van het geallieerde front – en in de dagen, die nu kwamen, moesten duizenden Duitse soldaten dit met hun bloed betalen. De lieden echter, die debet waren aan deze zeer gemene schurkenstreek, waren in het Duitsland van de revolutie de kandidaten voor de hoogste staatsbetrekkingen. En al slaagde men er aan Duitse zijde voorlopig ook in, om in schijn althans, de uiterlijke terugslag van deze daad te boven te komen – aan de andere zijde bleven de gevolgen niet uit. Het verzet had weer een zin en een doel gekregen, – wij stonden niet meer tegenover een leger, dat alles had opgegeven, maar tegenover een, dat een verbitterden strijd om de overwinning wilde voeren.

Want naar menselijke berekening moest de overwinning nu komen, wanneer het Westelijk front nog maar enkele maanden tegen de Duitse aanval wist stand te houden. In de parlementen der Entente zag men, welke mogelijkheden de toekomst in haar schoot borg, en stond men enorme middelen toe, om de propaganda tot vernietiging van Duitsland voort te zetten. Ik was zo gelukkig, en de beide eerste offensieven, en het laatste, te mogen meemaken.

Dit zijn de gebeurtenissen geweest, die de allerdiepste indruk op mij hebben gemaakt; een indruk, die daarom zo diep was, omdat de strijd nu voor de laatste maal, evenals in het jaar 1914 het geval was geweest, van verdedigend, aanvallend werd. Er ging een zucht van verlichting door alle loopgraven en mijngangen van het Duitse leger, toen eindelijk, nadat het meer dan drie jaar lang de hel van het vijandelijke vuur had doorstaan, de dag der vergelding aanbrak. Nog eenmaal juichten de zegevierende bataljons en hechtten de laatste onverwelkbare lauweren aan de vanen, die al van de overwinning droomden. Nog eenmaal dreunden de vaderlandse liederen uit de eindeloze marcherende colonnes ten hemel, en voor de laatste maal scheen de Voorzienigheid met deze ondankbare mensenkinderen te zijn.

In het midden van de zomer van het jaar 1918 hing er een doffe zwoele, drukkende sfeer over het front. In het vaderland werd gevochten. Er was burgeroorlog uitgebroken. Om welke reden? In alle regimenten te velde gingen er geruchten over. De kans om de oorlog te winnen, zou voorgoed verkeken zijn, en alleen dwazen konden nog geloven in de overwinning. Het volk zou niets meer te winnen hebben bij een voortzetting van de oorlog; dat kon enkel nog in het belang van het kapitalisme en de monarchie zijn – zo luidden de berichten, die ons uit het vaderland bereikten, en ook aan het front druk werden besproken.

Het front reageerde voorshands nog maar in geringe mate op deze klanken. Wat ging ons het algemeen kiesrecht aan? Hadden wij daarvoor bijgeval vier jaar lang gevochten? Het was een gemene schurkenstreek, om op zo'n manier de dode helden nog te beroven van de reden, waarvoor zij in de oorlog waren gegaan. De jonge regimenten waren destijds in Vlaanderen niet met de kreet: „Leve het algemeen en geheim kiesrecht!" de dood in gegaan, maar met de roep: „Deutschland über alles in der Welt!" Een klein, maar niet onbelangrijk verschil. Zij echter, die nu om het kiesrecht riepen, zogenaamd in naam van het gehele front, waren grotendeels nooit daar geweest. Het front kende het gehele politieke partijgespuis niet. Op de plaats, waar alle fatsoenlijke Duitsers stonden, die recht van lijf en leden waren, zag men slechts een opvallend klein gedeelte van de heren parlementsleden.

Zodoende waren de oude kernen van het front slechts weinig ontvankelijk voor het nieuwe oorlogsdoel, dat de heren Ebert, Scheidemann, Barth,, Liebknecht, enz. hadden ontdekt. Men begreep helemaal niet, waaraan al die deserteurs-in-het-nette plotseling het recht konden ontlenen zich, met voorbijgaan van het hoofd van het leger, de macht in de staat aan te matigen.

Mijn persoonlijk standpunt stond vanaf het begin vast: ik voelde een diepe haat tegen deze horde van ellendige volks- bedriegers en partijschoften. Bij mij bestond er allang niet de minste twijfel meer, dat het deze horde niet te doen was om het welzijn van de natie, maar om hun eigen lege zakken te spekken. En dat zij nu zelfs bereid bleken, daarvoor het gehele volk op te offeren, en, zonodig, Duitsland te gronde te laten gaan, dat maakte hen in mijn oog rijp voor de strop. Met hun wensen rekening te houden, betekende de belangen van het werkende volk op te offeren aan de wensen van een stel zakkenrollers; vervullen kon men hun wensen echter alleen, wanneer men bereid was, Duitsland op te geven.

Deze opvatting echter was die van verreweg het grootste gedeelte der soldaten in het strijdende leger. Maar de reservetroepen, die uit het vaderland kwamen, werden zienderogen slechter, zodat deze kwantitatieve versterking al spoedig onze stootkracht verminderde, in plaats van vergrootte. Vooral de aanvulling aan jongeren was grotendeels waardeloos.

Het was dikwijls moeilijk te geloven, dat dit zonen waren van datzelfde volk, dat eens zijn jeugd had uitgezonden voor de strijd om Yperen. In augustus en september namen de tekenen van verval steeds sneller toe, hoewel de uitwerking van de vijandelijke aanvallen niet te vergelijken was met de verschrikkingen van onze verdedigingsveldslagen uit vroeger dagen. De slag aan de Somme, en de strijd in Vlaanderen lagen, hiermee vergeleken, als dreigende grauwe ontzettingen in het verleden. Tegen het eind van september kwam onze divisie voor de derde keer op de plaatsen, die wij eens als jonge vrijwilligers stormenderhand hadden veroverd. Wat een herinnering.

In oktober en november 1914 hadden wij daar de vuurdoop doorstaan. Met een hart, brandend van vaderlandsliefde en met liederen op de lippen was ons jonge regiment in de strijd getrokken, als ging het ten dans. Daar werd het kostbaarste bloed met vreugde geofferd, in het geloof, dat men zo de onafhankelijkheid en de vrijheid van het vaderland kon redden.

In juli van het jaar 1917 betraden wij voor de tweede keer deze voor ons allen heilige grond. Want hier sluimerden immers onze beste kameraden, die eens, bijna nog kinderen, met stralende ogen voor het geliefde vaderland in de dood waren gestormd!

Wij ouderen, die eens, lang geleden met het regiment waren uitgetrokken, stonden vol eerbied en ontroering op de plaats, waar de eed: „Trouw en gehoorzaamheid tot in de dood!" was gezworen. Dezelfde grond, die ons regiment drie jaar eerder in een stormloop had genomen, moest het thans in een zware veldslag verdedigen.

Met een trommelvuur, dat drie weken duurde, hadden de Engelsen toen hun grote offensief in Vlaanderen voorbereid. Toen scheen het, alsof de geesten van de gevallenen ons weer vervulden; het regiment klampte zich aan het vuile slijk, en beet zich vast in ieder gat, in iedere kuil en iedere gracht, en week niet, en wankelde niet, en werd, zoals al eenmaal eerder op deze plaats, steeds kleiner en dunner, totdat de aanval van de Engelsen op 31 juli 1917 eindelijk losbarstte.

In de eerste dagen van augustus werden wij afgelost. Van het regiment waren nog maar enkele compagnieën over; die trokken meer spoken dan mensen, van onder tot boven met modder bedekt, moeizaam, stap voor stap terug. Maar behalve een paar honderd meter granaattrechters had de Engelsman daar niets anders dan de dood gevonden. Nu, in de herfst van het jaar 1918, stonden wij voor de derde maal op die grond, waar we in 1914. stormliepen. Het stadje Comines, waar wij vroeger kwamen, om uit te rusten, was nu strijdterrein geworden. Maar al was het terrein hetzelfde gebleven, de mensen waren anders geworden; nu „deden" ook de soldaten „aan politiek". Het vergif uit het vaderland begon ook hier, als overal, te werken. Met de jongste lichting was niets te beginnen – die kwam uit het vaderland.

In de nacht van de 13de op de 14de oktober begonnen de Engelsen op het zuidelijk front voor Yperen met gasbommen te gooien; men gebruikte daarbij geelkruisgas, waarvan wij de uitwerking nog niet aan den lijve hadden ondervonden. Ik zou het nog in diezelfde nacht leren kennen. Op een heuvel ten zuiden van Wervik hadden wij al in de avond van de 13de oktober verscheidene uren achtereen, een trommelvuur van gasbommen te doorstaan, en dat werd de gehele nacht in meer of minder hevige mate voortgezet. Al omstreeks middernacht viel een gedeelte van ons uit, waaronder enkele kameraden meteen voorgoed. Tegen de ochtend kreeg ook ik pijn, die van kwartier tot kwartier erger werd, en om zeven uur in de vroege morgen verliet ik, strompelend en wankelend, met brandende ogen het front, met mijn laatste rapport uit de oorlog nog bij me. Een paar uren later waren mijn ogen tot gloeiende kolen geworden, en was het nacht om mij heen. zo kwam ik in het hospitaal te Pasewalk in Pommeren, en daar moest ik – de revolutie beleven.

Er hing al lang iets ondefinieerbaars, iets weerzinwekkends in de lucht. Men vertelde, dat het er in de eerstvolgende weken „op los zou gaan" – en ik kon er me alleen geen precies denkbeeld van vormen, wat ik daaronder moest verstaan. Ik dacht in de eerste plaats aan een staking, in de trant van die in het voorjaar. Bij de marine moest het gisten – onophoudelijk kwamen er slechte berichten uit de havens. Maar ook dit leek mij nog meer het product van de oververhitte verbeelding van enkele heerschappen, dan een beweging waarbij grotere groepen waren betrokken. In het hospitaal zelf praatte iedereen weliswaar over het einde van de oorlog, en hoopte, dat het maar spoedig zou mogen komen, maar op een „dadelijk" rekende niemand. kranten kon ik niet lezen. In november nam de algemene spanning nog toe. En toen op een dag gebeurde de ramp, plotseling en op het onverwachtst. Matrozen kwamen op vrachtauto's aanrijden, en riepen op tot revolutie; een paar Jode jongens waren de leiders in deze strijd voor de „vrijheid, schoonheid en waardigheid" van ons volksbestaan.

Geen van hen had het front gezien. Via een lazaret voor geslachtsziekten waren deze drie Oosterlingen uit de veilige etappe aan het vaderland teruggegeven. Nu heerst daar het rode vod. Met mij ging het in de laatste tijd wat beter. De knagende pijn in mijn oogholten was wat verminderd; langzamerhand begon ik mijn omgeving in grote lijnen weer te onderscheiden. Ik mocht de hoop koesteren, dat ik tenminste in zoverre weer ziende zou worden, dat ik later het een of andere beroep zou kunnen uitoefenen. Maar ik mocht niet verwachten, dat ik ooit nog weer zou kunnen tekenen. zo was ik toch aan de beterende hand, toen het vreselijke gebeurde.

Ik hoopte nog steeds, dat het bij dit landverraad nog een min of meer plaatselijk optreden betrof. Ik trachtte ook nog, enige kameraden met deze veronderstelling weer moed in te spreken. Vooral mijn Beierse medepatiënten waren daarvoor zeer toegankelijk. De stemming onder hen was allesbehalve „revolutionair". Ik kon me niet voorstellen, dat deze waanzinnige dingen ook te München zouden kunnen gebeuren. Het leek me toe, dat de trouw jegens het eerbiedwaardige Huis Wittelsbach (het Beierse vorstenhuis. Vert.) nog wel bestand zou blijken tegen de wil van een paar Joden. Daarom kon ik ook niet anders geloven, dan dat het hier ging om een „Putsch" van de marine, die zeker in de eerstvolgende dagen zou worden onderdrukt. De eerstvolgende dagen kwamen, en daarmee de ergste onzekerheid, die ik in mijn leven tot nu toe nog had gekend. Steeds somberder werden de geruchten. Wat ik voor een plaatselijk oproer had gehouden, zou een algemene revolutie zijn. Daarnaast hoorde ik de oneervolle berichten van het front. Men wilde zich overgeven. Maar was zoiets dan inderdaad mogelijk? De 10de november kwam de dominee in het hospitaal, om enkele woorden tot ons te spreken; en nu kwamen wij van alles op de hoogte.

Ik was ook aanwezig bij die korte toespraak, en verkeerde in een toestand van de grootste opwinding. De oude eerwaardige heer scheen zeer te beven, toen hij ons meedeelde, dat het Huis Hohenzollern voortaan de Duitse keizerskroon niet meer mocht dragen, want dat het vaderland nu „republiek" was geworden; dat men de Almachtige moest smeken, om zijn zegen ook aan deze verandering niet te onthouden, en ons volk in de komende dagen niet te verlaten. En toen kon hij het blijkbaar niet over zijn hart verkrijgen, om niet een enkel woord te wijden aan het Vorstenhuis, en aan het vele goede, dat het voor Pommeren, voor Pruisen, nee, voor het gehele vaderland had gedaan, en toen — begon hij zacht voor zichzelf te schreien. In de kleine zaal maakte zich een diepe neerslachtigheid van allen meester, en ik geloof niet, dat er iemand zijn tranen kon bedwingen.

Toen de oude heer echter trachtte, verder te vertellen, en begon mee te delen, dat wij nu een eind moesten maken aan de lange oorlog, en dat ons vaderland in het vervolg een zeer zware onderdrukking zou moeten doorstaan, omdat wij de oorlog nu hadden verloren en wij aan de genade van de overwinnaar waren overgeleverd; dat de wapenstilstand zou worden aangenomen in vertrouwen op de grootmoedigheid van diegenen, die totnogtoe onze vijanden waren geweest — toen hield ik het niet langer uit. Het werd mij onmogelijk, om nog langer te blijven. Het werd weer zwart voor mijn ogen, en ik tastte en wankelde terug naar de slaapzaal, waar ik me op mijn bed neerwierp, en mijn brandend hoofd in deken en kussen drukte. Ik had niet meer geschreid sinds de dag, dat ik aan het graf van mijn moeder had gestaan. Wanneer het noodlot mij in mijn jeugd hardhandig had aangepakt, dan was daardoor alleen mijn koppigheid wat groter geworden. Wanneer de dood in die lange, lange oorlogsjaren, nu eens deze, dan weer gene trouwe kameraad en vriend uit onze rijen wegmaaide, dan zou ik het mezelf bijna kwalijk hebben genomen, wanneer ik geklaagd had – zij stierven immers voor Duitsland! En toen ik tenslotte zelf, nog in de laatste dagen van die vreselijke worsteling – door het sluipende gas werd overvallen, en dit in mijn ogen begon te schroeien, en mijn moed me dreigde te begeven bij het ontzettende vooruitzicht, dat ik voor altijd blind zou worden, toen donderde de stem van het geweten me toe: Wat, miserabele kerel, die je bent, zou jij willen huilen, terwijl duizenden het oneindig veel erger te verantwoorden hebben dan jij?! – en zo droeg ik dan zwijgend en gelaten mijn lot.

Maar nu kon ik mezelf niet meer bedwingen. Nu eerst zag ik, hoe alle eigen leed volkomen in het niet verzinkt tegenover de nood van het vaderland. Alles was dus tevergeefs geweest. Tevergeefs waren al de offers en ontberingen, tevergeefs de honger en de dorst, die ons vaak maanden aaneen had gekweld en uitgeteerd, tevergeefs waren de uren geweest, dat wij onzen eigen doodsangst weerstonden, en toch onzen plicht deden. En twee miljoen mannen waren voor niets de dood in gegaan. Was het niet, alsof de graven van al die honderdduizenden, die eenmaal waren uitgetrokken in een vast geloof aan het vaderland, om niet weer te keren, nu moesten openbarsten? Was het niet, alsof ze zich moesten openen, en de zwijgende helden, in hun kleed van bloed en modder, als wrekende geesten naar het vaderland moesten zenden, naar dat vaderland, dat hun het grootste offer, dat een man aan zijn volk kan brengen, zo smadelijk en onder een vals voorwendsel ontfutseld had? Waren zij daarvoor gevallen, de soldaten van augustus en september 1914; trokken daarvoor de vrijwilligers-regimenten in de herfst van datzelfde jaar dezelfde weg op, die hun oude kameraden hun waren voorgegaan? Daalden daarvoor die jongens van 17 jaar in de Vlaamse grond? Was dit de zin van het offer, dat de Duitse moeder aan het vaderland bracht, toen zij met zo felle pijn in het hart destijds haar liefste jongens liet wegtrekken, om ze nimmer weer te zien? Was dit alles werkelijk gebeurd, opdat nu een troep ellendige misdadigers de hand aan het vaderland zou kunnen slaan?

Had de Duitse soldaat dus daarvoor de stekende zon en de sneeuwstormen verdragen? Had hij daarvoor honger, dorst en koude geleden en de vermoeienis van zovele slapeloze nachten, en zo eindeloos lange marsen doorstaan? Had hij daarvoor in de hel van het trommelvuur en in de koortsonrust van de gasbombardementen gelegen, zonder te wijken, met steeds die ene plicht voor ogen, dat hij het vaderland moest beschermen tegen een vijandelijke inval?

Waarlijk ook deze helden verdienden een grafsteen met het opschrift: „Wandelaar", als gij naar Duitsland komt, zeg dan aan het land, vanwaar wij kwamen, dat wij hier liggen, trouw aan het vaderland en in trouwe vervulling van onzen plicht".

Maar wat deed het vaderland? En was dat dan het enige offer, dat wij moesten tellen? Was het oude Duitsland, dat toch ook verloren was gegaan, minder kostbaar dan dit leed en al deze doden? Was er niet ook nog zoiets als een verplichting tegenover onze eigen geschiedenis? Waren wij nog wel waard, de roem van het verleden de onzen te noemen? En hoe zouden wij deze daad ooit tegenover de toekomst kunnen verantwoorden? Die ellendige ontaarde misdadigers!

Hoe meer ik in dit bittere uur trachtte, de gehele betekenis van deze ontzettende betekenis te overzien, des te meer gloeide ik van schaamte en verontwaardiging over zo een schande. Wat had al die pijn in mijn ogen tenslotte te betekenen tegen deze vreselijke gebeurtenis? Nu volgden er ontzettende dagen en nog ergere nachten — ik wist, dat alles verloren was. Alleen gekken of — leugenaars en misdadigers konden op de genade van de vijand hopen. In deze nachten groeide mijn haat tegen de aanstichters van deze daad.

In de daaropvolgende dagen begreep ik ook mijn eigen lot. Ik moest nu lachen bij de gedachte aan mijn eigen toekomst, die mij tot voor kort nog met zo ernstige bezorgdheid had vervuld. Of was het soms niet eenvoudig een belachelijk idee, dat er iemand wilde bouwen op zo een grond?! Tenslotte werd het mij ook opeens duidelijk, dat er eigenlijk niets anders was gebeurd, dan datgene, wat ik al zo dikwijls had gevreesd, maar wat ik om gevoelsredenen nimmer had kunnen geloven.

Keizer Wilhelm II was de eerste Duitse keizer geweest, die de marxistische leiders de hand ter verzoening had toegestoken, omdat hij niet begreep, dat schurken geen eer bezitten. Want terwijl zij de keizerlijke hand nog in de hunne hielden, zocht de linkerhand al naar de dolk. Met de Jood kan men geen enkel compromis sluiten. Tussen Jood en niet Jood kan niets anders bestaan dan het onverbiddelijke „jij of ik"!

Ik besloot echter, politicus te worden.

Adolf Hitler

ACHTSTE HOOFDSTUK BEGIN VAN MIJN POLITIEKE LOOPBAAN

Nog in het eind van november keerde ik terug naar München. Ik begaf mij weer naar het depótbataljon van mijn regiment, waar de „soldatenraden" de macht in handen bleken te hebben. Dat hele gedoe stuitte mij zo tegen de borst, dat ik dadelijk besloot, om, wanneer het mogelijk was, de stad weer te verlaten. Met een trouwe frontkameraad Ernst Schmiedt ging ik naar Traunstein en bleef daar, tot de legerplaats werd opgeheven. In maart 1919 gingen wij weer naar München terug. De toestand daar was onhoudbaar en moest noodzakelijkerwijze tot een voortzetting van de revolutie leiden. De dood van Eisner verhaastte dit proces nog en hierdoor kwam het tenslotte tot de Radendictatuur, of beter gezegd tot een voorbijgaande Jodenheerschappij in de trant zoals het de eigenlijken aanstichters van de revolutie oorspronkelijk voor ogen had gestaan.

In deze tijd maakte ik een eindeloos aantal plannen, die ik dan echter telkens, als onuitvoerbaar, weer moest verwerpen. Dagenlang overlegde ik, wat ik toch zou kunnen doen, maar het einde van iedere overdenking was steeds weer de vaststelling van het nuchtere feit, dat ik als naamloze, één uit de zeer velen zelfs voor de allergeringste doelmatige daad de gelegenheid miste. De redenen, waarom ik ook destijds niet kon besluiten, me bij een van de bestaande partijen aan te melden, zal ik nog nader uiteenzetten. Tijdens de nieuwe Radenrevolutie trad ik voor het eerst zodanig op, dat ik mij de ontevredenheid van de Centrale Raad op de hals haalde. In de vroege morgen van de 27ste april 1919 moest ik gearresteerd worden — maar voor de dreigenden loop van de karabijn ontbrak het de heren aan moed, en zij trokken weer af, zoals ze waren gekomen.

Enkele dagen na de bevrijding van München werd ik opgeroepen, om zitting te nemen in de commissie tot onderzoek van de revolutionaire feiten, gepleegd bij het 2e Regiment Infanterie. Dit was de eerste keer, dat mijn daden een tamelijk rechtstreeks politiek karakter droegen. Enige weken later al kreeg ik bevel, deel te nemen aan een cursus, die voor hen, die tot de weermacht behoorden, werd gegeven. Daardoor wilde men de soldaten enige staatsburgerlijke grondbegrippen bijbrengen. Voor mij lag de waarde van deze gehele instelling daarin, dat ik hierdoor in de gelegenheid kwam, enige gelijkgezinde kameraden te leren kennen, met wie ik de toestand van het ogenblik gedetailleerd en diepgaand kon bespreken.

Wij waren allemaal in meerdere of mindere mate de overtuiging toegedaan, dat de partijen, die de novembermisdaad op hun geweten hadden, het Zentrum en de sociaal-democraten, Duitsland niet voor de komende debacle zouden kunnen behoeden, maar dat ook de zogenaamde „burgerlijk nationale" kongsies, zelfs met de besten wil ter wereld, niet bij machte zouden zijn, om de begane fouten weer goed te maken. Daartoe moest aan een gehele reeks van voorwaarden worden voldaan, die nu eenmaal voor het slagen van zo een werk onmisbaar zijn; en dit gebeurde beslist niet. De gang van zaken in de tijd nadien heeft bewezen, dat onze mening destijds juist was.

Daarom bespraken wij in onze kleine kring de mogelijkheid, om tot de oprichting van een nieuwe partij te komen. De principes, waarvan wij hierbij wilden uitgaan, waren dezelfde die later de dragende gedachten van de „DeutseArbeiterpartei" vormden. De naam van de te stichten beweging moest een zodanige zijn, dat hij dadelijk al aantrekkingskracht op de massa zou uitoefenen, want zonder dat leek ons ieder werk nutteloos en overbodig. Zodoende kwamen wij op de naam „Sozialrevolutionäre Partei"; dit, omdat de sociale opvattingen van de nieuwe organisatie immers inderdaad revolutionair waren. De diepere reden hiervoor vloeiden uit het volgende voort.

Al had ik me vroeger ook al tamelijk serieus met economische vraagstukken bezig gehouden, toch had zich dit alles min of meer beperkt tot die kwesties, die in rechtstreeks verband stonden met sociale problemen, en ik was hierop ook eigenlijk nooit dieper ingegaan. Pas later, toen ik de Duitse bondgenootschappolitiek bestudeerde, had zich ook hier mijn gezichtsveld uitgebreid. Want deze bondgenootschappolitiek was immers voor een zeer belangrijk deel te wijten aan het feit, dat men het economische niet op de juiste waarde schatte en zich ook veel te weinig had bezig gehouden met de mogelijkheden, om het Duitse volk in de toekomst te voeden.

Al deze gedachten echter berustten nog op de mening, dat ieder kapitaal direct uit arbeid was voortgekomen en dus voortdurend onderhevig was aan al die correcties, die nu eenmaal alles wat van de mens komt, kunnen tegenwerken of stimuleren. Daaraan ontleende het kapitaal immers ook zijn grote nationale betekenis, dat het zelf zo volkomen afhankelijk was van de grootte, de vrijheid en de macht van de staat – dus van de natie – dat het door deze gebondenheid alleen al moest worden gedwongen, om, eenvoudig uit drang tot zelfbehoud of tot vermenigvuldiging, de staat en de natie voorwaarts te helpen. Dit feit, dat het kapitaal afhankelijk was van de onafhankelijke vrije staat, dwong dus dit kapitaal om zijnerzijds voor de vrijheid, de macht en de kracht van de natie in de bres te springen. Daardoor was ook de houding, die de staat ten aanzien van het kapitaal had in te nemen, betrekkelijk duidelijk en scherp omlijnd: hij moest er alleen voor zorgen, dat dit kapitaal steeds een dienende functie in de staat bleef vervullen en zich niet ging inbeelden, dat het over de natie te gebieden had. Deze houding werd dan door twee eisen begrensd: enerzijds de instandhouding van een levenskrachtige nationale en onafhankelijke economie, anderzijds de bescherming van de sociale rechten van de werknemers.

Het onderscheid tussen dit zuivere kapitaal, dat het eindproduct van gepresteerde arbeid is, en het andere kapitaal, dat zijn ontstaan geheel aan speculatie te danken heeft en daarvan ook nog het karakter draagt, bleef mij vroeger eigenlijk te zeer verborgen. Ik kwam er eenvoudig niet toe, dit door nadere studie uit te pluizen, omdat ik geen reden tot deze studie zag. Maar dit gebeurde nu op zeer grondige wijze door een van de heren, die lezingen hield binnen het bestek van de eerder genoemde cursus, door Gottfried Feder. Voor de eerste keer in mijn leven hoorde ik een principiële uiteenzetting over het internationale beurs- en leningskapitaal.

Toen ik Feders eerste lezing had bijgewoond, schoot mij ook dadelijk de gedachte door het hoofd, dat ik nu een vingerwijzing had gekregen, in welke richting ik een der belangrijkste grondslagen van de nieuwe partij had te zoeken. Dat was in mijn ogen vooral de verdienste van Feder, dat hij met onverbiddelijke scherpte het karakter van dit beurs- en leningskapitaal had vastgelegd, en zowel de speculatieve kant alsook de grote invloed, die dit op de economische toestand van de samenleving uitoefent, duidelijk had getoond, terwijl hij anderzijds de vinger legde op de eeuwige niet te stillen honger naar rente. Zijn exposés over alle principiële kwesties waren zo juist, dat degenen die met hem van mening verschilden, hun kritiek van de beginne af niet zozeer richtten op de meer of minder theoretische juistheid van zijn idee, maar voornamelijk de praktische uitvoerbaarheid ervan betwijfelden. Maar datgene wat in de ogen van anderen een zwak punt van Feders uiteenzettingen was, maakte naar mijn mening juist de kracht daarvan uit.

Het is niet de taak van de programma opsteller om vast te stellen, in hoeverre iets in de praktijk uitvoerbaar is. Hij moet in de eerste plaats de kwestie op zichzelf stellen: hij moet zich meer om het doel dan om de methoden bekommeren. Hierbij is echter de principiële juistheid van een idee het bepalende en zijn de bezwaren, die aan haar praktische doorvoering zijn gebonden, slechts van zeer gering belang. Op het ogenblik, dat de programopsteller tracht, zich niet meer door de absolute waarheid, maar door de zogenaamde „doelmatigheid" en „werkelijkheid" te laten leiden, zal zijn arbeid ophouden, een leidende ster voor de zoekende mensheid te zijn, en zal in plaats daarvan tot een alledaags receptje worden. De programma opsteller van een beweging moet het doel daarvan formuleren – de politicus dient de vervulling daarvan na te streven.

Voor de eerste zal dus de eeuwige waarheid het richtsnoer zijn, terwijl de daden van de ander meer door de praktische eisen van het ogenblik worden bepaald. De grootheid van de eerste ligt in de absolute theoretische juistheid van zijn idee; die van de ander in een juiste kijk op de gegeven feiten en een vruchtbare hantering daarvan, waarbij het doel, dat de programopsteller heeft geformuleerd, hem tot leidster moet dienen.

Terwijl men de betekenis van een politicus mag afwegen naar de resultaten van zijn plannen en daden – deze dus gezien als de verwerkelijkingen van die plannen – kan het einddoel van de programopsteller nooit worden bereikt, omdat het menselijke verstand weliswaar bij machte is, om waarheden te doorvoelen, maar de volledige vervulling hiervan door de onvolmaaktheid en ontoereikendheid, die kenmerkend is voor al het menselijke, een schone droom moet blijven.

Hoe groter de abstracte juistheid, dus ook hoe geweldiger de idee zal zijn, des te verder zal de volkomen vervulling ervan bij het doel ten achter blijven, voor zover dit van de mens afhankelijk is. Daarom mag ook de betekenis van een programopsteller niet aan het bereikte resultaat, maar alleen aan de juistheid van zijn doel worden afgemeten en aan de invloed, die dit ideaal op de ontwikkeling van de mensheid heeft gehad. Indien dit niet het geval ware, dan zouden de stichters van godsdiensten nimmer tot de grootste mensen op aarde mogen worden gerekend, omdat de vervulling van hun ethische einddoelen immers nooit ook maar ten naaste bij kan worden volbracht. Zelfs de invloed, die van de godsdienst der liefde uitgaat, is maar een zeer gebrekkige vertolking der ware bedoeling van haar grote stichter; maar zijn geweldige betekenis ligt juist hierin, dat hij een algemene, culturele, zedelijke en morele ontwikkeling van de mens heeft trachten te geven.

Dit buitengewoon grote verschil tussen de levenstaak van de programma opsteller en die van de politicus is ook de reden, waarom men bijna nooit beide functies in een persoon verenigd ziet. Dit laatste geldt wel in het bijzonder voor de zogenaamde „succesvolle" politicus van kleiner formaat, wiens gehele bezigheid meestal inderdaad niets anders is dan een „kunst aan het mogelijke", zoals Bismarck de gehele politiek ietwat bescheiden definieerde. Des te minder zo een „politicus" zich ophoudt met grote ideeën, des te gemakkelijker, des te sneller zal hij succes hebben, terwijl zo een leegheid zijn successen ook nog vaak éclatanter doet zijn. Daarmee zijn ze dan echter ook volkomen tot sterfelijkheid gedoemd, zoals alles wat van deze aarde is, en overleven soms hun vaders niet eens.

Welbeschouwd heeft het werk van zulke politici voor het nageslacht geen betekenis, omdat hun resultaten zo geheel in het heden liggen en immers juist te danken zijn aan het feit, dat hun scheppers zich verre hebben gehouden van alle werkelijk grote en ingrijpende problemen en gedachten, die als zodanig ook voor latere generaties betekenis hadden gehad. Het streven naar zo een doel, waarvan nog de verste toekomst nut en profijt zou kunnen trekken, werpt meestal slechts karige vruchten af voor diegene, die het verdedigt, en vindt maar zelden waardering bij de grote massa, die het belang van melk- en bierverordeningen veel beter inziet, dan dat van grootse toekomstplannen, die eerst later werkelijkheid kunnen worden, maar die eerst aan het nageslacht ten goede zullen kunnen komen.

Daarom ook zal — alleen al uit hoofde van een zekere ijdelheid, die altijd de zuster van de domheid is — het gros der politici zich niet wagen aan enig moeilijk toekomstplan, om niet de kortstondige sympathie van de grote massa te verspelen. Het succes en de betekenis van zo een politicus zijn dan uitsluitend aan het heden gebonden, en zijn voor het nageslacht van nul en gener waarde. Voor lieden van kleiner formaat is dit geen groot bezwaar; zij zijn daarmee wel tevreden. De theoreticus echter verkeert in geheel andere omstandigheden. Zijn betekenis ligt bijna altijd uitsluitend in de toekomst, omdat hij immers niet zelden dat is, wat men met wereldvreemd pleegt aan te duiden. Want wanneer van het werk van de politicus gezegd kan worden, dat het de kunst van het mogelijke is, dan is de theoreticus één van diegenen, waarvan het heet, dat ze de goden alleen welgevallig zijn, wanneer ze het onmogelijke eisen en nastreven. Hij zal dan ook bijna nooit door zijn eigen tijdgenoten worden geëerd, maar oogst, wanneer zijn gedachten onsterfelijk zijn, in ruil daarvoor de hulde en bewondering van het nageslacht. Natuurlijk kan het in lange perioden van de menselijke geschiedenis wel eens een enkele keer voorkomen, dat politicus en theoreticus in één persoon verenigd zijn.

Hoe onaantastbaarder in zo'n geval de eenheid is, des te groter zal dan ook de remmende werking zijn, die de politicus ondervindt. Hij werkt nu niet meer voor alledaagse behoeften, waarvan iedere kleine bourgeois dadelijk het nut inziet, maar streeft naar hogere doeleinden, die slechts enkelen met hem kunnen zien. Daarom is zijn leven dan steeds verscheurd door liefde en haat. Het protest van de mensen van nu, die hem niet begrijpen, kan niet samengaan met de waardering van de toekomstige, waarvoor hij immers ook werkt. Want hoe groter de werken zijn, die een mens voor de toekomst verricht, des te minder zal het heden ze weten te waarderen; des te moeilijker zal ook zijn strijd zijn, en des te geringer zijn kansen op persoonlijk succes. Gebeurt het echter toch eens in eeuwen, dat het werk van een groot man nog tijdens zijn leven resultaten afwerpt, dan kan het zijn, dat hem nog in de laatste dagen van zijn leven een flauw schijnsel van zijn komende roem omstraalt.

Maar steeds zijn deze groten de Marathonlopers van de geschiedenis; de lauweren van het heden raken enkel de slapen van de stervende held. Tot die groten behoren ook de grote strijders op deze wereld, die, zonder door het heden begrepen te zijn, tóch voor hun ideeën en idealen willen doorvechten. Zij zijn het, die later eenmaal de grootste invloed zullen hebben op het hart van het volk; het lijkt wel, alsof ieder dan de plicht voelde, om nu goed te maken, wat het verleden aan de grote man misdeed.

Zijn leven en streven heeft dan de ontroerend dankbare belangstelling van allen, wordt door ieder bestudeerd, en weet – vooral in sombere dagen – veel gebroken harten en veel wanhopige zielen weer nieuwe moed te geven. Tot deze groep van grootsten behoren echter niet alleen de waarlijk grote staatslieden, maar ook alle andere grote hervormers. Naast Frederik de Grote staat hier zowel Martin Luther als Richard Wagner.

Toen ik de eerste lezing van Gottfried Feder over de „verbreking van de slavenketenen der rente" had aangehoord, wist ik dadelijk, dat hier een theoretische waarheid werd aangeroerd, die van ongelooflijke betekenis voor de toekomst van het Duitse volk zou moeten worden. De scherpe scheidingslijn, die er tussen de belangen van de nationale economie en die van het beurskapitaal liep, stelde ons in de gelegenheid, tegen de verinternationalisering van de Duitse economie op te treden, zonder gelijktijdig genoodzaakt te zijn de strijd tegen het gehele kapitaal als zodanig op te nemen, en daardoor de grondslagen van een onafhankelijk volksbestaan aan te tasten. De ontwikkeling van Duitsland stond mij toen allang zeer scherp omlijnd voor de geest, en daardoor wist ik zeer goed, dat de zwaarste strijd niet meer tegen de vijandelijke volkeren, maar tegen het internationale grootkapitaal geleverd zou moeten worden. In Feders redevoering nu voelde ik een geweldig wapen voor deze komende worsteling.

En ook hier weer bewees de latere ontwikkeling, hoe juist destijds al ons gevoel was geweest. Heden ten dage worden wij niet meer uitgelachen door de slimmeriken onder onze burgerlijke politici; heden ten dage zien zelfs zij, voor zover ze geen bewuste leugenaars zijn, dat het internationale beurskapitaal niet alleen door zijn stoken de grootste schuld draagt aan de oorlog, maar dat het ook thans, nu de strijd is afgelopen, niets ongedaan laat om de vrede in een hel te veranderen. De strijd tegen het internationale grootkapitaal is het belangrijkste programmapunt geworden in de strijd, die het Duitse volk voert voor zijn economische onafhankelijkheid en vrijheid. Wat echter de bezwaren van de z.g. „practici" aangaat, daarop kan het volgende ten antwoord worden gegeven: Al die vrees voor de ontzettende gevolgen, die voor onze economie zouden voortvloeien uit de praktische toepassing van de „verbreking van de ketenen der renteslavernij", is overbodig; want in de eerste plaats zijn al de andere economische recepten het Duitse volk zeer slecht bekomen, en herinnert de houding, die men inneemt tegenover de verschillende vraagstukken die opgelost moeten worden, indien ons volk zich wil kunnen handhaven, ons buitengewoon sterk aan de rapporten, die in vroeger tijden deskundigen van hetzelfde slag over nieuwigheden uitbrachten, zo bij voorbeeld dat van het Beierse doktoren college over het vraagstuk, of men al dan niet zou overgaan tot de aanleg van spoorwegen.

Van alles, wat deze vroede vergadering vreesde is, zoals bekend, niets uitgekomen: de reizigers, die zich door de kracht van het nieuwe „stoomros" lieten voorttrekken, werden niet duizelig – de toeschouwers werden niet ziek, en van de schuttingen, waardoor men de nieuwe inrichting aan het oog wilde onttrekken, heeft men ook afgezien — alleen de planken voor de hoofden van alle zogenaamde „deskundigen" bleven ook voor het nageslacht bewaard. In de tweede plaats echter dient men het volgende te bedenken: Iedere idee, ook de beste, wordt een gevaar, wanneer ze zich inbeeldt, dat ze doel is, terwijl ze in werkelijkheid slechts een middel ter bereiking van een doel betekent – voor mij echter, en voor alle ware nationaal-socialisten met mij – bestaat er maar eén doctrine: volk en vaderland. Het doel, waarvoor wij te strijden hebben, is, te zorgen, dat het leven en de vermenigvuldiging van ons ras en ons volk verzekerd zijn, dat er voedsel zal zijn voor onze kinderen, dat hun bloed zuiver zal blijven, en dat het vaderland vrij en onafhankelijk zal zijn, opdat ons volk rijp mag worden om de zending te vervullen, die ook hem door de Schepper van het heelal is toegewezen.

Iedere gedachte en ieder idee, iedere leer en iedere wetenschap moeten aan dit doel dienstbaar zijn. Men moet bij de beoordeling van ieder ding en iedere toestand ook steeds dat doel voor ogen houden, en het naarmate het in meerdere of mindere mate daaraan dienstbaar is, aanvaarden of verwerpen. Zodoende kan nooit een theorie verstarren tot een dodelijke doctrine, omdat alles immers altijd en overal alleen het leven moet dienen. Daardoor waren de inzichten van Gottfried Feder voor mij aanleiding, om dit terrein – dat mij totnogtoe nóg slechts weinig bekend was geweest – aan een diepgaande studie te onderwerpen. lk begon weer te leren, en doorzag nu eerst geheel de wil van het levenswerk van de Jood Karl Marx. Nu eerst begreep ik ten volle zijn „Kapitaal", evenals de strijd van de sociaal-democratie, die niets anders wil dan de heerschappij van het waarlijk internationaal grootkapitaal voor te bereiden.

Maar nog in een ander opzicht hadden deze cursussen de grootste betekenis voor mijn toekomst.

Op een dag meldde ik mij voor het debat. Één van de deelnemers meende, voor de Joden een lans te moeten breken, en begon hen in lange uiteenzettingen te verdedigen. Dat prikkelde mij, en dwong me, te antwoorden. Het overgrote deel van de aanwezige leerlingen van de cursus bleek mijn standpunt te delen. Het gevolg hiervan echter was, dat ik enkele dagen later bevel kreeg, mij bij een regiment, dat destijds te München lag, te melden, om daar als „officier van de vorming" dienst te doen. De discipline in het leger was destijds nog zeer slap, en had nog steeds te lijden van de nawerkingen van de periode der soldatenraden. Men kon er niet dan zeer langzaam en voorzichtig toe overgaan, om de „vrijwillige" gehoorzaamheid – zoals men de zwijnenstal tijdens Kurt Eisners bewind zo roerend schoon placht te betitelen – weer te vervangen door de militaire discipline en hiërarchie. En ook moest de soldaat tot nationaal voelen en -denken worden opgevoed. En op deze beide terreinen nu lag mijn nieuwe taak.

Ik begon met ijver en toewijding. Nu zou ik dan toch eindelijk eens de gelegenheid krijgen, om voor een groter gehoor te spreken, en wat ik vroeger altijd zuiver intuïtief had verondersteld, bleek nu waar te zijn: ik kon „spreken". Ook mijn stem was al zoveel sterker geworden, dat ik tenminste in de kleinere soldatenverblijven tot in de uiterste hoeken behoorlijk verstaanbaar bleef. Geen taak had mij gelukkiger kunnen maken dan deze, want nu was ik in de gelegenheid, om nog voor mijn ontslag uit de dienst, van nut te zijn aan die instelling, die mij altijd zeer na aan het hart had gelegen: aan het leger. Ik kon ook zeggen, dat ik succes had.

Vele honderden, waarschijnlijk zelfs wel duizenden van mijn kameraden heb ik door mijn lezingen weer tot hun vaderland en hun natie teruggebracht. Ik maakte de troep weer nationaal, en kon langs deze weg ook meehelpen, om de algemene discipline te verbeteren. Weer leerde ik daarbij een aantal kameraden kennen, die net zo dachten als ik, en die later de basis van de nieuwe beweging begonnen te vormen.

NEGENDE HOOFDSTUK DE „DEUTSCHE ARBEITERPARTEI"

Op een dag kreeg ik van één van de boven mij geplaatste instanties bevel, om eens te zien, of ik wat naders te weten kon komen omtrent „die Deutsche Arbeiterpartei", die eerdaags een vergadering zou beleggen; het was klaarblijkelijk een politieke beweging, en Gottfried Feder zou op deze vergadering ook het woord voeren; ik moest die vergadering bezoeken, de toestand daar eens opnemen en dan rapport uitbrengen. De belangstelling, die het leger destijds had voor de politieke partijen, was maar al te begrijpelijk. De revolutie had de soldaten het recht toegekend, om zich met de politiek te bemoeien, waarvan nu natuurlijk de minst ervarenen het meeste gebruik maakten. Pas op het ogenblik, dat het Zentrum en de sociaal-democratie tot hun diep leedwezen moesten constateren, dat de sympathieën der soldaten al spoedig de revolutionaire partijen in de steek lieten, en weer de zijde van de nationale beweging en de nationale wederopstanding begonnen te kiezen, zag men zich genoodzaakt, om de soldaten het kiesrecht weer te ontnemen en iedere politieke actie te verbieden.

Dat het Zentrum en de marxisten deze maatregel namen, was begrijpelijk genoeg, want indien men deze „staatsburgerlijke rechten" – zoals men de politieke emancipatie van de soldaat na de revolutie noemde – niet in deze zin besnoeid had, dan zou de staat al enkele jaren later niet meer op de grondslagen van november 1918 hebben gerust, maar dan zou er ook geen verdere nationale ontering en schande mogelijk zijn geweest. Want de soldaten waren destijds al hard op weg, om de natie van haar bloedzuigers en haar binnenlandse handlangers van de Entente te bevrijden. Dat echter ook de z.g. „nationale" partijen vol geestdrift voor die correctie in de opvattingen der „novembermisdadigers" stemden en zo hielpen, om het instrument, dat een nationale wederopstanding tot stand had kunnen brengen, onschadelijk te maken, toonde weer eens overduidelijk, tot wat voor waanzin de, steeds strengdoctrinaire, ideeën van deze onnozelste van alle onnozelen kunnen leiden. Deze bourgeoisie, die werkelijk hevig aan geestelijke ouderdomszwakte leed, geloofde nu in volle ernst, dat het leger weer zou worden wat het was, n.l. een burcht van Duitse weerbaarheid, terwijl het Zentrum en de marxisten dat leger alleen maar zijn gevaarlijke nationale giftand wilden uittrekken, omdat een leger, zonder dat, toch altijd slechts politie blijft, en geen macht is, die tegen de vijand weet te strijden; iets wat de komende dagen wel voldoende hebben bewezen.

Of droomden onze „nationale politici" bijgeval, dat de ontwikkeling van het leger in andere nationale zin had kunnen gebeuren? Dat was inderdaad wel weer echt een idee voor die heerschappen, en dat komt er van, wanneer men in de oorlog, in plaats van soldaat, kletser, dus parlementariër is, en er geen flauw vermoeden meer van heeft, wat er in het binnenste omgaat van mannen, die steeds weer de stem horen van dat geweldige verleden, toen zij de beste soldaten ter wereld waren. Ik besloot dus, om de bovengenoemde vergadering van die, ook mij nog volkomen onbekende, partij te gaan bezoeken. Toen ik 's avonds het „Leiberzimmer" in de vroegere „Sterneckerbräu" te München betrad, een zaaltje, dat later historische betekenis voor ons heeft gekregen, vond ik daar een 20–25 personen, grotendeels behorende tot de armste groepen der bevolking.

Feders lezing was mij al van de cursussen bekend, zodat ik mijn aandacht geheel wijden kon aan de vereniging zelf. De indruk, die deze op mij maakte, was noch goed noch slecht; een nieuwe partij, zoals er nu eenmaal zoveel waren. Juist in die tijd voelde iedereen zich geroepen om een nieuwe organisatie in het leven te roepen, die niet tevreden was over de huidige gang van zaken, en geen vertrouwen meer stelde in de bestaande partijen.

Deze verenigingen schoten overal als paddestoelen uit de grond op, om na korte tijd weer met stille trom te verdwijnen. De stichters van die organisaties hadden er meestal geen flauw vermoeden van, hoe men een vereniging tot een partij of zelfs tot een beweging omsmeedt. En daarom gingen deze nieuwe groepjes bijna altijd wel vanzelf te gronde aan hun belachelijke kleinburgerlijkheid. Toen ik twee uur lang geluisterd had, was mijn oordeel over de „Deutsche Arbeiterpartei", dat ze al in zeer weinig dingen afweek van al haar collega's. Ik was blij, toen Feder eindelijk was uitgesproken. Ik had genoeg gezien, en wilde al weggaan, toen er „vrij debat" werd toegestaan,. wat voor mij reden was, om nog even te blijven.

Maar ook hier scheen niets te gebeuren, wat de moeite waard was, tot er plotseling een „professor" aan het woord kwam, die eerst aan de juistheid van Feders principes twijfelde, maar toen – na een zeer juiste repliek van Feder – plotseling over de „praktische werkelijkheid" begon, waarbij hij echter de jonge partij zo dringend mogelijk op het hart drukte, zich toch ook vooral toe te leggen op de „bevrijding" van Beieren van het „Pruisische juk". De man durfde zonder blikken of blozen te beweren, dat het eerste gevolg daarvan zou zijn, dat Duits-Oostenrijk zich bij Beieren zou aansluiten, dat de bepalingen van het vredesverdrag dan ook veel soepeler zouden worden, en meer dergelijke waanzin. Toen moest ik ook wel het woord vragen, om dat hooggeleerde heerschap het mijne te zeggen over dit onderwerp – en dat wel met het gevolg, dat de meneer nog voor ik uitgesproken was, met de kous op de kop het lokaal verliet. Toen ik sprak, had men met verbaasde gezichten naar mij zitten luisteren en pas op het ogenblik, dat ik de vergadering goedenavond wilde zeggen om naar huis te gaan, schoot er nog een man op mij af, stelde zich voor – ik had zijn naam niet eens duidelijk verstaan – drukte mij een klein drukwerkje, kennelijk een politieke brochure, in de hand en verzocht me dringend, dit toch vooral te willen doorlezen.

Dat kwam mij zeer gelegen, want nu had ik reden om te hopen, dat ik die vervelende vereniging misschien op eenvoudiger wijze zou kunnen leren kennen, dan door nog meer van dergelijke interessante vergaderingen te moeten bezoeken. Overigens had die man, klaarblijkelijk een arbeider, een gunstige indruk op mij gemaakt. Dat waren de gedachten, die mij bezighielden, toen ik wegging.

Ik woonde toentertijd nog in de kazerne van het 2e Regiment Infanterie, in een klein kamertje, dat nog zeer duidelijk de sporen van de revolutie droeg. Overdag was ik weg, meestal bij het 41ste Regiment Jagers, naar een vergadering, voor een lezing bij een ander regiment of om iets anders in die trant uit te voeren. Ik gebruikte dit kwartier alleen 's nachts, om er te slapen. Omdat ik iedere morgen al voor vijven wakker was, had ik me als tijdverdrijf aangewend, om voor de muizen, die eveneens in het kamertje verblijf hielden, een paar stukjes overgebleven brood of een paar korsten op de grond te strooien, om dan te liggen kijken, hoe de grappige diertjes om deze lekkernijen heen joegen. Ik had in mijn leven al zoveel nood doorgemaakt, dat ik me de honger en dus ook de blijdschap van die kleine diertjes maar al te goed kon indenken. Ook in de morgen na deze vergadering lag ik om een uur of vijf wakker in mijn kooi en sloeg dat geren en gescharrel gade. Ik kon toch niet meer inslapen, dacht plotseling weer aan de avond te voren en tegelijk aan het drukwerkje, dat die ene arbeider mij had gegeven. Ik begon het dus te lezen. Het was een kleine brochure, waarin, door diezelfde man van gisteren, beschreven werd, hoe hij uit de frazenchaos, waaronder de marxisten en de vakverenigingsleiders hun onderhorigen begraven, weer tot nationale opvattingen was gekomen; vandaar ook de titel: „Mijn politiek ontwaken". Toen ik er eenmaal mee was begonnen, las ik de kleine brochure met veel belangstelling door: daarin werd immers juist een proces geschilderd zoals ikzelf twaalf jaar eerder had moeten doormaken. Onwillekeurig zag ik mijn eigen ontwikkeling weer voor me.

In de loop van de dag dacht ik nog enige malen over de kwestie na, en had er tenslotte zeker geen aandacht meer aan geschonken, wanneer ik niet, minder dan een week nadien, tot mijn grote verbazing een briefkaart ontving met de mededeling, dat ik aangenomen was als lid van de „Deutsche Arbeiterpartei". Men verzocht mij, om mijn mening daarover kenbaar te maken en om aanstaande woensdag de bestuursvergadering van deze partij te bij te wonen.

Ik was over deze manier om leden te winnen, meer dan verbaasd, en wist niet of ik er om lachen of er me over ergeren moest. Ik was immers in 't geheel niet van plan om me bij een bestaande partij aan te sluiten, maar wilde er zelf een oprichten. Datgene, wat men hier van mij wenste, lag dus wel allerminst in mijn lijn. Ik wilde de heren al schriftelijk mijn antwoord doen toekomen, toen mijn nieuwsgierigheid toch de overhand kreeg, en ik besloot, op de aangegeven datum te verschijnen, teneinde mijn beweegredenen mondeling toe te lichten.

Het werd woensdag. Het café, waar de bedoelde bijeenkomst plaats zou vinden, was het „Alte Rosenbad" in de Herrnstrasse; een zeer armoedige lokaliteit, waar maar eens in de zoveel maanden bij toeval een klant scheen te komen. Wat in het jaar 1919, toen ook de menu's van de grotere hotels nog slechts een zeer karige en zeer weinig aanlokkelijke aanblik boden, geen wonder was. Dit logement was mij echter tot dusverre volkomen onbekend. Ik liep door de slechtverlichte gelagkamer, waar geen mens zat, zocht de deur van de zijkamer, en trof daar de „vergadering" aan. Boven een tafel hing een gaslamp, die nog ongeveer half intact was en een schemerig licht verspreidde. Aan die tafel zaten vier jonge mensen, waaronder ook de schrijver van de brochure, die mij dadelijk zeer hartelijk begroette en als nieuw lid van de „Deutse Arbeiterpartei" welkom heette.

Ik was nu toch wel min of meer overbluft. Omdat mij werd medegedeeld, dat de „partijvoorzitter" nog kwam, wilde ik ook nog wachten met mijn verklaring. Eindelijk kwam ook deze opdagen. Het was dezelfde, die de vergadering in het „Sterneckerbräu", waar Feder sprak, gepresideerd had. Ondertussen was mijn nieuwsgierigheid weer groter geworden, en ik wachtte op de dingen die komen zouden. De „rijksvoorzitter" van de organisatie was een zekere meneer Harrer; de voorzitter van de afdeling München was Anton Drexler. Nu werden de notulen van de vorige zitting voorgelezen en hierna nam de vergadering een motie van vertrouwen in het beleid van de secretaris aan. Toen kwam het financiële verslag aan de beurt – de vereniging bleek in totaal de somma van 7 Mark 50 te bezitten – en nu nam de vergadering een motie van vertrouwen in het beleid van de penningmeester aan. Ook dit werd door de secretaris op schrift gesteld. Daarna werden de antwoorden voorgelezen, die de voorzitter van de partij had geschreven, en iedereen was het er volkomen mee eens. Nu werd de binnengekomen post behandeld: er waren een brief uit Berlijn, een uit Düsseldorf en een uit Kiel ontvangen; men scheen dit met grote tevredenheid te horen en beschouwde deze omvangrijke correspondentie als het beste en sprekendste bewijs, hoezeer de betekenis van de „Deutse Arbeiterpartei" groeiende was, en daarna – daarna hield men een lange bespreking, over de nieuwe antwoorden, die men hierop zou moeten geven. Het was in één woord: verschrikkelijk!

Dat was toch wel een verenigingsmanie van de ergste soort. En van zo'n club zou ik lid moeten worden? Daarna kwamen de nieuwe lidmaatschapsaanvragen ter sprake, met andere woorden: het feit, dat men mij had gevangen, werd behandeld. Ik begon nu vragen te stellen — maar behalve een formulering van enkele grondbeginselen was er niets aanwezig, geen program, geen strooibiljet, geen velletje bedrukt papier, geen lidmaatschapskaarten, zelfs geen armzalig stempel, alleen kennelijk veel overtuiging en goede wil.

Ik vond geen reden meer om te glimlachen, want wat was dit anders dan een sprekend symptoom van volkomen radeloosheid, en het volkomen ongeloof in alle bestaande partijen, in hun programs, hun plannen en in alles, wat zij deden? Datgene, wat maakte, dat deze enkele jonge mensen hier bijeenkwamen om dingen te doen, die oppervlakkig bezien enkel bespottelijk waren, was immers niets anders dan die stem in hun binnenste, die hun, zeker veel meer via de intuïtie dan via het bewustzijn sprak, dat het gehele bestaande partijwezen niet kon helpen om de wederopstanding van de Duitse natie en de genezing van de vele innerlijke wonden te bewerkstelligen. Ik las het getypte papier met de eerste grondbeginselen snel door, en voelde daaruit, hoe men meer zocht dan wist. Veel was verward of onduidelijk, ook was het zeer onvolledig, maar toch stond er geen enkel woord in, dat niet getuigde van een eerlijke worsteling om tot inzicht te komen. Dat, wat deze mensen voelden, was ook mij bekend: het was dat diepe schrijnende verlangen naar een nieuwe beweging, die meer zou zijn dan een partij, zoals wij totnogtoe steeds hadden gekend.

Toen ik deze avond weer naar de kazerne ging, was mijn oordeel over deze vereniging al gevormd. Ik stond nu voor een vraag, die zeker de moeilijkste was in mijn gehele leven; moest ik me bij deze vereniging aansluiten of niet? Als ik naar mijn verstand te werk ging, dan kon ik niets anders doen dan me afzijdig houden, maar mijn gevoel liet me niet tot rust komen, en telkens, wanneer ik trachtte, mezelf door de zinledigheid van het hele gedoe met dit clubje tot een hard „Nee!" te vermannen, dan sprak ook telkens mijn gevoel weer ervoor. In de eerstvolgende dagen kon ik geen rust vinden.

Ik begon de kwestie van alle zijden te bezien. Het was allang mijn plan geweest, om aan politiek te gaan doen; ik was evenzeer overtuigd, dat dit alleen door middel van een nieuwe beweging kon gebeuren, maar tot dusverre had ik de laatste stoot, die mij tot de daad deed overgaan, nog niet ontvangen. Ik ben niet een van die mensen, die vandaag met iets beginnen om het morgen weer neer te gooien, en zo mogelijk iets nieuws ter hand te nemen. Maar juist dat feit was mede een van de belangrijkste redenen waarom ik zo moeilijk kon besluiten, tot zo een oprichting over te gaan, omdat die immers of alles moest worden, of maar beter helemaal achterwege kon blijven. Ik wist, dat dit voor mij een besluit voor het leven moest worden, en dat ik nooit meer terug zou kunnen. Voor mij was het toen geen tijdelijke liefhebberij, maar bloedige ernst. Ik had altijd al een instinctieve afkeer gevoeld van mensen, die met alles beginnen, maar niets weten af te maken. Zulke bemoeiallen mocht ik niet lijden. Naar mijn mening konden deze lieden veel beter niets doen. Het noodlot zelf scheen mij nu een vingerwijzing te geven. Ik zou mij nooit bij een der bestaande grote partijen hebben aangesloten en zal de redenen daarvoor nog nader uiteenzetten. Dit belachelijke kleine groepje scheen mij toch dit ene voordeel te bezitten, dat het nog niet tot een „organisatie" verstard was, en dat er hierin nog alle ruimte was voor de enkeling, om zijn activiteit naar eigen inzicht te ontplooien. Hier kon men nog werken, en hoe kleiner een beweging was, des te beter zou het mogelijk zijn om haar de juiste vorm te geven. Hier konden de inhoud, het doel en de weg nog volkomen worden bepaald, iets, wat bij de bestaande grote partijen uit de aard der zaak natuurlijk niet het geval was.

Hoe meer ik mij in deze kwestie trachtte te verdiepen, des te sterker werd bij mij de overtuiging, dat de wederopstanding van de natie juist alleen door zulk een kleine beweging kon worden voorbereid – en nooit door de parlementaire politieke partijen, die veel te star vasthouden aan allerlei oude begrippen, of die zelfs voordelen plukken van het nieuwe bewind. Want datgene, wat hier moest worden verkondigd, was een nieuwe wereldbeschouwing, en niet een nieuwe verkiezingsleus. Het was wel een heel moeilijk besluit, om dit plan te willen verwerkelijken. En aan welke voorwaarden voldeed ik dan zelf, dat ik meende, zo een taak op mij te kunnen nemen?

Dat ik arm en zonder middelen was, scheen mij nog het minst bezwaarlijke, maar het was veel ernstiger, dat ik nu eenmaal tot de naamlozen behoorde, tot de miljoenen die bij toeval leven of sterven, zonder dat ook maar de meest nabije medemensen zich verwaardigen daarvan kennis te nemen. Dan kwam er ook nog het bezwaar bij, dat ik eigenlijk een onvoldoende schoolopleiding achter de rug had. De z.g. „intellectuelen" zien immers toch al altijd met een waarlijk oneindige minachting neer op iedereen, die niet door het vereiste aantal scholen is gesleept, en zich daar de nodige kennis heeft laten instampen.

Men vraagt immers nooit: wat kan die man doen? maar altijd: wat heeft hij geleerd? Voor deze „ontwikkelde mensen" is de grootste leeghoofd, als hij maar genoeg rapporten kan laten zien, meer waard dan de scherpzinnigste jongen, die niet over deze kostbare vodjes papier beschikt. Ik kon me dus gemakkelijk voorstellen, wat de houding van deze „ontwikkelde mensen" tegenover mij zou zijn, en de voorstelling, die ik me daarvan maakte, was dan ook enkel in zoverre onjuist, dat ik de mensen destijds voor nog beter hield, dan ze helaas in de nuchtere werkelijkheid maar al te dikwijls blijken te zijn. En daardoor komen natuurlijk de weinige uitzonderingen tegen een dergelijke achtergrond des te beter uit. Ik echter leerde, door al deze dingen, om altijd een scherp onderscheid te maken tussen de eeuwige amateurs en de mensen, die werkelijk iets kunnen.

Nadat ik er twee dagen ernstig en moeizaam over had gepiekerd en nagedacht, kwam ik tenslotte tot de overtuiging, dat ik de stap inderdaad moest maken. Dit was het belangrijkste besluit van mijn leven. Een terug kon en mocht er nu niet meer bestaan. Ik gaf mij dus op als lid van de „Deutsche Arbeiterpartei" en kreeg een voorlopig lidmaatschapsbewijs, dat het nummer zeven droeg.

TIENDE HOOFDSTUK DE OORZAKEN VAN DE INEENSTORTING

De weg, die een vallend lichaam beschrijft, is altijd de afstand tussen het punt, waar dat lichaam zich oorspronkelijk bevond en dat, waar het nu is. Datzelfde geldt ook voor volkeren en staten, waarvan de ontwikkeling op enig gebied in dalende lijn is gegaan. Daaruit volgt echter, dat de oorspronkelijke positie – of beter, de oorspronkelijke hoogte – bij het beoordelen van dergelijke gevallen van de allergrootste betekenis is. Alleen datgene, wat zich boven het algemene peil weet te verheffen, kan ook kennelijk diep vallen. En dat maakt de ineenstorting van het Rijk voor ieder, die denkt en voelt, juist zo ontzettend somber en moeilijk te dragen, omdat het Rijk van een zo grote hoogte viel, dat het voor ons, die zo midden in de ellende van de huidige vernedering leven, maar moeilijk voor te stellen is, dat die hoogte werkelijk eens waarheid was.

De stichting van het Rijk scheen al de stralenkrans te dragen van een grote historische gebeurtenis, die de gehele natie doortrilt en verheft. Na een ongeëvenaarde zegetocht ontstaat eindelijk, als loon voor onsterfelijke heldenmoed, voor de zonen en kleinzonen een Rijk. En of het nu bewust of onbewust was, komt er niet op aan, maar een feit is, dat alle Duitsers het gevoel hadden, dat dit Rijk, dat zijn bestaan niet aan het gekonkel van de een of andere parlementaire fractie te danken had, alleen al door de grootsheid van die verheven gebeurtenis, die zijn stichting geweest was, verre uitstak boven het peil van de andere staten; want de plechtigheid, waarbij de Duitsers, volk en vorsten, als hun wil uitspraken, dat er voortaan een Duits Rijk zou bestaan, en dat de keizerskroon als symbool van dat Rijk in ere hersteld zou worden, dat grootse moment was niet het gevolg van een snaterende woordenstrijd in een parlement, maar was geboren uit het dreunen en donderen van het front, dat Parijs had omsingeld.

En het was niet door sluipmoord ontstaan, dat Rijk, en niet de deserteurs en plichtsverzakers waren het, die de staat van Bismarck zijn grondvesten gaven, maar het waren de regimenten van het front. Deze onvergelijkelijke geboorte en deze doop door vuur alleen al omgaven het Rijk met die vreemde glans van oude historische roem, die alleen zeer oude staten — en dan nog uiterst zeldzaam – ten deel valt. En welk een opstorm was het, die nu begon. De vrijheid naar buiten zorgde, dat in het binnenland het brood overvloedig werd. De natie werd sterk in tal en rijk aan aardse goederen. Maar voor de eer van de staat en daarmee voor die van het volk, stond wakend en beschermend een leger, dat het duidelijkste blijk was van het verschil tussen dit Rijk en de voormalige Duitse Bond.

Zo diep was de val, die het Rijk en het Duitse volk maakten, dat het wel schijnt alsof alles door een duizeling is overmand, en men ieder gevoel en iedere bezinning heeft verloren; men weet zich nauwelijks meer te herinneren, hoe hoog men vroeger heeft gestaan, en als een droom, onwerkelijk, komt ons die vroegere grootheid en heerlijkheid voor. Daaruit is het ook alleen te verklaren, dat men maar al te zeer verblind wordt door die grootheid en verhevenheid, en vergeet, om naar vroegere sporen van deze ontzettende ineenstorting te zoeken, die zich toch op de een of andere manier wel moesten hebben vertoond. Natuurlijk spreek ik hier alleen over degenen, die in Duitsland nog iets anders kunnen zien dan enkel een plaats, om te wonen, om geld te verdienen en geld op te maken, want voor de anderen is de huidige toestand van het Rijk immers geen ineenstorting, maar de sinds zo lange tijd zo vurig verlangde vervulling van hun nooit gestilde wensen.

Die voortekenen hadden zich inderdaad vertoond, al waren er maar zeer weinigen, die trachtten uit deze voortekenen enige lering te trekken. Nu echter is dat meer nodig dan ooit. Want men kan een ziekte alleen genezen, wanneer men de oorzaak ervan kent, en diezelfde voorwaarde moet ook worden gesteld voor de genezing van politieke kwalen. Natuurlijk is het veel moeilijker, de diepere oorzaken van een ziekte vast te stellen, dan eenvoudig de uiterlijke verschijnselen te constateren.

Dat is immers ook de reden, waarom zoveel mensen er al tevreden mee zijn, wanneer ze een bepaalde werking eenvoudig maar hebben geconstateerd en dikwijls kans zien om zo een uiterlijkheid met de oorzaak te verwisselen, en zelfs nog het liefst helemaal trachten te ontkennen, dat er zoiets als een oorzaak bestaat. Dientengevolge ziet ook heden ten dage het grootste gedeelte van ons volk de ineenstorting van Duitsland voornamelijk in de algemene economische nood en in de gevolgen, die daaruit voortvloeien. Want die nood is iets, waar bijna ieder persoonlijk mede onder lijdt, en dus is het ook deze nood, die maakt, dat iedere enkeling zich de ramp bewust wordt. Maar de ineenstorting in politiek, cultureel, zedelijk en moreel opzicht ontgaat de grote massa grotendeels. Op dit punt schieten bij zeer velen zowel het gevoel als ook het verstand te kort. Dat de grote massa zulke opvattingen kan huldigen, is nog tot daaraan toe, maar dat ook grote groepen „intellectuelen" de ineenstorting hoofdzakelijk als een „economische catastrofe" zien, en dientengevolge een verbetering van de toestand ook in de economie menen te moeten zoeken, is mede een van de oorzaken, waarom totnogtoe iedere poging, om tot herstel te komen, te enenmale moest mislukken. Pas wanneer men begrijpt, dat ook hier de economie eerst in de tweede of derde plaats komt, terwijl de politieke situatie, de zedelijkheid, de moraal en de bloedzuiverheid van veel groter en verstrekkender betekenis zijn, zal men de oorzaken van de huidige ellendige toestand kunnen zien en zal daardoor ook de middelen en methoden weten te vinden, die het herstel kunnen bewerkstelligen.

Maar ook, wanneer men zo het verleden doorvorst, dient men wel zeer er voor te waken, dat men de uit de aard der zaak evidente verschijnselen niet met de meer verborgen oorzaken verwisselt. De gemakkelijkste verklaring voor onze huidige toestand – die daarom natuurlijk ook het meest verbreid is – is de mening, dat dit alles slechts een gevolg van de verloren oorlog was, m.a.w. dat deze oorlog dus de oorzaak van onze ellende zou zijn. Mogelijk zijn er velen, die werkelijk te goeder trouw geloven aan zo een waanzinnige bewering, maar er zijn er nog meer, voor wie een dergelijke motivering niets anders kan zijn dan een leugen en een bewuste onwaarheid. Dat laatste kan op het ogenblik worden gezegd van allen, die van de staatsruif vreten. Want het waren immers juist de paladijnen van de revolutie, die destijds het volk op de meest besliste wijze voorhielden, dat de goede of slechte afloop van de oorlog voor de grote massa niet het minste verschil zou maken.

Zij hebben immers juist zo stellig mogelijk verzekerd, dat hoogstens de „grootkapitalist" er de vruchten van zou plukken, wanneer Duitsland zegevierend uit deze worsteling der volkeren tevoorschijn kwam, maar dat zulk een overwinning voor het Duitse volk als zodanig onmogelijk iets zou kunnen betekenen, en voor de Duitse arbeider „natuurlijk nog veel minder". En zelfs hadden deze apostelen van de wereldverbroedering durven prediken, dat integendeel een Duitse nederlaag alleen het „militarisme" zou vernietigen, maar dat het Duitse volk daardoor een schitterende opstanding zou beleven. Men prees in deze kringen immers de goedheid der Entente, en schoof de gehele schuld voor de bloedige strijd op Duitsland. En zou men ooit zo een bewering hebben durven en hebben kunnen uiten, wanneer men niet voordien had verklaard, dat ook een militaire nederlaag geen bijzondere gevolgen zou hebben voor de natie?

Was het soms niet waar, dat als een rode draad door deze gehele revolutie de leugenfrase liep, dat zij, de revolutie, weliswaar de schuld droeg van het feit, dat de Duitse wapenen niet de overwinning konden behalen, maar dat daardoor juist het Duitse volk eerst waarlijk omhoog zou streven naar zijn innerlijke en uiterlijke vrijheid. Of is dit bijgeval niet waar, heren lafaards en leugenaars? Er is toch wel een waarlijk Joodse onbeschaamdheid voor nodig om nu de schuld van de ineenstorting op rekening van de militaire nederlaag te schrijven, terwijl het centrale orgaan van alle landverraders, de Berlijnse „Vorwärts" toch durfde te laten drukken, dat het Duitse volk ditmaal niet zegevierend uit de strijd zou mogen komen. En nu moet deze nederlaag toch opeens als de reden van onze ineenstorting dienst doen.

Het zou natuurlijk volkomen zinloos zijn om een woordenwisseling met zulke vergeetachtige leugenaars te beginnen en ik zou er daarom ook in het geheel geen woorden aan vuil maken, wanneer deze onzin niet door zovele volkomen gedachteloze mensen werd nagesnaterd, zonder dat daar slechtheid of bewuste onwaarheid meespreken. Verder is het ook de bedoeling van deze uiteenzettingen, om wapenen te zijn in de handen van al de mannen, die strijden, opdat hun volk weer ziende zal worden; wapenen, die zij wel zeer nodig hebben in een tijd, dat men dikwijls het ongesproken woord al in de mond van de spreker weet te verdraaien. Op de bewering, dat de oorzaak van de Duitse ineenstorting gelegen is in de verloren oorlog, kan het volgende worden geantwoord: Inderdaad was het feit, dat wij deze oorlog verloren, van ontzettende betekenis voor de toekomst van ons vaderland, maar deze nederlaag is geen oorzaak, maar is zelfs slechts een gevolg van diepere oorzaken. Natuurlijk zag iedereen, die niet blind of van kwaden wille was, zeer goed in, dat een ongunstig einde van deze strijd op leven en dood tot zeer funeste gevolgen zou moeten leiden. Maar helaas waren er ook individuen, die dit inzicht op het juiste ogenblik schenen te missen, of tegen beter weten in, toch eerst deze waarheid bestreden en loochenden.

Dat waren grotendeels dezelfde lieden, die, toen hun geheime wens eenmaal in vervulling was gegaan, plotseling, maar rijkelijk laat, het ware wezen van de catastrofe, die mede door hun schuld ontstaan was, doorzagen. Maar zij zijn het, die schuldig staan aan de ineenstorting, en niet de verloren oorlog, zoals het hun nu plotseling past, te zeggen en te weten. Want die nederlaag was immers enkel het gevolg van hun streven en niet, zoals zij nu willen beweren, het gevolg van de „slechte" leiding.

Ook de vijand bestond niet uit lafaards, ook hij wist te sterven, maar zijn getalssterkte was van de eersten dag af groter dan die van het Duitse leger, en alle arsenalen ter wereld voorzagen in zijn behoeften op technisch gebied; zo kan ook het feit, dat de overwinningen, die de Duitsers vier jaar lang tegen de gehele wereld wisten te behalen, ondanks alle heldenmoed en „organisatie", toch hoofdzakelijk aan de kwaliteit der leiding te danken was, onmogelijk worden geloochend. De organisatie en de leiding van het Duitse leger waren het formidabelste, dat de aarde nog ooit had aanschouwd. Haar gebreken lagen daarin, dat het nu eenmaal mensen waren, die dit wonderwerk bouwden, en dat alles, wat van de mens is, uit dien hoofde het merk der onvolmaaktheid draagt. Dat dit leger ineenstortte, was niet de oorzaak van onze huidige ellende, maar was enkel het gevolg van vroegere fouten en misdaden, een gevolg, dat echter zelf weer het begin moest worden van een dieper en ditmaal veel kennelijker verval.

De juistheid van deze stelling wordt door het volgende bewezen: Is het onvermijdelijk dat een militaire nederlaag een natie en een staat zo volkomen in de afgrond stort als hier gebeurde? Sinds wanneer leidt een oorlog, die slecht afloopt, tot zo een resultaat? Kunnen volkeren dan volkomen ten onder gaan aan verloren oorlogen zonder meer? Het antwoord hierop kan zeer kort zijn: Altijd dan, wanneer een militaire nederlaag voor een volk het loon betekent voor zijn luiheid, lafheid en karakterloosheid, kortom voor zijn onwaardigheid, dan is zoiets inderdaad mogelijk. Is dit echter niet het geval, dan wordt een militaire nederlaag eerder een stimulans voor een komende sterkere opbloei, dan tot de grafzerk voor zijn bestaan als volk.

De geschiedenis levert oneindig vele bewijzen voor de juistheid van deze stelling. De militaire nederlaag, die het Duitse volk leed, was helaas geen onverdiende catastrofe, maar een verdiende afstraffing van de eeuwige gerechtigheid. Wij hebben de nederlaag inderdaad ten volle verdiend. Zij is enkel het grootste en meest evidente uiterlijke blijk van ons verval temidden van zeer vele andere, minder diepere, waarvan de zichtbaarheid minder groot was, waardoor men er misschien geen acht op had geslagen, of waardoor men ze, niet de algemeen geliefde struisvogelpolitiek, maar liever niet had willen zien. Laat men toch enkel eens in ogenschouw nemen, op die wijze het Duitse volk de nederlaag aanvaardde, of beter nog, welke bij omstandigheden zich hierbij vertoonden. Hadden niet grote groepen van de bevolking op de meest beschaamde wijze hun mening, bijna hun vreugde, geuit over de slagen, die het vaderland troffen?! Wie is echter tot zo een vreugde in staat, wanneer hij niet inderdaad zo een straf verdient? En ging men zelfs niet nog verder, en beroemde er zich op, dat men het front eigenlijk tot wijken had weten te brengen? En dat deed niet de vijand, nee, nee, zo een schande laadden Duitsers op hun hoofd. En kwam daar het ongeluk soms onverdiend? En sinds wanneer haalt men het dan ook nog in zijn hoofd, om zichzelf bovendien nog de schuld aan de oorlog toe te schuiven? En dat dan nog tegen beter inzicht en beter weten in?!

Nee, en nogmaals nee: de manier, waarop het Duitse volk zijn nederlaag aanvaardde, wees er overduidelijk op, dat de ware oorzaak van onze debacle op een geheel ander gebied gezocht moest worden dan in het zuiver militaire feit, dat wij enkele stellingen verloren hadden of dat een offensief mislukt was; want indien inderdaad het front als zodanig in gebreke zou zijn gebleven, en indien het vaderland werkelijk hierdoor in het ongeluk zou zijn gestort, dan zou het Duitse volk de nederlaag geheel anders hebben opgevat. Dan zou men al de rampen, die nu ons volk kwamen teisteren met opeengeklemde tanden hebben verdragen, of ze overweldigd door smart hebben beweend; dan zouden de harten vol zijn geweest van toorn en woede tegen de vijand, die door de boosaardigheid van het toeval of door de wil van het noodlot tot overwinnaar was geworden; dan zou de natie – als eenmaal de senaat van Rome – de geslagen divisies tegemoet zijn gegaan, en zou haar de dank van het vaderland hebben gebracht voor alle gebrachte offers, en het verzoek om niet te willen wanhopen aan het Rijk. Zelfs de

Capitulatie zou alleen in die zin zijn ondertekend, terwijl het hart al vervuld was geweest met de hoop op de komende opstanding.

Zo zou een nederlaag zijn opgevat, die alleen aan het noodlot te wijten was geweest. Dan zou men niet hebben gelachen en gedanst, zou zich niet op zijn lafheid hebben beroemd en zou de nederlaag niet hebben verheerlijkt, men zou de strijdende troepen niet hebben gehoond en hun vlag en hun kokarde niet door de modder hebben gesleurd, maar dan zou het vooral niet tot dat ontzettende feit zijn gekomen, wat een Engelse officier, kolonel Repington, deed zeggen: „Bij de Duitsers is iedere derde een verrader!"

Nee, deze pest zou dan nooit dergelijke ontzettende afmetingen hebben kunnen aannemen, als nu gebeurde, en had ook niet, zoals deze laatste vijf jaar moesten zien, het allerlaatste greintje respect, dat de rest van de wereld nog voor ons mocht hebben gevoeld, kunnen vernietigen. Hieraan kan men het duidelijkst zien, hoe uiterst leugenachtig de bewering was, als zou de verloren oorlog de oorzaak zijn geweest van de Duitse ineenstorting. Nee, dit militaire debacle was zelf weer enkel het gevolg van een gehele reeks ziekteverschijnselen en -oorzaken, die al in vredestijd de Duitse natie hadden geteisterd.

Dit was het eerste catastrofale, algemeen zichtbare uitvloeisel van een zedelijke en morele vergiftiging, van een verzwakking van de wil tot voortbestaan, en van de voorwaarden hiertoe, die al sinds vele jaren de fundamenten van het volk en het rijk ondergroeven. Maar er was werkelijk de gehele grenzeloze leugenachtigheid van het Jodendom en van zijn marxistische strijdorganisaties voor nodig, om de schuld aan de ineenstorting nu juist te schuiven op de schouders van de man, die geheel alleen met bovenmenselijke wilskracht en energie al het mogelijke had gedaan om de catastrofe te voorkomen, en de natie zulk een tijd van de diepste schande en vernedering te besparen. Door te verklaren, dat Ludendorff de schuld droeg aan de nederlaag, nam men de enige gevaarlijke aanklager, die bij machte zou zijn geweest, om tegen de verraders van het vaderland op te staan, het wapen van het morele recht, uit handen. Men ging daarbij van het zeer juiste principe uit, dat de grootte van een leugen altijd een zekeren invloed uitoefent op haar geloofwaardigheid, omdat de grote massa van een volk in de grond van haar hart eerder bedorven dan bewust en opzettelijk slecht kan zijn, en dus, door de primitiviteit en simpelheid van haar gemoed eerder in een grote dan in een kleine leugen kan geloven, omdat ze zelf immers wel eens een kleine leugen vertelt, maar zich toch voor te grote leugens al te zeer zou schamen. Zo een onwaarheid zou zij zich eenvoudig niet kunnen voorstellen, en ze zal ook niet kunnen geloven, dat een ander over de nodige brutaliteit beschikt, om zulk een buitengewoon infame verdraaiing van de werkelijkheid voor waar te kunnen verhalen, en ze zal, zelfs wanneer men haar dienaangaande de juiste toedracht van zaken zegt, nog lang twijfelen en aarzelen, en de ene of andere der oorspronkelijk opgegeven oorzaken toch altijd nog wel voor waar blijven aanvaarden; daarom dan ook, dat van de brutaalste leugen altijd wel iets overblijft – een feit, waarmee alle leugenkunstenaars en leugenverenigingen op aarde maar al te goed bekend zijn, en wat ze daarom ook op gemene wijze uitbuiten.

Degenen echter, die deze waarheid over de mogelijkheden, om onwaarheid en laster te benutten, door alle tijden het beste kenden, waren de Joden; hun gehele bestaan is immers al gebaseerd op een grote leugen, namelijk op die, dat zij een godsdienstige gemeenschap zouden vormen, terwijl ze een ras – en wat voor een ras — zijn. Eén van de grootste geesten der mensheid heeft hen eens als zodanig voor altijd getekend met een zin, waarvan de fundamentele waarde voor eeuwig vaststaat: hij noemde ze: „de grote meesters van de leugen". Wie de juistheid hiervan niet inziet of niet wil geloven, zal nooit capabel zijn, om op deze wereld de waarheid in de goede richting voort te helpen. Voor het Duitse volk echter mag men het bijna als een groot geluk beschouwen, dat de periode, gedurende welke het aan deze sluipende ziekte moest lijden, werd bekort door die plotselinge en zo verschrikkelijke catastrofe, want anders ware de natie wel langzamer, maar daardoor slechts te zekerder te gronde gegaan. De ziekte ware dan in een chronische toestand overgegaan, terwijl ze in de acute vorm van de ineenstorting tenminste aan een groot deel van ons volk zichtbaar werd.

Het was geen toeval, dat de mens de pest gemakkelijker overwon dan de tuberculose. De ene komt met verschrikkelijke stormen van dood, die de mensheid geheel verwarren en ontwortelen — de ander sluipt langzaam nader; de ene beweegt hem tot een verschrikkelijke angst, de ander maakt hem langzamerhand onverschillig. Het gevolg daarvan was echter, dat hij tegen de ene met al de kracht en onverbiddelijkheid van zijn energie optrad, terwijl hij de tering met halve middelen trachtte te overwinnen. Daardoor versloeg hij de pest, terwijl de tuberculose nu hemzelf beheerst.

Met ziekten van het volkslichaam is het precies netzo gesteld. Wanneer ze niet zodanig optreden, dat er onmiddellijk rampen uit voortvloeien, dan begint de mens er langzamerhand aan te wennen, en gaat tenslotte — al kan het ook later zijn maar daarom te zekerder – daaraan te gronde. Dan moet het als een geluk — al is het dan een zeer wrang soort – worden beschouwd, wanneer het noodlot besluit, om in dit langzame rottingsproces in te grijpen, door plotseling de ogen van degene die door deze ziekte is aangetast, te openen voor het einde, dat hem op deze wijze zeker wacht. Want dat is meer dan eens het gevolg van zulk een catastrofe. Zij kan dan gemakkelijk de oorzaak zijn, dat het herstel nu met alle beschikbare energie wordt nagestreefd. Maar ook in zo een geval is toch weer de eerste voorwaarde, dat men de diepere redenen ziet, die de ziekte in kwestie veroorzaakten. Het belangrijkste blijft ook hier de kunst, om de oorzaken te onderscheiden van de teweeggebrachte toestanden. Dit onderscheid zal des te moeilijker worden, naarmate de gifstoffen zich langer in het lichaam van het volk bevinden en naarmate ze daarvan al meer en meer een schijnbaar natuurlijk onderdeel zijn gaan uitmaken. Want het kan zeer gemakkelijk voorkomen, dat men na een bepaalde tijd een absoluut schadelijk gif voor een bestanddeel van het eigen volk aanziet – of toch op zijn best als noodzakelijk kwaad duldt, zodat men het in 't geheel niet meer nodig acht, om naar de vreemde verwekker van de ziekte te gaan zoeken.

Zo waren er dus in de lange vrede voor 1914 zeer zeker wel bepaalde schadelijke uitingen aan het licht gekomen, en ook als zodanig geïdentificeerd, hoewel men zich praktisch in het geheel niet bekommerde om de verwekkers hiervan, afgezien dan van enkele zeer zeldzame gevallen. En die zeldzame gevallen waren ook hier weer voornamelijk die verschijnselen, die zich op economisch gebied voordeden, en welke daarom sterker tot iedere enkeling spraken dan de misstanden op zoveel andere gebieden. Er waren veel tekenen van verval, die tot ernstig nadenken hadden moeten prikkelen.

Over de economische zijde van de kwestie zou het volgende opgemerkt kunnen worden: Door de buitengewoon snelle stijging, die het Duitse bevolkingscijfer voor de oorlog te zien gaf, kwam het vraagstuk, hoe men aan het nodige brood moest komen, steeds meer in het brandpunt van het gehele economische en politieke denken te staan. Helaas kon men niet besluiten om de enig juiste weg te bewandelen, maar meende, dat men het doel ook op gemakkelijker en goedkoper wijze zou kunnen bereiken. Dat men van de verwerving van nieuwe grond afzag, en het liever zocht in het waandenkbeeld van een economische verovering van de wereld, was iets, wat tenslotte wel tot een even grenzeloze als schadelijke industrialisatie moest leiden. Het eerste zeer belangrijke gevolg van deze maatregel was de direct hieruit voortvloeiende verzwakking van de boerenstand. En naarmate deze achteruit ging, groeide de massa van het grotestads proletariaat steeds meer, tot het evenwicht tenslotte volkomen verbroken was.

Nu vertoonde zich ook dat scherpe verschil tussen arm en rijk in steeds schrillere kleuren. Overvloed en ellende bestonden zo vlak naast elkaar, dat het tot zeer betreurenswaardige gevolgen aanleiding kon en moest geven. De nood en de grote werkloosheid begonnen hun spel te spelen met de mensen en lieten als herinnering overal ontevredenheid en verbittering achter. Het gevolg hiervan scheen te moeten zijn, dat het volk politiek in klassen werd verdeeld. En daardoor werd de ontevredenheid steeds groter en dieper, al maakte het land economisch ook nog zo'n bloeiperiode door; het kwam zelfs zover, dat men algemeen de overtuiging was toegedaan, „dat het zo niet langer ging", maar zonder dat de mensen zich een scherpomlijnde voorstelling maakten van dat, wat dan deze verkeerde toestanden moest komen aflossen en trouwens ook niet in staat waren, zich daar een beeld van te vormen.

Het waren de typische symptomen van een algemene ontevredenheid, die op deze wijze een uitweg zochten. Maar dit concentreren van alle krachten van de natie op het economische had nog ergere gevolgen dan alleen de zojuist genoemde. Naarmate de economie meer en meer uitgroeide tot heerseres in de staat, werd het geld tot God, waaraan alles onderworpen was, en waarvoor ieder zich te buigen had. Meer en meer werden de goden des hemels als verouderd en voorbij beschouwd, en daarom van hun voetstukken gehaald; en in hun plaats werd de afgod Mammon alleen nog vereerd en aanbeden. Nu begon een waarlijk zeer ernstige verwording, die daarom ook te ernstiger was, omdat ergens in de nabije toekomst het kritieke ogenblik moest liggen te wachten, waarop rekenschap afgelegd moest worden, en omdat dan een algemene, heroïsche levenshouding nodiger zou zijn dan ooit. Duitsland moest er op rekenen, dat het spoedig een dag zou beleven, waarop het zijn poging om door „vreedzame economische strijd" het dagelijks brood te veroveren, met het zwaard zou moeten verdedigen.

De overheersende positie van de economie werd helaas ook gesanctioneerd door een instantie, die daartegen meer dan wie ook in verzet had moeten komen. Zijne Majesteit de Keizer deed een weinig gelukkige greep, toen hij het jonge grootkapitaal in de adelskringen deed opnemen. Men kon hem echter deze blindheid niet al te zwaar aanrekenen, omdat immers zelfs Bismarck het gevaar, dat hier dreigde, niet had gezien. Maar hierdoor was praktisch het geld van groter gewicht geworden dan de ideële deugden, want het behoeft geen betoog, dat dit systeem er in korte tijd toe moest leiden, dat de nieuwe adel van het geld de ouden adel van het zwaard zou verdringen.

Het is nu eenmaal veel gemakkelijker om een financiële operatie te doen slagen, dan om een veldslag te winnen. Natuurlijk was het ook een weinig aanlokkelijk vooruitzicht voor de werkelijke held, of de grote staatsman, om in een adem te worden genoemd met de eerste de beste bankjood: een waarlijk verdienstelijk man kon moeilijk prijs stellen op onderscheidingen, waarmee zo gestrooid werd, en sloeg dan ook met de verschuldigde eerbied het aangeboden lintje af. Maar ook zuiver van het standpunt van het bloed bezien, was een dergelijke ontwikkeling diep treurig: de adel verloor steeds meer die uiterst belangrijke voorwaarde voor zijn bestaan: zijn raszuiverheid, en verdiende voor een groot deel eerder de naam „imitatieadel".

Een ernstig symptoom van het economische verval was, dat langzamerhand het persoonlijk eigendom steeds meer op de achtergrond trad en geleidelijk aan het gehele economische leven in handen van naamloze vennootschappen begon te komen. Want daardoor was de arbeid gedaald tot een speculatieobject voor gewetenloze sjacheraars; de werknemer zelf echter werd door deze ontwikkeling op waarlijk ongelooflijke wijze en in steeds toenemende mate onteigend. De beurs begon de zege te behalen, en maakte zich gereed, om langzaam maar zeker het gehele leven der natie onder haar controle en curatele te stellen.

De internationalisering van het Duitse economische leven was al voor de oorlog, door middel van het aandelensysteem, begonnen. Wel trachtte een gedeelte van de Duitse industrie, met allen wil en kracht, om aan dit lot te ontkomen, maar ook dit deel moest tenslotte het hoofd buigen voor de aanval van het totale, uitgehongerde grootkapitaal, dat haar, vooral met behulp van zijn trouwste bondgenoot, de marxistische beweging, te lijf ging. De Duitse zware industrie was kennelijk het begin van de internationalisering van het Duitse economische leven, een van de einddoelen van het marxisme, hetwelk echter eerst door haar overwinning bij de revolutie volkomen kon worden doorgevoerd.

Op het ogenblik dat ik dit schrijf, heeft eindelijk ook de algemene aanval op de Duitse Spoorwegen succes gehad, waardoor ook deze in handen van het internationale grootkapitaal zullen overgaan. De internationale sociaal-democratie heeft weer eens een van haar hoogste doelen bereikt. Hoever het met deze blindheid voor alle andere dan economische belangen al is gekomen, blijkt wel het duidelijkste uit het feit, dat eindelijk na de oorlog een van de meest prominente figuren der Duitse industrie, die een nog groter rol speelt in de handel, in staat was, om als zijn mening te verkondigen, dat Duitsland alleen nog te redden was door een volkomen sanering van zijn economie. En een dergelijke waanzin werd uitgekraamd op een ogenblik, dat Frankrijk zijn gehele onderwijs weer op humanistische grondslagen ging baseren, om de onjuiste mening, als zouden natie en staat hun voortbestaan aan economische omstandigheden, en niet aan ideële waarden te danken hebben, met alle kracht te bestrijden.

De bewering, die een man als Stinnes destijds durfde te laten horen, stichtte ongelooflijke verwarring; zij werd onmiddellijk aangegrepen en werd nu met verbazingwekkende snelheid tot leidend beginsel van al de kwakzalvers en beunhazen, die het noodlot sinds de revolutie als „staatslieden" op Duitsland had losgelaten. Eén van de meest nadelige wijzen, waarop het verval zich uitte, was de halfslachtigheid en laksheid, die zich in steeds sterker mate van dit Duitsland van voor de oorlog meester maakten. Zij is steeds het gevolg van eigen onzekerheid en ook van lafheid, die op haar beurt eveneens weer mede uit deze onzekerheid voortkomt. En deze ziekte werd door de opvoedingsmethode, die wij er op na hielden, nog steeds verder verbreid.

De Duitse pedagogie had voor de oorlog een uitermate groot aantal gebreken. Zij was, zeer eenzijdig, alleen op het aankweken van een zo groot mogelijke hoeveelheid abstracte „wetenschap" ingesteld, en legde er zich in veel mindere mate op toe, om deze jonge mensen ook voor de praktijk waardevol te maken. Aan de karaktervorming van ieder kind individueel –

voor zover het dan mogelijk was hieraan iets te kunnen doen – werd nogal minder aandacht besteed, het verantwoordelijkheidsbesef werd ook slechts in uiterst geringe mate aangekweekt, terwijl de wil en de vastberadenheid volkomen buiten beschouwing bleven. En degenen, die uit deze school voortkwamen, waren waarlijk niet de sterke mensen, die ons volk nodig had, maar waren die inschikkelijke en buigzame „veelweters", waar wij immers voor de oorlog zo algemeen voor werden aangezien; en waarop ook steeds iedere bepaling van onze waarde als volk was gebaseerd. Men had veel met de Duitser op, omdat hij zo goed te gebruiken was, maar men had weinig respect voor hem, omdat hij over zo weinig wilskracht beschikte. Het was geen toeval, dat juist hij het was, die van alle volkeren het gemakkelijkste zijn nationaliteit en zijn vaderland verloor. Het schone spreekwoord: „Met de hoed in de hand komt men door het ganse land", zegt Mies.

Maar die Duitse opvoeding had bijna noodlottige gevolgen, toen ze ook nog de enig juiste wijze vaststelde, waarop men zich tegenover de monarch mocht gedragen. Dit systeem eiste, dat men nooit tegensprak, maar integendeel letterlijk altijd alles, wat Zijne Majesteit zich verwaardigde te wensen, juist noemde en goedkeurde. En juist hier was de waardigheid van de vrije man zo een onmisbaar goed, omdat de monarchie anders eenmaal aan deze kruiperij te gronde zou moeten gaan; want dit was kruiperij en niets meer. Alleen kruipers en fleemers, of in één woord: de gehele decadentie, die zich te alle tijde in de schaduw van de hoogste troon beter op zijn gemakje gevoeld heeft, dan de mensen, die in de eerste plaats eerlijk en fatsoenlijk waren, alleen dat slag van lieden kan dit gekruip beschouwen als de „enige methode" om zich tegenover gekroonde hoofden te „gedragen".

Deze „hoogst onderdanige" schepsels hebben echter wel – hoe groot hun ootmoed voor hun heer en broodgever ook moge zijn – steeds blijk gegeven, dat ze tegenover de rest van de mensheid met de grootste onbeschaamdheid wisten op te treden, vooral, wanneer ze zich met een stalen gezicht als de enige ware „koningsgezindten" tegenover het resterende uitvaagsel wilden laten gelden; voorwaar een onbeschaamdheid, waartoe enkel zo een, al of niet geadelde, spoelworm in staat is. Want in werkelijkheid zijn deze lieden nog altijd de doodgravers van de monarchie, en speciaal van de monarchistische idee geweest. En dit is ook niet anders denkbaar, want een man, die waarlijk bereid is voor een bepaalde zaak in te staan, zal nooit een karakterloos kruiper en sluiper zijn, kan dit trouwens ook niet.

Ieder, die werkelijk in ernst wil streven naar de handhaving en de groei van enige institutie, zal met iedere vezel van zijn hart aan haar gehecht zijn, en zal het eenvoudig niet kunnen verdragen, wanneer zich enige fout in haar vertoont. Hij zal dan echter die fout niet alom luidkeels gaan verkondigen, zoals de democratische „vrienden" van de monarchie deden, maar zal wel al zijn invloed aanwenden, om Zijne Majesteit, de drager van de kroon zelf, zo nadrukkelijk mogelijk te waarschuwen en in de juiste richting te stuwen.

Hij zal zich daarbij niet op het standpunt stellen, dat het Zijne Majesteit dan toch nog vrij zou staan, om naar eigen wil en inzicht te handelen, wanneer dit kennelijk tot een ramp moet en zal leiden, maar hij zal integendeel in zulk een geval de plicht gevoelen, om de monarchie tegen de monarch in bescherming te nemen, en dat wel tot elke prijs. Wanneer inderdaad de waarde van deze instelling afhankelijk zou zijn van de toevallige persoonlijkheid van de monarch, dan zou dit de slechtste institutie zijn, die men zich maar denken kan; want de monarchen zijn niet dan uiterst zeldzaam, waarlijk die toonbeelden van wijsheid en verstand of ook maar van karakter, zoals men ze ons maar al te graag pleegt te schilderen. Dat is iets, wat alleen die beroepskruipers en -sluipers geloven; maar alle rechtschapen mensen — en dat zijn toch tenslotte nog altijd de meest waardevolle voor de staat — zullen het beneden hun waardigheid achten, om zo'n waanzinnige stelling te verdedigen. Voor hen is nu eenmaal de geschiedenis, en de waarheid, ook wanneer het om monarchen gaat. Nee, het geluk, dat zijn grote monarch tegelijkertijd als mens groot is, is een geluk, dat maar zo uiterst zelden aan een volk ten deel valt, dat het zich al gelukkig mag prijzen, wanneer het lot tenminste niet het ongunstigste geval over zijn hoofd heeft doen komen.

Hieruit volgt dus, dat de waarde en de betekenis van de monarchistische idee onmogelijk in de persoon van de monarch zelf kan liggen, uitgezonderd dan in incidentele gevallen, wanneer de hemel het besluit neemt, om een geniale held als Frederik de Grote, of een wijze man van karakter als Wilhelm I de kroon op het hoofd te zetten. Dit gebeurt eenmaal in eeuwen en maar uiterst zelden vaker. In alle andere gevallen echter is de idee van veel groter belang dan de persoonlijkheid, doordat nu de zin van deze instelling uitsluitend in de institutie als zodanig moet liggen. Daardoor echter komt de monarch zelf ook in een geheel ander licht te staan, en blijkt hij voor alles de plicht te hebben om te dienen. Ook hij is immers niets anders meer dan een radertje in het grote uurwerk, en heeft als zodanig zijn plicht tegenover dat geheel te vervullen.

Ook zijn belang moet steeds ondergeschikt zijn aan dat van het hogere doel, en ieder, die de drager van de kroon laat handelen, zonder alles te doen, wat in zijn macht ligt om dat te verhinderen, heeft niet meer het recht zich „koningsgezind" te noemen. Indien immers de zin van deze institutie niet in de idee, maar absoluut en uitsluitend in de „geheiligde" persoonlijkheid lag, dan zou men immers niet eens mogen overgaan tot de afzetting van een kennelijk geestesziek vorst. Het is noodzakelijk, dit nu al vast te leggen, omdat immers juist in de laatste tijd in steeds talrijker mate de figuren weer uit de donker opduiken, die niet in de laatste plaats door hun miserabel gedrag de verantwoording voor de ineenstorting van de monarchie hebben te dragen. Met een zekere naïeve schaamteloosheid spreken deze lieden nu weer steeds over „hun koning" – een koning, die ze echter nog een paar jaar eerder op het kritieke ogenblik op de ellendigste wijze in de steek hebben gelaten — en beginnen een ieder, die niet bereid is, om met hun leugenachtige lofzangen in te stemmen, voor een slecht Duitser uit te maken.

En in werkelijkheid zijn dit toch precies dezelfde lafaards, die in het jaar 1918 voor iedere rode band-om-de-arm uiteenstoven, opsprongen en wegsnelden, die hun koning maar lieten voor wat hij was, de hellebaard zo schielijk mogelijk voor een wandelstok verwisselden, en als vreedzame „burgers" volkomen spoorloos in de massa verdwenen. Met een slag waren ze destijds verdwenen, die onwankelbare getrouwen des konings en pas nadat de revolutionaire storm door het werk van anderen weer in zoverre tot bedaren was gekomen, dat ze hun „Leve de koning, hoera!" weer konden laten schallen, eerst toen begonnen deze „dienaren en raadgevers" van de Kroon voorzichtigjes weer uit hun schuilhoeken te voorschijn te komen.

Maar nu zijn ze allemaal alweer boven water gekomen, en loensen vol verlangen naar de vleespotten van Egypte terug; zij zijn bijna niet te houden van koningsgezindheid en dadendrang, natuurlijk tot er op een goede dag zich weer eens hier of daar een rood dasje zal vertonen, en het hele stelletje profiteurs der oude monarchie opnieuw als muizen voor de kat in zijn schuilhoeken verdwijnt! Wanneer de monarchen niet zelf de schuld droegen aan deze dingen, dan kon men hen alleen van ganser harte beklagen over de verdedigers, die hun zaak had gevonden. Ze mogen er echter in ieder geval van doordrongen zijn, dat men door ridders van zulk kaliber wel tronen kan verliezen, maar nooit een kroon veroveren.

Deze devote houding was een structurele fout van onze heropvoeding, die zich echter op dit punt wel op zeer gevoelige wijze wreekte. Want zij was de schuld, dat deze miserabele figuren aan alle hoven ter wereld konden standhouden, en zo de grondslagen van de monarchie langzamerhand ondergraven. Toen het gehele bouwwerk tenslotte begon te wankelen, waren ze plotseling als van de aarde verdwenen. Allicht! Kruipers en stroopsmeerders laten zich niet doodslaan voor de heer, die zij dienen. Dat de monarchen nooit met dit feit bekend zijn, en, bijna als was het een principe hunnerzijds, ook nooit in staat blijken, dit te leren, is al van ouds funest voor hen geweest.

Een ander uitvloeisel van dat verkeerde opvoedingssysteem was de laffe angst voor iedere verantwoordelijkheid, en de daaruit voortkomende zwakte, die men zelfs ten aanzien van vitale kwesties aan de dag legde. De diepste oorzaak van deze pest ligt bij ons echter voor een zeer groot deel aan het parlement, waar deze onverantwoordelijkheid bijna volkomen zuiver wordt aangekweekt. Helaas ging deze ziekte langzaam aan echter ook op geheel het verdere leven over, en wel in de sterkste mate op die gebieden, die met de leiding van de staat in direct verband stonden. Men begon algemeen iedere verantwoordelijkheid te vermijden, en trof daarom liefst halfslachtige en onvoldoende maatregelen, omdat immers juist in zulke gevallen de verantwoordelijkheid steeds tot het minimum schijnt te zijn teruggebracht. Men moet de houding van iedere regering afzonderlijk tegenover een reeks van bepaald schadelijke verschijnselen in ons openbare leven maar eens hebben gadegeslagen om in te zien, wat een ramp deze algemene halfslachtigheid en lafheid tegenover ieder e verantwoordelijkheid voor ons volk betekent. Ik kies hier slechts enkele gevallen uit een overweldigende menigte voorbeelden:

Vooral in journalistenkringen betitelt men de pers graag als een der „grootmachten in de staat". Zij is ook van de allergrootste betekenis. Men kan haar eenvoudig niet overschatten; zij is het immers, die naar waarheid de opvoeding van de mensen, die boven de schoolplichtige leeftijd zijn gekomen, voortzet.

Men kan de lezers over het algemeen in drie groepen verdelen:

1e. degenen, die alles geloven, wat ze lezen;

2e. degenen, die helemaal niets meer geloven;

3e. de mensen met hersens, die het gelezene kritisch beschouwen en daarna hun oordeel vellen.

Numeriek is de eerste groep verreweg in de meerderheid. Hiertoe behoort de grote massa van het volk, en dit is dus het minst begaafde deel der natie. Men kan haar echter niet vinden, door maar bepaalde beroepen aan te wijzen, doch alleen door het vaststellen van de meerdere of mindere intelligentie van ieder individueel. Tot deze groep behoren allen, die niet van nature begaafd zijn met een zelfstandig denkvermogen, en evenmin daartoe zijn opgevoed, en die nu gedeeltelijk uit gebrek aan kritiek, gedeeltelijk uit geestelijke impotentie alles maar geloven, wat men hen zwart op wit gedrukt voorlegt.

Verder valt hier ook nog die groep van luiaards onder, die wel in staat zijn, zelf te denken, maar die eenvoudig uit zuivere geestelijke inertie maar alles dankbaar aannemen, wat een ander al heeft bedacht, in de bescheiden veronderstelling, dat die ander zeker wel de nodige moeite zal hebben gedaan. Op al deze soorten mensen nu, die samen de grote massa vormen, zal de invloed van de pers buitengewoon groot zijn. Zij zijn niet in staat, of niet bereid, om het gebeurde zelf kritisch te onderzoeken, zodat hun mening ten opzichte van alle kwesties van de dag bijna uitsluitend een gevolg is van beïnvloeding van buitenaf. Dit kan natuurlijk gunstig zijn, wanneer de voorlichting van ernstige en waarheids lievende zijde komt, maar evenzeer moet het tot een ramp leiden, wanneer schoften en leugenaars dit werk ter hand nemen.

De tweede groep is numeriek al aanzienlijk kleiner. Zij bestaat ten dele uit elementen, die aanvankelijk tot de eerste groep behoren, en nu na vele bittere teleurstellingen in het tegendeel zijn aangeslagen en nu niets meer geloven, van alles, wat hun maar in druk onder ogen komt. Ze haten iedere krant, en lezen die óf in het geheel niet óf ergeren zich steevast aan de inhoud, die hun inziens immers toch enkel uit leugens en onwaarheden is samengesteld. Deze mensen zijn zeer moeilijk te behandelen, omdat ze ook tegenover de waarheid steeds zeer sceptisch zullen staan. Daardoor kunnen ze voor geen enkele vorm van opbouwend werk enige betekenis hebben.

De derde groep tenslotte is verreweg de kleinste. Tot haar behoren alle werkelijk begaafde mensen, die door natuurlijke aanleg en opvoeding zelfstandig hebben leren denken, die zich over alles, wat ze lezen een eigen oordeel trachten te vormen en het nog eens zelf geheel nagaan, en er ook de consequenties uit trekken. Zij zullen geen krant inzien, zonder dat hun hersens voortdurend actief het gelezene volgen, en de schrijver heeft hier geen gemakkelijke taak. De liefde der journalisten voor deze categorie van lezers is dan ook maar zeer betrekkelijk.

Voor hen, die tot deze derde groep behoren, is de onzin die een krant bijeen kan kletsen, inderdaad van ieder gevaar en iedere betekenis ontbloot. Ze hebben er zich toch in de loop van hun leven al aan gewend, om principieel in iedere journalist een boef te zien, die enkel zo van tijd tot tijd ter verpozing eens de waarheid spreekt. Helaas ligt echter het gewicht van deze prachtmensen niet in hun aantal, maar in hun intellect – en dat is een ramp in een tijd, waar de wijsheid niets en de meerderheid alles betekent. Tegenwoordig beslist het stembiljet van de grote massa, en daarom is ook de grootste groep de belangrijkste en de toonaangevende; deze groep is die van de lichtgelovigen en de armen van geest.

Het is een staats- en een volksbelang van de eerste orde, om te verhinderen, dat deze mensen in de handen van slechte, onwetende of kwaadwillige opvoeders komen. De staat heeft daarom de plicht, om steeds een wakend oog te houden op de opvoeding van deze lieden, en er voor te waken, dat hier niets verkeerd gebeurt. Hij moet daarbij vooral de pers scherp onder zijn controle houden ; want dit is wel het orgaan, dat de sterkste en diepste invloed op deze massa van onwetenden uitoefent, omdat het ook niet van tijd tot tijd, maar constant werkt.

Juist omdat het onderricht van de pers steeds met dezelfde aandrang en in eeuwigdurende herhaling aan het volk wordt gegeven, is het van zo buitengewoon grote betekenis. De staat mag daarom in dit geval minder dan in enig ander, vergeten, dat alle middelen aan één doel dienstbaar moeten zijn; hij mag zich nooit door het gegoochel met die zogenaamde „persvrijheid" van de wijs laten brengen, of laten bepraten, om zijn plicht te verzuimen, en om de natie het voedsel te onthouden, dat zij nodig heeft, en dat haar versterkt; hij moet met onverbiddelijke vastberadenheid dit middel tot opvoeding van het volk in handen nemen, en het in dienst van de natie en van de staat stellen. Maar van welke aard was het geestelijk voedsel, dat de Duitse pers van voor de oorlog haar lezers voorzette? Was het niet het ergste gif, dat men zich maar denken kan?

Gaf men ons volk niet injecties met het ergste pacifisme, op een ogenblik, dat de gehele wereld al opstond, om Duitsland langzaam maar zeker te worgen? Had deze pers niet al in vredestijd de twijfel aan het recht van de eigen staat in de gedachten van het volk geplant, om het zo al van te voren in de keuze van zijn verdedigingsmiddelen te beperken? Was het niet de Duitse pers, die haar kans zag, om ons volk de waanzin van de „Westerse democratie" zolang op zo duidelijke wijze voor te houden, dat dit tenslotte, onder de indruk van al die geestdriftige lofzangen, meende dat het zijn lot inderdaad onbekommerd aan een Volkenbond kon toevertrouwen?

Heeft die pers soms niet in belangrijke mate meegeholpen, om ons volk tot een miserabele amoraliteit op te voeden? Heeft zij niet moraal en zeden belachelijk gemaakt? Heeft ze niet ieders moraal en iedere zedenleer voor achterlijkheden en kleinburgerlijkheden uitgemaakt, net zolang tot ons volk tenslotte inderdaad „modern" werd? Heeft ze niet door haar onophoudelijke aanvallen zolang de grondvesten van het staatsgezag ondergraven, tot een enkele stoot voldoende was, om dit gebouw te doen ineenstorten? Heeft zij zich niet met alle middelen verzet tegen iedere poging om de staat te geven, wat vam de staats is; heeft ze niet door onophoudelijke kritiek de positie van het leger verzwakt, de algemenen dienstplicht gesaboteerd, en aangezet, om de militaire kredieten niet toe te staan, enz., zodat de gevolgen tenslotte niet meer konden uitblijven? De activiteit van de z.g. liberale pers deed niets anders dan een graf graven voor het Duitse volk en het Duitse Rijk.

De marxistische leugenkranten kan men hierbij gevoegelijk buiten beschouwing laten; voor hen is het liegen een even onoverwinnelijke eigenschap als het muizen voor de kat; het is immers hun taak, om het volk in volks- en nationaal opzicht de ruggengraat te breken, om het rijp te maken voor het juk van het internationale kapitalisme, en van zijn meesters, de Joden. Maar wat heeft de staat gedaan tegen deze massale volksvergiftiging? Niets, absoluut en helemaal niets. Een paar belachelijke wetjes, een paar straffen op al te grote gemeenheden, maar overigens niets. Men hoopte echter, dat men door wat vleierij-tjes, door de „waarde" van de pers te erkennen, alsmede haar „grote betekenis", haar „opvoedkundige taak" en meer van soortgelijke waanzin, deze pest op zijn hand zou krijgen. De Joden echter aanvaardden dit alles met een sluw lachje, bedankten, en lachten heimelijk in hun vuistje.

De eigenlijke reden echter, dat de pers hier op zo smadelijke wijze in gebreke bleef, was niet zozeer gelegen in een blindheid voor het grote gevaar, als wel in de meest schandelijke lafheid, die weer leidde tot halfslachtigheid in iedere maatregel en ieder besluit. Niemand bezat de moed, om ingrijpende, radicale middelen te benutten, maar men kwakzalverde hier als overal met wat huismiddeltjes, in plaats van de adder meteen de kop te verpletteren, prikkelde men hem nog — waardoor dus tenslotte niet alleen alles bij het oude bleef, maar waardoor integendeel de macht van de te bestrijden lichamen van jaar tot jaar groeide. De strijd, die de Duitse regering van die jaren voerde tegen de, voornamelijk Joodse pers, miste iedere vastheid van lijn en iedere dragende vasten wil, maar vooral ieder scherpomlijnd doel. Hier schoten de hersens van alles, wat Geheimrat was, ten enenmale te kort, zowel, waar het inzicht in de betekenis van de strijd, alsook, waar het de keuze der middelen en het uitstippelen van een vast systeem betrof. Men dokterde maar wat aan het geval, nu hier, dan daar, maar het bleef lapwerk, want ook al sloot men wel eens, wanneer men al te venijnig gebeten werd, zo'n journalistieke adder voor een paar weken of maanden op, men waagde zich maar liever niet aan het slangennest zelf.

Nu was dit echter ook wel ten dele het gevolg van de grenzeloos sluwe tactiek van het Jodendom enerzijds, en van de grote domheid of onnozelheid aan de andere zijde, die waarlijk een Geheimrat waardig was. De Jood was veel te geslepen, dan dat hij zijn gehele pers ineens had laten aanvallen. Nee, een gedeelte ervan had tot taak, om de rest te dekken. Terwijl de marxistische kranten op de gemeenste wijze van leer trokken tegen alles wat mensen maar heilig kon zijn, en zo staat als regering op de minderwaardigste manier aanvielen, en grote delen van het volk tegen elkaar opzetten, wisten de burgerlijk democratische Jodenbladen zich met de stralenkrans van die roemruchte objectiviteit te sieren, meden zorgvuldig alle krachttermen, omdat ze maar al te goed wisten, dat leeghoofden nooit anders dan naar de buitenkant weten te oordelen, en nooit bij machte zijn, om de diepere dingen te zien, zodat voor hen het uiterlijk van een feit bepalend is, en niet de inhoud; een menselijke zwakte, waaraan zij ook hun eigen positie te danken hebben.

Voor deze mensen nu was en is de „Frankfurter Zeitung" wel het summum van fatsoenlijkheid. Zij immers gebruikt nooit een ruwe uitdrukking, veroordeelt ieder handtastelijk optreden, en doet steeds weer een beroep op allen, om toch vooral de strijd met de „wapenen van de geest" te beslechten — een strijd, die merkwaardigerwijze juist de armsten van geest het liefste is.

Dat is het gevolg van onze eenzijdige opvoeding, die het natuurlijke instinct in de mensen doodt, en hun een zekere hoeveelheid abstracte kennis instampt, maar zonder hen tot het inzicht van 's levens diepste kernen te kunnen brengen, omdat hiervoor immers ijver en goede wil alleen niet voldoende zijn, maar ook begrijpen, en wel aangeboren, instinctief begrijpen, vereist wordt. Dit inzicht in de diepste kernen is echter steeds het aanvoelen van de motieven der instincten — m.a.w. een mens mag nooit in de waanzinnige mening vervallen, dat hij zelf nu werkelijk tot heer en meester van de natuur zou zijn geworden – de man, die het ongeluk heeft, half ontwikkeld te zijn, is spoedig geneigd, dat te geloven – maar hij moet de fundamentele noodzakelijkheid in de gehele werking der natuur inzien, en ook begrijpen, hoezeer zijn bestaan afhankelijk is van deze wetten, die de eeuwige strijd en het ononderbroken streven om hoger te komen, voorschrijven. Dan zal hij voelen, dat in een wereld, waar planeten hun banen om zonnen beschrijven, waar manen om planeten cirkelen, waar altijd de sterkere de zwakkere overwint, en hem tot dienen dwingt óf hem breekt, dat in zo een wereld voor de mens geen uitzonderingswetten kunnen gelden. Ook in zijn leven beslissen de eeuwige beginselen van deze hoogste wijsheid. Hij kan trachten, om ze te begrijpen, maar hij kan zich nooit van hun invloed bevrijden.

Maar de Jood geeft zijn zogenaamde „kranten van standing" juist voor onze halfintellectuele uit. De „Frankfurter Zeitung" en het „Berliner Tageblatt" zijn juist voor deze lieden gefabriceerd, ook de toon ervan is op hen afgestemd, en op hen oefenen deze bladen hun invloed uit. Hoewel ze uiterlijk ruwe vormen zo zorgvuldig mogelijk vermijden, gieten ze toch hun gift wel langs andere kanalen in de harten van hun lezers. Met een stortvloed van schone klanken en uitdrukkingen weten ze de waakzaamheid van hun lezers in slaap te sussen, en het geloof te wekken, alsof hun daden enkel door de drang naar het brengen van zuivere wetenschap, of zelfs door morele beweegredenen werden ingegeven, terwijl het in werkelijkheid niets anders is dan de even sluwe als geniale kunst, om de tegenstander op deze wijze ieder mogelijk wapen tegen de pers uit de hand te slaan. Want juist doordat dezen overlopen van fatsoen, gelooft ieder leeghoofd grif hun bewering, dat het bij die anderen slechts enkele onbelangrijke uitwassen zijn, die echter in geen geval tot een aantasting van de vrijheid van drukpers – zoals men dit waanzinnige recht, om het volk straffeloos voor te liegen en te vergiftigen, gelieft te noemen – zou mogen leiden. Daarom treedt men maar liever niet tegen deze bandietentroep op, omdat men immers vreest, dat men in zo'n geval ook dadelijk de „fatsoenlijke" pers tegen zich zou hebben; een vrees, die volkomen gegrond is. Want zo gauw men tracht, tegen een van deze schendbladen op te treden, dan zullen onmiddellijk alle anderen voor het blad in kwestie in de bres springen, en dat dan niet, om de strijdwijze van deze collega goed te praten, nee, verre van dat– dan gaat het alleen nog om het beginsel der persvrijheid der openbare mening; dit alleen wil men verdedigen.

Maar dit geschreeuw maakt ook de sterkste mannen zwak, omdat het immers uit de mond van louter „fatsoenlijke" bladen komt. zo kon dit gif zonder moeite in het bloed van ons volk doordringen en daar zijn invloed uitoefenen, zonder dat de staat sterk genoeg was, om de ziekte te overwinnen. De bespottelijke en onvoldoende middelen, die men aanwendde, getuigden al van het dreigende verval van het Rijk. Want een lichaam, dat niet meer bereid is, zichzelf met alle middelen te beschermen, heeft daarmee feitelijk zichzelf al opgegeven. Iedere halfslachtige maatregel is een symptoom van het innerlijke verval, waarop vroeger of later het uiterlijke moet en zal volgen. Ik geloof, dat de huidige jonge generatie, wanneer ze op juiste wijze geleid wordt, eerder dan de ouderen bij machte zal blijken, om deze vijand te verslaan. Deze jeugd heeft ettelijke dingen doorgemaakt, die de zenuwen van ieder, die ze er niet volkomen bij verloor, ietwat hebben weten te stalen.

En ongetwijfeld zal de Jood ook in de toekomst al zijn kranten een luid gegil laten aanheffen, wanneer zijn lievelingsnest zal worden aangepakt, aan de waanzinnige vrijbuiterij der pers een einde gemaakt, en men ook dit opvoedingsmiddel, in plaats van het in handen van volksvreemden en vijanden des volks te laten, in dienst van de staat zal hebben gesteld — maar ik geloof, dat dit ons minder zal raken dan het eens onze vaders deed. Want een 30cm granaat siste altijd nog dreigender dan duizend Joodse krantenadders. Laat ze dus maar sissen!

Een ander voorbeeld van de halfslachtigheid en zwakte, waarvan de autoriteiten van het Duitsland van voor de oorlog blijk gaven, wanneer het om de meest vitale belangen der natie ging, is het volgende: Al sinds vele jaren woekerde er, parallel aan de politieke, zedelijke en morele verpesting van ons volk, een lichamelijke vergiftiging, die de gezondheid op niet minder afschuwelijke wijze aantastte, dan de andere het de geest deden. De syfilis begon zich, vooral in de grote steden, steeds meer uit te breiden, terwijl de tuberculose in hetzelfde tempo door het gehele land haar lijken strooide. En hoewel beide gevallen ontzettende gevolgen hadden voor de natie, had men niet de moed, om daar ingrijpende maatregelen tegen te treffen. Vooral de houding, die de leiding van staat en volk tegenover de syfilis innamen, kan men al moeilijk anders noemen dan openlijke capitulatie.

Indien men in ernst de strijd had willen aanbinden, dan had er nog wel het een en ander meer moeten gebeuren dan wat men nu deed. Tegen zo'n pest helpt het maar weinig, of men een twijfelachtig geneesmiddel uitvindt, en dat op een wijze, die van veel koopmanschap getuigt, aan de man brengt. Ook hier had de strijd zich alleen tegen de oorzaken moeten richten, en niet tegen de uiterlijke verschijnselen. De belangrijkste oorzaak is echter deze: dat wij onze liefde hebben geprostitueerd. Ook wanneer dit niet tot deze ontzettende ziekte had geleid, had het toch nog de meest funeste gevolgen voor ons volk moeten hebben, want de morele verwoestingen, die deze ontaarding met zich brengt, zijn op zichzelf al groot genoeg, om een geheel volk langzaam, maar zeker te gronde te richten. Die verjoodsing van ons zieleleven, en die ellendige wijze, waarop wij onze paringsdrift aan de Mammon verpandden, zullen, vroeger of later, onze totale nakomelingschap bederven, want het zullen geen krachtige kinderen meer zijn, die uit een natuurlijk gevoel zijn ontstaan, doch de miserabele producten van financiële motieven en overwegingen. Want dit wordt meer en meer de basis en de eerste voorwaarde van onze huwelijken. De liefde echter wordt elders uitgeleefd. Een tijdlang kan men hier vanzelfsprekend ongestraft de natuurwetten met voeten treden, maar de wraak der natuur blijft niet uit, en zal alleen wat later optreden – of beter: zal door de mens vaak te laat worden herkend. Welke funeste gevolgen echter uit een voortdurende verachting voor de natuurwetten voortkomen, kan men goed zien aan onze adel. Hier ziet men de resultaten van een voortplanting, die enerzijds door redenen van stand – anderzijds door financiële redenen bepaald werd.

Het ene leidt tot algemene verzwakking, het andere tot bloedvergiftiging, omdat iedere warenhuisjodin waardig wordt geacht, om de nakomelingschap van Zijne Doorluchtigheid – die er dan echter ook wel naar uitziet – aan te vullen. Beide gevallen leiden tot volkomen degeneratie. Onze bourgeoisie doet tegenwoordig al haar best, om dezelfde weg op te gaan, en zal zeker ook bij hetzelfde punt eindigen.

Men tracht met onverschilligheid en haast aan de onaangename feiten voorbij te gaan, alsof men door een zodanig optreden de dingen zelf ongedaan kon maken. Nee, het feit, dat het liefdesleven van onze grote stadsbevolking meer en meer geprostitueerd wordt, en juist daardoor in steeds sterkere mate ten prooi valt aan die ontzettende ziekte, de syfilis, valt eenvoudigweg niet te ontkennen, het is nu eenmaal zo. De meest sprekende resultaten van deze mensenvergiftiging kan men enerzijds in de krankzinnigengestichten, anderzijds onder – onze kinderen vinden. Want vooral deze laatsten zijn de rampzalige slachtoffers van de steeds voortgaande verpesting van ons seksuele leven; in de ziektes van de kinderen komen de fouten van hun ouders tot uiting. Er zijn verschillende manieren, om deze onaangename, verschrikkelijke feiten op te vatten: een deel van de mensen ziet niets, of, beter gezegd, wil niets zien; dit is natuurlijk verreweg de gemakkelijkste en de goedkoopste „houding", die men kan aannemen. Een ander deel hult zich in de heiligen mantel van een even belachelijke als onwaarachtige preutsheid, behandelt het gehele gebied nooit anders dan als de „grootste zonde", en legt vooral tegenover iedere betrapte zondaar prompt getuigenis af van zijn hartgrondige verontwaardiging, en sluit dan verder vol godvruchtige afkeer de ogen voor deze goddeloze pest, en bidt God, dat Hij – zo mogelijk na hun dood – toch zwavel en pek over dit gehele Sodom en Gomorha moge uitstorten, om zodoende weer eens een stichtelijk voorbeeld te stellen voor deze schaamteloze mensheid.

Nog een ander deel tenslotte ziet de verschrikkelijke gevolgen, die deze pest met zich moet en met zich zal slepen, zeer wel in, maar haalt slechts de schouders op, overtuigd als het is, dat er toch in 't geheel niets tegen dit grote gevaar is te beginnen, zodat men de dingen maar op hun beloop moet laten. Nu is dat allemaal wel heel simpel en gemakkelijk, maar men mag toch nooit uit het oog verliezen, dat hier een natie het slachtoffer wordt. De uitvlucht „dat het bij andere volkeren immers even erg is", kan natuurlijk ook aan het feit van de eigen ondergang praktisch niets afdoen, tenzij dan enkel het gevoel, „broeders in nood" te hebben, voor velen de eigen smart al dragelijker zou maken. Maar juist dan gaat het erom, welk volk uit zichzelf, als eerste en enige bij machte is, deze pest te overwinnen, en welke natiën daaraan ten gronde gaan. Want dat is tenslotte de kwestie, waar het om gaat. Ook dit is enkel een toetssteen voor de waarde van het ras – het ras, dat de proef niet doorstaat, zal dan moeten ondergaan, en zijn plaats moeten afstaan aan meer gezonde of taaiere, die over meer afweer beschikt. Want omdat deze kwestie in de eerste plaats het nageslacht aangaat, is ze een van die vraagstukken, waarvan met ontzettende juistheid geschreven staat, dat de zonden der vaderen tot in het tiende geslacht aan de kinderen gewroken zullen worden – een waarheid, die enkel voor zonden aan bloed en aan ras begaan, opgaat. De zonde tegen bloed en ras is de erfzonde van deze wereld en vernietigt de mensheid die zich aan haar overgeeft. Hoe miserabel was de houding, die het Duitsland van voor de oorlog juist tegenover dit nieuwe vraagstuk innam!

 Wat deed men om de verpesting van onze jeugd in de grote steden tegen te gaan?

 Wat, om het bederf van ons liefdeleven te bestrijden, en om de steeds sterkere banden, die het aan de geldzucht verbonden, los te snijden?

 Wat om het daaruit voortvloeiende, steeds stijgende cijfer der syfilisziekten te doen dalen?

 Het antwoord op deze vragen kan men het gemakkelijkst geven, door eerst vast te stellen, wat er had moeten gebeuren. Om te beginnen mocht men deze kwestie niet te licht opvatten, maar diende te begrijpen, dat het geluk of het ongeluk van komende generaties nu zou afhangen van de wijze, waarop men dit vraagstuk oploste, ja, dat het van beslissende betekenis voor de gehele toekomst van ons volk zou kunnen, en misschien zelfs zou moeten zijn. Wanneer men dit inzag, dan nam men daarmee automatisch de verplichting op zich om onverbiddelijk op te treden en in te grijpen. Men diende dan uit te gaan van de overtuiging, dat in de eerste plaats de aandacht van de gehele natie op dit ontzettende gevaar moest worden geconcentreerd, en dat ieder de betekenis van deze strijd en haar draagwijdte tot zich moest laten doordringen. Men kan waarlijk ingrijpende maatregelen, die soms zeer moeilijk te verdragen kunnen zijn, alleen dan vrucht doen dragen, wanneer men aan iedere volksgenoot niet alleen dwang oplegt, maar hem daarnaast diep doordringt van de noodzakelijkheid van die maatregelen. Daartoe is een geweldige voorlichtingscampagne nodig, waarbij men alle andere dagelijkse kwesties, die anders zouden kunnen afleiden, opzij moet schuiven. Altijd, wanneer het er om gaat een schijnbaar onvervulbare eis of taak toch te vervullen, dient men zorg te dragen, dat de totale aandacht van een volk alleen en uitsluitend op deze ene kwestie wordt geconcentreerd, zo alsof van de vervulling van deze taak inderdaad het bestaan der natie onmiddellijk afhankelijk ware.

Want alleen zo kan men een volk bereid en sterk genoeg maken, om waarlijk grote prestaties te verrichten en zich waarlijk grote inspanningen te getroosten. Dit is een principe, dat ook geldt voor iedere enkeling, die grote dingen wil bereiken. Ook hij zal hiertoe trapsgewijs dienen op te klimmen, en zal dan ook steeds al zijn krachten dienen in te spannen, om zo een bepaald begrensd doel te bereiken, totdat dit eindelijk een feit is geworden, en hij zich op een nieuwe hogere taak kan werpen. Wie de weg, die hij te gaan heeft, niet in dergelijke etappen indeelt, en deze dan niet systematisch met de grootst mogelijke concentratie van alle krachten tracht af te leggen, zal nooit zijn einddoel weten te bereiken, maar zal ergens onderweg, of misschien zelfs terzijde van de weg, blijven steken.

Dit moeizaam benaderen van het doel is een grote kunst, die iedere keer opnieuw de inzet van alle beschikbare energie vereist, om de weg zo stap voor stap te kunnen afleggen. De allereerste voorwaarde, waaraan voor een aanval op zo een zware etappe van de levensweg van de mens moet worden voldaan, is wel deze, dat de leiding erin slaagt, om de grote massa van het volk juist dat voorlopige doel, dat men zich nu voor ogen heeft gesteld, of beter, dat men nu wil veroveren, voor te stellen als het enige, dat de aandacht van de mensheid waardig is, en het enig bepalende voor de toekomst van het volk. Het gros van het volk is toch niet bij machte, de gehele weg te overzien, zonder moe te worden, en te wanhopen aan de vervulbaarheid van zulk een taak. Het zal een bepaald gedeelte van het doel voor ogen kunnen houden, maar zal niet dan uiterst kleine etappen van de weg tegelijk kunnen overzien, zoals ook de wandelaar, die eveneens wel het doel van zijn tocht weet en kent, toch de eindeloze weg gemakkelijker aflegt, wanneer hij die in stukken verdeelt, en op ieder voorlopig doel afmarcheert, alsof dat al het verlangde einddoel zelf was. Nu komt hij, zonder dat hij de moed verliest, toch vooruit.

Daarom had men nu alle propagandamiddelen moeten aanwenden om de strijd tegen de syfilis als de enige belangrijke taak van de natie voor te stellen, en niet als een taak onder vele. Men had de verwoestingen, die zij aanricht als de grootst mogelijke ramp moeten voorstellen en dit idee met alle middelen in hersens en geheugen van de mensen moeten stampen, tot de gehele natie overtuigd was, dat van deze kwestie alles, letterlijk alles afhing, dat het hier ging om toekomst of ondergang.

Eerst door zo 'n voorbereiding, die zonodig jaren moet duren, zal de belangstelling en tegelijk de wil van geheel een volk zozeer zijn gemobiliseerd, dat men ook zeer moeilijke en drukkende maatregelen zal kunnen treffen, zonder gevaar te lopen, dat men niet begrepen zal worden, of plotseling door de wil der natie in de steek zal worden gelaten. Want om deze pest met werkelijke wapenen te bestrijden, zijn geweldige offers en is ook zeer zware arbeid nodig. De strijd tegen de syfilis vereist de strijd tegen de prostitutie, tegen vooroordelen en oude gewoonten, tegen vastgeroeste begrippen en algemeen gehuldigde meningen, en ook, niet in de laatste plaats tegen de onwaarachtige preutsheid van bepaalde kringen.

Wanneer men enkel moreel gerechtigd wil zijn, om tegen deze dingen te strijden, is het een eerste vereiste, dat men de komende generaties in staat stelt, om vroeg te huwen. Het late huwelijk op zichzelf brengt al de noodzaak mee, om een toestand te blijven handhaven, die – hoe men het ook keert of wendt – een schande voor de mensheid is en blijft, en die wel heel slecht past bij een schepsel, dat anders graag, vol bescheidenheid, voor het „evenbeeld Gods" wil doorgaan.

Prostitutie is een schande voor de mensheid, maar zij is door mooie moraliserende lezingen en vrome goede bedoelingen niet te vernietigen. Om haar te beperken en er tenslotte een einde aan te maken, moeten eisen worden gesteld. De eerste eis is echter, dat er voor wordt gezorgd, dat men – en vooral de man, omdat de vrouw immers toch in ieder geval de meest passieve partij is – in staat wordt gesteld, om vroeg te huwen, zoals dat immers ook in de menselijke natuur ligt. Hoe verdwaasd, en hoe begriploos de meeste mensen tegenwoordig al zijn geworden, kan men afleiden uit de manier, waarop men niet zelden moeders uit de „betere" kringen hoort zeggen, „dat ze zo dankbaar zouden zijn, voor hun kind een man te vinden, die zijn wilde haren al verloren heeft" enz. En omdat er aan dat soort heren meestal minder gebrek is dan aan de anderen, zal het arme meisje dan wel het geluk mogen smaken, om zo'n man zonder wilde haren te vinden, en de kinderen zullen het stempel van dit verstandige huwelijk wel op hun voorhoofd dragen.

Wanneer men bedenkt, dat de voortplanting buitendien nog tot het uiterste wordt beperkt, zodat de natuur buiten staat gesteld wordt, om enige selectie toe te passen, omdat natuurlijk ieder schepseltje, hoe misvormd ook, in het leven moet worden gehouden, dan moet men zich werkelijk afvragen, waarom zulk een inrichting als dit huwelijk nog bestaat, en aan welk doel het dan zogenaamd moet voldoen, is het dan niet hetzelfde als onvervalste prostitutie? Heeft de plicht van ieder mens tegenover die na ons komen, dan niets meer te betekenen? Of weet men niet, hoe men kinderen en kindskinderen tekent door een dergelijk misdadig lichtzinnig omspringen met het laatste natuurrecht – maar dat betekent ook: met de laatste plicht, die wij nog tegenover de natuur hebben te vervullen?

Zo verworden de cultuurvolkeren en gaan langzaam onder. Ook het huwelijk mag geen doel zijn, maar moet dienstbaar zijn aan dat ene, grotere doel, de vermeerdering en instandhouding van ras en soort. Daarin en daarin alleen ligt zijn taak en zijn betekenis. Indien men dit echter vooropstelt, dan kan men meer of mindere juistheid van een huwelijk alleen afmeten aan de manier, waarop het aan dat doel beantwoordt. Daarom alleen is het vroege huwelijk, dat de kracht heeft om een gezonde nakomelingschap voort te brengen, die ook tegen enige stormen bestand is, beslist goed, juist en gunstig te noemen.

Dan moet er echter aan een gehele reeks sociale voorwaarden worden voldaan, eer men ook maar denken kan aan de algemene verwerkelijking van het vroege huwelijk. zo kan deze, toch betrekkelijk weinig omvattende kwestie al niet worden opgelost, zonder ingrijpende sociale maatregelen. Hoe belangrijk deze sociale kwesties zijn, behoorde men vooral te begrijpen in een tijd, dat de zogenaamd „sociale" republiek, alleen al door haar onmacht om het huisvestingsprobleem op te lossen, talrijke huwelijken eenvoudig verhindert, en zo de prostitutie bevordert. De waanzin van ons salariëringsysteem, dat veel te weinig rekening houdt met het gezin en zijn behoeften, is eveneens een reden, waarom in onze tijd zoveel vroege huwelijken ongesloten blijven. Men kan pas dan in ernst de strijd tegen de prostitutie aanbinden, wanneer men door principiële wijziging van de sociale toestanden een eerder huwelijk mogelijk maakt. Dit is de allereerste voorwaarde, waaraan voldaan dient te worden, eer men deze kwestie tot oplossing kan brengen. In de tweede plaats echter dient men door opvoeding en opleiding een gehele reeks fouten op te heffen, die men tegenwoordig maar laat voortwoekeren.

Voor alles moet ons opvoedingssysteem in die zin worden veranderd, dat het geestelijke en lichamelijke op meer evenwichtige wijze worden verdeeld. Dat wat wij heden „gymnasium" noemen, spot eenvoudig met het Griekse voorbeeld. Bij onze opvoeding heeft men volkomen vergeten, dat tenslotte een gezonde geest alleen in een gezond lichaam kan wonen. Vooral, wanneer men bij deze stelling de uitzonderingen buiten beschouwing laat, en vooral aan de grote massa van het volk denkt, bevat ze een absolute waarheid. Er was een tijd, in het Duitsland van voor de oorlog, dat men zich in 't geheel niet meer om deze waarheid bekommerde. Men verwaarloosde het lichaam op alle mogelijke manieren, en verbeeldde zich, dat de eenzijdige ontwikkeling van de „geest" alleen wel een voldoende garantie was, dat de natie groot was en groot bleef.

Maar deze dwaling wreekte zich sneller dan men dacht. Het was geen wonder, dat de bolsjewistische golf nergens dieper doordrong dan op de plaatsen, waar een bevolking leeft, die door honger en door voortdurende ondervoeding gedegenereerd is: n.l. in Midden-Duitsland, Saksen en het Roergebied. In al deze streken weten echter ook de z.g. intellectuelen maar nauwelijks meer enige weerstand te bieden aan deze Joodse ziekte, alleen al omdat ook de intellectuelen lichamelijk volkomen aan de grond zitten, al is dit dan ook meer een gevolg van de opvoeding dan van de materiele nood. Het feit, dat de ontwikkeling van de beter gesitueerde kringen van ons volk zich zo uitsluitend op het geestelijke concentreert, heeft tot gevolg, dat deze kringen, in tijden, dat niet de geest, maar de kracht de doorslag geeft, niet bij machte zijn om ook maar staande te blijven, laat nog staan, om in de strijd de overwinning te behalen. Persoonlijke lafheid is niet zelden vooral een gevolg van lichamelijke tekortkomingen. De overdreven nadruk, die op het geestelijke deel van het onderwijs wordt gelegd, en de verwaarlozing van de lichamelijke opvoeding leiden ook al veel te vroeg tot het ontstaan van seksuele voorstellingen.

De jongen, die door sport en turnen stevig gehard is, voelt niet zo gauw de behoefte aan zinnelijke prikkels, en geeft er ook niet zo gauw aan toe als de jongen, die zijn gehele leven enkel met geestelijk voedsel vult, en die nacht en dag op zijn kamer zit te blokken. Een verstandige opvoeding moet zich dit steeds voor ogen houden. Ze mag verder ook nooit vergeten, dat de verwachtingen, die een gezonde jonge man ten opzichte van de vrouw koestert, van geheel anderen aard zullen zijn, dan die van de vroegtijdig bedorven zwakkeling. Daarom moet de gehele opvoeding erop gericht zijn, dat de jongen zijn vrije tijd gebruikt, om zijn lichaam zo bruikbaar en sterk mogelijk te maken. Hij heeft niet het recht, om in deze jaren maar rond te hangen, en niets te doen, om de straat en de bioscopen onveilig te maken, maar hij moet, wanneer zijn bepaalde dagtaak gedaan is, zijn jonge lichaam stalen en hard maken, zodat het leven hem straks niet te zwak zal vinden. Het moet de taak zijn van iedere opvoeding, om dit mogelijk te maken, te besturen en te leiden, en niet om het kind uitsluitend met zogenaamde wijsheid vol te proppen. Zij moet ook de idee, dat de behandeling van het lichaam de zaak van de enkeling zou zijn, definitief uitroeien.

Niemand is vrij, om ten koste van zijn nakomelingschap, dat wil dus zeggen, ten koste van zijn ras, te leven. Parallel met de lichamelijke opvoeding moet ook de strijd tegen de vergiftiging van de geest worden gevoerd. Ons gehele publieke leven lijkt tegenwoordig wel een broeikas voor seksuele voorstellingen en prikkels. Laat men toch de programma's van onze bioscopen, variétés en theaters eens aandachtig doorlezen, en men zal tot de conclusie moeten komen, dat dit zeker voor de jeugd geen aanbevelenswaardige kost is. Ook de étalages en de aanplakbiljetten werken met de gemeenste middelen, om de aandacht der menigte maar te trekken. Dat dit de jeugd buitengewoon veel kwaad moet doen, is iets, wat ieder, die niet volkomen buiten staat is, zich in de kinderziel in te denken, onmiddellijk duidelijk zijn. Deze zwoele zinnelijke sfeer leidt tot fantasieën en prikkels in jaren, dat de jongen van zulke dingen nog helemaal geen begrip zou mogen hebben. Het niet bepaald verblijdende resultaat van dit opvoedingssysteem kan men in onze tegenwoordige jeugd maar al te duidelijk waarnemen.

De jeugd is vroeg rijp en daarmee ook veel te vroeg ouwelijk geworden. Af en toe worden door de rechtszalen gebeurtenissen bekend, die ons een afschuwelijke kijk geven op het zielenleven van onze 14- en 15-jarige kinderen. Wie verwondert er zich daar dan nog over, dat de syfilis al op deze leeftijd haar offers telt? En is het niet bitter, te moeten constateren, dat zo menig jongmens, dat zwak van lichaam en bedorven van geest was, door een grotestadshoer in het huwelijk wordt ingeleid? Nee, wie de prostitutie wil bestrijden, moet in de eerste plaats zorgen, dat haar de geestelijke voedingsbodem wordt ontnomen.

Hij moet een einde maken aan die zedelijke verpesting, die de „cultuur" van de grote stad voor ons meebrengt, en dat wel onverbiddelijk, zonder zich in het minst te laten beïnvloeden door het geschreeuw en gegil, dat zich natuurlijk zal laten horen. Wanneer wij de jeugd niet uit het moeras, waarin zij zich nu bevindt, weten te redden, dan zal zij daarin geheel verzinken. Wie zijn ogen sluit voor deze feiten, helpt ze bestendigen, en staat daardoor mede schuldig aan de prostituering van onze toekomst, die tenslotte afhankelijk is van het opgroeiende geslacht. Deze grote schoonmaak moet bijna op alle gebieden van onze cultuur plaats vinden. Schouwburg, kunst, literatuur, bioscoop, pers, reclamebiljetten en étalages moeten bevrijd worden van de uitingen van een rottende wereld, en moeten in die van een zedelijke hoogstaande cultuur en staatsidee worden gesteld. Het openbare leven moet verlost worden van het verstikkende zwoele odeur van onze moderne erotiek, en eveneens van al die weinig mannelijke preutse onoprechtheid.

Bij al deze dingen moeten doel en weg worden voorgeschreven door de vaste wil, om ons volk lichamelijk en geestelijk gezond te houden. Het recht op vrijheid van de enkeling vervalt tegenover de plicht tot instandhouding van het ras. Pas nadat deze maatregelen getroffen zijn, kan men met enige kans op slagen de zuiver medische strijd tegen de ziekte zelf aanbinden. Maar ook daarbij mag men geen halve maatregelen treffen, maar zal ook hier de belangrijkste en ingrijpendste besluiten dienen te nemen. De eis, dat het aan defecte mensen onmogelijk moet worden gemaakt, om andere even defecte nakomelingen voort te brengen, is een eis van gewoon gezond verstand en zal, wanneer ze systematisch wordt nagekomen, de meest humane daad zijn, die nog ooit aan de mensheid werd bewezen.

Dat zal miljoenen ongelukkigen onverdiend lijden besparen, en zal mettertijd het gezondheidspeil van de gehele bevolking weten op te voeren. De vaste wil, die hier voorzit, zal ook de geslachtsziekten weten te beperken. Want hier zal men, zonodig, tot de onbarmhartige afzondering van ongeneeslijke zieken moeten overgaan – een maatregel, die voor de ongelukkigen zelf uitermate hard is, maar die een zegen zal zijn voor tijdgenoten en toekomst. Een eeuw zal pijn dienen te lijden, maar deze pijn zal voorbijgaan, en daardoor van veel smarten worden verlost. De strijd tegen de syfilis en haar gangmaakster, de prostitutie is een van de moeilijkst te vervullen taken van de mensheid, een taak, die juist daarom zo moeilijk is, omdat het hier niet gaat om een enkele kwestie op te lossen, maar een gehele reeks van fouten te vernietigen, die samen tot het ontstaan en de verbreiding van deze ziekte hebben geleid. Want de ziekte van het lichaam is hier slechts het gevolg van het feit, dat onze zedelijke, sociale en ras instincten zijn aangetast. Indien deze strijd echter uit gemakzucht of uit lafheid niet wordt uitgevochten, dan moge men over 300 jaar de volkeren eens bezien. Evenbeelden Gods zal men dan maar weinigen meer kunnen noemen, tenzij dan, dat men het in godslasterlijke zin zou bedoelen. Maar wat had nu het oude Duitsland gedaan, om deze besmettelijke ziekte te vernietigen?

Wanneer men dat rustig nagaat, komt men tot een waarlijk bedroevend antwoord. Ongetwijfeld was men in de verschillende regeringskringen op de hoogte met de ontzettende verwoestingen, die de syfilis aanrichtte, al was men misschien ook niet bij machte geweest, om de gevolgen in hun gehele omvang te overzien; maar de strijd, die men daartegen voerde, was ten enenmale onvoldoende: men had niet de moed tot ingrijpende hervormingen en probeerde het maar liever eens met ellendige lapmiddeltjes.

Men knoeide wat aan de ziekte, en liet de oorzaken maar voor wat ze waren. Men liet een medische contrôle uitoefenen op de prostituees, en ging haar gangen na, zo goed en zo kwaad dat ging. Wanneer men dan ergens een geval van syfilis of iets van die aard constateerde, stopte men de zieke in het een of ander hospitaal, tot ze uiterlijk weer zowat genezen was, en liet haar dan weer op haar medemensen los. Nu had men wel een „beschermend wetsartikel" ingelast, dat aan niet volkomen gezonde of niet volkomen herstelde personen verbood, om seksuele omgang te hebben, en zulk een maatregel is in principe ook volkomen juist, maar de resultaten ervan waren praktisch gelijk aan nul. Ten eerste zal de vrouw, die door een dergelijk ongeluk getroffen wordt – alleen al op grond van onze, of beter: van haar opvoeding – in de meeste gevallen weigeren, om zich ook nog de rechtszaal binnen te laten slepen, teneinde daar te getuigen tegen de man, die – meestal toch onder zeer pijnlijke bijomstandigheden – haar van haar gezondheid beroofde. Juist haar zal dit maar uitermate weinig helpen, terwijl zij toch meestal wel degene zal zijn, die er het meeste onder te lijden heeft, omdat zij de minachting van haar liefdeloze omgeving nog veel scherper voelt, dan dit bij de man het geval zou zijn.

Tenslotte moet men zich eens indenken, wat dit voor haar zou betekenen, wanneer het haar eigen echtgenoot is, die haar heeft besmet. Moet ze hem nu aanklagen? Of wat moet ze anders doen? Bij de man komt hier nog bij, dat hij helaas maar al te dikwijls na overvloedig alcoholgebruik met deze ellendige ziekte kennis maakt, omdat hij in zulk een toestand het minst in staat is, om de kwaliteiten van zijn „liefje" te beoordelen, wat de prostituees, die al ziek zijn, natuurlijk maar al te goed weten, en wat voor haar reden is, om speciaal mannen te lokken, die in deze ideale staat verkeren.

Het gevolg is echter, dat de man, die later onaangenaam verrast wordt door ziektesymptomen, zich met de beste wil ter wereld niet meer weet te herinneren, hoe zijn barmhartige goede fee er uiteindelijk uitziet, wat in een stad als Berlijn of zeker als München niemand hoeft te verbazen. Daar komt nog bij, dat het dikwijls bezoekers uit de provincie zijn, die toch al volkomen vreemd tegenover de bekoring der grote stad staan en daaraan moeilijk weerstand weten te bieden. En tenslotte: wie kan nu eigenlijk weten, of hij ziek dan wel gezond is? Zijn er niet talrijke gevallen bekend van schijnbaar volkomen herstelden, waar de ziekte opnieuw uitbrak, waardoor ze, zonder het zelf te weten, ontzettend veel onheil aanrichtten? Daardoor zijn dus de praktische resultaten, die dit wetsartikel opleverde, in werkelijkheid gelijk aan nul. Van de contróle, die op de prostituees wordt uitgeoefend, kan precies hetzelfde worden gezegd, en tenslotte is ook de genezing zelf heden ten dage nog altijd iets onzekers en twijfelachtig.

Eén ding slechts staat vast: niettegenstaande alle maatregelen breidde de ziekte zich steeds meer uit. Dat was wel het beste bewijs, hoe gering de waarde was, die aan die maatregelen kon worden toegekend. Want alles, wat men verder nog deed, was even ontoereikend als belachelijk. Men belette de geestelijke prostituering van het volk niet, en liet trouwens over de gehele linie van dit terrein alle nodige dingen na. Wie echter geneigd is, om zich met een schouderophalen en een glimlach van dit alles af te maken, doet er goed aan, om het statistische materiaal over de verbreiding van deze ellendige pest eens te bestuderen, en om haar groei in de laatste honderd jaren eens goed te bezien, en om tenslotte ook eens te bedenken, hoe het er zal uitzien, wanneer deze ontwikkeling in dit tempo voortgang vindt, – en dan zou hij toch dommer dan een ezel moeten zijn, wanneer er hem dan niet een rilling over de rug liep.

In de slapheid en halfslachtigheid, waarmee men al in het vooroorlogse Duitsland tegen zo een vreselijk verschijnsel optrad, moet men een kennelijk symptoom van de nationale verwording zien. Wanneer de kracht, om zijn eigen gezondheid te verdedigen, niet meer aanwezig is, is het in deze wereld van strijd ook met het recht op leven gedaan. Deze wereld behoort alleen aan de sterken, aan de kerels uit een stuk en niet aan de slappen en „halven". Een van de meest sprekende tekenen van verval was wel het langzame dalen van het algemene cultuurpeil in het oude Rijk, waarbij ik dan onder cultuur nog iets anders zou willen verstaan, dan datgene, wat men heden met het woord civilisatie aanduidt. Al voor het jaar 1900 begon zich in onze kunst een element te vertonen, dat tot die dag toe daar volkomen vreemd en onbekend was geweest. Natuurlijk had men ook vroeger van tijd tot tijd wel verkeerde wegen ingeslagen, maar in zulke gevallen betrof het toch altijd artistieke vergissingen, waaraan de lateren tenminste een zekere historisch waarde konden toeschrijven, en ontstonden nooit producten van een absoluut niet meer kunstzinnige mentaliteit, van een geestelijke verwording, die aan geesteloosheid grensde. In deze nieuwe kunst vond de politieke debacle, die later nog beter zichtbaar werd, haar voorloopster en heraut op cultureel gebied.

Het bolsjewisme in de kunst is de enige culturele levensvorm en de enige geestelijke uiting, waartoe het bolsjewisme bij machte is. Wie dit niet zomaar voetstoots wil aannemen, moet maar eens de kunst van de staten, waar het bolsjewisme aan de macht wist te komen, beschouwen, en hij zal met ontzetting moeten vaststellen, dat de ziekelijke uitwassen van waanzinnige en gedegenereerde mensen, die wij sinds het jaar 1900 onder de verzamelnamen „kubisme" en „dadaïsme" samenvatten, daar als de enige officiële staatskunst worden erkend. Zelfs tijdens de korte periode, dat in Beieren de radenrepubliek bestond, had zich dit al vertoond. Daar kon men al vaststellen, hoe alle officiële aanplakbiljetten en propaganda tekeningen in de kranten het stempel droegen van culturele, zowel als van de politieke verwording. En evenmin als men bijvoorbeeld voor een jaar of zestig geloof had geschonken aan de man, die een politieke catastrofe van een dergelijke omvang als we nu beleven, voorspeld had, evenmin had men zich een aftakeling op cultureel gebied, zoals er zich na 1900 in vormen als futurisme en kubisme bij ons begon te vertonen, kunnen voorstellen. Zestig jaar geleden zou een tentoonstelling van zogenaamde dadaïstische „belevenissen" eenvoudig tot de onmogelijkheden hebben behoord, en zouden de geestelijke vaders ervan in een krankzinnigengesticht zijn terecht gekomen, terwijl deze lieden thans zelfs voorzitters van kunstkringen zijn. Deze infectie kon destijds nog niet opduiken, omdat de openbare mening dit niet geduld had, en ook de staat niet werkeloos zou hebben toegezien. Inderdaad behoort het mede tot de taak van een regering, om zorg te dragen, dat het volk niet ten prooi valt aan algehele culturele waanzin. Want daarop moest zulk een ontwikkeling tenslotte uitlopen. De dag namelijk, dat deze kunstopvatting werkelijk algemeen was geworden, zou een der belangrijkste mijlpalen in de geschiedenis van de mensheid zijn geweest, dan was n.l. het bewijs geleverd, dat de geestelijke vermogens van de mens hun hoogste ontwikkeling achter de rug hadden, en zich nu weer in dalende lijn bewogen. Wat het einde zou zijn van die ontwikkeling, dat was iets, wat men zich maar nauwelijks kon voorstellen.

Wanneer men van dit standpunt de wijze beziet, waarop ons cultureel leven zich in de laatste 25 jaar heeft ontwikkeld, dan zal mén met schrik moeten vaststellen, hoezeer deze dalende lijn al onmiskenbare werkelijkheid is geworden. Overal zien wij microben, die telkens weer gezonde gedeelten aansteken en tenslotte zal hieraan na kortere of langere tijd onze gehele cultuur ten onder gaan. Ook deze kiemen moeten we zien als symptomen van een wereld, die al in staat van ontbinding verkeert, zij het dan ook, dat dit proces in zeer langzaam tempo verloopt. Wee dan de volkeren, die niet meer de kracht bezitten, over deze ziekte heen te komen! Zulke ziektekiemen kon men in Duitsland bijna op alle gebieden van kunst en cultuur aantreffen. Het scheen wel, alsof alles zijn hoogtepunt al achter de rug had, en nu al sneller voortging op de weg naar de ondergang. Het toneel daalde zienderogen in betekenis, en zou zeker destijds al iedere betekenis als cultuurfactor hebben verloren, wanneer de Koninklijke Schouwburgen zich niet tegen die prostituering der kunst hadden verzet. Maar afgezien van hen en van nog enkele loffelijke uitzonderingsgevallen, was het gehalte van de vertoonde stukken van een dergelijke aard, dat het ongetwijfeld veel nuttiger voor de natie was geweest, wanneer ze maar van ieder bezoek aan toneelvoorstellingen had afgezien. Het was een triest teken van de algemene verwording, dat het niet meer verantwoord was, om de jeugd van deze zogenaamde „kunst" te laten „genieten", wat ook volkomen schaamteloos werd erkend door de bordjes „Geen toegang onder de 18", die overal hingen, en sterk aan het wassenbeeldenspel herinneren. Nu moet men nog bedenken, dat men deze voorzorgsmaatregelen moest treffen ten aanzien van instellingen, die zich juist meer dan enig ander, erop hadden moeten toeleggen, om de jeugd de nodige ontwikkeling te verschaffen, en niet om al te zeer verwende ouderen te amuseren. Wat zouden de grote onsterfelijke dramaturgen van zo een maatregel hebben gezegd, en wat van de redenen, die hiertoe hadden geleid?

Hoe zou Schiller zijn opgestoven, en Goethe zich verontwaardigd hebben afgewend. Maar wat betekenen Schiller, Goethe of Shakespeare tenslotte tegenover heroën, die de wereld van onze huidige Duitse literatuur bevolken?

Daarnaast zijn het toch niets dan oude versleten figuren, die hun tijd hebben gehad. Want dat was wel een van de meest typerende eigenschappen van deze tijd: niet alleen wist hij zelf enkel vuil voort te brengen, maar bovendien bevuilde hij alles, wat het verleden aan ware grootheid bezat. Nu is dat een verschijnsel, dat men altijd in dergelijke perioden kan constateren. Hoe gemener en minderwaardiger de eigen kunst van een bepaalde periode is, des te dieper zal de haat zijn, welke die tijd koestert tegenover de exponenten van vroegere hogere grootheid en waardigheid. In perioden als deze zou men nog het liefst iedere herinnering aan het verleden vernietigen, om zo, door iedere mogelijkheid tot vergelijking uit te schakelen, het eigen geknoei nog voor „kunst" te laten doorgaan. Daarom zal ieder nieuw systeem, naarmate het miserabeler en onbetekenender is, met meer vuur trachten, de laatste sporen van het verleden te doen verdwijnen, terwijl iedere werkelijk waardevolle vernieuwing van de mensheid rustig kan voortbouwen op de grondslagen, die vroegere generaties legden, en dikwijls kunnen pas de kunstenaars uit deze tijd proberen, om het werk van hun grote voorgangers die waardering te doen genieten, die het verdient. Zij behoeven niet te vrezen, dat hun werk naast dat van het verleden zal verbleken, maar ze dragen al uit zichzelf zoveel waardevols bij tot de grote algemene schat van de menselijke cultuur, dat zij dikwijls juist de herinnering aan het verleden levend zouden willen houden, opdat het heden eerst in het licht van vroegere meesterwerken de ware grootte van hun werk zal kunnen zien.

Alleen hij, die zelf niet bij machte is, om de wereld iets waardevols te geven, en die zich alleen maar wil aanstellen, alsof hij haar iets uitermate bijzonders zou willen schenken, kan al het grote, dat het verleden voor ons droeg, haten, en kan de waarde ervan betwisten of zelfs vernietigen. Dit is iets, wat niet alleen voor algemeen culturele, maar ook voor politieke nieuwelingen opgaat. Revolutionaire nieuwe bewegingen zullen de oude vormen des te feller haten, naarmate zij zelf van minder allooi zijn. Ook hier kan men weer zien, hoe de angst, dat het eigen knoeiwerk eens niet belangrijk genoeg geacht zou kunnen worden, leidt tot blinde haat tegen de vaststaande grootheid van dingen uit het verleden. Zolang bijvoorbeeld de historische herinnering aan Frederik de Grote niet verwaaid is, zal Friedrich Ebert slechts een beperkte hoeveelheid bewonderende verbazing weten op te wekken. De held van Sanssouci staat ongeveer in dezelfde verhouding tot de emerituskroegbaas uit Bremen als de zon staat tot de maan; pas als de stralen van de zon zijn verdwenen, kan de maan haar schijnsel vertonen.

Daarom is de haat, die alle nieuwe manen onder de mensen tegen de vaste sterren voelen, maar al te begrijpelijk. In het politieke leven hebben zulke nullen de gewoonte, om, wanneer het noodlot hun voor enige korte tijd de macht in de schoot werpt, niet alleen het verleden met onuitputtelijke ijver te bevuilen en te bekladden, maar zich ook nog door uiterlijke middelen aan de algemene kritiek te onttrekken. Als voorbeeld hiervoor kan de Wet tot bescherming van de Republiek, één van de producten van het nieuwe Duitse Rijk, worden genoemd. Wanneer daarom de een of andere nieuwe idee, een doctrine, een nieuwe wereldbeschouwing, of ook een politieke of economische beweging, het gehele verleden tracht te ontkennen, te belasteren en van zijn waarde te beroven, dan moet dit alleen al een reden zijn, om de uiterste voorzichtigheid in acht te nemen, en om haar met een zekere wantrouwende reserve in het oog te houden. Meestal komt zo'n haat uit het eigen minderwaardigheidsbesef, of uit een slecht geweten voort.

Een vernieuwing van de mensheid, die werkelijk gunstige resultaten wil afwerpen, zal onveranderlijk altijd zijn voortbouwend werk dienen te beginnen op het punt, waar het laatste goede fundament ophoudt. Zij behoeft er zich nooit voor te schamen, dat ze al gevonden waarheden benut. De gehele menselijke cultuur, en trouwens de mens zelf ook, is toch niets anders dan het voorlopig eindproduct van een lange ontwikkeling, waartoe iedere generatie haar steen bijdroeg en vast metselde. Daarom beantwoordt een revolutie ook nooit aan haar doel, en is ze nimmer van grote betekenis, wanneer ze enkel maar platweg het gehele bouwwerk afbreekt; zij moet integendeel al datgene wat gemetseld is, of niet op zijn plaats ligt, wegbreken, en moet nu, naast of op de laatste goedliggende steen, die nu weer is blootgelegd, en waar de rij weer kan beginnen, de volgende juiste steen metselen.

Alleen in dat geval zal men met recht van de „vooruitgang der mensheid" kunnen spreken. In alle andere gevallen zou de wereld nooit uit de chaos worden verlost, omdat immers ieder geslacht opnieuw het recht zou hebben, het verleden te verloochenen, en ieder dus ook, eer hij zelf zou beginnen te werken, eerst de arbeid van het verleden zou mogen verwoesten.

Het treurigste aan deze toestand, waarin onze gehele cultuur zich van voor de oorlog bevond, was nog niet alleen onze volslagen impotentie, waar het de schepping van artistieke en algemeens culturele waarden betrof, maar vooral de haat, waarmee men de herinnering aan een groter verleden bevuilde en uitwiste. Bijna op alle terreinen der kunst, maar vooral bij het toneel en in de litteratuur, stelde men in de schepping van nieuwe grootse werken slechts matig belang, maar was met de grootste energie en geestdrift aan het werk, om nu het beste van het bestaande naar beneden te halen, en voor verouderd en minderwaardig uit te maken; alsof er nog iets minderwaardiger kon zijn ten opzichte van een tijd als deze, waar de meest beschamende minderwaardigheid hoogtij vierde.

Maar uit dit streven, om het heden blind te maken voor het verleden, bleek overduidelijk de boze bedoeling van deze toekomstapostelen. Daaruit had men moeten afleiden, dat het hier geen kwestie was van nieuwe culturele opvattingen, die mogelijk onjuist, maar in ieder geval eerlijk gemeend waren, doch dat er hier naar werd gestreefd, om letterlijk iedere basis aan de kunst te ontnemen, om zodoende het gezonde gevoel voor de kunst op dwaze dwaalwegen te brengen, en zo tenslotte tot de geestelijke voorbereiding van het politieke bolsjewisme te komen. Want wanneer de eeuw van Perikles in het Panthenon belichaamd is, dan is de een of andere onbegrijpelijk kubistisch misbaksel de meest ideale belichaming van ons bolsjewistische heden.

In dit verband dient ook de nadruk te worden gelegd op de lafheid, die hierbij weer betoond werd door dat deel van ons volk, dat door zijn ontwikkeling en zijn positie de plicht had gehad, om zich tegen deze cultuurverkrachting te verzetten. Enkel uit angst voor de grote mond van de apostelen der bolsjewistische kunst, die een ieder, die niet bereid was, in hen onmiddellijk de ware kroon der schepping te zien, op de meest venijnige wijze aanvielen en voor achterlijke bourgeois uitmaakten, zag men maar van ieder ernstig verzet af, en berustte in datgene, wat onvermijdelijk scheen.

Men vreesde nota bene, om door deze halve gekken of bedriegers voor „begriploos" te worden uitgescholden, alsof het een schande was, dat men de voortbrengselen van geestelijke gedegenereerde of van sluwe bedriegers niet begreep. Deze apostelen van het „enige ware geloof" op cultureel gebied hadden nu nog een uiterst eenvoudig middeltje, waarmee ze hun waanzinnigheden tot onoverzienbaar geweldige dingen wisten te maken; alles, wat volkomen onbegrijpelijk en kennelijk krankzinnig was, presenteerden ze aan de bewonderende goegemeente als een zogenaamd „meest persoonlijkste emotie", wat inderdaad wel een zeer goedkope manier was, om ieder protest van te voren al te doen verstommen. Want dat ook dit het product van een persoonlijke emotie was, kon bezwaarlijk worden betwijfeld, maar in dit verband mocht men toch wel de vraag stellen, of het te pas komt, om de gezonde mensheid op de hallucinaties van geesteszieken of misdadigers te vergasten.

Ook de werken van een Moritz von Schwind of van een Böcklin waren uitingen van zeer persoonlijke emoties, alleen met dit verschil, dat het de emoties van begenadigde kunstenaars en niet van kwasten waren. Maar daar kon men weer eens de gehele miserabele lafheid van onze z.g. intellectuelen bewonderen, die ieder verzet tegen de vergiftiging van de gezonde instincten van ons volk angstvallig vermeden, en het maar liever aan het volk zelf overlieten, om deze brutaliteiten en waanzinnigheden te verwerken. En om toch vooral maar niet voor „lieden zonder verstand van kunst" door te gaan, vond men maar iedere belediging tegen de kunst goed, en begon tenslotte werkelijk te twijfelen bij de beoordeling van een kunstwerk. En dit alles tezamen waren tekenen, dat er zwaar weer op komst was.

Als bedenkelijk symptoom moet ik nog het volgende constateren: In de 19e eeuw begonnen onze steden steeds meer het karakter van cultuurcentra te verliezen en zakten af tot zuivere opeenhopingen van mensen. Het gebrek aan liefde van ons modern grotestads proletariaat voor zijn woonplaats vloeit voort uit het feit, dat het hier inderdaad uitsluitend gaat om de toevallige plaats, waar zich de enkeling bevindt, en om niets meer. Gedeeltelijk staat dit ook weer in verband met de sociale omstandigheden, die een veelvuldige verandering van woonplaats noodzakelijk maken, en de mens niet de tijd laat om in een nauwer contact met zijn stad te komen, maar anderzijds moet dit toch ook worden geweten aan de algemene culturele leegheid en armzaligheid van onze huidige steden.

Nog ten tijde van de vrijheidsoorlog (1813) waren de Duitse steden zowel gering in getal als bescheiden van omvang. De enkele werkelijk grote steden waren grotendeels residenties, bezaten als zodanig bijna steeds een zekere culturele waarde en konden zich meestal ook in artistiek opzicht op een bepaalden vorm en opvatting beroemen. De enkele plaatsen met meer dan 50.000 inwoners, die men destijds telde, waren, in vergelijking met even grote steden van tegenwoordig, rijk aan wetenschappelijke en artistieke waarden. Toen München zestigduizend zielen telde, begon het al één van de eerste kunstcentra van Duitsland te worden; tegenwoordig heeft bijna iedere fabrieksstad dat cijfer bereikt, of het zelfs al vele malen overschreden, soms zonder dat ze ook maar in de geringste mate op het bezit van zulke schatten kan bogen. Het zijn enkel nog verzamelingetjes woon- en huurkazernes, verder niets. Men moet zich ook afvragen, hoe bij een dergelijke leegheid en platheid nog een band met de woonplaats zou kunnen ontstaan.

Niemand zal zich bijzonder voelen aangetrokken tot een stad, die in geen enkel opzicht iets anders kan bieden dan welke andere ook, die absoluut geen eigen karakter heeft, en waarin alles, wat maar enigszins naar kunst of iets in die trant zou kunnen zwemen, angstvallig vermeden is. Maar bovendien worden ook de werkelijk grote steden met het stijgen van het inwonertal in verhouding steeds armer aan werkelijke kunstwerken. Al onze steden teren op de faam en de schatten van het verleden. Laat men zich nu eens alles uit München wegdenken, wat daar onder Ludwig I tot stand werd gebracht, en men zal met ontzetting moeten constateren, hoe gering het aantal werkelijke kunstwerken is, dat er sindsdien bijgekomen is. Datzelfde kan ook van Berlijn en van de meeste andere grote steden worden gezegd.

Het kernpunt van de kwestie ligt echter in het volgende: Onze hedendaagse grote steden bezitten geen monumenten, die het gehele stadsbeeld beheersen, en die op de een of andere wijze voor onzen gehelen tijd een symbool konden zijn en blijven. Dit was echter het geval in de steden der oudheid, waar bijna iedere stad een bijzonder monument bezat, dat haar trots was. Het meest karakteristieke van de antieke steden was niet gelegen in de particuliere gebouwen, maar in de monumenten der gemeenschap, die niet voor een ogenblik maar voor de eeuwigheid gebouwd schenen, omdat ze niet de rijkdom van een enkele eigenaar, maar de grootte en betekenis van het gemenebest moesten uitdrukken. Op deze wijze ontstonden monumenten, die zeer geëigend waren om de bewoners aan hun stad te binden en wel met zo sterke banden, dat het ons tegenwoordig dikwijls onbegrijpelijk lijkt. Want datgene, wat hem, deze burger van de oudheid, met zijn stad verbond, waren niet zozeer de particuliere huizen, die armoedig waren, maar voornamelijk de prachtige gebouwen van de gehele gemeenschap. Naast deze prachtige gebouwen verzonk het woonhuis werkelijk tot een onbetekenende bijzaak.

Wanneer men de verhouding van de grootte van de staatsgebouwen in de oudheid vergelijkt met de woonhuizen uit die tijd, dan begrijpt men pas hoe buitengewoon belangrijk en zwaarwichtig men dit beginsel achtte, dat de werken van de gemeenschap beslist op de eerste plaats komen moesten. De weinige monumentale gebouwen, die nu nog uit de puinhopen en ruïnes van de antieke wereld voor onze bewonderende blikken zijn overgebleven, zijn geen voormalige handelspaleizen, maar tempels en staatsgebouwen, dus monumenten, die aan de gemeenschap toebehoren.

Zelfs de pracht en praal van het Rome der laatste jaren bestond niet hoofdzakelijk uit villa's en paleizen van de burgers zelf, maar uit de tempels en thermen, de stadions, arena's, aquaducten, basilieken, enz. die aan de staat, dus aan het gehele volk toebehoren. Zelfs de Germaanse middeleeuwen bleven, ook al waren opvattingen van kunst geheel andere, aan datzelfde beginsel trouw. Datgene, wat in de Oudheid de Akropolis en het Pantheon had doen ontstaan, vond nu zijn uitdrukking in de vormen van de Gotische dom. Als reuzen staken deze monumentale bouwwerken op uit het kleine gewemel van de uit paneeltjes, uit hout of uit baksteen opgetrokken huisjes van de middeleeuwse stad, en werden tot symbolen, die zelfs nu nog, nu naast hen de huurkazernes hoger en hoger stijgen, steeds het karakter en het stadsbeeld van deze plaatsen bepalen. De domkerken, raadhuizen en markthallen, evenals de vestingtorens zijn de zichtbare tekenen van een kunstopvatting, die tenslotte weer aan de oudheid ontleend was.

Hoe zeer miserabel is de verhouding tussen dat, wat van staatswege en dat wat van particuliere zijde werd gebouwd, nu geworden. Indien Berlijn hetzelfde lot beschoren zou zijn, dat destijds Rome trof, dan zou ons nageslacht eens de warenhuizen van een paar Joden en de hotels van een paar naamloze vennootschappen als de meest typerende architectonische staaltjes van de cultuur onzer dagen kunnen bewonderen. Laat men die stotende wanverhouding eens zien, die zelfs te Berlijn bestaat tussen datgene wat door het Rijk, en datgene, wat door handel en geldwezen werd gebouwd. Dat begint er meestal al mee, dat men voor de openbare bouwwerken een belachelijk laag, en ten ene male onvoldoende bedrag uittrekt. Men bouwt geen monumenten meer voor de eeuwigheid — men maakt tegenwoordig enkel nog datgene, wat men direct nodig heeft.

Geen enkele verheven gedachte spreekt daarbij mee. Het Slot te Berlijn was in de tijd, dat men het bouwde, een werk van geheel andere betekenis, dan bijvoorbeeld heden de nieuwe bibliotheek is. En terwijl één enkel slagschip een waarde had van ruim zestig miljoen, werd voor het voornaamste prachtgebouw van het Rijk, het Rijksdaggebouw, dat toch voor de eeuwigheid bedoeld was geweest, nauwelijks de helft toegestaan. En toen de kwestie van de binnenarchitectuur ter sprake kwam en ter beslissing werd voorgelegd, toen stemde de Eerste Kamer tegen het gebruik van steen, en gaf opdracht, de wanden met gips te bepleisteren; ditmaal hadden de heren parlementariërs nu eens werkelijk juist gehandeld: het was inderdaad zonde, wanneer voor de omgeving van hun hoofdjes iets beters dan het goedkoopste werd gebruikt. Daarom missen onze tegenwoordige steden dat alles overheersende teken der gemeenschap, en men moet zich dan ook niet verbazen, wanneer het volk op zijn beurt weer geen symbool van zichzelf kan zien in de steden. Zodoende moet het leven in de steden wel leeg en karakterloos worden; en de gevolgen daarvan komen in het volkomen gebrek aan meeleven van de modernen grotestads mens met het wel en wee van zijn stad, tot uiting. Ook dit is een bewijs voor de dalende lijn, die onze cultuur beschrijft en van de algemene ruïne, die op alle gebieden heerst. Maar dan mag men zich ook niet verbazen, wanneer bij zulk een godheid slechts weinig zin voor heroïek overblijft. Het heden oogst tenslotte niets anders dan wat het jongste verleden heeft gezaaid.

Al deze degeneratieverschijnselen zijn in de grond der zaak slechts de gevolgen van het feit, dat een bepaalde, algemeen gehuldigde wereldbeschouwing ontbreekt, en ook van het, hier weer uit voortvloeiende feit, dat men geen houvast heeft bij het bepalen van zijn standpunt tegenover de grote vraagstukken. Daarom is ook alles al vanaf de opvoeding, even halfslachtig en twijfelachtig, bang voor verantwoordelijkheid, en zal tenslotte zo laf en tolerant zijn, om gebreken, die men zelf heeft geconstateerd, maar liever te laten voor wat ze zijn. Het gedweep met humanisme wordt mode, men laat de uitwassen oogluikend toe, omdat het gemakkelijker is, men spaart de enkeling tot iedere prijs, en het resultaat is, dat men de toekomst van miljoenen verwoest.

Hoe erg het al gesteld was met die verscheurdheid op alle gebieden, blijkt wel zeer duidelijk, wanneer wij de verdeeldheid, die op religieus terrein voor de oorlog heerste, aan een nadere beschouwing onderwerpen. Ook op dit gebied was de gemeenschappelijke actieve wereldbeschouwing allang verloren gegaan. Daarbij speelden (1e aanhangers, die officieel uit de kerk traden, een heel wat minder belangrijke rol dan degenen, die volmaakt onverschillig tegenover dit alles stonden. Terwijl de beide godsdiensten in Azië en Afrika bekeringspogingen in het werk stellen, om nieuwe aanhangers te winnen voor hun leer – een werk, wat vooral op de plaatsen, waar het zich tegen het groeiende Mohammedanisme heeft te verweren, slechts op uiterst schamele resultaten kan bogen – verliezen zij in Europa zelf miljoenen en nog eens miljoenen overtuigde aanhangers, die óf volkomen vreemd zijn komen te staan tegenover iedere vorm van godsdienstig leven, of hun eigen wegen zijn gegaan.

De gevolgen van dit regeneratisme zijn vooral redelijk gezien, niet gunstig. Opmerkelijk is ook de strijd tegen de dogmatische basis der kerken, die steeds scherpere vormen aanneemt, maar die tenslotte toch de godsdienst zelf aantast, omdat op deze menselijke wereld een godsdienst zonder dogmata praktisch niet bestaanbaar is. De grote massa van een volk bestaat niet uit filosofen: maar juist voor de massa is het geloof dikwijls de enige denkbare basis voor zedelijke wereldbeschouwing. De verschillende middelen, die men ons ervoor in de plaats heeft willen geven, bleken in de praktijk niet zodanige vruchten af te werpen, dat men werkelijk van hen kan verwachten, dat zij de religieuze belijdenissen op juiste en afdoende wijze zouden kunnen vervangen. Indien echter de religieuze leer en het geloof tot levensbasis voor grote groepen van de bevolking willen worden, dan is de allereerste voorwaarde hiertoe, dat de inhoud van dit geloof onbeperkt gezag geniet.

Wat voor het leven in 't algemeen de levensstijl is, die weliswaar enkele honderdduizenden hoogstaande mensen niet onmiddellijk nodig hebben om goed en verstandig te kunnen leven, maar die voor miljoenen anderen absoluut de eerste voorwaarde is, dat is het staatsprincipe voor de staat, en dat zijn de dogmata voor iedere godsdienst. Pas door deze dogmata wordt de onzekere en voor duizenderlei uitleggingen vatbare, zuiver theoretische idee nader bepaald, en krijgt ze vaste vorm, wat voor haar onmisbaar is, indien zij ooit tot een geloof wil uitgroeien. Anders zou de idee nooit meer kunnen worden dan een metafysische opvatting, of beter, dan een bepaalde filosofie these. De aanval op het dogma als zodanig heeft daarom al zeer veel van de strijd tegen de algemene wettelijke basis van de staat weg, en, terwijl het slagen van deze laatste strijd onherroepelijk op volkomen anarchie in de staat zou uitlopen, zo leidt de eerste tot een waardeloos religieus nihilisme. De politicus echter mag de waarde van een religie niet afmeten naar haar eventuele fouten, maar moet zich steeds in de eerste plaats afvragen, of er iets anders is te vinden, wat kennelijk beter is. Zolang dat echter klaarblijkelijk mankeert, kunnen alleen dwazen of misdadigers het in hun hoofd halen, om het aanwezige af te breken.

Nu is het een feit, dat de tamelijk bedroevende toestanden op religieus gebied, mede voor een belangrijk deel te wijten zijn aan degenen, die de religieuze ideeën teveel met zuivere aardse dingen bezwaren, en hen dikwijls in een volkomen onnodig conflict met de „zogenaamde exacte wetenschappen" brengen. In zulk een geval zullen het bijna altijd de godsdiensten zijn, die de vlag moeten strijken, en daardoor in de ogen van allen, die niet bij machte zijn tot meer, hoger en dieper dan een zuiver oppervlakkig weten, veel van hun grootheid inboeten. Maar de ergste verwoestingen zijn die, welke diegenen teweegbrengen, die de godsdienstige overtuiging voor politieke doeleinden misbruiken. Tegen deze ellendige zwendelaars, die in de godsdienst een middeltje wensen te zien, om hun politieke, of beter nog, hun zuiver zakelijke belangetjes te dienen, kan eenvoudig niet scherp genoeg worden opgetreden. Deze onbeschofte leugenaars schreeuwen weliswaar met een tenorstem, zodat al de andere zondaars het kunnen horen, hun geloofsbelijdenis, maar dat niet, om er zonodig voor te sterven, doch om hierdoor beter te kunnen leven. Voor één enkel politiek zwendeltje mits de voordelen, die ermee gepaard gaan, maar groot genoeg zijn — versjacheren zij hun godsdienst; voor tien kamerzetels sluiten ze een bloedsbroederschap met de marxisten, de doodsvijanden van alles, wat godsdienst heet, en voor een ministersportefeuille zouden ze een huwelijk met de duivel aangaan, wanneer ze althans niet meer over een toevallig restje fatsoen beschikken, dat Satan van zoiets kon weerhouden.

Het feit, dat het religieuze leven in het Duitsland van vóór de oorlog een onaangename bijklank had gekregen, was te wijten aan het misbruik, dat een zekere z.g. „Christelijke" partij van het Christendom maakte, en tevens aan de onbeschaamde wijze, waarop men trachtte, het katholieke geloof te identificeren met een politieke partij. Deze valse voorstelling had weliswaar enerzijds tot gevolg, dat een ander stelletje nietsnutten met kamerzetels gezegend werd, maar bracht anderzijds aan de kerk zelf schade toe. En onder het resultaat van dit alles moest de gehele natie gebukt gaan, omdat de gevolgen van de verslapping der religieuze banden, die door dit optreden werd veroorzaakt, zich juist deden gevoelen in een tijd, dat toch al alles wankelde en week, en dat de oude traditionele grondslagen van zeden en moraal hun vastheid dreigden te verliezen.

Ook dit waren barstjes en scheurtjes in het lichaam van ons volk, die, zolang er geen bijzondere dingen te verrichten waren, geen gevaar opleverden, maar die tot een ramp moesten leiden, wanneer grote gebeurtenissen bijzondere eisen gingen stellen aan de innerlijke hechtheid der natie. In diezelfde trant waren er ook op politiek terrein fouten en tekortkomingen, die, indien er althans niet binnen afzienbare tijd verandering in kwam, ook als symptomen van het naderend verval van het Rijk gezien moesten worden. De richtingloosheid van de Duitse binnenlandse en buitenlandse politiek moest een ieder, die niet opzettelijk zijn ogen er voor sloot, duidelijk zijn. Dat halve gedoe scheen het beste te rijmen met Bismarcks opvatting, als zou „de" politiek „de kunst van het mogelijke" zijn. Maar nu bestond er tussen Bismarck en de latere Duitse kanseliers een luttel onderscheid, dat maakte, dat de eerste zulk een woord over het wezen der politiek kon laten vallen, terwijl diezelfde mening in. de mond van zijn opvolgers een geheel anderen klank en betekenis kreeg. Want Bismarck had door deze zin alleen willen zeggen, dat men voor het bereiken van een politiek doel alle mogelijkheden moet gebruiken, of met alle mogelijkheden rekening dient te houden; zijn opvolgers echter beschouwden deze uiting als een soort plechtigheid, waarbij ze ontslagen werden van de plicht, er voortaan nog enig politiek idee of politiek doel op na te houden. En de leiding van het Rijk had in deze tijd dan ook inderdaad geen enkel politiek doel meer voor ogen, omdat hiertoe de nodige basis: een bepaalde wereldbeschouwing, ontbrak, en omdat ook het nodige inzicht in de diepere wetten, waaraan de ontwikkeling van het politieke leven gehoorzaamt, ten ene male mankeerde.

Er waren er niet weinigen, die dit alles met lede ogen aanzagen, het gebrek aan systeem en aan ideeën in de politiek van het Rijk met scherpe woorden geselden, en die de zwakte en holheid ervan dus zeer wel inzagen, maar dit waren allen mensen, die buiten het politieke leven stonden: de officiële regerings- instanties begrepen al evenmin als heden ten dage (1924) ook maar in de allergeringste mate het grote belang van de dingen, die een Houston Stewart Chamberlain gezien had. Deze lieden zijn te dom, om zelfs iets te kunnen denken, en veel te verwaand, om het nodige van anderen te willen overnemen – een eeuwige waarheid, die Oxenstierna deed uitroepen: „De wereld wordt maar door een bitter nietig brokje wijsheid geregeerd!", een brokje, waarvan dan bijna geen enkele referendaris aan het ministerie meer dan een atoom uitmaakt. Sinds Duitsland een republiek is geworden, heeft dit woord natuurlijk zijn juistheid verloren – daarom is het ook bij de „Wet tot bescherming der republiek" verboden, om zoiets uit te spreken of ook maar te geloven. Voor Oxenstierna echter is het maar een geluk, dat hij destijds leefde en niet heden in onze snuggere republiek. Al voor de oorlog zagen velen in, dat onze grootste zwakte juist gelegen was in die inrichting, waarin de kracht van de staat belichaamd had moeten zijn; in het parlement, de Rijksdag.

Hier waren lafheid en onverantwoordelijkheid op waarlijk onovertrefbare wijze verenigd. Men hoort tegenwoordig dikwijls de ondoordachte bewering uiten, dat het parlementarisme in Duitsland „sinds de revolutie in gebreke is gebleven". Daardoor wordt maar al te licht de indruk gewekt, alsof het voor de revolutie bijgeval anders was geweest. In waarheid echter is deze instelling niet bij machte, om anders dan vernietigend te werken – en dit deed ze dan ook wel degelijk al in de tijd, dat de meeste mensen nog met oogkleppen rondliepen en niets konden of niets wilden zien. Want dat Duitsland het huidige laagtepunt bereikte, is niet in de laatste plaats aan deze instelling te danken: dat de catastrofe echter niet eerder plaats vond, kan ook al niet op de debetzijde van het parlement worden geschreven, maar moet worden toegeschreven aan het verzet, dat er voor de oorlog nog steeds bestond tegen de werkzaamheid van deze doodgravers der Duitse natie.

Uit de grote massa der rampen en onjuiste maatregelen, die deze inrichting direct of indirect op haar geweten heeft, wil ik slechts één enkel geval kiezen, dat het duidelijkste het karakter van dit meest onverantwoordelijke instituut aller tijden laat zien: de ontzettende slapheid en halfslachtigheid, waarmee de politieke leiding van het Rijk zowel naar buiten als naar binnen optrad, die een van de hoofdoorzaken voor de ineenstorting werd, en voornamelijk aan de invloed van de Rijksdag te wijten is. Half was alles, wat ook maar in de allergeringste mate afhankelijk was van het parlement, wat het ook was. Halfslachtig en slap was de bondgenootschap politiek van het Rijk. Terwijl men nota bene bedoelde de vrede te bewaren, voerde men een politiek, waardoor men onherroepelijk bij een oorlog moest belanden.

Halfslachtig was de politiek ten opzichte van Polen. Men irriteerde, zonder de zaak ooit werkelijk aan te pakken. Het resultaat was, dat men enerzijds geen overwinning voor het Duitse bloed wist te behalen, en zich anderzijds niet wist te verzoenen met de Polen, terwijl men zich wél de vijandschap van Rusland op de hals haalde. Halfslachtig was ook de oplossing van de Elzas-Lotharingse kwestie. In plaats van eens en voor altijd met onverbiddelijk geweld de kop van de Fransen hydra te verpletteren, maar de Elzassers nadien dezelfde rechten toe te staan als de andere burgers van het Rijk genoten, deed men zomin het één als het ander. Men kon het immers ook niet, omdat de grootste partijen ook de grootste landverraders herbergden — zoals b.v. de heer Wetterlé in het Zentrum.

Maar dit alles ware nog te verdragen geweest, wanneer de algemene slapheid zich ook niet van die macht had meester gemaakt, die tenslotte de waarborg voor het bestaan van het Rijk betekende: van het leger. Wat de z.g. „Duitse Rijksdag" op dit gebied heeft misdaan, zou op zichzelf al voldoende zijn geweest, om voorgoed de vervloeking der Duitse natie over zijn schuldig hoofd uit te storten. Om de miezerigste redenen hebben deze parlementaire partijschoften openlijk en in het geheim alles in het werk gesteld, om onze natie dit wapen, waarmee ze zich kon verdedigen, het enige, dat altijd voor de vrijheid en de onafhankelijkheid van ons volk bereid stond, uit de hand te slain. Indien de graven in de vlakten van Vlaanderen zich nu konden openen, dan zouden daaruit de onvermurwbare aanklagers opstaan, honderdduizenden der beste jonge Duitsers, die door de gewetenloosheid van deze parlementaire misdadigers slecht en onvoldoende voorbereid in de armen van de dood werden gejaagd; het vaderland heeft hun miljoenen jonge levens verloren en miljoenen andere zonen slechts als verminkte wrakken teruggezien, enkel en alleen om het aan een paar honderd volksbedriegers mogelijk te maken, om politieke zwendelzaken, chantage of zelfs maar het afdreunen van doctrinaire theorieën mogelijk te maken.

Terwijl het Jodendom door middel van zijn marxistische en democratische pers de leugen van het „Duitse militarisme" in de gehele wereld verkondigde, en zodoende met (alle middelen trachtte, de schuld op Duitsland te werpen, weigerden de marxistische en democratische partijen haar steun te geven aan enige, waarlijk afdoende bundeling en consolidering van de Duitse volkskracht! Bovéndien moest een ieder, die maar even bedacht, dat in een eventuele komende oorlog toch de gehele natie de wapenen zou moeten dragen, dadelijk inzien, dat het meer dan misdadig optreden van deze prachtige „volksvertegenwoordiging" mede ten gevolge moest hebben, dat miljoenen Duitsers slecht en onvoldoende opgeleid en voorbereid, in de bajonetten van de vijand werden gestuurd.

Maar zelfs wanneer men deze gevolgen van de platte en grove gewetenloosheid van onze parlementaire souteneurs geheel buiten beschouwing zou laten, dan zou men nog moeten erkennen, dat dit tekort aan geoefende soldaten aan het begin van een oorlog maar al te licht kon maken, dat wij hem zouden verliezen, wat in de wereldoorlog ook op vreselijke wijze werd bewezen. Dat wij deze strijd om de vrijheid en onafhankelijkheid van de Duitse natie hebben verloren, is het gevolg van de stelselmatige slapheid en halfslachtigheid, die zich al in vredestijd steeds weer vertoonden, zo gauw het er om ging, om nu inderdaad de gehele volkskracht paraat te doen zijn voor de verdediging van het vaderland.

Terwijl men van de landmacht kon zeggen, dat het aantal rekruten, dat men er opleidde, te gering was, was diezelfde slapheid ook ter zee in de weer om onze verdedigingswapenen min of meer van hun kracht te beroven. Helaas wist die futloosheid zich van de leiding der marine zelf meester te maken. Het systeem, om alle op stapel gezette schepen altijd een beetje kleiner te houden dan de Engelse, die tezelfdertijd werden gebouwd, getuigde van weinig inzicht en van nog veel minder genialiteit. Juist een vloot, die zich van de beginne af bewust is, dat het aantal eenheden, waarover zij kan beschikken, nooit het peil van een andere vloot, die waarschijnlijk haar tegenstander zal worden, kan bereiken, dient alles in het werk te stellen, om dat numerieke nadeel zo goed mogelijk op te heffen, door de weerbaarheid van de eenheden op te voeren. Het gaat hier om de weerbaarheid, en niet om een legendarische „betere kwaliteit".

Door moderne techniek is het tegenwoordig zover gekomen, en is een zo grote uniformiteit van de ontwikkeling in alle grote beschaafde landen bereikt, dat men het rustig als onmogelijk kan beschouwen om schepen van de ene macht een waarlijk groter gevechtswaarde te geven dan aan die van een andere. Maar nog veel minder is het mogelijk, om die grotere gevechtswaarde te bereiken, wanneer men bovendien ook nog over minder ruimte beschikt. Die kleinere tonnage van de Duitse schepen moest inderdaad wel op kosten van de snelheid en de bewapening plaats vinden. De frase, die men gebruikte, om dit feit toch nog te rechtvaardigen, toonde wel heel duidelijk, welk een kwalijk tekort aan logica er school bij de instantie, die hiervoor in vredestijd verantwoordelijk was. Men beweerde namelijk, dat het Duitse geschut van zo aanmerkelijk betere kwaliteit was dan het Britse; dat de Duitse 28cm.-kanonnen, technisch gezien, niet achterstonden bij de Britse 30,5 centimeters!! Maar dat had nu juist reden moeten zijn, om ook tot het aanschaffen van 30,5 cm geschut over te gaan, omdat het immers niet de bedoeling is, om aan een ander gelijk te worden, doch integendeel, om hem in gevechtswaarde te overvleugelen. Anders zou het immers ook overbodig zijn geweest voor het leger, om de 42cm mortieren aan te schaffen, omdat geen enkel type van het toen aanwezige Franse krombaan geschut tegen de Duitse 21cm mortieren op kon, en de vestingen ongetwijfeld een bombardement uit de 30,5 cm mortieren niet hadden kunnen verduren.

Maar de leiding van de landmacht redeneerde zuiver, en dat deed die van de marine helaas niet. De eigenlijke reden echter, dat men er al van tevoren van afzag, om de kwaliteit van de artillerie tot het maximum op te voeren, en anderzijds al evenmin trachtte, om dan tenminste de grootst mogelijke snelheid te bereiken, lag echter geheel aan de z.g. „risico-idee", dat ten enenmale onjuist was. De leiding van de marine bouwde een vloot van zodanige kwaliteit en afmetingen, dat aan een aanval eenvoudig niet gedacht kon worden, waardoor de werkzaamheid van dit wapen al van de beginne af noodzakelijkerwijze op defensiegebied moest worden gezocht.

Maar daarmee deed men tevens afstand van het uiteindelijk succes, dat toch steeds enkel en alleen in de aanval kan liggen. Een schip, dat minder snel en zwakker bewapend is, zal door de snellere tegenstander, die over zwaarder geschut beschikt, meestal van de afstand, die deze laatste het beste past, in de grond worden geboord. Dat was iets, wat een aanzienlijk aantal van onze kruisers aan de lijve moest ondervinden. Hoe door en door fout die mening was, die de leiding van de marine er in de vredesjaren op na hield, bleek wel tijdens de oorlog, toen wij gedwongen werden, om met alle macht oude schepen weer te bewapenen, en nieuwe van een betere uitrusting te voorzien.

Indien de Duitse schepen echter in de slag bij het Skagerrak dezelfde tonnage, uitrusting en bewegelijkheid hadden bezeten als de Engelsen, dan zou de Britse vloot het onderspit hebben moeten delven door de orkaan van effectieve Duitse 38 cm.-granaten, die onze scherpschietende vuurmonden op haar hadden doen neerkomen. Japan heeft destijds een heel andere vlootpolitiek gevoerd. Het zorgde er stelselmatig voor, dat ieder nieuw schip over groter gevechtswaarde beschikte dan die van de macht, waartegen men het waarschijnlijk zou moeten gebruiken. Maar daardoor werd het ook mogelijk, dat de vloot later als aanvalswapen kon worden gehanteerd.

Terwijl de landmacht zich bij de opbouw van zijn instrument nog vrij wist te houden van zo principieel onjuiste gedachtegangen, werd de marine, die helaas ook al „beter" vertegenwoordigd was in de Rijksdag, het slachtoffer van de parlementaire geest. De marine was volgens halfslachtige beginselen opgebouwd, en ook toen men haar tenslotte in de strijd wierp, deed men dat zonder de moed tot consequentie in enige richting. De onsterfelijke roem, die onze marine, niettegenstaande al deze tegenwerkende factoren, toch nog wist te behalen, was enkel te danken aan de goede soldatengeest en aan de onvergelijkelijke heldenmoed van de officieren en manschappen op zichzelf. Indien de generale staf der marine in die jaren even geniaal was geweest als haar ondergeschikten dapper, dan waren deze offers niet vergeefs gebracht .Zodoende was het misschien juist de parlementaire knapheid en vaardigheid van de vooroorlogse leiders der marine, die dit wapen ten verderven voerde, doordat deze leiders nu ook bij de opbouw niet meer van zuiver militaire oogmerken, maar van parlementaire uitgingen. De halfslachtigheid en zwakte, en ook het gebrek aan logisch denkvermogen, waarmee dit parlementaire instituut behept is, sloegen maar al te gemakkelijk over op de leiding van de vloot.

Zoals ik al zei, wist de landmacht zich nog verre te houden van dergelijke principieel onjuiste ideeën. Vooral Ludendorff, die destijds kolonel bij de grote generale staf was, streed met de moed der wanhoop tegen de misdadige halfslachtigheid en futloosheid, die alle daden van de Rijksdag kenmerkte, wanneer deze over de levenskwesties der natie moest beslissen.

Natuurlijk waren de meeste van die beslissingen regelrecht in strijd met de Duitse belangen. Dat de strijd, die deze officier destijds uitvocht, toch niet met succes bekroond mocht worden, was enerzijds aan het parlement te wijten maar anderzijds aan de, zo mogelijk nog droeviger en slappere houding van de rijkskanselier Bethmann Hollweg. Dit belet natuurlijk de heren, die schuldig staan aan de ineenstorting van Duitsland, toch in het geheel niet, om de schuld nu juist op de schouders te schuiven van de enigen man, die zich tegen deze verwaarlozing van de nationale belangen verzette.

Tenslotte maakt voor zulke geboren zwendelaars een leugen meer of minder, ook al niets uit. Hij, die bedenkt hoeveel offers de misdadige lichtzinnigheid van deze hoogst onverantwoordelijke lieden ons volk heeft gekost, hoeveel mensenlevens doelloos vernietigd werden en hoeveel onnodig als wrakken terugkwamen, dat al die smaad en schande, en de mateloze ellende die heden ons deel is, ook voorkomen had kunnen worden, en dan weet, dat al deze offers enkel ertoe hebben gediend, om een horde gewetenloze eerzuchtige baantjesjagers aan ministersportefeuilles te helpen, die zal begrijpen, dat men deze individuen inderdaad niet anders dan als schoften, schurken, schooiers en misdadigers kan betitelen, want zo er één slag lieden is, die deze kwalificaties verdient, dan zijn het deze wel. Naast deze volksverraders is iedere souteneur nog een man van eer.

Het was zeer merkwaardig, dat alle werkelijke fouten van het oude Duitsland enkel dan onder de algemene aandacht werden gebracht, wanneer de innerlijke kracht der natie daaronder te lijden kon hebben. Ja, wanneer dat het geval was, dan werden die onaangename waarheden eenvoudig met geweld aan de massa opgedrongen, terwijl men anders vele dingen maar liever beschaamd verzweeg, en sommigen zelfs platweg ontkende. Dit laatste zag men speciaal dan gebeuren, wanneer door openlijke behandeling mogelijk verbetering in een toestand had kunnen komen. Bovendien hadden de gezaghebbende functionarissen over het algemeen niet het minste begrip van de waarde en het karakter van de propaganda. Dat een verstandige en ononderbroken propaganda zelfs in staat is, om een volk te doen geloven, dat de hemel een hel, en omgekeerd, dat het ellendigste bestaan eer paradijs is, dat was iets, wat alleen de Jood wist, en waarmee hij dan ook rekening hield; de Duitser, of beter, de Duitse regering, had daarvan niet het flauwste benul. En dit zou zich tijdens de oorlog nog op zeer bittere wijze wreken.

Tegenover al de fouten, die hier genoemd werden, en de talloze ongenoemde, stonden ook weer vele deugden. Wanneer men de fouten in een juist daglicht beziet, zal men moeten erkennen, dat de andere landen ook in sterke mate behept zijn met de meeste van onze gebreken, en zelfs op vele punten nog veel heviger aan deze ziekten lijden dan wij, terwijl ze vele van onze werkelijke deugden niet bezitten. Als eerste van deze deugden kan men onder meer het feit noemen, dat het Duitse volk in bijna geheel

Europa nog het meeste deed, om het nationale karakter van zijn staatshuishouding te handhaven, en niettegenstaande vele slechte voortekenen toch het minst van alle aan de leiband van het internationale grootkapitaal liep.

Dat was inderdaad wel een gevaarlijke deugd, die later ook de belangrijkste aanleiding tot de wereldoorlog werd. Indien men echter hiervan en van vele andere zaken van minder belang afziet, dan dient vooral de nadruk te worden gelegd op drie instellingen, die temidden van een zeer groot aantal gezonde krachtbronnen van de natie uitmuntten, en die werkelijk voorbeeldig, gedeeltelijk zelfs ongeëvenaard waren.

In de eerste plaats de staatsvorm zelf en de speciale vorm, die men hiervoor in het moderne Duitsland had gevonden. Men kan hierbij de persoon der vorsten rustig buiten beschouwing laten, omdat deze tenslotte mensen zijn, en dus ook met alle gebreken behept zullen kunnen zijn, die nu eenmaal het deel zijn van deze aarde en van alles wat tot deze aarde behoort — anders zou men iedere hoop op een gunstige ontwikkeling uit de huidige toestand moeten opgeven, omdat immers juist de moraal en het geestelijk peil van onze hedendaagse regeerders van zodanige aard zijn, dat het werkelijk ernstige moeite en een levendige verbeeldingskracht vereist, om zich levende wezens voor te stellen, die in nog mindere mate met deze kostelijke goederen zijn begiftigd.

Wie de „betekenis" van de Duitse revolutie afmeet naar de betekenis en het formaat van de personen, die zij sinds november 1918 aan ons volk heeft geschonken, die zal zich bitter schamen voor het oordeel van onze nakomelingen, die niet meer door „wetten tot bescherming van de republiek" enz. de mond gesnoerd zal kunnen worden, en die daarom datgene zullen zeggen, wat wij heden immers allemaal inzien, namelijk dat de hersens en de deugd van onze Duitse leiders van het jaar 1918 en volgende, omgekeerd evenredig zijn met de grootte van hun mond en het aantal van hun fouten. Ongetwijfeld was de monarchie van velen, en vooral van de grote massa, volkomen vervreemd. Dat was een gevolg van het feit, dat de omgeving der vorsten nu niet bepaald altijd bestond uit de intelligentste, en ook vooral niet uit de eerlijkste figuren. Velen van hen stelden meer prijs op vleiers dan op rechtschapen kerels, en daardoor werden ze ook door deze vleiers van alles „op de hoogte gesteld". Dit was wel van zeer groot nadeel in een tijd, dat de wereld zojuist vele oude inzichten radicaal had gewijzigd, iets, wat natuurlijk ook ten opzichte van vele oude tradities van het hof was gebeurd.

Zo kon b.v. de doorsnee man omstreeks het jaar 1900 geen bijzondere bewondering meer voelen voor de prinses, die in uniform langs het front van de troepen reed. Men was blijkbaar absoluut niet bij machte, om zich voor te stellen, wat een uitwerking zo een parade op het volk zou moeten hebben, want in dat geval had men er zich wel voor gewacht, om zulke ongelukkige gebeurtenissen te ensceneren. Ook het gedweep met het humanisme van deze kringen, dat ook dikwijls een tamelijk geknutselden indruk maakte, werkte eerder afstootend dan sympathiek. Wanneer het prinses X. bijvoorbeeld behaagde, om in de een of andere volksgaarkeuken eens te gaan proeven, hoe het eten smaakte – natuurlijk met het bekende gevolg, dan had dat mogelijk vroeger een diepe indruk kunnen maken, maar in deze tijd was de uitwerking van zo'n schnetje min of meer anders.

Natuurlijk kan men hierbij als zeker aannemen, dat Hare Hoogheid er werkelijk geen flauw benul van had, dat het eten op de dag, dat zij het kwam „onderzoeken", een ietsje anders was dan gewoonlijk; maar het feit, dat de andere mensen dit wel wisten, was meer dan voldoende. Op die manier werkte ook de beste bedoeling belachelijk, of zelfs bijna prikkelend. Al die beschrijvingen, waarop men ons vergastte, van de spreek-woordelijke soberheid van de vorst, hoe hij steeds vóór dag en dauw opstond, en hoe hij dan tot laat in de nacht letterlijk zat te zweeten en te zwoegen, wat nog dubbel ernstig was met het oog op het steeds dreigende gevaar, dat hij ondervoed zou raken, wekte tamelijk bedenkelijke reacties.

Men wenste niet te weten, wat en hoeveel het de vorst behaagde te eten; men gunde hem zeker wel een „voldoend" maal; men was er al evenmin op uit, om hem de nodige slaap te ontroven; men was tevreden, wanneer hij alleen maar als mens en man van karakter de naam van zijn geslacht en van zijn natie eer aandeed, en als regeerder zijn plicht vervulde. Al dat sprookjes vertellen baatte maar uiterst weinig, maar schaadde des te meer.

Dit en veel andere kleine strubbelingen waren niet zo van belang. Maar het was veel erger, dat zich helaas van grote groepen der natie de overtuiging meester maakte, dat men toch van bovenaf geregeerd werd, en dat de enkeling zich dus ook verder om niets behoefde te bekommeren. Zolang de regering inderdaad goed, of tenminste van goede wil was, viel dat nog wel mee. Maar het werd gevaarlijk, wanneer er eenmaal inplaats van de oude regering, die inderdaad het goede wilde, een nieuwe zou komen, die minder fatsoenlijk was; dan waren die willoze gedweeheid en dat kinderlijke geloof de eerste rampen, die men zich maar kon denken. Maar tegenover dit gebrek en de vele andere stonden toch ook weer grote deugden.

In de eerste plaats de stabiliteit van de gehele leiding van de staat, en het feit, dat tenminste de hoogste posities in de staat voor het doel der eerzuchtige en berekenende dolitici onbereikbaar waren. Dit waren tenminste deugden, die aan de monarchistische staatsvorm te danken waren. Dan de eerwaardigheid van die laatste inrichting, en het gezag, dat er daardoor al van uitging; ook het feit, dat het ambtenarencorps en vooral het leger aan de invloed van partijpolitiek waren onttrokken. Bovendien was er nog het grote voordeel, dat de monarch als persoon de eerste macht in de staat betekende, en als zodanig steeds allen ten voorbeeld kon worden gesteld als de drager van een zeer grote verantwoordelijkheid, wat men met de toevallige horde, die een parlementaire meerderheid is, nooit kan — en de spreekwoordelijke rechtschapenheid van de Duitse bestuursinstanties was ook in de eerste plaats daaraan toe te schrijven. Tenslotte was ook de cultureele invloed, die de monarchie op het Duitse volk uitoefende, zeer groot, en was ook zeker wel van zo groot belang, dat andere fouten door dit voordeel werden gecompenseerd. De Duitse residentiesteden herbergden nog steeds een grote liefde voor de kunst, die in onze materialiserende tijd meer en meer dreigt te zullen uitsterven. Datgene, wat de Duitse vorsten juist in de 19e eeuw deden voor kunst en wetenschap, was waarlijk voorbeeldig.

Onze tijd is in ieder geval niet in staat daar ook maar bij te halen. Maar toch moet het leger worden beschouwd als de grootste positieve factor in deze tijd, toen de ontbinding van ons volkslichaam inzette, en in steeds sterkere mate voortgang vond. Het leger was de grootste en beste school van de Duitse natie, en het was niet voor niets, dat de haat van al onze vijanden zich juist altijd richtte tegen deze muur, die voor onze nationale vrijheid en ons volksbestaan stond. Deze ongeëvenaarde instelling kan toch waarlijk niet op betere wijze gehuldigd worden, dan door het vaststellen van het feit, dat zij door alle minderwaardige individuen belasterd, gehaat, bestreden of gevreesd werd.

Dat te Versailles de woede van de internationale uitbuiters der volkeren zich in de eerste plaats concentreerde op het oude Duitse leger, was een bewijs temeer, hoezeer dit onze vrijheid tegenover de macht van het beurskapitaal had verdedigd. Indien deze ijzeren wil niet waarschuwend gereed had gestaan, dan ware de bedoeling van Versailles allang aan ons volk voltrokken. Wat het Duitse volk aan zijn leger te danken heeft, kan zeer kort, in één woord worden samengevat, namelijk: alles. Het leger voedde de man op tot onvoorwaardelijke verantwoordelijkheid in een tijd, dat deze eigenschap al zeer zeldzaam was geworden, en het steeds meer mode werd om zich zoveel mogelijk daaraan te onttrekken, in navolging van het prototype van alle onverantwoordelijkheid, dat parlement werd genoemd; het voedde verder op tot persoonlijke moed in een periode, dat de lafheid een steeds meer voortwoekerende ziekte dreigde te zullen worden, toen de offervaardigheid, om eigen lijf en leven voor het algemeen welzijn te wagen, al bijna voor een domheid werd aangezien, en men enkel nog die man voor wijs aanzag, die zijn eigen „egootje" het beste wist te sparen en te verwennen: het was de school die de Duitsers stuk voor stuk nog wist in te prenten, dat het heil van de natie niet ligt in onwaarachtige frasen over de internationale verbroedering tussen negers, Duitsers, Chinezen, Fransen, Engelsen enz., maar in de kracht en de eendracht van het eigen volk.

Het leger voedde op tot vastberadenheid, terwijl zich overal elders al twijfel en besluiteloosheid van de mensen hadden meester gemaakt. Het wilde wat zeggen, dat het leger kans zag, om het principe, dat een bevel beter was dan geen bevel, hoog te houden in een tijd, dat overal de lieden, die zeer sluw alleen op eigen voordeel uit waren, de boventoon voerden. Dit ene principe was nog vol van die onbedorven, robuste gezondheid, die ons leven op andere gebieden al lang had verloren, wanneer het leger en zijn opvoedingssysteem niet voor de altijddurende vernieuwing van deze veerkracht had gezorgd. Men behoeft enkel maar de ontzettende besluiteloosheid van onze huidige regering te zien, die nooit de moed weet te vinden tot een werkelijke daad, tenzij dan, wanneer ze, door geweld gedwongen, een nieuw plunderingsverdrag moet ondertekenen; in zo'n geval schuift zij iedere verantwoordelijkheid van zich af, en tekent met de vlotheid van een stenograaf in het parlement, alles, wat men haar maar wil voorleggen; in zo een geval kan ze gemakkelijk besluiten, omdat haar daarbij het besluit immers wordt opgelegd. Het leger voedde de mens op tot idealisme en tot offervaardige liefde voor het vaderland en zijn grootheid, terwijl overal elders hebzucht en materialisme de boventoon voerden. Het leger stelde door zijn opvoeding weer een eendrachtig volk tegenover de klasseverdeeldheid, en er was slechts één instelling binnen het leger, die men misschien als een fout had kunnen beschouwen: de vrijwilligers met-één-jaar diensttijd. Dit was daarom een fout, omdat hiermee inbreuk werd gemaakt op het principe van de absolute gelijkheid, en de meer-ontwikkelde hier weer werd geplaatst buiten het kader van zijn algemene omgeving, terwijl juist het tegendeel nuttig zou zijn geweest.

Omdat onze beter gesitueerde kringen toch al zo bedroevend weinig met hun beide voeten op de grond stonden, en steeds meer van hun eigen volk vervreemdden, had juist ons leger in deze zeer zegenrijk werk kunnen verrichten, wanneer het alleen maar in zijn rijen de scheiding tussen de zogenaamde intellectuelen en de andere volksgenoten had vermeden. Dat deze scheidingslijn toch werd getrokken, was een fout, maar welke inrichting op aarde kan geheel en al zonder fouten zijn?

Bij deze instelling echter was het goede zozeer in de meerderheid tegenover het slechte, dat de invloed van de enkele gebreken veel kleiner is, dan meestal bij mensen en bij menselijke instellingen het geval pleegt te zijn. Maar als de grootste van alle deugden van het oude leger moet toch het feit worden beschouwd, dat het, in een tijd waarin alles en iedereen naar meerderheden rekende en telde, de mensen hoger wist te schatten dan het stomme cijfer. Het leger handhaafde tegenover het Joods-democratische idee, dat een blinde aanbidding van het getal betekende, het geloof in de betekenis der persoonlijkheid. Zodoende wist het ook datgene voort te brengen wat de nieuwe tijd meer nodig had dan iets ter wereld: mannen.

Terwijl zich elders in het leven de verwijfdheid en verwekelijking als een moeras uitbreidde, leverde het leger ieder jaar 350.000 oersterke jonge mannen, die in een diensttijd van twee jaar de weekheid van de jeugd hadden verloren, en staalharde lichamen hadden gekregen. De jongeman echter, die in deze tijd had leren gehoorzamen, kon nu leren te commanderen. Alleen al aan de pas kon men de man herkennen, die zijn diensttijd achter de rug had. Dit was echter de hogeschool der Duitse natie, en het was niet voor niets dat de grimmige woede van al degenen, die uit jaloezie en hebzucht het Rijk zwak en zijn burgers weerloos wensten, zich geheel concentreerde op onze weermacht. Dat, wat vele Duitsers uit verblindheid of kwaadwilligheid niet wilden zien, zag het buitenland maar al te duidelijk: het Duitse leger was het geweldigste wapen, waarover de Duitse natie beschikte om haar vrijheid en het brood van haar kinderen te verdedigen.

Het derde grote bezit van het oude Rijk naast de staatsvorm en het leger was het ongeëvenaarde ambtenarencorps. Duitsland was het beste georganiseerd en het best bestuurd van alle landen op aarde. Men kon gemakkelijk van de Duitse ambtenaar zeggen, dat hij bureaucratisch en pedant was, maar dat was in andere landen minstens even erg. Maar wat die andere landen misten, was de prachtige soliditeit van dat apparaat en de onomkoopbaarheid en eer van de ambtenaren.

Beter wat pedant, maar eerlijk en trouw, dan verlicht en modern, maar slecht van karakter, en – zoals men heden zo vaak ziet – zonder capaciteiten en zonder ergens van af te weten. Want wanneer men het nu zo graag doet voorkomen, alsof de Duitse bestuursambtenaren van voor de oorlog wel goede bureaucraten maar slechte kooplieden waren, dan kan daarop maar één antwoord worden gegeven: Welk land ter wereld bezat enige instelling die zo goed geleid was, en uit zakenoogpunt bezien, zo goed georganiseerd was, als de Duitse rijksspoorwegen? Er was een revolutie nodig om dit voorbeeldige apparaat zo grondig te vernielen, dat het tenslotte rijp scheen te zijn, om uit de handen van de natie genomen en „gesocialiseerd" te worden, op de manier zoals de heren stichters van de republiek socialisatie verstonden, d.w.z. om dienstbaar te worden gemaakt aan de lastgever van de Duitse revolutie: het internationale beurskapitaal.

Datgene, waardoor het Duitse beambtencorps en het Duitse bestuursapparaat vooral uitmuntten, was de onafhankelijke positie, die het tegenover iedere regering innam, zodat de toevallige politieke overtuiging van de regering geen invloed uitoefende op de politieke kleur der ambtenaren. Hierin is sinds de revolutie wel een zeer scherpe wijziging gekomen. De mensen werden niet meer naar hun capaciteiten, maar naar de partij, waarvan ze lid waren, beoordeeld en uitgezocht, en de man, die een zelfstandig onafhankelijk karakter bezat, ondervond daar eerder schade dan voordeel van. De grote kracht en sterkte van het oude Rijk was geheel gebaseerd op deze drie kostbare bezittingen: zijn staatsvorm, zijn leger en zijn ambtenarencorps. Dat waren ook de hoofdoorzaken, dat die staat in zo hoge mate datgene bezat, wat aan deze ontbreekt: staatsgezag! Want staatsgezag berust nooit op geklets in parlementen of provinciale staten, ook niet op de wetten te harer bescherming, ook niet op vonnissen van rechtbanken, waarbij lieden, die het gezag al te brutaal ontkennen, veroordeeld worden, maar alleen op het algemene en rechtvaardige vertrouwen in de leiding en het bestuur van een gemenebest. Maar dit vertrouwen op zijn beurt kan weer alleen ontstaan uit de onwrikbaar diepe overtuiging, dat de regering en het landsbestuur onbaatzuchtig en eerlijk is, en uit het feit, dat de zin der wetten overeenstemt met de algemeen heersende opvattingen over recht en moraal. Want op de duur kan geen enkel regeringssysteem door geweld gehandhaafd blijven, maar kan alleen het algemene geloof, dat zij uit juiste motieven handelt, en dat zij de belangen van het volk waarachtig steunt en bevordert, haar instandhouden.

Hoezeer dus de verschillende fouten Duitslands innerlijke kracht bedreigden, toch mag men nooit uit het oog verliezen, dat andere staten in nog veel ernstiger mate aan deze ziekten leden dan Duitsland, en toch op het critieke moment niet in gebreke bleven en niet ten onder gingen. Wanneer men echter daarnaast bedenkt, dat de tekortkomingen, die Duitsland vóór de oorlog bezat, door even grote deugden rijkelijk werden gecompenseerd, dan kan en moet de diepste oorzaak van de ineenstorting toch nog op een ander terrein liggen; en dit was dan ook het geval. De diepste en uiteindelijke reden, waarom het oude Rijk te gronde moest gaan, was gelegen in het feit, dat men het rassenprobleem niet zag, en niet begreep, wat een geweldige invloed dit uitoefent op de historische ontwikkeling der volkeren. Want alle gebeurtenissen in het leven der volkeren zijn geen toevalligheden, maar zijn natuurnoodzakelijke uitvloeisels van de wil tot instandhouding en vermeerdering van ras en soort, ook wanneer de mensen zelf zich vaak niet bewust zijn van de eigenlijke drijfveren, die hen bewogen.

ELFDE HOOFDSTUK VOLK EN RAS

Er bestaan waarheden, die zo voor het grijpen liggen, dat ze juist daarom door de gewone mensheid niet worden gezien, of althans niet als zodanig worden herkend. De „man-in-the-street" gaat aan zulke waarheden als koeien dikwijls volkomen blind voorbij, en is hoogst verbaasd, wanneer plotseling iemand datgene ontdekt, wat allen allang behoorden te weten. De eieren van Columbus liggen overal bij honderdduizenden voor het grijpen, maar het enige is, dat de Columbussen zeldzamer zijn. Zo gaan alle mensen zonder uitzondering door de tuin der natuur, verbeelden zich, dat ze schier alles weten en kennen, en lopen toch als blinden aan één van de meest evidente grondslagen, waarop de werkzaamheid van die natuur berust, voorbij: n.l. het feit, dat ieder der soorten, waarin alle op aarde levende wezens zijn onderverdeeld, op zichzelf een afgesloten eenheid vormt.

De meest oppervlakkige beschouwing laat al duidelijk zien, dat er een bijna nooit overtreden grondwet is, waaraan al die ontelbare uitdrukkingsvormen van de levenswil der natuur gehoorzamen, n.l. dat de voortplanting en de vermenigvuldiging van ieder afzonderlijk gebonden is aan de grenzen van de soort. Ieder dier paart zich alleen met een ander exemplaar van zijn eigen soort. Mezen met mezen, vinken met vinken, ooievaars met ooievaars, veldmuizen met veldmuizen, huismuizen met huismuizen, wolven met wolvinnen enz. Alleen onder buitengewone omstandigheden kan er op deze regel inbreuk worden gemaakt voornamelijk door de dwang der gevangenschap, of in 't algemeen, wanneer er geen mogelijkheid bestaat, om zich met een ander exemplaar van dezelfde soort te paren. Maar dan verzet de natuur zich ook met alle middelen hiertegen, en haar duidelijkste protest bestaat dan of in een afbreken van de verdere voortplantingsmogelijkheden, of door de vruchtbaarheid van de volgende generaties te beperken; in de meeste gevallen echter ontneemt ze aan deze bastaards de weerstandskracht tegen ziekten of tegen aanvallen van vijanden.

En dat is ook niet meer dan vanzelfsprekend. Iedere kruising tussen twee wezens van niet precies dezelfde hoogte van ontwikkeling levert als product een wezen, welks ontwikkeling het midden houdt tussen die der beide ouders. Dat wil dus zeggen, dat het jong wel hoger zal staan dan de ouder, die qua ras het laagst stond, maar niet zo hoog als de andere ouder. Daarom zal het in de strijd tegen dit hogere ras ook natuurnoodzakelijkerwijze het onderspit moeten delven. Zulk een paring gaat echter ook lijnrecht tegen de bedoeling der natuur in, die er steeds op gericht is, om het gehele leven op aarde tot steeds hogere ontwikkeling te brengen. Hiertoe is het echter noodzakelijk, dat niet het hogere met het lagere wordt verbonden, maar dat het alleen om het eerste gaat.

De sterkere moet heersen, en mag niet met de zwakkere samensmelten, om zo zijn eigen grootheid te verspelen. Alleen een geboren zwakkeling kan deze natuurwet wreed vinden, maar daar is hij dan ook slechts een zwak en bekrompen mens voor; want indien deze wet niet van kracht was, dan zou er immers geen veredeling van de levende natuur denkbaar zijn. Het gevolg van deze overal in de natuur heersende drang tot zuiverheid van ras is niet alleen de scherpe begrenzing van ieder der rassen, maar ook, dat de individuen van een bepaald ras allen eenzelfde bepaald karakter hebben.

De vos blijft steeds een vos, de gans een gans, de tijger een tijger, enz. en het onderscheid tussen de individuen kan hoogstens bestaan in een verschil in kracht, in scherpzinnigheid, in behendigheid of uithoudingsvermogen. Maar het zal bepaald een onmogelijkheid zijn, om ooit een vos te vinden, die van nature humane gevoelens koestert ten aanzien van het geslacht der ganzen, zomin als er een kat bestaat, die door vriendschapsbanden met muizen is verbonden. Daarom ontstaat ook hier onderlinge strijd, niet zozeer tengevolge van innerlijke afkeer, maar voornamelijk door honger en liefde. In beide gevallen ziet de natuur rustig en zelfs tevreden gesteld toe.

De strijd om het dagelijks brood vernietigt alles, wat zwak en ziekelijk, en minder vastberaden is, terwijl de strijd van de mannetjes om het wijfje alleen aan het allergezondste exemplaar het recht op voortplanting, of althans op voortplantings- mogelijkheden, geeft. Steeds echter is de strijd een middel om de gezondheid en de weerstandskracht van een soort te verhogen, en is daardoor dus mede een middel ter veredeling van de soort. Indien het hierbij anders toeging, dan zou van geen vooruitgang en van geen veredeling sprake kunnen zijn, en zou men eerder het tegendeel kunnen constateren.

Want omdat het minderwaardige altijd sterker in aantal is dan het meerwaardige, zou, indien levenskracht en voortplantings- mogelijkheid gelijk waren, het slechte element zich zo sterk vermeerderen, dat het meerwaardige tenslotte volkomen op de achtergrond werd gedrongen. Er moet dus een connectie in deze toestanden komen ten gunste van de meerwaardigen. Dit doet de natuur nu echter door het leven voor de zwakkere elementen aan zoveel zwaardere levenscondities te onderwerpen, dat alleen daardoor al het aantal wordt beperkt, en tenslotte door de rest niet zonder uitzondering in staat te stellen, zich te vermenigvuldigen, maar integendeel hier opnieuw een onverbiddelijke selectie maakt naar kracht en gezondheid.

Terwijl ze dus enerzijds een paring van sterkere met zwakkere individuen ongewenst acht, staat ze anderzijds nog veel scherper afwijzend tegenover de samensmelting van hoger ras met lager, omdat anders immers haar gehele selectiearbeid van mogelijk honderdduizenden jaren met één slag weer ongedaan zou worden gemaakt. De geschiedenis geeft hiervoor talloze bewijzen. Zij toont met ontstellende duidelijkheid, dat overal, waar de Ariër zich met lagerstaande volkeren vermengde, dit zijn ondergang als cultuurdrager tengevolge had. De bevolking van Noord-Amerika, die voor het grootste deel uit Germaanse elementen bestaat, die zich slechts in zeer geringe mate met de lagerstaande kleurlingenvolkeren hebben vermengd, bezit een geheel andere cultuur en een geheel anderen aard dan die van Middel- en Zuid-Amerika, waar de – hoofdzakelijk Latijnse– kolonisten zich soms in zeer sterke mate met de oorspronkelijke bewoners hebben vermengd.

Dit ene voorbeeld toont al duidelijk de werking van rassenvermenging. De Germaan op het Noordelijke vasteland van Amerika bleef onvermengd van bloed en raszuiver, en werd de heerser van dat land; hij zal zolang heerser blijven tot ook hij zich aan bloedschande overgeeft. Het gevolg van iedere rasvermenging is dus, in het kort, altijd het volgende:

a. het niveau van het hoogste van beide rassen wordt niet weer bereikt;

b. er treedt een lichamelijke en geestelijke achteruitgang op, en daarmee het begin van een langzaam, maar zeker verkwijnen. Indien men zo een ontwikkeling tot stand brengt, doet men niets anders dan inbreuk maken op de wil van de eeuwige Schepper.

Doordat de mens tracht zich tegen de ijzeren logica van de natuur te verzetten, komt hij in strijd met de principes, waaraan hij ook zelf zijn bestaan als mens te danken heeft. Daardoor moet zijn optreden tegen de natuur tot zijn eigen ondergang leiden. Maar hier brengt de moderne pacifist even dom als joodsbrutaal tegen in, dat „de mens daar dan eenvoudig de natuur overwint". Miljoenen kletsen deze Joodse onzin gedachteloos na en beelden zich tenslotte ook nog in, dat ze zelf een soort „overwinnaars der natuur" zijn, waarbij ze echter over geen ander wapen beschikken dan over een idee van zo miserabel alooi, dat het waarlijk moeilijk is, om zich een wereld voor te stellen, die volgens dit principe is opgebouwd.

Maar nog volkomen afgezien van het feit, dat de mens de natuur nog in geen enkel opzicht heeft overwonnen, maar tot nog toe er hoogstens nog in slaagde, om het een of andere tipje van de geweldige, reusachtige sluier, die over haar eeuwige raadselen en geheimen ligt, in handen te krijgen, en nu kan proberen, dit tipje op te lichten, dat hij in werkelijkheid niets uitvindt, maar enkel allerlei dingen ontdekt, dat hij niet de natuur beheerst, maar enkel doordat hij enkele natuurwetten en geheimen kent, de heerser is geworden van degenen der andere levende wezens, die deze wetten en geheimen niet wisten te doorgronden – dus nog geheel afgezien van al deze feiten, kan een idee nooit de voorwaarden voor ontstaan en leven van de mens overwinnen, omdat dat idee immers zelf slechts van de mens afhankelijk is. Zonder mensen zou er geen menselijke idee op aarde mogelijk zijn; de idee als zodanig is dientengevolge nog altijd afhankelijk van de aanwezigheid der mensen, en daardoor dus weer van al de wetten, die dit bestaan mogelijk maakten. Maar dat niet alleen! Bepaalde ideeën zijn zelfs aan bepaalde mensen gebonden. Dit geldt vooral voor zulke gedachten, waarvan de inhoud niet een exacte wetenschappelijke, maar een gevoelswaarheid behelzen, of die, zoals men dat heden ten dage zo mooi uitdrukt, „een innerlijk beleven" weergeven. Al deze ideeën, die met de koude logica op zichzelf niets uitstaande hebben, maar zuivere gevoelsuitingen zijn, of producten van ethische overwegingen, zijn afhankelijk van het bestaan van de mensheid, omdat ze immers hun gehele bestaan te danken hebben aan haar geestelijke voorstellingskracht en scheppend vermogen. Maar dan is immers juist de handhaving van deze bepaalde rassen een eerste eis voor het voortbestaan van deze ideeën.

  Wie bijvoorbeeld werkelijk met geheel zijn hart zou wensen, dat de pacifistische gedachte in deze wereld zou overwinnen, die moest met alle middelen ernaar streven, dat de Duitsers de gehele wereld veroverden: want, wanneer het anders liep, dan zou het maar al te licht kunnen zijn, dat met de laatste Duitser ook de laatste pacifist uitstierf, omdat geen enkel volk ter wereld ooit zo volkomen geloof heeft gehecht aan deze tegennatuurlijke en hersenloze waanzin als juist het onze. Men zou dus, of men het nu plezierig vond of niet, wel moeten besluiten tot oorlog, teneinde het pacifisme werkelijkheid te doen worden. Dit, en niets anders was het ook, wat Wilson, de wereldheiland uit Amerika, nastreefde, tenminste, dat meenden onze Duitse fantasten — en het was er immers juist om begonnen, dat zij dat zouden geloven.

  Het is zeer goed mogelijk, dat de pacifistisch-humanistische gedachte misschien op een bepaald ogenblik in de toekomst van grote waarde zal zijn, n.l. wanneer de hoogstaande mens er voordien in geslaagd is, om een zo groot deel van de wereld te veroveren, dat hij van nu af heer en meester der aarde is. Naarmate de kansen van dit idee, om schadelijk te werken, afnemen, neemt de mogelijkheid van een pacifistische toepassing toe. Dus eerst strijd en dan misschien pacifisme. Anders heeft de mensheid het hoogtepunt van haar ontwikkeling overschreden, en dan zal het niet op de heerschappij van de een of andere ethisch idee uitlopen, maar op barbarendom, en tenslotte op de chaos. Mogelijk lacht hier iemand, maar hij moge bedenken, dat deze planeet al miljoenen jaren lang zonder mensen door de ruimte zweefde en misschien wel eens weer zo zal kunnen voortzweven, wanneer de mensen vergeten, dat ze het leven op aarde niet aan een paar krankzinnige ideologen, maar aan het inzicht in en de toepassing van onwrikbare natuurwetten te danken hebben.

Al datgene, wat wij heden ten dage op deze wereld bewonderen — wetenschap en kunst, techniek en uitvindingen — is niets anders dan het voortbrengsel van slechts enkele volkeren, en oorspronkelijk misschien wel van één ras. Van deze volkeren hangt nu ook het voortbestaan van deze cultuur af. Indien zij ten onder gaan, dan zinkt met hen de schoonheid van deze aarde in het graf. Hoe sterk ook de invloed moge zijn, die de bodem op de mensen weet uit te oefenen, toch zal de uitwerking van deze invloed steeds een geheel andere zijn, naar gelang het beïnvloede volk tot een ander ras behoort. Indien de levensruimte, waarover een ras beschikt, slechts zeer weinig vruchtbaar is, dan kan dat het ene ras tot de hoogste prestaties brengen, terwijl het bij een ander slechts tot bittere armoede en ondervoeding op het eind, met al de gevolgen van dien, zal leiden. Het karakter van het volk is steeds verantwoordelijk voor de invloeden, die uiterlijke omstandigheden uitoefenen.

Wat de een doet verhongeren, brengt de ander tot harde arbeid. Alle grote beschavingen in het verleden gingen alleen te gronde, omdat het oorspronkelijk scheppend ras door bloedvergiftiging stierf. Steeds was eenzelfde ding de diepste oorzaak van zo een ondergang: men vergat, dat iedere cultuur van de mens afhankelijk is, en niet omgekeerd; dat men dus, om een bepaalde cultuur te handhaven, de mens dient te handhaven, die deze beschaving voortbracht. Maar deze beschaving is gebonden aan de eeuwige wet der noodzaak en aan het recht van de beste, van de sterkste, op de overwinning. Wie wil leven, moet dus vechten, en wie in deze wereld van eeuwige strijd niet vechten wil, die zal het leven niet kunnen houden, want hij verdient het niet. En zelfs wanneer dit wreed was, dan zullen wij het toch hebben te aanvaarden, omdat de toestanden nu eenmaal zo zijn, en niet anders. Maar zeker is wel, dat het wreedste lot dat is van de man, die zich verbeeldt, dat hij de natuur zou kunnen overwinnen, en haar in werkelijkheid alleen maar bespot. Nood, rampen en ziekten zijn dan zijn deel.

De mens die de wetten van het ras niet ziet, of overtreedt, berooft zichzelf van het geluk, dat toch voor hem weggelegd schijnt. Hij belet het beste ras zijn zegetocht te volbrengen en werkt daarmee de eerste voorwaarde voor allen menselijke vooruitgang tegen. Van nu af zal hij belast met de susceptibiliteit van de mens in de wereld van het hulpeloze dier leven. Het is onbegonnen werk, om te gaan twisten over de vraag, welk ras, of welke rassen nu de oorspronkelijke dragers van de menselijke cultuur waren, en daarmee dus de werkelijke stichters van al datgene, wat wij onder het woord „mensheid" verstaan. Het is veel eenvoudiger, om deze vraag voor onze tijd te stellen, en dan is het antwoord ook gemakkelijk en duidelijk.

Al datgene, wat wij heden aan menselijke cultuur, aan kunstvoortbrengselen, aan producten van wetenschap en techniek voor ons zien, is bijna uitsluitend te danken aan het scheppend genie van de Ariër. Maar juist dit feit leidt ons tot de niet ongemotiveerde conclusie, dat hij ook de stichter van de eerste generatie hoger ontwikkelde mensen zal zijn geweest, en dus het oertype is van datgene, wat wij onder „mens" verstaan. Hij is de Prometheus der mensheid; van zijn blanke voorhoofd sprong ten allen tijde, door de gehele geschiedenis, de goddelijke vonk van het genie, en ontstak steeds opnieuw dat vuur, dat het licht van het inzicht en het begrijpen in de nacht van de zwijgende geheimen droeg, en dat de mens maakte tot wat hij is: de heerser over al de andere wezens dezer aarde.

Indien de Ariër werd uitgeschakeld, dan zou zich al na enkele duizenden jaren weer de diepste duisternis over de aarde uitspreiden, de menselijke cultuur zou ten onder gaan en de wereld werd weer woest en ledig. Wanneer men de mensheid in drie soorten wilde indelen, in cultuurscheppenden, cultuurdragenden en cultuur-vernietigenden, dan zou men waarschijnlijk tot de eerste soort wel alleen de Ariër kunnen rekenen. De fundamenten en muren van alle scheppingen der mensheid komen uit zijn handen en enkel de uiterlijke vorm en kleur hebben hun bestaan te danken aan de karaktertrekken van het een of andere toevallige volk. Maar de Ariër levert de geweldige bouwstenen en de plannen voor iedere vooruitgang der mensen, en alleen de toevallige uitvoering is naar het beeld van een der willekeurige andere rassen gevormd.

Over enige decenniën zal b.v. geheel Oost-Azië zich op een cultuur kunnen beroemen, waarvan de eigenlijke basis evenzeer aan de geest der Hellenen en de techniek der Germanen ontleend is als bij onze cultuur het geval is. Alleen de uiterlijke vorm zal – gedeeltelijk althans – de trekken van het Aziatische karakter dragen. Het is niet, zoals velen menen, dat Japan naast zijn cultuur de Europese techniek heeft aangeleerd, nee, de Europese wetenschap en techniek wordt onveranderd toegepast, slechts met enkele Japanse eigenschappen versierd. De werkelijke levensbasis is niet meer de specifiek Japanse cultuur, hoewel deze – omdat ze uiterlijk is, en tengevolge van het grote verschil met het gelaat, dat zijn eigen land vertoont, de Europeaan meer treft – de kleur van het leven bepaalt, maar deze basis is de geweldige wetenschappelijke en technische arbeid, die Europa en Amerika, dus Arische volkeren, presteerden. En dit is ook de enige manier, waarop het Oosten in de stroom van de algemenen vooruitgang kan worden opgenomen. Door de zo aanvaarde principes wordt ook de strijd om het dagelijks brood mogelijk, en ontstaan de wapens en werktuigen daarvoor en alleen de buitenkant wordt langzamerhand een beetje aan het Japanse karakter aangepast.

Indien van heden af iedere verdere inwerking van Arische invloeden op Japan achterwege zou blijven, dus gesteld dat Europa en Amerika ten onder gingen, dan zouden de Japanse wetenschap en techniek nog gedurende een korte periode in stijgende lijn kunnen blijven; maar al na enige jaren zou de bron opdrogen en het specifiek Japanse weer de overhand krijgen, maar de huidige cultuur zou verstarren en weer in de droom terugzinken, waaruit ze, zeven decenniën geleden, door de invloed der Arische cultuur gewekt werd. Daarom zijn het, evenzeer als de Japanse ontwikkeling in onze dagen van Arische oorsprong is, ook vroeger in het grijs verleden vreemde invloeden en een vreemd genie geweest, die sindsdien de Japanse cultuur deden ontstaan.

Het beste bewijs hiervoor is de wijze, waarop deze cultuur later verstarde en versteende. Dit is iets, wat alleen kan optreden, wanneer het eigenlijk scheppend genie verloren ging, of de uiterlijke invloeden, die de aanstoot en het materiaal voor de eerste ontwikkeling op cultureel gebied, niet bleven werken. Wanneer men dus kan vaststellen, dat een volk de essentiële delen van zijn cultuur aan vreemde rassen heeft ontleend, en die in zich heeft opgenomen en verwerkt en dat het, wanneer geen verdere aanvoer van buiten komt, steeds weer verstart, dan kan men zo een ras wel „cultuurdragend", maar nooit „cultuurscheppend" noemen.

Indien men alle volkeren op deze wijze onderzoekt, dan moet men tot de conclusie komen, dat er bijna nooit sprake kan zijn van „cultuurscheppende", maar bijna altijd slechts van „cultuurdragende" naties. Steeds komt men weer tot één bepaald schema van hun ontwikkeling: Arische stammen — dikwijls in uiterst gering aantal — onderwerpen vreemde volkeren, en ontwikkelen nu, gestimuleerd door de bijzondere levensomstandigheden van het nieuwe gebied (vruchtbaarheid, klimaat omstandigheden) en door de grote menselijke hulp, waarover zij beschikken, de organisatorische en verstandelijke eigenschappen, die in hen sluimerden.

Zij scheppen dikwijls in enkele duizenden jaren of zelfs in enkele eeuwen dan een cultuur, die oorspronkelijk geheel hun karaktertrekken vertoont, zij het dan ook, dat deze enigszins aan de genoemde eigenschappen van de grond en aan het karakter der mensen zal zijn aangepast. Maar tenslotte overtreden de veroveraars het principe, dat zij aanvankelijk steeds wisten hoog te houden; zij houden hun bloed niet meer zuiver, gaan zich met de onderworpen volkeren vermengen, en maken daarmee een einde aan hun eigen bestaan; want de zondeval werd nog steeds gevolgd door de verjaging uit het paradijs. Na duizend en meer jaren spreken dan dikwijls de laatste sporen, die het bloed van het eens heersende volk in dat van het onderworpen ras achterliet, nog uit de lichtere huidskleur, en uit de verstarde cultuur, die ééns door het oude herenvolk gewekt en gebouwd was. Want zoals het bloed van degenen, die door geest en zwaard overwonnen en heersten, verzonk in dat van die overwonnen en onderworpen werden, zo verloor ook de fakkel van de menselijke culturele vooruitgang zijn brandstof! Zoals de huidskleur door het bloed van het oude herenvolk een lichtere tint als herinnering behield, zo is ook de macht van het culturele leven even verhelderd door de scheppingen, die zij, die eenmaal het licht droegen, hier achterlieten. En deze scheppingen blijven, en werpen hun licht dwars door al de weergekeerde barbaarsheid, en wekken bij de argeloze toeschouwer maar al te vaak de indruk, dat het het beeld van het huidige volk is, wat hij ziet, terwijl hij slechts de spiegel van het verleden voor zich heeft. Dan kan het gebeuren, dat zo een volk ten tweede male in de loop van zijn geschiedenis of vaker nog in aanraking komt met het ras van diegenen, die eens zijn cultuur brachten, zonder dat er ook maar de minste herinnering aan vroegere ontmoetingen hoeft op te komen.

Onbewust zal het overschot van het meerderwaardige bloed zich naar deze nieuwe invloed richten, en wat eens alleen door dwang mogelijk was, kan nu door eigen vrije wil geschieden. Een nieuwe cultuurstroom houdt zijn intocht en blijft zolang voortduren, tot zijn dragers wederom in het bloed der vreemde volkeren ondergaan. De cultuur en wereldgeschiedenis van de toekomst zal deze gang van zaken dienen na te gaan, en mag niet omkomen in de overvloed van uiterlijk feitenmateriaal, zoals wij het helaas maar al te dikwijls bij onze tegenwoordige geschiedenis wetenschap moeten constateren.

Al uit deze schets van de ontwikkeling der „cultuur-dragende" naties volgt echter ook het beeld van het ontstaan, de invloed en de ondergang van het enige, waarlijk cultuurscheppende ras van deze aarde: de Ariërs. Evenals het zogenaamde genie in het dagelijkse leven een speciale reden, ja dikwijls waarlijk een directe aanstoot behoeft, om zijn gaven tot ontplooiing te brengen, zo heeft in het leven der volkeren het geniale ras dit ook van node.

In de grauwe alledaagsheid van ons leven schijnen dikwijls ook belangrijke mensen onbetekenend te zijn, en maar nauwelijks boven het gemiddelde van hun omgeving uit te steken; zo gauw ze echter in omstandigheden komen, waar anderen falen of hun zekerheid verliezen, komt de geniale natuur voor allen zichtbaar uit die onaanzienlijke doorsneemens te voorschijn, niet zelden tot stomme verbazing van al degenen, die hem totnogtoe nog slechts in de kleinheid van het dagelijks leven hadden aanschouwd — daarom ook, dat een profeet in eigen land maar zelden geëerd wordt. Men heeft nergens een betere gelegenheid om dit te constateren dan in de oorlog.

Uit schijnbaar onbetekende, onnozele kinderen stormen plotseling, in uren van nood, als alle anderen het laten afweten, helden op met doodsmoed op het gelaat, met stalen vastbeslotenheid, en met een ijzig koel overleg. Indien deze ure der beproeving niet gekomen ware, dan zou waarschijnlijk wel niemand ooit hebben gedacht aan de mogelijkheid, dat in die baardeloze jongen een jeugdige held verborgen was. Bijna steeds is er zo een aanstoot nodig, om het genie te wekken. De slag van de moker van het noodlot, die de een neerwerpt, springt bij de ander plotseling klinkend van staal terug, het verbergend kleed van alledag valt af en de verbaasde ogen der wereld zien de kern open en bloot voor zich liggen.

Dan gelooft ze haar ogen niet, en wil niet aannemen, dat dit wezen, dat zo aan al de anderen gelijk scheen, plotseling een geheel ander wezen zou zijn; en op deze wijze geschiedt waarschijnlijk de ontwikkeling van ieder belangrijk mensenkind. Hoewel een uitvinder bijvoorbeeld de grondslag voor zijn roem eerst op de eigenlijke dag van die uitvinding legt, mag men toch niet menen, dat de man ook eerst op dit moment een genie zou zijn geworden — nee, de vonk van het genie is sinds zijn geboorte in het hoofd van de waarlijk scheppende mens aanwezig. Ware genialiteit is altijd aangeboren en nooit een product van opvoeding of onderricht. Dit gaat echter, zoals gezegd, niet alleen voor de enkeling, maar ook voor het ras op. Volkeren, die scheppend werk verrichten, moeten van het begin af hiertoe begaafd zijn geweest, ook al is dat mogelijk niet dadelijk opgemerkt door de man, die het oppervlakkig beschouwde.

Ook hier moeten grote daden zijn volbracht, eer men op erkenning kan rekenen, omdat de rest van de wereld immers niet bij machte is, genie als zodanig te herkennen, maar enkel de zichtbare uitingen daarvan, in de vorm van uitvindingen, ontdekkingen, bouwwerken, beeldwerken, enz. kan zien; maar ook hier duurt het dikwijls nog zeer lange tijd, eer de rest van de wereld tot het inzicht van de genialiteit weet te komen. Evenals in het leven van de belangrijke enkeling de geniale of in ieder geval buitengewone aanleg eerst onder de invloed van bepaalde omstandigheden in de praktische werkelijkheid tot uitdrukking kan worden gebracht, zo kan het ook in het leven der volkeren gebeuren, dat men pas vruchten kan plukken van allang bestaande scheppende krachten en scheppend genie, wanneer hiertoe bijzondere aanleidingen bestaan.

Het duidelijkst is dit wel gedemonstreerd aan dat ras, wat de drager van de menselijke cultureele ontwikkeling was en is – aan de Ariërs. Nauwelijks brengt het noodlot hen in bijzondere omstandigheden, of hun steeds aanwezige capaciteiten beginnen zich steeds sneller te ontplooien en zich in tastbare vormen uit te drukken. De culturen, die zij in zulke gevallen scheppen, worden bijna altijd in hun eigenheden bepaald door bodem, klimaat – en de onderworpen mensen. Nu is dit laatste inderdaad van de bijomstandigheden bijna het belangrijkste. Hoe primitiever de gegeven technische omstandigheden zijn, waaronder een cultuur zal groeien, des te noodzakelijker is de aanwezigheid van menselijke hulpkrachten, die dan georganiseerd en benut worden om de kracht van machines te vervangen. Indien de Ariër deze mogelijkheid, om lagerstaande mensen te benutten, niet had gehad, dan had hij ook nooit de eerste wankele schreden op het pad naar zijn cultuur kunnen zetten; evenmin als hij er zonder de hulp van bepaalde daarvoor geschikte dieren, die hij wist te temmen, ooit in staat was geweest, om tot een techniek te komen, die nu maakte dat hij juist deze dieren langzamerhand kon missen.

Het gezegde: „De moor heeft zijn plicht gedaan, de moor kan gaan," bevat helaas een maar al te grote waarheid. Duizend jaren lang moest het paard de mens dienen en helpen, het eerste begin te volbrengen van een ontwikkeling, die nu door de auto het paard zelf overbodig maakte. Binnen enige jaren zal het nu geheel zijn uitgeschakeld, maar zonder zijn hulp in vroeger jaren zou de mens waarschijnlijk nooit het stadium, waar hij zich nu bevindt, hebben bereikt. Zo was dus voor het ontstaan van een hogere cultuur de aanwezigheid van lagerstaande mensen een van de meest dwingende eisen, omdat alleen deze menselijke kracht de technische hulpmiddelen, die nu eenmaal onontbeerlijk zijn voor iedere hogere ontwikkeling, kan vervangen.

De eerste menselijke cultuur was heel zeker in de eerste plaats gebaseerd op het benutten van de kracht van lagerstaande mensen, en pas daarna op de exploitatie van die van getemde dieren. Pas nadat de onderworpen rassen volkomen dienstbaar waren gemaakt, begon ditzelfde lot ook dieren te treffen en niet omgekeerd, zoals zovelen menen te moeten gelooven. Want eerst werd de ploeg getrokken door de overwonnene, en pas later door het paard. Maar alleen pacifistische dwazen kunnen ook hierin weer een symptoom van de menselijke verdorvenheid zien, zonder te begrijpen dat deze ontwikkeling eenvoudig moest plaats vinden om het punt te bereiken, waarop heden deze apostelen hun kwakzalverij kunnen staan te verkondigen.

De vooruitgang van de mensheid lijkt veel op het beklimmen van een eindeloze ladder; men kan nu eenmaal nooit hogerop komen, wanneer men niet eerst zijn voet op de onderste sporten heeft gezet. Daarom moest de Ariër de weg gaan, die de werkelijkheid hem dwong te gaan, en niet de die een fantasierijke pacifist zich droomt.

De weg van de werkelijkheid echter is moeilijk en hard, maar hij leidt tenslotte naar dat punt, waar de andere zo graag droomde de mensheid te willen brengen. Maar in werkelijkheid leidt die droomweg eerder van dat punt af, dan er naar toe. Het is dus ook geen toeval, dat de eerste culturen daar ontstonden, waar de Ariër in botsing kwam met de vreemde volkeren, deze onderwierp en hun zijn wil oplegde. Zij vormden het eerste technische instrument in dienst van een wordende cultuur.

Daarmee was de weg, die de Ariër moest gaan, al scherp aangegeven. Als veroveraar onderwierp hij lagerstaande volkeren en regelde dan hun praktische werkzaamheid, die onder zijn bevelen plaats moest vinden, zoals hij dat wilde, en met het oog op de doeleinden, die hij nastreefde. En doordat hij deze onderworpenen zo aan een nuttig, maar hard werk zette, spaarde hij niet alleen hun levens, maar gaf hun zelfs nog een lot, dat waarschijnlijk beter was dan hun vroegere zogenaamde „vrijheid". Zolang hij onverbiddelijk op zijn heerserssstandpunt bleef staan, bleef hij niet alleen heerser, maar ook de handhaver van bestaan en vooruitgang der cultuur. Want deze cultuur was uitsluitend het product van zijn capaciteiten, en was dus ook direct afhankelijk van zijn voortbestaan als zodanig. zo gauw echter de onderworpenen zich begonnen te ontwikkelen, en waarschijnlijk ook de taal van hun heersers overnamen, vielen de scherpe grenzen tussen heer en knecht weg. De Ariër gaf de reinheid van zijn bloed op, en verloor daarom het paradijs, dat hij om zich had geschapen. Hij verzonk in het moeras der rasvermenging, verloor langzamerhand steeds meer zijn cultureele kracht, tot hij tenslotte niet alleen geestelijk, maar ook lichamelijk meer op de onderworpen oorspronkelijke bewoners begon te lijken, dan op zijn voorvaderen. Een tijdlang kon hij nog teren op de aanwezige cultuurgoederen, maar daarna verstarde het alles en verzonk hij in vergetelheid. Zo storten culturen en rijken ineen, om vrij baan te maken voor nieuwe vormen.

De bloedvermenging en de daardoor ontstane daling van het peil van het ras is de enige oorzaak, dat zovele oude culturen ten onder zijn gegaan; want de mensen gaan niet ten gronde aan verloren oorlogen, maar aan het verlies van die weerstandskracht, die alleen het zuivere bloed kan schenken.

Alles, wat op deze aarde niet van zuiver ras is, is zonder waarde. Alle grote gebeurtenissen in de wereldgeschiedenis zijn slechts uitingen van de drang tot zelfbehoud, die, in goede of in kwade zin, aan ieder ras eigen is. De vraag naar de diepere oorzaken van het feit, dat de Ariër in betekenis zozeer boven de andere aardbewoners uitsteekt, kan enigszins nader worden bepaald door het feit vast te stellen, dat deze niet zozeer in een sterkere ontwikkeling van de levenswil op zichzelf gezocht moet worden, maar juist in de specifieke wijze van uiting.

De levenswil is, subjectief gezien, overal even groot, en verschilt alleen in de vorm, waarin deze zich vertoont. Bij de vroegste levende wezens concentreert de levenswil zich uitsluitend op het eigen ik. Het „egoïsme", zoals wij deze drang noemen, gaat hier zover, dat het zelfs zijn invloed doet gelden op de tijd, zodat ieder ogenblik voor zich weer aanspraak maakt op alles wat er te krijgen is, en niet bereid is, om ook maar het allerminste aan de toekomst af te staan. Ieder dier leeft in dit stadium alleen voor zich, zoekt alleen voedsel voor zijn momentele honger en vecht alleen voor zijn eigen leven. Zolang de levenswil zich echter in deze vorm uit, ontbreekt iedere basis, waarop een gemeenschap gebouwd had kunnen worden, zelfs de meest primitieve gezinsvorm.

Om de gemeenschap tussen mannetje en wijfje langer te laten duren, dan alleen de ogenblikken der paring, moet de levenswil al een hogere trap van ontwikkeling hebben bereikt, zodat de zorg en de strijd voor eigen ik ook een tweede individu kan omvatten; het mannetje zocht soms ook voor het wijfje voedsel, maar meestal zoeken ze beiden voedsel voor de jongen.

Het ene exemplaar komt bijna altijd voor het andere op, zodat we hier de eerste, uiterst primitieve vormen van offervaardigheid kunnen constateren. zo gauw deze band zich uitbreidt buiten de nauwe grenzen van het gezin op zichzelf, ontstaat de mogelijkheid, om grotere gemeenschappen en tenslotte staten te vormen. Bij de laagst ontwikkelde mensen op aarde is deze eigenschap slechts in zeer zwakke mate aanwezig, zodat dikwijls het gezin al de grootste gemeenschap is. Naarmate men dan echter weer bereid wordt, om de zuiver persoonlijke belangen opzij te schuiven, wordt ook de kans op de vorming van meer omvattende gemeenschappen groter.

Deze offervaardigheid, dus de bereidheid om de eigen arbeid, en zo nodig het eigen leven te offeren voor het geheel der anderen, is bij de Ariër het sterkst ontwikkeld. De grootheid van de Ariër is niet in de eerste plaats gelegen in het feit, dat hij over zo grote geestesgaven beschikt, maar vooral in zijn grote bereidwilligheid, om al zijn capaciteiten in dienst van de gemeenschap te stellen. De levenswil is bij hem tot de hoogste, edelste ontwikkeling gekomen, doordat hij uit vrije wil het leven van de gemeenschap boven zijn eigen individuele bestaan stelt, en dit zo nodig zelfs ten offer brengt. De reden, dat de Ariër culturen schept en opbouwt, is dus niet gelegen in zijn intellectuele begaafdheid. Indien hij niets anders had bezeten dan dat, dan had hij daarmee alleen vernietigend kunnen werken, maar in geen geval organiserend; want de eerste voorwaarde voor het ontstaan van een organisatie is toch wel, dat de enkeling zijn mening en zijn eigen belangen ondergeschikt maakt aan de persoon en het belang van een bepaald aantal organisch verbonden mensen.

Hij krijgt zijn deel dan eerst weer terug langs een omweg, n.l. via het algemeen belang. Hij werkt nu b.v. niet meer onmiddellijk voor zichzelf, maar zijn werk vormt een onderdeel van het door het geheel verrichte, dus niet meer uitsluitend te zijne bate, maar ten voordele van het geheel. Deze mentaliteit komt het mooist tot uitdrukking in de opvatting, die deze man heeft van het begrip „werk". Hij verstaat daaronder namelijk zeer bepaald niet slechts de willekeurige bezigheid, waarmee hij in zijn levensonderhoud voorziet, maar alleen een inspanning, die niet in tegenspraak is met de belangen van het algemeen. En die menselijke bezigheid, die alleen gericht is op de instandhouding van de eigen persoon, zonder in het minst rekening te houden met het belang van de anderen, heet voor hem diefstal, woeker, roof, inbraak, enz.

Deze mentaliteit, die eist dat het belang van het eigen ik ten bate van dat van de gemeenschap aan belangrijkheid inboet, is werkelijk de eerste voorwaarde voor iedere menselijke cultuur, die de naam waardig is. Alleen uit zo'n voedingsbodem kunnen de grote werken van de mensheid opgroeien, die hun schepper weinig loon brengen, maar die voor het nageslacht de rijkste vruchten zullen afwerpen. En alleen deze mentaliteit doet ons begrijpen, hoe het mogelijk is, dat zovelen een sober streng en eerlijk leven kunnen leiden, dat voor henzelf niets dan armoede en karigheid meebrengt, maar dat de grondslagen van de gemeenschap instand houdt en beschermt. Iedere arbeider, iedere boer, iedere uitvinder, ambtenaar, enz., die werkt zonder ooit zelf tot geluk en welstand te kunnen geraken, is een drager van dit verheven idee, ook al blijft hem mogelijk de diepere betekenis van zijn arbeid voor altijd verborgen. Maar wat van de arbeid als grondslag voor de menselijke voeding en voor iedere menselijke vooruitgang kan worden gezegd, is nog veel meer waar voor de bescherming van de mens en de door hem gebouwde cultuur.

De opoffering van het eigen leven voor het bestaan van de gemeenschap is het hoogste blijk van offervaardigheid, dat een mens kan geven. Alleen die eigenschap, die bereidheid, om ook het hoogste te offeren, kan verhinderen, dat datgene wat door mensenhanden werd gebouwd, ook weer door mensenhanden wordt afgebroken, of door de natuur wordt vernietigd. En nu bezit juist onze taal een woord, dat dit streven op krachtige wijze aanduidt, zij spreekt van „plichtsvervulling"; dat wil zeggen, niet zichzelf, maar de gemeenschap dienen.

De levenshouding, die zulke daden doet verrichten, noemen wij – als tegenstelling tot egoïsme, zelfzucht – idealisme. Daaronder verstaan wij alleen de offervaardigheid van de enkeling voor het geheel, voor zijn medemensen. Hoe nodig is het echter, dat men zich steeds weer bewust wordt, dat het idealisme niet zomaar een overbodige gevoelsuiting vormt, maar dat het in werkelijkheid de eerste voorwaarde, het eerste bouwmateriaal was, is, en zal zijn voor datgene, wat wij menselijke cultuur heten, en nog sterker, dat dit idealisme eigenlijk pas het begrip „mens" heeft geschapen. De Ariër heeft zijn plaats in de wereld aan deze levenshouding te danken, en de wereld dankt hieraan op haar beurt het bestaan van de mens; want deze opvatting alleen heeft uit zuivere geest de scheppende kracht doen ontstaan, die de ruwe vuist op ongeëvenaarde wijze verbond met het geniale intellect en zo doende de monumenten van de menselijke cultuur schiep. Indien hij, de Ariër, deze idealistische levenshouding niet had ingenomen, dan zouden al deze verstandelijke eigenschappen, hoe schitterend ook, slechts een geest zijn gebleven, uiterlijke schijn zonder innerlijke waarde, en zouden zij nooit scheppende kracht hebben bezeten.

Maar omdat het ware idealisme niets anders wil, dan eenvoudig de belangen en de levens der enkelingen ten achter stellen bij dat van de gemeenschap, en omdat deze offervaardigheid op haar beurt weer de onmiskenbare basis is voor iedere vorm van organisatie, kan men zeggen, dat deze gang van zaken waarlijk naar de natuur der dingen is, dus in overeenstemming is met de wil der natuur. Dit idealisme alleen maakt dat de mens vrijwillig het hogere recht, waarop de kracht aanspraak kan maken, erkent en dat hij zodoende tot een microscopisch klein deeltje wordt in dat organisme, dat het gehele heelal schept en vorm geeft. Het zuiverste idealisme valt onbewust samen met het hoogste inzicht. Hoezeer dit waar is, en hoe weinig het ware idealisme met speelse fantasieën te maken heeft, is iets, wat men dadelijk kan constateren, wanneer men het onbedwongen kind, een gezonde jongen b.v. laat oordelen.

Dezelfde jongen, die niet het minste begrip heeft voor de „idealistische" tirades van een pacifist, en daar dan ook een instinctieve en besliste afkeer van heeft, is bereid, zijn jonge leven ten offer te brengen voor het ideaal, dat zijn volk voor hem betekent. Onbewust wordt hier het instinct geleid door het weten, dat de instandhouding van de soort, zo nodig ten koste van de enkeling, een diepere noodzaak is, en even onbewust protesteert dat instinct tegen de luchtkastelen van de pacifistische kletstante, die haar egoïsme weliswaar achter een menslievend masker verbergt, maar die in de grond van de zaak laf egoïstisch blijft, en als zodanig de eeuwige wetten van de ontwikkeling overtreedt; want deze ontwikkeling is afhankelijk van de offervaardigheid van de enkeling ten bate van het algemeen belang en niet van de ziekelijke voorstellingen van lieden die menen, het beter te weten dan de natuur en haar moeten becritiseren. Daarom zullen wij ook juist in tijden, waarin deze idealistische mentaliteit dreigt te verdwijnen, steeds onmiddellijk kunnen constateren, dat de gemeenschapvormende kracht, en daarmee dus ook de cultuurscheppende, afneemt.

Wanneer het egoisme eenmaal de overhand krijgt in een volk, dan verliezen de banden van de orde hun kracht, en al jagend naar eigen geluk komen de mensen uit de hemel pas werkelijk in de hel terecht. En het nageslacht vergeet de mannen, die enkel eigen voordeel zochten, en eert de helden, die hun eigen geluk opofferden voor de gemeenschap.

Het scherpst denkbare contrast met de Ariër vormt de Jood. Er bestaat nauwelijks een ander volk op aarde, waar de drang tot voortbestaan zo sterk ontwikkeld is, als juist bij datgene, wat zich het uitverkorene noemt. Het beste bewijs hiervoor is alleen al het feit, dat dit ras nog steeds bestaat. Is er één ander volk te vinden, dat in de laatste tweeduizend jaar zo weinig verandering in zijn aanleg, in zijn karakter, enz. heeft gekend als het Joodse. Welk volk tenslotte heeft grotere omwentelingen doorgemaakt dan dit – en is toch steeds onveranderd uit de ergste catastrofen te voorschijn gekomen? Wel een oneindig taaie wil tot leven, tot behoud van de soort spreekt niet uit de feiten! De intellectuele capaciteiten van de Joden zijn in de loop der jaren geschoold. Nu gaat hij voor „pienter" door, en was dat in zekere zin ook altijd. Maar... zijn verstand is niet een product van zijn eigen ontwikkeling maar is geheel te danken aan het aanschouwelijk onderwijs, dat hij van vreemden heeft genoten. Ook de menselijke geest is niet bij machte, om zonder trapsgewijze indeling van zijn weg op te klimmen; hij heeft voor iedere hogere stap de grondslag van het verleden nodig, en juist bij belangrijke cultuurvraagstukken blijkt, hoe volkomen onmiskenbaar deze onderbouw is. Ieder denken berust slechts voor een uiterst gering deel op eigen waarneming, maar voor verreweg het grootste deel op de ervaringen van de voorafgaande tijd. Het algemeen cultuurpeil maakt, dat de enkeling meestal zonder dat hij bemerkt, hoe weinig dit zijn eigen verdienste is – over zo een grote voorraad materialen kan beschikken, dat hij met die steun gewapend, gemakkelijk zelf enkele stappen verder kan doen.

De knaap van heden bijvoorbeeld, groeit op temidden van een ware stortvloed van technische wonderen, die het resultaat zijn van de noeste vlijt van de laatste eeuwen, zodat hij veel, dat honderd jaren geleden voor de grootste geesten nog een raadsel was, vanzelfsprekend vindt, en er als zodanig geen gedachte meer aan besteedt, hoewel al deze vraagstukken voor hem van primaire betekenis zijn, indien hij bij machte wil zijn om de vooruitgang, die wij op dat gebied maken, te volgen en te begrijpen. Indien iemand, zelfs een geniaal figuur uit de twintiger jaren van de vorige eeuw, nu plotseling uit zijn graf zou kunnen opstaan, dan zou het voor hem moeilijker zijn, om ook maar in de gedachtenwereld van onze tijd thuis te raken, dan voor een middelmatige vijftienjarigen jongen uit onze tijd.

Want hij zou al die oneindig veelsoortige voorbereiding missen, die onze tijdgenoot praktisch gesproken onbewust toebedeeld krijgt, doordat hij temidden van de verschijnselen van de huidige vorm is opgegroeid. Omdat nu de Jood – om redenen, die aanstonds duidelijk zullen worden – nimmer een eigen cultuur bezat, zijn de fundamenten van zijn geestelijke arbeid steeds aan anderen ontleend. Zijn intellect heeft zich altijd gebaseerd op de hem omringende cultuurwereld. Het omgekeerde vond nimmer plaats. Want al is ook de levenswil van het Joodse volk niet kleiner, maar eerder groter dan bij andere volkeren, al kunnen zijn geestelijke capaciteiten ook zeer gemakkelijk de indruk wekken, alsof ze van dezelfde kwaliteit waren als die van de andere rassen, toch ontbreekt hier de meest essentiële voorwaarde voor het scheppen van enige culturele waarde: de idealistische levenshouding. De offervaardigheid van het Joodse volk is niet zo sterk, dat zij de primaire wil tot voortbestaan van de enkeling weet te overwinnen.

Het schijnbaar zo grote saamhorigheidsgevoel berust op een zeer primitief kudde-instinct, zoals vele andere wezens op aarde ons ook laten zien. Opmerkelijk is hierbij het feit, dat dit kudde-instinct slechts zolang leidt tot wederzijdse ondersteuning, als er een gemeenschappelijk gevaar bestaat, dat dit nuttig of onvermijdelijk doet schijnen. Dezelfde troep wolven, die zojuist nog gemeenschappelijk zijn prooi overmeesterde, valt, wanneer de honger gestild is, weer in de afzonderlijke dieren uiteen. Datzelfde kan ook van paarden worden gezegd, die eendrachtig proberen, zich tegen de aanvaller te verdedigen om, nadat het gevaar geweken is, weer uiteen te stuiven. In dezelfde trant gaat het ook met de Jood.

Zijn offervaardigheid is maar schijn. Deze bestaat slechts zolang, als ze absoluut noodzakelijk is voor het bestaan van iedere enkeling. Nauwelijks echter is de gemeenschappelijke vijand overwonnen, is het gevaar, dat allen dreigt, voorbij, is de prooi in veiligheid gebracht, of de schijnbare harmonie onder de Joden houdt op, om weer plaats te maken voor de oorspronkelijke mentaliteit. Het Jodendom is enkel dan eensgezind, wanneer een gemeenschappelijk gevaar hen daartoe dwingt, of wanneer een gemeenschappelijke buit lokt; worden deze beide redenen opgeheven, dan vertoont zich het meest krasse egoïsme, en het eensgezinde volk ontaardt in een handomdraai in een troep ratten, die elkaar onderling bloedig bevechten. Indien de Joden alleen waren op deze wereld, dan zouden ze enerzijds volkomen in hun eigen vuil en viezigheid, en anderzijds vol haat tegenover elkaar staan en wederzijds trachten elkaar te bezwendelen en uit te roeien, voorzover niet hun volkomen gebrek aan offervaardigheid, dat zijn uitdrukking vindt in hun lafheid, ook hier de strijd uitschakelde, en door schijn verving. Het is dus volkomen onjuist, om uit het feit, dat de Joden eensgezind zijn in de strijd, of beter, in de uitplundering van hun medemensen, te willen concluderen, dat zij over een zeker idealistische offervaardigheid zouden beschikken.

Ook hier is weer niets anders dan het platste egoïsme de drijfveer voor de Jood. Daarom is ook de Joodse staat – die het levende organisme moet vormen, dat zorg draagt voor de instandhouding en vermeerdering van het ras – territoriaal volkomen onbegrensd. Want om een bepaald vast territorium te kunnen bezitten, is steeds in de eerste plaats nodig, dat het hier wonende ras een idealistische levenshouding huldigt, maar is het vooral ook een eerste vereiste, dat het het begrip „arbeid" in de juiste betekenis begrijpt. Naarmate de levenshouding van het volk sterker afwijkt van de hierboven geschetste ideale mentaliteit van deze levenshouding, zal ook iedere poging om een territoriaal beperkte staat te vestigen, of zelfs maar te handhaven, meer kans op mislukking hebben. Maar daarmee wordt de basis, die onmiskenbaar is voor iedere cultuur, vernietigd.

Daarom is het Joodse volk, over welke intellectuele eigenschappen het schijnbaar ook moge beschikken, toch van iedere ware cultuur, maar wel in 't bijzonder van iedere eigen cultuur verstoken. Want wat de Jood heden ten dage aan schijncultuur bezit, is het geestelijk goed van vreemde volkeren, dat meestal onder zijn aanraking verwerd. Als een zeer waardevol criterium voor de beoordeling van de positie, die het Jodendom ten aanzien van de menselijke cultuur inneemt, diene men steeds te onthouden, dat er nooit een Joodse kunst bestond, en dientengevolge ook heden niet bestaat, en dat het vooral op het gebied van de beide koninginnen onder de kunsten – architectuur en muziek – geen enkel oorspronkelijk werk heeft weten voort te brengen. Wat het op kunstgebied presteert, is of vergroving, of geestelijke diefstal. Maar dat betekent, dat het Jodendom juist die eigenschappen mist, waarmee de scheppende en daardoor cultureel hoogstaande rassen getekend zijn.

Hoezeer de Jood altijd en overal de cultuur van anderen overneemt, en hoezeer hij daarbij zijn kunstontroeringen uit de tweede hand heeft, of beter nog, hoe verderfelijk hij daarbij optreedt, blijkt wel uit het feit, dat men hem het meeste aantreft in die kunst, die ook het minste met eigen scheppend werk heeft uit te staan: het acteren. Maar zelfs hier is hij niets anders dan de „potsenmaker", of beter, de „na-aper"; want zelfs hier mist hij datgene, wat zou kunnen maken, dat hij een werkelijk grote figuur ging betekenen; zelfs hier is hij geen scheppend genie, maar oppervlakkig na-aper, waarbij alle trucjes en listigheidjes, die hij daarbij benut, toch niet in staat zijn, het te doen voorkomen, alsof hij inderdaad wel over scheppende kracht beschikte.

Maar hier komt de Joodse pers nu barmhartig te hulp, door over iedere kruk, hoe middelmatig ook, wanneer hij maar Jood is, zulk een gejubel aan te heffen, dat de rest van de wereld tenslotte inderdaad gelooft, een kunstenaar voor zich te zien, terwijl het in werkelijkheid slechts een miserabele kunstenmaker is. Nee, de Jood bezit niet de minste cultuurscheppende kracht, omdat hij het idealisme, dat de enig mogelijke grondslag is voor een werkelijk hogere ontwikkeling der mensheid, niet kent, en ook nooit heeft gekend. Daarom zal zijn intellect nooit opbouwend werken, maar altijd vernietigend, en hoogstens, in uiterst zeldzame gevallen stimulerend, maar dan nog slechts als typisch voorbeeld van de „kracht die steeds het kwade wil en steeds het goede verricht". Het is niet door hem, wanneer de mensheid een schrede voorwaarts zet, maar niettegenstaande alles, wat hij deed. Omdat de Jood nooit een staat met een vastomlijnd grondgebied bezat, en er daardoor ook nooit sprake kon zijn van een eigen Joodse cultuur, kwam men tot de opvatting, dat dit volk er een was, dat tot de nomaden gerekend moest worden. Dit is een even grote als gevaarlijke vergissing.

De nomade bezit zeer bepaald wel een eigen, vast omlijnde levensruimte, alleen met dien verstande, dat hij zich niet als boer heeft gevestigd en de grond bebouwt, maar dat hij leeft van de opbrengst van zijn kudden, waarmee hij door zijn gebied rondzwerft. De meest in het oog springende reden hiervoor is gelegen in de geringe vruchtbaarheid van de bodem, waardoor het hem niet mogelijk is, een vaste woonplaats te kiezen en door landbouw in zijn behoeften te voorzien. De diepere oorzaak echter moet gezocht worden in de wanverhouding tussen de technische cultuur van een tijd of van een volk, en de natuurlijke armoede van zijn levensruimte.

Er zijn gebieden, waar ook de Ariër geheel zijn speciale, in de loop van meer dan duizend jaren opgebouwde techniek nodig heeft, om er nederzettingen te vestigen, en om langzamerhand de weerbarstige uitgestrekte grond te kunnen dwingen, het brood voor de mensen voort te brengen. Indien hij niet over deze techniek beschikte, dan moest hij of deze gebieden mijden, of eveneens in een eeuwig zwervend nomadenleven vervallen, indien hij, die nu al meer dan duizend jaar lang gewend is aan de vaste woonplaatsen en nederzettingen, en waarvan de gehele opvoeding als volk steeds op een „gevestigd" bestaan was gericht, zo'n lot tenminste nog zal kunnen verdragen. Men moet bedenken, dat in de tijd, dat het Amerikaanse vasteland mensen begon te trekken, talrijke Ariërs als jagers, vallenzetters, enz. hun dagelijks brood verdienden, en dan dikwijls in grotere groepen, vergezeld van hun vrouwen en kinderen, steeds rondzwierven, zodat hun bestaan volkomen identiek was met dat der nomaden. zo gauw ze echter talrijk genoeg waren, en over voldoende technische hulpmiddelen beschikten, om de woeste grond te ontginnen, en zich te verdedigen tegen de oorspronkelijke bewoners, zag men steeds meer vaste nederzettingen ontstaan.

Waarschijnlijk was ook de Ariër aanvankelijk nomade, en werd hij eerst in de loop van de tijd tot wat hij nu is, maar dat wil toch niet zeggen, dat hij ooit Jood was. Nee, de Jood is geen nomade: want ook de nomade had al een bepaalde opvatting van het begrip „werk", welke opvatting als grondslag voor een latere ontwikkeling kon dienen, voorzover daartoe dan de nodige geestelijke voorwaarden aanwezig waren. Het fundament van zijn opvattingen, hoe gering deze ook nog ontwikkeld mogen zijn, is bij de nomade idealistisch, daarom is ook zijn gehele wezen de Ariër misschien vreemd, maar toch niet onsympathiek.

Bij de Jood daarentegen ontbreekt deze opvatting ten enenmale; daarom heeft hij ook nooit een eigenlijk nomadiserend leven geleid, maar was altijd slechts een parasiet op het lichaam van de andere volkeren. Dat hij daarbij soms van woonplaats verandert, is niet iets opzettelijks, maar is het gevolg van het feit, dat hij er weer eens is uitgegooid, een lot, dat al zijn gastheren hem van tijd tot tijd laten ondergaan. Het feit echter, dat hij zijn gebied steeds uitbreidt, is typerend voor alle parasieten; hij zocht steeds nieuwe voedingsbodem voor zijn ras. Maar dit heeft daarom met nomadendom nog niets te maken, omdat het eenvoudig niet in de Jood opkomt, om een eenmaal bezet gebied weer te ontruimen, maar hij steeds blijft, waar hij is en zich met zo een kracht op die plaats vastklemt, dat het zelfs zeer moeilijk is, om hem met geweld te verjagen. Hij begint zich eerst in een ander land neer te zetten, wanneer daar aan bepaalde voorwaarden voor zijn bestaan is voldaan, zonder dat hij daardoor – zoals de nomade doet – daarom nu zijn oorspronkelijke woonplaats zou ontruimen. Hij is en blijft een typische parasiet, die ten koste van zijn gastheer leeft, die zich als een schadelijke bacil over een groter terrein uitbreidt, waar maar een goede voedingsbodem voor hem te vinden is: maar waar hij verschijnt, daar sterft na kortere of langere tijd het volk, dat hem herbergt. zo leefde de Jood altijd in de staten van de andere volkeren, en vormde daar zijn eigen staat in de staat, die dan zolang onder de naam „godsdienstige sekte" doorging, als het hem niet geraden scheen om het masker te laten zakken en zijn ware gelaat te tonen.

Wanneer hij echter eenmaal tot de overtuiging was gekomen, dat hij dit beschermende masker kon missen, dan deed hij het steeds af, en bleek plotseling datgene te zijn, wat voordien velen niet in hem hadden willen zien en hadden willen geloven: de Jood. Het leven, dat de Jood als parasiet op het lichaam van andere staten en natiën leidt, is de oorzaak van een typische eigenschap, die Schopenhauer eens tot de al genoemde uitspraak bracht, dat de Jood de „grote meester van de leugen" was. De levensomstandigheden van de Jood dwingen hem tot die leugen, en wel tot een altijddurende leugen, zoals de levensomstandigheden van de mensen uit koude streken hen dwingen, om warme kleding te dragen. Zijn leven binnen andere volkeren is op den duur alleen mogelijk, wanneer hij kans ziet, de mening te wekken, dat hij niet een volk, maar een bepaalde „godsdienstige secte" van bijzondere aard vormt. Dit is nu de eerste grote leugen. Hij moet, om als parasiet op de volkeren te kunnen blijven voortleven, zijn eigen karakter verloochenen. En hoe intelligenter een Jood nu is, des te beter zal hij hierin slagen. Ja, het kan zelfs zover komen, dat de grote groepen van het volk, dat hem herbergt, in volle ernst geloven, dat de Jood werkelijk Fransman of Engelsman, Duitser of Italiaan is en dat hij zich alleen door zijn godsdienst van de anderen onderscheidt. Vooral staatsinstanties, die immers altijd slechts door het historische greintje wijsheid bezield schijnen te zijn, vallen maar al te gemakkelijk ten prooi aan deze infame zwendel.

In deze kringen vat men het immers dikwijls als een zware zonde tegen de heilige promotie op, wanneer iemand het in zijn hoofd haalt, om zelfstandig te gaan denken. Men moet er zich dan ook niet over verwonderen, dat b.v. een Beiers ministerie er ook heden (1924) nog niet het flauwste begrip van heeft, dat de Joden een bepaald volk en niet een bepaalde „godsdienstige sekte" vormen, hoewel een blik in de typisch Joodse kranten- wereld voldoende behoorde te zijn, om dit zelfs de meest bekrompen geest onmiddellijk duidelijk te maken. Maar de „Jüdise Echo" is nu eenmaal nog niet tot staatsblad verheven en heeft dus als zodanig ook nog niet de minste waarde voor zo een regeringspotentaat.

Het Jodendom was steeds een volk, dat zich door bepaalde raskenmerken onderscheidde, en nooit een godsdienstige; maar zijn streven om hogerop te komen werd aanleiding, dat het al vroegtijdig naar een middel zocht, om te maken, dat men het wat minder algemeen op de vingers zou kijken; en welk middel was nu doelmatiger en tegelijk onschuldiger dan dit: om het van ouds gewaarborgde begrip „godsdienstige sekte" hier te benutten? Want ook hier is alles van elders ontleend – of beter: gestolen – op grond van zijn eigen karakter kan de Jood daarom al geen religieus leven hebben, omdat iedere vorm van idealisme hem vreemd is, en ook het geloof aan een hiernamaals. Men kan zich echter als Ariër geen godsdienst indenken, die iedere overtuiging, dat er een voortbestaan na de dood zal zijn, mist. De Talmud is dan ook niet een boek. dat voorbereidt op het hiernamaals, maar is een handleiding, hoe men aan deze zijde des grafs een praktisch en dragelijk leven kan leiden. De Joodse godsdienst is in de eerste plaats een aanwijzing voor de Joden, hoe ze hun bloed zuiver kunnen houden, daarnaast ook, hoe ze zich onderling, maar meer nog, hoe ze zich ten aanzien van de niet-Joodse wereld hebben te gedragen. Maar ook hier gaat het in 't algemeen niet over ethische vraagstukken, maar over zeer bekrompen zakelijke kwesties.

Over de morele waarde van het Joodse godsdienstonderwijs bestaan heden, en bestonden trouwens altijd al, tamelijk diepgaande studiewerken (niet van Joodse hand; het geklets van de Joden zelf over dit thema is natuurlijk volkomen propagandistisch bedoeld en als zodanig waardeloos), die alle stuk voor stuk tot de conclusie komen, dat een dergelijke godsdienst, van Arisch standpunt gezien, bijna benauwend is te noemen. De beste definitie echter vindt men in het product van deze godsdienstige opvoeding, in de persoon van de Jood zelf.

Zijn leven is volkomen op het aardse gericht, en hij staat even vreemd tegenover het ware Christendom als hij tweeduizend jaar geleden stond tegenover de grote stichter ervan. Nu verborg deze zijn mening over het Joodse volk ook niet onder stoelen of banken en greep zo nodig naar de zweep, om deze vijanden van iedere menselijkheid uit de Tempel des Heren te verdrijven, die ook destijds al de godsdienst slechts beschouwden als een middel om zaken te doen. Daarom werd Christus dan ook aan het kruis geslagen; maar ons tegenwoordige politieke Christendom acht het niet beneden zijn waardigheid om bij de verkiezingen te bedelen om Joodse stemmen, en om later te trachten met atheïstische Jodenpartijen politieke zwendelzaken op touw te zetten, en dat dan nog tegen het eigen volk. Op de basis van deze eerste en grootste leugen, dat het Jodendom geen ras, maar een godsdienstige sekte zou zijn, kan dan noodzakelijkerwijze niet anders ontstaan dan een geheel bouwwerk van leugens. Daaronder ook de leugen over de taal van de Joden, die voor haar geen middel is, om zijn gedachten uit te drukken, maar integendeel, om ze te verbergen. Hij spreekt Frans, maar hij denkt Joods, en wanneer hij Duitse gedichten in elkaar timmert, doet hij toch niets anders, dan zijn eigen volkskarakter uitleven.

Zolang de Jood nog niet meester is geworden over de andere volkeren, moet hij goedschiks of kwaadschiks hun talen spreken. zo gauw hij deze volkeren echter zou hebben onderworpen, zouden ze allen een wereldtaal (b.v. Esperanto) moeten leren, zodat het Jodendom hen hierdoor des te gemakkelijker zou kunnen onderdrukken. Hoezeer het gehele bestaan van dit volk op een voortdurende leugen gebaseerd is, wordt op ongeëvenaarde wijze aangetoond in de „Wijzen van Zion", een werk, waartegen alles, wat Jood is, een gloeiende haat koestert. „Het is een vervalsing!" kreunt keer op keer luidop de „Frankfurter Zeitung", en dat is wel het beste bewijs voor de echtheid ervan. Het komt er in het geheel niet op aan, welk Jodenbrein deze onthullingen heeft verkondigd, een feit is echter, dat ze met bijna ontzettende juistheid het karakter en het streven van het Joodse volk bloot leggen en het innerlijke verband zo goed als het hoogste einddoel uiteenzetten.

De werkelijkheid echter is de meest reële toetssteen voor de echtheid. Wie aan de hand van dit werk de geschiedkundige ontwikkeling van de laatste honderd jaren nagaat en onderzoekt, die zal ook onmiddellijk begrijpen, waarom de Joodse pers zo schreeuwt. Want wanneer dit boek eenmaal geestelijk bezit van het gehele volk is geworden, dan kan men het Joodse gevaar al wel als gebroken beschouwen. Om de Jood te leren kennen, kan men het beste de weg nagaan, die hij in de loop der eeuwen door de andere volkeren is gegaan. Men behoeft slechts een geval volkomen na te gaan, en weet dan al dadelijk, wat voor vlees men in de kuip heeft, om tot het nodige inzicht te komen. Omdat zijn ontwikkeling altijd dezelfde was, zoals het immers ook steeds dezelfde volkeren zijn, die hij aantast, is het aan te raden, om bij zo een beschouwing de ontwikkeling in bepaalde stadia te verdelen, die ik in dit geval voor het gemak met letters aanduid.

De eerste Joden zijn in de Romeinse tijd naar Germanië gekomen en dan wel, als altijd, als handelaars. In de stormen van de volksverhuizing zijn ze echter naar het schijnt, weer verdwenen, en daarom kunnen wij de tijd, dat de eerste Germaanse staten ontstonden, aannemen als het tijdstip, waarop Centraal- en Noord-Europa opnieuw en ditmaal definitief verjoodst begon te worden. Nu begint een ontwikkeling die steeds dezelfde of een soortgelijke was, wanneer ergens Joden en Arische volkeren met elkaar in aanraking kwamen.

1. Met het ontstaan van de eerste vaste nederzetting is de Jood plotseling aanwezig. Hij komt als handelaar, en stelt er aanvankelijk nog maar weinig prijs op, om het volk, waartoe hij behoort, te verloochenen. Hij is nog Jood, misschien ook ten dele, omdat het uiterlijk verschil in ras tussen hem en het gastherenvolk te groot is, omdat hij nog te weinig van de taal af weet, en omdat het andere volk nog een al te scherp afgesloten geheel is, dan dat hij het zou kunnen wagen, om voor iets anders te willen doorgaan dan voor een vreemde handelaar. Door zijn gladheid en de onervarenheid van het volk, waarop hij leeft, betekent het voor de Jood ook geen nadeel, wanneer hij zijn vreemdheid niet verbergt, doch eerder voordeel; men komt de vreemdeling vriendelijk tegemoet.

2. Dan begint hij langzamerhand ook in het economische leven zijn werkzaamheid uit te oefenen, niet als producent, maar uitsluitend als tussenpersoon. Met zijn duizend jaar oude geslepenheid als handelsman is hij de nog onhandige, maar vooral grenzenloos eerlijke Ariër, verreweg de

baas, zodat na korte tijd al de gehele handel in zijn handen dreigt te zullen komen. Hij begint met het uitlenen van geld, en wel, zoals altijd, tegen woekerrente. Inderdaad voert hij hier voor het eerst de rente in. Aanvankelijk ziet men in het geheel geen gevaar in deze nieuwe instelling, maar begroet haar zelfs dankbaar, vanwege de ogenblikkelijke voordelen, die men in haar ziet.

3. De Jood heeft zich nu voorgoed gevestigd, dus hij bewoont bepaalde wijken in steden en dorpen. de handel en alle financiële kwesties beschouwt hij als zijn onvervreemdbaar privilege, en buit dit gebied meedogenloos uit.

4. Alle geldzaken en de gehele handel zijn nu uitsluitend in zijn handen. Zijn woekerrente wekt eindelijk verzet, zijn groeiende onbeschaamdheid geeft aanleiding tot verontwaardiging, zijn rijkdom tot jaloezie. Wanneer hij nu ook nog met de grond gaat handelen, en deze zodoende dus tot een verhandelbaar goed vernedert, dan is de maat vol. Omdat hij zelf nooit de grond bebouwt, maar die slechts als uitbuitingsobject beschouwt, waarop de boer gerust mag blijven werken, maar waar hij zich de bitterste onderdrukking van zijn nieuwe heer zal moeten laten welgevallen, groeit de afkeer tegen hem langzamerhand aan tot openlijke haat. Zijn bloed zuigende tirannie wordt zo groot, dat men zich aan hem gaat vergrijpen. Men begint de vreemdeling steeds scherper te bezien, en ontdekt steeds meer afstotende karaktertrekken en eigenschappen, tot de kloof tenslotte onoverbrugbaar wordt. In tijden van de bitterste nood breekt eindelijk de woede tegen hem los, en de uitgezogen en materieel ten ondergang gedoemde massa's besluiten tot zelfverdediging, om zich te verweren tegen die gesel Gods. In de loop van enkele eeuwen hebben ze hem leren kennen, en nu al gevoelen ze het blote feit van zijn aanwezigheid als een verschrikking van even grote afmetingen als de pest.

5. Nu begint de Jood echter zijn ware eigenschappen te vertonen. Met stotende vleierij kruipt hij naar de regeringen, laat zijn geld werken, en bezorgt zich zodoende steeds opnieuw een vrijbrief, die hem het recht geeft, om ongestraft nieuwe slachtoffers uit te zuigen. En al vlamt de volkswoede tegen de bloedzuiger ook van tijd tot tijd hoog op, toch is dat voor hem in het minst geen bezwaar, om na enkele jaren opnieuw op te duiken op de plaats, die nog maar nauwelijks koud was, en het oude leventje weer op dezelfde voet voort te zetten. Geen vervolging is in staat te maken, dat hij zijn systeem van mensenuitbuiting opgeeft, geen vervolging kan hem verdrijven. Na korte tijd is hij terug, en is weer volkomen de oude. Om het allerergste tenminste te voorkomen, begint men, met hem bij de wet te verbieden, grond te kopen.

6. Naarmate de macht van de vorsten begint toe te nemen begint hij zich meer aan deze op te dringen. Hij bedelt „vrijbrieven" en „privileges" af, en de heren, die aan voortdurenden geldnood lijden, staan hem het

gewenste tegen passende betaling maar al te graag toe. Welke prijs hij hiervoor ook betaalt, het brengt hem na luttele jaren het uitgegeven geld met rente op rente weer terug. Een ware bloedzuiger is hij, die zich op het lichaam van het ongelukkige volk vastzet, en niet te verwijderen is, tot de vorsten zelf weer geld nodig hebben, en hem het uitgezogen bloed hoogst persoonlijk weer aftappen. Dit spel herhaalt zich onophoudelijk, waarbij de rol van de zogenaamde „Duitse vorsten" al geen greintje beter is, als die van de Joden zelf. Deze heren waren waarlijk straffe Gods voor hun geliefde volkeren, en hun weerga is pas in onze tijd in verschillende ministers te vinden. Het is aan de Duitse vorsten te wijten, dat de Duitse natie geen kans zag, om zich definitief van het Joodse gevaar te verlossen. Helaas kwam er ook later in die toestand niet de minste wijziging, zodat de Jood hun enkel het duizendvoudig verdiende loon betaalde voor de zonden, die zij eens aan hun volkeren begingen. Ze sloten een verbond met de duivel, en vielen daarom tenslotte ook in zijn handen.

7. Zo spant hij langzaam zijn net en dit wordt de vorsten noodlottig. Langzaam maar zeker verliezen zij het contact met hun volkeren, en wel des te sterker, naarmate ze de belangen van hun onderdanen meer verwaarlozen, en in steeds sterkere mate ten koste van deze mensen gaan leven. De Jood weet precies, waar zoiets op uitloopt, en doet al het mogelijke, om dit proces te verhaasten. Hij zelf vergroot hun voortdurende financiële nood door hen steeds meer te vervreemden van hun ware taak, door op de allerergste manier de stroopkwast te hanteren, door hen tot ondeugden te verleiden, en zich zodoende tegelijkertijd steeds onontbeerlijker te maken. Zijn handigheid, of beter zijn on scrupuleusheid in alle geldzaken doet hem steeds nieuwe middelen vinden, om de geplunderde onderdanen steeds nieuwe geldmiddelen af te persen, ja, om ze in de meest waren zin van het woord te villen. En al dit geld gaat dan met steeds kortere tussenpozen de weg van alle stof. zo heeft ieder hof zijn „hofjood", zoals men die monsters noemt, die het volk tot wanhoop drijven en het vermaak van de vorsten op zo grandioze wijze weten te verzorgen. En het zal wel niemand verbazen, dat deze sieraden van het menselijk geslacht tenslotte ook de uiterlijke tekenen van hun belangrijkheid ontvangen, en in de erfelijke adelstand worden verheven, waardoor ze bovendien ook nog weer helpen, om deze inrichting niet alleen bespottelijk te maken, maar ook te vergiftigen. Nu kan hij natuurlijk pas goed zijn positie benutten, om vooruit te komen. Tenslotte behoeft hij immers niets anders te doen, dan zich eenvoudig maar even te laten dopen, om in het bezit van alle mogelijkheden te komen, die voor het volk zelf openstaan, en evenzo van al zijn rechten. Hij regelt dit zaakje dan ook niet zelden, op die manier, waarbij de kerk zich verheugt over de nieuwverworven zoon, en Israël over de gelukte zwendelarij.

8. In het Jodendom begint zich nu ook een verandering te voltrekken. Totnogtoe waren zij allen Joden, d.w.z. men stelde er geen prijs

op, om zich als iets anders voor te doen en kon dit ook niet, omdat de wederzijdse raskenmerken al te duidelijk spraken. Nog ten tijde van Frederik de Grote komt het bij niemand ook meer op, om in de Joden iets anders te zien dan het „vreemde volk", en Goethe is nog ontzet bij de gedachte, dat in de toekomst een huwelijk tussen Christenen en Joden niet meer bij de wet verboden zou zijn. En Goethe was toch waarlijk geen conservatief en geen heloot; uit hem sprak enkel de stem van het bloed en die van het gezonde verstand. zo zag het volk – niettegenstaande het schandelijk optreden van de hoven – instinctief in de Jood het vreemde element in het eigen lichaam, liet zijn houding ook door dit instinct bepalen. Maar nu zou dit alles dan anders worden. In de loop van meer dan duizend jaar is hij de taal van het volk, waarbij hij woont, in zoverre machtig geworden, dat hij meent, nu wel te kunnen wagen, om eens wat minder de nadruk te leggen op zijn Joodzijn, en nu eens wat meer op de voorgrond te stellen dat, wat de anderen ook mogen denken, hij zich tenminste als Duitser wenst te beschouwen, want, hoe belachelijk en krankzinnig het aanvankelijk ook schijnt, toch heeft hij de brutaliteit, zich in een „Germaan", in dit geval dus in een „Duitser" te veranderen. Dat is het begin van een der brutaalste bedriegerijen, die men zich denken kan. Omdat hij werkelijk letterlijk niets van het Duitse volkseigen bezit, en alleen de truc verstaat, de taal op afschuwelijke wijze te radbraken, is dus zijn gehele Duitser-zijn enkel gebaseerd op de taal. Maar het ras is niet gelegen in de taal, doch uitsluitend in het bloed, iets, wat niemand beter weet dan de Jood, die slechts weinig waarde hecht aan het behoud van zijn taal, maar er daarentegen buitengewoon prijs op stelt, dat zijn bloed zuiver blijft.

Een mens kan zonder moeite zijn taal veranderen, d.w.z. hij kan een andere gebruiken; maar hij zal in zijn nieuwe taal zijn oude gedachten uitdrukken; zijn karakter wordt niet veranderd. Dat kan men het duidelijkst gedemonstreerd zien aan een Jood, die duizend talen kan spreken, en toch altijd precies dezelfde Jood blijft. Zijn karaktereigenschappen zijn dezelfde gebleven, of hij nu voor tweeduizend jaar als graanhandelaar in Ostia Romeins sprak, of dat hij in onze tijd als meelspeculant een Duits met Joodse tongval laat horen. Het is dus steeds dezelfde Jood. Dat een normaal referendaris of hogere politieambtenaar van onze tijd iets zo vanzelfsprekends niet inziet, is nu echter ook weer vanzelfsprekend, omdat er maar weinig op deze aardbodem rondloopt met een groter tekort aan instinct en geest dan juist deze dienaren van ons voorbeeldig hedendaags staatsgezag. De reden, waarom de Jood besluit, plotseling „Duitser" te worden, is duidelijk genoeg. Hij voelt, dat de macht van de vorsten langzaam aan begint te tanen, en streeft er daarom naar, nog bijtijds een andere vastere grond onder de voeten te krijgen. Overigens heeft zijn financiële hegemonie in het gehele economische leven al een zodanig stadium bereikt, dat hij, om dit reuzengebouw in stand te houden, en in ieder geval, om het verder uit te breiden, absoluut alle „staatsburgerlijke" rechten moet bezitten. En hij wenst enerzijds in stand te houden, en anderzijds uit te bouwen, want hoe hoger hij komt, des te nader en des te verlokkender stijgt uit de nevelen van het verleden zijn oude, hem eenmaal beloofde doel; en met koortsachtig verlangen zien de scherpsten uit Juda de droom van de wereldheerschappij weer in grijpbare nabijheid komen. Daarom is zijn gehele streven er ook op gericht, om in het volle bezit van de „staatsburgerlijke" rechten te komen. Dit is de reden, waarom hij uit het getto emancipeert.

9. Zo ontstaat uit de hofjood langzamerhand de volksjood, d.w.z de Jood blijft natuurlijk als voorheen in de omgeving van de hogere heren, en hij probeert zelfs eerder nog meer in hun kring te worden opgenomen; maar tegelijkertijd tracht een ander deel van zijn ras goede maatjes te worden met het volk. Wanneer men bedenkt, hoeveel hij in de loop der eeuwen aan de massa misdeed, hoe hij die massa telkens opnieuw genadeloos uitperste en uitzoog, wanneer men verder bedenkt, hoe diep daardoor de haat van het volk voor hem geworden was, en hoe het tenslotte in hem enkel een straf van de hemel kon zien, dan kan men enigszins begrijpen, hoe moeilijk deze koerswijziging de Jood moest vallen. Het is inderdaad een zware taak, om de zo vlijtig gevilde slachtoffers nu opeens te doen geloven, dat hij nu een „mensenvriend" is. Hij begint dan ook, met in de oren van het volk weer goed te maken, wat hij vroeger aan dat volk misdeed. Omdat zijn pas ontdekte goede hart uit zeer zakelijke redenen geboren is, kan hij zich bezwaarlijk laten leiden door het oude Bijbelwoord, dat de linkerhand niet mag weten wat de rechter doet, maar hij is wel genoodzaakt, om aan een zo uitgebreid mogelijk auditorium kond te doen, dat het lijden der massa hem toch zo innig bedroeft, en dat hij daartegen zijnerzijds zoveel mogelijk doet, om de nood te lenigen.

En door zijn aangeboren bescheidenheid trompet hij zijn eigen weldaden zolang in de oren van zijn medemensen, tot deze er werkelijk in beginnen te geloven. Wie er niet in gelooft, doet hem bitter onrecht aan. Na korte tijd al begint hij het zo te verdraaien, dat het lijkt, alsof hij tenslotte nog steeds het slachtoffer van grof onrecht was geweest, en niet omgekeerd steeds de bedrijver daarvan. En vooral domoren geloven dit grif en voelen zich nu gedwongen tot diep medelijden met de arme „ongelukkige". Overigens moet hier nog worden opgemerkt, dat de Jood, hoe groot zijn offervaardigheid ook mag zijn, toch wel zorg draagt, dat hij zelf nooit verarmt. Hij weet goed, wat hij doet; en dikwijls is zijn liefdadigheid alleen te vergelijken met de mest, die immers ook niet uit liefde voor het land wordt uitgestrooid, maar alleen uit voorzorgsmaatregel, opdat later de baat des te groter zal zijn. In ieder geval echter weten allen na korten tijd al, dat de Jood een „weldoener en vriend van de mensheid" is geworden. Wat een vreemde verandering! Nu is het echter zo gesteld, dat de verschillende eigenschappen, waarvan de aanwezigheid bij een ander als min of meer vanzelfsprekend wordt beschouwd, de grootste verbazing, en bij velen zelfs kennelijke bewondering oproepen, wanneer ze zich bij de Jood schijnen voor te doen, omdat het nu eenmaal niet vanzelfsprekend is, dat hij ze bezit. Langzaam aan wordt hij zo de woordvoerder van een nieuwe tijd. Nu verwoest hij echter ook steeds grondiger alle grondslagen voor een economie, die waarlijk aan het volk dienstbaar zou zijn.

Via het aandeel weet hij ook in de kringloop der nationale productie te komen, en maakt ook deze tot een koopbaar of beter tot een versjacherbaar object, en maakt, dat de bedrijven de betrekkelijke zekerheid, die ze toch altijd hebben, indien ze persoonlijk bezit zijn, verliezen. Daardoor pas ontstaat tussen werkgever en werknemer die diepe vervreemding, die later de politieke splitsing-in-klassen tengevolge heeft. Maar nu begint de Joodse invloed in het economische leven, via de Beurs, benauwend snel aan te groeien. Hij wordt de eigenaar van de gehele nationale arbeidskracht, of houdt althans al de touwtjes in handen. Om nu zijn politieke positie te versterken, tracht hij de grenzen, die tussen hem en de andere bewoners bestaan, de verschillen in ras en in staatsburgerrechten, die hem voorlopig nog bij al zijn doen en laten beperken, weg te vagen. Om deze reden vecht hij met alle taaiheid waarover hij beschikt voor religieuze verdraagzaamheid — en de vrijmetselarij, die een willig werktuig is in zijn handen, kan hiertoe prachtig dienen, en kan hem trouwens overigens ook nog goede diensten bewijzen bij de doelen, die hij al zwendelend nastreeft. De regeringskringen en ook de meest gegoede milieus van de politieke en economische bourgeoisie raken in zijn netten verward, en worden met gebonden handen en voeten aan hem uitgeleverd, dikwijls zonder dat ze er ook maar het flauwste vermoeden van hebben. Alleen het volk als zodanig, of beter de stand, die bezig is te ontwaken en zelf om zijn rechten en vrijheden vecht, is nog te gezond, om in grote getale deze listen ten prooi te vallen. Dat het echter ook in Joodse handen komt, is noodzakelijker dan enige andere kwestie; want de Jood voelt wel, dat hij alleen dan tot een overheersende positie op kan klimmen, wanneer zich voor hem een „baanbreker" bevindt; en hij meent die baanbreker in de bourgeoisie, en wel in de meest talrijke groepen ervan te moeten vinden.

Maar de handschoenmakers en de wevers kan men niet in de fijne netten der vrijmetselarij vangen, daarvoor zijn grovere, maar daarom niet minder sterk werkende middelen nodig. Daarom is het tweede wapen, waarvan het Jodendom zich bedient naast de vrijmetselarij, de pers. Hij gebruikt al zijn taaiheid en handigheid, om haar in handen te krijgen. Daarmee begint hij langzaam aan het gehele publieke leven te omklemmen en in te spinnen, te leiden en te sturen, omdat hij nu in staat is, die macht voort te brengen en te dirigeren, die men thans sinds enige tientallen jaren goed kent onder de naam „openbare mening". Daarbij doet hij zich persoonlijk altijd onbeschrijflijk weetgierig voor, prijst iedere vooruitgang en die welke tot de ondergang van de anderen moet leiden wel het meest; want hij beziet alle wetenschap en alle ontwikkeling enkel en alleen met het oog op de kwestie, hoe hij hierdoor zijn volk kan dienen; en wanneer dit hierdoor niet mogelijk is, is hij de onverbiddelijke doodsvijand van alle licht, de hater van ieder vonkje ware cultuur. Zo benut hij alle wetenschap, die hij in de scholen van de anderen in zich opneemt, enkel ten dienste van zijn eigen ras. Dit eigen bloed echter beschermt hij als nog nooit te voren. Terwijl hij schijnt over te vloeien van „Aufklärung", „Vooruitgang", „Vrijheid", „Menswaardigheid", sluit hij zelf zijn ras zo streng mogelijk af. Weliswaar benut hij zijn vrouwen weleens, om invloedrijke Christenen in te palmen, maar de mannelijke lijn houdt hij principieel raszuiver.

  Hij vergiftigt het bloed van anderen, maar behoedt zijn eigen bloed. Een Jood zal bijna nooit met een Christin trouwen, maar de Christen trouwt wel met een Jodin. De bastaards echter aarden toch steeds naar de Jood. Er is een bepaald deel van de hogere adel, dat volkomen te gronde gaat. De Jood weet dat heel precies, en bedient zich daarom ook stelselmatig van de methode, om de geestelijke leiders van de tegenstanders van zijn ras te „ontwapenen". Ter verberging van zijn bedoeling, en om de aandacht van zijn slachtoffers af te leiden, praat hij echter steeds meer over de gelijkheid van alle mensen, zonder onderscheid van ras of kleur. En de dommen beginnen zijn woorden te geloven. Omdat zijn gehele uiterlijk echter nog steeds al te duidelijk verraadt, hoezeer hij afwijkt van het type der oorspronkelijke bewoners, dan dat speciaal het gros van het volk aan die „gelijkheid" maar zonder meer zou willen geloven, laat hij door zijn pers een beschrijving van zichzelf geven, die enerzijds volkomen onwaar en anderzijds dienstbaar is aan het nagestreefde doel. Vooral de humoristische bladen zijn onophoudelijk in de weer, om de Joden als een onschuldig volkje voor te stellen, dat nu eenmaal zijn eigenaardigheden bezit – als ieder ander – maar dat toch, zelfs al schijnt zijn gedrag dikwijls wat vreemd, blijk geeft, een misschien grappige, maar toch steeds door en door eerlijke en goedhartige ziel te bezitten. Men doet trouwens steeds overal al het mogelijke, om hem toch maar vooral meer als onbeduidend dan als gevaarlijk voor te stellen. Zijn voorlopig einddoel in dit stadium is de overwinning der democratie, of, in de vorm waarin hij dat verstaat: de heerschappij van het parlementarisme. Dat is het meest in overeenstemming met zijn noden en behoeften; het schakelt immers de persoonlijkheid uit — en vervangt die door een meerderheid, gevormd uit domheid, onmacht, en nog meer uit lafheid.

  10. De buitengewone economische ontwikkeling leidt tot een

wijziging in de sociale structuur van het volk. Terwijl de kleine nijveren als stand langzaam uitsterven, wordt tegelijkertijd ook de mogelijkheid voor de arbeider, om ooit een zelfstandig bestaan te bereiken, steeds geringer en verproletariseert deze laatste zienderogen. De „fabrieksarbeider" ontstaat, wiens voornaamste kenmerk is, dat hij praktisch nooit in de gelegenheid komt, om zich tot een zelfstandig bestaan op te werken. Hij is in de meest ware betekenis van het woord bezitloos, zijn oude dag is een kwelling, die nauwelijks de naam „leven" nog verdient. Vroeger al werd eens een dergelijke toestand geschapen, die dringend een oplossing eiste, en die men dan ook vond. Naast de boer en de handwerkman waren twee nieuwe standen ontstaan, die van de ambtenaar en de employé — speciaal de staats employé. Ook zij waren bezitlozen in de meest ware betekenis van het woord. De staat wist tenslotte een eind te maken aan deze ongezonde toestand, door zichzelf te belasten met de zorg voor de oude dag van de rijksambtenaar, die zelf niet bij machte was dat te doen, en het pensioen, het salaris voor de jaren der rust, in te voeren. Langzamerhand begonnen steeds meer privé bedrijven dit voorbeeld te volgen, zodat tegenwoordig bijna iedere hoofdarbeider, die voor vast is aangesteld, later recht op pensioen heeft, althans in die bedrijven, die al een bepaalde grootte bereikten of overschreden. En pas de zekerheid voor de rijksambtenaar, dat hij op zijn oude dag geen nood behoefde te lijden, was in staat, om deze tot dat onzelfzuchtige plichtsbesef op te voeren, die in de jaren voor de oorlog het voornaamste kenmerk van de Duitse ambtenaar was. Zodoende wist men een gehele stand, die overigens zonder bezit bleef, door een verstandige maatregel voor sociale ellende te behoeden, en zo in het volk als volwaardig en gezond orgaan in te schakelen. Nu was dezelfde kwestie weer opgedoken voor staat en natie, en ditmaal in veel grotere omvang.

Steeds nieuwe mensenmassa's, miljoenen in tal, begonnen uit de plattelandsdorpen naar de grotere steden te trekken, om als fabrieksarbeiders in de nieuw gevestigde industrieën hun dagelijks brood te verdienen. De omstandigheden, waaronder deze nieuwe stand werkte en leefde, waren meer dan treurig. De min of meer mechanische toepa ssing van de vroegere arbeidsmethoden van de landwerkman of de boer op de nieuwe vorm, was iets wat niet lukte. De werkzaamheden van de boer en de ambachtsman waren in het geheel niet te vergelijken met de inspanning, die de fabrieksarbeider zich moest getroosten. In het oude ambacht kwam de tijd er misschien minder op aan, maar bij de nieuwe methoden deed ze dat des te meer. Toen het industriële grootbedrijf de oude arbeidstijden ongewijzigd overnam, werd dat bijna noodlottig; want de werkelijke hoeveelheid arbeid, die men vroeger had gepresteerd, was slechts gering, doordat men de toen benutte, uiterst intensieve arbeidsmethoden niet kende. Wanneer men dus voordien een werkdag van 14 of 15 uur had kunnen verdragen, dan was dat nu in een tijd en met een productiemethode, waarbij iedere minuut zo productief mogelijk moest worden gemaakt, ten enenmale onmogelijk. Inderdaad bleek dit zinloze toepassen van oude werktijden op industriële arbeid in twee opzichten funest te zijn: de gezondheid werd vernietigd, en tegelijk daarmee het geloof in een hoger recht. Tenslotte kwam hier nog bij, dat enerzijds de arbeiders schandelijk slecht werden betaald, en dat de werkgever hier zo kennelijk wel bij voer. Op het land was geen sociale kwestie bestaanbaar, omdat heer en knecht hetzelfde werk verrichtten, en vooral, omdat ze van één tafel eten.

Maar ook hierin kwam verandering. Het schijnt wel, alsof heden ten dage de kloof, die op alle gebieden van het leven tussen werknemer en werkgever gaapt, onoverbrugbaar is geworden. Hoe ver het daarbij al is gekomen met de innerlijke verjoodsing van ons volk, kan men hier al zien aan de geringe achting, zo het niet minachting moet heten, die men voor de handarbeid als zodanig voelt. Duits is dit niet. Pas de verwereldlijking van ons leven, die in werkelijkheid een verjoodsing was, veranderde de oude eerbied voor het handwerk in een zekere minachting voor alle lichamelijke arbeid. Zo ontstaat dan een nieuwe, zeer weinig gerespecteerde stand, en op een dag zal de natie voor de vraag worden gesteld, of zij inderdaad zelf bij machte is, om die stand tot een volwaardig deel der maatschappij te maken of dat het standsonderscheid zich zozeer moet verbreden, dat de stand tot klasse wordt, en daarmee de natuurlijke afstand tussen de standen tot klassenhaat. Maar hoe het ook zij, één ding is zeker: de nieuwe stand telde niet de slechtste elementen in zijn rijen, maar integendeel altijd de meest actieve. De al te ver gaande verfijningen van de zogenaamde cultuur hadden hier hun ontbindende en verwoestende werking nog niet uitgeoefend. Het gros van de nieuwe stand was nog niet aangetast door het gif van het pacifisme der zwakkelingen, maar was robuust, en zo nodig, ook bruut in zijn optreden. Terwijl de bourgeoisie zich in het geheel niet om deze kwestie bekommert, maar onverschillig Gods water over Gods akker laat lopen, ziet de Jood de geweldige onafzienbare mogelijkheden, die de toekomst hier biedt, en terwijl hij enerzijds de kapitalistische middelen om mensen uit te buiten, volkomen consequent ten uitvoer brengt, gaat hij anderzijds tot de slachtoffers van zijn eigen werk, en zijn eigen gedachten, en weet na korte tijd al de leiding in handen te krijgen van de strijd, die zij tegen hemzelf voeren.

Dat is dan slechts figuurlijk gesproken „tegen hemzelf", want de grote meester der leugen weet zich als steeds lelieblank voor te doen en alle schuld op anderen te werpen. Omdat hij zo brutaal is, zelf de massa te leiden, komt deze ook in 't geheel niet op het idee, dat ze hier op zo ondenkbaar gemene wijze bedrogen zou kunnen zijn. En toch was dat het geval. Nauwelijks is de nieuwe stand uit de nieuwe economische chaos geboren, of de Jood heeft hem al duidelijk herkend als zijn baanbreker, waardoor hij hogerop kan komen. Eerst gebruikte hij de bourgeoisie als stormram tegen de feudale wereld, en nu de arbeider tegen de burgerlijke. En terwijl hij eens, in de schaduw van de bourgeoisie verborgen, door kruipen en sluipen de burgerrechten wist te bemachtigen, hoopte hij nu de strijd van de arbeider om zijn bestaan te kunnen gebruiken, om zelf de macht te veroveren. Van nu af aan heeft de arbeider geen andere taak meer, dan te strijden voor de toekomst van het Joodse volk. Zonder het te weten, wordt hij gebruikt als werktuig voor diezelfde macht, die hij meent te bestrijden. In schijn laat men hem stormlopen op het kapitaal, en kan hem op deze manier juist het beste voor datzelfde kapitaal laten strijden. Daarbij gaat men voortdurend tegen het internationale grootkapitaal te keer en bedoelt de nationale economie. Die moet afgebroken worden en op de ruïnes daarvan zal dan het internationale beurskapitaal kunnen zegevieren. De Jood gaat hierbij als volgt te werk: Hij gaat tot de arbeiders en geeft voor, diep begaan te zijn met hun lot, en doet zelfs verontwaardigd over hun armoede en ellende, om op deze wijze het vertrouwen te winnen.

Hij spant zich in, om alle werkelijke of ingebeelde moeilijkheden van hun leven te bestuderen – en bij hen het verlangen naar verlossing uit zulk een bestaan sterk te maken. Het verlangen naar sociale rechtvaardigheid, dat in iedere Ariër latent aanwezig is, weet hij op meesterlijk sluwe wijze op te zwiepen tot haat tegen degenen, die door het geluk beter zijn bedacht, en geeft daarbij aan die strijd tegen het sociale onrecht de vorm van een wereldbeschouwing. Hij verkondigt de leer van het marxisme. Hij wekt de indruk, alsof deze leer onafscheidelijk met een gehele reeks rechtvaardige sociale eisen verbonden is, en eist daarom, dat ze met die eisen verbreid zal worden, evenals ook de haat tegen de fatsoenlijke mensheid; eisen, die, in zulk een vorm en in dergelijk gezelschap ter tafel gebracht, principieel onvervulbaar en onrechtvaardig moeten lijken. Want onder die dekmantel van zuivere sociale ideeën zijn waarlijk duivelse bedoelingen verborgen en die worden ook wel met de grootste onbeschaamdheid in het openbaar verkondigd. Deze leer is een onontwarbaar mengsel van gezond verstand en menselijke krankzinnigheid, maar dat onveranderlijk in zulk een vorm, dat altijd enkel de waanzinnige punten verwerkelijkt zullen worden, en dat het gezond verstand volkomen buiten spel blijft. Door de principiële ontkenning van de betekenis der persoonlijkheid en daarmee van de natie en van ras eigenschappen, verwoest ze de meest elementaire grondslagen voor de gehele menselijke cultuur, die juist geheel en al op deze factoren berust.

Dit is de ware diepste kern van de marxistische wereldbeschouwing – wanneer men dit mis product van een misdadig brein althans nog als „wereldbeschouwing" mag aanduiden. Met de vernietiging van de persoonlijkheid en het ras valt het belangrijkste bezwaar, dat nog aan een heerschappij der minderwaardigen in de weg stond – deze minderwaardige echter is de Jood. De betekenis van deze leer ligt juist in de economische en politieke waanzin, die zij verkondigt. Want daardoor worden juist alle werkelijk intelligente lieden ervan weerhouden, om zich in dienst van deze idee te stellen, terwijl de mensen, die geestelijk minder hoog staan en weinig inzicht hebben in economische vraagstukken, met vlag en wimpel naar haar overlopen. Het intellect voor de beweging echter – want ook deze beweging heeft intellect nodig om te kunnen bestaan – komt bij elkaar, doordat de Jood hiertoe uit zijn eigen rijen een „offer" brengt. Zodoende ontstaat een beweging van uitsluitend handarbeiders onder Joodse leiding, die schijnbaar ten doel heeft, om de toestand van de arbeider te verbeteren, maar in werkelijkheid niets anders wil, dan alle niet-Joodse volkeren in de boeien te slaan, en daardoor te vernietigen. Het werk, dat de vrijmetselarij in de kringen der z.g. „intellectuelen" verricht, en waardoor zij dit deel van ons volk op een pad brengt, dat door middel van het pacifisme tot een algemene verlamming van de drang tot zelfbehoud zal leiden, wordt door de activiteit van de grote pers, die tegenwoordig volkomen Joods is, ten aanzien van de grotere groepen en wel voornamelijk ten aanzien van de bourgeoisie verricht. Bij deze beide vernietigingswapenen komt nu nog een derde, die verreweg de vreselijkste is: de organisatie van het brute geweld. Het marxisme moet als aanvals- en stormtroep, het werk, waarmee de beide eerste wapenen al waren begonnen, voleindigen.

Zij vraten alles stuk en ondergroeven alle grondslagen: het marxisme brengt de volledige ruïne. Dit alles gebeurt door een waarlijk meesterlijke samenwerking, zodat men zich niet behoeft te verwonderen, wanneer juist die instituten die zich altijd zo graag aanstellen als de dragers van het min of meer legendarische staatsgezag, meer nog dan andere organen van staat en volk in de afweer tegen deze ramp van onwaarde blijken. De Jood heeft altijd in ons hogere en hoogste ambtenarencorps, (afgezien van enkele zeer zeldzame uitzonderingen) de gewilligste dienaar van zijn verwoestingswerk gevonden. Kruipende onderworpenheid voor „meerderen", en arrogante hoogmoed tegenover „minderen" zijn de kentekenen van deze stand, en kenmerken hem hiermee als vaak uiterst bekrompen en daarnaast dikwijls nog ongelooflijk verwaand. Maar dit zijn eigenschappen, die de Jood nodig heeft in onze autoriteiten, en daarom ziet hij zulke lieden ook gaarne op hoge posten. De strijd, die nu begint, verloopt in de praktijk in grote lijnen als volgt: In overeenstemming met het einddoel van de strijd van het Jodendom, dat immers niet alleen de economische, maar ook de politieke verovering der wereld nastreeft, splitst de Jood de organisatie van het marxisme in twee helften, die slechts in schijn vreemd van elkaar zijn, maar in werkelijkheid een ondeelbaar geheel vormen: de politiek en vakbeweging. De vakbeweging wint leden. Zij biedt de arbeider hulp en steun in de zware strijd om het bestaan, die hij door de kortzichtigheid en de hebzucht van vele ondernemers moet voeren, en stelt hem daarmee in de gelegenheid, betere levensvoorwaarden te veroveren. Indien de arbeider zijn rechten als mens op het leven niet aan de blinde willekeur van deels onverantwoordelijke, deels harteloze mensen wil uitleven, in een tijd, dat de staat – wat dus wil zeggen: de organisatie van de volksgemeenschap – zich praktisch in het geheel niet om hem bekommert, dan zal hij zijn lot in eigen handen moeten nemen.

En naarmate nu de zogenaamde nationale bourgeoisie, verblind door financiële kleine belangen, hem deze strijd om het leven moeilijker maakt, door alle pogingen, om de onmenselijk lange arbeidstijden te verkorten, om de kinderarbeid te doen verbieden, om de vrouw te beveiligen en te beschermen, om de hygiëne in de werkplaatsen en woningen te verbeteren, door al deze strevingen niet alleen tegen te werken, maar dikwijls zelfs te saboteren, gaat de Jood, die scherpzinniger is, zich weer met het lot van de zo onderdrukten bemoeien. Hij weet zich op te werpen tot leider van de vakbeweging, en dit is des te gemakkelijker, omdat het er voor hem niet om te doen is, om werkelijke sociale misstanden op te heffen, maar om een economische strijdgroep op te fokken, die zich door hem als instrument laat gebruiken, om de nationale economische onafhankelijkheid te vernietigen. Want terwijl de leiding van een gezonde sociale politiek steeds bepaald zal worden door de wil tot het behoud der volksgezondheid enerzijds, en die van de zorg voor een onafhankelijke nationale economie anderzijds, blijven deze beide punten voor de Jood niet alleen buiten beschouwing, maar is het een onderdeel van zijn levensdoel, om aan deze twee toestanden een einde te maken of, zo ze er niet zijn, om hun ontstaan te verhinderen. Dientengevolge kunnen er ook geen gewetensbezwaren bestaan, die hem beletten, om als leider van de vakbeweging eisen te stellen, die niet alleen in het geheel niet aan het doel beantwoorden, maar die ook of onuitvoerbaar zijn, of de ineenstorting van de nationale economie tengevolge hebben.

Hij wil echter ook niet met een gezond en krachtig geslacht te doen hebben, maar met een vermoeide kudde, die gemakkelijk onderworpen kan worden. Deze wens maakt het echter nogmaals mogelijk voor hem, om de meest zinloze eisen te stellen, waarvan hij zeer goed weet, dat ze praktisch niet te verwerkelijken zijn, en trouwens ook niet tot enige verandering zouden leiden, maar op zijn best de massa tot woede konden opzwepen. Daarom is het hem te doen, en niet om haar sociale omstandigheden waarlijk en eerlijk te verbeteren. Daardoor zal het Jodendom zolang onbetwist heerser zijn in alles, wat de vakbeweging betreft, totdat een enorm uitgebreide voorlichting de grote massa beïnvloedt, haar de waarheid zegt over haar eeuwige ellende, of totdat de staat een einde maakt aan de Jood en zijn werk. Want zolang het inzicht van de massa zo gering blijft als nu, en de staat zo onverschillig als nu, zal deze massa steeds in de eerste plaats die man volgen, die op economisch gebied het meeste belooft, hoe brutaal ook. Maar daarin toont zich de Jood een meester, omdat er nergens morele bezwaren voor hem opduiken, die zijn werkzaamheid op de een of andere wijze zouden kunnen remmen. Hieruit volgt, dat hij noodzakelijkerwijze na korte tijd iederen concurrent verslaat. In overeenstemming met zijn eigen roofzuchtig binnenste bouwt hij de vakbeweging zodanig op, dat ze voor de meest brutale geweldmaatregelen gebruikt kan worden. De man, die aan de Joodse verleiding weerstand weet te bieden, zal zijn inzicht en koppigheid door de terreur gebroken zien. De resultaten van een dergelijk optreden zijn ontzettend.

De Jood weet inderdaad door middel van de vakbeweging, die een zegen voor de natie had kunnen zijn, de basis van de nationale economie te vernielen. En in dezelfde geest gaat de politieke organisatie haar weg. Zij werkt gedeeltelijk met de vakbeweging samen, want deze bereidt de politieke organisatie van de massa's voor, en weet hen zelfs met dwang en geweld hiertoe te brengen, en is ook steeds de vloeiende financiële bron, waaruit de politieke organisatie haar enorme apparaat weet te voeden. Ze is het orgaan, dat de politieke activiteit van de enkeling controleert, en dat haar alle grote politieke demonstraties levert. Tenslotte komt het dan zover, dat ze in het geheel niet meer voor economische belangen optreedt, maar enkel haar belangrijkste wapen, de algemene staking, in dienst van de politieke idee stelt. Door een pers, die volkomen berekend is op de geestelijken horizon der minst ontwikkelde mensen, krijgt de politieke organisatie en de vakbeweging nu tenslotte het wapen in handen, waarmee zij de armste groepen van de natie tot de grootste stoutmoedigheid weten op te zwiepen. Het is niet de taak van deze pers, om de mensen uit het moeras van een minderwaardige mentaliteit te halen, en hen tot een hogere op te voeden, maar om op hun slechte instincten te werken. Dit is een even speculatieve als voordelige zaak, omdat de massa nu eenmaal evenzeer geestelijk is als aanmatigend. Deze pers is het vooral, die een bijna fanatieke lastercampagne voert, en daarbij alles besmeurt, wat de nationale onafhankelijkheid, het culturele peil, en de economische zelfstandigheid van de natie op enige wijze zou kunnen steunen of bevorderen.

Ze pakt vooral uit tegen die karakters, die niet buigen willen voor aanmatigende aanspraken van het Jodendom op de macht, of tegen diegenen die enkel door hun genialiteit al de Jood gevaarlijk voorkomen. Want om door de Jood te worden gehaat, is het niet nodig, dat men hem bestrijdt, maar is het voldoende, wanneer men ervan verdacht wordt, dat men het Jodendom eventueel later eens zou kunnen bestrijden, of wanneer de persoon-in-kwestie eenvoudigweg door zijn genialiteit een versterker is van kracht en de grootheid van een anti-Joods volk. Zijn op dit punt nooit misleidend instinct speurt dadelijk overal de oorspronkelijke geest, en ieder, wiens geest niet naar de zijne is geaard, kan rekenen op zijn vijandschap. Omdat de Jood niet aangevallene, maar aanvaller is, beschouwt hij niet alleen de man, die hem aanvalt, als zijn vijand, maar ook de man, die zich teweerstelt. Het middel echter, waarmee hij zo stoutmoedige, maar rechtgeaarde geesten tracht te breken, heet niet eerlijke strijd, maar leugen en laster. Hier schrikt hij voor absoluut niets terug en zijn gemeenheid neemt hier dergelijke afmetingen aan, dat het niemand hoeft te verbazen, wanneer voor ons volk de personifiëering van de duivel als zinnebeeld van het kwade, de gestalte van de Jood aanneemt. De onwetendheid van de grote massa over het innerlijke wezen van de Jood, de instinctloze bekrompenheid van onze beter gesitueerde volksgenoten maken, dat ons volk een maar al te gemakkelijke prooi wordt van deze Joodse leugenveldtocht. Terwijl de beter gesitueerde kringen zich uit aangeboren lafheid keren tegen een man, die op zodanige wijze door de Jood met leugen en laster wordt bevuild, gelooft de domme massa letterlijk alles uit domheid of onnozelheid. De autoriteiten echter hullen zich of in ondoordringbaar zwijgen, of – wat meestal gebeurt, om een einde te maken aan de Joodse perscampagne – ze vervolgen de ten onrechte aangevallene, wat zulk een ezel-met-een-ambt als de handhaving van het gezag en van rust en orde beschouwt. Langzamerhand begint de angst voor het marxistische wapen van het Jodendom de harten en hoofden van alle fatsoenlijke mensen als een nachtmerrie te benauwen. Men begint te sidderen voor die vreselijke vijand, en is daarmee voorgoed in zijn klauwen gevallen.

11. De macht van de Joden in de staat schijnt nu al zozeer te zijn gevestigd, dat hij zich nu niet enkel meer Jood kan noemen, maar ook aan zijn volkse politieke gedachten gangen geen enkele beperking meer behoeft op te leggen. Een deel van zijn ras geeft al zeer open toe, dat het een vreemd volk is, natuurlijk niet, zonder ook daarbij weer te liegen. Want terwijl het Zionisme aan de rest van de wereld tracht wijs te maken, dat de volkse zelfbezinning van het Jodendom tevreden zou zijn met de schepping van een Palestijnsen staat, houden de Joden die domme gojim nog weer eens op zeer sluwe wijze voor de gek. Er is geen haar op hun hoofd, wat er aan denkt, om inderdaad in Palestina een Joodse staat op te bouwen, om hem bijgeval te bewonen, maar zij wensen enkel een wereldcentrale, die met hoogheidsrechten is uitgerust, en veilig is voor de macht van andere staten, van waaruit zij dan hun internationale wereld bezwendelarij kunnen bedrijven: een toevluchtsoord voor betrapte schoften en een hogeschool voor de leerlingen. Maar het is een teken, dat ze niet alleen de toekomst hoopvol tegemoet zien, doch zich ook al veilig beginnen te gevoelen, wanneer zich in een strijd, dat het ene deel nog zo onwaarachtig is, om zich voor Duitsers, Fransen of Engelsen uit te geven, het andere al openlijk zijn Joodse ras erkent. Hoe nabij zij de naderende overwinning al zien, blijkt wel uit de verschrikkelijke vormen, die hun omgang met andere volkeren begint aan te nemen.

De zwartharige Jodenjongen loert urenlang, met duivelse vreugde op het gelaat, op het meisje, dat hij dan met zijn bloed schendt, en daarmee aan haar volk ontrooft. Met alle ten dienste staande middelen tracht hij het bloed van het volk, dat hij wil onderwerpen, te bederven. En zoals hij zelf stelselmatig vrouwen en meisjes in het verderf stort, zo schrikt hij er ook niet voor terug, om zelf overal de grenzen van het bloed voor anderen op te heffen. Het waren en zijn Joden, die de negers aan de Rijn deden komen, steeds met dezelfde geheime ideeën bezield en met dezelfde scherp omlijnde doelen voor ogen, n.l. om door de verbastering, die door zo iets noodzakelijkerwijze moet optreden, het gehate blanke ras te vernielen, van zijn culturele en politieke hoogte neer te halen, en aan zichzelf te onderwerpen. Want een raszuiver volk, dat zich van zijn bloed bewust is, zal nooit door de Jood kunnen worden onderworpen. De Jood zal op deze wereld altijd alleen over bastaards kunnen regeren.

Daarom probeert hij systematisch het peil van het ras te doen dalen door voortdurend en op alle manieren de enkeling te vergiftigen. Maar plotseling begint hij de democratische gedachte te vervangen door die van de dictatuur van het proletariaat. Hij heeft in de georganiseerde massa van het marxisme het wapen gevonden, waardoor hij de democratie kan missen en nu de volkeren dictatoriaal met ijzeren vuist kan onderwerpen en regeren. Hij gaat systematisch te werk, om op economisch evenals op politiek gebied een omwenteling tot stand te brengen.

Volkeren, die zich tegen zijn aanval van binnenuit al te heftig verzetten, weet hij door zijn internationale invloeden met een net van vijanden te omgeven, hitst ze in een oorlog en weet tenslotte, zo nodig nog op de slagvelden de vaan van de revolutie op te steken. Economisch weet hij de staten zolang in crisistoestand te houden, tot de sociale bedrijven niet meer renderen: die worden dan uit handen van de staat genomen en onder zijn financiële controle geplaatst. Op politiek gebied weigert hij de volkeren de middelen, om zich in stand te houden, vernietigt de grondslagen van alle nationale zelfhandhaving en zelfverdediging, vernietigt het geloof in de leiding, hoont hun geschiedenis en hun verleden, en besmeurt alles, wat waarlijk groot is. Op cultureel gebied bederft hij kunst, literatuur en toneel, leidt het natuurlijk gevoel op dwaalwegen, werpt alle begrippen van schoonheid en verhevenheid, van wat edel en wat goed is, omver en trekt de mens omlaag tot zijn eigen laag-bij-de-grondse wereld. De godsdienst wordt belachelijk gemaakt, zeden en moraal worden als verouderd voorgesteld, totdat tenslotte de laatste steunpunten voor het volkseigen in de strijd om het bestaan zijn gevallen.

12. Nu begint de laatste grote revolutie. De Jood verovert de politieke macht, en werpt nu de laatste omhulsels van zich af. De democratische man uit het Joodse volk wordt een Jood-naar-het-ras, en een

tiran der volkeren. Na korte tijd tracht hij al de dragers van het nationale intellect uit te roeien, en maakt de volkeren, door ze van hun natuurlijke geestelijke leiding te beroven, rijp voor het slaven lot van een voortdurende onderdrukking. Het vreselijkste voorbeeld op dit gebied levert Rusland, waar hij met waarlijk fanatieke woestheid te keer ging, en om en bij de dertig miljoen mensen, ten deele door onmenselijke martelingen, doodde en anderdeels liet verhongeren, omdat een troep Joodse schrijvers en beursbandieten de macht over een groot volk in handen kreeg. Het eind – echter niet alleen het eind van de vrijheid van het onderworpen volk, maar ook van deze volkerenparasiet. Want na de dood van het slachtoffer sterft, vroeg of laat, ook de vampier.

Als wij al de oorzaken, waaruit de ineenstorting van Duitsland is ontstaan aan ons geestesoog laten voorbij gaan, dan blijft als laatste en belangrijkste, dit over: dat men het rassenvraagstuk en vooral het Joodse gevaar niet zag. De nederlagen op de slagvelden in augustus 1918 zouden zonder de minst ernstige gevolgen te dragen zijn geweest. Ze vielen immers geheel in het niet naast de overwinningen van ons volk. Niet deze nederlagen braken ons, maar die macht, die deze nederlagen voorbereidde, door ons volk al sinds vele jaren stelselmatig te beroven van zijn politieke en morele instincten en krachten, die alleen bij machte zijn, om een volk de kracht en capaciteiten en daarmee ook het recht tot bestaan te geven. Het oude Rijk had geen oog voor het vraagstuk, hoe de ras grondslagen van ons volk het beste gehandhaafd konden worden, en daardoor veronachtzaamde het de enige waarheid, die op deze wereld recht op leven kan geven. Volkeren, die zich verbasteren of laten verbasteren, zondigen tegen de wil van de eeuwige Voorzienigheid, en wanneer ze dan door een sterkere worden vernietigd, dan is dat niet een onrecht, dat hen overkomt, maar enkel een herstel van het Recht.

Wanneer een volk geen respect meer wil hebben voor de eigenschappen van zijn eigen wezen, die de natuur hem heeft geschonken, en die uit zijn bloed voortkomen, dan heeft het geen recht meer om zich te beklagen over het verlies van zijn aardse bestaan. Alles op aarde kan verbeterd worden. Iedere nederlaag kan de vader van een latere overwinning worden. Iedere verloren oorlog kan tot een wederopstanding, iedere nood tot bevruchting van de menselijke energie leiden en uit iedere onderdrukking kunnen de krachten voor een nieuwe wedergeboorte der zielen opgroeien – zolang het bloed zuiver blijft. Alleen de verloren zuiverheid van bloed maakt voorgoed ieder dieper geluk onmogelijk, laat de mensen voor altijd tot een lager peil afdalen, en de gevolgen hiervan zijn nooit meer uit lichaam en geest te verwijderen.

Wanneer men naast deze kwestie alle andere levensproblemen stelt, deze onderzoekt, en ook vergelijkt, dan zal men eerst kunnen zien, hoe belachelijk klein al deze alledaagse problemen zijn, vergeleken met dit ene grote vraagstuk. Zij alle zijn slechts een bepaalde tijd van belang – de kwestie van de zuiverheid van het bloed echter zal van belang zijn, zolang er mensen bestaan. Alle werkelijk belangrijke symptomen van verval in de oorlogsjaren zijn tenslotte op ras oorzaken terug te voeren. Of het nu om algemene juridische kwesties gaat, of om uitwassen van het economisch leven, om symptomen van een daling van onze cultuur, of om politieke ontaardingsverschijnselen, over kwesties van een mislukte schoolopvoeding, of om het feit, dat volwassenen door de pers in slechte zin worden beïnvloed, enz. – altijd en overal is de diepste reden, de meest eigenlijke fout een verwaarlozing van de belangen van het eigen volk, of blindheid voor een bedreiging van ons ras door vreemd bloed.

Daarom waren ook alle pogingen tot hervorming, alle sociale hulpbetoon en politieke bemoeienissen, alle economische vooruitgang en alle schijnbare vooruitgang op het gebied van de geesteswetenschappen, en alle gevolgen van dien, toch in de grond der zaak zonder groot belang. De natie en het organisme, dat haar leven op deze aarde mogelijk maakt, de staat, werden uiterlijk niet gezonder, maar integendeel kennelijk zwakker en zieker. Geen schijnbare bloei van het Rijk kon deze innerlijke zwakte verbergen, en iedere poging, om het Rijk te versterken, strandde steeds weer op de verwaarlozing van deze zeer belangrijke kwestie. Het zou onjuist zijn, nu te denken, dat de aanhangers van de verschillende politieke richtingen, die aan het Duitse volkslichaam knoeiden, allemaal stuk voor stuk slechte of kwaadwillende mensen waren geweest, en dat kon zelfs niet van alle leiders worden gezegd. Hun werk was alleen daarom tot onvruchtbaarheid gedoemd, omdat ze in het gunstigste geval alleen maar de uiterlijke vormen van onze algemene ziekte zagen, en hiertegen trachtten te vechten, maar geen oog hadden voor de ware oorzaken.

Wie de politieke ontwikkelingsgang van het oude Rijk nagaat, moet, wanneer hij de verkregen gegevens rustig controleert, tot de conclusie komen, dat zelfs in de tijd van de eenwording en daarmee van de opbloei van de Duitse natie het innerlijke verval al in volle gang was, en dat de algemene toestand, niettegenstaande alle groeiende economische macht en alle schijnbare politieke successen, van jaar tot jaar slechter werd.

Zelfs de Rijksdag verkiezingen wezen, door het duidelijk constateerbare aangroeien van de marxistische stemmen, op de steeds meer naderende innerlijke en daarom ook uiterlijke ineenstorting. Alle successen van de z.g. burgerlijke partijen waren waardeloos, niet alleen, omdat ze het wassen van de marxistische vloed, zelfs bij z.g. burgerlijke stembus-overwinningen niet wisten tegen te gaan, maar vooral omdat ze zelf al de kiemen van de ontbinding in zich droegen.

Zonder dat ook maar te beseffen, was de burgerlijke wereld zelf al inwendig aangetast door het lijkengif van de marxistische waandenkbeelden en het verzet tegen dat marxisme was dikwijls een gevolg van de concurrentie-nijd van de eerzuchtige burgerlijke leiders, dan een principiëlen afkeer, zoals tegenstanders, die tot het laatste bereid zijn, gevoelen. Slechts een was er, die door al deze jaren met onwrikbare gelijkmatigheid streed, en dat was de Jood. Zijn Davidsster steeg in dezelfde mate, waarin de levenswil van ons volk afnam. In augustus 1914 was het dan ook niet een strijdbereid volk, dat het slagveld instormde, maar vlamde de nationale wil tot zelfbehoud voor het laatst op, in verdediging tegen de pacifistisch-marxistische paralyse van ons volkslichaam.

Omdat men zelfs in deze noodlottige dagen de vijand binnen de eigen grenzen niet zag, was alle uiterlijke tegenstand tevergeefs, en de Voorzienigheid schonk de zegepalm dan ook niet aan het zwaard, dat zoveel overwinningen had bevochten, maar gehoorzaamde aan de wet van de eeuwige vergelding. En uit dat diepere bewustzijn zouden nu voor ons de beginselen en ook de tendens der nieuwe beweging worden geboren, die naar onze mening alléén bij machte waren, om de dalende lijn, die onze ontwikkeling al sinds enige tijd vertoonde, weer in een stijgende te veranderen, en om het granieten fundament te bouwen, waarop eenmaal een staat zal kunnen leven, die niet meer een volksvreemd mechanisme ten dienste van economische belangen zal zijn, maar een volksorganisme.

Dit grote ideaal is: een Germaanse Duitse Staat.

TWAALFDE HOOFDSTUK DE EERSTE GROEITIJD VAN DE NATIONAAL- SOCIALISTISCHE DUITSE ARBEIDERSPARTIJ (N.S.D.A.P.)

Wanneer ik, aan het eind van dit deel de eerste groeitijd van onze beweging beschrijf, en een aantal, daarmee in direct verband staande vraagstukken behandel, dan doe ik dat niet, om hiermee de geestelijke doelstellingen van de beweging uiteen te zetten. De doelstellingen en de taken van de nieuwe beweging zijn zo geweldig, dat er een geheel apart boekdeel nodig is, om deze in hun volle omvang weer te geven.

Daarom zal ik in een tweede deel van dit boek de ideële grondslagen van de beweging aan een diepgaand onderzoek onderwerpen, en proberen een beeld te vormen van datgene, wat wij onder het woord „staat" verstaan. Ik bedoel hierbij met „ons" de honderdduizenden, die eigenlijk zo vurig naar hetzelfde verlangen, zonder ieder voor zich in staat te zijn, de woorden te vinden omdat, wat hen voor de geest staat, te beschrijven. Want dat is het merkwaardige van alle grote hervormingen, dat ze dikwijls slechts door een enkeling worden verdedigd, maar dat hun ideeën al door miljoenen worden gedragen. Vaak is hun doel door de eeuwen heen al, de hete hartenwens geweest van honderdduizenden, tot er één opstaat en de verkondiger wordt van zo een droom van allen, en als vaandrager het oude verlangen in de vorm van een nieuw idee tot de overwinning voert. Maar dat miljoenen diep in hun hart het verlangen koesteren naar een volkomen, principiële wijziging van de tegenwoordige toestand, bewijst wel, hoe groot alom de ontevredenheid is. Deze ontevredenheid uit zich in duizend verschillende vormen, bij de een in moedeloosheid en wanhoop, bij de ander in afkeer, in woede en verontwaardiging, bij deze in onverschilligheid, en bij gene in uitbarstingen van woede. Als getuigen voor deze diepe ontevredenheid moeten evenzeer degenen worden beschouwd, die genoeg hebben van de verkiezingen, als ook de velen, die bij de aller fanatiekste uiterste linkerzijde rechtvaardigheid zoeken. En tot deze ontevredenen moet de jonge beweging zich in de eerste plaats wenden. Ze mag niet een organisatie van de tevredenen, van de zatgevretenen zijn, maar moet een zwaard smeden uit de onderdrukten en de rustelozen, en uit degenen die niet kunnen slapen van pijn, uit de altijd ongelukkigen en uit die, wier ontevredenheid niet te stillen schijnt, en ze mag niet enkel de alledaagse wensen van het volk willen vervullen, maar moet haar doel, haar karakter en haar grondslagen in het diepste wezen van ons volk vinden.

Zuiver politiek beschouwd, bood het jaar 1918 het volgende beeld. Een volk, dat in twee delen gescheurd was. Het ene deel — verreweg het kleinste — omvat de intellectuelen van de natie, en geen enkele van al degenen, die door handenarbeid hun brood verdienen. Deze groep dient zich aan als nationaal, maar weet daaronder niets anders te verstaan, dan een zeer zwakke en flauwe vertegenwoordiging van zogenaamde staatsbelangen, die dan weer identiek zouden zijn met dynastieke belangen. Zij tracht haar ideeën en doelstellingen met geestelijke wapenen te verdedigen, wapenen, die even gebrekkig als oppervlakkig zijn, en tegenover de bruutheid van de tegenstander van tevoren al iedere betekenis verliezen. Deze klasse, die zo kort geleden nog regerend was, wordt met een enkele hevige slag neergeslagen, en verdraagt nu, sidderend en lafhartig, iedere vernedering, die de onbarmhartige overwinnaar haar maar wil doen ondergaan. Als tweede klasse staat hiertegenover de grote massa van de handarbeiders. Deze is in verschillende bewegingen gebundeld, die alle in meer of mindere mate radicaal marxistisch zijn, en is vastbesloten, om ieder geestelijk verzet met geweld te breken. Deze groep wil niet nationaal zijn, maar verwerpt integendeel bewust alles, wat in het belang der natie zou kunnen zijn, en is ook bereid om iedere vreemde onderdrukking op het paard te helpen. Zij is numeriek verreweg de sterkste, maar omvat in de eerste plaats die elementen, die voor iedere nationale wederopstanding volkomen onmisbaar zijn. Want dat was iets, wat men in het jaar 1918 moest inzien:

Een wederopstanding van het Duitse volk is alleen mogelijk, indien men voordien de uiterlijke macht weet te heroveren. De eerste voorwaarde voor zo een herovering is echter niet – zoals onze burgerlijke „Staatslieden" steeds maar kletsen – wapenen, maar de krachten van de wil. Wapenen bezat het Duitse volk destijds meer dan genoeg, die konden onze vrijheid niet redden, omdat de natie de stootkracht van de wil tot voortbestaan miste. Het beste wapen is dood en waardeloos materiaal, zolang de geest ontbreekt die bereid is, gezind is, en vastbesloten is, om dat wapen te hanteren. Duitsland werd weerloos, niet omdat het de wapens miste, maar omdat de wil ontbrak, die dat wapen voor het voortbestaan als volk had weten in stand te houden. Wanneer heden ten dage vooral onze linksstaande politici ons gebrek aan wapenen aanvoeren als de eigenlijke oorzaak, die hun tot die willoze, toegeeflijke, in werkelijkheid echter verraderlijke buitenlandse politiek had gedwongen, dan moet men daarop antwoorden: „Nee! het omgekeerde is juist."

Door uw anti-nationale, misdadige politiek, die alle nationale belangen verwaarloosde, hebt u destijds de wapenen uit handen gegeven. En nu tracht u het te doen voorkomen, alsof dit gebrek aan wapenen de gegronde reden was voor uw miserabel en treurig gedrag. Dit is, zoals alles, wat u doet en laat: onwaarachtig geknoei en gedraai. Maar dit verwijt treft ook de politici van de rechterzijde. Want door hun treurige lafheid kon het Joodse uitschot, dat zich van de macht had meester gemaakt, de wapenen uit de handen van de natie stelen.

Daarom hebben ook deze geen recht en geen reden, om de huidige weerloosheid voor te stellen als motief voor hun wijs beleid (lees: voor hun lafheid) want deze weerloosheid is ook het gevolg van hun minderwaardig gedrag. Daardoor moet de vraag, hoe Duitsland weer tot macht kan komen, niet luiden: Hoe fabriceren wij wapenen?, maar: Hoe wekken wij de geest, die dit volk weer de kracht geeft om de wapenen te kunnen dragen? Wanneer deze geest een volk beheerst, dan vindt de wil duizend wegen, en elk van die wegen eindigt bij een wapen!

Maar men kan een lafaard wel tien pistolen geven – hij zal bij een aanval toch geen schot weten te lossen. Daarom hebben ze voor hem minder waarde dan een doodgewone knuppel voor een moedig man. De kwestie, hoe ons volk weer tot politieke macht kon komen, is daarom al hoofdzakelijk terug te brengen op de vraag, hoe wij onze nationalen wil tot voortbestaan kunnen doen herleven, omdat iedere vooruitziende buitenlandse politiek en iedere bepaling van de waarde van een staat, zoals bekend, niet zozeer gebaseerd is op de aanwezige voorraad wapenen, als wel op de bekende of vermoede morele weerstandskracht van de natie. De waarde als bondgenoot, die een volk vertegenwoordigt, wordt niet zozeer bepaald door de aanwezigheid van levenloze massa's wapenen, als wel door de kennelijke aanwezigheid van een brandende nationale levenswil, en een heldhaftige moed tot in de dood. Want een bondgenootschap wordt niet met wapenen, maar met mensen gesloten. Zo zal men b.v. het Engelse volk zolang als een uiterst waardevol bondgenoot moeten beschouwen, als men kan verwachten, dat de leiding en de grote massa die kordaatheid en die taaiheid zal betonen, die maakt, dat een eenmaal begonnen strijd, onverschillig, hoe lang die duurt, onverschillig welke offers die vraagt, met alle middelen tot het goede eind zal worden doorgezet, waarbij de bewapening, die toevallig op dat moment aanwezig is, ten opzichte van die der andere staten, in het geheel geen rol hoeft te spelen.

Indien men echter inziet, dat de wederopstanding van de Duitse natie rechtstreeks afhankelijk is van de herwinning van onze nationale wil tot zelfbehoud, dan is het ook duidelijk, dat het hiertoe niet voldoende is, dat men elementen aan zijn zijde krijgt, die op zijn minst naar de wil al nationaal waren, maar dat men hiertoe absoluut de bewust anti-nationale massa naar het nationale kamp moet weten te brengen. Een jonge beweging die mede tot doel heeft, weer een Duitse staat met eigen souvereiniteit te doen ontstaan, zal haar strijd geheel op de verovering van de grote massa's moeten richten. Hoe miserabel onze zogenaamde „nationale bourgeoisie" ook is, en hoe volmaakt onvoldoende haar nationale opvattingen ook mogen lijken, toch is er van deze zijde tenminste geen ernstige tegenwerking te verwachten tegen een dan te voeren krachtige nationale binnenlandse en buitenlandse politiek.

Zelfs indien de Duitse bourgeoisie om de bekende, bekrompen kortzichtige redenen, zoals eenmaal al onder Bismarck, weer een komende bevrijding passief en roerloos zou afwachten, dan zou men toch, gezien de spreekwoordelijke lafheid van deze categorie, nooit een actief verzet hoeven te vrezen. Anders is het gesteld met de grote massa van onze internationaal ingestelde volksgenoten. Niet alleen dat ze, door hun primitieve oerkracht, meer gewend zijn aan de idee, geweld te gebruiken, maar hun.

Joodse leiding is ook hardhandiger en meedogenlozer. Zij zullen iedere Duitse wederopstanding op dezelfde brute manier neerslaan, zoals ze al eenmaal de ruggegraat van het Duitse leger braken. Het belangrijke feit is echter, dat ze in deze parlementair geregeerde staat, uit hoofde van hun getalsmeerderheid, niet alleen iedere nationale buitenlandsepolitiek de pas afsnijden, maar ook ieder hoger aanslaan van de krachten van Duitsland, en iedere mogelijkheid, om ooit een bondgenootschap te sluiten, tot een onmogelijkheid maken. Want niet alleen wijzelf weten van dat zwakke punt, dat onze 15 millioen marxisten, democraten, pacifisten en politieke katholieken vormen, maar het buitenland ziet nog veel beter in dan wij, dat de waarde van een eventueel bondgenootschap met ons wordt bepaald door de druk van deze last. Men sluit geen bondgenootschap met een staat, waarvan het actieve volksdeel op zijn best lijdelijk staat tegenover iedere vastbesloten buitenlandse politiek.

Daarbij komt nog het feit, dat de van deze partijen-van- het-verraad alleen al uit hun drang tot zelfbehoud vijandig moeten en zullen staan tegen iedere wederopstanding. Het is historisch eenvoudig niet denkbaar, dat het Duitse volk nogmaals zijn vroegere positie zou kunnen innemen, wanneer het niet afrekent met degenen, die oorzaak en aanleiding waren van de ongekende ineenstorting, die ons volk doormaakte. Want voor de rechterstoel van het nageslacht zal november 1918 niet als hoogverraad, maar als landverraad worden beschouwd.

Zodoende is iedere poging, om Duitsland weer de kracht te geven, om zelfstandig naar buiten op te treden slechts mogelijk, indien de wil tot eenheid weer in ons volk wakker wordt. Ook zuiver technisch beschouwd, lijkt de gedachte aan een bevrijding van Duitsland uit zijn buitenlandse benauwenissen volkomen onzinnig, zolang niet de grote massa bereid is, zich onder de vrijheidsvanen te scharen. Van zuiver militair standpunt beschouwd, zal vooral iedere officier na enig nadenken inzien, dat men een buitenlandse oorlog niet met studenten bataillons kan voeren, maar dat men daartoe behalve de hersens van een volk ook de vuisten nodig heeft. Daarbij mag men ook niet uit het oog verliezen, dat een verdediging van de natie, die alleen steunt op de kringen van de zogenaamde intellectuelen, een ware roofbouw ten aanzien van onvervangbaar goed zou zijn.

De jonge Duitse intellectuelen, die in de herfst van het jaar 1914 in de vlakte van Vlaanderen, als vrijwilligers-regimenten de dood vonden, werden later maar node gemist. Zij waren het beste, wat de natie bezat, en dit verlies was in de loop van de oorlog niet meer goed te maken. En niet alleen, dat de strijd zelf onuitvoerbaar is, wanneer de stormlopende bataljons niet de grote massa's der arbeiders in hun rijen zien, maar ook de technische voorbereiding is een onmogelijkheid wanneer de wil tot eenheid in ons volk ontbreekt. Juist ons volk, dat onder de scherpe controle van de duizend ogen van het verdrag van Versailles ongewapend moet voortbestaan, kan alleen dan technische voorbereidselen ter hervorming van zijn vrijheid en zijn menselijke onafhankelijkheid treffen, wanneer het leger der binnenlandse spionnen beperkt wordt tot het aantal van diegenen die van nature karakterloos genoeg zijn, om alles en iedereen wel voor de bekende dertig zilverlingen te willen verkopen. Met deze lieden kan men echter wel afrekenen.

Maar onoverwinnelijk schijnen de miljoenen, die zich uit politieke overtuiging tegen de nationale wederopstanding verzetten – en deze schijn van onoverwinnelijkheid blijft net zolang bestaan, als men er zich van laat weerhouden, om de oorzaak van hun vijandschap, de internationale marxistische wereldbeschouwing te bestrijden, en dit gif met alle middelen uit hun hart en hersenen te verwijderen. Het is dus volkomen onverschillig, van welk standpunt men de bestaande mogelijkheden, om onze onafhankelijkheid als staat en volk te heroveren, beschouwt, hetzij van het standpunt van de buitenlands politieke voorbereiding, van dat van de technische bewapening, of uit dat van de strijd zelf, steeds blijft de eerste voorwaarde, waaraan voldaan moet worden, dat men de grote massa van ons volk weer tot de idee van onze nationale zelfstandigheid moet brengen. Indien wij echter die vrijheid ten opzichte van het buitenland niet terug krijgen, dan zal iedere binnenlandse verbetering zelfs onder de gunstigste omstandigheden niets anders betekenen, dan dat wij als kolonie meer zouden produceren. De winsten van deze zogenaamden economische vooruitgang komen dan aan de internationale legers ten goede, die ons controleren, en iedere sociale verbetering betekent in het gunstigste geval, dat wij meer voor hen presteren. Culturele vooruitgang zal de Duitse natie in het geheel niet kennen, daartoe is zoiets te zeer gebonden aan de politieke onafhankelijkheid en waardigheid van een volk.

Wanneer dus de toekomst van de Duitse natie onafscheidelijk verbonden is aan een nationale gezindheid bij de grote massa van ons volk, dan moet het aankweken van zo'n overtuiging ook de hoogste en geweldigste taak van een beweging, die geen genoegen neemt met het voldoen aan enkele momentele behoeften, maar die alles enkel doet en laat met het oog op de uitwerking van haar daden op de toekomst. Zo wisten wij ook al in het jaar 1919 zeer goed, dat het eerste voorlopige doel van de beweging moet zijn de massa's hun nationaal gevoel terug te geven. Dit doel stelde een aantal tactische eisen, en wel de volgende:

1. Om de massa voor de nationale revolutie te winnen, is geen sociaal offer te zwaar. Wat men heden ten dage ook voor economische concessies kan doen aan onze werknemers, deze concessies vallen geheel in het niet bij de vruchten, die de gehele natie plukt, indien in ruil de grootste groepen van het volk hun volksbewustzijn herkrijgen. Alleen kortzinnigheid en bekrompenheid, zoals men die helaas in de kringen van onze ondernemers maar al te dikwijls ontmoet, kunnen blind zijn voor het feit, dat er op de duur geen economisch herstel mogelijk is, en dus ook geen bedrijfswinst, indien de binnenlandse solidariteit van onze natie niet in ere wordt hersteld.

Indien de Duitse vakverenigingen tijdens de oorlog de belangen der arbeiders zo onverbiddelijk mogelijk hadden gediend, indien ze, zelfs tijdens de oorlog, de dividendhongerige heren ondernemers duizendmaal door stakingen hadden gedwongen, om voor de eisen van de arbeiders te zwichten, maar daarnaast in het belang der nationale verdediging even fanatiek voor Duitsland waren opgekomen, en even onvoorwaardelijk aan het vaderland hadden gegeven, wat aan het vaderland toekomt, dan zou de oorlog niet met een nederlaag zijn geëindigd. Hoe onbetekenend zouden echter alle economische concessies, ook de grote, zijn geweest tegenover het geweldige feit van de overwinning. Zo moet een beweging, die ernaar streeft, om de Duitse arbeider weer aan het Duitse volk terug te geven, er zich zeer goed van bewust zijn, dat economische offers bij deze kwestie in het geheel niet van betekenis zijn, zolang ze althans niet van zodanige aard of omvang zijn, dat het behoud en de onafhankelijkheid van de nationale economie erdoor in gevaar worden gebracht.

2. De opvoeding van de massa kan alleen via een sociale verheffing plaats vinden, die de enkeling in staat stelt, om ook van de culturele goederen van de natie te genieten.

3. De grote massa kan nimmer door halfslachtigheden tot een nationale overtuiging worden opgevoed, en evenmin door het slappe poneren van een zogenaamd objectief standpunt, maar alleen en uitsluitend door een campagne, die zich onvoorwaardelijk en fanatiek eenzijdig richt op het te bereiken doel. Dat betekent dus, dat men een volk niet „nationaal" kan maken in de zin zoals onze huidige bourgeoisie „ nationaal" verstaat, dus niet nationaal-met-driehonderd vijfenzestig-maren, doch enkel nationalistisch, met de gehele woeste oerkracht, die aan het extremisme

eigen is. Gif kan alleen met tegengif worden geneutraliseerd, en men moet een halfslachtige bourgeois zijn, om de middenweg als de weg naar de hemel te kunnen beschouwen. Het gros van een volk bestaat niet uit professoren, en ook niet uit diplomaten. Het luttele beetje abstracte kennis, waarover het beschikt, bewijst, dat het meer voor emotionele, dan voor mentale ervaringen vatbaar is. Daarom komt zijn standpunt ook uit zijn gevoel voort, en zal of pertinent positief of pertinent negatief zijn. Het is alleen ontvankelijk voor een van deze beide richtingen, en nooit voor een halfslachtig standpunt, dat op de een of andere manier het midden houdt tussen deze beide. Maar het feit, dat het zich laat leiden door zijn gevoel, verklaart meteen de ongewoon grote stabiliteit van zijn overtuiging. Het geloof is moeilijker te vernietigen dan het weten, liefde is standvastiger dan eerbied, haat is sterker dan wrevel, en het was altijd de bezieling van een fanatisme, soms de zweep van de hysterie, die de geweldige omwentelingen van deze aarde deed ontstaan, en zogoed als nooit een, door de gehele massa gedeeld, wetenschappelijk inzicht. Wie de grote massa wil winnen, moet de sleutel weten te vinden, die de poorten naar haar hart opent. De sleutel heet niet objectiviteit, dus zwakte, maar wil en kracht.

4. Men kan het hart van een volk dan geheel veroveren, wanneer men er zich niet toe beperkt, om de positieve strijd ter bereiking van het eigen doel te voeren, maar wanneer men ook de vijand van dit doel vernietigt. Het volk beschouwt altijd een onverbiddelijke aanval op een tegenstander als een bewijs voor het goed recht van de aanvaller, en het heeft het gevoel, dat een ontzien van de ander een bewijs is voor de twijfel aan het eigen goed recht, of zelfs een teken van het eigen onrecht. De grote massa is niets dan een stuk natuur, en haar oergevoel kan niet vatten, hoe mensen, die beweren naar volkomen tegenstrijdige werelden te streven, elkaar de hand kunnen drukken. Zij wenst de overwinning van de sterkste en de vernietiging of de volkomen onderwerping van de zwakste. Het zal alleen dan gelukken, de massa in het nationale kamp te brengen, wanneer wij naast alle positieve strijd voor de ziel van ons volk, de internationalistische gifmengers, die het op die ziel hebben voorzien, weten uit te roeien.

5. Alle grote vraagstukken van onze tijd zijn vraagstukken van het ogenblik, en zijn slechts gevolgen van bepaalde oorzaken. Slechts één van die alle is oorzaak, namelijk het vraagstuk van de zuiverhouding van het volk. Het bloed alleen bepaalt de kracht en de zwakte van de mens. Volkeren, die de betekenis van het ras als fundament voor hun bestaan miskennen, zijn als mensen, die mopshonden tot windhonden zouden willen opvoeden, zonder te begrijpen, dat de snelheid van de windhond evenals b.v. de schranderheid van de poedel geen aangeleerde eigenschappen maar raskenmerken zijn. Volkeren, die hun raszuiverheid te grabbel gooien, doen daarmee tevens afstand van de eenheid van hun ziel in al haar uitingen. De verscheurdheid van hun wezen is het natuurnoodzakelijke gevolg van de

chaos in hun bloed, en de verandering in hun geestes- en scheppingskracht is slechts een gevolg van de werking van deze verandering in hun ras. Wie het Duitse volk wil verlossen van de huidige uitingen en ondeugden, die aan zijn eigenlijke volkskarakter vreemd zijn, die zal het eerst moeten bevrijden van het vreemde element, dat deze uitingen en ondeugden verwekte. Indien men het rassenvraagstuk en daarmee de Joden-kwestie niet volkomen onder de knie heeft, zal men ook de Duitse natie niet meer op de been kunnen helpen. Het rassenvraagstuk geeft niet alleen de sleutel voor de wereldgeschiedenis, maar ook voor de menselijke cultuur zelf.

6. Het terugbrengen van de grote massa uit het internationale kamp in de nationale volksgemeenschap betekent daarom nog helemaal niet, dat die massa van haar gerechtvaardigde standsbelangen moet afzien. Integendeel. De onderlinge tegenstrijdigheid van de verschillende stands- en beroepsbelangen is niet identiek met de splitsing in klassen, maar een natuurlijk gevolg van de toestanden in onze economie. Die indeling in beroepen is in geen enkel opzicht in strijd met de idee van een waarlijke volksgemeenschap, want deze bestaat immers juist door de eensgezindheid van het volk in alle vraagstukken, die het leven van dat volk als zodanig betreffen. De inschakeling van een stand, die tot klasse is geworden in het lichaam van de volksgemeenschap, of ook maar in de staat, kan niet worden bewerkstelligd, door de hogere klassen naar beneden te halen, doch integendeel, door de lagere op hoger peil te brengen. De stuwende kracht in dit proces kan wederom nooit van de hogere klasse uitgaan, maar steeds van de lagerstaande, die voor haar gelijkberechtigdheid vecht. De huidige bourgeoisie verwierf haar positie in de staat niet door maatregelen van de zijde van de adel, maar door eigen energie en onder eigen leiding. De Duitse arbeider wordt niet via vertederende verbroedering scènes tot een deel der Duitse natie gemaakt, maar alleen door een bewuste verbetering van zijn culturele en sociale toestand, en dat net zolang tot de diepste verschillen als opgelost kunnen worden beschouwd. Een beweging, die een dergelijke ontwikkeling tot stand wil doen komen, dient haar aanhang in de eerste plaats in arbeiderskringen te zoeken.

Ze mag alleen op dat deel van de intellectuelen steunen, dat het nagestreefde doel al ten volle heeft begrepen. Deze verandering van richting en toenadering zal niet in tien of twintig jaren volbracht zijn, maar naar de ervaring ons leert, vele generaties duren. De grootste hinderpaal voor het samengroeien van de huidige arbeider met de nationale volksgemeenschap is niet gelegen in het feit, dat zijn belangen als stand, afgescheiden van die van de andere standen vertegenwoordigd worden, maar in zijn internationale anti-volkse, anti-vaderlandse leiding en levenshouding. Indien dezelfde vakverenigingen fanatiek nationaal waren ingesteld, overal waar het politieke en volksbelangen betrof, dan zouden zij miljoenen arbeiders tot uiterst waardevolle mannen in hun volk maken, waaraan de zuiver economische twistpunten in het geheel niets afdoen. Een beweging, die de Duitse arbeider op eerlijke wijze aan zijn volk wil teruggeven, en hem uit de internationale verdwazing wil redden, moet zich zo scherp mogelijk verweren tegen de opvattingen – die vooral in ondernemerskringen opgeld doen – al zou het begrip „volksgemeenschap" betekenen, dat de werknemer in economisch opzicht aan handen en voeten gebonden aan de werkgever zou worden uitgeleverd; en ook tegen de mening uit dezelfde bron, als zou iedere verdediging van arbeidersbelangen – ook van volkomen gerechtvaardigde – een aanslag op die volksgemeenschap zijn. Wie deze opvatting verdedigt, kiest daarmee de partij van een bewuste leugen; de volksgemeenschap heeft immers niet alleen aan de ene, maar zeer zeker ook aan de andere zijde verplichtingen op te leggen.

Evenzeer als het vaststaat, dat een arbeider tegen de geest van de werkelijke volksgemeenschap zondigt, wanneer hij de vervulling van eisen tracht af te dwingen, zonder daarbij rekening te houden met het algemeen welzijn en met de belangen van de nationale economie, evenzeer echter is ook een ondernemer in gebreke tegenover deze gemeenschap, wanneer hij zijn bedrijf op onmenselijke wijze en uitbuitend leidt, want daardoor misbruikt hij de arbeiderskracht van de natie, en de methode, om zo uit dit zweet miljoenen bijeen te garen, kan niet anders dan roof worden genoemd. Zo'n man heeft ook zeer zeker niet het recht, zich nationaal te noemen, niet het recht om van een volksgemeenschap te spreken, maar is een egoïst en een schoft, die door zijn gedrag de sociale vrede verstoort, en later geschillen uitlokt, die, hoe ze ook aflopen, ten koste van de natie moeten gaan. Het reservoir, waaruit de jonge beweging haar aanhang zal moeten putten, zal dus in de eerste plaats de massa van onze werknemers zijn. Daarom moeten deze uit hun internationale verdwazing en socialen nood worden bevrijd, uit hun culturele armoede worden gered, en als eendrachtige, waardevolle, nationaal voelende en nationaal willende factor in de volksgemeenschap worden ingeschakeld. En allen uit de intellectuelen van de natie, wier hart warm klopt voor hun volk en zijn toekomst, en die zich diep bewust zijn van de betekenis van de strijd om de ziel van die massa, zullen in de rijen van deze beweging, als kostbare geestelijke ruggengraat, hartelijk welkom zijn. Onze beweging mag er zich echter nooit op toeleggen, om de kudden burgerlijk stemvee tot zich te trekken. In zo'n geval zou ze een last op zich nemen, die zo geaard is, dat ze de werfkracht van de beweging ten opzichte van de grote massa's zou verlammen. Want hoe mooi in theorie de idee ook mag lijken, om al binnen het kader van de beweging zelf een zo groot mogelijke, natuurlijk geordende massa mensen bijeen te brengen, toch moet daartegenover het praktische bezwaar worden gezien, dat men wel door psychologische beïnvloeding, door algemene demonstraties stemmingen kan scheppen onder de b u r ger l ij ke ma s s a ' s , m a a r geen karaktereigenschappen, of beter gezegd, dat men door zulke demonstraties geen ondeugden kan wegvagen, die in de loop van eeuwen zijn ontstaan.

Op het ogenblik is het verschil tussen de verschillende bevolkingsgroepen, wat het cultureele peil en het ingenomen standpunt ten opzichte van economische kwesties betreft, nog zo groot, dat dit, zodra de roes van de demonstraties verwaaid is, alleen als een blok aan het been zou werken. Tenslotte echter is het ook niet het doel, om in het nationale kamp een andere verdeling van de beschikbare krachten teweeg te brengen, maar om anti-nationale krachten over te halen. En dit standpunt moet tenslotte ook bepalend zijn voor de tactiek van de gehele beweging.

7. Dit eenzijdige, maar daardoor duidelijke standpunt moet ook in de propaganda van de beweging tot uitdrukking komen, en is op zijn beurt om propagandistische redenen noodzakelijk. Indien de propaganda van de beweging effectief wil zijn, dan moet ze zich slechts naar één zijde wenden, omdat ze anders — door het grote verschil in ontwikkeling tussen beide groepen — óf door de ene zijde niet zal worden begrepen, óf door de andere zijde als vanzelfsprekend en daarom niet belangwekkend, terzijde zal worden gelegd. Zelfs de terminologie en de toon van ieder stuk zal op twee zo volkomen verschillende groepen nog verschillend werken. Indien de propaganda van een krachtige wijze van uitdrukken afziet, dan zal zij het hart der grote massa niet weten te vinden. Indien ze daarentegen in woord en gebaar de realistische gevoelswereld van het volk tracht te bereiken, en ook de uitingen daarvan gebruikt, dan zal ze door de zogenaamde intellectuelen, als ruw en ordinair worden verworpen.

Op iedere honderd zogenaamde redenaars zijn er nauwelijks tien, die in staat zouden zijn, om met hetzelfde succes vandaag voor een publiek van putjesscheppers, slotenmakers, polderwerkers, enz. te spreken, en morgen een rede te houden met noodzakelijkerwijze dezelfde geestelijke inhoud voor een gehoor van professoren en studenten. Misschien is er echter op de duizend sprekers maar één enkele bij machte, om tegelijk voor slotenmakers en professoren te spreken in zo'n vorm, dat het niet alleen voor het voorstellingsvermogen van beiden bevattelijk is, maar dat
het ook beide partijen even sterk beïnvloedt, of zelfs beide groepen tot laaiende geestdrift weet te brengen. Men mag echter nimmer uit het oog verliezen, dat zelfs de mooiste gedachte van een verheven theorie in de meeste gevallen toch alleen door eenvoudige en onbelangrijke mensen kan worden verspreid. Het bepalende is niet datgene, wat de geniale schepper van een idee daarbij voor ogen stond, maar het beeld, dat de verkondigers van dat idee op de grote massa weten over te brengen, en ook, hoe, en met welk succes zij dit doen.

De sterke aantrekkingskracht, die de sociaal-democratie en trouwens de gehele marxistische beweging weet uit te oefenen, lag ook voor een groot deel aan de eenvormigheid, en daardoor ook de eenzijdigheid van het publiek waartoe zij zich wendde. Hoe beperkter en bekrompener haar gedachtegangen daarbij schenen te zijn, des te gemakkelijker werden ze begrepen en verwerkt door de massa, omdat het gesprokene juist op haar geestelijk peil was berekend. Daaruit volgde voor de nieuwe beweging eveneens een eenvoudige en duidelijke richtlijn. In een volksvergadering voor de meest talrijke groepen der bevolking kan men het best niet die man laten spreken, die geestelijk het naast bij de aanwezige intellectuelen staat, maar een man, die het hart der massa weet te veroveren. Een intellectueel heerschap, dat zo een vergadering bezoekt, dat de kennelijke werking ziet, die de uitgesproken rede op de te veroveren minder ontwikkelde volkslagen uitoefent, en het toch nodig vindt, op het geestelijke peil van de rede te vitten, bewijst alleen, hoe weinig hij tot denken in staat is, en hoe weinig waarde zijn persoon voor de jonge beweging heeft. Voor de beweging gaat het alleen om die intellectuelen, die zich de taak en het doel van de beweging al zozeer eigen hebben gemaakt, dat zij geleerd hebben, ook de propaganda uitsluitend uit een oogpunt van doelmatigheid te bezien, en niet naar de indruk, welke die op hen individueel maakt. Want de propaganda heeft niet ten doel, om mensen, die al nationaal gezind zijn, te onderhouden, maar moet de vijanden van ons volk, die van ons eigen bloed zijn, overtuigen. In het algemeen moeten nu voor de jonge beweging die ideeën, die ik al bij de oorlogspropaganda in het kort opsomde, bepalend en toonaangevend worden voor de methode en de tactiek van haar eigen voorlichtingswerk. Dat deze ideeën juist waren, heeft het succes bewezen.

8. Het doel van een politieke beweging zal nooit worden bereikt door voorlichting en al evenmin door de heersende machten te beïnvloeden, maar uitsluitend en alleen door de verovering van de politieke macht. Ieder groot, belangrijk idee heeft niet alleen het recht, maar ook de plicht, om zich al die middelen te verschaffen, die de verwerkelijking van haar ideeën mogelijk maken. Het succes is de enige aardse rechter over de meer of mindere juistheid van dat streven, waarbij men onder succes niet zoals in 1918 alleen de verovering van de macht als zodanig mag verstaan, maar de zegenrijke invloed, die van deze verovering van de macht uitgaat. zo kan een staatsgreep nog niet als geluk beschouwd worden – zoals hersenloze procureurs-generaal heden ten dage (1924) in Duitsland menen – wanneer de revolutionairen de staatsmacht wisten te veroveren, maar alleen dan wanneer de natie meer baat vindt bij de bedoelingen en doelwitten, waarop de revolutionaire handeling is gebaseerd, dan bij de methoden van de vorige regering. Iets, wat bezwaarlijk kan worden beweerd van de „Duitse revolutie", zoals die schurkenstreek in de herfst van 1918 zich gelieft te

noemen. Wanneer echter de verovering van de politieke macht de voorwaarde moet zijn voor de praktische verwerkelijking van hervormingsplannen, dan moet de beweging, die deze plannen koestert, zich al van de eerste dag van haar bestaan af, voelen als een massabeweging, en niet als een litterair theekransje of een kleinburgerlijke kegelclub.

9. De jonge beweging is naar wezen en naar organisatie antiparlementaristisch, d.w.z. zij verwerpt zowel bij de algemene als bij haar eigen opbouw het principe van de meerderheid, die „gelijk heeft en beslist", wat immers de leider verlaagt tot uitvoerder van de wil en de opvatting van anderen. De beweging staat, zo in de kleine, als in de grote vraagstukken op het standpunt, dat de leider tegelijk het absolute gezag bezit, en de hoogste verantwoordelijkheid draagt. De praktische gevolgen van dit beginsel in de beweging zijn de volgende: De eerste voorzitter van een plaatselijke afdeling wordt door de man, die dadelijk daarboven staat, benoemd, en is nu de verantwoordelijke leider van deze afdeling. Alle raden en besturen staan onder zijn gezag, en niet omgekeerd hij onder een raad. Raden en besturen hebben alleen te werken, niet te stemmen of te kiezen. De verantwoordelijke leider, de eerste voorzitter, wijst ieder zijn deel van de arbeid toe. Hetzelfde principe is van kracht voor de hogere organisatorische eenheden, voor district, provincie of gouw. Alleen de algemene leider van de partij wordt op grond van de statuten door de algemene ledenvergadering gekozen. Hij is nu echter ook alleen en met uitsluiting van alle anderen, de leider van de beweging. Alle raden en besturen staan onder zijn gezag, en niet hij onder hen. Hij beslist en draagt daardoor ook de verantwoording. Het staat de aanhangers vrij, om hem door middel van een nieuwe algemene verkiezing ter verantwoording te roepen en hem zijn ambt te ontnemen, indien hij tegen de beginselen der beweging gezondigd heeft of haar belangen slecht heeft gediend. Dan komt de nieuwe man op zijn plaats, die het beter kan, maar die over hetzelfde gezag beschikt en een eendere verantwoordelijkheid draagt. Het is een zeer belangrijke taak, en een der hoogste, die de beweging te vervullen heeft, om te zorgen, dat deze stelregel niet alleen in haar eigen rijen, maar ook voor de hele staat van kracht wordt. Wie leider wil zijn, draagt naast het hoogste, onbeperkte gezag, ook de laatste verantwoordelijkheid. Wie daartoe niet capabel is, of te laf is, om de consequenties van zijn daden te dragen, is niet geschikt om leider te zijn. Alleen de held is daartoe uitverkoren. De vooruitgang en de cultuur van de mensheid zijn niet ontstaan door de wil van de een of andere toevallige meerderheid, maar uitsluitend te danken aan de genialiteit en de energie van de persoonlijkheid.

Het is een van de eerste voorwaarden, waaraan moet worden voldaan, indien men ons volk weer tot grootheid en macht wil brengen, dat wij zulke persoonlijkheden moeten kweken, en hun de hun toekomende rechten doen geven. Maar, dat betekent, dat de beweging anti-parlementair is, en dat haar deelnemen aan een parlement geen ander doel mag hebben, dan om deze inrichting, die wij als een van de ergste tekenen van het verval van de mensheid moeten beschouwen, op te ruimen.

10. De beweging weigert beslist, een standpunt in te nemen, ten opzichte van kwesties, die of buiten het kader van haar politieke arbeid liggen, of voor haar niet van voldoende belang zijn.. Het is niet haar taak, om een godsdienstige hervorming teweeg te brengen, maar om ons volk in politiek opzicht te reorganiseren. Ze beschouwt de beide belijdenissen als steunpilaren, die voor het leven van ons volk beide een precies even grote waarde bezitten en bestrijdt daarom al die partijen, die dit fundament, waar zo hoge waarden voor ons volk als religie, zeden en moraal op rusten, willen verlagen tot een instrument voor hun partijbelangetjes. Tenslotte gelooft de beweging, dat het niet haar taak is om de ene staatsvorm te bestrijden en een andere te herstellen, maar om die principiële fundamenten te geven, die op den duur zowel voor de republiek als voor de monarchie onmiskenbaar zijn. Het is niet haar taak, om een monarchie te vestigen, of een republiek te stichten, maar zij wil een Germaanse staat scheppen. De kwestie, hoe de uiterlijke vorm van de staat, dus de bekroning van het werk, eruit zal zien, is niet van principieel belang, maar wordt slechts bepaald door de meer of mindere doelmatigheid van het een boven het ander. Voor een volk, dat eenmaal de grote vraagstukken en opgaven van zijn leven heeft begrepen, zullen de formele vraagstukken over de uiterlijkheden, niet meer belangrijk genoeg zijn, om tot binnenlandse onenigheden aanleiding te geven.

11. De kwestie, hoe de inwendige organisatie van de beweging moet zijn, is geen principiële kwestie, maar is er een, waarbij absoluut die oplossing moet worden gekozen, die het grootst mogelijke nuttig effect heeft. De beste organisatie is niet die, die tussen de leiding van de beweging en de aanhangers het grootste, maar die, welke daar het kleinste aantal tussenpersonen zet. Want de organisatie heeft tot doel, om enerzijds een bepaald idee – die aanvankelijk steeds uit de hersens van een enkeling geboren wordt – tot leven te brengen, en anderzijds om er op toe te zien, dat dit idee op de juiste wijze verwerkelijkt wordt. Daardoor is de organisatie van het begin tot het eind een noodzakelijk kwaad. Ze is in het gunstigste geval alleen middel, in het ongunstigste geval zelfs doel. Omdat de wereld nu eenmaal meer mechanisch werkende mensen voortbrengt, dan mensen, die ideeën hebben, ontstaan gewoonlijk de vormen van een organisatie gemakkelijker dan de ideeën. De ontwikkeling van elk idee, dat verwerkelijkt wil worden, in het bijzonder, wanneer het een hervormend karakter vertoont, is in grote lijnen steeds de volgende: Er ontstaat een groots idee in het brein van een mens, die zich geroepen voelt, om dit inzicht aan de rest van de mensheid mee te delen. Hij verkondigt deze overtuiging en weet zo

langzamerhand een zekere aanhang te verwerven.

    Deze gang van zaken, waarbij dus een mens zijn ideeën direct en persoonlijk overdraagt op anderen, is de meest ideale en meest natuurlijke. Wanneer het aantal van de aanhangers van deze nieuwe leer groeit, dan begint het langzamerhand onmogelijk te worden voor de geestelijken vader der idee, om ook verder direct, door persoonlijk contact, invloed uit te oefenen op het grote aantal der aanhangers, en al evenzeer, om hen nog langer persoonlijk te leiden. En naarmate nu, tengevolge van de groei van de beweging, de mogelijkheid tot direct contact in meer of mindere mate wordt uitgeschakeld, wordt een verbindend lichaam meer of minder nodig. Daardoor komt er een einde aan de ideale toestand, en treedt het noodzakelijke kwaad: de organisatie op. Er ontstaan kleinere groepen, die in de politieke beweging b.v. in de vorm van plaatselijke afdelingen, de oercellen worden van de latere organisatie. Deze onderverdeling mag echter, indien men althans niet de eenheid van de leer wil vernietigen, steeds eerst dan plaats vinden, wanneer het gezag van de geestelijke vader en zijn school als onomstreden gevestigd kan worden beschouwd. De geopolitieke betekenis van een centraal gelegen middelpunt van de beweging kan daarbij eenvoudig niet te hoog worden aangeslagen. Alleen de aanwezigheid van zo'n plaats, die met de magische stralenkrans van een Mekka of een Rome is omgeven, is op den duur in staat, om een beweging de kracht te schenken, die nodig is, om de inwendige eenheid en de erkenning van de man aan het hoofd, die deze eenheid vertegenwoordigt, mogelijk te maken. zo mag men bij de stichting van de eerste oer- cellen voor de organisatie nooit vergeten, dat het oorspronkelijke uitgangspunt van het idee niet alleen zijn betekenis moet behouden, maar dat deze betekenis dient toe te nemen, dat ze die van al de andere ver achter zich laat.

    Deze toename van het ideologische, morele en werkelijke overwicht van het uitgangspunt – hoofdkwartier van de beweging moet steeds groter worden, naarmate de nu talloos geworden kleinste cellen van de beweging nieuwe vertakkingen der organisatie nodig maken. Want, zoals het groeiend getal der aanhangers, en de onmogelijkheid, om nog langer direct met hen in contact te staan, leidt tot de eerste bundelingen, dwingt ook tenslotte de steeds sterkere vermeerdering van deze kleinste organisatorische vormen weer tot grotere bundelingen, die men dan politiek b.v. gouw- of districtsorganisaties zou kunnen noemen. Hoe gemakkelijk het ook nog mag zijn, om het gezag van de oorspronkelijke centrale tegenover de kleinste plaatselijke groepen te handhaven, het wordt moeilijker om zich tegenover de nu ontstane grotere delen der organisatie in deze sleutelpositie te handhaven. Dit is echter een eis, waaraan absoluut moet worden voldaan, indien men de eenheid van de beweging in stand wil houden, wat dus betekent, dat hiermee het al of niet slagen van het idee gemoeid is. Wanneer tenslotte ook hier de verbindende organisaties weer tot aparte administratieve eenheden zijn uitgegroeid, wordt het ook steeds moeilijker, om zelfs tegenover hen het absoluut leidende karakter van het oorspronkelijke uitgangspunt, alsook van zijn school enz. te bewaren. Daarom mag de uitbouw van de mechanische vormen van een organisatie op zijn hoogst gelijke tred houden met de groeiende absoluutheid van het gezag van de centrale in geestelijk en ideëel opzicht. Bij politieke formaties kan men dit gezag dikwijls alleen als gevestigd beschouwen, wanneer de centrale inderdaad praktisch de macht in handen heeft. Hieruit volgen voor de inwendigen opbouw der beweging deze richtlijnen:

a. Voorlopig moet men de gehele activiteit concentreren op één enkele plaats, n.l. München, een kern van absoluut betrouwbare aanhangers vormen, en een bepaald aantal hiervan scholen, zodat zij later in staat zullen zijn, de idee uit te dragen. Het noodzakelijke gezag voor later te krijgen, door op dit brandpunt zo groot mogelijke evidente successen te behalen. Om de beweging en haar leider bekend te maken, was het nodig, om het geloof aan de onoverwinnelijkheid van de marxistische leer niet alleen voor alle ogen te schokken, maar te bewijzen, dat het mogelijk was, een tegenstrijdige beweging in het leven te roepen.

b. Tot de vorming van plaatselijke afdelingen mag men niet eerder overgaan, voor het gezag van de centrale leiding te München absoluut erkend kan worden genoemd.

c. Een district-, gouw-, of provinciale organisatie mag eveneens niet in het leven worden geroepen, op het ogenblik, dat daaraan behoefte wordt gevoeld, maar pas op het ogenblik, dat men volkomen zeker kan zijn, dat het gezag van de centrale als absoluut is erkend. Overigens echter is de vorming van een organisatorische vertakking afhankelijk van het aantal voor leidende functies geschikte figuren, waarover men beschikt.

Daarbij kan men twee wegen bewandelen:

a. Indien de beweging over de nodige financiën beschikt, leidt ze de geschikte figuren op, zodat die later als leiders kunnen optreden. Het daarbij verkregen materiaal wordt dan stelselmatig benut, naarmate de tactiek dat vereist. Deze methode is de eenvoudigste en de snelste; maar hij vereist grote sommen geld, omdat deze leiders bezoldigd moeten zijn, om zich inderdaad volledig aan de beweging te kunnen geven.

b. Indien de beweging door geldgebrek niet in staat is, bezoldigde leiders aan te stellen, moet ze dus voorlopig vertrouwen op degenen, die hun ambt als een erepost beschouwen. Deze methode is langzamer en moeilijker. De leiding van de beweging moet in zo'n geval soms grote gebieden braak laten liggen, indien er althans niet uit de aanhangers een figuur opstaat, die bij machte en genegen is, om zich ter beschikking van de leiding te stellen, en om de beweging in het gebied-in-kwestie te organiseren en te leiden. Het kan gebeuren, dat er in een zeer groot deel van het arbeidsveld geen enkele man gevonden wordt, terwijl op een andere plaats twee of drie ongeveer even waardevolle mannen aanwezig zijn. De moeilijkheden, die uit zo'n situatie voortvloeien, zijn vele, en kunnen dikwijls niet dan na jaren worden overwonnen. Altijd echter is en blijft het een eerste vereiste voor de vorming van een organisatorische eenheid, dat er een figuur wordt gevonden, die bij machte is, haar te leiden. En evenzeer als een leger in al haar organisatorische vormen zonder officieren waardeloos is, is dit ook het geval met een politieke organisatie, die de nodige leiders mist. Voor de beweging is het ook veel beter, dat een plaatselijke afdeling niet tot stand komt, dan dat zij wel tot stand komt, maar mislukt door het ontbreken van een leidende en vooruitstrevende leidersfiguur. Om leider te zijn, is alleen de wil daartoe niet voldoende, maar wordt ook kundigheid vereist, waarbij echter wilskracht en energie noodzakelijker zijn dan genialiteit als zodanig, en men een man, waarin kundigheid, volharding en besluitvaardigheid verenigd zijn, wel als de meest ideale figuur kan beschouwen.

12. De toekomst van een beweging wordt bepaald door het fanatisme en zelfs de onverdraagzaamheid, waarmee haar aanhangers haar, als de enig juiste, vertegenwoordigen en verdedigen tegenover alle andere formaties van overeenkomstige aard. Het is de grootste fout, die men kan begaan, om te menen, dat de kracht van een beweging toeneemt door fusie met een andere van analoge aard. Weliswaar betekent zo'n vergroting een voorlopige toename in kwantitatief opzicht, en daarmee in het oog van oppervlakkige lieden ook van macht, maar in werkelijkheid neemt ze alleen de kiemen in zich op van een eerst later merkbaar wordende verzwakking. Want wat men ook mag praten over de gelijkwaardigheid van twee bewegingen, in werkelijkheid is deze toch nooit een feit. Want anders zou er immers in de praktijk niet van twee, maar slechts van één beweging sprake zijn. En het doet er niet in het minst toe, waarin het verschil ligt, — al was het alleen maar in de gave van de beide leidingen, — maar het bestaat. De natuurwet, die iedere ontwikkeling bestuurt, eist nu eenmaal, dat twee ongelijke formaties niet worden aaneengekoppeld, maar dat integendeel de sterkste van beide overwint, omdat alleen de hiertoe nodige strijd de overwinnaar tot groter kracht en macht weet op te voeren.

Uit de vereniging van twee partijformaties, die veel gemeen hebben, kunnen misschien voor het ogenblik wel enkele voordelen voortvloeien, maar op den duur is toch elke overwinning, die op zo'n wijze wordt behaald, de oorzaak van later optredende inwendige zwakheden. De grootheid van de beweging wordt uitsluitend en alleen gewaarborgd door de onbelemmerde ontwikkeling van haar innerlijke kracht, en door een onophoudelijke toename van die kracht, tot zij tenslotte alle concurrenten definitief weet te verslaan. Ja, men kan wel zeggen, dat haar kracht en daarmee haar recht op bestaan slechts zullen kunnen toenemen, zolang zij het principe van de strijd als basis voor haar ontwikkelingsgang aanvaardt, en dat haar kracht het hoogste punt heeft overschreden op het ogenblik, dat zij de algehele overwinning weet te behalen. Daarom is het voor een beweging ook niet anders dan zeer gunstig, wanneer zij deze overwinning nastreeft in een vorm, die mogelijk niet tot grote successen leidt, maar die door een lange strijd – op zijn beur t ver oor zaakt door onvoorwaardelijke onverdraagzaamheid – tot een langdurige groeiperiode dwingt. Bewegingen, die hun groei alleen aan een z.g. fusie-van-soortgelijke-formaties te danken hebben, en wier kracht dus het gevolg is van compromissen, lijken op kasplanten. Ze schieten wel op, maar missen de kracht, om de eeuwen en de zware stormen te weerstaan.

De grootheid van iedere geweldige organisatie op deze wereld, die de belichaming is van een idee, is gelegen in het religieuze fanatisme, waarmee zij zich zonder de minste verdraagzaamheid, tegen al de anderen teweerstelt, in de vaste overtuiging van het goed recht van haar eigen zaak. Wanneer een idee als zodanig juist is, en, zo gewapend, de strijd op deze aarde opneemt, is zij onoverwinnelijk, en iedere vervolging, die zij ondergaat, zal haar alleen innerlijk sterker kunnen maken. De grootheid van het Christendom was niet gelegen in de conferenties, waarbij de nieuwe leer trachtte, met verwante filosofische opvattingen van de Ouden tot een vergelijk te komen, doch integendeel in het onverbiddelijke fanatisme, waarmee de Christenen hun leer verkondigden en verdedigden. Het verlies, dat een beweging, die een fusie met een andere vermijdt, schijnt te lijden wordt ruimschoots vergoed door de voortdurende toename van krachten, die het deel is van die leer en die organisatie, die onafhankelijk blijven, en alleen op eigen kracht vertrouwen.

13. De beweging moet, van het begin af aan, zorg dragen, dat ze haar leden zodanig opvoedt, dat ze in de strijd niet iets gaan zien, waartoe ze zijn opgevoed, en wat ze zich maar laten aanleunen, maar dat ze het sterk als hun eigen levensdoel voelen. Ze moeten daarom geen angst koesteren voor de vijandschap van hun tegenstanders, maar integendeel juist leren, hierin de eerste voorwaarde voor hun eigen recht op bestaan te zien. Ze moeten de haat van de vijanden van ons volk en van onze wereldbeschouwing, en de uitingen van die haat niet duchten, maar moeten er juist naar verlangen. En ook leugen en laster behoren tot de uitingen van deze haat.

Wie door de Joodse kranten niet wordt bestreden – dat wil dus zeggen: niet wordt belasterd en beklad – is geen fatsoenlijk Duitser en geen waar nationaal-socialist. De beste toetssteen voor de waarde van zijn mening, voor de oprechtheid van zijn overtuiging en de kracht van zijn wil, is de vijandschap, die de doodsvijanden van ons volk hem toedragen. Men moet de aanhangers van onze beweging, en in ruimere zin het gehele volk er steeds weer op attent maken, dat de Jood altijd liegt in zijn kranten, en dat hij, zelfs wanneer hij toevallig eens de waarheid spreekt, toch bedoelt te liegen, omdat dit dan immers alleen dient, om een nog groter bedrog te dekken.

De Jood is de grote meester in het liegen, en leugen en bedrog zijn zijn wapenen in de strijd. Iedere Joodse lastering, en iedere Joodse leugen zijn littekens van eer op het lichaam van onze strijders. Hij die zij het meest belasteren, staat ons het naaste, en de man die zij het felste haten, is onze beste vriend. Wie 's morgens een Joodse krant inziet, en zich in haar kolommen niet belasterd ziet, die heeft de voorafgaande dag niet goed besteed; want had hij dat wel gedaan, dan zou hij door de Jood belasterd, belaagd, beklad en uitgescholden worden. En alleen de man, die tegen deze doodsvijand van ons volk en van de gehele Arische mensheid en cultuur zo scherp mogelijk optreedt, mag verwachten, dat dit ras zijn laster en zijn andere wapenen ook tegen hem zal richten. Wanneer deze gedachten in onze aanhangers levend worden, dan zal de beweging onaantastbaar en onoverwinnelijk worden.

14. De beweging moet alles doen, om het respect voor de persoonlijkheid te doen toenemen, en mag nooit vergeten, dat de waarde van al het menselijke in het persoonlijke besloten ligt, dat ieder idee en iedere prestatie het gevolg is van de scheppingsdrang van één enkeling, en dat de bewondering voor grootheid niet alleen een soort van tribuut is aan de overwinnaar, maar dat zij tegelijkertijd de dankende met sterke banden tezamen bindt. De persoonlijkheid is niet te vervangen, allerminst dan, wanneer hij niet het mechanisme, het cultuurscheppende element vertegenwoordigt. Zomin als het mogelijk is, dat een beroemd meester wordt vervangen, en dat een ander in zijn plaats zijn halfvoltooid schilderij afmaakt, evenmin is de grote dichter en denker, de grote staatsman en de grote veldheer te vervangen. Want hun werk is steeds kunst, het is nooit een product van hun opvoeding, maar het is hun door de gratie Gods geschonken.

De grootste omwentelingen en verworvenheden, die deze aarde beleefde en behaalde, haar grootste culturele prestaties, de onsterfelijke daden op het gebied der staatsmanskunst, enz. zijn alle voor eeuwig verbonden met de een of andere naam, en worden door hem vertegenwoordigd. Indien men van de huldiging van een bepaalde grote geest afziet, dan laat men daarmee een geweldige kracht, die uit de namen van alle grote mannen en vrouwen stroomt, verloren gaan. Dit weet de Jood beter dan wie ook. Juist hij, wiens groten alleen groot zijn als verwoesters van de mensheid, draagt zorg, dat al deze als afgoden worden aanbeden. Maar de verering van de andere volkeren voor hun eigen grote figuren tracht hij als iets onwaardigs voor te stellen en kwalificeert hij als „persoonsverafgoding". zo gauw een volk zo laf wordt, dat het buigt voor deze Joodse aanmatiging en onbeschaamdheid, doet het afstand van de geweldigste kracht, die het bezit; want het is niet de eerbied voor de massa, maar de bewondering voor het genie, dat door zijn voorbeeld sticht en verhoogt, die ons kracht en moed schenkt. Wanneer de mensenharten breken en de mensenzielen wanhopen, dan stijgen uit de schemeringen van het verleden de groten op, die nood en zorg, smaad en ellende, geestelijke onvrijheid en lichamelijke slavernij wisten te overwinnen, en steken de versagende stervelingen hun eeuwige handen toe! En wee het volk, dat zich schaamt, om deze handen te grijpen.

In de eerste groeitijd van onze beweging was er niets, waaronder wij zo hadden te lijden, als onder het feit, dat wij nog niets betekenden, en dat onze namen niet bekend waren, omdat dit alleen al deed twijfelen aan de mogelijkheid van succes. Het moeilijkste in deze eerste tijd, toen vaak niet meer dan zes, zeven of acht mensen kwamen opdagen, om naar de woorden van een spreker te luisteren, was, om in deze kleine kring toch het geloof aan de geweldige toekomst van onze beweging te wekken en levend te houden. Men moet eens bedenken, wat het betekent, dat hier zes of zeven mannen, stuk voor stuk naamlooze arme kerels, zich verenigden, om een beweging te stichten, die erin zou moeten slagen, om datgene te volbrengen, wat totnogtoe aan al de geweldige, grote massapartijen mislukt was, n.l. om weer een Duits Rijk van hoger pracht en macht en heerlijkheid dan ooit te voren bestond, te doen opstaan. Indien men ons destijds maar had aangevallen, of alleen maar had bespot, het zou ons allebei welkom zijn geweest. Want het was juist zo beklemmend, dat niemand ons opmerkte, en ik leed hier wel het ergst van allen onder. Toen ik mij bij deze enkele mannen schaarde, kon er van een partij of van een beweging nog geen sprake zijn. Ik heb de gedachten, die bij mijn eerste kennismaking met dit groepje in mij opkwamen, al weergegeven. Ik had in de eerstvolgende week de tijd en de gelegenheid, om de voorlopig al te bespottelijke verschijningsvorm van deze partij nader te beschouwen. Het beeld, dat zich voor mij ontrolde, was waarlijk tamelijk benauwend, en wel in staat iemand neerslachtig te maken.

Er was niets, maar dan ook werkelijk helemaal niets aanwezig. Hier was een partij, waarvan het bestuur praktisch door het gehele ledental werd gevormd, en die toch al, of ze wilde of niet, datgene was, wat ze trachtte te bestrijden: een parlement, al was het dan ook een van het allerkleinste formaat. Ook hier werd gestemd, en terwijl de grote parlementen zich tenminste nog over grotere vraagstukken maanden achtereen de kelen hees schreeuwen, zette men in deze kleine kring al over beantwoording van een enkele, toevallig, tot algemene vreugde, binnengekomen brief, omvangrijke bomen op. Natuurlijk was er in de stad van dit alles niets bekend.

Geen mens in München op haar enkele aanhangers en het geringe aantal van hun kennissen na, kende ook maar de naam van de partij. Iedere woensdag vond in een Münchens café een zogenaamde bestuursvergadering plaats, en eens per week een avond, waar een redevoering werd afgestoken. Omdat het totale ledental van de „beweging" voorlopig nog in het bestuur zitting had, zag men natuurlijk steeds dezelfde gezichten. Nu was het zaak, om deze kleine kring te verruimen, en om nieuwe aanhangers te winnen, maar vooral, om de naam van de beweging bekend te maken. Wij gingen daarbij als volgt te werk:

Eens per maand, naderhand ééns per veertien dagen, trachtten wij een „vergadering" te houden. De uitnodigingen hiertoe werden op strooibiljetten getypt of geschreven, en de eerste malen door onszelf uitgedeeld of verspreid. Ieder wendde zich tot zijn kring van kennissen, om de een of ander over te halen, een van deze vergaderingen te bezoeken. Het succes was zeer bedroevend. Ik herinner me nog, hoe ikzelf in de eerste tijd eens op een keer om en bij de tachtig biljetten had verspreid, en hoe wij nu die avond wachtten op de volksmassa's, die zouden komen opdagen. Een uur later dan anders moest de voorzitter tenslotte de „vergadering", waar weer zeven man, het oude zevental, aanwezig was, openen. Wij gingen er nu toe over, om de uitnodigingskaarten in een Münchener kantoorboekhandel te laten typen en vermenigvuldigen. Het resultaat hiervan was, dat er bij de volgende vergadering enige toehoorders méér aanwezig waren. zo steeg het aantal langzaam van elf tot dertien, tenslotte zelfs tot zeventien, tot drieëntwintig, tot vierendertig toehoorders. Door collectes op heel kleine schaal, onder ons arme duvels onderling, kregen wij de middelen bijeen, om tenslotte een vergadering door een advertentie in de destijds onafhankelijke „Münchener Beobachter" te kunnen doen aankondigen. Ditmaal was het resultaat waarlijk verbluffend.

Wij hadden voor de vergadering de „Münchener Hofbräuhauskeller" uitgekozen (niet te verwarren met de Münchener Hofbräuhaus Testsaal), een zaaltje, waar net voor een honderddertig personen plaats was. Mijzelf leek dit lokaal een grote hal toe, en ieder van ons vreesde, dat het niet zou lukken, om die avond deze „indrukwekkende" lokaliteit met mensen te vullen. Om zeven uur waren honderdelf personen aanwezig, en werd de vergadering geopend.

Een Münchense professor was de belangrijkste spreker van de avond, en ik zou als tweede spreker optreden, en daarmee voor het eerst in het openbaar het woord voeren. De heer Harrer, die destijds de functie van partijvoorzitter vervulde, beschouwde dit als een groot waagstuk. Deze overigens volkomen rechtschapen kerel liep nu eenmaal rond met de vaste overtuiging, dat ik wel het een en ander kon, maar dat ik heel bepaald geen redenaarstalent had. En dit was een overtuiging, die hij ook daarna steeds heeft behouden.

Maar het liep anders af. In de eerste vergadering, die de naam „openbaar" verdiende, waren mij twintigminuten spreektijd toegestaan. Ik sprak een half uur, en wat ik vroeger, zonder het te weten, instinctief had gevoeld, werd nu bewaarheid: ik kon spreken!

Na dertig minuten waren de mensen in deze kleine zaal als geëlectriseerd, en die geestdrift kwam voorlopig hierin tot uiting, dat mijn beroep op de offervaardigheid van de aanwezigen ons driehonderd mark opleverde. Nu was daarmee een zware last van onze schouders genomen. Onze financiële nood was in deze tijd zo groot, dat wij zelfs niet bij machte waren geweest, om beginselprogramma's of strooibiljetten voor de beweging te laten drukken. Maar nu was dan de grondslag gelegd voor een klein fonds, waaruit tenminste het allerhoogste en onmisbaarste kon worden bestreden. Maar in een ander opzicht was het succes van deze eerste grotere vergadering van betekenis. Destijds was ik begonnen, een aantal onverbruikte jonge krachten voor ons te winnen. In de loop van mijn lange diensttijd had ik een groot aantal trouwe kameraden leren kennen, dat zich nu langzamerhand, op mijn aansporing, onder de vanen van onze beweging begon te scharen. Het waren allen energieke jonge kerels, die aan discipline gewend waren, en die in hun diensttijd hadden geleerd, dat niets onmogelijk is, en dat alles, wat men werkelijk wil, gebeurt. Hoe nodig zo'n aanvoer van nieuwe krachten was, bemerkte ik zelf al na slechts enkele weken van samenwerking. De heer Harrer, die destijds de eerste voorzitter van de partij was, bekleedde in het burgerlijk leven het beroep van journalist, en was als zodanig zeker zeer veelzijdig ontwikkeld. Maar hij had een gebrek, dat voor de leider van een partij buitengewoon nadelig is: hij was helemaal geen volksredenaar. Hoe pijnlijk precies en nauwgezet zijn werk ook was, toch ontbrak er — misschien juist tengevolge van het ontbreken van een groot redenaarstalent — de wijde blik aan.

De heer Drexler, die destijds de functie van voorzitter der afdeling München bekleedde, was een gewoon arbeider, had als spreker al evenmin veel te betekenen als Harrer, en was overigens ook geen soldaat. Hij had niet gediend, en was ook in oorlogstijd geen soldaat geweest, zodat hij, met zijn door en door zwakke onzekere karakter, de enige school had gemist, die uit mensen van zijn slag kerels weet te maken. Zo waren beide mensen niet van het soort, waaruit de mannen, die wij nodig hadden, voortkwamen, want die moesten niet alleen fanatiek kunnen geloven aan de overwinning van de beweging, maar ook met onverwoestbare energie, en zo nodig met de onverbiddelijkste meedogenloosheid de hinderpalen, die de vooruitgang van de nieuwe idee hadden kunnen belemmeren, uit de weg ruimen.

Daarom hadden wij mensen nodig, die geestelijk en lichamelijk over die soldatendeugden beschikten, die misschien wel het beste zo kunnen worden aangeduid:

"Flink wie Windhunde, zäh wie Leder und hart wie Kruppstahl!" (snel als windhonden, taai als leer, en hard als Kruppstaal). Destijds was ikzelf nog soldaat. Mijn uiterlijk en innerlijk was bijna zes jaar lang zodanig door het soldatenleven gevormd, dat ik ongetwijfeld in deze kring een enigszins vreemde indruk moest maken. Ook voor mij hadden de woorden: „Dat kan niet", „Dat zal niet lukken", „Dat mag je niet proberen, dat is toch te gevaarlijk", hun betekenis verloren. Want gevaar was er natuurlijk bij. In de jaren 1919 en 1920 waren er veel streken in Duitsland, waar het eenvoudig tot de onmogelijkheden behoorde, dat men een vergadering van een nationale organisatie uitschreef, en het hart had, zich tot de grote massa te richten, en openlijk aan te sporen tot bezoek.

De deelnemers aan zo'n vergadering werden met bebloede koppen uiteengeslagen en verjaagd. Nu kostte zulk een prestatie van linksezijde ook niet zo vreeselijk veel moeite, want zelfs de grootste zogenaamde „massabijeenkomst" van de burgerlijke partijen spatte voor een dozijn communisten uiteen, en de bezoekers vluchtten haastig weg, als muizen voor de kat. Maar terwijl de roden van zulk een burgerlijk theekransje-in-het-groot niet de minste notitie namen, omdat ze veel beter dan de leden zelf, wisten, hoe onnozel en hoe ongevaarlijk deze geschiedenis voor henzelf was, stond hun besluit, om aan iedere beweging, die hun gevaarlijk voorkwam, met alle middelen een einde te maken, des te meer vast, – en het meest succesvolle wapen was toch altijd de terreur, het geweld.

De marxistische volksbedriegers moesten echter wel de diepste haat voelen voor een beweging, die er zich kennelijk speciaal op toelegde, om juist die massa op haar hand te krijgen, die tot nog toe uitsluitend in dienst van de internationale marxistische beurs – en Joden-partijen had gestaan. Al de naam „Deutsche Arbeiterpartei" werkte prikkelend. Men kon gemakkelijk begrijpen, dat het onder deze omstandigheden, bij de eerste de beste geschikte gelegenheid, tot onenigheid zou komen met de marxistische ophitsers, die destijds nog dronken waren van hun overwinning. In de kleine kring van de beweging van die dagen voelde men ook een zekere angst voor zo'n strijd. Men wilde zich zo weinig mogelijk in het openbaar vertonen, uit vrees, klop te krijgen. Men zag in zijn verbeelding de eerste grote vergadering al uiteengejaagd, en daarmee het einde van de beweging gekomen. Het kostte mij veel moeite, om mijn opvatting ingang te doen vinden, dat men namelijk deze strijd niet mocht ontwijken, maar er integendeel steeds op moest rekenen, en zich daarom ertegen moest wapenen met het enige wapen, dat helpt tegen geweld. Terreur kan niet door de geest, maar alleen door tegenterreur worden gebroken. Het succes van onze eerste vergadering maakte, dat mijn mening meer steun vond.

Men kreeg de moed, om een tweede, al iets grotere uit te schrijven. Omstreeks oktober 1919 vond in de Eberlbräukeller die tweede grotere vergadering plaats. Onderwerp: Brest-Litowsk en Versailles. Er traden vier sprekers op. Zelf sprak ik bijna een uur, en mijn succes was nog groter dan de eerste keer. Het aantal der bezoekers was gestegen tot honderddertig. Een poging, om de orde te verstoren, werd door mijn kameraden onmiddellijk in de kiem gesmoord. De onruststokers werden met builen op hun hoofden de trap afgewerkt. Veertien dagen later werd wederom een vergadering gehouden in dezelfde zaal. Het aantal bezoekers was gestegen tot honderdzeventig, en de zaal was goed bezet. Ik had weer gesproken, en weer was het succes groter dan bij de voorafgaande vergadering.

Ik drong erop aan, dat wij een grotere zaal zouden nemen. Tenslotte vonden wij die aan het andere eind van de stad in het „DeutseReich" in de Dachauer Stratze. De eerste vergadering in de nieuwe lokaliteit was slechter bezocht dan de laatste, die hieraan vooraf ging: maar net honderdveertig mensen. In het bestuur liet men de hoop alweer zakken en de eeuwige twijfelaars meenden, dat de reden van deze betrekkelijk slechte opkomst, misschien kon zijn, dat wij te vaak vergaderden. Het kwam tot scherpe woordenwisseling, waarbij ik het standpunt verdedigde, dat een stad van zevenmaal honderdduizend inwoners niet alleen één per veertien dagen, maar iedere week tien vergaderingen moest kunnen verdragen, dat men zich door een enkele terugslag niet van de wijs mocht laten brengen, dat de ingeslagen weg de juiste was, en dat vroeger of later het succes moest komen, wanneer wij maar steeds met dezelfde volharding bleven voortgaan.

De winter van 1919 op 1920 was trouwens een voortdurende strijd, om het vertrouwen in de levenskracht van de beweging, die toch uiteindelijk de overwinning zou behalen, te versterken en op te voeren, totdat er tenslotte dat fanatisme uit geboren wordt, dat dan als geloof bergen kan verzetten. De volgende vergadering in dezelfde zaal stelde mij alweer in het gelijk. Het aantal der toehoorders was alweer toegenomen, nu tot meer dan tweehonderd en zowel het uiterlijke als het financieele resultaat was prachtig. Ik drong er op aan, dat dadelijk een nieuwe vergadering zou worden uitgeschreven. Nauwelijks veertien dagen later vond die dan ook plaats, en het publiek bestond uit tweehonderd zeventig personen.

Weer veertien dagen later riepen wij voor de zevende keer de aanhangers en vrienden van de nieuwe beweging bijeen, en nu was er in deze zaal maar nauwelijks meer plaats voor het aantal mensen, dat was komen opdagen, want het waren er nu al meer dan vierhonderd geworden. In deze tijd kreeg de jonge beweging haar definitieve innerlijke vorm. Dat gaf in onze kleine kring menigmaal aanleiding tot min of meer heftige woordenwisselingen. Van verscheidene zijden – zoals tegenwoordig (1924) ook – werd er kritiek op uitgeoefend, dat de jonge beweging als partij werd gekwalificeerd. Ik heb in zo'n opvatting nooit iets anders kunnen zien dan een bewijs voor de praktische onmacht en de geestelijke kleinheid van de man, die ermee komt. Het waren en zijn altijd die mensen, die het innerlijke wezen en de uiterlijke vorm niet van elkaar weten te onderscheiden, die de waarde van een beweging des te honger schatten, naarmate de bewoordingen, waarmee ze zich aanduidt, hoogdravender zijn, waarbij zij tot overmaat van ramp dan de woordenschat van onze oudste voorvaderen menen te moeten benutten.

Destijds was het moeilijk, de mensen te doen begrijpen, dat iedere beweging, zolang ze niet de overwinning van haar ideeën, en daarmee haar doel heeft weten te bereiken, een partij is, ook wanneer ze zich duizendmaal anders noemt. Indien enig man een stoute gedachte, waarvan de verwerkelijking direct in het belang van zijn medemensen is, tot uitvoering wil brengen, dan zal hij aanhangers dienen te zoeken, die bereid zijn, voor zijn opvattingen op te komen. En zelfs al streefde hij niets anders na dan de vernietiging van het bestaande partijwezen, teneinde zodoende een einde te maken aan de verdeeldheid van de natie, toch zullen de mensen, die deze overtuiging aanhangen, en die dit besluit verkondigen, een partij blijven vormen tot dat doel zal zijn bereikt.

Het is muggenzifterij en haarkloverij, wanneer de een of andere arrogante oude volkstheoreticus, wiens praktische resultaten omgekeerd evenredig zijn met zijn wijsheid, zich verbeeldt, dat hij het partijkarakter, dat iedere jonge beweging bezit, door een naamswijziging zou kunnen veranderen. Integendeel! Als er iets on-volks is, dan is het wel dat smijten met liefst Oud-Germaanse uitdrukkingen, die niet meer in onze tijd thuis horen, en al evenmin meer een bepaalde betekenis hebben, maar die er gemakkelijk toe kunnen leiden, dat men in de woordenschat van een beweging haar gehele betekenis gaat zien. Dat is een schandelijk misbruik, dat men heden echter ontelbare malen moet constateren. Ik heb trouwens al in die tijd en ook daarna steeds meer moeten waarschuwen voor die zwervende apostelen van het volksidee, die bijna nooit iets presteren, maar wier verwaandheid slechts moeilijk kan worden overtroffen. De jonge beweging moest, en moet zich ook heden ten dage nog in acht nemen voor een al te grote toevloed van lieden, die slechts één punt hebben, dat zij steeds tot hun aanbeveling aanvoeren, n.l. het feit, dat zij al sinds dertig of zelfs veertig jaar voor hetzelfde ideaal hebben gestreden.

Wanneer iemand echter veertig jaar lang in de weer is, zonder zelfs het allerminste succes te hebben behaald, en zelfs zonder de overwinning van de vijand te hebben kunnen voorkomen, dan heeft hij toch wel in zijn veertigjarige loopbaan het bewijs voor zijn eigen onmacht geleverd. Het gevaar is gelegen in het feit, dat zulke lieden zich niet als gewone leden in de beweging willen laten opnemen, maar kletsen over „leiderskringen", die alleen in staat zouden zijn, om hun de positie te geven, die hun op grond van hun veertigjarig streven zou toekomen. Maar wee, wanneer men een jonge beweging aan zulke lieden uitlevert.

Een zakenman, die er in slaagde, om in een veertigjarige loopbaan een groot bedrijf consequent af te breken, is niet de man, aan wie men de oprichting van een nieuwe onderneming kan toevertrouwen, – en evenmin is zo'n volkse Methusalem, die in een even lange periode een grote idee wist te verknoeien en te verkalken, op zijn plaats in de leiding van een nieuwe jonge beweging. Overigens komen al deze lieden maar ten dele in de nieuwe beweging, om haar te dienen, en om de idee der nieuwe leer te steunen in de strijd, maar in verreweg de meeste gevallen streven ze ernaar, om onder de bescherming van die organisatie, of door middel van haar mogelijkheden de wereld nogmaals ongelukkig te maken met hun ideeën. Wat dat echter voor ideeën zijn, is bijna met geen pen te beschrijven. Het is één van de meest karakteristieke eigenschappen van deze naturen, dat ze eenvoudig dwepen met Oud-Germaans heldendom, met de grijze voortijd, van strijdbijlen, speer en schild, maar in de praktijk de grootste lafaards zijn, die men zich maar denken kan. Want dezelfde lieden, die met zorgvuldig uit blik nagemaakte Oud-Duitse zwaarden zwaaien, en een geprepareerd berenvel met stierenhorens over hun baardige hoofden dragen, prediken voor onze tijd steevast alléén de strijd met geestelijke wapenen, en gaan schielijk aan de haal voor iedere communistische gummiknuppel. Het nageslacht zal maar uiterst weinig aanleiding hebben, om het heldenleven van deze heren in een nieuw heldendicht te bezingen. Ik heb deze lieden al te goed leren kennen, en voel de diepste afschuw van hun miserabel komediespel. De grote massa echter vindt hun optreden grappig, en de Jood heeft alle reden, om deze volkskomedianten te ontzien, en hen zelfs te prefereren boven de werkelijke strijders voor een komende Duitse staat.

Bovendien zijn deze lieden nog grenzenloos verwaand, en willen, welke bewijzen ze ook van hun eigen volkomen onmacht hebben geleverd, toch steeds alles beter weten, en worden tot een ware kwelling voor alle eerlijke en oprechte strijders, voor wie heldendom nu eenmaal niet alleen iets eerbiedwaardigs in het verleden betekent, maar die het nageslacht ook door hun eigen voorbeeld daartoe willen opvoeden. Ook is het dikwijls maar moeilijk te onderscheiden, wie van deze lieden zich uit innerlijke domheid of onmacht zo gedraagt, en wie daartoe een bepaalde reden heeft. Speciaal de zogenaamde religieuze reformatoren op Oud-Germaanse grondslag, maken op mij steeds de indruk, als waren ze door die machten gezonden, die de wederopstanding van ons volk juist willen beletten. Hun gehele activiteit heeft immers tot gevolg, dat het volk de strijd tegen de gemeenschappelijke vijand, de Jood, vergeet, en inplaats daarvan zijn krachten verspilt op even onzinnige als rampzalige binnenlandse godsdiensttwisten. Juist om deze redenen echter is het zeer noodzakelijk, dat de leiding van de beweging met absoluut gezag wordt bekleed, en dus een sterke centrale macht vormt. Alleen daardoor kan het werk van zulke funeste elementen tot vruchteloosheid worden gedoemd. Om die reden zal men ook steeds de ergste vijanden van een eendrachtige, strak geleide en bestuurde beweging onder deze volks Ahasverussen moeten zoeken. Wat ze in de beweging haten, is vooral de macht, die hun krankzinnige gedragingen kortwiekt. Het was niet voor niets, dat de jonge beweging zich eenmaal heeft gebonden aan een bepaald programma, en daarbij het woord „volk" niet heeft gebruikt.

Het begrip „volks" kon, tengevolge van zijn grote rekbaarheid, nooit als grondslag dienen voor een beweging, en is geen maatstaf om te bepalen, of men al dan niet tot die beweging behoort. Hoe moeilijker dit begrip is te definiëren, hoe meer en uiteenlopender verklaringen ervoor bestaan, des te meer groeit ook de mogelijkheid voor letterlijk iedereen, om er zich op te beroepen. Indien men in de politieke strijd een zo onbepaald en zo veelzijdig uitlegbaar begrip gebruikt, dan heeft dat onmiddellijk tengevolge, dat iedere streng gedisciplineerde strijdgemeenschap een onmogelijkheid wordt, omdat deze nooit kan toestaan, dat de enkeling in haar rijen zelf kan beslissen over datgene, wat hij wenst te geloven en na te streven.

Het is ook werkelijk meer dan bar, wat er zich tegenwoordig niet allemaal met het woord „volk" siert, en hoevelen hun eigen opvatting hebben over dit begrip. Een bekend professor in Beieren, die een beroemd strijder met geestelijke wapenen is, en al vele lauweren heeft behaald in zijn diverse geestelijke marsen naar Berlijn, beschouwt volks als identiek aan monarchistisch. Deze bolleboos heeft echter tot nog toe nagelaten, om de identiteit van onze vroegere Duitse monarchieën door huidige volksopvattingen nader te verklaren. Ik vrees ook, dat dit de meneer in kwestie niet zou lukken. Want men zal zich moeilijk iets kunnen voorstellen, wat minder volks was, dan het grootste deel der monarchistische staatsvormen, die Duitsland rijk was.

Zo dit anders ware geweest, dan zouden ze of nooit zijn verdwenen, of het feit van hun verdwijnen zou kunnen worden opgevat als een bewijs voor de onjuistheid van de volks wereldbeschouwing. zo legt een ieder dit begrip uit, al naar het in zijn kraam te pas komt. Als grondslag voor een politieke strijdorganisatie echter kan een dergelijke chaos van meningen niet in aanmerking komen. Het gebrek aan zin voor realiteit en vooral ook het gebrek aan inzicht in de volksziel, waaraan deze twintigste-eeuwse volksprofeten steeds weer blijken te lijden, wil ik nu nog geheel buiten beschouwing laten. Dit wordt wel voldoende aangetoond door de minachtende manier, waarop ze door de linksepartijen worden behandeld. Men laat hen maar kletsen en lacht hen uit. Wie echter op deze wereld niet bij machte is zich de haat van zijn vijanden op de hals te halen, lijkt mij ook als vriend niet veel waard te zijn.

En zo was ook de vriendschap van deze lieden voor onze beweging niet alleen waardeloos, maar alleen maar nadelig, en dat was ook de hoofdrede, waarom wij in de eerste plaats de naam „partij" kozen – wij mochten hopen, dat daardoor alleen al een gehele zwerm van deze volksslaapwandelaars verre gehouden zou worden – en waarom wij ons in de tweede plaats Nationaal-Socialistische Duitse Arbeiderspartij noemden. Dat eerste deel van onze naam bewaarde ons voor de dwepers-met-oudheden, voor de woordaanbidders en voor de lieden, die niets anders konden dan met dikke woorden schermen, de tweede echter behoedde ons voor de gehele schare ridders-met-„geestelijke"-zwaarden, voor al die treurige kerels, die hun „geestelijk wapen" als beschermend schild voor de lafheid hielden, die in werkelijkheid hun hart vervulde. Het spreekt vanzelf, dat wij in de nu komende tijd vooral door deze laatsten zo fel mogelijk werden aangevallen, natuurlijk niet met de vuist, maar enkel met de pen, zoals immers van zo'n volks penneheld niet anders mag worden verwacht. Voor hun had ons principe „Wie ons met geweld bestrijdt, die zullen wij met geweld beantwoorden", iets griezeligs. Niet alleen, dat ze ons een platte aanbidding van de gummiknuppel verweten, maar wij werden er ook van beticht, dat wij in het geheel niet over geest beschikten. Dat in een grote vergadering zelfs een Demosthenes tot zwijgen gebracht kan worden, wanneer er maar vijftig idioten gevonden worden, die bereid zijn, om hem door hun grote monden en hun vuisten het spreken te beletten, is een feit, dat op deze heren niet de minsten indruk maakt.

Zijn aangeboren lafheid maakt, dat hij zich nooit in zo'n gevaar waagt. Want hij werkt niet „lawaaierig" en „opdringerig", maar „in stilte". Ik kan er ook vandaag de dag onze jonge beweging niet nadrukkelijk genoeg voor waarschuwen, dat ze zich toch vooral niet in het net van die zogenaamde „stille werkers" laat vangen. Dat zijn niet alleen lafaards, maar ook altijd lieden, die niets kunnen en niets uitvoeren. Een man, die met iets op de hoogte is, die een gevaar inziet en die ziet op welke manier de weg geruimd zou kunnen worden, heeft de absolute plicht, om niet „in stilte" te werken, maar om in het openbaar tegen deze fout en vóór de genezing ervan, op te treden. Indien hij dat niet doet, dan is hij een plichtvergeten ellendige slappeling die of uit lafheid in gebreke blijft, of uit luiheid en machteloosheid. Het grootste deel van deze „stille werkers" stelt zich echter meestal aan, alsof ze ontzettend veel en ontzettend belangrijke dingen wisten. Maar men kan wel zeggen, dat ze stuk voor stuk geen cent waard zijn, en enkel proberen iedereen door hun komediespel op een dwaalspoor te leiden; ze zijn lui, maar wekken door dat zogenaamd „stille werken", dat ze zouden doen, en waar ze zich onophoudelijk op beroemen, de indruk, alsof ze steeds overal, en steeds onvermoeibaar aan het werk waren, kort en goed, het zijn bedriegers, politieke O.W.-ers, die eerlijk werk maar al te graag aan anderen overlaten. Zo gauw zo'n volkswerker-in-het-donker zich op de waarde van zijn „stille werk" beroept, dan is het duizend tegen één, dat hij niet in stilte produceert, maar dat hij in stilte de vruchten van de arbeid van de anderen steelt.

Daarbij komt nog de arrogantie, de verwaandheid en de onbeschaamdheid, waarmee dit praktisch luierende en lichtschuwe gespuis, zich van het werk van de anderen meester maakt en dat dan nog neerbuigend tracht te bevitten, waardoor het dus in werkelijkheid als handlanger van de doodvijanden van ons volk optreedt. Iedere agitator, van hoe klein formaat ook, die de moed heeft om, temidden van tegenstanders, op een kroegtafel staande, mannelijk en openlijk voor zijn idealen op te komen, presteert meer dan duizend van deze onwaarachtige achterbakse gluiperds. Hij – de man op de tafel – zal zeker de een of ander weten over te halen en weten te overtuigen van de juistheid van zijn bewering. Zijn werk kan gecontroleerd worden en aan het resultaat ervan kan men de uitwerking en de waarde afmeten. Alleen de laffe zwendelaars, die zich beroemen op hun „werken in stilte" en die zich zo dus met het dekmanteltje van een goedkope anonimiteit wensen te hullen, kunnen voor niets worden gebruikt en kunnen in de ware zin van het woord worden beschouwd als de profiteurs en bloedzuigers op de wederopstanding van ons volk.

In het begin van het jaar 1920 drong ik er op aan, dat onze eerste grote massavergadering zou worden gehouden. Daarover ontstonden weer meningsverschillen. Enige partij functionarissen meenden, dat dit veel te vroeg zou zijn, en dat de uitwerking daarom niet dan noodlottig zou kunnen zijn.

De rode pers was begonnen zich met ons bezig te houden en wij waren zo gelukkig ons langzamerhand hun haat op de hals te halen. Wij waren ook begonnen om als debaters in andere vergaderingen op te treden. Natuurlijk werd ieder van ons onmiddellijk overschreeuwd. Maar één resultaat konden wij toch boeken: men leerde ons kennen en naarmate men zich beter bewust werd van ons bestaan, groeiden de afkeer en de woede tegen ons. Wij mochten dus wel de hoop koesteren, dat wij bij onze eerste grote massavergadering op een overtalrijk bezoek van onze vrienden uit het rode kamp zouden mogen rekenen.

En ook mij stond het overduidelijk voor ogen, dat het zeer waarschijnlijk was, dat deze vergadering uiteengeslagen zou worden. Maar deze strijd moest toch worden uitgevochten; indien het nu niet gebeurde, dan enige maanden later. Nu lag het lot van de beweging geheel in onze handen; wanneer wij onverbiddelijk, onvoorwaardelijk voor haar in de bres sprongen, dan konden wij haar bestaanszekerheid verschaffen. Ik kende juist de mentaliteit van de roden maar al te goed en wist, dat een verzet tot het uiterste niet alleen een goede indruk maakt, maar ook reden is voor velen om zich aan te sluiten. Men moest nu eenmaal vastbesloten zijn, om een degelijke tegenstand te bieden. De heer Harrer, die destijds voorzitter van de partij was, dacht dat mijn mening over het gekozen tijdstip onjuist was en trad daarom als eerlijk en oprecht man als leider van de beweging af. De heer Anton Drexler nam zijn plaats in.

Ikzelf had de organisatie van de propaganda op mij genomen en zette die ook onvoorwaardelijk door. Nu werd er vastgesteld, dat de eerste grote vergadering van de nog onbekende beweging op de 24sten Februari 1920 zou plaats vinden. De voorbereidselen werden door mij persoonlijk geleid. Deze waren zeer kort van duur. Ons gehele propaganda-apparaat was er trouwens op ingesteld om bliksemsnel te kunnen werken en beslissingen te forceren. Ten opzichte van kwesties van de dag moesten wij direct ons standpunt bepalen en dit binnen de vierentwintig uur door massavergaderingen bekendmaken. De aankondiging daarvan moest door aanplakbiljetten en strooibiljetten gebeuren, die geredigeerd werden volgens de richtlijnen, die ik bij de bespreking van de propaganda al in grote lijnen heb aangeduid. Invloed op de grote massa, concentratie op enkele punten, onophoudelijke herhaling van die punten, overtuigde en zelfbewuste redactie van de tekst, zodat het de vorm van een onomstotelijke bewering kreeg, de grootste hardnekkigheid bij de verbreiding en het grootste geduld bij het afwachten van de uitwerking. Als kleur werd principieel rood gekozen, omdat dit de meest opzwiepende is en onze tegenstanders het meest zou prikkelen en ergeren en hen daardoor of ze het wilden of niet, steeds weer aan ons bestaan zou herinneren.

In de tijd die nu aanbrak, kwam ook in Beieren de innerlijke broederschap tussen de marxisten en het Centrum als politieke partij het duidelijkst tot uiting in de moeite, die de hier regerende Beierse volkspartij zich gaf, om te trachten de invloed van onze aanplakbiljetten op de rode arbeidersmassa's te verminderen en later geheel teniet te doen. Wanneer de politie geen andere reden kon vinden, om hiertegen op te treden, dan werd er over „verkeersbelemmeringen" gesproken, tot men tenslotte, om de geheime roden bondgenoot maar te plezieren, met welwillende medewerking van een zogenaamde „Deutschnationale Volkspartei", deze aanplakbiljetten, die honderdduizenden internationalistische, opgehitste en bedrogen arbeiders aan het Duitse volk hadden teruggegeven, geheel verbood. De biljetten die in de eerste en tweede druk van dit boek als bijlage waren toegevoegd — zijn de beste bewijzen van de geweldige strijd, die de jonge beweging in deze tijd moest uitvechten. Ze zullen echter ook tegenover het nageslacht getuigen van onze wil, van de eerlijkheid van onze overtuiging en van de willekeur van zogenaamde nationale autoriteiten. Zij zullen helpen een einde te maken aan de opvatting, dat er in Beieren een werkelijk nationale regering bestond, en ze zullen aan dit nageslacht nog bewijzen, dat het nationale Beieren uit de jaren 1919, 1920, 1921, 1922 en 1923 niet het gevolg was van de werkzaamheid van een nationale regering, maar dat deze regering integendeel niet dan onder dwang rekening hield met een volk, dat meer en meer nationaal begon te voelen.

De regeringen zelf deden al het mogelijke om dit herstel te beletten en onmogelijk te maken. Voor twee mannen moet daarbij een uitzondering worden gemaakt: De toenmalige commissaris van politie Ernst Pëhner en zijn trouwe raadsman Oberamtmann Frick waren de enige hogere ambtenaren, die toen al de moed bezaten, om eerst Duitser en dan ambtenaar te zijn. Ernst Pëhner was de enige man op een verantwoordelijke plaats, die niet probeerde het de massa naar de zin te maken, en zo haar gunst te werven, maar die voelde, dat hij verantwoordelijkheid droeg, ten opzichte van zijn volk en bereid was voor de wederopstanding van zijn volk, dat hij boven alles liefhad, zo nodig zijn bestaan als enkeling op het spel te zetten, en op te offeren. Hij was dan ook steeds een doorn in het oog van al die koopbare ambtenaren, die zich niet laten leiden door het belang van hun volk, en door het besef dat het brandend noodzakelijk is, om dit weer zodanig te verheffen, dat het zijn vrijheid herkrijgt, maar wier wetten alleen en uitsluitend worden gevormd door de bevelen van hun broodheer zonder dat het hun ook maar in het minst interesseert, wat er van de hun toevertrouwde nationale goederen wordt.

Het belangrijkste was echter, dat hij behoorde tot die karakters, die in tegenstelling met de meeste dienaren van ons zogenaamde staatsgezag niet bang zijn voor de vijandschap van de volks- en landverraders, maar die integendeel ernaar verlangen, omdat ze die vijandschap zien als een der meest vanzelfsprekende levensomstandigheden van iedere man van eer. Het bewustzijn, dat hij door Joden en marxisten werd gehaat en het constateren van de gehele leugen en lastercampagne van dit gebroed tegen hem, vormden voor hem het enige geluk te midden van de ellende van ons volk.

Hij was een man van onaantastbare eerlijkheid, van Spartaanse eenvoud en van Duitse rechtschapenheid, en de spreuk: „liever dood dan slaaf zijn" was voor hem geen holle fraze, maar vormde de kern van zijn karakter. Hij en zijn medewerker Dr. Frick, zijn, mijns inziens, de enigen van de mannen aan het roer, die als mede opbouwers van het nationale Beieren kunnen worden beschouwd. Eer wij nu konden overgaan tot het houden van deze grote vergadering, was het niet alleen noodzakelijk, dat het nodige propagandamateriaal aanwezig was, maar dat er ook voor gedrukte beginselprogramma's van de beweging was gezorgd. Ik zal de richtlijnen, die ons vooral bij de formulering van het program voor ogen stonden in het tweede deel diepgaand bespreken. Ik wil hier alleen maar even vaststellen, dat het niet alleen werd opgesteld, om aan de jonge beweging vorm en inhoud te geven, maar om de massa te doen begrijpen, wat het doel was waarnaar wij streefden. Van de zijde van zogenaamde intellectuelen heeft men zich daarover vrolijk gemaakt, ons bespot en getracht, daarop kritiek uit te oefenen.

Door de juistheid van onze opvattingen in die dagen is dit programma echter uiterst effectief gebleken. Ik heb in deze jaren dozijnen nieuwe bewegingen zien opkomen, en zij zijn alle weer spoorloos verdwenen en verstoven als kaf in de wind. Slechts één bleef bestaan: de N.S.D.A.P. En ik ben er vandaag de dag dieper van overtuigd dan ooit, dat men haar kan bestrijden, en kan proberen, haar lam te leggen, dat kleine ministertjes, die daar zitten voor hun partij, en die niets zien dan hun partij ons kunnen verbieden te spreken, maar dat niemand erin zal kunnen slagen, om de overwinning van onze ideeën te voorkomen. Wanneer men eens van de huidige staatsopvatting en van haar vertegenwoordigers zelfs de namen niet meer zal weten, dan zullen de grondslagen van het nationaal-socialistische programma de fundamenten zijn van een komende staat.

Dat vergaderwerk vóór januari 1920, dat vier maanden duurde, heeft langzamerhand de geringe middelen opgeleverd, die nodig waren, om onze eerste brochure, ons eerste aanplakbiljet en ons programma te kunnen laten drukken. Wanneer ik dit deel beëindig met de beschrijving van de eerste grote vergadering van de beweging, dan gebeurt dat, omdat de partij hierdoor buiten het nauwe kringetje van een kleine vereniging trad, en nu voor het eerst bepalend inwerkte op de machtigste factor van onze tijd, de publieke opinie. Ikzelf werd destijds slechts door één enkele zorg gekweld: Zal de zaal vol zijn, of zullen we voor een gapende leegte moeten spreken? Ik had bij mezelf de rotsvaste overtuiging dat, wanneer het publiek in grote getale zou komen, deze dag ook een daverend succes voor de jonge beweging zou opleveren.

Zo wachtte ik, met vrees in het hart, die avond af. Om 7 uur 30 zou de vergadering worden geopend. Om kwart over zeven betrad ik de feestzaal van het Hofbräuhaus op het Platzl te München, en mijn hart sprong op van vreugde. De geweldige zaal – want destijds was hij nog geweldig in mijn ogen – was tot de nok gevuld met mensen, die als haringen in een ton zaten te wachten, een massa van bijna tweeduizend man. En wat het belangrijkste was, het publiek was juist dat, wat wij hadden gewenst. Veel meer dan de helft van de zaal scheen bezet met communisten en onafhankelijke socialisten. Deze heren hadden het vaste voornemen, om aan onze eerste grote vergadering snel en afdoende een einde te maken. Maar het liep anders af, dan zij hadden gedacht. Nadat de eerste spreker zijn rede had beëindigd, nam ik het woord. Al na enkele minuten regende het interrupties, en ontstonden er in de zaal hevige vechtpartijen; een handjevol van mijn trouwste kameraden uit de oorlog, en andere aanhangers rolden over de grond met de rustverstoorders, en slaagden er tenslotte met veel moeite in, om de rust te herstellen. Na een half uur begon de bijval langzamerhand het geschreeuw en gebrul te overstemmen.

En nu greep ik het programma, en begon het voor het eerst toe te lichten. En naarmate de tijd verstreek, groeide de bijval en namen de interrupties af. En toen ik de massa tenslotte de vijfentwintig stellingen punt voor punt voorlegde, en haar vroeg, om er zelf haar mening over uit te spreken, toen werden ze stuk voor stuk, met steeds groter gejuich eenstemmig aangenomen, en toen dan ook de laatste stelling de weg naar het hart van de massa had gevonden, stond er een zaal vol mensen voor mij, die door een nieuwe overtuiging, een nieuw geloof en een nieuwe wil waren samen gesmeed.

Toen na bijna vier uur, de zaal begon leeg te lopen, en de massa langzaam naar de uitgang stroomde, toen wist ik, dat nu de beginselen van een beweging uitgingen naar het hart van het Duitse volk, en dat deze beginselen niet meer uit te roeien zouden blijken. Er was een vuur ontstoken, dat eenmaal de gloed zal zijn, waarin het zwaard zal kunnen worden gesmeed, dat aan de Germaanse Siegfried zijn vrijheid en aan de Duitse natie het leven terug zal geven. En ook voelde ik, hoe naast die komende opstanding de onverbiddelijke godin van de wraak schreed, en haar oordeel uitsprak over de meinedigen van de 9de november 1918, en hun werk. Zo liep langzaam de zaal leeg. De beweging nam haar loop.

TWEEDE DEEL

DE NATIONAAL-SOCIALISTISCHE BEWEGING

Adolf Hitler

EERSTE HOOFDSTUK
WERELDBESCHOUWING EN PARTIJ

De 24ste februari 1920 vond de eerste grote massa vergadering van onze jonge beweging plaats. In de feestzaal van het Münchener Hofbräuhaus werden de vijfentwintig programmapunten van de nieuwe partij aan een menigte, die bijna tweeduizend koppen telde, voorgelegd, en ieder punt werd met grote geestdrift aanvaard. Daarmee waren de eerste principes en richtlijnen vastgelegd voor een strijd, die een definitieve opruiming zou houden onder een ware chaos van traditionele ideeën en opvattingen en van al te vage en schadelijke idealen. In de luie en laffe burgerlijke wereld, en ook bij de zegetocht van de marxistische golf zou een nieuwe factor gaan meespreken, en alle krachten inspannen, om het noodlot nog op het laatste ogenblik een halt toe te roepen.

Het behoeft geen betoog, dat de nieuwe beweging alleen dan mocht hopen, eens belangrijk en sterk genoeg te worden voor deze titanenstrijd, wanneer zij er vanaf de eerste dag van haar bestaan in slaagde, om in de harten van haar aanhangers de heilige overtuiging te wekken, dat het politieke leven door haar ontstaan niet weer met een nieuwe holle leus was verrijkt, maar dat er hiermee een principieel andere wereldbeschouwing haar stem liet horen. Men moet bedenken, hoe miserabel en klein de standpunten en de oogmerken zijn, die de z.g. „partij programma's" bepalen, hoe deze gewoonlijk in elkaar geknutseld worden, en hoe ze van tijd tot tijd worden opgelapt of vervormd. Men moet ook eens goed hebben doorzien, door die drijfveren dergelijke burgerlijke „programma commissies" worden bewogen, om de waarde van deze wanproducten van programma's te kunnen inzien.

Steeds weer is het één enkele bezorgdheid, die óf tot nieuwe programma's óf tot wijziging van de oude aanleiding geeft: de angst voor de volgende verkiezingen. Telkens wanneer het tot de koppen van deze parlementaire staatsknoeiertjes begint door te dringen, dat de geliefde soevereine kiezers weer eens revolteren, en het plan schijnen te koesteren om het oude partijgareel te verlaten, schilderen ze de disselbomen weer op. Dan komen de partij astrologen en sterrenwichelaars, de z.g. „ervaren" en „doorknede" partijgenoten, meestal oude parlementaire rotten, die zich uit de rijkdom van hun politieke ervaring soortgelijke gevallen weten te herinneren, toen het geduld van de massa ook ten einde was, en die nu hetzelfde drama weer voelen dreigen.

Dan grijpen ze naar het oude recept, vormen een „commissie", leggen overal hun oor te luister aan de boezem van het volk, besnuffelen de pers producten, en krijgen zodoende langzamerhand in de gaten, wat de geliefde medeburgers uit de meest talrijke groepen van de bevolking nu eigenlijk wensen, wat ze verfoeien, en wat ze hopen te bereiken. Ieder beroep, en zelfs ieder speciaal soort employés wordt apart bestudeerd, en men streeft ernaar, al hun diepste wensen te weten te komen. Ook de „minderwaardige leuzen", waarvan die gevaarlijke oppositie zich bedient, zijn dan gewoonlijk toch opeens wel een onderzoek waard, en het is geen zeldzaamheid, dat die leuzen dan zomaar, alsof het vanzelf sprak, in de voorraad van de oude partijen opduiken. Zo komen de commissies bijeen, „herzien" het oude program en fabriceren een nieuw (de heren nemen even vaak een nieuwe overtuiging als de soldaat aan het front een schoon hemd: namelijk altijd, wanneer het vorige absoluut niet meer te dragen is), waarin ieder krijgt, wat hem toekomt. De boer ziet de landbouw beschermd, de industrieel de afzet van zijn producten verzekerd, de consument wordt beschermd tegen al te hoge prijzen, de salarissen van de leerkrachten worden verhoogd, en de pensioenen van de ambtenaren eveneens. De weduwen en wezen krijgen door de zorgen van Vader Staat een weelderig bestaan, het verkeer wordt uitgebreid, alle tarieven gaan naar beneden en de belastingen zullen wel niet helemaal, maar toch voor negen tiende worden afgeschaft. Vaak gebeurt het, dat men toch nog een groep van de bevolking over het hoofd heeft gezien, of een wens, die toch onder de bevolking leeft, niet in de gaten heeft gehad.

Dan plakt men in allerijl nog zoveel bij als men maar kan, net zolang tot men reden heeft om aan te nemen, dat het leger van de kleine luiden en hun eega's gerustgesteld en uiterst tevreden zal zijn. En dan is men dus weer voldoende innerlijk gesterkt, om, vol vertrouwen op Gods goedheid en op de grenzeloze en onverwoestbare domheid van de soevereine kiezer, de strijd voor het „nieuwe Rijk" zoals men zegt, te beginnen. En wanneer de verkiezingsdag dan weer voorbij is, en de parlementaire heren weer vier jaar de tijd hebben, om hun volgende openbare vergadering voor te bereiden, wenden ze zich van de dictatuur van het plebs af, om zich met hoger en aangenamer taken op te houden, dan gaat de programma commissie weer uiteen, en de strijd voor een nieuwe vorming van de gemeenschap blijft weer beperkt tot de strijd om het dagelijks brood, of, om meer in de sfeer van de parlementariër te spreken: tot de strijd om de presentiegelden. Iedere morgen begeeft het geachte Kamerlid zich naar het terrein van zijn werkzaamheid, of, zo hij het eigenlijke heiligdom al niet betreedt, dan toch naar het voorvertrek, waar de presentielijsten ter tekening liggen. Met roerende plichtsgetrouwheid jegens zijn volk schrijft hij daar zijn naam op, en neemt dan, als welverdiend loon voor deze, steeds weer gevergde inspannende bezigheid, een geringe schadeloosstelling in ontvangst. Na vier jaar of in andere kritieke weken, wanneer het einde van het bestaande parlement weer zeer nabij begint te komen, voelen de heren plotseling een onbedwingbare drang in zich opkomen.

En zoals de engerling eenvoudig niets anders kan doen, dan zich tot een meikever ontwikkelen, zo kunnen deze parlementaire larven niet anders, of ze moeten het grote gemeenschappelijke tehuis, waar ze vier jaar lang als vlinder poppen ingekwartierd waren, verlaten, en met grote schone vleugels begaafd, naar de geliefde kiezers fladderen. Dan spreken ze weer tot hun kiezers, vertellen van de enorme hoeveelheid werk, die ze zelf hebben verzet, en van de opzettelijke verstoktheid der anderen ... en in plaats van dat het volk nu dankbaar is, en hen toejuicht, slingert het hen dikwijls ruwe en zelfs venijnige woorden naar het hoofd. Wanneer die ondankbaarheid onder het volk een bepaalden graad van hevigheid heeft overschreden, dan is er maar één middel in staat, om de situatie te redden: de glorie van de partij moet weer worden opgepoetst, en het program moet opgelapt. De commissie komt weer op de proppen en het zwendeltje begint opnieuw. Men moet zich niet verbazen over het succes, dat er steeds weer wordt behaald: de domheid van de mensheid is werkelijk ongelooflijk. Het „burgerlijke" zo goed als „proletarische" stemvee keert, verblind door het verlokkende nieuwe program, en geleid door zijn pers, weer in de oude partijstal terug, en kiest weer zijn oude bedriegers. Dan, op het ogenblik, dat hij gekozen is, verandert de volksman, de kandidaat van de werkende standen, onmiddellijk weer in een parlementaire larve, vreet zich verder weer dik en vet aan de bladeren van de staatsboom, en wordt pas na vier jaar weer tot een schitterende vlinder. Er is maar weinig, wat meer deprimerend werkt, dan het gezicht van deze kringloop van gebeurtenissen. Het is dan ook geen wonder, dat men in het burgerlijke kamp uit zulk een aanblik niet de kracht kan putten, om de strijd aan te binden tegen de georganiseerde macht van het marxisme. In ernst houden de heren zich ook nooit met zulke ideeën bezig. Hoe bekrompen en hoe geestelijk minderwaardig deze blanke medicijnmannen ook mogen zijn, toch zijn ze niet zo dom om te geloven, dat ze met de methoden der Westerse democratieën een leer kunnen verslaan, die de democratie met op- en dependenties op zijn best beschouwt als een middel, dat zij kan gebruiken, om de kracht van de tegenstander te verlammen, en daardoor zelf de vrije hand te krijgen. Want al doet een deel van de marxisten het op het ogenblik ook op buitengewoon handige wijze voorkomen, alsof marxisme en democratie in werkelijkheid slechts twee woorden voor één begrip waren, toch moge men nooit vergeten, dat deze heren zich op kritieke momenten al uiterst weinig om de beslissing der meerderheid naar Westers democratisch recept bleken te bekommeren.

Dit kon men zien in de dagen, dat de burgerlijke parlementariërs meenden, dat de monumentale bekrompenheid van een enorm aantal zonder meer voldoende was om het Rijk te beveiligen, terwijl het marxisme in dezelfde tijd met een bijeengeraapt zooitje straatschenders, deserteurs, partijbonzen, en Joodse persmuskieten eenvoudig de macht greep, en zodoende aan de democratie toonde, wat zij in hun ogen waard was. Men heeft toch waarlijk al de goedgelovigheid van zo'n parlementaire toverpriester nodig om te kunnen denken, dat de brute vastberadenheid van de belanghebbenden en dragers van deze internationale pest nu in het vervolg door de magische formules van het Westers parlementarisme bezworen zal kunnen worden. Het marxisme zal net zolang met de democratie mee marcheren, tot het hem lukt om langs indirecte weg voor zijn misdadige idealen zelfs nog de steun te verkrijgen van de nationale geestes wereld, die hij nota bene zelf ten ondergang heeft gedoemd. Indien hij vandaag de dag tot de overtuiging zou komen, dat er uit de heksenketel van onze parlementaire democratie plotseling een meerderheid bijeen geknutseld kon worden, die — al ware het alleen maar op grond van zijn getalsmeerderheid, die dus tot wetgeving bevoegd maakt — het marxisme ernstig te na zou komen, dan was het met het parlementaire spel onmiddellijk afgelopen.

De vaandeldragers van de mode internationale zouden dan, in plaats van een appèl aan het geweten van de democraten te richten, een vlammende oproep aan de proletarische massa produceren, en de strijd zou zich daardoor met één slag uit de muffe lucht van de vergaderzalen van onze parlementen, naar de fabrieken en de straat verplaatsen. Dan was het met de democratie dadelijk gedaan, en wat aan de geestelijke lenigheid van die volkenapostelen in de parlementen was mislukt, zou, precies als in de herfst van het jaar 1918, aan de smidshamer en het breekijzer van de opgejaagde massa van de proletariërs onmiddellijk lukken: de burgerlijke wereld zou dan namelijk dadelijk begrijpen, moeten begrijpen, hoe waanzinnig het is, zich te verbeelden, dat men de Joodse veldtocht tegen de wereld met de wapenen van de Westerse democratie tot staan kan brengen. Ik zei al, dat er een behoorlijke portie goedgelovigheid nodig was, om zich tegenover zo'n speler aan regels te binden, die hij nooit anders dan als bluf of als een middel tot eigen voordeel kan beschouwen, dat hij overboord gooit, zo gauw ze voor hem geen nut meer hebben. Omdat de politieke strijd bij alle z.g. „burgerlijke" partijen eigenlijk uitsluitend zijn hoogtepunt vindt in een vechtpartij om een paar zetels in het parlement, waarbij de opvattingen en beginselen al naar het uitkomt, als onnutte ballast overboord worden geworpen, dan wel aan boord blijven, zijn natuurlijk ook de programma's daarop berekend, en zijn ook hun krachten — of beter: hun zwakten — hiervan het gevolg. Ze missen de grote, alles overheersende aantrekkingskracht, die alleen in staat is, de grote massa te pakken, en die het gevolg is van grote machtige ideeën, van de overtuigingskracht van een onvoorwaardelijk geloof en van de fanatieke strijdbereidheid voor die ideeën.

Wanneer echter te eniger tijd de ene partij uitgerust is met alle wapenen, die een wereldbeschouwing kan verlenen — die opvatting mag duizendmaal misdadig zijn, dat doet er niets aan af — opstaat en stormloopt tegen de bestaande orde, dan kan de andere zijde zich alleen maar verzetten, wanneer ze voor haar overtuiging een nieuwe vorm vindt, en van een slappe en laffe verdediging tot een felle, moedige en krachtdadige aanval overgaat. Nu wordt onze beweging tegenwoordig dikwijls, vooral van de zijde van zogenaamd nationale burgerlijke ministers, bijvoorbeeld van het Beierse Centrum, aangevallen met het snuggere argument, dat wij een „omwenteling" zouden nastreven. Ons antwoord daarop kan dan enkel luiden:

Inderdaad, wij trachten in te halen, wat jullie in je misdadige domheid hebt verzuimd. Jullie hebt door de beginselen van je parlementaire koehandel geholpen, de natie in de afgrond te storten; wij echter zullen — en daarom vallen wij aan — door een nieuwe wereldbeschouwing te maken, dat ons volk de principes van dat geloof hard en fanatiek en onwankelbaar zal verdedigen, en zullen zo steen voor steen de trappen bouwen waarlangs ons volk eens weer tot de tempel van zijn vrijheid zal weten op te klimmen. Zo moest onze grootste zorg in de eerste dagen van de beweging vooral zijn, dat toch uit die schare van strijders voor een nieuw en hoog ideaal niet een vereniging tot behartiging van de belangen van het een of andere deel van het parlement ontstond. Onze eerste voorzorgsmaatregel was de opstelling van een programma, dat doelbewust in een bepaalde richting stuurde, in een richting, die alleen al door haar innerlijke grootheid geëigend scheen, om de kleine en zwakke geesten van onze huidige partij politici te verjagen.

Hoe juist echter onze opvatting was, dat de uiterste scherpte bij het vaststellen van programmapunten een gebiedende eis is, bleek wel het duidelijkst uit de noodlottige gang van zaken, die aan Duitslands ineenstorting voorafging. Dit inzicht moest leiden tot een nieuw staats idee, dat op zijn beurt weer een van de belangrijkste onderdelen van de nieuwe wereldbeschouwing is. Ik heb al in het eerste deel het een en ander gezegd over het woord „volks", omdat ik moest constateren, dat er zoveel begrippen aan deze uitdrukking waren verbonden, en dat het daarom nooit mogelijk is, dit woord in de doelstellingen van een gesloten strijd gemeenschap te benutten. Alle mogelijke lieden wier ideeën volkomen uiteenlopend zijn, sieren zich tegenwoordig met de naam „volks". Daarom zou ik, eer ik me met het doel en de taak van de N.S.D.A.P. ga bezighouden, eerst een uiteenzetting willen geven van het begrip „volks", alsmede van de verhouding van dit begrip tot de partij beweging.

Het begrip „volks" schijnt zo weinig scherp omlijnd, voor zo velerlei uitleg vatbaar, en even algemeen bruikbaar als bijvoorbeeld het woord „religieus". Men kan zich van dit woord al evenmin gemakkelijk een scherpomlijnde voorstelling maken, noch theoretisch, noch praktisch. De omschrijving „religieus" wordt pas helder op het ogenblik, dat zij verbonden wordt met een bepaalden vorm, waarin ze tot uitdrukking is gekomen. Het is een heel mooie, maar meestal ook een heel goedkope verklaring, wanneer men iemands karakter als „diep religieus" aanduidt. Er zullen natuurlijk wel enkelen zijn, die met zo'n, zeer algemene, kwalificatie tevreden zijn, en die zelfs bij het horen van dat woord een bepaald, meer of minder scherp omlijnd beeld van de bedoelde zielstoestand voor zich zien. Maar omdat de grote massa nu eenmaal niet uit wijsgeren en al evenmin uit heiligen bestaat, zal zo'n, zeer algemeen, religieus idee voor de doorsnee mens alleen betekenen, dat zijn individueel denken en doen aan geen dogmatische vormen meer gebonden is, zonder dat het religieus verlangen ooit zover rijpt, dat zich uit de zuiver metafysische onbegrensde gedachtewereld een bepaald scherpomlijnd geloof vormt.

Dit geloof is zeer zeker niet het einddoel zelf, maar eveneens slechts middel, om het doel te kunnen bereiken. Dit doel is echter niet alleen ideëel, maar is ten slotte ook van uitermate praktisch nut. Men dient trouwens toch te begrijpen, dat de hoogste idealen steeds aan de hoogste levensbehoeften beantwoorden, zoals de adel van de hoogste schoonheid ook tenslotte alleen gelegen kan zijn in de logische doelmatigheid. Doordat het geloof er zijn deel toe bijdraagt, om de mens boven het peil van het dierlijke leven te verheffen, maakt het metterdaad de zekerheid en veiligheid van zijn leven groter.

Laat men eens proberen, om de mensheid van onze tijd te beroven van het religieus-gelovige levens element, dat door de opvoeding nog weer versterkt is – praktisch betekent dit dus, dat onze zedelijke en morele grondslagen, die grotendeels op deze religieuze opvoeding berusten, buiten werking zouden worden gesteld – en laat men dit alles dan niet door iets gelijkwaardigs vervangen, dan zal men zien, hoe dit een zeer hevige aantasting van de fundamenten van het menselijk leven tengevolge zal hebben. Men kan dus hieruit wel de conclusie trekken, dat men niet alleen kan zeggen, dat de mens leeft om hoger idealen te dienen, maar dat omgekeerd zijn bestaan als mens ook afhankelijk is van deze hogere idealen. zo sluit de cirkel zich. Natuurlijk zijn ook met de algemene aanduiding „religieus al enige principiële ideeën of overtuigingen verbonden, b.v. van de onvernietigbaarheid van de ziel, van de eeuwigheid van het leven; van het bestaan van een hoger wezen, enz. Maar al deze gedachten, hoe overtuigend ze voor de enkeling ook kunnen zijn, blijven, zolang het gevoel of de intuïtie niet tot de onwankelbare kracht van een apodictisch geloof uitgroeit, onderworpen aan de kritiek van deze enkeling, en zijn daardoor dus ook nooit zeker van een onvoorwaardelijke aanvaarding. Vooral dit apodictisch geloof is een uiterst belangrijke factor in de strijd, die de bressen breekt voor de aanvaarding van religieuze grondbeginselen, en zo voor die bepaalde vorm van godsdienst vrij baan maakt.

Indien dit scherp begrensde en scherpomlijnde geloof ontbrak, dan ware de religiositeit in haar vage veelvormigheid niet alleen zonder waarde voor het menselijke leven, maar zou waarschijnlijk tevens nog bijdragen tot de algemene ontwrichting. Met het begrip „volks" is het nu ongeveer evenzo gesteld als met het woord „religieus". Ook daarin liggen al enkele principiële constataties opgesloten. Deze zijn echter, al betekenen ze mogelijkerwijze ook zeer veel, toch te weinig gepreciseerd, en zullen zich pas boven de waarde van een meer of minder waardeerbare persoonlijke opvatting verheffen, wanneer ze als grondprincipes in het kader van een politieke partij worden opgenomen. Want idealen op het gebied van wereldbeschouwingen en de eisen, die daaruit afgeleid worden, kunnen al evenmin alleen door het zuivere gevoel of de innerlijke wil der mensen verwerkelijkt worden, als bijvoorbeeld de vrijheid door het algemene verlangen naar vrijheid een feit wordt. Nee, pas wanneer de ideële drang naar onafhankelijkheid zich van militaire machtsmiddelen meester maakt, en daardoor de beschikking krijgt over de, voor de strijd noodzakelijke organisatie, eerst dan kan die harte wens van het volk tot heerlijke werkelijkheid worden.

Iedere wereldbeschouwing — hoe oneindig juist en nuttig ze voor de mensheid ook moge zijn — zal iedere betekenis voor de praktische opbouw van het leven van een volk missen, zolang haar beginselen niet tot het vaandel van een strijdorganisatie zijn geworden. En deze zal op haar beurt weer net zolang een partij zijn, tot haar streven tot de overwinning van haar idealen heeft geleid, en haar partij dogmata de grondprincipes vormen van de nieuwe staat, waarin de volks gemeenschap zijn nieuwe vorm heeft gevonden. Wanneer een algemeen geestelijk idee echter tot fundament wil worden voor een toekomstige ontwikkeling, dan is het een eerste vereiste, dat die idee zo scherp mogelijk wordt bepaald naar karakter, wezen en begrenzing, omdat ze alleen in dat geval de basis kan zijn voor een beweging, die homogeen, en dat betekent sterk genoeg zal zijn, om de strijd aan te gaan. Uit algemene ideeën moet een politiek programma, en uit een algemene wereldbeschouwing een politiek geloof worden gevormd.

Dit geloof zal, omdat het doel ervan praktisch bereikbaar moet zijn, niet alleen de idee op zichzelf moeten dienen, maar zal zich ook moeten ophouden met de strijdmiddelen, die de idee kan benutten bij haar strijd om de macht. Naast de abstracte juistheid, die door de theoreticus in het streven dient te worden gelegd, moet ook het praktische inzicht van de politicus zijn invloed doen gelden. Daarom zal een eeuwig ideaal, dat een lichtende ster voor de mensheid kan zijn, zich helaas moeten tevreden stellen met een onvolmaakte projectie in het aardse, omdat het nu eenmaal met de onvolmaaktheden der mensen rekening zal moeten houden, indien het althans niet van te voren wil stranden, doordat het te hoge eisen stelde. Deze omvorming van een algemene ideële en zeer waarachtige wereldbeschouwing tot een vastomlijnde strak georganiseerde politieke geloofds- en strijdgemeenschap, die ook naar wil en geest geheel homogeen is, is de belangrijkste fase van de gehele strijd, omdat hier meer dan ergens anders wordt bepaald, of het idee al dan niet de overwinning zal kunnen behalen. Want in deze fase moet immers uit een schare mensen die miljoenen telt, die allen in meer of mindere mate deze waarheden aanvoelen, en ze ten dele zelfs begrijpen, als één man opstaan, en met apodictische kracht de vage ideeën wereld van de grote massa omsmeden tot onwrikbare beginselen; en hij moet de strijd voor de volstrekte juistheid van deze beginselen zolang voeren, tot zich eindelijk uit de golven van een vrije gedachtewereld de eendracht van geloof en streven als een sterke rots verheft. Het algemene recht tot zo'n daad ligt in de noodzaak ervan; het individuele recht in het succes.

Wanneer wij proberen, het woord „volks" te herleiden tot zijn diepste, eigenlijkste kern, dan komen wij tot de volgende conclusie: De politieke opvatting, die op het ogenblik (1924) vrij algemeen wordt gehuldigd, zegt, dat de staat weliswaar over enige scheppende en cultuur vormende kracht beschikt, maar dat hij buiten alle ras kwesties staat, en veel eerder nog als een product van economische noodzaken, of op zijn best als het natuurlijk gevolg van politieke machtswil moet worden beschouwd. Dit grondbeginsel leidt, wanneer men consequent doorredeneert, niet alleen tot blindheid voor de oerkrachten van het ras, maar tevens voor de betekenis van de persoonlijkheid. Want indien men ontkent, dat de verschillende rassen ook in hun cultuur scheppend vermogen verschillen, dan zal men dat verschil noodzakelijkerwijze ook bij de persoonlijkheden moeten ontkennen. Deze stelling, dat alle rassen gelijk zouden zijn, leidt tot de opvatting, dat ook alle volkeren en dan ook alle enkelingen van dezelfde betekenis zouden zijn. Daarom moet men ook begrijpen, dat het ontstaan van het internationaal marxisme niet betekent, dat er inderdaad een nieuwe gedachten wereld openging, maar dat de Jood Karl Marx in werkelijkheid slechts een, al zeer oud beginsel en een zeer oude opvatting in de vorm van een bepaalde politieke geloofsbelijdenis deed herleven. Indien zo'n algemene vergiftiging niet al latent aanwezig was geweest, dan had deze doctrine ook nooit tot een dergelijk verbazingwekkend politiek succes kunnen leiden.

Karl Marx was slechts de ene man onder de miljoenen, die met de zekerheid van de profeet uit het moeras van een langzaam verwordende wereld, de belangrijkste gifstoffen bijeenzocht, en er, als een tovenaar een meer geconcentreerde oplossing van samenstelde, teneinde hierdoor des te sneller een einde te maken aan de vrijheid en onafhankelijkheid van de naties. Dit alles echter alleen in dienst van zijn ras. Daarom is de marxistische leer slechts de korte samenvatting van de tegenwoordig algemeen gehuldigde wereldbeschouwing. Dit alleen al maakt, dat het voor onze zogenaamde burgerlijke wereld onmogelijk is, om de strijd tegen dat marxisme aan te binden, omdat deze bourgeoisie immers zelf eigenlijk aan precies dezelfde kwalen lijdt, en een wereldbeschouwing is toegedaan, die zich van de marxistische eigenlijk alleen in graden en personen onderscheidt. De burgerlijke wereld is marxistisch, maar gelooft aan de mogelijkheid, dat bepaalde groepen (de bourgeoisie, zijzelf) een heersende functie kunnen bekleden, terwijl het marxisme zelf stelselmatig tracht, de gehele wereld aan het Jodendom uit te leveren.

Daartegenover ziet de volkse wereldbeschouwing de betekenis van de mensheid in de oer elementen van het ras. Zij beschouwt de staat principieel slechts als middel, en ziet het doel in de handhaving van het bestaan als ras. Zij gelooft ook zeer beslist niet in een gelijkheid der rassen, maar ziet de verscheidenheid, en daarmee tevens het verschil in waarde, en voelt zich door dit inzicht verplicht, om ook te handelen naar de eeuwige wil, die onze kosmos beheerst, en dus alles te doen, wat de overwinning van de betere, sterkere kan bewerkstelligen, en wat kan zorgen, dat de mindere, de zwakkere zich schikt en gehoorzaamt. Dat wil dus zeggen, dat zij het aristocratische beginsel van de natuur tot het hare maakt, en dat het haar diepste overtuiging is, dat deze wet inderdaad ook voor de minste enkeling geldt.

Zij ziet niet alleen de verschillen van de rassen onderling, maar ook die tussen de enkelingen. Zij aanvaardt de massa, omdat die geen organisch geheel vormt, niet als zodanig, maar heeft in die massa slechts oog voor de betekenis van de enkeling, en oefent daardoor een organiserende invloed uit, in tegenstelling met het marxisme, dat ontbindend werkt. Zij gelooft, dat het noodzakelijk is, om de mensheid weer tot idealisme op te voeden, omdat ze het idealisme als een van de meest onmisbare voorwaarden voor het menselijk bestaan beschouwt. Maar, wanneer de een of andere ethische idee een gevaar gaat betekenen voor het bestaan van een ras, dat de drager is van een hogere ethiek, dan kan zij het recht op bestaan van die idee niet erkennen; want in een wereld van bastaards, of in een wereld, waar negers de toon aangaven, zouden alle menselijke begrippen van schoonheid en verhevenheid, en tevens alle ideeën van een geïdealiseerde toekomst voor deze mensheid, voor altijd verloren zijn.

De menselijke cultuur en beschaving zijn in ons werelddeel onafscheidelijk verbonden met de aanwezigheid van de Ariër. Indien hij uitstierf, of ten onder ging, zou deze wereld weer in een donker cultuurloos tijdperk verzinken. Naar de mening echter van de volkse wereldbeschouwing, zou zulk een ondermijning van de menselijke cultuur door de vernietiging van de drager ervan, de ergste misdaad zijn, die men zich maar kan voorstellen. Wie het waagt, om de schennende hand uit te strekken naar het hoogste evenbeeld van de Heer, pleegt daarmee heiligschennis tegen de Schepper van dit wonder, en helpt ons uit het paradijs verdrijven. En daarmee is de volkse wereldbeschouwing weer in overeenstemming met de diepste bedoelingen van de natuur, omdat ze dat vrije spel der natuurkrachten herstelt, dat tot een voortdurende veredeling moet leiden, totdat tenslotte het hoogst ontwikkelde ras de aarde geheel in bezit zal hebben, en zich nu ongehinderd kan wijden aan de opbouw van de aarde en aan die van die andere gebieden, die gedeeltelijk boven en gedeeltelijk buiten haar liggen. Wij voelen allen, dat het zeer goed mogelijk is, dat er zich later, in een verre toekomst, problemen zullen kunnen voordoen, van zo groot gewicht, dat alleen het allerbeste ras, alleen een volk van de besten, gewapend met alle middelen en mogelijkheden, die de gehele aarde kan bieden, ze zal kunnen oplossen. Het behoeft geen betoog, dat een zo algemene vastlegging van de werkelijke inhoud van een volkse wereldbeschouwing op duizenderlei verschillende manieren kan worden uitgelegd. Wij moeten dan ook constateren, dat het moeite zal kosten, om temidden van al de politieke jonggeborenen van de laatsten tijd (1926) er een te vinden, die niet in meer of mindere mate op dit beginsel gebaseerd is.

Ze bewijst echter juist door het feit van haar bestaan tegenover de vele andere de eigenheid van haar opvattingen. Zo ziet men tegenover de marxistische wereldbeschouwing, die zeer streng is gedisciplineerd en georganiseerd, en die in haar geheel onder leiding van één enkele top organisatie staat, een veelheid van meningen opstaan, iets wat, enkel ideëel beschouwd, al uitermate weinig indruk maakt tegenover de eendracht van het vijandelijke front. Zo zwakke wapenen kunnen nooit de overwinning behalen. Pas wanneer tegenover de internationale wereldbeschouwing — die op politiek gebied door het georganiseerde marxisme wordt geleid — een volks geloof optreedt, dat even streng georganiseerd en geleid wordt, eerst dan zal de eeuwige waarheid haar invloed kunnen doen gelden, en zal, ook wanneer de krachten aan weerszijden gelijk zijn, toch de schaal naar haar eigen zijde doen doorslaan.

De samenbundeling van de aanhang van een wereld beschouwing kan echter alleen maar geschieden, wanneer die wereldbeschouwing zo scherp en ondubbelzinnig mogelijk geformuleerd is; en wat de dogmata zijn voor het geloof, dat zijn voor de politieke partij de programmapunten. Nu moet er voor de volkse wereldbeschouwing een werktuig worden geschapen, dat haar in staat stelt, om strijd te voeren, en dat wel in dezelfde trant, als de marxistische wereld beschouwing dit voor het internationalisme doet. En nu is het doel van de N.S.D.A.P., om dit werktuig te scheppen. Dat de vastlegging van het volksbeginsel in zodanige vorm, dat een partij er gebruik van kan maken, de eerste voorwaarde is voor een overwinning van die volkse wereld beschouwing, wordt wel het beste bewezen door een feit, dat zelfs de tegenstanders van zulk een binding van het beginsel aan een partij, moeten toegeven, al doen ze dit dan ook indirect.

Juist zij die niet moe worden, er de nadruk op te leggen, dat de volkse wereld beschouwing niet door een enkeling „in erfpacht" genomen kan worden, maar in de harten van talloze miljoenen leeft, erkennen daarmee dan tevens, dat het feit van de alom aanwezigheid van zulke beginselen op zichzelf nog niet voldoende is; die aanwezigheid alleen bleek immers niet bij machte, om de overwinning van de vijandelijke wereldbeschouwing, die op waarlijk klassieke wijze in een partij is georganiseerd, ook maar een strobreed in de weg te leggen. Ware het tegendeel het geval, dan zou het Duitse volk nu al een geweldige overwinning hebben bevochten, en zou het niet aan de rand van de afgrond staan. Het succes van de internationale wereldbeschouwing is te danken aan het feit, dat ze werd voorgestaan door een partij, die als een stormtroep was georganiseerd; en dat de tegengestelde overtuiging het pleit verloor, kwam, doordat deze had verzuimd, een eensgezinde organisatie op te bouwen.

Een wereldbeschouwing kan nooit strijden en overwinnen, wanneer ze gegrondvest is op een algemeen aangehangen overtuiging, en daarvan iedere uitlegging aanvaardt en goedkeurt, maar alleen en uitsluitend, wanneer ze haar idealen scherp omlijnt en begrenst, door zichzelf om te smeden tot de begrensden, en daardoor bindende vorm van een politieke organisatie. Daarom was m.i. mijn eigen taak vooral daarin gelegen, dat ik uit de omvangrijke en vormloze materie van een algemene wereldbeschouwing de principiële kern ideeën moest zoeken, en die in meer of minder dogmatische vormen formuleren, en dat wel zo scherp en geconcentreerd, dat de mensen, die deze beginselen aanhingen, inderdaad een eendrachtige organisatie zouden kunnen vormen. Met andere woorden:

De Nationaal-Socialistische Duitse Arbeiderspartij neemt uit de fundamentele ideologie van de algemene volkse wereldbeschouwing de belangrijkste elementen, en bouwt daaruit de politieke geloofsbelijdenis op, waarbij ze rekening houdt met de praktische werkelijkheid, met de tijdsomstandigheden, en met het beschikbare mensen materiaal en zijn gebreken. En deze geloofsbelijdenis zal nu op haar beurt weer bij machte blijken, om grote mensenmassa's in streng georganiseerde organisaties samen te vatten, en hierdoor het wapen te scheppen, dat de wereldbeschouwing de overwinning doet behalen.

Tweede hoofdstuk De Staat

Al in de jaren 1920 en 1921 vond de aftandse bourgeoisie van onze dagen het telkens weer noodzakelijk, om ons te verwijten, dat wij ten aanzien van de bestaande staat een afwijzende houding aannamen, en dit feit werd voor de partijpolitieke roofridders van alle kleuren een reden, om zich nu gerechtigd te achten, om die jonge beweging, die een, voor hen al te ongemakkelijke wereldbeschouwing verkondigde, met alle middelen te lijf te gaan. Daarbij vergat men natuurlijk opzettelijk, dat het begrip „staat" in de burgerlijke wereld van onze dagen ook niet meer voor één bepaald vaststaand begrip wordt gebezigd, en dat er voor datgene, wat zij hieronder verstaan, geen bepaalde definitie meer bestaat, en trouwens ook niet meer kan bestaan.

Meestal houdt men hiervoor speciale explicateurs, die dan aan onze universiteiten de functie van hoogleraar in het staats- en volkeren recht vervullen; zij kennen als zodanig geen hogere taak, dan om voor de meer of minder gelukkige vorm, hetwelk hun broodheer heeft behaagd, om op dit moment weer eens aan te nemen, een meer of minder aannemelijke en schoonklinkende verklaring te vinden. Hoe slechter nu de staat in elkaar zit, des te ingewikkelder, gekunstelder en onbegrijpelijker zullen de formules luiden, die zijn recht op bestaan moeten verdedigen. Wat zou nu bijvoorbeeld een Oostenrijkse professor moeten schrijven over zin en doel van de staat, terwijl die staat juist in zijn land een van de grootste mislukkingen was, die men zich kan voorstellen? Dit was wel een heel zware taak, wanneer men bedenkt, dat een hoogleraar in onze tijd niet zozeer de plicht heeft, om de waarheid te spreken, als wel, om een bepaald streven te dienen. Dit streven echter wil tot elke prijs het monsterlijke mechanisme instandhouden, dat nu „staat" wordt genoemd. Daarom moet men zich ook niet verbazen, wanneer bij de bespreking van dit vraagstuk alle werkelijke vraagstukken zoveel mogelijk vermeden worden, en er daartegenover een stortvloed van „ethische", „zedelijke", „morele" en andere ideële redenen te berde worden gebracht. In 't algemeen kan men dus de mensen naar hun opvatting over de staat in drie groepen verdelen:

a. De groep die de staat eenvoudig beschouwt als een meer of minder vrijwillige samenbundeling van een aantal mensen onder de macht van een regering. Deze groep is de talrijkste. In haar rijen vindt men in de eerste plaats de aanbidders van het huidige legitimiteitsbeginsel, die dus menen, dat de wil van de mensen er in deze niet toe doet. Het feit, dat een staat bestaat, betekent in hun ogen, dat hij alleen daarom al heilig en onaantastbaar is. Om dit krankzinnige product van verdwaald menselijk intellect te kunnen verdedigen, moet men wel een waarlijk slaafse eerbied hebben voor het zogenaamde staatsgezag. Zulke lieden zien kans, om in een oogwenk het middel tot doel te verheffen. Voor deze mensen is de staat niet meer een werktuig, dat de mensen moet dienen, maar in de ogen van deze lieden zijn de mensen slechts geschapen, om het staatsgezag, – en daarmee een ieder, die dit gezag vertegenwoordigt, tot en met het onbelangrijkste ambtenaartje – te dienen. En nu heeft het staatsgezag alleen tot taak, om te zorgen, dat rust en orde gehandhaafd blijven, opdat deze toestand van stilzwijgende, latent hysterische aanbidding niet in een minder rustige overslaat. Dit staatsgezag is dus in dit geval geen doel en ook geen middel meer; het heeft tot taak, om voor rust en orde te zorgen, terwijl de rust en de orde op hun beurt weer tot taak hebben, om te zorgen, dat het gezag kan blijven bestaan. Tussen deze beide polen moet zich dus het gehele leven afspelen. In Beieren wordt deze opvatting vooral gehuldigd door de staatkundige genieën van het Beierse politieke katholicisme, anders gezegd van de „Bayerische Volkspartei"; in Oostenrijk waren het de zwartgele legitimisten; en in het Rijk zelf kon men deze mening helaas maar al te vaak aantreffen bij z.g. conservatieve elementen.

b. De tweede groep is al wat geringer in tal, omdat hiertoe al diegenen gerekend dienen te worden, die de erkenning van de staat tenminste van enkele factoren afhankelijk maken. Zij wensen niet alleen een gelijk bestuur voor allen, maar eisen ook al eenheid van taal, zij het dan ook, dat ze dit om redenen van algemeen bestuur technische aard wensen. De uitoefening van het staatsgezag is niet meer het unieke en enige doel van de staat; er is ook al sprake van de behartiging van de belangen der onderdanen. Hier komen al denkbeelden van „vrijheid" (zij het dan ook grotendeels van een zeer verkeerd begrepen soort) tot uitdrukking. Het naakte feit van zijn bestaan is niet meer voldoende, om een regeringsvorm onaantastbaar te maken; ook de staatsvorm is aan kritiek onderworpen, en moet aan zijn doel beantwoorden. De ouderdom heiligt de mensen en instellingen, huns inziens, niet in die mate, dat het heden daardoor het recht zou missen, om zo een oude instelling te bekritiseren.

Overigens is dit een opvatting, die voor alles van de staat verwacht, dat hij zich met de economische problemen zal bezighouden. Men gaat in dit stadium dus van praktische overwegingen uit, en velt zijn oordeel over de staat op grond van algemene economische beschouwingen van rentabiliteit. Deze opvatting vindt in hoofdzaak haar aanhangers onder onze gewone Duitse bourgeoisie, en wel in het bijzonder onder het demo-liberale deel daarvan.

c. De derde groep is numeriek de zwakste. Zij, die hiertoe moeten worden gerekend, beschouwen de staat al als een middel ter verwerkelijking van machtspolitieke doelstellingen – zij het dan ook, dat ze deze meestal slechts zeer vaag en weinig scherp omlijnd zien – van het volk, dat binnen deze staat leeft, en stellen zeer beslist de eis, dat dit door een gemeenschappelijke taal gekenmerkt wordt. Het streven naar een uniforme staatstaal komt niet alleen tot uitdrukking in de hoop, dat men daardoor een stevig fundament kan scheppen voor een toekomstige machtstoename, maar al evenzeer in de, overigens onjuiste, mening, als zou men onder bepaalde omstandigheden door het opleggen van die taal vreemde volksgroepen kunnen naturaliseren.

Het was in de laatste jaren wel zeer bitter om aan te zien, hoe men in deze kringen, dikwijls nog volkomen te goeder trouw, solde met het woord „germaniseren". Ik weet me nog heel goed uit mijn eigen jeugd te herinneren, hoe juist dat woord volkomen onjuiste denkbeelden bij ons wakker riep. Men kon destijds zelfs in Al-Duitse kringen in vollen ernst horen verkondigen, dat de Duitsers in Oostenrijk – mits hierbij de regering de helpende hand bood – er waarschijnlijk wel in zouden kunnen slagen, om het Slavische element in Oostenrijk te „germaniseren". Men werd zich daarbij in het geheel niet bewust, dat germaniseren iets is, wat men alleen met een stuk grondgebied, en nooit met mensen kan doen. Dat die opvatting echter ontstaan kon, kwam, doordat men in het algemeen de mening was toegedaan, als zou het „germaniseren" van een volk eenvoudig tot stand te brengen zijn, door dat volk de Duitse taal op te dringen, iets, wat dus tot een volkomen uiterlijk feit beperkt bleef.

Het is echter een bijna onbegrijpelijke denkfout, om te menen, dat b.v. een neger of een Chinees ooit een Germaan zou kunnen worden, enkel omdat hij Duits leert, en bereid is, voortaan Duits te spreken, en om b.v. aan een Duitse politieke partij zijn stem te geven. Dat zo een „germanisering" in werkelijkheid het tegendeel tengevolge moest hebben, was iets, wat onze nationale bourgeoisie nooit heeft kunnen begrijpen. Immers, wanneer men in onze dagen aan een grote groep mensen een bepaalde, gemonopoliseerde taal oplegt, en daardoor dus de verschillen tussen de volkeren kunstmatig onderdrukt, en tenslotte zelfs weet op te heffen, dan is dat een begin van verbastering, dat dus in ons geval zou betekenen, dat niet de vreemde bevolking wordt ver-germaanst, maar dat integendeel het Germaanse element wordt vernietigd.

Het komt echter in de geschiedenis maar al te dikwijls voor, dat de uiterlijke machtsmiddelen van een volk er wel in slagen, om aan het onderdrukte volk zijn eigen taal op te dwingen, maar dat die taal duizend jaar nadien door een geheel ander volk wordt gesproken, dat dus de overwinnaars de eigenlijke overwonnenen zijn geworden. Omdat het volk, of beter gezegd het ras, niet wordt bepaald door de taal, maar door het bloed, zou men eerst van de „germanisering" van een volk kunnen spreken, wanneer het zou lukken, om door zulk een proces het bloed van de overwonnenen te veranderen. Maar dat is een onmogelijkheid. Tenzij dan, dat er door bloed vermenging een verandering tot stand zou worden gebracht; maar dat zou dan weer betekenen, dat het peil van het hoogstaande ras daalde. Het eindresultaat van zo een proces zou dus zijn, dat juist die eigenschappen, die het ene volk eens deden zegevieren, nu werden vernietigd. Het zullen vooral de culturele waarden zijn, die bij zo een kruising met lager staande rassen te lijden hebben, en al sprak het zo ontstane verbasterde volk ook honderdmaal de taal van het oude hoger staande ras, dat zou er niets aan afdoen.

Een tijdlang zal er nog een zekere worsteling plaats vinden tussen de verschillende krachten, en het kan zelfs voorkomen, dat het steeds lager zinkende volk, als het ware in een laatste krachtsinspanning, verrassend grote cultuurmonumenten schept. Maar de scheppers van deze grote werken zijn altijd uitsluitend de overgebleven vertegenwoordigers van het hoogste ras, of wel bastaards, die de vrucht zijn van een eerste kruising, en waarbij het betere bloed nog overweegt, en ernaar streeft, om weer ten volle de overhand te krijgen; het zijn nooit de uiteindelijk ontstaande bastaards. Bij deze laatsten zal zich steeds een culturele achteruitgang voordoen. Wanneer wij heden de stand van zaken overzien, dan moeten wij het als een geluk beschouwen, dat een „germanisering", zoals Joseph II zich die had voorgesteld, niet plaats vond.

Het resultaat van zulke maatregelen was enerzijds waarschijnlijk wel geweest, dat de Oostenrijkse staat als zodanig behouden bleef, maar de eenheid van taal zou een snelle daling van het peil van het ras tengevolge hebben gehad. In de loop der eeuwen zou wel een soort van kudde instinct zijn ontstaan, maar de kudde zelf zou van minder allooi zijn geworden. Misschien zou er een Oostenrijks volk zijn ontstaan, maar er zou zeker een cultuurvolk gestorven zijn. De Duitse natie mocht dankbaar zijn, dat deze bloed vermenging niet plaats vond, al werd dat dan ook niet uit edel inzicht verhinderd, maar enkel door de kortzichtigheid en bekrompenheid der Habsburgers. Ware dit anders afgelopen, dan zou het Duitse volk in onze dagen als cultuurvolk maar nauwelijks meer hebben meegeteld. Niet alleen in Oostenrijk, maar ook in Duitsland zelf, deden en doen zulke onjuiste denkbeelden opgang in de zogenaamd nationale kringen.

De van zoveel zijden geëiste politiek ten aanzien van Polen, die het idee van de „germanisering van het Oosten" naar voren bracht, ging helaas van hetzelfde standpunt uit. Ook hier meende men, dat het mogelijk was, om de Polen te assimileren, alleen door hen ertoe te brengen, om de Duitse taal te spreken. Ook hier zou het resultaat noodlottig zijn geweest: een volk van een ander ras zou zijn vreemde gedachten in onze taal hebben uitgedrukt, en zou zo, door zijn minderwaardigheid, onze hoogheid en waardigheid hebben gecompromitteerd. Heden ten dage heeft het Duitse volk immers, zij het ook indirect, al ontzettend te lijden door het feit, dat de Joden, die immers „Duits" slissen, in de Verenigde Staten, door de onwetendheid van zoveel Amerikanen voor Duitsers worden aangezien.

Maar geen denkend mens zal toch in ernst kunnen volhouden, dat het volkomen uiterlijke feit, dat deze stroom van gedegenereerde emigranten uit het Oosten Duits spreekt, zou bewijzen, dat deze lieden Duits zijn van afstamming, en deel uitmaken van het Duitse volk. Het enige, wat in de loop der geschiedenis met succes vergermaanst werd, was de bodem, die onze voorvaderen met het zwaard veroverden, en die door Duitse boeren in cultuur werd gebracht. Waar zij bij die kolonisatie vreemd bloed in ons volk brachten, werkten ze die wanhopige verdeeldheid van ons innerlijk wezen in de hand, die verdeeldheid, die tot uiting komt in ons overdreven individualisme, dat ons tegenwoordig, nota bene, nog wel van verschillende zijden als een deugd wordt aangerekend. Ook deze derde groep mensen ziet de staat in zekere zin nog als doel, en beschouwt de handhaving van die staat dan ook als de hoogste taak, die de mensheid op deze aarde te vervullen heeft.

In het kort kan men dus vaststellen, dat al deze opvattingen, stuk voor stuk, blind zijn voor het feit, dat de cultuur-scheppende krachten in werkelijkheid gebonden zijn aan de aanwezigheid van bepaalde ras eigenschappen, en dat de staat dus uiteraard de handhaving en verdere veredeling van het ras als zijn hoogste taak moet beschouwen, omdat deze ontwikkelingsgang van het ras de eerste en meest onmisbare voorwaarde is voor iedere ontwikkeling van de mensheid op cultureel gebied. En de Jood Marx kon tenslotte de eindconclusie trekken uit al die onjuiste opvattingen en meningen over doel en karakter van de staat; want door het staats begrip los te maken van alle verplichtingen ten aanzien van het ras, en niet bij machte te blijken, deze te vervangen, maakte de burgerlijke maatschappij zelf vrij baan voor een leer, die de staat volkomen ontkent.

Daarom zal dus de strijd van de burgerlijke wereld tegen de marxistische internationale volkomen verlammen. Die burgerlijke wereld heeft de fundamenten, die een onmisbare steun voor haar eigen ideologie vormen, zelf allang losgelaten. Haar sluwe tegenstander heeft die zwakke punten in haar bouwwerk wel gezien, en gaat haar nu te lijf met de wapenen, die zij hem zelf – zij het ook ongewild – in handen heeft gespeeld, en dat natuurlijk juist op die zwakke punten. Daarom moet het de eerste plicht zijn van een nieuwe, op volkse beginselen berustende wereldbeschouwing, om ervoor te zorgen, dat de opvatting omtrent karakter en reden van bestaan van de staat zo eensluidend en duidelijk mogelijk wordt. Het grondbeginsel is dan dus, dat de staat geen doel is, maar middel. Hij is wel een onmisbare voorwaarde voor het ontstaan van een hogere menselijke cultuur, maar is niet de oorzaak van die cultuur. Die oorzaak moet men integendeel zoeken in de aanwezigheid van een ras, dat de kracht en de kwaliteiten bezit, om de geestelijke vader te zijn van een cultuur.

Er zouden honderden voorbeeldige staten op aarde kunnen bestaan, maar wanneer de Arische cultuurdrager uitstierf, dan zou er toch niet één enkele cultuur zijn, die met het geestelijk peil van de hoogst ontwikkelde volkeren van onze tijd overeenkwam. Men kan zelfs nog verder gaan en zeggen, dat het feit, dat de mensen staten vormen, toch in geen enkel opzicht in staat zou zijn, om de vernietiging van de mensheid te stuiten, indien door het ontbreken van het cultuur dragende ras de geestelijke meerder waardigheid en elasticiteit verloren zouden gaan. Indien bijvoorbeeld heden het oppervlak van de aarde door de een of andere tektonische oorzaak in beroering zou komen, en er zich uit de wateren van de oceaan een nieuwe Himalaya zou verheffen, dan zou de gehele menselijke cultuur dus door één enkele ontzettende ramp vernietigd zijn.

Er zou geen staat meer bestaan, de banden van letterlijk iedere orde zouden verbroken zijn, de documenten van een duizendjarige ontwikkeling zouden stof, as en puin zijn geworden, kortom, de gehele wereld ware herschapen in één groot veld vol lijken, en bedekt met slijk en water. Maar, wanneer ook maar enkele vertegenwoordigers van een bepaald cultuurras kans zouden hebben gezien, het leven eraf te brengen, dan zou dit alleen al voldoende zijn, om te maken, dat de aarde eenmaal in de toekomst – al was het ook duizend jaar nadat de aardkorst weer tot rust was gekomen, – weer bewijzen van de cultuur scheppende kracht van de mensen zou vertonen. Alleen in het geval, dat letterlijk ieder ras, dat ooit in staat zou zijn, om cultuur scheppend op te treden, en tevens alle enkelingen, die daartoe de capaciteiten hadden bezeten, verdelgd waren, alleen in dat geval zou de aarde voorgoed tot woestheid en ledigheid zijn gedoemd. Anderzijds zien wij zelf aan voorbeelden uit onze eigen tijd, dat het blote feit van de staatvorming– een gebeurtenis, die natuurlijk zal variëren naar de stam, die hier staat vormend optreedt niet voldoende is, om de betreffende stam voor de ondergang te behoeden, wanneer zijn geestelijke kwaliteiten nog te gering zijn.

Evenals bepaalde voorwereldlijke diersoorten, die het veld moesten ruimen en volkomen werden uitgeroeid, zal ook de mens ten onder moeten gaan, wanneer hij niet beschikt over die geestelijke waarden, die hij absoluut nodig heeft, om zich de nodige wapenen voor zijn zelfverdediging te verschaffen. Niet de staat als zodanig brengt een bepaald cultureel peil tot stand; hij kan niet anders doen, dan het ras handhaven, dat een zodanig peil heeft bereikt. De staat als zodanig kan integendeel eeuwenlang ongerept voortbestaan, terwijl in de culturele capaciteiten, en in de daardoor geschapen wereld van het volk allang ingrijpende veranderingen hebben plaatsgevonden door een ras vermenging, die de staat niet heeft weten te verhinderen.

De staat van onze dagen bijvoorbeeld kan, louter als mechanisme, nog zeer goed gedurende enige tijd blijven functioneren, net alsof zijn inhoud niet de minste verandering had ondergaan, maar de vergiftiging van ons ras heeft toch tenslotte een daling van onze cultuur tengevolge, die zich dan ook heden al op benauwende wijze doet gelden. De eerste voorwaarde voor het bestaan van hoger ontwikkelde mensen is dus niet gelegen in de staat, maar in het volk, dat een hiertoe nodig bepaald complex van eigenschappen moet bezitten. Principieel kan worden vastgesteld, dat dit complex altijd in kiem aanwezig is, maar dat het bepaalde uiterlijke omstandigheden nodig heeft, om tot ontwikkeling te kunnen komen. Naties, of beter rassen, die cultureel en scheppend begaafd zijn, dragen deze eigenschappen steeds in zich, ook wanneer de omstandigheden van het ogenblik een ontwikkeling van deze kwaliteiten niet toestaan.

Daarom is het ook volkomen onjuist, om de Germanen van de vóór-Christelijke periode als „cultuur loos", als „barbaren" voor te stellen. Want dat zijn ze nooit geweest. Maar de moeilijke omstandigheden, waaronder zij in hun Noordelijk gelegen vaderland moesten leven, belemmerden een vrije ontwikkeling van hun scheppende krachten. Indien zij in het zachtere Zuiden waren beland, en daar de gelegenheid hadden gehad, om lagerstaande menselijke wezens als eerste technische hulpmiddelen te gebruiken, dan zouden zij, zonder dat daartoe ook maar de geringste inmenging van de antieke beschavingen nodig waren geweest, hun, nu sluimerende, cultuur scheppende krachten op de schitterendste wijze hebben ontplooid, en zij zouden een cultuur hebben doen ontstaan, even schitterend als die der Hellenen.

Maar deze culturele oerkracht is zelf ook weer niet alleen een product van het Noordse klimaat. Wanneer de Laplander bijvoorbeeld naar Zuidelijker streken werd gebracht, dan zou hij daar al evenmin cultuur scheppend kunnen optreden als bijvoorbeeld de Eskimo. Nee, deze kostbare scheppende en vormgevende kracht is nu eenmaal juist aan de Ariër geschonken, en wel aan iedere Arische stam, onverschillig, of hij die kracht latent in zich draagt, dan wel, of hij die aan het ontwakende leven schenkt – dit wordt dan alleen maar bepaald door de omstandigheden, die, wanneer zij gunstig zijn, zo'n ontwikkeling mogelijk maken, en in het andere geval, door slechte klimaat omstandigheden enz. zulks onmogelijk maken. Daaruit kan men de volgende conclusie trekken:

De staat is slechts een middel tot het doel. Zijn doel is gelegen in de handhaving en veredeling van een gemeenschap van levende wezens, die lichamelijk en geestelijk overeenkomst vertonen. Deze handhaving bedoelt in de eerste plaats de raszuiverheid te bewaren, en maakt daardoor de vrije ontwikkeling van alle, in dit ras aanwezige, krachten mogelijk.

Steeds zal een deel van deze krachten weer in de eerste plaats voor de handhaving van het lichamelijk bestaan moeten dienen, en eerst datgene, wat daarna overblijft, zal een geestelijke veredeling in de hand kunnen werken. In feite schept echter steeds het ene de levensvoorwaarden voor het andere. Staten, die zich niet inspannen, om deze taak te vervullen, moeten foutieve constructies worden genoemd, en zelfs mis producten. Het feit, dat zij bestaan, verandert aan hun verkeerdheid al evenmin iets, als bijvoorbeeld het succes van een vrijbuitersstroep de begane roof kan rechtvaardigen.

Wij, nationaal-socialisten mogen, als voorvechters van een nieuwe wereldbeschouwing, nooit op de beroemde „bodem van de werkelijkheid" (een werkelijkheid, die nota bene nog niet waar is ook!) gaan staan. Want in dat geval zouden wij niet meer de voorvechters zijn van een grote nieuwe idee, doch de koelies van de hedendaagse leugen. Wij moeten scherp onderscheiden tussen de staat, die slechts een vat is, en het ras, dat de inhoud vormt. Dit vat heeft alleen maar betekenis, wanneer het bij machte is, om de inhoud te bewaren en te beschermen; anders is het ten enenmale waardeloos. Hieruit volgt dus, dat het hoogste doel van de volkse staat gelegen is in het behoud van die oer elementen van het ras, welke cultuur scheppend werken, en zodoende de schoonheid en waardigheid voor een hogere ontwikkelingstrap der mensheid weten te scheppen. Wij als Ariërs kunnen ons onder een staat dus niets anders voorstellen, dan de vorm, waarin een volk is georganiseerd, welk lichaam niet alleen moet streven naar de handhaving van dit volk, maar ook moet trachten, om het naar de hoogste vrijheid te brengen, door zijn geestelijke en ideële capaciteiten op de beste manier tot ontplooiing te brengen. Datgene echter, wat men ons heden ten dage onder de naam „staat" tracht op te dwingen, is in de meeste gevallen niets anders dan een wanproduct van de diepste geestelijke ontreddering; en dit misbaksel veroorzaakt onzegbaar veel leed.

Wij, nationaal-socialisten, weten zeer goed, dat deze overtuiging ons tot revolutionairen maakt tegenover de wereld van onze dagen, en dat wij dan ook als zodanig gebrandmerkt worden. Maar ons doen en denken mag nu eenmaal niet afhangen van de bijval of de afkeuring van onze tijd, doch uitsluitend en alleen van de verplichtingen, die deze door ons gevonden waarheid meebrengt. Dan mogen wij ook overtuigd zijn, dat zij, die na ons komen, en een dieper inzicht zullen bezitten dan wij, ons huidig optreden niet alleen zullen kunnen begrijpen, maar het ook zullen kunnen bevestigen en hoogachten.

Daaruit volgt voor ons, nationaal-socialisten, ook de maatstaf, die wij bij de beoordeling van de staat moeten aanleggen. Deze waarde is een relatieve ten opzichte van het volk, maar een absolute ten aanzien van de wereld. Dat wil dus zeggen: De waarde van een staat kan niet worden afgemeten naar het culturele peil, of naar de macht van de staat ten opzichte van de andere landen, maar uitsluitend en alleen naar het nut, dat deze instelling voor de, in haar georganiseerde volks kracht bezit. Een staat kan voorbeeldig worden genoemd, wanneer hij niet alleen in overeenstemming is met de levens voorwaarden van het volk, waarvan hij de belangen te behartigen heeft, maar wanneer hij juist door zijn bestaan praktisch dit volk in leven houdt – en dan is het volkomen onverschillig, welke algemene culturele waarde dit staatslichaam bezit, ten aanzien van de overige wereld. Want het is nu eenmaal niet de taak van de staat, om capaciteiten te scheppen, maar alleen, om vrij baan te maken voor de ontwikkeling van de aanwezige capaciteiten.

Men moet dus anderzijds die staat slecht noemen, die, hoe hoog hij cultureel ook moge staan, het ras van de dragers van deze hoge cultuur ten ondergang doemt. Want dat betekent in de praktijk, dat hij de onmisbaarste voorwaarde voor het voortbestaan van deze cultuur vernietigt, terwijl deze toch haar bestaan niet aan hem te danken heeft, maar integendeel het product is van een cultuur scheppende volks kracht, die in de staat is georganiseerd, en door die staat wordt beveiligd. De staat is nu eenmaal geen inhoud, maar enkel vorm. Het culturele peil van een volk is dus geen criterium voor de betere of mindere kwaliteiten van de staat, waarin het leeft.

Het spreekt vanzelf, dat een cultureel hoogstaand volk een verhevener aanblik zal bieden dan een neger stam; maar toch is het zeer goed mogelijk, dat de eerste staatsvorm minder aan zijn doel beantwoordt dan die der negers. En al is het ook een feit, dat ook de beste staat en de beste staatsvorm niet hij machte zijn, om uit een volk capaciteiten te halen, waarover het niet beschikt, en waarover het ook nimmer heeft beschikt, — toch kan een staat, die slecht is, zeer goed oorspronkelijk aanwezige kwaliteiten doen afsterven, wanneer hij toelaat, of zelfs in de hand werkt, dat de raszuivere cultuurdrager vernietigd wordt. Dientengevolge kan onze beoordeling van de relatieve waarde van de staat in de eerste plaats enkel worden bepaald door het relatieve belang, dat hij voor een bepaalde volkskracht bezit, en in het geheel niet door de absolute betekenis, die hem in de wereld toekomt. Dit relatieve oordeel kan snel en juist worden gevormd, dat over de absolute waarde niet dan zeer moeilijk, omdat dit absolute oordeel eigenlijk al niet meer alleen op de hoedanigheden van de staat is gebaseerd, maar in veel sterkere mate door de kwaliteit en de trap van ontwikkeling van het volk wordt bepaald. Wanneer men daarom spreekt van de hogere taak van de staat, dan mag men nooit vergeten, dat die hogere taak in werkelijkheid door het volk moet worden vervuld, omdat de staat immers niets anders te doen heeft, dan de vrije ontwikkeling van dit volk mogelijk te maken.

Wanneer wij nu dus een antwoord willen hebben op de vraag, hoe de staat, die wij Duitsers nodig hebben, eruit zal moeten zien, dan dienen wij ons eerst af te vragen, welke mensen hij moet omvatten, en welk doel hij moet nastreven. Ons Duitse volk is helaas niet meer geheel van een en hetzelfde bloed. Ook zijn de verschillende oorspronkelijke bestanddelen nog niet in zodanige mate samengesmolten met de later opgenomen elementen, dat men zou kunnen spreken van een nieuw ontstaan ras. Integendeel, door vergiftigingen, die het bloed van ons volk sinds de Dertigjarige oorlog heeft moeten ondergaan, hadden niet alleen tengevolge, dat ons bloed werd bedorven, maar brachten ook aan onze ziel ernstige schade toe.

De open onbeschermde grenzen van ons vaderland, en ons aanleunen aan vreemde, niet-Germaanse volkslichamen langs deze grenzen, maar meer nog de sterke voortdurende toevloed van vreemd bloed in het hart van het Rijk zelf, – dit alles was door zijn telkens hernieuwde aanvallen de oorzaak, dat er ons geen tijd bleef voor volledige samensmelting. Er zal geen nieuw ras meer ontstaan, doch de bestanddelen van de verschillende rassen blijven naast elkaar bestaan, wat maakt, dat het Duitse volk, vooral op kritieke ogenblikken, wanneer een kudde gewoonlijk meer te hoop loopt, naar alle windstreken uiteenloopt. De onderdelen van de verschillende andere rasser zijn niet alleen zo aanwezig, dat men in het ene gebied een bijmengsel van het ene en in het andere gebied een bijmengsel van het andere ras kan vinden, maar ieder gebied bevat bijmengsels van praktisch alle rassen. Naast Noordse mensen vindt men er van het Oostelijke type, daarnaast van het Dinarische, daarnaast weer mensen van het Westelijke ras, enzovoort, en bovendien nog overal kruisingen. Dit heeft in één opzicht een groot nadeel: Het Duitse volk mist hierdoor dat zekere kudde instinct, dat een product is van de eenheid van bloed, en dat speciaal op gevaarlijke ogenblikken de naties behoedt voor de ondergang.

Dit instinct maakt dan, dat bij zo'n raszuiver volk alle kleine onderlinge verschillen onmiddellijk worden uitgewist, wat dus tengevolge heeft, dat de gemeenschappelijke vijand onmiddellijk het vast aaneengesmeed front van de gehele kudde tegenover zich vindt. De chaos van al deze onvermengd gebleven rasdelen van de meest uiteenlopende soorten, is oorzaak, dat ons overdreven individualisme kon ontstaan. In vredestijd kan dit misschien van tijd tot tijd zijn nut hebben, maar tenslotte was het toch deze eigenschap, die maakte, dat ons land niet het eerste in de wereld is geworden. Wanneer het Duitse volk in zijn historische ontwikkeling de steun had gehad van dat kudde instinct, dat, tot hun geluk, het bezit was van andere volkeren, dan zou het Duitse Rijk zeker in onze dagen de heerser van de aarde zijn. De wereldgeschiedenis zou dan een andere weg zijn gevolgd, en niemand kan zeggen, of niet juist langs deze weg datgene bereikt zou zijn, wat zoveel verblinde pacifisten in onze dagen door janken en huilen trachten af te smeken.

Ik bedoel: een werkelijke vrede, die niet gebaseerd is op het palmgewuif van huilerige pacifistische klaagvrouwen, maar op het zegevierende zwaard van een herenvolk, dat de wereld dienstbaar zal maken aan de opbouw van een hogere cultuur. Het feit, dat ons volk niet, qua bloed en ras, een volkomen ondeelbare eenheid vormde, heeft ons ontzaglijk veel schade berokkend. Het heeft aan vele Duitse potentaatjes residenties bezorgd, maar het Duitse volk zelf heeft er zijn herenrechten door verspeeld. Ook heden ten dage gaat ons volk nog gebukt onder de gevolgen van deze innerlijke verscheurdheid; maar datgene, wat in verleden en heden ons ongeluk was, kan ons in de toekomst een zegen zijn.

Want hoe schadelijk het enerzijds ook mocht zijn, dat een volkomen vermenging niet tot stand kwam, waardoor dus de vorming van een eensgezind en ondeelbaar volkslichaam verhinderd werd, toch was het anderzijds gelukkig, omdat op deze wijze tenminste een gedeelte van ons beste bloed zuiver bleef, en niet daalde in ras eigenschappen. Ongetwijfeld zou er, wanneer deze verschillende ras onderdelen in ons bloed waren samengesmolten, zo'n ondeelbaar volkslichaam zijn ontstaan, maar dit nieuwe volkslichaam zou, evenals iedere kruising van ras ook bewijst, op cultureel gebied over veel geringere kwaliteiten hebben beschikt dan die, welke de hoogststaande van deze oorspronkelijke bestanddelen had bezeten. Dit is de goede zijde van het feit, dat een volledige samensmelting achterwege bleef: dat wij, ook nu nog, in ons Duitse volkslichaam grote bestanddelen onvermengd gebleven Noords-Germaans bloed bezitten.

Wij kunnen dit beschouwen als de beste waarborg voor een mooie toekomst, die wij ooit hadden kunnen krijgen. In de sombere tijd, toen men niet het minste begrip had voor de wetten van het ras, toen men de mens alleen als mens zag, en meende dat ieder individu van geboorte gelijk was, was men misschien niet op de hoogte met het verschil in waarde van de verschillende bestanddelen. Maar tegenwoordig weten we, dat een volledige samensmelting van de bestanddelen van ons volkslichaam ons weliswaar misschien de uiterlijke macht zou hebben gegeven, maar dat het hoogste doel van de mensheid niet bereikt zou worden, omdat de enige drager, die kennelijk door het noodlot was uitverkoren, om dat te volbrengen, zou zijn ondergegaan in een algemene rassen chaos van het eenheidsvolk. Wat echter buiten onze medewerking door een welwillend noodlot werd verhinderd, dat moeten wij heden ten dage van ons nieuwe standpunt opnieuw bezien, beoordelen en benutten. Wie van een missie van het Duitse volk op aarde spreekt, moet weten, dat die taak alleen bestaan kan in de vorming van een staat, die zijn hoogste plicht ziet in de instandhouding van de zuiver gebleven edelste bestanddelen van ons volk, en daarmee van de gehele mensheid.

Daardoor krijgt de staat voor de eerste keer een innerlijk verheven doel. Tegenover de bespottelijke leidende gedachte, dat rust en orde gehandhaafd moeten blijven, teneinde zo een vreedzaam wederzijds graaien mogelijk te maken, staat onze waarlijk verheven gedachte, die eist, dat de hoogst ontwikkelde en meest waardevolle mensen, die de goedheid van de

Almachtige aan deze aarde schonk, in stand worden gehouden en gesteund worden in de strijd om het bestaan. In plaats van dit dode mechanisme, dat enkel omwille van zijn eigen voortbestaan rechten op het leven laat gelden, moet er een levend organisme in het leven worden geroepen, dat op geen ander doel gericht mag zijn, dan op de vervulling van dit grote en verheven idee: Het Duitse Rijk moet als staat alle Duitsers omsluiten, en moet de taak hebben, om die onderdelen, die van rasstandpunt bezien het kostbaarste zijn, niet alleen bijeen te brengen en in stand te houden, maar deze elementen langzaam maar zeker tot een heersende positie op te voeren. Dat betekent, dat een toestand, die feitelijk verstarring moet heten, overgaat in een periode van strijd. Maar, zoals altijd en overal op deze wereld, zal ook hier het spreekwoord, dat rust – roest, waar blijven, en eveneens het gezegde, dat de overwinning altijd in de aanval is gelegen. Naarmate het doel van de strijd des te hoger ligt, en het begrip van de grote massa voor dat doel des te geringer is, zullen de resultaten des te geweldiger zijn; indien althans het doel juist is opgevat, en de strijd met onwrikbare standvastigheid wordt voortgezet. Het zal natuurlijk voor velen van onze hedendaagse bestuursambtenaren een aanlokkelijker en kalmerender idee lijken, om voor een bestaande toestand te werken, dan om voor een toekomstige staat te strijden.

Ze zullen het veel gemakkelijker vinden, om de staat maar als een mechanisme te beschouwen, dat geen ander doel heeft, dan om hen in leven te houden, waartegenover zij dan op hun beurt „hun leven veil hebben voor de staat" – zoals zij zich plegen uit te drukken. Alsof het mogelijk was, dat mensen, die uit een bepaald volk zijn voortgekomen, ooit iets anders zouden kunnen dienen, dan juist dat volk; alsof de mens voor iets anders zou kunnen werken dan juist voor de mens. Het is, naar ik al zei, natuurlijk gemakkelijker, om een staatsgezag eenvoudig te beschouwen als niets anders dan het mechanisme van een organisatie, dan om er de soevereine belichaming van de wil tot voortbestaan van een volk in te zien.

Want in het eerste geval zijn voor deze zwakke zielen de staat, en evenzeer het staatsgezag zelf, al het doel zelf, terwijl zij, volgens de andere opvatting slechts de geweldige wapens zijn, waarvan de grote eeuwige strijd om het bestaan zich bedient, wapens waarvoor ieder heeft te buigen, omdat het niet enkel de nu eenmaal nodige mechanismen zijn, maar uitdrukkingen van een gemeenschappelijke wil tot voortbestaan. Daarom zullen wij voor de strijd voor onze nieuwe overtuiging, die zo volkomen naar de natuur der dingen is, slechts een klein aantal strijdgenoten vinden uit deze wereld, die niet alleen lichamelijk, doch helaas maar al te vaak ook geestelijk verouderd is. Slechts uitzonderingen, grijsaards met jeugdige harten, wier geest fris is gebleven, zullen wij uit die groepen tot ons kunnen trekken, en nooit diegenen, die de handhaving van al het bestaande als hun hoogste levenstaak beschouwen. Tegenover ons vinden wij een geheel leger van tegenstanders, dat voor het overgrote deel niet zozeer bestaat uit de opzettelijk kwaadwillenden, als wel uit de onverschilligen, die denklui zijn, en verder door de lieden, wier belang het is, dat de huidige toestand gehandhaafd blijft.

Maar de grootheid van onze strijd en ook die van onze kans op succes, is juist gelegen in die schijnbare kansloosheid van onze strijd. Die strijdroep, die de kleinen van geest óf verjaagt, of spoedig ontmoedigt, wordt daarentegen het signaal „Verzamelen!" voor alle ware strijders. En één ding moet men altijd goed begrijpen: wanneer uit een volk maar een bepaalde hoeveelheid uiterste energie en dadendrang op één enkel doel wordt geconcentreerd, die hierdoor dus voorgoed aan de invloed van de traagheid van de grote massa is onttrokken, dan is de, procentueel natuurlijk zeer geringe, groep, waarin deze energie is geconcentreerd, daarmee dus tot heerseres over het geheel geworden.

Het zijn altijd die bepaalde kwantitatieve minderheden, die de wereldgeschiedenis maken, wanneer in hen maar de meerderheid van wilskracht en besluitvaardigheid is belichaamd. Daarom is juist datgene, wat heden zo vele een hinderpaal toeschijnt, in werkelijkheid een eerste voorwaarde voor het totstandkomen van onze overwinning. Juist de omvang en de moeilijkheden van onze taak maken het waarschijnlijk, dat alleen de beste van de strijders zich voor de vervulling van zo'n taak zullen komen aanmelden. Maar deze selectie is wel de beste waarborg voor het succes. Over het algemeen treft de natuur zelf wel corrigerende maatregelen, wanneer de raszuiverheid van de aardbewoners dat vereist. Ze gevoelt slechts weinig liefde voor bastaards. Vooral de eerste producten van kruisingen, bijvoorbeeld het derde, vierde en vijfde geslacht, hebben het bijzonder hard te verantwoorden. Niet alleen, dat ze veel minder betekenen dan het oorspronkelijk hoogste element van de kruising, maar ze missen, door die chaos in hun bloed, ook de vastheid van wil, en de vastberadenheid, en hebben trouwens een vrij groot tekort aan levenskracht. Op alle kritieke ogenblikken, wanneer het raszuivere individu juiste en consequente besluiten neemt, zal het onzuivere zijn zekerheid verliezen, of halfslachtige maatregelen gaan treffen. Dit alles wil niet alleen zeggen, dat de man met het onzuivere bloed in een veel slechtere positie staat dan de raszuivere, maar in de praktijk betekent het, dat de kans op een snelle ondergang zeer groot is.

In talloze gevallen zal het ras weten stand te houden, terwijl de bastaard de vlag zal moeten strijken. Men moet dat dan als een correctie door de natuur beschouwen. Dikwijls echter gaat zij nog verder en beperkt de voortplanting mogelijkheden. Daardoor verhindert zij zelfs de vruchtbaarheid van bepaalde kruisingen, die haar bijzonder tegen de borst stuiten, geheel, en doet ze zo uitsterven. Indien zich nu bijvoorbeeld eens één enkel individu van een bepaald ras zou verbinden met iemand van een minder ras, dan zou het gevolg eerst zijn, dat het peil als zodanig zou dalen;

verder zou ook de nakomelingschap in een bijzonder zwakke positie komen te staan ten opzichte van de raszuivere omgeving. Wanneer nu iedere verdere bloed toevoer van de zijde van het hoogste ras absoluut werd afgesneden, dan zouden de bastaards dus onderling moeten huwen, en dus, in het geval, dat de wijze Moeder Natuur hun weerstandsvermogen aanmerkelijk heeft beperkt, tenslotte uitsterven, Of wel in de loop van tientallen eeuwen een nieuw mengsel vormen, waarin de oorspronkelijke elementen door duizendvoudige kruising volkomen vermengd, en dus niet meer als zodanig herkenbaar zouden zijn. Daardoor zou dan een nieuw volk zijn gevormd, dat ook weer over een bepaald kudde achtig weerstandsvermogen zou beschikken, maar dat, wat zijn geestelijke en culturele betekenis betreft, op een heel wat lager peil zou staan, dan het hogere ras, dat bij de eerste kruising meewerkte. Maar ook in dit laatste geval zou het product van kruising in alle gevallen de nederlaag lijden, waar het tegenover een raszuivere tegenstander zou komen te staan. Hoe groot de kudde achtige innerlijke eenheid, die dit nieuwe volkslichaam in deze duizenden jaren had weten te verwerven, ook mocht zijn, toch zou de algemene daling van het peil van het ras een vermindering van de geestelijke bewegelijkheid en van het scheppend vermogen hebben teweeggebracht, die zou maken, dat het in de strijd tegen een even homogeen ras, dat echter geestelijk en cultureel hoger stond, toch het onderspit zou delven. Men kan dus de volgende juiste these opstellen:

Iedere kruising van rassen moet, vroeger of later, leiden tot de ondergang van de bastaard, zolang het hoger staande element van deze kruising zelf nog in zuivere toestand in een enigszins op een ras gelijkend verband aanwezig is. Het gevaar voor de bastaard is pas van de baan op het ogenblik, dat het laatste hoger staande raszuivere exemplaar verbasterd is. Daarin ligt een regeneratieproces besloten, dat weliswaar langzaam werkt, maar dat de ras vergiftigingen toch weer neutraliseert, indien er althans nog een zekere vaste rest van raszuivere elementen aanwezig is, en de verbastering geen voortgang vindt. Zo een gebeurtenis kan vanzelf plaatsvinden bij schepselen met een sterk levend rasinstinct, dat alleen door bijzondere omstandigheden, of onder invloed van de een of andere bijzondere dwang ertoe gebracht waren, om anders dan met een ander even raszuiver exemplaar als zijzelf te paren. zo gauw deze noodtoestand voorbij is, zal het zuiver gebleven deel dadelijk weer streven naar een paring met gelijken, en zal daardoor verdere verbastering voorkomen. De resultaten van de verbastering raken daarmee vanzelf weer op de achtergrond, tenzij dan dat hun massa inmiddels zo geweldig groot is geworden, dat er van enig verzet van de zijde van het onvermengde gedeelte geen sprake kan zijn.

De mens, die nu eenmaal zijn instinct heeft verloren, en de verplichtingen, die hem om noodzakelijke redenen zijn opgelegd, niet nakomt, mag over het algemeen niet meer op zo'n correctie door de natuur hopen, voordat hij dat verloren instinct heeft vervangen door een bewust en helder inzicht; dit inzicht kan dan weer het een en ander goedmaken. Maar het gevaar is zeer groot, dat de mens, wanneer hij eenmaal blind is geworden, de natuurlijke grenzen tussen de rassen steeds meer doet vervagen, tot tenslotte zijn beste elementen volkomen in die chaos zijn ondergegaan. Dan blijft er werkelijk niets anders meer over dan één kleurloze eendere brij, het ideaal van de wereld hervormers in onze dagen; maar zo'n toestand zou de wereld in korte tijd van al haar idealen beroven.

Natuurlijk zou men zo een grote kudde kunnen vormen, en een kuddedier kunnen bijeen knoeien, maar zulk een kruising zou nooit een werkelijk mens — dat wil dus zeggen een cultuurdrager, of beter nog een cultuur schepper — kunnen doen ontstaan. De taak van de mensheid zou daarmee dan als afgelopen kunnen worden beschouwd. Wie niet wil, dat de wereld dit stadium bereikt, die zal moeten begrijpen, dat vooral de Germaanse staten tot taak hebben, meer nog dan alle andere, om zorg te dragen, dat er definitief een einde wordt gemaakt aan deze verbastering. De generatie van onze huidige motorische zwakkelingen zal natuurlijk onmiddellijk luide protesten doen horen, en zal kletsen, huilen en klagen over „maatregelen, die tegen de heiligste rechten van de mens indruisen". Nee, er is maar één heiligste recht van de mens, en dit is tegelijkertijd zijn heiligste plicht, namelijk: ervoor te zorgen, dat het bloed zuiver blijft, om zo, door de handhaving van het beste mensentype, voor deze de gelegenheid te scheppen, om zich hoger en edeler te ontwikkelen. Een volksstaat zal dus in de eerste plaats moeten zorgen, dat het huwelijk van het huidige peil van voortdurende rassenschande opgeheven wordt, en zich weer ontwikkelt tot dat heilige instituut dat bevoegd is, om evenbeelden van de Heer voort te brengen, en niet wanstaltige producten, die het midden houden tussen apen en mensen.

Het protest hiertegen op z.g. humane gronden past wel verbazend slecht aan een maatschappij, die enerzijds aan iedere, aan lager wal geraakte dégéneré de mogelijkheid geeft, zich voort te planten, terwijl ze anderzijds aan iedere drogisterij en zelfs aan kooplieden op straat toestaat, de middelen te verkopen, waarmee ook de gezondste ouders de geboorte van kinderen kunnen voorkomen. In deze moderne staat, waar, naar de mening van zijn aanhangers, rust en orde heersen, in deze dappere burgerlijk-nationale wereld is het dus een misdaad om de voortplantingsmogelijkheid van syfilislijders, tuberculose- patiënten, erfelijk belasten, mismaakten en ezels tegen te gaan, maar de praktische vernietiging van de voortplantings- mogelijkheid bij miljoenen van de allerbesten wordt niet als een misdrijf beschouwd, en is niet in strijd met de goede zeden van deze schijnheilige maatschappij, maar is integendeel nog nuttig, omdat het de bekrompen geestelijke inertie van de heren nog spaart. Want anders zou men er zich voortdurend het hoofd over moeten breken, hoe de voeding en verzorging van de wezens, die als gezonde dragers van onze volkskracht eens dezelfde taak ten aanzien van hun nakomelingen moeten waarnemen, mogelijk gemaakt zou moeten worden. Wat is dit hele systeem toch ontzettend onvolmaakt en onnobel! Men spant zich niet meer in, om voor het nageslacht het allerbeste op te kweken, doch laat Gods water maar over Gods akker lopen. Dat hierbij ook onze kerken het evenbeeld van de Heer beledigen, waarover ze anders altijd de mond vol hebben, ligt wel volkomen in de lijn van hun huidig streven, dat steeds over de geest spreekt, en tegelijk de drager van die geest, de mens, volkomen laat degenereren. En dan, wanneer het zover gekomen is, trekt men natuurlijk hevig verbaasde gezichten over de geringe invloed en uitwerking, die het Christelijk geloof in dit land heeft, en over de betreurenswaardige „Goddeloosheid" van dit zooitje, dat lichamelijk verknoeid, en daarmee natuurlijk ook geestelijk verworden is, en probeert, deze nederlaag goed te maken door bekering successen te behalen bij Hottentotten en Zoeloe-kaffers.

Terwijl onze Europese volkeren, Goddank, tot geestelijk en moreel minderwaardigen verworden, reist de vrome zendeling naar Centraal-Afrika en sticht zendings stations voor de negers, net zolang tot onze „hogere cultuur" ook van de daar wonende, wel primitieve en laagontwikkelde, maar toch in ieder geval gezonde mensenkinderen, een chaotisch bastaarden gebroed heeft gemaakt. Het zou meer in overeenstemming zijn met de bedoeling van het edelste op deze wereld, wanneer onze beide Christelijke kerken niet de negers lastig vielen met een zending die deze zomin wensen als begrijpen, doch onze Europese mensheid welwillend, maar ernstig bijbrachten, dat het voor ongezonde ouders veel meer een God welgevallig werk is, om zich te erbarmen over een gezond en arm weeskindje, en om dit kindje zo zijn vader en moeder terug te geven, dan om zelf een ziek kind ter wereld te brengen, dat zichzelf en de overige wereld niets dan leed en last bezorgt. Wat op dit gebied in onze dagen zo algemeen wordt verwaarloosd, moet de volksstaat inhalen. Hij moet het ras weer tot het algemene middelpunt van het leven maken. Hij moet zorgen, dat dit middelpunt zuiver blijft. Hij moet het kind uitroepen tot het kostbaarste bezit van de natie. Hij moet ervoor zorgen, dat alleen gezonde mensen kinderen verwekken; dat er maar één grote schande is, namelijk, om, wanneer men zelf ziek is, en gebrekkig, toch kinderen geboren te doen worden, maar daarnaast ook slechts één hoogste eer: af te zien van het ouderschap, wanneer dat om de kinderen moet. Anderzijds echter moet het als minderwaardig worden beschouwd, om de natie gezonde kinderen te onthouden.

De staat moet daarbij steeds optreden voor de duizendjarige toekomst, waartegenover de wensen en het egoïsme van de huidige enkeling volkomen in het niet verzinken, en waarvoor ze ook beslist moeten wijken. Hij moet de modernste hulpmiddelen in dienst van deze idee stellen. Hij moet alles, wat in enig opzicht kennelijk ziek en erfelijk belast — en dus ook weer erfelijk belastend — is, onbevoegd verklaren, om zich voort te planten, en moet de hieraan verbonden praktische consequenties ook trekken. Aan de andere kant moet hij ervoor zorgen, dat de vruchtbaarheid van de gezonde vrouw niet wordt beperkt door het financiële wanbeheer van een bestuur, dat de kinderzegen tot een vloek voor de ouders weet te maken. Hij moet een andere mentaliteit bezitten dan die luie en zelfs misdadige onverschilligheid, die men heden ten dage gevoelt voor de sociale behoeften van het kinderrijke gezin, en moet zich integendeel de hoogste beschermer weten van deze kostbaarste levensbron van het volk. Hij behoort zich verder meer om het kind, dan om de volwassene te bekommeren.

Wie lichamelijk en geestelijk niet gezond en volwaardig is, mag zijn eigen gebrek niet vereeuwigen in het lichaam van zijn kind. De volksstaat moet hier de geweldigste taak als opvoeder vervullen, die men zich denken kan. De vervulling van die plicht zal echter eens als een grotere daad worden beschouwd dan de grootste van alle oorlogen, die wij in deze burgerlijke periode wisten te winnen. Hij moet door opvoeding de enkeling doen begrijpen, dat het geen schande, maar slechts een betreurenswaardig ongeluk is, ziek en sukkelend te zijn, maar dat het een misdaad, en daardoor tegelijkertijd een schande is, om dit ongeluk door eigen egoïsme te onteren; want dat doet men, wanneer men die last weer op de schouders van andere onschuldige wezens legt. Ook moet hij doen begrijpen, dat het een blijk van ware adel is, van de meest verheven mentaliteit en tevens van bewonderenswaardige menselijkheid, wanneer de zieke, die buiten eigen schuld ziek is, afziet van het bezit van een eigen kind, en zijn liefde en tederheid aan een onbekende arme kleine jongen uit zijn volk schenkt die gezond is, en dus belooft eens tot een krachtig lid van een krachtige gemeenschap op te groeien. En de staat moet deze opvoeding beschouwen als de geestelijke aanvulling van zijn praktische werkzaamheid. Hij moet zonder zich af te vragen, of hij al dan niet zal worden begrepen, of men hem al dan niet gelijk zal geven, in deze richting streven.

Indien men kans zag, om slechts zeshonderd jaar lang alle lichamelijk gedegenereerde en geestelijk zieke individuen buiten staat te stellen, en de kracht te ontnemen, om kinderen te verwekken, dan zou men de mensheid niet alleen van een geweldige last bevrijden, maar zou daarmee een herstel mogelijk maken, zoals men zich heden ten dagen bijna niet kan voorstellen. Wanneer zodoende de vruchtbaarheid van de gezondste dragers der volkskracht bewust en stelselmatig in de hand wordt gewerkt, dan gal hieruit een ras opstaan, dat, althans voorlopig, gezuiverd is van de kiemen van ons huidig lichamelijk — en dus ook geestelijk — verval.

Want wanneer een volk en een staat deze weg eenmaal hebben betreden, dan zal men er uit de aard der zaak ook naar gaan streven, om juist de waardevolle kern van het ras te steunen, en om vooral zijn vruchtbaarheid te doen toenemen, en zodoende tenslotte te maken, dat het gehele volk weer de zegening ondervindt van een ware raszuivere ader, die met alle middelen tot steeds hogere ontwikkeling wordt gebracht. Om dit te bereiken, moet de staat er in de eerste plaats voor zorgen, dat de kolonisatie van nieuw verworven gebied niet aan het toeval wordt overgelaten, maar aan bepaalde eisen wordt onderworpen. Hiertoe moeten speciale rascommissies worden samengesteld, die ten doel hebben, om ieder, die zich hier wil vestigen, te onderzoeken op zijn geschiktheid, en er wordt geen vergunning verleend, wanneer niet een bepaalde, nader te specificeren graad van raszuiverheid bereikt is, zo kunnen langzamerhand rand koloniën worden geschapen die bevolking van uitsluitend uitdragers van de hoogste raszuiverheid en dus van de hoogste waarde op het punt van het ras, bestaat.

Daardoor zijn zij een kostbaar bezit voor het gehele volk; het moet iedere volksgenoot met trots en blij vertrouwen vervullen, wanneer hij ziet dat zij toenemen in tal; want in hen ligt de kiem besloten voor de uiteindelijke grote toekomstige ontwikkeling van ons eigen volk, en zelfs van de mensheid. De volkse wereldbeschouwing moet er door de volksstaat eindelijk in slagen, om die nobeler periode te bereiken, waarin de mensen er zich niet meer alleen om bekommeren, hoe ze, door teeltkeuze, hoger en zuiverder rashonden, -paarden en -katten kunnen krijgen, maar ook, hoe ze de mens zelf kunnen verheffen.

Kortom, een periode, waar de een de noodzaak inziet en daarom heldhaftig zwijgt en afstand doet van eigen verlangens, en waar de ander blijmoedig offert en geeft. Dat dit mogelijk is, kan men bezwaarlijk ontkennen in een wereld, waar honderdduizenden vrijwillig het celibaat op zich nemen, door niets verplicht en gebonden dan door een kerkelijk gebod. En zou datzelfde offer niet mogelijk zijn, wanneer dat kerkelijke gebod wordt vervangen door de waarschuwende raad, dat men de onophoudelijk voortwoekerende erfzonde van een rasvergiftiging eindelijk moet stopzetten, en eindelijk weer eens wezens moet voortbrengen, zoals Hijzelf ze schiep?

Natuurlijk zal het gehele miserabele leger van onze tegenwoordige kleinburgers dit nooit begrijpen. Zij zullen er om lachen, of hun scheve schoudertjes ophalen en hun eeuwige uitvlucht laten horen: „Dat klinkt natuurlijk allemaal heel mooi, maar dat is toch niet uitvoerbaar!" Nu is het waar, dat dit ideaal niet meer met jullie is te bereiken, mijne heren — daartoe is jullie wereld niet geschikt! Jullie kent maar één zorg: je eigen leven, en maar één God: je geld! Maar wij wenden ons immers ook niet tot jullie, doch tot het grote leger van diegenen, die te arm zijn, dan dat hun eigen leven voor hen het hoogste geluk op aarde zou kunnen zijn. Wij wenden ons tot diegenen, die geloven dat een andere God dan het goud hun bestaan op aarde in Zijn handen heeft.

In de eerste plaats richten wij ons tot het grote leger van de Duitse jeugd. Die jeugd groeit naar de grote verandering toe, en datgene wat door de traagheid en onverschilligheid van hun ouders werd misdaan, zal hen tot de strijd dwingen. De Duitse jeugd zal of eenmaal de bouwmeester zijn van een nieuwe volksstaat, of wel, zij zal als laatste getuige de volkomen ineenstorting van de burgerlijke wereld beleven. Want wanneer een generatie gebukt gaat onder fouten, die ze zelf als zodanig herkent, en waarvan ze zelfs openlijk toegeeft, dat het fouten zijn — en er zich dan toch afmaakt, zoals de burgerlijke maatschappij in onze dagen, met de goedkope verklaring, dat daartegen toch niets helpt, dan is zo een maatschappij ten ondergang gedoemd. Maar een karakteristieke eigenschap van onze burgerlijke wereld is juist, dat ze de gebreken als zodanig niet eens meer kan loochenen. Zij moet toegeven, dat er veel rots en slechts is, maar ze bezit niet meer de vastberaden wil, om zich tegen het kwaad te verzetten, om de kracht van dit volk van 60 of 70 miljoen zielen met verbeten energie te bundelen, en zich zo tegen het gevaar te weer te stellen. Integendeel, wanneer elders een volk strijdt voor zijn leven, dan meent men er hier nog kwaad-aardige moppen over te moeten maken, en tracht men nog, om uit de verte de theoretische onuitvoerbaarheid van de gebruikte methoden te bewijzen, en van te voren al te verklaren, dat succes uitgesloten is.

Geen motief is hierbij te verachtelijk, te simpel en geen te min, om de eigen geringheid en bekrompenheid van geest te steunen. Wanneer bijvoorbeeld een geheel vasteland eindelijk de strijd aanbindt tegen de alcohol vergiftiging, om het volk uit de klauwen van dit verderfelijke kwaad te bevrijden, dan weet onze brave burgerlijke wereld in Europa daarop niets anders te doen dan stom te staren en het hoofd te schudden; kortom een neerbuigende minachting en een bespottelijk vinden, wat een bespottelijk gezelschap als dit zeker past. Wanneer dat alles echter niets helpt, en er ergens op de wereld toch wordt opgetreden tegen de machtigen onaantastbare booswicht, en wanneer dat pogen zelfs – o, wonder – met succes wordt bekroond, dan moet men toch alles doen, om dit succes tenminste in twijfel te trekken, en te verkleinen, waarbij men er zelfs in het geheel niet voor terugschrikt, om aan de burgerlijke moraal ontkende argumenten te gebruiken tegen een strijd, die juist ten doel heeft, om een grote immoraliteit te brengen.

Neen, wij hoeven ons dienaangaande geen enkele illusie te maken: de hedendaagse bourgeoisie kan voor geen enkele verheven taak der mensheid meer waarde hebben, eenvoudig, omdat ze daartoe de kwaliteiten mist, omdat ze te slecht is: en die slechtheid komt niet zozeer uit opzettelijke wil tot het kwade voort, als wel uit een ongelooflijke indolentie en de bijproducten daarvan. Daarom zijn ook die politieke clubjes, die de naam „burgerlijke partijen" dragen, al lang niets anders meer dan belangengemeenschappen van bepaalde beroepsgroepen en standen, en is hun hoogste taak gelegen in een zo goed mogelijk behartigen van die egoïstische belangen. Dat zulk een bourgeois gilde dat-aan-politiek-doet voor alles geschikt is, behalve voor de strijd, ligt voor de hand; en dit nog in des te sterkere mate, omdat de andere zijde niet uit voorzichtige kruideniers bestaat, maar uit de proletarische massa's, die tot het uiterste zijn opgehitst, en bereid zijn, ieder risico te aanvaarden.

Wanneer wij inzien, dat de voornaamste taak, die de staat in dienst en ten bate van het volk vervullen moet, de handhaving, verzorging en ontwikkeling van de beste ras delen in ons volk is, dan spreekt het vanzelf, dat deze zorg zich niet mag beperken tot de geboorten van den, nu nog kleine, jongen volks- en ras genoot, maar dat uit deze zuigeling een waardevol lid van de volks gemeenschap wordt, dat later ook voor onze verdere groei en toename van betekenis kan zijn.

En omdat in het algemeen de eerste voorwaarde voor geestelijke capaciteiten gelegen is in de kwaliteit van het ras, daarom moet de opvoeding ook bij ieder individu afzonderlijk, in de eerste plaats de lichamelijke gezondheid in het oog houden, en verbeteren; want over het algemeen kan men toch inderdaad zeggen, dat een gezonde krachtige geest alleen in een gezond en krachtig lichaam kan huizen. Het feit, dat genieën dikwijls lichamelijk beneden peil blijven of zelfs mismaakte schepselen zijn, is geen argument tegen deze stelling. Want daarbij betreft het uitzonderingen die — zoals altijd — de regel slechts bevestigen. Wanneer echter de grote massa van het volk uit dégénérés bestaat, dan zal uit dit moeras maar uiterst zelden een waarlijk grote geest opstaan. Zijn invloed zal dan echter nog slechts zeer geringe resultaten hebben, want de gedegenereerde horde zal hem in het geheel niet verstaan, of zal te zwak van wil zijn geworden, om de hoge vlucht van zulk een adelaar te kunnen volgen. De volksstaat moet dit inzien, en moet zijn geheel en opvoedingsarbeid niet in de eerste plaats toeleggen op de aflevering van mensen, die volgepropt zijn met abstracte kennis, maar integendeel op het vormen van mensen met kerngezonde lichamen. De ontwikkeling van de geestelijke capaciteiten komt pas in de tweede plaats. Hierbij is echter weer het belangrijkste de ontwikkeling van het karakter — vooral van de wilskracht en de vastberadenheid, terwijl er ook de nadruk op moet worden gelegd, dat ze opgroeien tot mensen, die de wil bezitten, om verantwoordelijkheid te dragen.

De abstract-wetenschappelijke scholing komt pas in de tweede plaats. De volksstaat moet daarbij uitgaan van het standpunt, dat een mens, die weliswaar wetenschappelijk weinig waarde heeft, maar lichamelijk gezond is, die een goed, vast karakter heeft, die wilskrachtig is, en een besluit weet te nemen, voor de volks gemeenschap meer waarde heeft dan een knappe zwakkeling. Een volk van geleerden zal, wanneer die geleerden tegelijkertijd lichamelijk gedegenereerde, weinig wilskrachtige, laffe pacifisten zijn, de hemel zeer bepaald niet veroveren, en er zelfs over het algemeen niet eens in slagen, zich op aarde een bestaan te veroveren. In de zware door het noodlot gewilde strijd verliest niet de man, die het minste weet, maar integendeel altijd degene, die uit zijn kennis de slapste consequenties trekt, en ze het slechtste in daden omzet. Tenslotte moet ook hier een zekere harmonie heersen.

Een bedorven lichaam wordt door een schitterende geest geen greintje esthetischer gemaakt, en de hoogste ontwikkeling van de geest zou zelfs in het geheel niet gerechtvaardigd zijn, indien de dragers van die ontwikkeling tegelijkertijd lichamelijk gedegenereerde en mismaakte schepselen waren, zonder vaste wil, zonder karakter en zonder moed. Datgene, wat het Griekse schoonheid ideaal tot iets onsterfelijks heeft gemaakt, is het feit, dat hier de prachtigste lichamelijke schoonheid met de stralendste geest en de edelste ziel verenigd is.

Wanneer Moltke's uitspraak: „Uiteindelijk is het geluk alleen met de sterke" waarheid bevat, dan is dat zeker het geval voor de verhouding tussen lichaam en geest: tenslotte zal een geest, die gezond is, toch in 't algemeen alleen in een gezond lichaam kunnen wonen. De staling van het lichaam is daarom in de volksstaat niet een zaak, die de enkeling alleen aangaat, en evenmin in de eerste plaats een zaak van de ouders, waarmee de gemeenschap pas in de tweede of derde plaats iets te maken heeft, maar is een eerste vereiste voor het bestaan van het volk, dat tenslotte door de staat wordt vertegenwoordigd en verdedigd. En zoals de staat, wat de wetenschappelijke vorming aangaat, zich al heden bemoeit met het zelfbeschikkingsrecht van de enkeling, en tegenover die enkeling het recht van het geheel vertegenwoordigt, door eenvoudig, zonder te vragen naar de wil der ouders, het kind de schoolplicht op te leggen, zo moet de volkse staat eens zijn gezag in nog veel sterkere mate doorzetten tegenover de onwetendheid of het wanbegrip van de enkeling tegenover de kwesties, waarmee de handhaving van onze volkskracht gemoeid is. Hij moet zijn taak als opvoeder zo indelen, dat de jonge lichamen al op vroeger leeftijd doelmatig worden gesterkt en gehard met het oog op hun latere leven.

Er moet vóór alles voor gezorgd worden, dat er geen generatie van huisvinken opgroeit. Deze verzorging en opvoeding moet al bij de jonge moeder beginnen. Wanneer het mogelijk bleek, dat door tientallen jaren van noeste arbeid, bij de geboorte volkomen zuiverheid, vrij van iedere infectie bereikt kon worden, en de kraamvrouwenkoorts beperkt tot enkele gevallen, dan moet en zal het ook mogelijk zijn, om door grondige scholing en opleiding van de pleegzusters, en van de moeders zelf, een behandeling te doen plaats hebben, die een uitmuntende basis vormt voor de latere ontwikkeling. De school als zodanig moet in de volksstaat veel meer tijd beschikbaar stellen voor de lichamelijke opvoeding. Het is een verkeerd stelsel, om de jonge hersens met een ballast te beladen, waarvan zij – naar de ervaring leert — toch maar een klein gedeelte weten te behouden, en dan nog grotendeels kleinigheden en bijzaken, omdat het kind nu eenmaal nog niet bij machte is, om de, hem ingegoten stof, op verstandige wijze te ziften.

Wanneer tegenwoordig zelfs het lesrooster der middelbare scholen het niet nodig vindt, om voor lichamelijke oefening meer dan maar net twee uur per week uit te trekken, en zelfs die twee uur nog niet verplicht zijn, dan bestaat er tussen deze zijde van de opvoeding en de zuiver geestelijke wel een zeer grote wanverhouding. Er zou eigenlijk geen dag voorbij mogen gaan, dat de jongeman — of het jonge meisje — niet minstens 's morgens en 's middags een uur lang lichamelijk gestaald werd, en dat wel in iedere vorm van sport en turnen. Hierbij mag vooral één sport niet worden vergeten, die juist in de ogen van vele, zich „volks" noemende voor ruw en onwaardig doorgaat:

„het boksen". Het is werkelijk ongelooflijk, wat een onjuiste meningen er dienaangaande onder de „ontwikkelde mensen" bestaan. Het wordt als vanzelfsprekend beschouwd, dat de jongeman leert schermen, en dan links en rechts stevige partijtjes uitvecht, maar boksen zou te ruw zijn! Waarom? Er is geen enkele andere sport, die zoals deze de aanvalsgeest aankweekt, die zo bliksemsnelle besluiten vereist, en het lichaam tot stalen hardheid en uiterste soepelheid en lenigheid opvoedt. Wanneer twee jonge mensen een meningsverschil met hun vuisten uitvechten, dan is dat niet ruwer, dan wanneer ze dat met een geslepen stuk ijzer doen. Het is ook niet minder edel, wanneer een aangevallene zich met de vuist verdedigt tegen zijn aanvaller, in plaats van hard weg te lopen, en om een agent te schreeuwen. Maar vooral is het nodig, dat een gezonde jongen ook leert klappen te verdragen. Dat zullen onze tegenwoordige geestelijke strijders natuurlijk te wild vinden. Maar de volksstaat heeft nu eenmaal niet tot taak, om een kolonie van vreedzame estheten en lichamelijke dégénerés op te kweken. Het ideaal van deze staat is niet de eerbare kleine bourgeois of de deugdzame oude jonge juffrouw, maar het is de harde, sterke belichaming van mannelijke kracht enerzijds, en anderzijds de vrouw, die weer mannen ter wereld weet te brengen. De sport is niet slechts een middel, om de enkeling sterk, handig en moedig te maken, maar zij dient ook, om de beoefenaars te stalen, en hen te leren, het een en ander te verdragen.

Wanneer destijds de gehele bovenste laag van onze bevolking zichzelf zo niet uitsluitend had volgepropt met deftige frasen van fatsoen, en in plaats daarvan boksen had geleerd, dan zou die Duitse revolutie van souteneurs, deserteurs en soortgelijk tuig nooit mogelijk zijn geweest; want dit succes was niet te danken aan de moed en de energie van de mannen, die de revolutie maakten, maar aan de laffe, miserabele besluiteloosheid van de lieden, die de staat leiden, en voor die staat verantwoordelijk waren. Maar al onze geestelijke leiders hadden immers enkel en alleen een geestelijke scholing doorgemaakt, en hun kracht moest dus wel volkomen verlammen op het ogenblik, dat de andere zijde naast de geestelijke wapenen, ook nog het breekijzer ging gebruiken. Dat alles was echter alleen maar mogelijk, omdat vooral het onderwijs op onze hogere scholen geen mannen vormde, maar enkel ambtenaren, ingenieurs, technici, chemici, juristen, letterkundigen en, opdat deze hegemonie van de geest toch vooral niet teniet gedaan wordt, professoren.

Onze culturele leiding heeft steeds grote dingen gepresteerd, terwijl de prestaties van onze wilskracht meestal beneden alle kritiek bleven.

Ongetwijfeld zal het niet lukken, om uit iemand, die laf is van aanleg, een moedig mens te maken, maar even zeker is het, dat bij iemand, die op zichzelf niet laf is, de ontwikkeling van deze eigenschappen belemmerd of zelfs verlamd wordt, wanneer hij door gebreken in zijn opvoeding, die zijn kracht en handigheid hebben verminderd, van tevoren al weet, dat hij het onderspit zal moeten delven. Hoezeer het bewustzijn van eigen lichamelijke kracht de moed versterkt en de wil tot de aanval opwekt: dat kan men het beste zien aan het leger. Ook hier zijn het niet alleen en uitsluitend helden geweest, maar de gewone middelmaat. Doch de buitengewone opleiding, die de Duitse soldaat in vredestijd doormaakte, droeg op dat gehele reuzenorganisme zo'n suggestief geloof aan de eigen meerder waardigheid over, als zelfs onze vijanden niet mogelijk hadden geacht. Want al die onsterfelijke moed en wil tot de aanval, die onze voort-stormende Duitse legers in de nazomer en de herfst van het jaar 1914 betoonden, was het resultaat van die onvermoeibare scholing, die uit de dikwijls zwakke lichamen de ongelooflijkste prestaties wist te halen, en zo de mannen opvoedde tot dat zelfvertrouwen, dat ook in de ontzetting van de grootste veldslagen niet verloren ging.

Juist dit Duitse volk, dat nu verzwakt en machteloos op de grond ligt, prijsgegeven aan de schoppen en trappen van de anderen, heeft die suggestieve kracht, die in het zelfvertrouwen is gelegen. Dat zelfvertrouwen echter moet al van kindsbeen af in de jonge volksgenoot worden gelegd. Zijn gehele opvoeding en scholing moet erop gericht zijn, hem de overtuiging te geven, dat hij absoluut de meerdere is van anderen. Hij moet door zijn eigen kracht en handigheid het geloof aan de onoverwinnelijkheid van zijn volkskracht terugwinnen. Want datgene, wat eens aan het Duitse leger de overwinning bracht, was de som van het vertrouwen van al die enkelingen in zichzelf en in hun leiding. Wat het Duitse volk weer zal oprichten, is de overtuiging, dat het mogelijk is, om de vrijheid te heroveren. Deze overtuiging kan echter alleen ontstaan als het eindproduct van miljoenen eensgezind gerichte gevoelens en gedachten.

De ineenstorting van ons volk was vreselijk, maar de inspanning, die vereist zal worden, om aan deze nood een einde te maken, zal even groot zijn. Wie meent, dat ons volk uit de hedendaagse(1924) burgerlijke opvoedingsmethoden, die in de eerste plaats naar rust en orde streven, ooit de kracht kan putten om eens op een dag deze wereldorde, die onze ondergang betekent, om te keren, en onze tegenstanders onze ketenen in het gezicht te werpen, die dwaalt zeer. Alleen door een bovenmatig grote nationale wilskracht, vrijheidswil en diepste hartstocht zal datgene, wat ons eens ontbrak, weer worden aangevuld. Ook de kleding van de jeugd moet aan dit doel aangepast zijn. Het is werkelijk een zeer treurig gezicht, te moeten vaststellen, dat ook onze jeugd al onderworpen is aan een modewaanzin, die werkelijk alles doet, om de betekenis van het oude spreekwoord:

„kleren maken de mens" tot iets noodlottigs om te vormen.

Juist bij de jeugd moet ook de kleding in dienst van de opvoeding worden gesteld. De jongen die 's zomers in range broek rondloopt, en tot de hals toe ingepakt, die verliest door zijn kleding een zeer belangrijke stimulans voor de opvoeding van zijn lichaam.' Want men moet ook op de eerzucht, en — laten wij het eerlijk zeggen — op de ijdelheid speculeren. Niet ijdelheid op mooie kleren, die tenslotte voor velen onbereikbaar zijn, maar ijdelheid op een mooi, welgevormd lichaam, dat ieder kan opbouwen.

Ook voor later heeft dit zijn nut. Het meisje moet haar ridder leren kennen. Indien in onze dagen de lichamelijke schoonheid niet zo volkomen was achtergesteld bij fatterig mode gedoe, dan zou het niet mogelijk zijn, dat honderdduizenden meisjes door afstotende krombenige Joden bastaards verleid werden. Ook dat is in het belang van ons volk, dat de mooiste lichamen elkaar vinden, en zo helpen, om nieuwe schoonheid aan de natie te schenken.

Heden ten dage zou dit alles wel zeer nodig zijn, omdat de militaire opleiding ontbreekt, de enige instelling, die in vredestijd tenminste iets inhaalde van al datgene, wat de andere opvoedingsorganen verzuimden. En ook daar moest het succes weer niet alleen worden gezocht in de opleiding van de enkeling, maar ook in de invloed, die hierdoor op de verhouding tussen beide geslachten werd uitgeoefend. Het jonge meisje verkoos de soldaat boven de niet-soldaat.

De volksstaat moet de lichamelijke ontwikkeling niet beperken tot de officiële schooljaren, maar moet ook zorgen, dat de jongen na die jaren, zolang zijn lichaam zich nog ontwikkelt, ook alles vóór zijn lichaam doet, zodat die ontwikkeling de gunstigste weg volgt, die maar mogelijk is. Het is eenvoudig stompzinnig, om te geloven, dat het recht van de staat, om toezicht uit te oefenen op zijn jonge burgers, met het beëindigen van de schooljaren plotseling ophoudt, en dan eerst in zijn diensttijd terugkeert. Dit recht van de staat is in werkelijkheid een plicht, en als zodanig altijd in even sterke mate aanwezig. De staat van onze dagen, die het koud laat, of hij gezonde mensen herbergt of niet, heeft deze plicht op misdadige wijze verzaakt. Hij laat de tegenwoordige jeugd op de straat en in bordelen verworden, in plaats van haar aan de teugel te nemen, en zolang lichamelijk verder te ontwikkelen, tot er een gezonde man en een gezonde vrouw uit zullen opgroeien.

Het is op het ogenblik niet van belang, van welke methoden de staat zich bedient bij de verdere opvoeding; het enig belangrijke is, dat hij het doet, en dat hij de wegen zoekt, die naar de beste resultaten zullen leiden. De volksstaat zal, naast de geestelijke evenzeer de lichamelijke vorming gedurende de jaren na het schoolbezoek als staats taak moeten beschouwen, en zal hier ook door officiële instellingen invloed moeten uitoefenen.

Bovendien kan deze opvoeding in grote lijnen al de vooropleiding voor de latere in militairen dienst zijn. Het leger zal de jonge man dan niet meer, zoals tot heden, de grondbeginselen van het eenvoudigste exercitiereglement moeten bijbrengen, en zal ook geen rekruten meer toegevoerd krijgen, zoals dat tegenwoordig het geval is, maar het zal tot taak hebben, om de jongeman, die lichamelijk al volkomen is ontwikkeld, nu slechts nog tot soldaat om te smeden.

In de volksstaat moet het leger de enkeling dus niet meer het simpele gaan en staan bijbrengen, maar moet het de laatste en hoogste school voor de vaderlandse opvoeding zijn. De jonge rekruut moet in het leger de nodige bedrevenheid in het hanteren van wapenen verwerven, maar moet tegelijkertijd ook verder voor zijn later leven worden geschoold. Maar de belangrijkste taak van de militaire opvoeding moet echter bestaan uit iets, wat ook al één van de belangrijkste deugden van het oude leger was: In deze school moet de jongen tot man worden gemaakt; en hij moet hier niet alleen leren gehoorzamen, maar ook worden opgeleid, zodat hij later zal kunnen bevelen.

Hij moet leren zwijgen niet alleen, wanneer hij terecht berispt wordt, maar moet ook leren, om zo nodig onrecht zwijgend te verdragen. Hij moet verder, steunend op het vertrouwen in eigen kracht, diep bewust van de grootheid en kracht van die gemeenschappelijk gevoelde corpsgeest, tot de overtuiging komen, dat de kracht van zijn volk onoverwinnelijk is. Na de beëindiging van zijn militaire diensttijd moeten hem twee documenten worden meegegeven: ten eerste zijn diploma van staatsburger als rechtsbul, die hem voortaan het recht geeft, zich in het openbaar te bewegen, en zijn gezondheidsattest, als bevestiging van zijn lichamelijke gezondheid en geschiktheid voor het huwelijk.

De volksstaat kan de politieke opvoeding van het meisje volgens soortgelijke beginselen leiden als die van de jongen. Ook daar moet men de voornaamste nadruk leggen op de lichamelijke vorming, pas daarna op de ontwikkeling van de eigenschappen van de ziel, en pas in de laatste plaats op die van de geest. De opvoeding van de vrouw moet er absoluut op zijn gericht, om het meisje tot toekomstige moeder op te voeden. Pas in de tweede plaats dient de volksstaat zich bezig te houden met karaktervorming, maar dat dan ook weer met alle ten dienste staande middelen.

Ongetwijfeld zijn de belangrijkste karaktereigenschappen in alle mensen van kindsbeen af in de kiem aanwezig: wie egoïstisch is aangelegd, is en blijft dat eens en voor altijd, evenzeer als de idealist in zijn diepste innerlijk al idealist zal zijn. Maar tussen deze volkomen geprononceerde karakters staan nog miljoenen, die een onduidelijke en verwarden indruk maken. De geboren misdadiger zal misdadiger zijn en blijven; maar vele mensen, die slechts een zekere neiging tot misdadigheid vertonen, kunnen door een juiste opvoeding nog tot waardevolle leden van de volksgemeenschap worden gemaakt, terwijl zulke zwakke karakters anderzijds door slechte opvoeding tot waarlijk slechte elementen kunnen opgroeien. Hoe dikwijls werd er in de oorlog niet over geklaagd dat ons volk zo slecht kon zwijgen! Hoe moeilijk was het daardoor niet, om zelfs belangrijke geheimen voor de vijand verborgen te houden! Maar laat men zich nu ook eens afvragen, wat de Duitse opvoeding dan eigenlijk had gedaan, om de enkeling tot stilzwijgendheid op te voeden? Was het niet dikwijls op school zo, dat men de kleine verklikker voortrok boven zijn zwijgzamer klasgenootjes? Beschouwde men dat klikken niet als een bewijs van nobele openhartigheid, en die zwijgzaamheid als een blijk van schandelijke verstoktheid? Heeft men eigenlijk wel ooit enige moeite gedaan, om zwijgzaamheid als een kostelijke mannelijke deugd voor te stellen? Nee, want voor ons huidig schoolonderwijs zijn dat overbodige futiliteiten. Maar deze overbodige futiliteiten kosten de staat vele miljoenen aan gerechtskosten, want 90 procent van alle processen wegens belediging en aanverwante misdrijven zijn alleen een gevolg van een tekort aan zwijgzaamheid.

Uitingen, die door gebrek aan verantwoordelijkheidsbesef zijn gedaan, worden even lichtzinnig verder gekletst, onze economie wordt voortdurend geschaad door het lichtvaardig prijsgeven van belangrijke fabrieksgeheimen, en zelfs worden alle geheime voorbereidingen praktisch tot een onmogelijkheid, omdat het volk nu eenmaal niet heeft leren zwijgen, en alles maar verder vertelt. In de oorlog echter kon deze praatzucht zelfs maken, dat er slagen verloren gaan, en kan dus inderdaad belangrijk bijdragen tot een ongunstig verloop van de strijd. Men moet ook hier overtuigd zijn, dat een man op jaren de dingen niet zal kunnen, die hem in zijn jeugd niet zijn geleerd. Daarom is het ook noodzakelijk, dat de leraar bijv. principieel niet tracht, door het aankweken van het lelijke klikken, op de hoogte te komen van de bedreven kwajongensstreken.

De jeugd heeft een eigen gemeenschap: ze staat om zo te zeggen in een vaste solidariteit tegenover de volwassene, en dit spreekt ook vanzelf. De banden, die de tienjarigen jongen aan zijn vriendjes van zijn eigen jaren binden, zijn natuurlijker dan die tussen hem en de volwassene. Een jongen, die zijn kameraden aangeeft, verraadt ze, en verricht daarmee een handeling, die, scherp uitgedrukt, en in groter verband gezien, precies overeenkomt met de daad van een landverrader. Zulk een jongen mag nooit als een „braaf en fatsoenlijk" kind worden beschouwd, maar steeds als een jongen, die ernstige karakter fouten heeft. Het kan gemakkelijk voor de leraar zijn om door dergelijke ondeugden zijn gezag te verhogen, maar hij legt daarmee in het jonge hart de kiem van een mentaliteit, die later noodlottige gevolgen kan hebben. Al meer dan eens is een kleine klikspaan opgegroeid tot een grote schurk!

Dit is slechts bedoeld als één voorbeeld uit velen. In onze dagen wordt er op school niets gedaan om de goede, nobele karaktereigenschappen te ontwikkelen. In de toekomst moet daaraan heel wat meer aandacht worden besteed. Trouw, offervaardigheid, zwijgzaamheid zijn deugden, die een groot volk nodig heeft; en het is veel belangrijker, dat de school deze eigenschappen aankweekt, dan dat ze al haar aandacht concentreert op zo vele van de andere dingen, die nu de lesroosters vullen. Ook het afleren van gehuil en geklaag, en van zelfmedelijden, enz. hoort hier thuis. Wanneer de opvoeding vergeet, al het kind te doen begrijpen, dat ook lijden en onrecht soms zwijgend moet worden verdragen, dan mag men zich niet verbazen, wanneer later op kritieke momenten, bv. wanneer de mannen aan het front staan, het gehele postverkeer niets anders meer schijnt te moeten doen, dan wederzijdse huil- en jankbrieven te verzenden.

Wanneer men op de lagere scholen wat minder exacte kennis in de hoofden van de leerlingen had gestampt, maar hun daartegenover wat meer zelfbeheersing had bijgebracht, dan zou dat in de jaren 1915 tot 1918 rijk zijn beloond. Daarom moet dus de volksstaat bij de opvoeding in de eerste plaats grote nadruk leggen op de lichamelijke ontwikkeling, maar daarnaast ook aandacht schenken aan de vorming van het karakter. Talrijke morele tekortkomingen, die ons huidig volkslichaam in zich draagt, kunnen door een zo gerichte opvoeding zo al niet geheel verwijderd, dan toch sterk verminderd worden.

Het is eveneens van het grootste belang, dat de wilskracht en de besluitvaardigheid worden aangekweekt, en ook de wil tot het dragen van verantwoordelijkheid. Wanneer vroeger bij het leger het beginsel werd gehuldigd, dat een bevel, hoe dan ook, altijd beter is dan geen bevel, dan moet dit beginsel voor de jeugd voorlopig in de volgende vorm worden gegoten: dat een antwoord, hoe dan ook, altijd beter is dan geen antwoord. De angst, dat men uit bangigheid iets verkeerd zou kunnen zeggen, of het antwoord schuldig zou kunnen blijven, moet beschamender zijn dan een onjuist antwoord. Op deze zeer primitieve grondslag moet de opvoeding van de jeugd zijn gebaseerd, en moet zijn gericht op het aankweken van de moed tot de daad.

Men heeft er vaak over geklaagd, dat in november en december 1918 letterlijk geen enkele instantie meer zijn plicht deed, dat, van de vorst af tot en met de laatste bevelhebber van een divisie, letterlijk niemand meer de kracht had, om een zelfstandig besluit te nemen. Dit verschrikkelijke feit is wel de duidelijkste en vernietigendste veroordeling van ons opvoedingssysteem, dat ooit kon worden uitgesproken, want bij deze ontzettende ramp is eigenlijk alleen maar datgene, wat in het klein alom aanwezig was, op reusachtige schaal tot uiting gekomen. Dit gebrek aan wil en niet het gebrek aan wapens is de oorzaak, dat wij heden ten dage zo onmachtig zijn tot enig ernstig verzet. Dat zit in het binnenste van ons gehele volk, voorkomt ieder besluit, waarmee risico verbonden is, alsof niet dikwijls de grootheid van een daad juist gelegen was in het gewaagde ervan. Zonder het zelf te vermoeden, heeft een Duits generaal kans gezien, de klassieke formule te vinden voor deze miserabele willoosheid: „ik handel alleen, wanneer ik éénenvijftig procent kans van slagen heb". Deze éénenvijftig procent is de reden van deze tragische ineenstorting van Duitsland; wie eist, dat het noodlot hem pas de overwinning garandeert, die vernietigt daarmee uit de aard der zaak iedere betekenis van een heroïsche daad. Want deze bestaat juist daarin, dat men, overtuigd van het levensgevaar, dat de bestaande toestand oplevert, de stap zet, die misschien resultaat kan hebben. Een kankerpatiënt, wiens einde anders zeker is, hoeft niet eerst eenenvijftig procent uit te rekenen, om een operatie te wagen. Zelfs wanneer een zodanig ingrijpen maar een half procent kans op herstel belooft, dan nog zal een moedig man het wagen. Doet hij het niet, dan heeft hij ook niet het recht te huilen en te klagen om zijn leven, dat verloren gaat.

Die funeste mentaliteit van onze dagen echter, die tot zo algemene laffe willoosheid en besluiteloosheid leidt, is uiteindelijk hoofdzakelijk het gevolg van ons principieel onjuist opvoedings systeem. De schadelijke invloed hiervan laat zich ook in het verdere leven gelden, en vindt tenslotte zijn bekroning in onze vooraanstaande staatslieden, die in het dagelijks leven wel een zeer groot gebrek aan moed betonen.

Ook de tegenwoordig maar al te veel voorkomende angst voor iedere verantwoording komt uit dezelfde bron. Ook hier draagt al de opvoeding van de jeugd de schuld; daardoor vertoont deze fout zich later alom in ons publieke leven en vindt tenslotte zijn onsterfelijke vervolmaking in het parlementaire regerings instituut. Helaas stelt men er al op school prijs op, dat de kleine boosdoener een „berouwvolle" bekentenis aflegt, en zijn zonden „verbitterd afzweert", dan dat hij vrijmoedig zijn schuld bekent. Dat laatste is in de ogen van menige volksopvoeder in onze dagen zelfs het duidelijkste teken van onverbeterlijke slechtheid en zodoende wordt menige jongen, ongelooflijk genoeg, als „opgroeiend voor galg en rad" gekwalificeerd, wegens redenen, die van onschatbare waarde zouden zijn, indien ze het gemeengoed van geheel een volk waren. Omdat de volksstaat eenmaal de meeste aandacht zal schenken aan de opvoeding tot wilskracht en besluitvaardigheid, moet hij het hart van de jeugd al vanaf de eerste jaren vervullen met de wil tot verantwoordelijkheid en de moed, voor eigen daden te staan.

Alleen, wanneer hij deze noodzaak in haar volle omvang inziet, zal hij tenslotte, na eeuwenlange vorming een volkslichaam weten te scheppen, dat niet meer die gebreken zal vertonen, die in onze dagen zo noodlottig hebben gewerkt, en zoveel hebben bijgedragen tot onze ondergang. Het wetenschappelijk gedeelte van onze school opvoeding, dat tegenwoordig immers eigenlijk alfa en omega is van de totale staatsbemoeiing met de opvoeding, zal met slechts geringe rectificaties door de volksstaat worden overgenomen. Die rectificaties bevinden zich op drie terreinen.

In de eerste plaats moeten de jonge hersens in het algemeen niet worden belast met dingen, die voor 95 procent onnutte ballast zijn en die ze daarom toch ook weer zullen vergeten. Vooral het lesrooster van de lagere en middelbare scholen is tegenwoordig een tussending; op vele punten is de stof', die over de verschillende onderwerpen geleerd moet worden, zodanig aangegroeid, dat slechts een klein gedeelte van dit alles in het hoofd van de enkeling bewaard kan blijven, en dat ook slechts een klein gedeelte van deze overvloed benut kan worden, terwijl het aan de andere kant toch ook weer niet voldoende is voor de man, die in zo een vak werkzaam zal zijn, en er zijn brood mee moet verdienen. Laat men nu bijv. eens een gewone gemiddelde rijksambtenaar nemen, die het einddiploma van een gymnasium of een H.B.S. (VWO) in de zak heeft; laat men nu eens onderzoeken, wat die man op zijn vijfendertigste of veertigste jaar nog af weet van alle schoolkennis, die hem met zoveel moeite is ingestampt. Hoe weinig is er van dat alles nog over!

Dan zal men mij natuurlijk als antwoord geven: „Ja, maar de grote hoeveelheid van de destijds opgenomen leerstof had juist niet alleen ten doel, om te zorgen, dat het kind, eenmaal volwassen geworden, nu over veel kennis beschikte, maar moest ook de geestelijke bevattelijkheid, het denkvermogen en vooral de scherpte van denken scholen."

Dit is gedeeltelijk juist. Maar toch dreigt hier het gevaar, dat het jonge brein een stortvloed van indrukken te verwerken krijgt, die slechts zeer enkelen uit de talloze aankunnen; terwijl ze niet in staat zijn, om in de stof het belangrijke van het minder belangrijke te scheiden, en dit verschil ook trouwens niet zien. En indien ze al tot een zifting overgaan, dan vergeten en verwaarlozen ze meestal het belangrijke, en onthouden het onbelangrijke. Daardoor vervalt de hoofdreden van dit vele leren al weer; want dat kan toch bezwaarlijk alleen daarin bestaan, dat men door de leerstof tot in het oneindige opeen te hopen, de hersenen enkel maar tot leren in staat stelt; het is er toch ook wel degelijk om te doen, om de jongen mens in zijn latere leven die grote hoeveelheid kennis mee te geven, die ieder nodig heeft, en die door hem dan weer aan de gemeenschap ten goede komt. Maar dit ideaal wordt tot een onbereikbare hersenschim, wanneer de mens door de veelheid van de leerstof, die hem in zijn jeugd is opgedrongen, hiervan later in het geheel niets, of althans niets belangrijks meer overhoudt.

Het is bijvoorbeeld volkomen onbegrijpelijk, waarom miljoenen mensen in de loop der jaren twee of drie vreemde talen moeten leren, terwijl toch slechts een zeer gering percentage onder hen praktisch nut van deze kennis zal hebben, wat dus ook betekent, dat de meerderheid dit geleerde weer volkomen zal vergeten, want van elke honderdduizend leerlingen die bijv. Frans leren, zullen er nauwelijks een tweeduizendtal later werkelijk enige vruchten plukken van deze kennis, terwijl acht en negentig duizend in hun gehele verdere leven niet meer in staat zullen zijn, om van het eens geleerde enig praktisch profijt te hebben.

Zij hebben dus in hun jeugd duizenden uren opgeofferd voor iets, wat later voor hen geen waarde en geen betekenis bleek te bezitten. Ook het tegenargument, dat dit een onmisbaar onderdeel is van de algemene ontwikkeling, houdt geen steek, omdat men dit alleen zou kunnen beweren, indien de mensen hun gehele leven lang over het geleerde beschikten. Dus moeten inderdaad acht en negentig duizend mensen om niet worden geplaagd, en worden zij gedwongen hun kostbare tijd op te offeren, uitsluitend en alleen, omdat er tweeduizend anderen zijn, die profijt zullen hebben van de kennis van deze taal.

Bovendien gaat het hier nog om moderne talen, waarvan men onmogelijk kan beweren, dat het aanleren ervan een training van het scherp logische denken betekende, zoals b.v. van het latijn kan worden gezegd. Daarom zou het heel wat doelmatiger zijn, wanneer men de jonge studerende mensen slechts enige algemene eigenschappen van zulk een taal bijbracht, of juister nog, hun de kern van de taal te leren kennen, wat dus wil zeggen, dat men hun de eigenheden van de taal bijbracht, of hun misschien daarnaast inleidde in de grondbeginselen van grammatica, uitspraak, zinsbouw, enz. met behulp van typische voorbeelden. Dit zou voor de algemene behoeften voldoende zijn geweest, en zou ook van groter waarde zijn gebleken dan het instampen van de gehele taal, zoals dat nu mode is, omdat het gemakkelijker is, een overzicht te krijgen van deze meer beperkte stof, en men deze essentiële eigenheden ook gemakkelijker onthoudt. Tenslotte is het toch ook een feit, dat men door die school studie een taal nooit geheel en al leert beheersen, en haar tenslotte ook grotendeels weer zal vergeten. Onze methode zou bovendien het gevaar vermijden, dat van de overweldigende uitgebreidheid van de stof slechts enkele toevallige, onsamenhangende brokken in het geheugen bleven hangen, omdat de leerling immers enkel het belangrijkste te leren kreeg, wat dus betekent, dat de selectie naar de waarde al had plaats gevonden.

De hierdoor gegeven algemene basis zou voor de meesten volkomen voldoende zijn, ook in het latere leven, terwijl het ieder ander, die deze taal later werkelijk nodig zou hebben, in de gelegenheid stelde, op de gegeven grondslag voort te bouwen, en uit eigen vrije wil te besluiten, om de taal zo grondig mogelijk te leren kennen. Door deze beperking komt in het lesrooster die tijd vrij, die voor lichamelijke school oefening nodig is, en ook die voor de verhoogde eisen op de, al vroeger genoemde gebieden.

Vooral ook is het nodig, dat de tot nog toe bij het geschiedenis onderwijs gevolgde methoden worden verlaten, en door andere worden vervangen. Ik geloof niet, dat er één volk bestaat, dat méér geschiedenis leert dan het Duitse, maar daarnaast zal het moeite kosten, een volk te vinden, dat van deze geschiedenis een zo slecht gebruik maakt als wij doen. Wanneer politiek inderdaad geschiedenis in wording is, dan is ons geschiedenis onderwijs door de wijze, waarop wij politiek bedrijven, volkomen veroordeeld. Ook hier past het ons niet, te jammeren over de treurige resultaten, waarop onze politiek kan bogen, wanneer men niet vastbesloten is, om te zorgen, dat de opvoeding tot de politiek in de toekomst beter zal zijn. De resultaten van ons hedendaags geschiedenis onderwijs zijn in 99 van de 100 gevallen meer dan bedroevend. Er blijven gewoonlijk maar enkele jaartallen, geboortejaren en namen hangen, terwijl er van een grote strakke lijn geen sprake is. Er wordt in het geheel niets gedaan om de leerlingen de kern van de kwesties, waarop het dus eigenlijk aankomt, te doen zien; nee, het wordt aan de meer of mindere genialiteit van ieder afzonderlijk overgelaten, om uit de stroom van jaartallen, uit de reeksen gebeurtenissen, de diepere beweegredenen te vinden.

Men kan zoveel protesteren tegen deze bittere constatering als men maar wil; laat men enkel de redevoeringen, die de heren parlementsleden over sommige politieke kwesties, bijvoorbeeld over de buitenlandse politiek, in één enkele zittingsperiode hebben gehouden, eens aandachtig doorlezen; wanneer men dan bedenkt, dat de fabrikanten van deze redevoeringen beweren, het puik van de Duitse natie te zijn, en dat in ieder geval een groot gedeelte van deze lieden een middelbare school bezocht, en verschillende onder hen zelfs hogescholen, dan zal men daaruit maar al te duidelijk kunnen opmaken, hoe volkomen onvoldoende het historische begrip van deze lieden is.

Wanneer ze helemaal nooit les in geschiedenis hadden gehad, en alleen maar een gezond instinct bezaten, dan zou het nog veel beter zijn en zou de natie er aanmerkelijk meer vruchten van kunnen plukken. Juist bij het geschiedenis onderwijs moet de hoeveelheid leerstof worden verminderd. Het is absoluut van de allergrootste betekenis, dat men de grote ontwikkelingslijnen van de geschiedenis ziet. En naarmate het onderwijs meer beperkt blijft tot, zich dus meer concentreert op dit doel, mag men met meer reden hopen, dat de enkeling later voordeel zal hebben van zijn kennis, die uiteindelijk, en over de gehele linie beschouwd, ook aan het geheel ten goede komt. Want men leert nu eenmaal niet geschiedenis om de dingen te weten, die vóór ons zijn gebeurd, maar men leert geschiedenis om de vele lessen, die zij voor onze toekomst en voor het voortbestaan van ons eigen volk kan geven. Dat is het eigenlijke doel, en de geschiedenislessen als zodanig zijn niets dan een middel daartoe. Heden ten dage is echter ook hier het middel tot doel geworden, en het doel telt in 't geheel niet meer mee. Kom nu niet met het argument, dat een diepgaande bestudering van de geschiedenis evenzeer vereist, dat men zich met al die jaartallen, enz. bezig houdt, omdat men deze immers nodig heeft, om de loop van de grote lijn te kunnen bepalen.

De bepaling van deze lijn behoort tot de taak van de vak wetenschap. De gewone doorsnee-mens is echter geen professor in de geschiedenis. Voor hem heeft de geschiedenis in de eerste plaats tot taak, om hem zoveel historisch inzicht te geven als hij nodig heeft, om zijn standpunt te kunnen bepalen ten aanzien van alle politieke kwesties, waarvoor zijn volk zich geplaatst ziet. Wie professor in de geschiedenis wil worden, die moge zich later met hart en ziel op die studie toeleggen; dan zal hij zich natuurlijk met alle details, ook met de kleinste, moeten bezighouden. Maar ook daarvoor mag ons huidig geschiedenis onderwijs niet dienen, want dit is voor de normale doorsnee mens te omvangrijk, en anderzijds voor de vakman weer veel te beknopt. Overigens behoort het ook tot de taak van de volksstaat, om ervoor te zorgen, dat er eindelijk een wereld- geschiedenis wordt geschreven, waarin eindelijk eens het volle licht valt op de overheersende invloed, die de rassenkwestie op de loop van de geschiedenis heeft gehad.

In het kort kan dus worden gezegd, dat de volksstaat tot taak heeft, om het algemene wetenschappelijke onderwijs te concentreren in een minder omvattend geheel, waarin echter de essentie der dingen besloten is. Daarnaast moet de mogelijkheid worden geschapen voor een zeer degelijke vakopleiding. Het is voldoende, wanneer de enkeling een bepaalde hoeveelheid algemene kennis bezit, die vooral de grote lijnen omvat. Dit kan dan als basis dienen, en daarnaast behoeft hij enkel van het gebied, waarop zijn latere leven zich zal bewegen, een zeer grondige speciale vakopleiding te genieten. Hierbij moest de algemene ontwikkeling verplicht worden gesteld voor alle vakken, terwijl de speciale gedetailleerde opleiding facultatief behoorde te zijn. De hierdoor bereikte inkrimping van het lesrooster en van het aantal uren komt aan de ontwikkeling van het lichaam, van het karakter, van de wilskracht en de besluitvaardigheid ten goede.

Hoe bitter weinig het onderwijs op onze tegenwoordige scholen — en wel vooral op de middelbare — voor het beroep in het latere leven betekent, blijkt wel het duidelijkste uit het feit, dat in onze dagen één bepaalde positie door mensen van drie volkomen verschillend geaarde scholen kan worden bekleed. Het enige wat in werkelijkheid van betekenis is, is immers de algemene ontwikkeling, en niet de kennis over een speciaal gebied, die men daarbij er nog wist in te stampen. Daar echter, waar — zoals ik al zei — werkelijk een speciale kennis nodig is, kan dat natuurlijk niet worden opgedaan binnen het kader van het lesrooster van onze huidige middelbare scholen. Daarom moet straks de volksstaat een einde maken aan al dergelijke halfslachtigheden.

De tweede wijziging, die de volksstaat in de wetenschappelijke afdeling van het lesrooster moet aanbrengen, is de volgende : Het is typerend voor onze huidige materialistische tijd, dat onze wetenschappelijke vorming zich steeds meer concentreert op de uitsluitend exacte vakken, dus wiskunde, natuurkunde, scheikunde, enz. Hoe nodig dit ook mag zijn in een tijd, waarin de techniek en de scheikunde een overheersende rol spelen, en waar deze vakken de meest sprekende uiterlijke kenmerken zijn, het is zeer gevaarlijk, wanneer de algemene ontwikkeling van een natie zich steeds exclusiever daarop toelegt. Die algemene ontwikkeling behoort idealistisch te zijn. Zij behoort meer op de klassieke vakken geconcentreerd te zijn, en moet in vak wetenschappelijk opzicht enkel de basis leveren voor de latere speciale opleiding. Anders doet men afstand van krachten, die voor het voortbestaan van de natie altijd nog belangrijker zijn dan alle technisch en overig kunnen. Men mag zich bij het geschiedenis onderwijs tot geen enkele prijs laten afhouden van de bestudering van de oude geschiedenis. Indien men de geschiedenis van de Romeinen in zeer grote lijnen juist beschouwt, dan is en blijft deze de beste leermeesteres voor onze tijd en ongetwijfeld ook voor alle andere. Ook de voorbeeldige schoonheid van het Helleense levensideaal moet voor ons blijven leven. Men mag niet door de verschillen tussen de volkeren blind worden voor de grotere rasgemeenschap. Bij de strijd, die nu wordt uitgevochten, gaat het om zeer grote dingen: hier strijdt een cultuur, die tientallen eeuwen in zich verbindt, en die het Griekse zowel als het Germaanse volks eigen omsluit, om haar bestaan.

Er moet een scherpe scheidingslijn worden getrokken tussen de algemene ontwikkeling en de speciale vakwetenschap. Omdat dit laatste gebied tegenwoordig meer en meer in handen van het meest onverhulde mammonisme dreigt te komen, is het nodig, dat de meer idealistische instelling van de algemene ontwikkeling behouden blijft. Ook hier moet men met alle nadruk dit beginsel ingang doen vinden: industrie, techniek, handel en nijverheid kunnen altijd enkel bloeien, zolang een idealistisch aangelegde volksgemeenschap hiertoe de bestaansvoorwaarden schept. Deze voorwaarden zijn echter niet gelegen in een materialistisch egoïsme, maar integendeel in sterke offervaardigheid.

De moderne opleiding van de jeugd streeft in het algemeen naar één groot, algemeen doel, nl. om de jeugd die kennis in te stampen, die hij op zijn latere levensweg nodig heeft. Men drukt dit dan als volgt uit: „De jongen moet tot een nuttig lid van de maatschappij opgroeien. Die nuttigheid bestaat dan, volgens moderne opvattingen, in een zekere handigheid, die hem in staat stelt, om later een fatsoenlijk stuk brood te verdienen. De oppervlakkige staatsburgerlijke vorming, die men daarbij nog ontvangt, is al vanaf het begin van een zeer slap soort.

Omdat de staat als zodanig maar een vorm is, daarom is het ook zeer moeilijk, mensen zo op te voeden, dat ze zich hieraan aanpassen, of dat ze zich zelfs daaraan verbinden. Daarom is een vorm te gemakkelijk breekbaar. Wij zagen echter al, dat het woord „Staat" in onze dagen geen bepaalde inhoud bezit. De enige mogelijkheid, die dus blijft, is de gewone opvoeding tot „patriottisme". In het oude Duitsland lag het zwaartepunt van het onderwijs in een vaak niet bijster intelligente, maar meestal zeer banale verafgoding van de kleinste en allerkleinste potentaatjes, die steeds in zo grote hoeveelheid aanwezig waren, dat er geen gelegenheid overbleef, om de waarlijk groten in ons volk die aandacht te schenken, die hun toekwam. Het resultaat van een en ander was, dat de grote massa's van ons volk een absoluut onvoldoende kennis van de Duitse geschiedenis kregen. Ook de grote lijn ontbrak hier.

Het spreekt vanzelf, dat men op zo een manier moeilijk de ware geestdrift voor het eigen volk kon voelen. Onze opvoeding verstond de kunst niet om uit de historische groei van ons volk enkele namen naar voren te halen, en die tot een bezit van het gehele Duitse volk te maken, om zo door een eender weten en een eendere geestdrift ook eendere band om de gehele natie te slaan. Maar men is niet in staat gebleken, de waarlijk belangrijke mannen van ons volk in de ogen van het heden voor te stellen als waarlijk groten, die boven alles uitstaken. Men heeft de algemene aandacht niet op hen weten te vestigen, en dientengevolge ook geen kans gezien om een uniforme stemming te wekken. Men was al evenmin bij machte, om uit de verschillende onderdelen van de leerstof, datgene wat in het bijzonder had bijgedragen tot de roem van ons volk, door een meer dan zakelijke behandeling te doen uitkomen, terwijl men door middel van zulke verheven voorbeelden het nationale gevoel had kunnen aanwakkeren. Die tijd zou dit als ongezond chauvinisme hebben beschouwd, en het zou in deze vorm weinig bijval heb-ben geoogst. Het burgerlijke patriottisme, dat zich zo uitsluitend richtte op het vorstenhuis, was aangenamer en gemakkelijker te verdragen dan de gloeiende hartstocht van een werkelijke nationale trots. Want dit eerste gevoel was altijd wel bereid, een ondergeschikte plaats in te nemen, maar het laatste zou op een goede dag kunnen opstaan en gaan heersen.

Dat monarchistische patriottisme eindigde in verenigingen van oudstrijders, maar de wegen van de nationale hartstocht zouden moeilijk te bepalen zijn geweest. Die hartstocht is als een edel paard, dat niet iedereen in het zadel verdraagt. Het was geen wonder, wanneer men zich maar liever verre hield van zo een gevaar. Niemand scheen ook maar aan de mogelijkheid te denken, dat er eens een oorlog kon komen, die door trommelvuur en gasaanvallen de innerlijke kracht van dat patriottisme op de proef zou kunnen stellen. Toen die oorlog echter toch uitbrak, wreekte zich dat gebrek aan waarlijk levend nationaal gevoel op de vreselijkste wijze. Men had maar weinig lust, om voor zijn keizerlijke en koninklijke regeerders te sterven, en de meesten wisten niet, wat de natie eigenlijk was.

Sinds de revolutie in Duitsland haar intrede heeft gedaan, waardoor dus vanzelf een einde kwam aan het monarchistische patriottisme, heeft het geschiedenis onderwijs werkelijk alleen nog tot opzet, om de hoeveelheid exacte kennis te vermeerderen. Nationaal enthousiasme kan deze staat niet gebruiken, en datgene, wat hij graag zou bezitten, zal nooit zijn deel zijn. Want evenmin als er in een tijdperk, waarin het nationaliteiten beginsel regeert, een dynastiek patriottisme kon bestaan, dat de grootste weerstandskracht bezit, evenmin is een enthousiasme voor de republiek denkbaar. Want dat is iets, waarover geen seconde twijfel mogelijk is: de leuze: „Voor de republiek" had niet de kracht gehad, om het Duitse volk vier en een half jaar op de slagvelden te doen strijden en sterven.

Deze republiek heeft werkelijk haar bestaan en haar onafhankelijkheid alleen te danken aan haar, naar alle zijden verkondigde, bereidwilligheid, om iedere schatting vrijwillig te betalen, en van ieder gewenst stuk grondgebied vrijwillig afstand te doen. Zij staat in de gunst bij de rest van de wereld, omdat een zwakkeling altijd aangenamer aandoet, dan een man die op zijn stuk staat. Maar de sympathie, die onze vijanden juist voor deze staatsvorm gevoelen, is de scherpste kritiek op dat stelsel, dat men zich kan denken.

Men houdt van de Duitse republiek, en laat haar leven, omdat men waarlijk moeilijk een beteren bondgenoot kon vinden voor het streven, om ons volk in slavernij te houden. Dit kostelijke product heeft zijn leven dan ook alleen aan dit feit te danken. Daarom kan het in alle gemoedsrust afstand doen van iedere waarlijk nationale opvoeding, en zich tevreden stellen met het „hoera"-geschreeuw van de helden van de „Reichsbanner" (een sociaaldemocratische weerbaarheid organisatie, vert.) die er overigens, wanneer ze deze banier, waaraan zij hun naam ontlenen, met hun lijf en leven moesten beschermen, als hazen vandoor zouden gaan.

De volksstaat zal moeten vechten voor zijn bestaan. De handtekeningen onder het Dawes-pact zullen dat bestaan niet garanderen, en hij zal er geen enkel recht mee kunnen verdedigen. Hij zal echter, om te kunnen leven, en veilig te zijn, juist datgene nodig hebben, wat men in onze dagen meent te kunnen missen. Naarmate onze vorm en onze inhoud mooier en waardevoller zullen zijn, zal ook de afgunst en het verzet van onze tegenstanders groeien. En de beste bescherming is dan niet gelegen in wapens, maar in de mentaliteit van de burgers zelf: vestingmuren zullen hem niet kunnen beschermen, maar de levende muur van mannen en vrouwen, die vervuld zijn van de diepste vaderlandsliefde en de fanatiekste geestdrift voor het eigen volk, kan dat wel.

Het derde punt, dat daarom bij het wetenschappelijke deel der opvoeding in het oog gehouden moet worden, is het volgende: De volksstaat moet ook de wetenschap beschouwen als een hulpmiddel tot het aankweken en aanwakkeren van de nationale trots. Men moet niet alleen bij het onderwijs in de algemene geschiedenis, maar ook in dat van de gehele cultuurgeschiedenis van dit standpunt uitgaan. Een uitvinder mag niet alleen als zodanig groot schijnen, maar hij moet als volksgenoot nog groter zijn. De bewondering voor iedere grote daad moet worden omgezet in trots, dat degene, die dit grote werk met succes volbracht, tot het eigen volk behoort. Uit de veelheid van de grote namen van de Duitse geschiedenis echter moeten de grootsten worden uitgezocht, en deze moeten op een zo nadrukkelijke wijze in het hart en het hoofd van onze jeugd worden geprent, dat dit steunpilaren worden van een onverwoestbaar nationaal bewustzijn.

De leerstof moet systematisch naar deze principes worden opgebouwd, de opvoeding moet systematisch in een zodanige vorm worden gegoten, dat de jongen, die de school verlaat, niet een halve pacifist of democraat of God weet-wat is, maar een Duitser met hart en ziel. En opdat dit nationale bewustzijn van de aanvang af, echt is, en niet slechts bestaat uit lege woorden en valse schijn, moet men al gedurende de jeugd een onveranderlijk principe doen doordringen, tot de hersenen, die dan nog gevormd kunnen worden: Wie zijn volk lief heeft, kan dat alleen bewijzen door de offers, die hij ervoor wil brengen. Nationaal gevoel, dat alleen op eigen voordeel bedacht is, is geen nationaal gevoel. Evenmin bestaat er een nationalisme, dat enkel tot bepaalde klassen beperkt blijft. Hoera schreeuwen heeft niets te betekenen, en geeft niemand het recht, zich nationaal te noemen, wanneer daarachter niet de grote liefde en bezorgdheid voor het behoud van een algemene, gezonde volkskracht staat. Men heeft pas reden om trots te zijn op zijn volk, wanneer men zich voor geen enkele stand uit dat volk meer behoeft te schamen. Maar een volk, waarvan de ene heft ellendig en verkommerd of zelfs gedegenereerd is, geeft een zo bitter slecht beeld te zien, dat niemand daarop trots kan zijn.

Pas, wanneer een volk in al zijn geledingen, lichamelijk en geestelijk gezond is, kan het gevoel van vreugde, dat men hiertoe mag behoren, met recht uitgroeien tot dat verheven gevoel, dat wij nationale trots heten. Deze hoogste trots zal echter weer alleen die man vervullen, die de grootte van zijn volk kent. Men moet in het jonge hart een onafscheidelijke verbinding van sociaal gerechtigheid besef en nationalisme leggen. Dan zal er eens een volk opstaan, waarvan de burgers vast met elkaar zijn verbonden, en aaneengesmeed door een gemeenschappelijke liefde en een gemeenschappelijke trots, tot een onwankelbaar en voor altijd onoverwinnelijk geheel.

De angst, die onze tijd gevoelt voor chauvinisme, is het teken van zijn impotentie. Omdat hem niet alleen alle overvloed aan kracht ontbreekt, maar deze hem zelfs onaangenaam toeschijnt, acht het noodlot hem ook niet meer waardig, om grote daden te verrichten. Want de grootste omwentelingen op aarde zouden ondenkbaar zijn geweest, indien haar drijfveren geen fanatieke en zelfs hysterische hartstochten waren geweest, maar de burgerlijke deugden rust en orde. Ongetwijfeld gaat onze wereld echter een grote omwenteling tegemoet. En de enige kwestie, die nog op een oplossing wacht, is deze: zal ze tot heil van de Arische mensheid, of tot dat van de eeuwigen Jood leiden?

De volksstaat zal er, door een juiste opvoeding, voor moeten zorgen, dat er wanneer die dag eenmaal komt, een geslacht klaar staat, dat bereid is, om alles te wagen voor de laatste en grootste beslissingen. Maar het volk, dat als eerste deze weg betreedt, zal overwinnen. De totale ontwikkeling en opvoeding in de volksstaat moet bekroond worden door de onuitwisbare inprenting van rasbesef en rasgevoel, naar instinct en verstand, in hart en hersens van de jeugd. Geen enkele jongen, en geen enkel meisje mag de school verlaten, zonder tot zijn diepste wezen bewust te zijn van de noodzaak en het karakter der bloedzuiverheid. Daardoor wordt dan de eerste voorwaarde geschapen voor het behoud van de rasgrondslagen van ons volk, en hierdoor weer blijven de voorwaarden voor de latere culturele groei bewaard.

Want alle lichamelijke en alle geestelijke scholing zou uiteindelijk toch waardeloos blijven, wanneer het niet ten goede kwam aan een wezen, dat principieel bereid en vastbesloten is, om zichzelf en zijn eigenheden te handhaven. Anders zou datgene algemeen gaan gebeuren wat voor ons, Duitsers, althans in veel te sterke mate geschiedt, en ons althans reden tot klagen behoorde te geven; maar misschien is dit een gevolg van het feit, dat de gehele omvang van deze ramp tot nog toe voor ons verborgen is gebleven. Wij zouden namelijk ook in de toekomst slechts cultuur mest blijven, niet alleen naar de bekrompen opvatting van onze hedendaagse burgerlijke wereldbeschouwing, die in de verloren volksgenoot in de vreemde niets anders kan zien dan een verloren gegane staatsburger, maar integendeel, volgens het smartelijkste inzicht, dat zodoende — niettegenstaande al onze kennis en al onze capaciteiten — ons bloed toch tot waardevermindering gedoemd is. Doordat wij ons steeds weer met andere rassen paren, verheffen wij deze wel van hun huidig peil tot een hoger, maar dalen daarbij tegelijkertijd zelf voorgoed van onze eigen hoogte af. Overigens moet ook deze opvoeding met het oog op het ras haar hoogste voltooiing in de militairen dienst vinden. Zoals de militaire diensttijd trouwens over de gehele linie als de bekroning van de opvoeding van de normalen Duitser moet gelden.

Hoe groot ook de betekenis van de bij de lichamelijke en geestelijke opvoeding gevolgde methoden zal zijn in de volkse staat, daarnaast zal de mensen selectie als zodanig voor hem van even grote betekenis zijn. In onze dagen bekommert men zich maar weinig daarom. In het algemeen zijn het de kinderen van de op dit ogenblik toevallig goed gesitueerde, hoger ontwikkelde ouders, die waardig worden geacht, om een hogere opleiding te genieten. Er wordt daarbij in het geheel niet gevraagd, of het kind al dan niet over talenten beschikt. Talent is iets, wat natuurlijk slechts relatief bepaald kan worden.

Een boerenjongen kan over veel meer talenten beschikken, en toch achterstaan bij het kind uit een familie, die zich sinds vele generaties in beter gesitueerde kringen beweegt. Het feit echter, dat dit laatste over meer kennis beschikt, zegt niets ten aanzien van het talent als zodanig, maar wordt veroorzaakt, doordat het kind een veelzijdiger opvoeding teniet, en een rijker levens omgeving kent, waardoor het natuurlijk een aanmerkelijk grotere hoeveelheid indrukken krijgt. Indien de talentvolle boerenjongen van jongs af aan eveneens in zo'n omgeving opgegroeid was, dan zouden zijn geestelijke capaciteiten heel wat groter zijn. Er bestaat misschien maar één enkel gebied meer, waar in onze dagen de aangeboren begaafdheid meer invloed uitoefent dan opvoeding en afstamming: ik bedoel het gebied van de kunst. Hier, waar men nu eenmaal niet alleen „leren" kan, maar waar de kiemen van alle eigenschappen aangeboren zijn, en waar alleen later in zoverre een ontwikkeling mogelijk is, dat men het bestaande talent met wijze en voorzichtige hand kan doen uitgroeien, hier oefent het geld en het goed der ouders bijna geen invloed uit. Daarom kan men hieraan ook het beste zien, dat genialiteit niet een voorrecht is van enkele beter gesitueerde groepen en zeker niet aan een bepaald vermogen gebonden is. De grootste kunstenaars komen niet zelden uit de armste huizen. En menige kleine dorpsjongen werd later een veel bewierookt meester.

Het getuigt niet bepaald voor de grote diepte van ons moderne denken, dat men dit niet heeft gezien, en niet benut heeft voor het gehele geestelijke leven. Men verbeeldt zich, dat datgene, wat bij de kunst niet te loochenen valt, voor de zogenaamde exacte wetenschappen niet opgaat. Ongetwijfeld kan men bepaalde mechanische handigheden aanleren, evenals men door knappe dressuur een leerzame poedel de ongelooflijke kunststukjes kan bijbrengen. Maar, evenmin als het bij deze dieren dressuur een spontane uiting is van het begripsvermogen van het dier, gaat het ook hier om iets echts. Men kan, zonder rekening te houden met enig talent, ook de mensen bepaalde wetenschappelijke kunststukjes leren, maar het resultaat is dan even kunstmatig en onbezield als bij het dier.

Men kan een gewoon gemiddeld mens door een bepaald geestelijk dwangbuis zelfs een buitengewone hoeveelheid kennis instampen, maar deze kennis blijft toch dood materiaal, dat uiteindelijk ook volkomen onvruchtbaar zal blijken. Het resultaat van zo een opvoeding is dan de mens, die weliswaar een levende encyclopedie kan zijn, maar desalniettemin in alle bijzondere omstandigheden en op alle beslissende ogenblikken in het leven, volkomen tekort schiet; hij zal voor de vervulling van iedere eis, hoe bescheiden deze ook moge zijn, weer speciaal moeten worden afgericht, maar zal daarentegen niet in staat blijken, om uit zichzelf ook maar de allerkleinste bijdrage tot een hogere ontwikkeling van de mensheid bij te dragen. Een man met zo een mechanisch ingestampte hoeveelheid kennis is op zijn best goed genoeg, om in onze dagen als ambtenaar op te treden. Het spreekt vanzelf, dat er in de gehele natie talenten zullen leven voor ieder gebied van het dagelijks leven. Verder is het ook vanzelfsprekend, dat de waarde van deze kennis des te groter zal zijn, naarmate het talent van de enkeling dit dode feitenmateriaal sterker heeft bezield.

Scheppend werk kan alleen dan worden verricht, wanneer kunnen gepaard gaat met weten. Hoe ongelooflijk zwaar de mensheid zich in onze dagen aan deze geboden vergrijpt, dat moge het volgende voorbeeld bewijzen. Van tijd tot tijd vindt men het nodig, om de kleine bourgeois in zijn geïllustreerde bladen te laten zien, dat hier of daar voor het eerst een neger advocaat, leraar en zelfs dominee of heldentenor of iets dergelijks is geworden. Terwijl de domme bourgeoisie met grote verbazing kennis neemt van zulk een wonderbaarlijk staaltje van dressuur, vol respect voor dit fabelachtige resultaat van onze moderne opvoedkunde, is de Jood zo sluw, daaruit weer een nieuw bewijs te distilleren voor die theorie, die hij de volkeren wil instampen, de leer van de volkomen gelijkheid der mensen. Het dringt niet tot deze verworden burgerlijke wereld door, dat het hier waarlijk een kwestie betreft, die tegen ieder gezond verstand indruist; dat het misdadig en tegennatuurlijk is, om een geboren halfaap net zolang te dresseren, tot men meent, het product een advocaat te kunnen noemen, terwijl miljoenen mensen van het hoogste cultuur ras gedwongen zijn, zich met de minderwaardigste posities tevreden te stellen; men zift niet, dat men zondigt tegen de wil van de Schepper, wanneer men honderdduizenden en nogmaals honderdduizenden van zijn meest begaafde schepselen in het proletarische moeras onzer dagen laat ondergaan, terwijl men Hottentotten en Zoeloe kaffers dresseert om hen intellectuele beroepen te laten vervullen. Want het is hier precies als bij de poedel, een kwestie van dressuur en niet van enige „wetenschappelijke opleiding". Indien men diezelfde moeite en zorgen op intelligente rassen toepaste, dan zou men iedere enkeling veel eerder tot dezelfde prestaties kunnen opvoeden.

Deze toestand zou, wanneer het hier om iets anders dan om uitzonderingen ging, volkomen ondraaglijk worden, en er is in onze dagen ook al een volkomen ondraaglijke toestand geschapen in die gevallen, namelijk, waar men niet het talent en de aanleg laat beslissen over het al of niet toelaten tot een hogere ontwikkeling. Inderdaad, de gedachte is ondraaglijk, dat er ieder jaar opnieuw honderdduizenden volkomen talentloze mensen waardig worden gekeurd, om een hogere vorming te genieten, terwijl honderdduizenden anderen, die over veel grotere begaafdheid beschikken, het volkomen zonder opleiding moeten stellen. Het verlies, dat de natie hierdoor lijdt, is onschatbaar. Wanneer het aantal belangrijke uitvindingen gedurende de laatste decenniën, vooral in Amerika zeer toenam, dan was dat niet in de laatste plaats, omdat daar inderdaad veel meer talenten uit de armste milieus de gelegenheid hebben zich te ontplooien, dan in Europa het geval is.

Het is nu eenmaal voor een uitvinding niet voldoende, dat men over een bepaalde hoeveelheid kennis beschikt, maar die kennis moet levend, bezield zijn. Dat is echter iets, waaraan men bij ons geen waarde hecht; het komt alleen op het rapportcijfer aan. Ook hier zal de volksstaat opvoedend moeten ingrijpen. Hij heeft tot taak, de invloed van een bestaande maatschappelijke klasse te steunen en te handhaven, maar moet ervoor zorgen, dat uit het totale aantal volksgenoten de knapste koppen worden gezocht, en dat deze ambten en waardigheden bekleden. Hij moet er verder niet alleen voor zorgen, dat het gewone kind op de volksschool een bepaalde opvoeding krijgt, maar hij moet tevens het talent helpen, om de plaats te bereiken, waar het behoort. Hij moet het in de eerste plaats als zijn taak beschouwen, om te zorgen, dat de poorten van de officiële inrichtingen van hoger onderwijs voor iedere talentvolle volksgenoot, uit welk milieu hij ook komt, opengaan. Hij moet deze taak vervullen, omdat alleen op die wijze de geniale leiding der natie kan opgroeien uit de groep vertegenwoordigers van een dode wetenschap.

Ook nog om een andere reden moet de staat op dit punt ingrijpen: Onze intellectuele groepen, vooral de Duitse, leven in zo sterke mate alleen voor hun eigen kringetje, en zijn zo verkalkt, dat zij de levende organisatie verbinding met de minder ontwikkelde groepen ten enenmale missen. Dit wreekt zich op twee manieren: ten eerste ontbreekt hun daardoor ieder begrip en ieder gevoel voor wat er in de grote massa omgaat. Ze hebben dit contact al zolang geleden verloren, dat ze het nodige psychologische inzicht in het leven van het volk eenvoudig niet meer kunnen bezitten. Ze zijn volkomen van het volk vervreemd. In de tweede plaats missen deze groepen echter ook de nodige wilskracht.

Want die is in milieus van intellectuelen, die afgesloten zijn als waren het kasten, altijd geringer dan in de massa van het eenvoudige volk. Maar wij, Duitsers, hebben toch waarlijk nooit gebrek gehad aan wetenschappelijke vorming, maar daarvoor des te meer aan wilskracht en besluitvaardigheid. Naarmate onze staatslieden bijvoorbeeld „intellectueler" werden, daalden meestal hun werkelijke prestaties. De politieke en technische voorbereiding voor de oorlog was niet daarom slecht, omdat er te weinig ontwikkelde mensen ons volk regeerden, maar omdat de regeerders al te zeer overontwikkelde mensen waren, volgepropt met kennis en intellect, maar zonder enig gezond instinct en volkomen ontbloot van iedere energie en stoutmoedigheid.

Het werd ons noodlottig, dat ons volk zijn strijd om het bestaan moest uitvechten, terwijl een filosoferende zwakkeling rijkskanselier was.

Indien er in plaats van Von Bethmann Hollweg een steviger volksman aan het roer gestaan had, dan zou het heldenbloed van onze soldaten niet voor niets zijn vergoten. Die overdreven, alleen op het intellectuele gerichte opleiding van allen, die bij ons een leidende functie bekleedden of zouden gaan bekleden, was eveneens de beste bondgenoot voor de revolterende schoften van november 1918. Doordat dit intellectualisme het hem toevertrouwde nationale goed op de schandelijkste wijze beknotte en beteugelde, in plaats van het geheel en ten volle in de strijd te werpen, schiep deze kaste zelf de mogelijkheid voor de overwinning der anderen.

Hier kan de katholieke kerk ten voorbeeld strekken. Het feit, dat de priesters niet mogen huwen, maakt het noodzakelijk, dat de aanvulling voor de geestelijkheid steeds opnieuw uit de grote massa van het volk wordt geput. Maar de meeste mensen zijn volkomen blind voor de betekenis, die het celibaat op dit punt heeft. Toch is dit de oorzaak van de ongelooflijke krasheid en kracht, waardoor deze aloude organisatie zich nog steeds kenmerkt. Want doordat dit reuzen leger van geestelijke waardigheid bekleders onophoudelijk uit de onderste lagen der bevolking wordt aangevuld, bewaart de kerk niet alleen het contact met het instinct en het gevoel van het volk, maar kan het ook steeds zeker zijn van een energie en dadendrang, die in die hoeveelheid altijd alleen en uitsluitend in de grote massa van het volk te vinden zal zijn. Dit feit is de oorzaak, dat dit reusachtige organisme nog zo verbazingwekkend jong, zo levendig van geest en zo geweldig wilskrachtig is.

Het zal tot de taak van een volksstaat behoren, om er bij het onderwijswezen voor te zorgen, dat de bestaande intellectuele milieus door toevoer van vers bloed uit lagere groepen voortdurend vernieuwd worden. De staat heeft de plicht, om zo zorgvuldig en nauwkeurig mogelijk uit het totale aantal van de volksgenoten dat materiaal te putten, dat van nature hiertoe kennelijk het meest geschikt is. Want de staat en de staatslieden zijn er tenslotte niet, om enkele klassen het leven te veraangenamen, maar om hun taak te vervullen. Dat zal echter alleen mogelijk zijn, wanneer principieel alleen vaardige en wilskrachtige personen tot dragers van de staat worden gemaakt. Dit geldt niet alleen voor alle ambtenaars functies, maar voor de gehele geestelijke leiding van de staat op alle terreinen. Ook dit is van groot belang, en oefent zijn invloed uit op de grootte van het volk, dat het gelukt, voor de verschillende gebieden de besten uit te kiezen, op te leiden en in dienst van de volksgemeenschap te stellen.

Wanneer twee volkeren elkaar beconcurreren, die op zichzelf even goede grondslagen bezitten, dan zal diegene de overwinning behalen, waarvan de geestelijke leiding over het geheel beschouwd, de meeste talenten bezit, en de nederlaag zal het deel zijn van dat volk, dat van zijn bestuurlijke inrichtingen niets anders heeft gemaakt dan één grote gemeenschappelijke voerbak voor bepaalde standen of klassen, en dat zich daarbij in het geheel niet heeft bekommerd om de aangeboren capaciteiten van de dragers persoonlijk. Nu is het waar, dat dit in onze hedendaagse wereld vooralsnog een onmogelijkheid is. Men zal direct tegenwerpen, dat men bv. van het zoontje van een hoog geplaatst rijksambtenaar niet mag verwachten, dat hij bv. hand arbeider wordt, enkel omdat een ander, wiens ouders handarbeiders waren, over groter capaciteiten blijkt te beschikken dan hij. Dit bezwaar wordt misschien begrijpelijk, wanneer wij de houding zien, die men heden ten dage inneemt ten aanzien van handarbeid. Daarom zal de volksstaat ook tot een volkomen andere waardering van het begrip arbeid moeten komen. Hij zal, zo nodig zelfs door een opvoeding van eeuwen, een einde moeten maken aan het waanzinnige feit, dat men minachting voelt voor lichamelijk werk. Hij zal de mens principieel niet naar het soort werk, dat hij verricht, moeten waarderen, maar alleen naar de vorm en de kwaliteit van het gepresteerde. Dit lijkt misschien krankzinnig in een tijd, dat de minste krantenschrijver, alleen omdat hij met de pen werkt, hoger wordt aangeslagen dan de intelligentste werktuigkundige van fijngevoelige machines. Deze onjuiste waardering ligt echter, zoals ik al zei, niet in de natuur der dingen, maar is een kunstmatig product van een verkeerde opvoeding, en was oorspronkelijk niet aanwezig. De huidige tegennatuurlijke toestand is nu eenmaal een van de vele algemene ziekteverschijnselen van onze materialistische tijd.

Principieel moet worden vastgesteld, dat de waarde van iedere arbeid een tweeledige is, nl. een zuiver materiële en een ideële. De materiële waarde ligt in de betekenis, en wel in de materiële betekenis, die de arbeid voor het leven van de gemeenschap bezit. De materiële waarde van een bepaalde arbeid wordt des te groter, naarmate een groter aantal volksgenoten direct of indirect er nut van heeft. Deze waardering wordt enerzijds plastisch uitgedrukt in de grootte van het materiële loon, dat ieder persoonlijk voor zijn werk krijgt. Tegenover dit zuiver materiële loon nu, staat het ideële. Dit wordt niet bepaald door de materiële betekenis van de gepresteerden arbeid, maar door de noodzakelijkheid daarvan. Hoe zeker het ook is, dat het materiële nut van een uitvinding groter kan zijn dan dat van een dagelijks wederkerend hulpbetoon, even zeker is het, dat de gemeenschap toch evenzeer is aangewezen op deze kleinste dienst als op de grootste. De gemeenschap kan in materieel opzicht een verschil maken tussen de waarde, die de door elke gepresteerde arbeid voor haar bezit, en kan dat ook tot uitdrukking laten komen in een verschillende beloning; maar ze moet, ideëel gezien, de gelijkheid vaststellen van allen, die op hun gebied – onverschillig, welk gebied dat is – hun best doen. Dit is zeker de enige maatstaf voor de waardering van een mens, en het bedrag, dat hij daarvoor int, behoort geheel buiten beschouwing te blijven.

Omdat een verstandige staat er zich op toelegt, om te zorgen, dat iedere enkeling het werk te doen krijgt, dat in overeenstemming is met zijn capaciteiten, of anders gezegd, dat de kundige mensen worden opgeleid tot het werk, dat hun het beste ligt, en ook zal eisen, dat onder capaciteit nooit datgene wordt verstaan, wat men kunstmatig in iemand heeft gestampt, maar integendeel juist datgene, wat van nature in hem ligt, dat capaciteit dus een geschenk van de natuur, en nooit een verdienste van de mens is, daarom zal de burger in zo een staat zijn volksgenoot ook nooit kunnen beoordelen naar het werk, dat hij verricht, omdat hem dat tenslotte in zekeren zin is toegewezen.

Want de eigenschappen, die hij bij zijn geboorte bezat, hebben deze arbeid bepaald, en waren tevens oorzaak van de bijzondere opleiding, die hij in het algemeen belang genoot. De bepaling van de waarde van een mens moet gebaseerd zijn op de manier, waarop hij zich van de, hem door de gemeenschap toevertrouwde, taak kwijt. Want het werk, dat de mens verricht, is niet het doel van zijn bestaan, doch slechts het middel daartoe. Integendeel, zijn hoogste taak is, om zich als mens verder te ontwikkelen en te veredelen, en dit kan hij slechts binnen het kader van zijn culturele gemeenschap, die altijd op het fundament van een staat gebaseerd moet zijn. Hij moet ertoe bijdragen om dit fundament in stand te houden. De vorm van deze bijdrage wordt dan door de natuur bepaald; en nu is het zijn taak, om vlijtig en eerlijk aan de volksgemeenschap terug te geven, wat deze aan hem gegeven heeft. Wie dit doet, verdient de hoogste waardering en het grootste respect. Het materiële loon kan variëren naar het voordeel, dat de gemeenschap van zijn arbeid heeft; maar het ideële moet worden bepaald door de waardering; en die komt ieder toe, die de krachten, die de natuur hem schonk, en die zijn volks gemeenschap ontwikkelde, gebruikt om zijn volk te dienen.

Dan zal het echter ook geen schande meer heten, om een eerlijk en fatsoenlijk arbeider te zijn; maar wel, om een slecht ambtenaar te zijn, en als zodanig Gods tijd en het brood van de gemeenschap te stelen. Dan zal men het ook slechts als iets vanzelfsprekends beschouwen, dat men niemand een taak opgeeft, waarvan men zeker weet, dat hij haar niet kan vervullen. Overigens is zo een optreden ook de enige mogelijkheid, bij de algemene gelijkheid van alle burgers voor de wet, een juridisch juiste maatstaf te kunnen aanleggen. Onze tijd breekt immers zichzelf af: hij voert een algemeen kiesrecht in, kletst over gelijke rechten, maar weet voor die rechten geen basis te vinden. Hij beschouwt het materiële loon als de uitdrukking van de waarde van de mens, en maakt daardoor al van te voren de edelste gelijkheid, die bestaanbaar is, onmogelijk. Want gelijkheid is niet gelegen – en kan nooit gelegen zijn – in de prestaties van de enkeling als zodanig, maar is alleen mogelijk in de vorm, de hoedanigheid van het door ieder gepresteerde. Alleen daardoor wordt het toeval van de natuur bij de beoordeling van de waarde van de mens uitgeschakeld, en heeft hijzelf de gelegenheid, om zich te maken tot wat hij zelf wil.

In onze tijd, nu grote groepen van de bevolking geen andere maatstaf voor de waardering weten, dan het ontvangen salaris, heeft men – zoals ik al zei – geen begrip voor deze dingen. Integendeel: Wie deze wereld, die toch tot in hart en nieren ziek en rot is, genezen wil, moet eerst de moed hebben, om de oorzaken van dit alles te vinden. Maar dat moet juist een van de eerste zorgen van de nationaal-socialistische beweging zijn: om dwars tegen alle kleinburgerlijke opvattingen in, uit ons gehele volk die krachten te verzamelen en organisch te rangschikken, die in staat zijn, om in de eerste gelederen voor een nieuwe wereldbeschouwing te strijden.

Nu zal men mij tegenwerpen, dat het over het algemeen zeer moeilijk is, om de ideële waardebepaling van de materiële te scheiden, en dat het feit, dat heden ten dage de handarbeid zo laag wordt aangeslagen, juist veroorzaakt werd door die geringere beloning. Dit laatste nu zou op zijn beurt weer de oorzaak zijn, dat de enkeling uit die laag bezoldigde groepen weer minder deelnam aan het culturele leven van zijn natie. En daardoor zou dan juist de ideële cultuur van de mens worden beïnvloed, die op zichzelf beschouwd tenslotte niets uitstaande behoefde te hebben met het werk dat hij verrichtte.

Een van de allerbelangrijkste redenen voor de afkeer van lichamelijke arbeid, zou dan het feit zijn, dat, juist tengevolge van die slechtere salariëring, het culturele peil van de hand arbeider onvermijdelijk moest dalen, waardoor dus die algemene minachting gerechtvaardigd zou zijn. In die redenering zit zeer veel waars. Maar juist daarom zal men in de toekomst moeten waken tegen een al te groot verschil in de lonen. Laat men nu niet zeggen, dat dit prestaties zou doen uitblijven. Het zou werkelijk wel het allersomberste symptoom van verval zijn, wanneer de stuwende kracht tot hogere prestaties alleen en uitsluitend nog in het hogere loon zou zijn gelegen. Wanneer dit standpunt tot nog toe algemeen zou zijn gehuldigd op aarde, dan zou de mensheid haar grootste wetenschappelijke en culturele goederen nooit hebben ontvangen. Want de grootste uitvindingen, de belangrijkste ontdekkingen, die wetenschappelijke prestaties die de grootste omwentelingen teweeg brachten, zijn niet aan de wereld geschonken, uit verlangen naar geld. Integendeel: zo een gebeurtenis betekende niet zelden juist een afzien van het aardse geluk van de rijkdom.

Het moge al waar zijn, dat het goud in onze dagen tot alleenheerser over ons leven is geworden, maar toch zal de mens eenmaal weer waarachtiger goden aanbidden. Het moge waar zijn, dat heden vele dingen en toestanden enkel bestaan bij de gratie van het verlangen naar geld en vermogen, maar er is slechts weinig onder dat vele nieuwe wat de mensheid werkelijk rijker heeft gemaakt. En ook dit is een taak van onze beweging: zij moet nu al spreken over een tijd, die de enkeling datgene zal geven, wat hij nodig heeft om te leven – en daarbij moet ze ook in de eerste plaats de nadruk leggen op het beginsel, dat de mens niet alleen omwille van materiële genietingen leeft. Dit principe zal eens tot uitdrukking komen in een verstandige beperking van het verschil in salariëring, die in ieder geval van zodanige aard zal zijn, dat ieder, die zijn plicht naar behoren vervult, ook in ieder geval een eerlijk en fatsoenlijk bestaan kan leiden.

Laat men nu niet aankomen met het argument, dat dit een ideale toestand zou zijn, die praktisch op aarde toch niet te handhaven zou blijken, en die trouwens ook niet bereikt zou kunnen worden. Ook wij zijn niet zo onnozel, om te geloven, dat het ooit zou kunnen lukken, om een volmaakte maatschappij te scheppen. Maar dit betekent niet, dat men daarom niet evengoed de plicht zou hebben, om fouten te bestrijden, gebreken te overwinnen, en tenminste naar het ideaal te streven. De harde werkelijkheid zal alleen uit zichzelf al wel vele zijden van dit ideale beeld tot onmogelijkheden maken. Maar juist, juist daarom moet de mens trachten naar het hoogste doel te streven; en begane fouten mogen hem niet uit zijn koers slaan; evenmin immers als het feit, dat de justitie wel eens fouten begaat, nu zou betekenen, dat de mens het zonder justitie zou kunnen stellen; evenmin ook, als men de medicijnen als geheel gaat verwerpen, omdat er altijd ziekten zullen blijven bestaan.

Laat men toch vooral de kracht van een ideaal niet onderschatten. Wie in onze dagen op dit punt wankelmoedig wordt, die moet – wanneer hij ooit soldaat is geweest – eens terugdenken aan de oorlog. Dat heldendom was toch wel het geweldigste bewijs voor de kracht van idealistische beweegredenen, die men zich denken kan. Want datgene, wat maakte dat zo velen destijds de dood in gingen, was niet de bezorgdheid om het dagelijks brood, maar was de liefde voor het vaderland, was het geloof in zijn grootheid en was het algemene sterke gevoel voor de eer der natie. En pas, toen het Duitse volk deze idealen losliet, en begon te luisteren naar de materialistische beloften der revolutie, pas toen kwam het, in plaats van in de voorgespiegelde hemel op aarde, in het vagevuur van de algemene verachting en de algemene nood.

Daarom is het echter nog meer noodzakelijk, om tegenover de rekenmeesters van de huidige realistische republiek, het geloof aan een idealistisch Rijk te stellen.

DERDE HOOFDSTUK STAATSONDERDAAN EN STAATSBURGER

Over het algemeen beschouwd, kan men zeggen, dat het product, dat heden ten onrechte als staat wordt aangeduid, slechts twee soorten mensen kent: staatsburgers en buitenlanders. Staatsburgers zijn allen, die door geboorte of naturalisatie het staatsburgerrecht bezitten; buitenlanders zijn al diegenen, die ditzelfde recht in een andere staat genieten. Daartussen zweven dan nog enkele vage figuren: de zogenaamde statelozen. Dat zijn mensen, die de eer hebben, tot geen van de huidige staten te behoren, en dus nergens staatsburgerrecht bezitten.

Het staatsburgerrecht wordt heden ten dage, naar ik hierboven al zei, in de eerste plaats verworven door geboorte binnen de grenzen van een staat. Het ras, of het volk, waartoe men behoort, blijven daarbij volkomen buiten beschouwing. Een neger, die vroeger ergens in een Duits protectoraat woonde, en nu in Duitsland is gevestigd, wordt de vader van „Duitse staatsburgers". Ieder kind van een Jood, van een Pool, een Afrikaan of een Aziaat, zal evenzeer zonder meer tot Duits staatsburger worden geproclameerd. Maar naast de geboorte, is er nog een mogelijkheid, om later in de staat te worden opgenomen. Deze mogelijkheid hangt af van bepaalde voorwaarden, bijvoorbeeld, dat de kandidaat-in-kwestie zo mogelijk geen inbreker, geen souteneur, en voorts in politiek opzicht ongevaarlijk is, (m.a.w. dat hij een onbenullige sukkel is op politiek gebied) en tenslotte nog, dat hij niet ten laste komt van zijn nieuw staatsburgerlijk vaderland. Deze realistische tijd kan onder „ten laste komen" natuurlijk alleen de financiële toestand van de man verstaan. En het is zelfs zo, dat het als een grote aanbeveling geldt, die zelfs de officiële machinerie sneller doet lopen dan anders, wanneer men een goed belastingbetaler belooft te worden. Met volks overwegingen wordt daarbij niet in het allerminst rekening gehouden.

Er is maar bijster weinig verschil tussen het verkrijgen van staats burgerrecht en bijvoorbeeld de opname in een automobiel club. De man verstrekt de gevraagde inlichtingen, die dan worden onderzocht en beoordeeld, en op een dag wordt hem dan een papiertje toegestuurd, dat hij staatsburger is geworden, waarbij men het nog nodig vindt, om dit in een moppige vorm te gieten. Men deelt de man, die tot nog toe Zoeloe kaffer was, namelijk mee „Hiermede bent u Duitser geworden".

Dit toverstuk kan een president van een staat blijkbaar klaarspelen. Wat de hemel niet kon, dat blijkt zo een Theophrastus Boubastus

Paracelsus, zonder de minste moeite en onmiddellijk te kunnen volbrengen. Eén bekrabbeld vodje papier is voldoende, en plotseling is een Mongool in een echte „Duitser" veranderd. Maar men staat niet alleen onverschillig tegenover het ras van zulk een nieuwe staatsburger – men toont al even weinig belangstelling voor zijn lichamelijke gezondheid. Zo'n kerel mag zo zwaar syfilis-patiënt zijn als hij maar wil – de huidige staat heet hem toch hartelijk welkom als burger, voorzover hij althans, naar ik al zei, in financieel opzicht geen overlast, en in politiek opzicht geen gevaar betekent.

Zo nemen deze producten, die men staten noemt, ieder jaar gifstoffen in zich op, in zo'n mate, dat het moeilijk wordt, die invloed te neutraliseren. De staatsburger zelf onderscheidt zich nog van de buitenlander, doordat voor hem de weg naar iedere openbare functie openstaat, dat hij eventueel zijn dienstplicht moet vervullen, en dat hij actief en passief aan de verkiezingen kan deelnemen. Dit is praktisch alles. Want de persoonlijke rechten en vrijheden van de buitenlander zijn evenzeer beschermd als die van de staatsburger zelf, en dikwijls is dat bij de eerste nog meer het geval dan bij de laatste; zoals bijvoorbeeld in onze huidige Duitse republiek.

Ik weet heel goed, dat men dit alles niet graag hoort, maar het is toch wel zeer moeilijk, om iets stommers, iets krankzinnigers te bedenken dan het staats burgerrecht van onze dagen. Er bestaat momenteel een staat, waarin tenminste geringe symptomen waar te nemen zijn, die wijzen op een betere opvatting. Natuurlijk is dat niet onze voorbeeldige Duitse republiek, maar Noord-Amerika, waar men tenminste op verschillende punten tracht, het verstand weer een woordje te laten meespreken. Door ongezonde elementen principieel de toegang te weigeren, en de grenzen eenvoudig te sluiten voor bepaalde rassen geeft de Unie al – zij het ook nog in uiterst geringe mate – blijk van een opvatting, die aan de volksstaats idee eigen is.

De volksstaat verdeelt zijn bewoners in drie groepen: de staatsburgers, de staats onderdanen en de buitenlanders. Door geboorte kan men principieel nooit staatsburger worden, doch alleen staats onderdaan. Een staats onderdaan heeft in zijn kwaliteit als zodanig daarom nog niet het recht, openbare functies te bekleden, en evenmin om in actief of passief opzicht aan verkiezingen deel te nemen. Eerste vereiste is, dat van iedere staatsonderdaan het ras en de nationaliteit worden vastgesteld. Het staat iedere staatsonderdaan altijd vrij, om van zijn staats onderdaanschap af te zien, en staatsburger te worden in het land, waar zijn eigen natie woont. De buitenlander onderscheidt zich alleen in zoverre van de staatsonderdaan, dat hij staatsonderdaan is van een andere staat.

De jonge staatsonderdaan, die van Duitse nationaliteit is, heeft de plicht, de schoolopleiding door te maken, die voor iedere Duitser is voorgeschreven. Dat betekent, dat hij tot ras- en natie-bewust volksgenoot zal worden opgevoed. Later moet hij de, door de staat voorgeschreven, lichamelijke scholing doormaken, en moet tenslotte zijn militaire dienstplicht vervullen. De scholing, die hij in het leger doormaakt, is zeer veelzijdig: zij moet iedere Duitser omvatten, en hem opvoeden tot die tak van de militaire dienst, die het best in overeen- stemming is met zijn lichamelijke en geestelijke capaciteiten.

Wanneer de jonge man gezond is, en te goeder naam en faam bekend staat, dan wordt hem, nadat hij zijn militaire dienstplicht vervuld heeft, op plechtige wijze het staats burgerrecht verleend. Dit nu is het kostbaarste document, dat hij in zijn gehele leven op aarde in handen krijgt. Hij ontvangt daarmee alle rechten en vrijheden van de staatsburger. Want de staat moet een scherp onderscheid maken tussen degenen, die als volksgenoten de oorzaak en de drager van zijn bestaan en van zijn grootheid zijn, en degenen, die binnen zijn grenzen komen wonen, en er alleen op uit zijn, om persoonlijke winst te behalen. De verlening van het document, dat de staats burgerrechten waarborgt, moet met een plechtige beëdiging op volksgemeenschap en staat gepaard gaan. Dit document moet als het ware alle enkelingen binden, in een zo sterke eenheid, dat alle onderlinge verschillen tegenover die band volkomen in het niet verzinken. Het moet een groter eer zijn, om als putjesschepper burger van dit Rijk te zijn, dan koning in een vreemde staat.

De staatsburger is bevoorrecht boven de buitenlander. Hij is heer en meester in het rijk. Deze hogere waardigheid brengt echter ook verplichtingen mee. Deze eer kan altijd ontnomen worden aan een ieder, die eerloos of karakterloos is, aan iedere misdadiger, landverrader, enz. Daardoor wordt hij dan weer staats onderdaan.

Het Duitse meisje is staats onderdaan en wordt eerst door haar huwelijk staatsburgeres. Het burgerrecht kan echter eveneens worden verleend aan de vrouwelijke Duitse staats onderdanen, die in handel, nijverheid of anderszins in het openbaar enige plaats bekleden.

VIERDE HOOFDSTUK DE PERSOONLIJKHEID EN HET VOLKSSTAAT IDEE

Wanneer de nationaal-socialistische volksstaat de vorming en handhaving van de drager van de staat als zijn belangrijkste taak beschouwt, dan is het niet voldoende, wanneer hij de ontwikkeling van de verschillende elementen van het ras in de hand werkt, ze daarna opvoedt, en tenslotte voorbereidt voor het praktische leven, maar dan is het eveneens noodzakelijk, dat hij ook zijn eigen organisatie instelt op de vervulling van deze taak. Het zou volslagen waanzin zijn, om de waarde van de mens wél naar het ras, waartoe hij behoort, te willen afmeten, dus wel de oorlog te verklaren aan het marxistische standpunt, dat alle mensen gelijk zouden zijn, en dan toch niet vastbesloten te zijn, hieruit de uiterste consequenties te trekken. De uiterste consequentie van dit inzicht in de betekenis van het bloed, – dus van de volksgrondslagen in het algemeen, – is de overdracht van deze waardering op de enkeling. Evenals ik in het algemeen de volkeren verschillende waarde zal moeten toekennen, op grond van het ras, waartoe zij behoren, moet men ook de enkelingen binnen de volks gemeenschap naar hun ras beoordelen. De vaststelling, dat geen twee volkeren gelijk zijn, moet dan ongeveer in deze zin op de enkeling binnen een volks gemeenschap worden toegepast, dat dit individu niet gelijk kan zijn aan dat, omdat ook hier weliswaar de bloedbestanddelen in hoofdzaken overeenkomen, maar dat in ieder afzonderlijk geval toch een enorm groot aantal verschilletjes hun invloed op het individu doen gelden.

De eerste consequentie, die men uit dit inzicht moet trekken, is tevens die, die ik de grofste zou willen noemen: men moet namelijk trachten, om die elementen binnen de volks gemeenschap, die de beste ras kwaliteiten bezitten, evenredig te ontwikkelen boven de andere, en ook zorg te dragen voor hun sterkere vermeerdering. Deze differentiëring is in zoverre grover, dat ze bijna mechanisch kan worden vastgesteld en opgelost. Het is veel moeilijker, om uit het grote geheel juist die mensen te vinden, die in geestelijk en ideëel opzicht werkelijk ver boven de anderen uitsteken, en om deze de invloed te doen verwerven die hun, als hoogstaande figuren, niet alleen toekomt, maar die, meer nog dan dat, de gunstigste resultaten zal hebben voor de natie. Deze selectie naar capaciteiten en flinkheid mag niet mechanisch geschieden, maar is iets, wat door de dagelijkse strijd om het bestaan ononderbroken gebeurt.

Een wereldbeschouwing, die de democratische idee van de massa verwerpt en zich tot taak stelt, om de aarde te schenken aan het beste volk, dus ook aan de hoogstaande mens, moet logisch door redenerend, ook binnen dit volk weer naar hetzelfde aristocratische beginsel te werk gaan en zorg dragen, dat wederom de besten in dat volk de leiding en de grootste invloed krijgen. Daardoor is haar opbouw niet gegrondvest op de gedachte der meerderheid, maar op die der persoonlijkheid.

Wie nu meent, dat een nationaal-socialistische volksstaat zich b.v. enkel zuiver mechanisch zou moeten onderscheiden van andere staten, doordat zijn economisch leven beter geconstrueerd was, dus door een betere verdeling van het bezit, of door een grotere medezeggenschap van grote groepen der bevolking in het economisch leven, of door rechtvaardiger loon, door opruiming van al te grote loonsverschillen, die heeft nog niets méér begrepen, dan het dunne buitenste laagje, en heeft nog niet het flauwste idee van datgene, wat wij wereldbeschouwing moeten noemen. Alles, wat ik zojuist noemde, geeft nog niet de minste zekerheid voor enige standvastigheid, en geeft al evenmin recht, om aanspraak op grootheid te doen gelden. Een volk, dat niets anders deed, dan deze werkelijk volkomen uiterlijke hervormingen ten uitvoer brengen, zou daardoor niet de minste waarborg verkrijgen, dat het nu de overwinning zou kunnen behalen in de algemene volkeren competitie.

Een beweging, die enkel haar taak ziet in het teweeg-brengen van zulk een algemeen evenwicht herstellende en ongetwijfeld rechtvaardige ontwikkeling, die zal in werkelijkheid geen geweldige en geen principiële wijziging in de bestaande toestanden brengen, eenvoudig, omdat die maatregelen te weinig diepgaand zijn. Want de uitwerking van deze maatregelen blijft immers uiteindelijk slechts beperkt tot uiterlijkheden, zonder het volk die innerlijke bereidheid te schenken, die – ik zou bijna willen zeggen: onfeilbaar zeker – maakt, dat het al die gebreken, waaraan wij nu lijden, definitief overwint. Om dit duidelijker te maken, kan het misschien zijn nut hebben, om nog eens een blik te werpen op de werkelijke oorsprongen en oorzaken van de culturele ontwikkeling van de mensheid.

De eerste stap, waardoor de mens zich uiterlijk kennelijk van het dier onderscheidde, was de uitvinding. De uitvinding zelf berust oorspronkelijk op het vinden van listen en lagen, die de strijd op leven en dood tegen andere wezens gemakkelijker maakte, of zelfs voor het eerst gunstig deed aflopen. Deze aller primitiefste uitvindingen leggen nog niet voldoende de nadruk op de persoonlijkheid, omdat ze de latere of beter de huidige beschouwer natuurlijk pas bewust worden, op het ogenblik, dat het algemene verschijnselen zijn geworden. Bepaalde slimmigheden en sluwe maatregelen, die de mens bijvoorbeeld van het dier kan afkijken, dringen pas naderhand als feiten tot zijn bewustzijn door, en hij is dan niet meer in staat, om de oorsprong ervan vast te stellen of uit te zoeken, maar hij maakt het zich gemakkelijk, door deze gebeurtenissen „instinctief" te noemen. Dit woord nu zegt in ons geval in 't geheel niets. Want wie in een evolutie van de levende wezens gelooft, die zal moeten toegeven, dat iedere uiting van hun levensdrang en hun levensstrijd eens een begin moet hebben gehad, dat dus een individu daarmee moet zijn begonnen, en dat deze uitvinding zich dan steeds meer vermenigvuldigde en algemener werd tot het tenslotte bijna in het onderbewustzijn van alle exemplaren van een soort overging, en zich dan als instinct deed gelden.

Men zal dit van de mens zelf gemakkelijker kunnen begrijpen en geloven. Zijn eerste verstandelijke maatregelen in de strijd tegen andere dieren zijn zeer zeker oorspronkelijk voortgekomen uit de daden van enkele bijzonder begaafde individuen. Ook hier was het de persoonlijkheid, die tot besluiten en uitvoeringen leidde, die dan later als vanzelfsprekend door de gehele mensheid werden overgenomen. Evenals de een of andere vanzelfsprekende militaire maatregel, die nu mogelijk de grondslag van iedere strategie is geworden, toch oorspronkelijk in één bepaald stel hersens moet zijn opgekomen, en pas in de loop van vele, misschien wel duizenden jaren eenvoudig als volkomen vanzelfsprekend algemeen toegepast werd. Deze eerste gewaarwording vult de mens aan met een tweede: hij leert, andere dingen en ook andere levende wezens te gebruiken voor zijn eigen strijd om het bestaan, en daarmee begint zijn eigenlijke loopbaan als uitvinder, die wij heden ten dage algemeen voor ons zien. Deze materiële uitvindingen, die beginnen met het gebruik van de steen als wapen, die leiden tot het temmen van wilde dieren, die het vuur door kunstmatige voortbrenging aan de mensheid schenken, enzovoort tot aan de gedetailleerde en verbazingwekkende uitvindingen van onze tijd, al deze uitvindingen wijzen dus te duidelijker de persoonlijkheid aan als de eigenlijke drager van zulk een scheppende daad, naarmate de prestaties dichter bij onzen tijd liggen, of naarmate ze groter en belangrijker zijn. Wij weten dus in ieder geval, dat datgene, wat wij aan materiële uitvindingen om ons zien, volkomen te danken is aan de scheppende kracht en kundigheden van enkele persoonlijkheden. En al deze uitvindingen dragen er tenslotte het hunne toe bij, om de mens meer en meer boven het peil der dierenwereld te verheffen, en hem tenslotte definitief daarvan te verwijderen. Zij zijn dus in de grond van de zaak dienstbaar aan de voortdurend plaatshebbende menswording. Maar zelfs dat, wat eens als aller simpelste list voor de in het oerwoud jagende mens de strijd om het bestaan iets verlichtte, is ook nu nog aanwezig, en ligt ergens ten grondslag aan een buitengewoon knap wetenschappelijk inzicht, en helpt zo in onze dagen de moderne mensheid, om haar huidig bestaan te verlichten, en de wapenen te smeden voor de worstelingen der toekomst.

Uiteindelijk is alle menselijk denken en uitvinden toch in de eerste plaats weer bedoeld, om de levensstrijd van de mensheid op deze planeet te vergemakkelijken, ook al is het z.g. praktische nut van een uitvinding, van een ontdekking, of van een diep wetenschappelijk inzicht in het wezen der dingen niet dadelijk zichtbaar. Doordat alles gezamenlijk helpt, om de mens meer en meer te verheffen boven het peil van de levende wezens om hem heen, maakt het zijn positie sterker, en consolideert het die zodanig, dat hij in ieder opzicht uitgroeit tot heer en meester der gehele aarde. Alle uitvindingen zijn dus het product van het scheppend vermogen van één persoon. Al deze personen zijn, stuk voor stuk of dat nu opzettelijk of onopzettelijk gebeurde, meer of minder grote weldoeners der mensheid. Hun daden geven aan miljoenen, zelfs aan miljarden menselijke wezens hulpmiddelen in handen, waardoor zij later de strijd om het bestaan met meer succes kunnen voeren.

Terwijl wij zo aan de oorsprong van onze huidige materiele cultuur altijd enkelingen zien als uitvinders, die dan wederzijds elkaar aanvullen, en telkens op elkaars vondsten verder bouwen, is ditzelfde ook het geval met de verwerkelijking en toepassing van de uitvindingen. Want ook alle productiemethodes zijn in hun oorsprong zelf weer van uitvindingen afgeleid, en zijn dus als zodanig ook afhankelijk van de persoonlijkheid. Ook het zuiver theoretische gedachtenwerk, hoewel het in ieder afzonderlijk geval volkomen onmeetbaar is, blijkt toch weer uitsluitend het product van de enkeling te zijn. Het is niet de massa, die uitvindt, en niet de meerderheid, die organiseert of denkt, maar het is altijd en overal slechts de enkeling, de persoonlijkheid.

Een menselijke gemeenschap mag alleen dan goed georganiseerd heten, wanneer ze het werk van deze scheppende krachten zo goed mogelijk verlicht, en nuttig aanwendt ten bate van het algemeen. Het kostbaarste, wat er bij de ontdekking aan de dag komt, – onverschillig, of die ontdekking nu op materieel dan wel op geestelijk gebied ligt – is vooreerst de persoon van de uitvinder. Het is dus de eerste en hoogste taak van de organisatie van een volksgemeenschap, om ervoor te zorgen, dat zijn capaciteiten voor het algemeen nut worden aangewend. Ja, de organisatie mag zelf niets anders zijn dan consequente toepassing van het beginsel. Pas daardoor wordt ze van de vloek van het mechanisme verlost, en groeit tot een levensorganisme. Ze moet een belichaming zijn van het streven om de enkeling boven de massa te stellen, om dus de massa ondergeschikt te maken aan de besten.

De organisatie mag daarom niet alleen het uittreden van de besten uit de massa niet tegengaan, maar moet dit integendeel door haar eigen karakter en gedragingen nog zoveel mogelijk in de hand werken. Daarbij moet ze van het beginsel uitgaan, dat het heil der mensheid nooit van de massa kwam, maar altijd alleen berustte op het scheppend vermogen van enkelen, die daarom in werkelijkheid als de weldoeners van het menselijk geslacht moeten worden beschouwd. Het is in het belang van het algemeen, om ervoor te zorgen, dat zij de grootst mogelijke invloed krijgen, en zo weinig mogelijk in hun streven worden belemmerd.

Ongetwijfeld wordt dit belang niet gediend, en wordt hieraan niet voldaan door een heerschappij van hersenlozen of slappelingen, of door enige andere willekeurige hoeveelheid talentloze massa, maar dit belang kan uitsluitend en alleen worden gediend, wanneer die mensen regeren, die van nature hiertoe met bijzondere gaven zijn uitgerust. Zoals ik al zei, geschiedt deze selectie van de besten vooral door de harde strijd om het bestaan zelf. Veel breekt, en gaat ten gronde en bewijst dus daardoor, dat het blijkbaar niet waardig was, het hoogste te vervullen, en er blijven uiteindelijk slechts zeer enkele uitverkorenen over.

Op geestelijk gebied, op kunstgebied en zelfs op economisch gebied vindt deze selectie ook heden nog plaats, hoewel ze, vooral op het laatste, al zeer zware tegenwerking ondervindt. Het bestuur van een staat, en de macht, waarin de georganiseerde weerkracht van de natie is belichaamd, worden eveneens door deze ideeën beheerst. Overal domineert hier nog de idee van de persoonlijkheid, van het gezag, dat dit ten aanzien van lagerstaanden kan uitoefenen, door zijn verantwoordelijkheid tegenover de hoger geplaatste. Alleen het politieke leven heeft zich tegenwoordig al volkomen losgemaakt van dit natuurlijke beginsel. Terwijl de totale menselijke cultuur slechts het resultaat is van het scheppend werk van enkelingen, is de gehele leiding van de volksgemeenschap, maar wel in het bijzonder de hogere delen daarvan, ingesteld op het principe, dat de meerderheid het enig belangrijke is, en dit begint, van boven naar beneden werkend, langzamerhand ons gehele leven te vergiftigen, dat betekent in werkelijkheid: op te lossen. Ook de destructieve werking van de activiteit van het Jodendom in andere volkeren, moet in werkelijkheid enkel worden toegeschreven aan zijn onophoudelijke pogingen, om de betekenis van de persoonlijkheid bij de volkeren, die het herbergen te onderwijzen, en te vervangen door de betekenis der massa. Daardoor echter wordt het opbouwende beginsel van de Arische mens vervangen door het destructieve van het Jodendom. Het wordt daardoor een kiem der ontbinding in volkeren en rassen, en, ruimer beschouwd, de vernietiger der menselijke cultuur.

Het marxisme echter blijkt de onomwonden poging van het Jodendom te zijn, om op alle gebieden van het menselijk leven de overwegende betekenis van de persoonlijkheid uit te schakelen en door het aantal der massa te vervangen. In politiek opzicht is dit precies in overeenstemming met de parlementaire regeringsvorm, waarvan wij de funeste werking, in de kleinste oercellen van de Gemeenten, en evenzeer in de hoogste leiding van het gehele Rijk kunnen zien. Op economisch gebied komt dit beginsel tot uitdrukking in het werk systeem van een vakvereniging, die in werkelijkheid niet de belangen van de werknemers behartigt, maar alleen de destructieve bedoelingen van het internationale Jodendom. En naarmate nu de werking van het beginsel van de persoonlijkheid in het economisch leven meer en meer wordt uitgeschakeld, waardoor dit laatste dus in steeds sterkere mate aan de invloeden en inwerkingen der massa wordt blootgesteld, moet ze haar prestatievermogen, dat in dienst van het algemeen staat en dat voor allen van betekenis is, verliezen, en zal tenslotte ongetwijfeld tot waardevermindering en verkleining vervallen. Alle bedrijfsorganisaties, die hun eigenlijke taak – n.l. de belangen van hun leden behartigen – verzaken, om invloed op de productie zelf te krijgen, werken in dezelfde destructieve zin. Ze doen aan de prestaties van het geheel afbreuk, maar schaden daardoor in werkelijkheid slechts de enkeling. Want de verschillende individuen, waaruit het huidige beeld van het volkslichaam bestaat, zijn op den duur niet alleen met theoretische frasen tevreden te stellen, maar alleen door de hoeveelheid en kwaliteit van de materiële goederen, die iedere enkeling gad aan gad toekomen, en door de, daaruit voortvloeiende overtuiging, dat de som van alle prestaties van de volksgemeenschap erop uit is, om de belangen van de enkeling te verdedigen.

Het doet er ook in het geheel niets toe, of het marxisme op grond van zijn massa-theorie bijgeval in staat schijnt, om de bestaande staats huishouding over te nemen en verder te leiden. De kwestie van de juistheid of onjuistheid van dit beginsel wordt niet beslist door het bewijs, dat het in staat is, het huidige voortaan te kunnen besturen, maar uitsluitend en alleen, door het bewijs te leveren, dat het zelf in staat was, zulk een cultuur te scheppen. Het marxisme zou duizendmaal onze huidige staats huishouding in handen kunnen nemen, en onder zijn leiding verder laten werken, dat zou nog niets bewijzen, – zelfs niet, al wist het zo een succes te behalen, – tegen het feit, dat het zelf niet in staat zou zijn, om op de basis van zijn eigen beginsel datgene nieuw te scheppen, wat het nu geheel gereed overneemt. En het marxisme heeft in de praktijk bewezen, dat het hiertoe niet bij machte is. Niet alleen, dat het nergens een cultuur, of ook maar een staats huishouding uit eigen kracht wist te scheppen, maar het bleek immers niet eens in staat te zijn, om de bestaande volgens zijn eigen principes verder te leiden, maar was altijd al na zeer korte tijd gedwongen om concessies te doen aan de idee van het persoonlijkheids beginsel, evenals het trouwens ook in zijn eigen organisatie dit laatste beginsel niet kan vermijden. Dat is echter een punt, waarin de volkse wereldbeschouwing zich scherp moet onderscheiden van de marxistische, dat ze namelijk niet alleen de waarde van het ras, maar tegelijkertijd ook de betekenis van de persoonlijkheid inziet, en deze principes dus tot de belangrijkste steunpilaren van haar gehele gebouw maakt.

Want dat zijn de belangrijkste grondslagen van haar wereldbeschouwing. Indien een partij – en dit geldt wel in het bijzonder voor onze nationaal-socialistische beweging – dit principiële inzicht zou missen en in plaats daarvan enkel wat uiterlijke veranderingen in de huidige staat zou willen aanbrengen, of zelfs het massa-beginsel tot het hare maken, dan zou zij in werkelijkheid niets anders zijn dan een concurrente van het marxisme: en zij zou niet het recht bezitten, om zich een wereldbeschouwing te heten. Wanneer het sociale programma van onze beweging niets anders behelsde dan een verdringing van de persoonlijkheid door de massa, dan zou het nationaal-socialisme zelf al zijn aangevreten door het marxistische gif, evenals al met onze burgerlijke partijen het geval is.

De volksstaat moet voor de welvaart van zijn burgers zorgen, door overal de betekenis van de persoonlijkheid te erkennen, en zo op alle terreinen dat toppunt van prestatievermogen te bereiken, dat de enkeling ook een zo groot mogelijk aandeel aan de vruchten van deze bloei schenkt. En de volksstaat moet dientengevolge de gehele leiding, maar vooral de hoogste instanties, m.a.w. de politieke leiding, volkomen losmaken van het parlementaire beginsel, dat de meerderheid, dus de massa beslist, maar moet integendeel het recht van de persoonlijkheid onvoorwaardelijk verdedigen. Daaruit volgt deze conclusie :

De beste staats idee en staatsvorm is diegene, die met de meest natuurlijke zekerheid de besten van de volks gemeenschap tot leidende betekenis en invloed weet te brengen. Evenals het bijvoorbeeld in het economisch leven niet mogelijk is, dat de belangrijkste mensen eenvoudig van bovenaf worden aangewezen, maar zichzelf hun weg zullen moeten banen, en evenzeer als hier de oneindige scholing en opleiding van het kleinste winkeltje tot het grootste bedrijf gegeven is, en alleen het leven zelf van tijd tot tijd een onderzoek instelt, zo zal het natuurlijk ook een onmogelijkheid zijn, om de grote politici plotseling kant en klaar te „ontdekken". Het feit, dat abnormaal grote genieën weleens zo worden ontdekt, zegt niets ten aanzien van het normale deel van de mensheid.

De staat moet in zijn gehele organisatie, van het kleinste celletje van een gemeente tot en met de opperste leiding van het gehele Rijk het persoonlijkheids beginsel hebben doorgevoerd. Er is geen sprake van beslissingen bij meerderheid van stemmen; er zijn alleen verantwoordelijke personen en het woord „raad" herkrijgt zijn oude betekenis. Wel wordt iedere man door raadslieden terzijde gestaan, maar uiteindelijk neemt één man de beslissing. Het beginsel, dat eens het Pruisische leger maakte tot het prachtigste werktuig, waarover het Duitse volk beschikte, moet ook bij andere dingen worden toegepast en moet het fundament zijn, waarop onze gehele staats opvatting wordt gebouwd. Dit beginsel luidt: Iedere leider heeft zeggenschap over zijn ondergeschikten, en is verantwoordelijk tegenover hogere instanties. Ook dan zal men niet buiten die lichamen kunnen, die wij nu parlementen noemen. Maar de raadsleden hierin zullen dan ook werkelijk raadgeven, omdat altijd maar één man de verantwoordelijkheid kan en mag dragen, wat dus ook weer betekent, dat deze alleen zeggingschap en recht tot bevelen bezit. De parlementen als zodanig zijn nodig, omdat immers vooral hierdoor langzamerhand de belangrijkste mensen naar voren kunnen komen, waardoor men dus materiaal krijgt voor de bekleding van bijzonder verantwoordelijke functies. Hieruit ontstaat dus tenslotte het volgende beeld:

De volksstaat bezit vanaf de gemeente tot en met de regering van het Rijk, geen enkel vertegenwoordigend lichaam, waarin de meerderheid beslist. Zij kent alleen raadgevende lichamen, die de gekozen leider terzijde staan, die zich hun taak en hun arbeid door hem zien voorgeschreven, en die dan, naar behoefte, zelf weer in bepaalde onderdelen onvoorwaardelijk verantwoordelijkheid op zich nemen, een even totale verantwoordelijkheid als de leider of de voorzitter van het instituut zelf in belangrijker kwesties draagt.

De volksstaat zal principieel niet toestaan, dat over belangen van bijvoorbeeld economische aard mensen worden geraadpleegd, die op grond van hun opvoeding en werkzaamheid volkomen vreemd zijn op dit terrein. Hij splitst daarom zijn vertegenwoordigende lichamen altijd in politieke en bedrijfsschappelijke kamers. Om een vruchtdragende samenwerking van deze beide lichamen te waarborgen, staat steeds een speciale geselecteerde senaat boven hen.

In geen enkele kamer en in geen enkele senaat wordt ooit gestemd. Dit zijn instituten, die werk moeten verrichten, en geen stemmachines. Ieder lid heeft een raadgevende stem, maar nooit een beslissende. De beslissing ligt uitsluitend in handen van de voorzitter, die daarvoor dan ook verantwoordelijk is. Dit beginsel, dat de absolute verantwoordelijkheid en het absolute gezag onvoorwaardelijk samengaan, zal tenslotte een leiders materiaal aankweken, zoals men zich tegenwoordig in de tijd van het parlementarisme, dat geen verantwoordelijkheid kent, eenvoudig niet kan voorstellen. Daardoor wordt de grondslag van de staat van deze natie in overeenstemming gebracht, met diezelfde wet, die haar (de natie) al in cultureel en wetenschappelijk opzicht groot heeft gemaakt.

Ten aanzien van de uitvoerbaarheid van deze conclusies zou ik willen aanraden, niet te vergeten, dat het parlementair- democratische beginsel, dat de meerderheid beslist, absoluut niet van de aanvang af de mensheid heeft beheerst, maar integendeel slechts in zeer korte historische perioden wordt aangetroffen, die dan nog steeds verval perioden voor de bedoelde volkeren en staten waren. Nu moet men natuurlijk ook niet menen, dat zo een verandering door zuiver theoretische maatregelen van boven naar beneden zou kunnen worden teweeggebracht, omdat deze verandering uiteraard ook niet mag ophouden met de grondwet van de staat, doch ook de totale overige wetgeving en zelfs het algemene burgerlijke leven moet doordringen. Zo een omwenteling kan en zal alleen plaatsvinden door een beweging, die zelf al naar de geest van deze ideeën is opgebouwd, en dus in zichzelf al de komenden staat draagt.

Daarom moet de nationaal-socialistische beweging al in onze dagen deze ideeën in zich tot leven wekken, en in de eigen organisatie in de praktijk toepassen, opdat ze de staat eenmaal niet alleen diezelfde richtlijnen kan wijzen, maar hem ook al het volgroeide lichaam van haar eigen staat ter beschikking kan stellen.

Vijfde hoofdstuk Wereldbeschouwing en organisatie

De volksstaat, die ik in grote lijnen trachtte te schetsen, wordt door het blote besef van de vorm, die hij noodzakelijk moet aannemen, nog geen werkelijkheid.

Het is niet voldoende wanneer men al weet, hoe een volksstaat eruit moet zien. Het probleem van zijn ontstaan is van veel groter gewicht. Men mag niet verwachten, dat de huidige partijen, die immers in de eerste plaats parasiteren op de bestaande staat, ooit uit zichzelf de kracht zullen putten om in de bestaande toestand enige structurele wijzigingen aan te brengen en uit eigen vrije wil hun tegenwoordige houding zullen herzien. Dit is des te minder mogelijk, omdat het immers altijd Joden en nog eens Joden zijn, die daar het heft in handen hebben.

Indien echter de huidige ontwikkeling ongestoord voortging, dan zou eens op een dag de Joodse profetie vervuld worden, dan zou het Jodendom inderdaad alle volkeren verteren, en zou hun tot meester worden.

Zo gaat hij zijn weg, tegenover de miljoenen van Duitse „bourgeois" en „proleten", die grotendeels door lafheid, indolentie en domheid maar blindelings hun ongeluk tegemoet gaan, terwijl hij zich diep bewust is van het doel, waarnaar hij onveranderlijk streeft. Een partij, die door hem geleid wordt, kan dus geen andere belangen dienen dan de zijne; en met de belangen van Arische volkeren hebben deze niets gemeen.

Wanneer men dus nu wil trachten, het ideale beeld van 'en volkse staat in de reële werkelijkheid te projecteren, dan moet men naar een nieuwe kracht zoeken, buiten de huidige machten van het openbare leven, die bereid en genegen is, om de strijd voor zulk een ideaal op te nemen. Want het gaat hierbij om een strijd, omdat de eerste taak niet luidt: „Vorming van een volksstaats idee" maar „Vernietiging van de bestaande Joodse".

Zoals zo dikwijls in de geschiedenis is ook hier de grootste moeilijkheid niet zozeer gelegen in het vormen van de nieuwe toestand, als wel in het scheppen van de ruimte, waar die nieuwe toestand kan bestaan. De vooroordelen en de andere belangen worden samen tot een eendrachtige stoottroep, die tracht de overwinning van de hem onaangename, of hem bedreigende idee met alle middelen te beletten. Daardoor is de strijder voor zo een nieuw ideaal jammer genoeg gedwongen, om hoezeer hij ook de nadruk legt op het positieve gedeelte van de strijd, toch in de eerste plaats het negatieve uit te vechten, omdat alleen langs deze weg de huidige toestand opgeruimd kan worden. Een jonge leer, die van grote en nieuwe principiële betekenis is, zal, hoe onaangenaam dit de enkeling ook moge zijn, als eerste wapen de kritiek in de scherpste vorm moeten hanteren.

Wanneer wij heden ten dage de zogenaamde „volkstrijders" keer op keer horen beweren, dat zij er niet aan denken, om zich met afbrekende kritiek op te houden, maar zich enkel aan opbouwend werk zullen wijden, dan geven zij daarmee wel blijk van een bedroevend tekort aan historisch inzicht; dit is een even kinderachtig als dom en echt „volks" gestuntel, en een bewijs, dat zelfs de historie van deze tijd in deze breinen niet de minste sporen heeft nagelaten. Ook het marxisme had een doel, en ook het marxisme kent een opbouwende werkzaamheid (al gaat het daar dan ook enkel om de vestiging van de despotische heerschappij van het internationale Joodse kapitalisme!): maar het heeft voordien toch zeventig jaren lang niets gedaan dan kritiseren, en wel vernietigende, ontbindende kritiek, en steeds weer kritiek, tot de oude staat tenslotte vermurwd was door dit onophoudelijk inwerkende zuur, en zijn einde nabij was.

Daarna begon pas zijn z.g. „opbouw". En dat was natuurlijk juist en logisch. Een bestaande toestand wordt alleen door de vermelding en de verdediging van een toekomstige nog niet gewijzigd. Want men mag niet verwachten, dat de aanhangers, of zelfs zij, die belang hebben bij de bestaande situatie, onmiddellijk volkomen bekeerd en op de hand van de nieuwe toestand zullen zijn, zodra men de noodzakelijkheid van iets nieuws maar vaststelt. Integendeel, er kan zich dan maar al te gemakkelijk het geval voordoen, dat er twee partijen naast elkaar blijven bestaan, waardoor de z.g. wereldbeschouwing dan tot partij wordt, en niet meer bij machte zal zijn, zich uit deze toestand weer los te worstelen. Want een wereld- beschouwing is onverdraagzaam en kan nooit tevreden zijn met de rol van „partij" naast andere partijen, „maar eist onvoorwaardelijk, dat men haar volkomen en haar alleen erkent, en tevens, dat men het gehele openbare leven ombouwt volgens haar beginselen. Ze kan dus nooit toestaan, dat er naast haar een vertegenwoordiging van de vroegere toestand blijft bestaan. Dat is bij godsdiensten eveneens het geval.

Ook het Christendom kon er geen genoegen mee nemen, om zijn eigen altaar op te bouwen, maar moest noodzakelijkerwijze de heidense altaren vernietigen. Alleen uit zo een fanatieke onverdraagzaamheid kon het apodictische geloof opgroeien; deze onverdraagzaamheid is zelfs een onmisbare levensvoorwaarde daarvoor.

Nu kan men mij natuurlijk wel als bezwaar aanvoeren, dat het bij zulke verschijnselen in de wereldgeschiedenis meestal een specifiek Joodse wijze van denken betreft, en dat zo een onverdraagzaamheid en fanatisme praktisch de belichaming is van het Joodse volkskarakter. Dat mag zo waar zijn als men maar wil, en men kan het diep betreuren, en met een, maar al te zeer gerechtvaardigd onbehaaglijk gevoel vaststellen, dat dergelijke verschijnselen zich in de geschiedenis der mensheid nog nooit eerder hebben voorgedaan, – maar dit alles verandert niets aan het feit, dat die toestand nu eenmaal bestaat.

De mannen, die ons volk uit zijn huidige toestand willen verlossen, behoeven zich er niet het hoofd over te breken, hoe mooi het wel zou zijn, wanneer dit en dat niet het geval was, maar zij moeten trachten, vast te stellen, hoe men het bestaande kwaad vernietigt. Een wereldbeschouwing echter, die bezeten is van de meest infernale onverdraagzaamheid, zal alleen vernietigd kunnen worden door een andere, die van dezelfde geest is bezeten, die met dezelfde ijzersterke wilskracht wordt verdedigd, en die daarnaast nog een volkomen innerlijk zuivere en waarachtige nieuwe idee draagt. De enkeling moge tegenwoordig bezorgd constateren , dat met het verschijnen van het Christendom de eerste geestelijke terreur in de veel vrijere antieke wereld haar intrede deed: hij zal echter niet kunnen ontkennen, dat de wereld sindsdien door deze dwang beheerst en benauwd wordt, en dat men dwang alleen met tegen dwang kan breken, en terreur alleen met tegenterreur. Past daarna kan men tot de opbouw van een nieuwe toestand overgaan.

Politieke partijen zijn geneigd tot compromissen — wereldbeschouwingen nooit. Politieke partijen houden zelf rekening met hun tegenstrevers, wereldbeschouwingen verkondigen hun onfeilbaarheid. Ook politieke partijen hebben in de aanvang bijna altijd het voornemen, om tot een despotische alleenheerschappij te komen, en enige neiging, om uit te groeien tot wereldbeschouwing, gevoelen ze bijna alle. Maar de bekrompenheid van hun program alleen, berooft hen van dat heroïsme, dat onmisbaar is voor iedere wereld- beschouwing. Doordat ze met hun doel en streven wel wat willen schipperen, krijgen ze de kleinen en zwakken, waarmee geen kruistochten gevoerd kunnen worden, onder hun aanhangers. Daardoor blijven ze meestal al vroegtijdig in hun eigen jammerlijke kleinheid steken. Daardoor zien ze echter af van de strijd voor een wereldbeschouwing, en trachten, in plaats daarvan door z.g. „positief medewerken" zo gauw mogelijk een goed plaatsje aan de voederbak van de bestaande instellingen te veroveren en dat zolang mogelijk te behouden. Daarop is hun gehele streven gericht. En indien ze ooit door een, wat bruter aangelegde concurrerende kostganger van deze algemene voederbak worden weggedrongen, dan zal in het vervolg al hun denken en streven er alleen nog maar op uit zijn, om zich door geweld of list door de massa van die ook hongerig zijn, naar voren te dringen, om zo tenslotte – desnoods met opoffering van hun heiligste overtuiging, weer aan de beminden voeder trog te worden gelaafd. Jakhalzen der politiek!

Omdat een wereldbeschouwing nooit bereid is, het terrein met een tweede te delen, kan ze ook niet bereid zijn, om mee te werken aan de bestaande toestanden, die zij veroordeelt, maar voelt ze integendeel de verplichting, om deze toestand, en trouwens de gehele ideeën wereld der tegenstanders, met alle middelen te bestrijden, m.a.w. om de instorting van die wereld voor te bereiden. Zowel deze zuiver afbrekende strijd, waarvan alle anderen onmiddellijk het gevaar inzien, en waartegen zij zich dan ook met vereende krachten teweerstellen, alsook de positieve zijde, dat de aanval eist om de eigen gedachtewereld ingang te doen vinden, hebben vastberaden strijders nodig. zo zal een wereldbeschouwing haar idee alleen dan tot de overwinning weten te voeren, wanneer ze de moedigste en energiekste elementen van haar tijd en haar volk onder haar vanen weet te verenigen, en deze in de vaste vormen van een strijdbare organisatie weet te bundelen.

Daartoe is het echter noodzakelijk, dat ze, met het oog op deze elementen, uit haar algemene wereldbeeld bepaalde gedachten kiest, en deze in een zodanige beknopte vorm giet, dat ze op leuzen gelijken en geschikt zijn, om als geloofsbelijdenis voor een nieuwe menselijke gemeenschap te dienen. Terwijl het program van een politieke partij als recept moet dienen, om te maken, dat de volgende verkiezingen een succes opleveren, heeft het program van een wereldbeschouwing de betekenis van een oorlogsverklaring tegen een bestaande ordening, tegen een bestaande toestand, kortom tegen enige bestaande wereldbeschouwing. Daarbij is het niet noodzakelijk, dat iedere enkeling, die voor deze wereldbeschouwing strijdt, volledig inzicht heeft in en precies op de hoogte is van alle ideeën en gedachten van de leider van de beweging.

Het is echter van veel meer belang, dat hem enkele, uiterst belangrijke punten worden uiteengezet, en dat de grootste lijnen onuitwisbaar in hem gegrift staan, zodat hij volkomen doordrongen is van de noodzaak van de overwinning van zijn beweging, en van haar leer. Men wijdt ook niet iedere soldaat in de gedachten van de hoogste krijgskunst in. Evenals men hem integendeel tot strakke discipline en fanatieke overtuiging van het recht en de kracht van zijn zaak, en tot absoluut geloof opvoedt, moet men ook de aanhangers van een beweging, die van groot formaat is, een grote toekomst en ijzeren wilskracht bezit, in diezelfde richting scholen. Zomin als een leger, waarvan het gros van de manschappen – al was het enkel naar ontwikkeling en inzicht – uit generaals zou bestaan, als leger zou deugen, evenmin zou een politieke beweging als vertegenwoordigster van een wereld beschouwing deugen, wanneer ze enkel een verzameling van „intellectueel hoogstaande" mensen zou willen zijn. Nee, ze heeft ook de primitieve soldaat nodig, omdat een innerlijke discipline anders tot de vrome wensen zal moeten blijven behoren.

Het is een van de meest kenmerkende eigenschappen van een organisatie, dat zij alleen bestaanbaar is, wanneer haar leiding uit intellectueel zeer hoogstaande mensen is samengesteld, maar haar aanhang is gerekruteerd uit de grote massa, die meer op gevoelsprikkels reageert. Het zou op de duur meer moeite kosten om een compagnie, die uit tweehonderd mensen van een en hetzelfde hoge geestelijke peil bestond, discipline bij te brengen, dan om zo een lichaam, dat uit honderdnegentig geestelijk minder hoogstaande leden en tien meer ontwikkelden bestond, datzelfde proces met succes te doen doormaken.

De sociaal-democratie heeft eens uit dit feit het grootste profijt weten te trekken. Ze heeft zich meester gemaakt van de mensen uit de talrijkste groepen van ons volk, die de dienst in het leger al achter de rug hadden en dus al gedisciplineerd waren, en heeft deze in haar even strenge partij formaties georganiseerd. Ook haar organisatie was een leger met officieren en soldaten. De Duitse handarbeider, die zijn militaire dienstplicht had vervuld, werd de soldaat, de Joodse intellectueel werd de officier; de Duitse ambtenaren der vakverenigingen kan men als het onderofficierscorps beschouwen. Het feit, waarover onze bourgeoisie steeds het hoofd schudde, namelijk, dat alleen de zogenaamde onontwikkelde massa's tot deze partij behoorden, was in werkelijkheid de eigenlijke reden van haar succes. Want terwijl de burgerlijke partijen met hun eenzijdig intellectualisme een onnutte, ongedisciplineerde troep waren, heeft het marxisme uit zijn niet zeer intellectueel mensen materiaal een leger van partij soldaten opgebouwd, die nu precies even blind aan hun Joodse dirigent gehoorzaamden als vroeger aan hun Duitse officier. De Duitse bourgeoisie, die zich uit principe nooit om vraagstukken van psychologische aard heeft bekommerd, omdat ze zich te hoog daarboven verheven achtte, vond het ook hier niet noodzakelijk om na te denken, en zodoende de diepe betekenis en het geheime gevaar van dit feit te doorgronden.

Men meende integendeel, dat een politieke beweging, die haar aanhangers alleen uit intellectuele kringen rekruteert, alleen daarom al waardevoller zon zijn, en meer recht, en zelfs ook meer kans zou hebben, om aan de regering te komen dan een onontwikkelde massa. Men begreep absoluut niet, dat de kracht van een politieke beweging in het geheel niet groter is, naarmate het intellect van de leden stuk voor stuk groter wordt, maar dat integendeel de discipline en de gehoorzaamheid, waarmee haar leden gevolg geven aan de orders van de intellectuele leiding, haar betekenis bepalen. Het bepalende element ligt in de leiding zelf. Wanneer twee legerscharen met elkaar strijden, dan zal de overwinning niet zijn aan die zijde, waar iedere enkeling de hoogste strategische scholing ontving, maar integendeel aan die zijde, waar de beste leiding is, en waar tevens de manschappen het gedisciplineerdste, het gehoorzaamste en het best geoefend zijn. Dat is een principiële waarheid, die wij nooit mogen vergeten, wanneer wij nagaan, welke mogelijkheden er zijn, om een bepaalde wereldbeschouwing te verwezenlijken.

Wanneer wij dus een wereldbeschouwing, teneinde haar tot de overwinning te voeren, tot een strijdorganisatie moeten omsmeden, dan zal het program vam de beweging vanzelfsprekend rekening dienen te houden met het beschikbare mensen materiaal. Evenzeer als het doel en de dragende ideeën onwrikbaar vast moeten staan, moet anderzijds het programma geniaal en psychologisch juist zijn ingesteld op de ziel van degenen, die nu eenmaal onmisbaar zijn voor de verwezenlijking van ieder idee. Wanneer het volksidee uit die vaag verlangende sfeer, waarin ze nu verkeert, tot een beslist succes wil komen, dan is het nodig, dat ze uit haar grote gedachtewereld bepaalde principes kiest, die naar wezen en inhoud geschikt zijn, om een grotere massa te bundelen, en wel de enige massa, die waarborgt, dat de strijd om de wereldbeschouwing ook inderdaad zal worden uitgevochten. En dat is de massa van de Duitse arbeiders. Daarom werd het programma van de nieuwe beweging zo kort mogelijk – in 't geheel in vijf en twintig punten – samengevat. Deze punten hebben in de eerste plaats tot taak, om de man uit het volk enigszins een idee te geven van datgene, wat de beweging wil. Ze moeten in zekeren zin als een politieke geloofsbelijdenis worden beschouwd, die enerzijds aanhangers trekt voor de beweging en anderzijds geschikt is, om de nieuw verworven aanhangers te verbinden en samen te smeden door een gemeenschappelijk aanvaarde en erkende verplichting.

Daarbij moeten wij het volgende steeds voor ogen houden: Omdat het zogenaamde programma van de beweging wel onvoorwaardelijk juist is in zijn einddoelen, maar bij de formulering rekening heeft moeten houden met overwegingen van psychologische aard, daarom is het zeer goed mogelijk, dat in de loop van de tijd de overtuiging opkomt, dat bepaalde principes misschien hier en daar anders geformuleerd moesten worden. Maar gewoonlijk heeft iedere poging in deze richting slechts noodlottige gevolgen. Want daardoor wordt iets wat onwrikbaar vast behoorde te zijn, discuteerbaar gemaakt, wat tengevolge zal hebben, dat, wanneer eenmaal één punt niet meer dogmatisch als bij een geloof vastligt, er niet zonder meer een nieuwe, betere en vooral uniforme formulering zal komen, maar er integendeel eerder nog eindeloze debatten en een algemene verwarring zullen ontstaan.

In zo een geval dient men steeds af te meten, wat het belangrijkste is: een nieuwe betere formulering, die aanleiding geeft tot discussie binnen de beweging, ofwel een vorm, die misschien momenteel niet aan alle eisen voldoet, maar die een onwrikbaar en innerlijk volkomen homogeen organisme vormt. En ieder onderzoek zal moeten toegeven, dat het laatste verreweg de voorkeur geniet. Want omdat het bij veranderingen toch altijd enkel om de uiterlijke vormgeving gaat, zullen dergelijke correcties steeds weer mogelijk of wenselijk schijnen.

Tenslotte echter bestaat er ook nog het gevaar, dat de mensen in hun oppervlakkigheid, deze volkomen uiterlijke kwestie van de formulering van een program als de meest essentiële taak van een beweging zullen gaan beschouwen. Daardoor raken dan de wil en de kracht, die voor de strijd voor de idee zelf onmisbaar zijn, op de achtergrond, en de activiteit, die zich naar buiten moest uiten, zal in innerlijke twisten over het program worden verspild. Het is beter om van een leer, die in hoofdzaken volstrekt juist is, een bepaalde formulering, ook al zou die niet geheel meer overeenstemmen met de waarheid, te handhaven, dan dat men die formulering gaat verbeteren, en zodoende een grondwet van de beweging, die tot dusver voor onaantastbaar doorging, aan de algemene discussie en aan de noodlottige gevolgen, die daaruit voortvloeien, zou blootstellen.

Dit behoort zeker tot de onmogelijkheden, zolang een beweging zelf nog om de overwinning vecht. Want hoe wil men mensen vervullen met blind geloof in de juistheid van een leer, wanneer men zelf voortdurend veranderingen aanbrengt in de uiterlijke vorm, en zodoende zelf onzekerheid en twijfel verbreidt? Het essentiële mag echter nooit in de uiterlijke formulering worden gezocht, maar moet steeds enkel in de diepere zin liggen. En die diepere zin is onveranderlijk; in het belang hiervan mag men slechts hopen, dat de beweging erin moge slagen, alle versplinterende en twijfel wekkende gebeurtenissen verre te houden, opdat zij de kracht voor de strijd behoudt. Ook hier kan men leren van de katholieke kerk. Hoewel het geheel van haar leerstellingen op ettelijke punten, en gedeeltelijk zelfs volkomen zonder noodzaak, in botsing komt met de exacte wetenschap, is ze toch niet bereid, om ook maar een tittel of jota van haar dogmata af te doen. Ze heeft zeer terecht ingezien, dat haar weerstandsvermogen niet gebaat is bij een zo nauwkeurig mogelijke aanpassing bij de bestaande wetenschappelijke resultaten, die toch immers ook voortdurend onzeker zijn, doch dat ze integendeel haar heil moet zoeken in een star vasthouden aan eens geformuleerde dogmata, die aan het geheel pas het karakter van een geloof verlenen. Daardoor staat zij tegenwoordig sterker dan ooit. Men kan voorspellen, dat zij, naarmate het vergankelijke sneller sterft, ook in sterkere mate – als vaste pool temidden van het vergankelijke – aan blindelings toegewijde aanhangers zal winnen.

Wie dus werkelijk en ernstig wil, dat de volkse wereld- beschouwing de overwinning zal behalen, die zal niet alleen moeten inzien, dat alleen een strijdbare organisatie in staat is, zulk een succes te bereiken, maar tevens, dat zo een beweging zelf enkel zal standhouden, wanneer haar grondslag, haar program, onaantastbaar veilig en vast is. Ze mag zich nooit veroorloven, om bij de formulering daarvan concessies te doen aan de geest van enigen tijd, maar moet een vorm, die eens gunstig is gebleken, voor altijd blijven gebruiken, maar in ieder geval totdat ze de overwinning heeft weten te behalen. Voordien doet iedere willekeurige poging, om discussies over de doelmatigheid van een programmapunt uit te lokken teveel afbreuk aan de eendracht en de strijdvaardigheid der beweging. En deze afbreuk neemt evenredig toe naarmate een groter aantal van haar aanhangers aan zulk een innerlijke discussie deelneemt. En dit wil dan nog helemaal niet zeggen, dat zo een „verbetering", die vandaag werd aangebracht, niet al morgen opnieuw aan een kritisch onderzoek onderworpen zou kunnen worden, om dan overmorgen opnieuw door een betere opvolgster te worden vervangen. Wie hier eens ingrijpt, gaat een weg op, waarvan het begin bekend is, maar waarvan het einde in het oeverloze reikt. Deze belangrijke waarheid moest door de jonge nationaal-socialistische beweging worden benut.

De Nationaal-Socialistische Duitse Arbeiderspartij ontving in haar program met de vijfentwintig stellingen een basis, die onaantastbaar moet zijn. De taak van de huidige en de toekomstige leden van onze beweging moet niet gelegen zijn in een kritische omwerking van de leidende beginselen, maar integendeel in het opvolgen hunnerzijds van de eisen ervan. Want anders zou de volgende generatie met hetzelfde recht van haar kant opnieuw haar krachten kunnen verspillen op zulk een zuiver formeel werk, in plaats van nieuwe aanhangers en daardoor nieuwe krachten voor de beweging te winnen. Voor verreweg het grootste gedeelte van onze aanhangers zal het karakter van onze beweging niet zozeer worden bepaald door de letter van onze beginselen als wel door de zin, die wij aan die beginselen weten te geven.

De jonge beweging had in de eerste plaats haar naam te danken aan deze waarheden, en later werd op grond daarvan het programma opgesteld. Om de volksideeën de overwinning te doen behalen, was het nodig, dat er een volkspartij werd geschapen, een partij, die niet enkel uit intellectuele leiders, maar ook uit handarbeiders bestond. Iedere poging, om zonder zulk een strijdbare organisatie de verwerkelijking van volksgedachten te verwezenlijken, zou vandaag evenals in het verleden, en ook in de toekomst nooit met succes kunnen worden bekroond. Daardoor heeft de beweging niet allen het recht, maar ook de plicht, om zich de eerste verdedigster en dus de vertegenwoordigster van deze idee te voelen. Evenzeer als de belangrijkste gedachten van de nationaal-socialistische beweging volks zijn, evenzeer zijn ook de volksgedachten nationaal-socialistisch. Wanneer het nationaal-socialisme echter de overwinning wil behalen, dan moet het onvoorwaardelijk en zonder compromis voor deze constatering opkomen. Het heeft hier niet alleen het recht, maar ook de plicht om met de meeste nadruk te betogen, dat het een volkomen onmogelijkheid is, om buiten de N.S.D.A.P. de volksidee te verdedigen, en dat zo een poging in de meeste gevallen praktisch op zwendel berust.

Wanneer vandaag iemand aan onze beweging verwijt, dat ze deed, alsof ze het volksidee „in pacht" had, dan is daarop maar één antwoord mogelijk: Niet alleen in pacht, maar in bezit, want wij hebben haar eerst in een praktisch bruikbare vorm gegoten. Want wat tot nog toe onder dit begrip werd verstaan, was niet van zodanige aard, dat het ook maar de geringste invloed op ons volk had kunnen hebben, eenvoudig, omdat al deze ideeën iedere duidelijke uniforme formulering misten. Het ging hierbij meestal slechts om enkele meer of minder juiste inzichten, die in geen enkel onderling verband stonden, en niet zelden elkaar tegenspraken, maar die in geen geval door innerlijke banden verbonden waren. En zelfs indien er zulke banden waren geweest, dan zouden ze toch te zwak zijn geweest, om een fundament bijeen te houden, hecht genoeg om een beweging te dragen. De schepping van zo een fundament was iets, wat alleen de nationaal-socialistische beweging wist te volbrengen. Wanneer in onze dagen (1926) alle mogelijke verenigingen en verenigingetjes groepen en groepjes, en desnoods ook „grote partijen" het woord „volks" voor zich opeisen, dan is dit alleen al een gevolg van het streven van de nationaal-socialistische beweging. Zonder haar arbeid zou geen van deze organisaties het ooit in hun hoofd hebben gehaald, om het woord „volks" ook maar uit te spreken: ze zouden niet geweten hebben, welke betekenis ze aan dat woord moesten hechten en vooral hun leidende figuren zouden geen enkel contact met dit begrip hebben gehad. Pas door het werk der N.S.D.A.P. werd dit begrip tot een veelbetekenend woord, waarmee nu alle mogelijke lieden schermen; het belangrijkste is wel, dat ze door haar eigen succesvolle propaganda heeft bewezen, welk een krachtige invloed van dit volksidee kan uitgaan, zodat al de anderen alleen al door hun eigen egoïsme ertoe worden gebracht, om tenminste te beweren, dat ze „ook zoiets" willen.

Gelijk zij tot nog toe letterlijk alles in dienst hebben gesteld van hun kleingeestige verkiezing speculaties, is nu ook het begrip „volks" voor hen slechts een zeer uiterlijke holle leuze gebleven, die zij trachten te gebruiken, om de aantrekkingskracht te neutraliseren, die de nationaal-socialistische beweging op hun eigen leden uitoefent. Want alleen de bezorgdheid voor hun eigen bestaan, en de angst voor het opkomen van onze beweging, waaruit een nieuwe wereldbeschouwing spreekt, een wereldbeschouwing, waarvan ze de universele betekenis evenzeer vermoeden als de gevaarlijke eis van de volle 100%, doet hun woorden spreken, die zij acht jaar geleden niet kenden, waar ze zeven jaar geleden om lachten, die ze zes jaar geleden waanzin noemden, die ze vijf jaar geleden bestreden, vier jaar geleden haatten, drie jaar terug nog vervolgden, en die ze pas twee jaar geleden annexeerden, om ze nu naast hun eigen woordenschat als krijgsgeschreeuw in de strijd te gebruiken.

En zelfs in onze dagen, moet men er steeds weer op wijzen, dat al deze partijen niet het minste begrip hebben van de werkelijke woorden van het Duitse volk. Het beste bewijs daarvoor is wel de eenvoud, waarmee ze het woord „volks" in de mond nemen! En niet minder gevaarlijk zijn dan ook nog al diegenen, die zich als volks voordoen, en fantastische plannen maken, die meestal dan geen anderen grondslag hebben dan het een of ander idee-fixe, dat op zichzelf wel juist zou kunnen zijn, maar dat zo volkomen geïsoleerd staat, dat het geen enkele betekenis zou kunnen hebben voor de vorming van een grote eendrachtige strijdgemeenschap, en dat in geen geval geschikt is, om zo een gemeenschap sterk te maken. Deze mensen, die, gedeeltelijk uit eigen gedachten, anderdeels uit hetgeen ze gelezen hebben, een program brouwen, zijn dikwijls gevaarlijker dan de openlijke vijanden van het volkse idee. In het gunstigste geval zijn het onvruchtbare theoretici, maar meestal zijn het kletsers en opscheppers, die volkomen funest werken; en ze geloven maar al te vaak, dat ze door een lange baard en ver-Germaans gedoe de geesteloosheid en hersenloosheid van hun daden en hun capaciteiten kunnen maskeren.

Daarom is het goed, wanneer men zich de tijd herinnert, dat de nationaal-socialistische beweging haar strijd begon. Want dit begin vormde wel een zeer scherpe teleurstelling voor de anderen.

De eerste grote vergadering, die de 24ste februari 1920 in de feestzaal van het Hofbräuhaus plaatsvond, was nog maar nauwelijks goed en wel achter de rug, of we troffen al de voorbereidingen voor de volgende. Terwijl het tot nog toe als riskant was beschouwd, om in een stad als München iedere maand, dus laat staan iedere veertien dagen, een kleine vergadering te willen houden, zou nu iedere week een grote openbare vergadering plaatsvinden. Ik behoef hier niet meer te verzekeren, dat ons daarbij altijd en altijd opnieuw maar één angst kwelde: Zouden de mensen komen, en zouden ze naar ons luisteren? – hoewel ik moet zeggen, dat ik persoonlijk destijds al de vaste overtuiging had, dat de mensen, die er eenmaal waren, ook zouden blijven, en de redevoering zouden volgen.

In deze dagen kreeg de feestzaal van het Münchener Hofbräuhaus voor ons, nationaal-socialisten, een bijna gewijde betekenis. Iedere week een vergadering, bijna altijd in deze zaal, en iedere keer was de zaal beter gevuld, en waren de mensen aandachtiger! Wij begonnen met de „schuld aan de oorlog" die men ons had opgedrongen, een feit waar zich in die dagen bijna niemand bekommerde, spraken dan over de vredesverdragen, en behandelden praktisch alles, wat in agitatorisch opzicht maar doelmatig of in ideologisch opzicht noodzakelijk was. Vooral aan de vredesverdragen zelf schonken wij veel aandacht. Wat heeft de jonge beweging destijds niet aan die grote mensenmassa's voorspeld, en hoe is bijna ieder punt van die voorspellingen nu bewaarheid! Maar het is gemakkelijk, om nu over al die dingen te spreken of te schrijven.

Destijds echter betekende een grote openbare vergadering, waarin geen kleine bourgeois maar misleide proletariërs de zaal vulden, met als onderwerp „Het Vredesverdrag van Versailles", een aanval op de republiek, en een blijk van reactionaire, zo niet monarchistische gezindheid. Al bij de eerste zin, die kritiek op Versailles uitoefende, kon men rekenen op de stereotype interruptie: „En Brest-Litowsk dan? (het vredesverdrag tussen Duitsland en Rusland in het voorjaar van 1918, waar Rusland zeer strenge condities werd opgelegd) Brest-Litowsk?" zo brulde de massa telkens opnieuw, tot ze hees was, of tot de spreker tenslotte zijn poging, om het publiek te overtuigen, maar opgaf. Men had zich de haren uit het hoofd willen trekken uit wanhoop over zulk een volk! Het wilde niet horen en niet begrijpen, dat Versailles een schande en een smaad was, en zelfs niet eens, dat deze opgedrongen vrede een verschrikkelijke plundering van ons volk betekende. Het marxistische vernielingswerk en de vergiftigende vijandelijke propaganda hadden deze mensen van alle gezond verstand beroofd. En daarbij mocht men dan nog niet eens klagen. Want hoe mateloos groot was de schuld aan de andere zijde! Wat had de bourgeoisie gedaan, om een einde te maken aan dit verschrikkelijke rottingsproces, om tegen deze ramp op te treden, en om door een betere en diepgaander opheldering vrij baan te maken voor de vrijheid? Niets en nogmaals niets! Ik heb ze destijds nergens gezien, al die grote volkse apostelen uit onze dagen. Misschien hielden ze redevoeringen op dameskransjes, op theevisites of in kringen van gelijkdenkenden, maar daar, waar ze zich hadden moeten vertonen, temidden van de wolven, daar waagden ze hun kostbare velletje niet; tenzij dan, dat ze een kans kregen, om met de wolven mee te huilen.

Voor mijzelf stond het destijds al als een paal boven water, dat aan de kleine groep, waaruit de beweging vooralsnog bestond, absoluut moest worden bijgebracht, wat er van die „schuld-aan-de-oorlog" waar was en dat wel in overeen- stemming met de historische waarheid. Dat onze beweging zeer grote groepen inlichtte over het vredesverdrag, was een voorwaarde voor ons toekomstig succes. Destijds, toen zij allen deze vrede nog beschouwden als een succes van de democratie, moesten wij daartegen in verzet komen en moesten het allen vooral goed inprenten, dat wij pertinente en principiële tegenstanders van dit verdrag waren, zodat ze zich later, wanneer zij eens de harde waarheid over dit leugenachtige lapwerk zouden zien, en zouden begrijpen, wat een woeste haat hieruit sprak, onmiddellijk zouden herinneren, dat wij het waren, die al dadelijk tegenstanders van dit verdrag waren geweest, wat dan uiteindelijk zou maken, dat men ons zou vertrouwen.

Al in die tijd heb ik het standpunt verdedigd, dat wij altijd, wanneer de totale openbare mening een onjuist standpunt innam ten aanzien van enige belangrijke principiële kwestie, zonder enige rekening te houden met populariteit, haat of strijd, daartegen moesten opkomen. De N.S.D.A.P. mocht geen gerechtsdienaar van de openbare mening zijn, maar moest integendeel die openbare mening beheersen. Zij moet niet de knecht, maar de meester van de massa zijn! Natuurlijk komt een partij – en vooral een nog zwakke beweging als de onze – gemakkelijk in de verleiding, om ook mee te doen, en mee te schreeuwen, vooral wanneer een overmachtig tegenstander erin geslaagd is, om het volk door zijn verleidingskunsten tot een krankzinnig besluit of een onjuist standpunt te drijven, en dat dan natuurlijk bij voorkeur in die gevallen, waar enkele redenen – al was het maar in schijn – van het standpunt van de jonge beweging zelf gezien, zo een houding schenen te rechtvaardigen. De menselijke lafheid zal daarbij zo ijverig naar zo een rechtvaardiging zoeken, dat ze bijna altijd wel iets zal vinden, dat schijnbaar het recht zou geven, om ook „van eigen standpunt bezien", aan zulk een misdaad deel te nemen.

Ik heb enige malen zo'n geval beleefd, waarbij de grootste energie nodig was, om het schip van de beweging niet met de kunstmatig veroorzaakte algemene stroom te laten meedrijven. De laatste keer was, toen onze bezeten pers, die immers geen zier geeft om het bestaan van het Duitse volk, erin slaagde om de Zuid-Tiroolse kwestie op te blazen tot een betekenis, die noodlottig zal worden voor het Duitse volk. Zonder te bedenken, aan wie zij daarmee handlangers diensten bewezen, hebben vele z.g. „nationale" mannen, partijen en groepen, uitsluitend uit angst voor de openbare mening, die door de Joden in beroering was gebracht, meegedaan aan het algemene geschreeuw, en zinneloos meegeholpen, om de strijd te verscherpen tegen een systeem, dat wij, Duitsers, juist in onze huidige omstandigheden als het enige lichtpunt in deze verworden wereld zouden moeten beschouwen. Terwijl het internationale Jodendom ons langzaam maar zeker de keel dichtknijpt, brullen onze zogenaamde patriotten tegen de man en het stelsel, die tenminste op één plaats ter wereld een volk uit de wurgende armen van de Joodse- en vrijmetselaarskliek wisten vrij te worstelen, en een nationalistisch verzet te organiseren tegen deze internationale wereld vergiftiging. Het was echter voor zwakke karakters al te verlokkend, om maar met de wolven mee te huilen, en te capituleren voor het geschreeuw van de openbare mening. Want het was een capitulatie! Al zullen de mensen het in hun innerlijke leugenachtigheid en slechtheid ook niet toegeven, misschien niet eens tegenover zichzelf, toch blijft het ontegenzeggelijk waar, dat de enige beweegreden, die hun ertoe bracht, om mee te doen, de lafheid en angst voor de, door het Jodendom in beroering gebrachte openbare mening was. Alle andere redenen zijn niets dan miserabele uitvluchtjes van de schuldbewuste kleine zondaar. Toen was het noodzakelijk, om de beweging met ijzeren vuist bij de teugel te grijpen, en in andere richting te sturen, omdat deze weg rechtstreeks naar de afgrond had geleid.

Zo een poging tot koerswijziging op een ogenblik, dat de openbare mening, door alle beschikbare krachten versterkt, als één grote vlam in één richting brandt, is natuurlijk niet de methode, om de volksgunst te verwerven, en is zelfs dikwijls levensgevaarlijk voor de man, die de moed daartoe heeft. Maar de geschiedenis verhaalt van vele mannen, die in zulke ogenblikken gestenigd werden voor een daad, waarvoor het nageslacht later alle reden had, om hen op zijn knieën te danken. Een beweging moet echter zo een dankbaarheid trachten te verwerven en niet de toevallige bijval van het heden. En dan mag het duizendmaal waar zijn, dat het de enkeling in zulke uren bang om het hart wordt; maar hij mag nooit vergeten, dat steeds na zo'n uur de verlossing moet komen, en dat een beweging, die de wereld wil vernieuwen, niet het ogenblik, maar de toekomst moet dienen. Daarbij kan men vaststellen, dat de grootste en sterkst na werkende successen in de geschiedenis gewoonlijk die zijn, die aanvankelijk het minste begrip vonden, omdat ze het scherpst in strijd waren met de openbare mening, haar ideeën en haar wil. Dat was iets, wat wij destijds al, op de eerste dag van ons openbaar optreden, konden ervaren. Wij hebben niet „naar de gunst van de massa's gedongen", maar zijn overal de waanzin te lijf gegaan. Het was in deze jaren bijna altijd zo, dat ik sprak voor een vergadering van mensen, die geloofden in het tegendeel van wat ik wilde zeggen, en die het tegendeel wilden van datgene, waarin ik geloofde. Dan was het mijn taak, om in twee uur twee- tot drieduizend mensen hun huidige overtuiging te ontnemen, om stuk voor stuk de fundamenten van hun ideeën te vernietigen, en hen tenslotte de vaste grond van onze overtuiging en van onze wereldbeschouwing onder de voeten te geven.

Ik heb destijds in korte tijd iets belangrijks geleerd, namelijk, om de vijand het wapen van zijn antwoord dadelijk zelf uit de hand te slaan. Het werd spoedig genoeg duidelijk, dat onze tegenstanders, vooral in de gedaante van debaters op onze vergaderingen, met een zeer vastomlijnd „repertoire" optraden, waarbij steeds weer dezelfde bezwaren tegen onze stellingen opdoken, in zo'n mate, dat dit wees op een doelbewuste uniforme scholing. En dat was immers ook het geval. Wij konden hier kennismaken met de ongelooflijke gedisciplineerdheid van de politiek van onze tegenstanders, en ik ben er nog vandaag aan de dag trots op, dat ik het middel gevonden heb, waarmee ik deze propaganda niet alleen wist te verlammen, maar de fabrikanten daarvan tenslotte met hun eigen wapenen wist te slaan. Twee jaar later was ik een meester in deze kunst.

Het was van belang, dat men zich bij het voorbereiden van iedere redevoering al bewust werd, van welke aard de te verwachten tegenargumenten naar inhoud en vorm zouden zijn, en dan hiermee al in de eigen rede genadeloos af te rekenen. Daarbij was het nuttig, om de mogelijke tegenwerpingen altijd dadelijk zelf op te noemen, en dan te bewijzen, dat zij geen steek hielden; zodoende werd de tegenstander, die met een eerlijk hart was gekomen, al was hij ook boordevol met de ingepompte bezwaren, toch gemakkelijker gewonnen, doordat de bezwaren, die in zijn hersens waren gegrift, van te voren waren uitgewist. Het materiaal, dat hem was ingestampt, werd vanzelf weerlegd, en zijn aandacht werd steeds meer gebonden door de rede zelf. Dat was de reden, waarom ik al na mijn eerste spreekbeurt over het „Vredesverdrag van Versailles", die ik nog als zogenaamd politiek instructeur voor de soldaten had vervuld, er in zoverre een verandering in aanbracht, dat ik voortaan over „de vredesverdragen van Brest-Litowsk en Versailles" sprak. Want ik kon al na zeer korte tijd, zelfs tijdens het debat over mijn eerste rede, vaststellen, dat de mensen in werkelijkheid in het geheel niets afwisten van het vredesverdrag van Brest-Litowsk, maar dat de handige propaganda van hun partijen erin was geslaagd, om juist dit verdrag als een van de schandelijkste rechtsverkrachtingen ter wereld voor te stellen.

De hardnekkigheid, waarmee deze leugen steeds weer aan de grote massa werd voorgehouden, was oorzaak, dat miljoenen Duitsers het vredesverdrag van Versailles enkel nog beschouwden als een rechtmatige vergelding voor het onrecht, dat wij te Brest-Litowsk hadden begaan, waardoor ze dus iedere werkelijke strijd tegen Versailles als iets onrechtmatigs beschouwden en dikwijls een zeer eerlijke morele verontwaardiging gevoelden. Dit uiterst onwaarachtige gehuichel scheen in de ogen van miljoenen van onze misleide volksgenoten werkelijk de voltrekking van een hogere gerechtigheid. Het was ontzettend, maar waar. En het bewijs daarvoor werd wel geleverd door het feit, dat de, nu door mij ingeleide propaganda tegen het vredesverdrag van Versailles, die ik altijd liet voorafgaan door een opheldering over het verdrag van Brest-Litowsk, succes had. Ik stelde de beide vredesverdragen tegenover elkaar, vergeleek ze punt voor punt, toonde, hoe het ene in werkelijkheid bijna grenzeloos humaan was, terwijl het andere een onmenselijke wreedheid toonde, en het resultaat was een daverend succes. Ik heb destijds vaak over dit onderwerp gesproken in vergaderingen van tweeduizend mensen, waar mij dikwijls achttienhonderd paar ogen vijandig aanzagen. En drie uur later had ik een golvende massa voor me, die kookte van de heiligste verontwaardiging en de brandde van de hevigste woede. Weer was een grote leugen uit de harten en hersenen van een duizendkoppige menigte gewist, en vervangen door de waarheid.

Deze beide redevoeringen – die over „De ware oorzaken van de oorlog" en die over „De vredesverdragen van Brest-Litowsk en Versailles" – beschouwde ik destijds als de allerbelangrijkste, zodat ik ze tientallen malen in steeds nieuwe vorm herhaalde en nogmaals herhaalde, tot er tenminste over dit punt een bepaalde duidelijke en eensluidende opvatting was verbreid onder die mensen, waaruit de beweging haar eerste leden rekruteerde.

Deze vergaderingen hadden voor mijzelf nog het voordeel, dat ik mij langzamerhand schoolde tot spreker voor grote vergaderingen, dat ik het pathos en het gebaar, vereist voor een zaal van duizenden mensen, aanleerde.

Ik heb destijds, behalve in kleinen kring – naar ik al zei – nergens ook maar het minste voorlichtingswerk gezien van de zijde van die partijen, die nu de mond vol hebben over de publieke mening alsof zij het waren, die de openbare mening hadden omgevormd. Wanneer er echter al ergens een zogenaamd politicus was, die een rede hield over een onderwerp in deze trant, dan gebeurde dat toch altijd voor een publiek, dat zelf meestal al zijn overtuiging deelde en waar het besprokene dus hoogstens een versterking van de eigen mening was. Maar daarom ging het in die tijd wel allerminst;

integendeel, het was zaak, om die mensen door voorlichting en propaganda op onze hand te krijgen, die tot nog toe door opvoeding en ideeën vijandelijk waren ingesteld. Wij gebruikten ook het strooibiljet voor onze volksvoorlichting. Al bij het leger had ik een strooibiljet opgesteld, waar ik de vredesverdragen van Brest-Litowsk en Versailles tegenover elkaar stelde; en dit biljet werd in zeer grote hoeveelheden verspreid. Later heb ik voor de partij gedeelten uit dit biljet overgenomen en ook hier was de invloed weer gunstig. De eerste vergaderingen waren in zoverre iets bijzonders, dat de tafels bedekt waren met alle mogelijke strooibiljetten, kranten, brochures, enz. Maar de hoofdtaak kwam aan het gesproken woord toe.

En dit gesproken woord is dan ook alleen bij machte, om werkelijk grote omwentelingen te veroorzaken, en dat wel om redenen van algemeen psychologische aard. Ik heb al in het eerste deel uiteengezet, dat alle geweldige wereldschokkende gebeurtenissen nooit door geschreven traktaten, maar altijd alleen door het gesproken woord zijn veroorzaakt. Dat gaf in een gedeelte van de pers aanleiding tot een lange woordenwisseling, waarin natuurlijk vooral onze burgerlijke slimmeriken zich zeer scherp tegen zo een bewering kantten. Maar alleen al de reden, waarom dit geschiedde, zal de man, die twijfelt, van hun zijde naar ons overhalen, want het burgerlijke intellect protesteert immers alleen maar tegen zo een opvatting, omdat deze groep zelf zo kennelijk de kracht en de capaciteiten mist, om de massa te beïnvloeden, omdat ze zich meer en meer uitsluitend op schrijfwerk had toegelegd, en van de werkelijk agitatorische kracht van de redevoering maar liever afzag. Zulk een gewoonte leidt echter mettertijd noodzakelijkerwijze tot datgene, waardoor onze bourgeoisie tegenwoordig wordt gekenmerkt, namelijk tot het verlies van het psychologisch instinct voor massawerking en massabeïnvloeding.

Terwijl de redenaar van de menigte, waarvoor hij spreekt, een ononderbroken correctie op zijn betoog krijgt, doordat hij steeds aan de gezichten van zijn toehoorders kan afmeten, in hoeverre ze zijn uiteenzettingen kunnen volgen en begrijpen, en of de indruk en de werking van zijn woorden het vereiste doel bereiken, kent de schrijver zijn lezers in het geheel niet. Daarom zal hij zijn voortbrengsel al principieel niet richten tot een bepaalde, voor hem zichtbare mensenmenigte, maar hij zal zijn uiteenzettingen in een zeer algemene toon moeten houden.

Daardoor verliest hij echter enige psychologische fijnheid en tenslotte ook enige bewegelijkheid van geest. Daarom zal een buitengewoon goed spreker over het algemeen nog beter kunnen schrijven dan een schitterend schrijver kan spreken, tenzij dan, dat deze zich voortdurend in deze kunst oefent. Daar komt nog bij, dat de grote mensenmassa lui is, traag in het spoor van de oude gewoonten blijft, en uit zichzelf niet dan met tegenzin grijpt naar een geschreven stuk, dat niet in overeenstemming is met dat, wat men zelf gelooft, en niet dat brengt, wat men zelf hoopt. Daarom zal een geschrift met een bepaalde tendens meestal alleen worden gelezen door mensen, die zelf eigenlijk al tot deze richting behoren. Men mag op zijn hoogst verwachten, dat een strooi-biljet of een aanplakbiljet door hun kortheid ook bij andersdenkenden een ogenblik lang de aandacht kunnen boeien. De plaat in al zijn vormen, tot en met de film, heeft al veel betere kansen hiertoe.

Bij de film behoeft het verstand van de mens slechts weinig meer te werken; het is voldoende te kijken, hoogstens nog enkele, zeer korte bijschriften te lezen; daardoor zullen vele mensen natuurlijk eerder bereid zijn, om een plaat in zich op te nemen, dan om een lang geschrift te lezen. De plaat brengt de mens in veel beknopter vorm – ik zou bijna willen zeggen, met één slag – een voorlichting, die hij uit geschreven materiaal pas door vervelend en langdurig lezen ontvangt. Het belangrijkste echter is, dat men bij een geschrift nooit weet, in wiens handen het komt, terwijl het toch zijn bepaalde vaste vorm moet behouden. De werking zal over het algemeen groter zijn, naarmate deze vorm meer in overeenstemming is met het geestelijk peil en het karakter van degenen, die zijn lezers zullen zijn. Een boek, dat voor de grote massa's bedoeld is, zal daarom principieel in stijl en hoogte een anderen invloed trachten te bereiken, dan een werk, dat voor meer intellectuele kringen bedoeld is. Alleen op die wijze heeft het geschrevene een aanpassingsvermogen, dat enigszins dat van het gesproken woord benadert. De redenaar kan bijvoorbeeld hetzelfde onderwerp behandelen als het boek, maar hij zal wanneer hij een groot en begaafd volksredenaar is, eenzelfde verwijt en eenzelfde onderwerp maar zelden twee keer op eender wijze behandelen. Hij zal steeds zo meeleven met de grote massa, dat zijn gevoel hem juist die woorden ingeeft, die hij nodig heeft, om naar het hart van zijn toehoorders te spreken.

Slaat hij echter nog enigszins de plank mis, dan heeft hij de levende correctie onmiddellijk voor zich. Zoals ik hierboven al zei, kan hij van de gelaatsuitdrukking van zijn toehoorders aflezen, of ze begrijpen, wat hij zegt, of ze de grote lijn van zijn betoog kunnen volgen, en in hoeverre hij hen overtuigd heeft van de juistheid van zijn woorden. Indien hij ziet, dat ze hem niet begrijpen, dan zal hij een zo primitieve en duidelijke wijze van uitlegging gaan bezigen, dat ook de laatste hem moet begrijpen; voelt hij, dat ze hem niet kunnen volgen, dan zal hij zo langzaam en voorzichtig zijn gedachten opbouwen, dat zelfs de zwakste onder hen mee kan komen, en hij zal, wanneer hij vermoedt, dat zij niet overtuigd zijn van de juistheid van zijn pleidooi, dit zo vaak en steeds met nieuwe voorbeelden herhalen, hij zal hun onuitgesproken bezwaren, die hij voelt, zelf opnoemen, en ze zolang weerleggen en ontzenuwen tot tenslotte zelfs de laatste oppositie kern hem al door haar houding en gelaatsuitdrukking bewijst, dat ze voor zijn bewijsvoering heeft moeten zwichten. Bovendien is het bij de mensen niet zelden een kwestie van overwinning van vooroordelen, die niet verstandelijk zijn, maar meestal onbewust alleen uit het gevoel zijn opgekomen. Het is duizendmaal moeilijker, om deze hinderpaal, die instinctieve tegenzin en haat, die vooroordelen tegen zijn standpunt, te overwinnen dan om een gebrekkige of onjuiste wetenschappelijke mening te corrigeren. Onjuiste begrippen en onwetendheid kunnen door onderricht worden vernietigd, maar gevoelsargumenten nooit. Hier kan alleen een beroep op deze geheimzinnige krachten zelf nog baten; en dat is iets, wat een schrijver bijna nooit kan, waartoe bijna alleen de redenaar in staat is.

Het duidelijkste bewijs hiervoor is het feit, dat de burgerlijke pers, niettegenstaande het feit, dat ze zich in geweldige oplagen van miljoenen exemplaren over ons volk uitstort, toch niet in staat is gebleken, om te beletten, dat de grote massa juist deze burgerlijke wereld ging haten als de pest. De gehele krantenstroom en alle boeken, die het intellectualisme jaar na jaar produceert, glijden zonder de minste indruk achter te laten, van de miljoenen van de grootste groepen af, zoals water van geolied leer. Dit kan slechts twee verschillende oorzaken hebben: of al het schrijfwerk van onze totale burgerlijke wereld is onjuist, of wel het is onmogelijk, om alleen door het geschreven woord het hart van de grote massa te bereiken. En dat laatste is natuurlijk in nog veel sterkere mate het geval, wanneer deze literatuur zo weinig psychologisch is opgebouwd als hier. Laat men nu niet gaan beweren (zoals een grote Duits nationale krant in Berlijn probeerde), dat toch het marxisme zelf, juist door zijn literatuur en wel vooral door de werking van het hoofdwerk van Karl Marx, dit argument weerlegde. Men heeft nog maar zelden een onjuiste mening op oppervlakkiger wijze willen verdedigen. Datgene wat het marxisme die verbazingwekkende macht over de grote massa heeft gegeven, is heel zeker niet dat formele gedrukte stuk Joodse gedachtewereld, maar integendeel de enorme propagandagolf van sprekers, die zich in de loop der jaren van de grote massa meester maakte. Bij elke honderdduizend Duitse arbeiders zijn er hoogstens honderd, die dit werk kennen, dat altijd al duizend-maal meer door intellectuelen, en vooral door Joden werd bestudeerd dan door de werkelijke aanhangers der beweging uit de talrijkste groepen. Dit werk is ook in het geheel niet voor de grote massa geschreven, maar uitsluitend en alleen voor de intellectuele leiding van het Joodse wereld veroveringsmechanisme; men heeft dat mechanisme in werking gesteld met een geheel andere stof, met de pers. Want dat is het, wat de marxistische pers van onze burgerlijke onderscheidt.

De marxistische pers is geschreven door agitatoren en de burgerlijke zou graag willen ageren door middel van haar schrijvers. Het sociaal-democratische plaatselijke redacteurtje, dat bijna steeds zo uit het vergaderlokaal bij de redactie komt, kent zijn pappenheimers als geen tweede. De burgerlijke scribent echter, die uit zijn bureau komt en zich tot de grote massa richt, wordt alleen al ziek van haar luchtjes, en kan dientengevolge ook met het geschreven woord in het geheel geen invloed op haar uitoefenen. De reden, dat miljoenen arbeiders in het marxisme gingen geloven, is niet zozeer gelegen in de manier van schrijven van de marxistische kerkvaders, maar integendeel het onvermoeibare en waarlijk geweldige propagandawerk van tienduizenden steeds bezige agitatoren, vanaf de grote hetz-apostel tot en met de kleine vrijgestelde van het vakverbond en de vertrouwensman en de debater op de vergaderingen; het zijn de honderdduizenden vergaderingen, waar deze volksredenaars in rokerige gelagkamers op tafels stonden, en hun geloof in de massa's stampten, waarbij ze een onwaarschijnlijk grote mensenkennis opdeden, die hen weer des te beter in staat stelde, om de juiste aanvalswapenen tegen de burcht der openbare mening te kiezen. En dan waren het de reusachtige massa-demonstraties, die optochten van honderdduizend man, die de kleinen armzalige mens de overtuiging schonken, dat hij, hoe klein en nietig hij ook was, toch een onderdeeltje vormde van die grote draak, wiens vurige adem eens de burgerlijke wereld in vlammen zou doen opgaan en de grote definitieve overwinning van de proletarische dictatuur zou brengen.

De mensen, die bereid en voorbereid waren, om een sociaal-democratische pers te lezen, waren eerst door zo'n propaganda smederij gegaan; en die pers, die ze te lezen kregen, was weer niet een geschreven, maar een gesproken pers. Want terwijl in het burgerlijke kamp professoren en schriftgeleerden, theoretici en schrijvers van alle soort, ook van tijd tot tijd wel eens trachten, het woord te voeren, proberen bij het marxisme de redenaars van tijd tot tijd ook eens te schrijven. En juist de Jood, die hier wel in het bijzonder de stuwende kracht is, zal in het algemeen, uit hoofde van zijn sluwe dialectische handigheid en gladheid, ook wanneer hij schrijft, nog meer een agerend redenaar, dan wel een man zijn, die al schrijvend vormt.

Dat is de reden, waarom de burgerlijke, krantenwereld (geheel afgezien van het feit, dat ze zelf grotendeels verjoodst is, en het daarom niet in haar belang is, om de grote massa werkelijk voor te lichten) niet de geringste invloed weet uit te oefenen op het standpunt van de meest talrijke groepen van ons volk. Hoe moeilijk het is, om gevoelsargumenten, vooroordelen, stemmingen en gevoelens te bestrijden, en door andere te vervangen, en van hoe vele nauwelijks meetbare invloeden en voorwaarden het succes afhangt, dat kan de fijngevoelige lezer bijvoorbeeld zien aan het feit, dat zelfs de tijd van de dag, waarop de lezing plaats vindt, een beslissende invloed op de werking kan hebben. Dezelfde rede, dezelfde spreker, hetzelfde onderwerp werken om tien uur in de morgen, om drie uur in de middag of 's avonds volkomen verschillend. Zelf heb ik als beginner nog 's morgens vergaderingen gehouden, en een vergadering, die mij altijd is bijgebleven, is die, die wij als protest „tegen de onderdrukking van Duitse gebieden" in de Münchener-Kindlkeller organiseerden.

Dat was destijds Münchens grootste zaal, en het scheen een zeer groot vraagstuk te zijn. Om het de aanhangers van de beweging en de andere bezoekers gemakkelijk te maken, liet ik de vergadering op een zondagmorgen om tien uur plaatsvinden. Het resultaat was verpletterend, maar tegelijkertijd buitengewoon leerzaam; de zaal was vol, de indruk was waarlijk overweldigend, maar de geest ;in de zaal was ijzig koud; niemand liep warm, en ikzelf als spreker voelde me diep ongelukkig, dat ik niet het minste contact met mijn publiek kon krijgen. Ik meende, dat ik niet slechter gesproken had dan anders; maar de uitwerking scheen nihil te zijn. Zeer ontevreden, maar een ervaring rijker, verliet ik de vergadering.

Wanneer ik later proeven van dezelfde aard nam, hadden die steeds hetzelfde resultaat. Dit moet niemand verbazen. Laat men eens naar een schouwburg gaan, en eenzelfde stuk met dezelfde bezetting 's middags om drie uur zien, dan zal men verbaasd zijn, hoe verschillend de werking en de indruk van beide voorstellingen is. Een mens met fijne zintuigen, die tevens in staat is, de reden van zo'n stemming uit te zoeken, zal zonder meer kunnen vaststellen, dat de indruk van de middagvoorstelling niet zo groot is als die van de avondvoorstelling. Zelfs bij een bioscoop kan men hetzelfde vaststellen. Dit is daarom zo belangrijk, omdat men bij de schouwburg zou kunnen zeggen, dat de toneelspeler zich misschien 's middags niet zo volkomen geeft als 's avonds. Maar de film is 's middags niet anders dan 's avonds om negen uur. Nee, de tijd zelf oefent hier een bepaalde werking uit, wat de zaak trouwens ook steeds op mij doet. Er zijn zalen, die ook koud laten om redenen, die zeer moeilijk vastgesteld kunnen worden, zalen die zich op de een of andere wijze zo heftig mogelijk verzetten tegen iedere poging, om sfeer te scheppen.

Ook traditionele herinneringen en beelden, die in de mens aanwezig zijn, kunnen een beslissende invloed uitoefenen op de indruk, die wij van iets krijgen. zo zal een opvoering van de „Parsifal" in Bayreuth anders werken dan waar ter wereld. De geheime betovering van het gebouw op de feestheuvel van de oude stad van de markgraven kan niet door iets uiterlijks worden geëvenaard of benaderd.

In al deze gevallen gaat het om beïnvloeding van de vrijheid van de wil van de mensen. Dit is natuurlijk het sterkste in vergaderingen, waar uiteraard al mensen van verschillende richting komen, en die nu voor een nieuw streven moeten worden gewonnen. 's Morgens en zelfs overdag schijnen de krachten van de menselijke wil nog zeer energiek te waken tegen iedere poging, om hem een vreemde wil en een andere mening op te dringen. 's Avonds daarentegen komen ze gemakkelijker onder de beïnvloeding van een sterkere wil. Want zulk een vergadering is waarlijk een worsteling tussen twee vijandige krachten. Nu zal het aan de daverende redekunst van een allesoverheersende apostelnatuur eerder gelukken, om zulke mensen voor de nieuwe leer te winnen, die langs de natuurlijkste weg al een verzwakking van hun weerstandskracht hebben doorgemaakt, dan anderen, die hun geest- en wilskracht nog ongeschokt hebben weten te bewaren.

Het kunstmatig veroorzaakte en toch zeer geheimzinnig aandoende schemerlicht in de katholieke kerken, met zijn brandende kaarsen, zijn wierook, zijn wierookvaten, enz. heeft immers datzelfde ten doel. Bij deze worsteling van de redenaar met de te bekeren tegenstanders zal de eerste langzamerhand dat wonderbaarlijke zesde zintuig krijgen voor de psychologische eisen van de propaganda, iets wat de schrijver bijna steeds mist. Daarom zal het geschrevene door zijn beperkte werking in het algemeen meer dienen tot instandhouding, bevestiging en verdieping van een al aanwezige overtuiging of opvatting. Alle waarlijk grote historische omwentelingen zijn niet door het geschreven woord verwekt, maar zijn op zijn best daardoor begeleid.

Laat men toch niet menen, dat de Franse Revolutie ooit door filosofische theorieën tot stand zou zijn gekomen, indien ze niet beschikt had over een leger van ophitsers, aangevoerd door grote demagogen, die allen tezamen, de hartstochten van het inderdaad zeer gepijnigde volk opjoegen, tot tenslotte die ontzettende vulkanische uitbarsting volgde, die geheel Europa van schrik liet verstijven. En de grootste revolutionaire omwenteling van onze dagen, de bolsjewistische revolutie in Rusland is evenmin door Lenins geschriften ontstaan, maar door de haat van talloze grote en kleine hetz-apostelen, die onophoudelijk en overal spraken, en spraken en opruiden en spraken. Dat volk van analfabeten is waarlijk niet door het lezen van Karl Marx' theorieën in geestdrift voor de communistische revolutie ontvlamd, maar alleen door de pronkende hemel, die duizenden agitatoren, allen in dienst van een idee, aan het volk voorspiegelden. Zo was het nog steeds en zo zal het ook blijven.

Het is wel echt iets voor onze Duitse intellectuelen met hun ongelooflijk gebrek aan zin voor realiteit, om te menen, dat de schrijver noodzakelijkerwijze over meer geest moet beschikken dan de redenaar. Deze opvatting wordt prachtig geïllustreerd door een kritiek, die de al eerder genoemde nationale krant gaf, en waarin stond, dat men zo dikwijls teleurgesteld werd, wanneer men de rede van een erkend groot redenaar plotseling in druk zag weergegeven. Dit herinnert mij aan een andere kritiek, die in de loop van de oorlog in mijn handen viel; deze nam redevoeringen van Lloyd George, die des-tijds nog minister voor de munitie voorziening was, uiterst scherp onder de loep, om tenslotte tot de zeer wijze conclusie te komen, dat deze redevoeringen geestelijk en wetenschappelijk minderwaardige, maar overigens banale en vanzelfsprekende producten waren.

Ik kreeg later enige van deze redevoeringen in een klein bundeltje zelf in handen en moest luidop lachen, dat een normale Duitse penneridder voor deze meesterstukken van massapsychologie en massa beïnvloeding geen begrip had gehad. De man beoordeelde deze redevoeringen nu eenmaal alleen naar de indruk, die zij op zijn eigen geestelijke over-verzadiging maakten, terwijl het er voor de grote Engelse demagoog alleen om te doen was, om op de massa van zijn toehoorders, en in de ruimste betekenis van het woord op alle Engelsen uit de minder ontwikkelde groepen der bevolking een zo groot mogelijke invloed uit te oefenen. Van dit standpunt bezien, waren de redevoeringen van deze Engelsman echter de prachtigste prestaties, omdat ze blijk gaven van een bijna onwaarschijnlijk inzicht in de psyche van de grote volksgroepen. De werking van deze redevoeringen is dan ook waarlijk uiterst sterk geweest.

Laat men daarmee het hulpeloze gestamel van een Bethmann Hollweg eens vergelijken. Weliswaar schenen deze redevoeringen op een hoger geestelijk peil te staan, maar in werkelijkheid toonden ze enkel hoe weinig deze man in staat was, tot zijn volk te spreken; wat ook geen wonder was, omdat hij dit volk niet kende. Toch is het gemiddelde garnalenbrein van een Duitse journalist, dat natuurlijk wetenschappelijk op zeer hoog peil staat, bij machte om de geestelijke waarde van de Engelse minister af te meten naar de indruk, die een geheel voor massa beïnvloeding bedoelde redevoering maakt op zijn binnenste, dat van pure wetenschap volkomen verkalkt is, en durft hij een vergelijking te maken tussen zo een rede en die van een Duits staatsman, wiens intellectueel gezwam natuurlijk meer in zijn lijn ligt. Dat Lloyd George in genialiteit niet alleen gelijk aan, maar duizendmaal groter was dan Bethmann Hollweg, bewees hij juist, door in zijn redevoeringen die vorm en die uitdrukking te vinden, die het hart van zijn volk voor hem opende, en maakten, dat dit volk tenslotte volkomen deed, wat hij wilde.

Juist die primitiviteit van zijn taal, de oorspronkelijkheid van zijn manier van uitdrukken, en het gebruik van gemakkelijk te begrijpen, eenvoudigste voorbeelden, is het bewijs voor het geweldige politieke kunnen van deze Engelsman. Want de redevoering, die een staatsman tot zijn volk richt, moet ik niet afmeten naar de indruk, die zij op een professor maakt, maar op de invloed, die zij op het volk uitoefent. En dit alleen geeft ook de maatstaf voor de genialiteit van de redenaar. De verbazingwekkende ontwikkeling van onze beweging, die pas enkele jaren geleden uit een luchtledig werd gesticht, en die nu al de eer geniet, om door alle openlijke en geheime vijanden van ons volk zo scherp mogelijk te worden vervolgd, moet worden toegeschreven aan het feit, dat wij met deze beginselen steeds rekening hebben gehouden, en ze steeds hebben toegepast.

Hoe belangrijk de literatuur van onze beweging ook moge zijn, toch zal deze, onder de huidige omstandigheden, meer betekenis hebben voor de eendere en uniforme opleiding van de hogere en lagere functionarissen, dan voor de overtuiging van vijandig gezinde massa's. Een overtuigd sociaal-democraat of een fanatiek communist zal maar uiterst zelden ertoe komen, om een nationaal-socialistische brochure, laat nog staan een dito boek, te kopen, om dit te lezen en zo enig inzicht te krijgen in onze wereldbeschouwing, of de kritiek op zijn opvattingen daarin te bestuderen. Deze mensen zullen zelfs maar uiterst zelden een krant lezen, die niet duidelijk het stempel draagt van hun eigen partij. Dit zou overigens ook maar weinig baten, want de totale indruk van een enkele krant is zo verdeeld, en werkt zo weinig geconcentreerd, dat men niet mag verwachten, dat een man, die één keer een krant heeft gelezen, daarvan enigen invloed ondervindt. Men mag en moet echter van niemand, voor wie al centen van belang zijn, verwachten, dat hij zich, enkel uit behoefte aan objectieve voorlichting, voor langere tijd op een krant van andere richting abonneert. Er zal nauwelijks één op tienduizenden zijn, die dit doet. Pas, wanneer iemand al op de hand van de beweging is, zal hij het orgaan van de partij, en dan als doorlopende bron van nieuws over zijn beweging, vast lezen.

Met het „aansprekende" strooibiljet is het alweer geheel anders gesteld. Dat zal menigeen – vooral, wanneer hij het gratis krijgt

– veel eerder ter hand nemen, en dit nog des te eerder, omdat al in het opschrift, een onderwerp, dat momenteel algemeen besproken wordt, op plastische wijze is behandeld. Indien hij het meer of minder aandachtig doorleest, dan zal zo een strooibiljet hem misschien op nieuwe standpunten en instellingen, en zelfs op een nieuwe beweging attent kunnen maken. Maar ook dat betekent, zelfs in het gunstigste geval slechts een geringe stoot in de goede richting, doch het kan nooit een volledig feit tot stand brengen. Want ook het strooibiljet kan enkel tot iets opwekken, of op iets wijzen, en zal alleen zijn werking laten gelden, indien deze invloed gepaard gaat met een nadere diepergaande voorlichting en opvoeding van de lezers. En die voorlichting is en blijft gelegen in de massa-vergadering. De massa-vergadering is ook al daarom noodzakelijk, omdat daar de enkeling, die zich aanvankelijk als toekomstig aanhanger van een jonge beweging eenzaam voelt, en gemakkelijk het benauwende gevoel krijgt, dat hij alleen staat, voor het eerst de grotere gemeenschap ziet, wat op de meeste mensen een sterkende en bemoedigende invloed uitoefent. Diezelfde man zou met een geruster gemoed als deel van een compagnie of een bataljon, omgeven door zijn kameraden, aan een stormaanval deelnemen, dan dat hij dit geheel alleen zou doen. In de massa voelt men zich altijd nog enigszins geborgen, al zijn er ook duizend reële redenen, die dat gevoel van veiligheid ongegrond maken. De sterke gemeenschapsgeest, die van zulk een grote vergadering uitgaat, versterkt echter de enkeling niet alleen, maar verbindt hem ook met zijn kameraden, en helpt korpsgeest te vormen.

De man, die de eerste aanhanger van een nieuwe leer bij zijn firma of in zijn werkplaats is, en die als zodanig met grote moeilijkheden te kampen zal hebben, heeft het versterkende gevoel zeer nodig, dat ontstaat uit het bewustzijn, onderdeel en strijder te zijn van een groot uitgebreid organisme.

Hij kan zich dit organisme voor de eerste keer echter alleen voorstellen bij de gemeenschappelijke massavergadering. Wanneer hij uit zijn kleine werkplaats, of uit de grote fabriek, waarin hij zich pas goed klein voelt, voor de eersten keer de massavergadering binnenkomt, en nu duizenden mensen om zich ziet, die allen dezelfde overtuiging zijn toegedaan; wanneer hij zoekende is, en door de geweldige kracht van de suggestieve roes en geestdrift van drie of vierduizend anderen wordt meegesleurd, wanneer het zichtbare succes en het Ja! van duizenden, de juistheid van de nieuwe leer voor hem bevestigen, en ten eersten male twijfel opwekken aan de waarheid van zijn huidige overtuiging – dan komt hij zelf onder de invloed van datgene wat wij met het woord massasuggestie aanduiden. De wil, het verlangen maar ook de kracht van duizenden wordt in iedere enkeling geaccumuleerd. De man, die weifelend en onzeker zulk een vergadering binnentreedt, verlaat haar met een innerlijke vastheid; hij is lid van een gemeenschap geworden.

De nationaal-socialistische beweging mag dat nooit vergeten, en ze mag zich vooral nooit laten beïnvloeden door die kleinburgerlijke knoeiers, die alles beter weten, maar die desalniettemin kans hebben gezien, een groter staat plus hun eigen bestaan, plus de heerschappij van hun klasse, te verspelen. Oh, ze zijn werkelijk buitengewoon handig, ze kunnen alles, zijn met alles op de hoogte – en er is maar één ding, dat ze niet hebben gekund, namelijk voorkomen, dat het Duitse volk in de armen van het marxisme viel. Toen zijn ze op de ellendigste en treurigste wijze tekort geschoten, zodat hun huidige verbeelding niets is dan verwaandheid, die zich voor trots uitgeeft, en als zodanig, naar bekend, steeds met de domheid aan één boom groeit.

Wanneer deze mensen overigens in onze dagen geen bijzondere waarde meer kunnen hechten aan het gesproken woord, dan doen ze dat alleen maar, omdat ze zelf, goddank, allang en breed tot de overtuiging zijn gekomen, dat hun eigen gedaas niet meer in staat is, om enigen noemenswaardige invloed uit te oefenen.

Zevende hoofdstuk DE WORSTELING MET HET RODE FRONT

Ik heb in de winter van 1919 of 1920 en ook later in 1921 persoonlijk zogenaamde burgerlijke vergaderingen bezocht.
 Ze werkten op mij altijd precies als in mijn jeugd de lepel levertraan, die ik moest innemen. Je moet het nu eenmaal en het heet ook, dat het buitengewoon gezond is, maar het smaakt afschuwelijk! Indien men het Duitse volk boeien zou, en het met geweld naar deze burgerlijke vergaderingen sleuren, de deuren op slot zou houden, en er niemand uit zou laten, vóór de voorstelling afgelopen was, dan bestond er misschien de kans, dat dit streven na enkele eeuwen met succes bekroond zou worden. Het moet mij echter van 't hart, dat het leven dan voor mij waarschijnlijk maar bedroefd weinig waarde meer zou bezitten, en dat ik dan ook maar liever geen Duitser meer zou zijn. Maar omdat men daartoe, God zij dank, niet bij machte is, moet men zich ook maar niet verbazen over het feit, dat het gezonde en onbedorven volk de „grote openbare vergaderingen"van de burgerlijke partijen mijdt, als de duivel het wijwater. Ik heb ze leren kennen, die profeten van een burgerlijke wereldbeschouwing, en ik verbaas me er werkelijk nooit meer over, maar ik begrijp, waarom zij geen waarde hechten aan het gesproken woord. Ik bezocht toentertijd vergaderingen van de democraten, de Duits nationalen, de Duitse Volkspartij, en ook van de Beierse Volkspartij (het politieke katholicisme in Beieren). Wat daarbij dadelijk trof, was de volkomen eenvormigheid van het auditorium. Het waren bijna altijd uitsluitend leden van de partij, die aan zo een vergadering deelnamen. Het geheel, waarin letterlijk iedere discipline ver te zoeken was, leek meer op een stelletje gapende leden van een grote kaartclub dan op een vergadering van mannen van eer uit een volk, dat zojuist zijn grootste revolutie heeft beleefd. De sprekers deden dan ook al het mogelijke, om deze vreedzame atmosfeer te handhaven. Ze spraken, of beter gezegd, ze lazen meestal hun redevoeringen voor, die in de stijl van een mooi krantenartikel, of van een wetenschappelijke verhandeling waren gehouden, ze vermeden alle krachttermen en plaatsten hier en daar een bescheiden professoraal grapje, dat aan de eerbiedwaardige bestuurstafel begroet werd met een plichtsgetrouw gelach; zij het dan ook, dat deze lach natuurlijk niet luid en dus aanstootgevend geschiedde, doch deftig in zichzelf en met reserve.
 Die bestuurstafel was trouwens wel een kijkje waard. Ik woonde eens een vergadering in de Wagnerzaal te München bij; het was een herdenking

van de volkeren slag bij Leipzig (1813). Een waardig oud heertje, een professor aan de een of andere universiteit, voerde het woord. Het bestuur zat op het podium. Links een monocle, rechts een monocle, en daartussen iemand zonder monocle. Alle drie in geklede jas, zodat men de indruk kreeg, dat men zich of in een rechtszaal bevond, waar men juist op het punt staat, om een doodsvonnis te vellen, of bij een doopplechtigheid – in ieder geval, dat er ieder ogenblik de een of andere gewijde handeling zal gaan gebeuren. De zogenaamde redevoering, die in druk misschien zeer schoon zou zijn geweest, had eenvoudig een ontzettende uitwerking. Al na drie kwartier dommelde de gehele vergadering in een soort trance voort, die alleen onderbroken werd, doordat er van tijd tot tijd een paar mannetjes of vrouwtjes de vergadering verlieten, door het kletterend en rinkelend lawaai van de kelnerinnen met hun bladen en het gegaap van een steeds groter aantal van de aanwezigen. Drie arbeiders, die, uit nieuwsgierigheid of in opdracht, bij de vergadering aanwezig waren, en die voor mij hadden plaats genomen, keken elkaar van tijd tot tijd met een nauw verholen grijns aan, gaven elkaar tenslotte met de ellebogen een por in de ribben en verlieten op de tenen de zaal.

Men kon aan hen zien, dat ze toch vooral niet wilden storen. In dit gezelschap was dit ook waarlijk niet noodzakelijk. Nadat de professor, wiens stem intussen steeds zachter en zachter geworden was, zijn rede had beëindigd, verhief zich de voorzitter van de vergadering, die tussen de beide monocle dragers zat, en trompette in de oren van de aanwezige „Duitse zusters" en „broeders" hoe groot zijn dankbaarheid was, en hoe groot hun overeenkomstige gevoelens moesten zijn voor de ongeëvenaarde en prachtige rede, die professor X op even genotrijke als grondige en diepgaande manier hier had gehouden, en die in de diepste zin van het woord een „innerlijk beleven", en zelfs een „daad" was geweest. Het zou een ontheiliging van dit gewijde uur zijn, wanneer men aan deze schitterende uiteenzettingen nog een debat zou willen aanknopen, zodat hij geloofde in de zin van alle aanwezigen te spreken, wanneer hij vanavond van zo een discussie afzag, en in plaats daarvan allen verzocht, om met hem in te stemmen in de roep: „Wij zijn een eensgezind volk van broeders", enz.

Tenslotte verzocht hij alle aanwezigen, om de vergadering te beëindigen met het zingen van het „Deutschlandlied". Daarna zongen ze, en het scheen mij toe, alsof de stemmen al bij de tweede strofe iets afzakten, en enkel bij het refrein weer aanzwollen, en bij de derde strofe kon ik hetzelfde met groter zekerheid vaststellen, zodat ik tot de conclusie moest komen, dat zij niet allen geheel zeker van de woorden moeten zijn geweest. Maar wat doet dit alles ertoe, wanneer een dergelijk lied in volle geestdrift uit het hart van een lid van de Duits nationale partij ten hemel rijst! Daarna ging de vergadering uiteen, d.w.z. iedereen rende, om weg te komen: de een naar zijn biertje, de ander naar zijn café, en weer anderen naar de frisse lucht.

Ja, naar de frisse lucht, naar buiten, alsjeblieft naar buiten! Dat was ook de enige wens, die er in mij opwelde. En zo een onzin zou goed genoeg zijn, om de helden strijd van honderdduizenden Pruisen en Duitsers te verheerlijken. Bah! en nog eens Bah! Zoiets zal natuurlijk wei echt naar de zin van de regering zijn. Dat is natuurlijk een „vreedzame" vergadering.

De minister voor rust en orde hoeft echt geen angst te voelen, dat de golven van geestdrift opeens zo hoog zouden kunnen opslaan, dat ze boven het officieel toegestane peil van burgerlijk fatsoen kwamen, dat de mensen plotseling in de roes van hun geestdrift uit de zaal zouden stromen, niet om naar een café, of een kroeg te rennen, maar om vier aan vier, met maatvaste pas en onder luid zingen van „Deutschland hoch in Ehren" door de straten van de stad te marcheren, en overlast te bezorgen aan een rust zoekende politie.

Nee, men kan inderdaad tevreden zijn met zulke staatsburgers. De nationaal-socialistische vergaderingen waren integendeel geen „vreedzame" vergaderingen. Daar botsten immers twee tegengesteld gerichte wereldbeschouwingen tegen elkander, en ze eindigden niet met een slap afdraaien van het een of andere patriottische lied, maar met de fanatieke uitbarsting van volks- en nationale hartstocht. Het was dadelijk van het begin af al een eerste vereiste, dat wij in onze vergaderingen strenge discipline handhaafden en het gezag van de vergaderings leiding absoluut onaantastbaar maakten. Want wat er bij ons werd gezegd, was iets anders dan het krachteloze gedaas van de burgerlijke sprekers. Het was steeds geschikt, zowel naar vorm als naar inhoud, om de tegenstander tot reactie te prikkelen. En aan tegenstanders was er op onze vergaderingen geen gebrek. Hoe vaak kwamen ze niet in grote troepen binnen, met enkele hitsers in hun midden, met allen de vaste overtuiging op hun gezichten, dat ze vandaag eens voorgoed met ons zouden afrekenen! Ja, hoe vaak zijn ze in die dagen niet letterlijk in colonnes binnengeleid, onze roodgekleurde vrienden, vervuld van hun taak, die hun zeer nadrukkelijk was opgelegd, dat vanavond nu eens de hele zaak uit elkaar geslagen en dit gedoe aan een roemloos eind geholpen zou worden. En hoe vaak heeft het dan maar een haar gescheeld, of het was hun gelukt, en was het alleen het onvoorwaardelijk en energiek ingrijpen van de vergaderingsleiding, en de brute kracht en moed van onze zaalwacht, die steeds weer die vijandelijke voornemens verijdelde.

En ze hadden alle reden, om zich geprikkeld te voelen. Alleen al de rode kleur van onze aanplakbiljetten trok hen naar onze vergaderzalen. De normale bourgeoisie was werkelijk volkomen overstuur door het feit, dat ook wij ons van het rood van de bolsjewisten bedienden, en men beschouwde dat als een zeer twijfelachtige affaire. De Duits-nationale zielen fluisterden elkaar in stilte steeds weer hun verdenking toe, dat wij eigenlijk niets anders waren dan een nieuwe variatie van het marxisme of misschien zelfs maar verkapte marxisten, of beter socialisten waren. Want het verschil tussen socialisme en marxisme hebben deze hersenen ook heden ten dage nog niet kunnen verwerken. En vooral, toen men ook nog ontdekte, dat wij op onze vergaderingen principieel geen „dames en heren" maar alleen „volksgenoten" begroetten, en onder elkaar alleen van „partijgenoten" spraken, toen scheen het velen van onze tegenstanders on-onkenbaar bewezen, dat wij marxisten waren. Hoe vaak hebben we ons niet de buik moeten vasthouden van het lachen over deze onnozele burgerlijke bangerikken, wanneer die zich weer eens bezig hielden met het intelligente raadseltjes-oplossen over onze afkomst, onze plannen en ons doel. Wij hebben de rode kleur voor onze aanplakbiljetten na lang en rijp beraad gekozen, om daardoor de linkerzijde te prikkelen, in verontwaardiging te doen ontsteken, en te verleiden, om onze vergaderingen te bezoeken, al was het dan alleen ook maar met het plan, om ze onmogelijk te maken; maar dan kwamen ze tenminste en zouden wij tenminste met hen kunnen spreken. Nu was het werkelijk een kostelijk gezicht, om aan hun steeds wisselende tactiek vast te stellen, hoe radeloos en hoe hulpeloos onze tegenstanders waren. Eerst drongen zij er bij hun aanhangers op aan, dat deze toch vooral geen notitie van ons zouden nemen en onze vergaderingen toch maar zouden mijden. Dit werd in het algemeen ook gedaan.

Maar omdat er in de loop van de tijd toch enkelen kwamen, en omdat dit aantal langzaam, maar in steeds sterkere mate aangroeide, en onze leer kennelijk indruk maakte, werden de leiders langzamerhand nerveus en onrustig, en klemden ze zich vast aan de overtuiging, dat men deze ontwikkeling niet werkeloos mocht blijven aanzien, maar er met terreur een einde aan moest maken. Daarna kwamen de oproepen aan de klasse bewuste proletariërs, om zich massaal naar onze vergaderingen te begeven, teneinde de „monarchistische reactionaire hetze" in de personen van haar vertegenwoordigers te treffen met de vuisten van het proletariaat.

Toen waren onze vergaderingen plotseling, al drie kwartier voor de aanvang, gevuld met arbeiders. Ze leken, op een vaatje kruit, dat ieder ogenblik de lucht in kon gaan, en waar al een brandende lont aan was verbonden. Maar het liep steeds anders af. De mensen kwamen binnen als onze vijanden; en bij hun vertrek waren ze, zo al niet aanhangers, van onze beginselen, dan toch mensen die de juistheid van hun eigen leer nog eens overdachten, en die juistheid zelfs zeer kritisch onderzochten. Langzamerhand echter werd het zo, dat na mijn redevoering van drie uur de aanhangers en de tegenstanders samensmolten tot een enkele geestdriftige massa. Dan werd ieder teken, dat de orde moest worden verstoord, vergeefs gegeven. En toen kregen de leiders het pas werkelijk te kwaad en wendde men zich weer tot degenen, die zich vroeger al hadden verzet tegen deze tactiek, en die nu met een zekere schijn van recht wezen op hun opvatting, dat de enig juiste oplossing was, oude arbeiders principieel het bezoek aan onze vergaderingen te verbieden. Toen kwamen ze niet meer, of althans in kleineren getale. Maar al na korte tijd begon het hele spelletje weer van voren af aan.

Men hield zich toch niet aan het verbod, de kameraden kwamen steeds talrijker opdagen, en tenslotte kregen de aanhangers van de radicale tactiek weer hun zin. Men zou ons uiteenslaan. Als dan na twee of drie of soms na acht of tien vergaderingen bleek, dat dat uiteenslaan gemakkelijker gezegd dan gedaan was, en dat iedere nieuwe vergadering ten gevolge had, dat de rode strijd troepen afbrokkelden, dan kwam opeens de andere leus weer aan bod: „Proletariërs, kameraden. Mijdt de vergaderingen van de nationaal-socialistische hitsers!"

Diezelfde steeds veranderende tactiek kon men trouwens ook in de rode pers constateren. Nu eens trachtte men ons dood te zwijgen, dan weer was men overtuigd van de doelloosheid van deze poging en verviel weer in het tegendeel. Wij werden iedere dag op de een of andere wijze „vermeld", en dat wel meestal, om de arbeider duidelijk te maken, hoe buitengewoon belachelijk wij waren. Na enige tijd moesten de heren echter toch voelen, dat deze tactiek ons niet alleen geen kwaad deed, maar dat ze ons zelfs in zekere zin van nut was, omdat velen zich nu natuurlijk wel de vraag moesten stellen, waarom men dan zoveel woorden verspilde aan een verschijning, wanneer die werkelijk zo belachelijk was. De mensen werden nieuwsgierig. Daarop verviel men opeens weer in het andere uiterste, en begon ons enige tijd als de grootste misdadigers ter wereld te behandelen. Reeksen artikelen, waarin onze misdadigheid werd uiteengezet en keer op keer bewezen, plus schandaaltjes, al waren die ook van het begin tot het einde gefantaseerd, moesten dan de rest doen. Maar na korte tijd scheen men wel tot de overtuiging te zijn gekomen, dat deze aanvallen volkomen zonder praktisch resultaat bleven; in de grond van de zaak hielp dit alles immers alleen maar mee, om de algemeen aandacht pas goed op ons te concentreren. Destijds ben ik van de veronderstelling uitgegaan, dat het er niets toe doet, of men ons uitlacht dan wel uitscheldt, of men ons als harlekijn dan wel als misdadiger voorstelt, wanneer men maar over ons spreekt; het belangrijkste is, dat ze ons vermelden, dat ze zich steeds weer met mij bezighouden, en dat wij langzamerhand in de ogen van de arbeiders de enige macht gaan vormen, waarmee op het ogenblik nog onderhandeld kan worden.

Wat wij werkelijk zijn en wat wij werkelijk willen, dat zullen wij op een mooie dag wel eens laten zien aan de Joodse pers meute. Nu was één van de redenen, die maakte, dat het destijds meestal niet tot direct uiteenslaan van onze vergaderingen kwam, de ongelooflijke lafheid van de leiders der overzijde. Die hebben op alle kritieke momenten kleinere functionarissen vooruit gestuurd, en hebben op zijn best buiten de zalen het resultaat van het „uiteenslaan" afgewacht. Wij waren bijna altijd zeer goed op de hoogte met de plannen van de heren. Niet alleen, omdat wij om utiliteitsredenen zelf vele partijgenoten in hun rode organisaties lieten blijven, maar omdat de rode belhamels zelf aan een, voor ons zeer nuttige, kletszucht leden, een ziekte, die men in het Duitse volk helaas maar al te dikwijls aantreft. Ze konden niet zwijgen, wanneer ze zoiets hadden uitgebroed – en gewoonlijk begonnen ze zelfs al te kakelen nog vóór het ei er was. Het gebeurde keer op keer, dat wij de meest uitgebreide verdedigingsmaatregelen hadden getroffen, zonder dat de rode ordeverstoringstroepen ook maar vermoedden, hoeveel kans ze liepen, om er nu te worden uitgegooid. Deze tijd dwong ons, om de bescherming van onze vergaderingen zelf ter hand te nemen; men kan nooit rekenen op officiële bescherming; integendeel, de ervaring leert, dat die alleen de ordeverstoorders bijstaat. Want het enige werkelijke resultaat van een officieel ingrijpen was op zijn best een ontbinding – dus een sluiting – der vergadering: En dat was immers ook het enige doel en de enige opzet van de vijandelijke ordeverstoorders.

Er heeft zich hier bij de politie trouwens een praktijk ontwikkeld, die de geweldigste rechtsverkrachting inhoudt, die men zich maar denken kan. Wanneer de officiële instanties er namelijk door enige bedreigingen achter komen, dat er kans bestaat op een uiteenslaan van de vergadering, dan arresteren deze instanties niet degenen, die dreigden, maar dan verbieden zij de vergadering van de anderen: de onschuldigen; en een normale politiegeest is nog bijzonder trots op die wijsheid. Dat heet dan een „voorbehoedende maatregel ter verhindering van een wetsovertreding".

De vastbesloten bandiet heeft het dus steeds in eigen hand, om de fatsoenlijke mens zijn politieke werkzaamheid onmogelijk te maken. In naam van rust en orde buigt het staatsgezag voor de bandiet, en verzoekt de ander, om wel zo goed te willen zijn, deze bandiet niet te provoceren. Wanneer dus de nationaal-socialisten op bepaalde plaatsen vergaderingen willen houden, en de vakverenigingen verklaren, dat dit tot verzet van de zijde van hun leden zou leiden, dan zette de politie heus de afpersers niet achter slot en grendel, maar dan verbood ze de vergadering. Ja, deze wetsorganen bezaten zelfs nog de ongelooflijke schaamteloosheid, om ons dit ontelbare malen schriftelijk mee te delen. Indien men zich zulke onaangename verrassingen wilde besparen, dan moest men er dus voor zorgen, dat iedere poging tot verstoring al in de kiem gesmoord werd. Daarbij moest echter nog iets anders worden bedacht: Iedere vergadering, die haar bescherming alleen aan de krachten van de politie te danken heeft, discrediteert haar organisatoren in de ogen van de grote massa. Vergaderingen, die alleen door de hulp van een zeer grote politiemacht gegarandeerd worden, maken geen goede indruk, omdat het altijd een eerste vereiste is voor het winnen van de grootste groepen van een volk, dat men toont, kracht te bezitten.

Zoals een moedig man eerder vrouwenharten zal veroveren dan een lafaard, zo wint een heldhaftige beweging ook eerder het hart van een volk, dan een laffe, die alleen bij de gratie van de politiebescherming in het leven wordt gehouden. Vooral op grond van deze laatste overweging moest de jonge partij ervoor zorgen, dat ze haar eigen bestaan handhaafde, dat ze zichzelf verdedigde, en dat ze de vijandelijke terreur zelf brak.

De verdedigingsorganisatie voor de vergaderingen werd opgebouwd:

1. op een energieke en psychologisch juiste leiding van de vergadering;
2. op een georganiseerde ordewacht.

Wanneer wij, nationaal-socialisten, destijds een vergadering hielden, dan waren wij daar de baas, en niemand anders. En wij hebben op dat feit ononderbroken, iedere minuut de nadruk gelegd. Onze tegenstanders wisten heel precies, dat de man, die bij ons provoceerde, er onverbiddelijk uitvloog, al waren wij zelf ook maar met een dozijn tegen vijfhonderd andersdenkenden geweest. Bij de vergaderingen, die wij destijds hielden, vooral bij die, welke buiten München plaats vonden, telde men tegen vijftien of zestien nationaal-socialisten, vijf-, zes-, zeven- of achthonderd tegenstanders. Maar toch zouden wij geen enkele provocatie hebben geduld, en de bezoekers van onze vergaderingen wisten heel goed, dat wij ons liever hadden laten doodslaan, dan dat wij van die stelregel waren afgeweken. Het was ook meer dan eens gebeurd, dat een handjevol partijgenoten tegen een brullende en slaande rode overmacht had weten stand te houden.

Wanneer het hard tegen hard was gegaan, dan zouden deze vijftien of twintig kerels ongetwijfeld op de duur het onderspit hebben moeten delven. Maar de anderen wisten, dat voordien minstens twee of driemaal zoveel van hun eigen mensen de hersens zouden zijn ingeslagen, en dat risico liepen ze maar liever niet. Wij hebben toen getracht, het een en ander op te steken door de marxistische vergaderingtechniek te bestuderen, en wij hebben wat opgestoken.

Bij de marxisten heerste van het begin af een ijzeren discipline, dus voor de burgerlijke kon al nooit sprake zijn van ordeverstoring op een marxistische vergadering. Maar de roden zelf hielden zich altijd des te meer op met zulke gedachten. Langzamerhand hadden ze het niet alleen tot een zekere virtuositeit op dit gebied weten te brengen, maar ze gingen tenslotte zelfs zover, dat ze in grote gebiedsdelen van het Rijk een andere dan een marxistische vergadering als zodanig al een provocatie van het proletariaat noemden; vooral wanneer de heren raddraaiers vermoedden, dat bij deze vergadering hun eigen zonden register wel eens kon worden behandeld, teneinde te tonen, hoe gemeen zij het volk bedrogen en voorlogen. Nauwelijks werd dan ook zo een vergadering aangekondigd, of de gehele rode pers begon woedend te schreeuwen, waarbij deze lieden, die de wetten principieel verachten, zich dikwijls het eerst tot de officiële instanties wendden, met het even dringende als dreigende verzoek, om deze „provocatie van het proletariaat" te willen verbieden, „opdat erger voorkomen werd." Ze kozen hun woorden naar de afmetingen van de kalfshersens van de ambtenaar in kwestie, en hadden dan ook meestal succes. Indien er echter toevallig eens een Duits ambtenaar deze post bekleedde, en niet een knecht-met-een-ambt, en deze onbeschaamde eis werd afgewezen, dan volgde de bekende oproep, om zo een „provocatie van het proletariaat" niet te dulden, en de zoveelste in massa's op de vergadering te zijn, teneinde de „burgerlijke knechten met behulp van de eeltige vuist van het proletariaat, hun streken eens betaald te zetten".

Men moet zo een burgerlijke bijeenkomst eens gezien hebben, en moet de gehele miezerigheid en angst van de leiding van zo een vergadering hebben meegemaakt. Het gebeurde maar al te vaak, dat een vergadering gewoon afgelast werd, na zulke bedreigingen. Maar altijd was de vrees zo groot, dat men slechts zelden om acht uur, maar meestal pas om kwart voor negen of negen uur de vergadering opende. De voorzitter deed dan al zijn best, om, door negen-en-twintig complimenten de „heren der oppositie" toch duidelijk te maken, hoe hij en ook alle andere aanwezigen zich innerlijk verheugden (wat een volkomen leugen was) over het bezoek van mannen, die nog een andere richting waren toegedaan dan zij, omdat men elkaar immers alleen door een wederzijdse gedachten wisseling (die hij hierbij dadelijk al, plechtiglijk toezegde) zou kunnen begrijpen, de kloof tussen de meningen kon vernauwen, en een brug zou kunnen worden geslagen. Bovendien verzekerde hij nog — zo terloops, dat deze vergadering geenszins ten doel had, om mensen van hun huidige opvattingen te bekeren. Integendeel, ieder moest maar vooral zijn eigen zin volgen, maar moest ook de ander naar diens eigen zin te werk laten gaan, en daarom zou hij willen verzoeken, dat men de spreker van deze avond zijn redevoering, die toch niet lang zou zijn, in alle kalmte zou laten uitspreken, en niet in deze vergadering aan de wereld ook nog eens het beschamende beeld van de onderlinge broederhaat der Duitsers te tonen... Brrrrrr.

De broeders van links toonden daarvoor natuurlijk meestal geen begrip, en nog vóór de spreker was begonnen, moest hij onder een regen van de grofste scheldwoorden ook al inpakken; en men kreeg dikwijls de indruk, alsof hij het noodlot nog dankbaar was, dat het zo vriendelijk was, hem de lange martelgang te besparen, en korte metten met hem te maken. Begeleid door een onbeschrijfelijk tumult bliezen zulke burgerlijke vergaderingstoreadors de aftocht, voorzover ze althans niet met bebuilde koppen van de trappen werden gesmeten, wat zelfs ook nog vaak het geval was.

Daarom was het voor de marxisten ook werkelijk een nieuwe soort gewaarwording, toen wij onze vergaderingen gingen houden, en dat wel vooral om de manier, waarop wij ze hielden. Ze kwamen binnen in de vaste overtuiging, dat ze het spelletje, dat ze nu al zo vaak hadden gespeeld, natuurlijk bij ons zouden kunnen herhalen. „Nou maken wij er hier een eind aan!" Hoevelen hebben deze zin niet met veel bravour aan een ander toegeroepen bij het binnenkomen in onze vergadering, om dan, nog voor zij de tijd hadden voor een tweede soortgelijke uitroep, te moeten constateren, dat zij alweer buiten zaten.

In de eerste plaats was alleen al onze vergaderleiding van een ander soort. Ons bestuur smeekte niemand, „om-wel-zo-goed-te-willen-zijn-ons-toe-te-staan-onze-lezing-te-houden", en wij beloofden al evenmin aan iedereen een eindeloos debat; integendeel, er werd kort en krachtig vastgesteld, dat wij de baas waren in deze vergadering, dat wij dientengevolge het gezag in handen hadden, en dat iedereen, die het ook maar in zijn hoofd zou halen, om de spreker te interrumperen, onverbiddellijk en onverwijld geretourneerd zou worden naar de plaats, waarvan hij gekomen was. Dat wij voorts niet verantwoordelijk waren, voor wat er dan met zulk een heer gebeurde; en wanneer er tijd overbleef en het ons gelegen kwam, zouden wij gelegenheid tot debat geven, anders niet, en nu was het woord aan de spreker van de avond, partijgenoot Zo-en-zo.

Dat was alleen al voldoende, om hen met stomheid te slaan van verbazing. In de tweede plaats beschikten wij over een streng georganiseerde zaalwacht. Bij de burgerlijke partijen bestond deze zaalwacht, of beter ordedienst gewoonlijk uit heren, die meenden, dat de eerbiedwaardigheid van hun hoge leeftijd hun een zeker recht op gezag en respect schonk. Maar omdat de opgehitste marxistische massa's zich nu eenmaal niet in het minst bekommerden om ouderdom, gezag en respect, daarom had deze burgerlijke zaalwacht praktisch opgehouden te bestaan. Ik heb dadelijk bij het begin van onze grote vergaderingsactie de organisatie van een zaalwacht in de vorm van een ordedienst gegoten, die principieel uitsluitend jonge mannen opnam. Dat waren gedeeltelijk oud-soldaten, die ik nog van de militairen dienst kende, anderdeels jonge, pas toegetreden partijgenoten, die van de eerste dag af werden opgevoed tot het bewustzijn, dat terreur alleen door tegenterreur gebroken kon worden, dat op deze aarde het succes nog steeds het deel was geweest van de moedige en vastberaden man; dat wij voor een geweldige idee strijden, zo groot en zo verheven, dat ze wel waard is, dat wij haar beschermen en voor haar vechten, zolang wij nog een druppel bloed in onze aderen hebben. Ze waren allen doordrongen van de leer, dat, wanneer het verstand eenmaal tot zwijgen is gebracht, en de laatste beslissing bij het geweld ligt, de aanval de beste verdediging is, en dat onze ordewacht de naam moest hebben, dat ze geen debatingclub was, maar een strijdgemeenschap, die bereid was tot het uiterste te gaan. En hoezeer had onze jeugd niet verlangd naar zo een wachtwoord! Hoe teleurgesteld en verontwaardigd was deze front-generatie niet geweest over de burgerlijke laksheid. Hoe groot was haar walging en afschuw!

Toen begrepen ze pas ten volle, hoe de revolutie werkelijk alleen mogelijk was door de ellendige burgerlijke leiding van ons volk. De vuisten, om het Duitse volk te verdedigen, waren zelfs toen nog te vinden geweest, alleen de hersens, die zich hadden durven wagen, ontbraken. Hoe vaak hebben de ogen van mijn kameraden destijds niet geschitterd, wanneer ik hen sprak van de noodzaak'. van hun taak, wanneer ik hun keer op keer verzekerde, dat alle wijsheid op deze aarde vruchteloos blijft, wanneer de kracht zich niet in haar dienst stelt, om haar te beschermen en te beschutten, dat de zoete godin van de vrede alleen aan de zijde van de oorlogsgod kan schrijden, en dat iedere grote vredesdaad de bescherming en de hulp van de kracht nodig heeft. Hoe beter en dieper hebben ze nu de idee van de dienstplicht begrepen! Niet in de betekenis, die oude verkalkte ambtenaarszielen eraan hechten, die enkel de dienstbaarheid onder het dode gezag van de dode staat kunnen zien, maar met het levend besef, dat hij nu, door zijn leven als enkeling te offeren voor het bestaan van zijn volk, door altijd en overal voor dat volk in te staan, zijn hoogsten plicht vervult.

En hoe zijn die jongens voor hun volk in de bres gesprongen! Als een zwerm horzels stortten zij zich op de rustverstoorders in onze vergaderingen, zonder zich te bekommeren om de overmacht van de anderen, hoe groot die ook was; ze gaven niets om wonden en bloedige offers, ze gloeiden slechts van geestdrift voor de grote idee, vrij baan te scheppen, voor de heilige taak van onze beweging.

Al midden in de zomer van het jaar 1920 begon de organisatie van de ordewacht langzamerhand vaster vormen aan te nemen, en in het voorjaar van 1921 begonnen er zich troepen van honderd te vormen, die op hun beurt weer in secties werden onderverdeeld. En dit was ook zeer noodzakelijk, want ondertussen was ons vergaderingswerk voortdurend in omvang toegenomen. Wij kwamen weliswaar ook nu nog dikwijls in de feestzaal van het Müchener Hofbräuhaus bijeen, maar vaker nog in de grotere zalen in de stad. De feestzaal van het Bürgerbruhaus en de Münchener Kindl-Keller beleefden in de herfst en de winter van 1920 op 1921 steeds geweldiger massa-vergaderingen, en het beeld was steeds hetzelfde: Vergaderingen der N.S.D.A.P. moesten, destijds al, meestal voor de aanvang wegens al te grote belangstelling worden gesloten.

De organisatie van onze ordewacht bracht het antwoord op een zeer belangrijke vraag. De beweging bezat tot die dag geen partij-symbool en ook geen partijvlag. Het ontbreken van deze symbolen was niet alleen voor het ogenblik lastig, maar was op de duur ondragelijk. De nadelen bestonden vooral daarin, dat de partijgenoten ieder uiterlijk teken van hun saamhorigheid misten, terwijl het eenvoudig een onmogelijkheid was, om zo te blijven bestaan, zonder enig kenteken, dat het karakter had van een symbool der beweging, en dat als zodanig tegen de internationale gebruikt kon worden. Welke betekenis zo'n symbool echter in psychologisch opzicht bezit, dat was iets, wat ik al in mijn jeugd meer dan eens had kunnen zien en kunnen doorvoelen. Na de oorlog beleefde ik te Berlijn een marxistische massademonstratie voor het koninklijke slot en de Lustgarten. Een zee van rode vlaggen, rode banden en rode bloemen maakte deze demonstratie, waaraan honderd twintigduizend personen deelnamen, al uiterlijk tot iets geweldigs en zeer indrukwekkends. Ik kon zelf maar al te goed voelen en begrijpen, hoezeer de man uit het volk zich aangetrokken moest voelen door de suggestieve betovering van zo een grandioos werkend schouwspel.

De bourgeoisie, die in politiek opzicht in het geheel geen wereldbeschouwing vertegenwoordigt, had dientengevolge ook geen eigen vlag. Deze bestond uit „patriotten" en gebruikte daarom, wanneer er een vlag nodig was, de kleuren van het Rijk. Indien deze nu zelf het symbool van een bepaalde wereldbeschouwing ware geweest, dan zou men hebben kunnen begrijpen, dat de mannen aan het roer van de staat, ook in de vlag van die staat de vertegenwoordigster van hun wereldbeschouwing hadden gezien, omdat het symbool van hun wereldbeschouwing immers door hun eigen bemoeiingen tot staats- en Rijksvlag was geworden. Dat was echter niet het geval.

Het Rijk was buiten toedoen van de Duitse bourgeoisie ineen getimmerd, en de vlag was zelf uit de schoot van de oorlog geboren. Dientengevolge was ze echter werkelijk niets anders dan een staatsvlag, en bezat dus geen enkele bijzondere betekenis in die zin, dat ze een bepaalde wereldbeschouwing en een bepaalde taak vertegenwoordigde. Slechts op één punt van het Duitse taalgebied bestond er zoiets als een burgerlijke partijvlag; in Duits-Oostenrijk. Een deel van de nationale bourgeoisie daar te lande had de kleuren van het jaar '48: zwart-rood-goud, tot zijn partijvlag uitverkoren, en schiep daardoor een symbool, dat, al vertegenwoordigde het ook geen wereldbeschouwing, toch in staatspolitiek opzicht een revolutionair karakter droeg. De felste vijanden van die vlag waren toentertijd en dit moge men steeds voor ogen houden, — de sociaal-democraten en Christelijk-socialen of Clericalen. Zij zijn het geweest, die destijds deze kleuren hebben beschimpt, en bezoedeld en bevuild, evenals zij later, in het jaar 1918, het zwart-wit-rood door de modder haalden. Nu was het zwart-rood-goud van de Duitse partijen in het oude Oostenrijk, de vlag van het jaar 1848, dus van een tijd, die misschien al te fantastische luchtkastelen bouwde, maar waar, al stond ook op de achtergrond de Joodse raddraaier, toch de eerlijkste mannen in Duitsland aan mee hadden gedaan. Zodoende hebben pas het landverraad en de onbeschaamde versjacheren van het Duitse volk en van het Duitse volksbezit gemaakt, dat het marxisme en het politieke katholicisme sympathie begonnen te voelen voor deze vlaggen, die nu door de beide genoemde groepen als hun hoogste en heiligste bezit worden vereerd, terwijl ze eigen lijfwachten oprichten, om de vlag, die zij eens zo bekladden, in bescherming te nemen.

Zodoende stond er tot het jaar 1920 werkelijk geen enkele vlag tegenover die van het marxisme, die een volkomen tegengestelde wereldbeschouwing vertegenwoordigde. Want al verwaardigden de betere partijen van de Duitse bourgeoisie zich na het jaar 1918 ook niet meer, om de nu plotseling ontdekte zwart-rood-gouden Rijksvlag als eigen symbool over te nemen, een eigen program voor de toekomst, als antwoord op de nieuwe gang van zaken, had men niet, tenzij men de idee van een reconstructie van het ineengestorte Rijk als zodanig zou willen beschouwen. En de zwart-wit-rode vlag van het oude Rijk heeft haar herstel als vlag van de zogenaamde nationale burgerlijke partijen ook aan deze opvatting te danken.

Dat het symbool van een toestand, die door het marxisme onder weinig roemrijke omstandigheden en neven verschijnselen, kon worden vernietigd, niet bepaald een passend teken is voor de strijd tot de vernietiging van ditzelfde marxisme, ligt wel voor de hand. Hoe heilig en dierbaar deze oude ongeëvenaard mooie kleuren in hun jeugdige frisheid ook moeten zijn geweest voor iedere Duitser, die onder die vanen heeft gevochten en het offer van zo vele heeft aanschouwd, toch kan deze vlag zeer bepaald niet dienst doen als symbool voor een strijd om de toekomst. Ik heb altijd, in tegenstelling met de burgerlijke politici, in onze beweging het standpunt ingenomen, dat het voor de Duitse natie een waar geluk was, dat ze de oude standaard verloren had. Wat de republiek onder haar vlag uitvoert, dat kan ons koud laten. Wij zouden het noodlot eigenlijk uit de grond van ons hart moeten danken, dat het zo genadig was, te voorkomen, dat de roemrijkste oorlogsvlag van alle tijden als beddenlaken voor de schandelijkste prostitutie, die men zich denken kan, gebruikt werd. Dit Rijk in onze dagen, dat zichzelf en zijn burgers verkoopt, zou niet het recht hebben gehad, om de zwart-wit-rode vlag van onze helden, de vlag van onze eer de zijne te noemen.

Zolang de novemberschande duurt, moge ze ook het uiterlijk daarvan dragen, en niet trachten, ook het uiterlijk nog te stelen van een eerlijker verleden. Onze burgerpolitici moesten zich eens ter dege bewust worden, dat hij, die voor deze staat de zwart-wit-rode vlag wenst, diefstal pleegt ten koste van ons verleden. Die vlag van vroeger hoorde werkelijk alleen thuis bij het Rijk van vroeger, evenals de republiek, God zij dank, dadelijk die vlag koos, die haar paste.

Dat was ook de reden, waarom wij, nationaal-socialisten, de oude vlag niet konden beschouwen als plechtig symbool van ons doel en streven. Want wij willen immers niet het oude Rijk, dat aan zijn eigen fouten te gronde ging, weer doen opstaan uit de doden, maar een nieuwe staat bouwen. De beweging, die tegenwoordig in deze zin tegen het marxisme strijdt, moet daarmee ook in haar vlag al het symbool van de nieuwe staat dragen. De kwestie, hoe de nieuwe vlag eruit moest zien, hield ons destijds zeer bezig. Van alle kanten kwamen voorstellen, die echter meestal meer goed bedoeld dan geslaagd waren.

Want de nieuwe vlag moest enerzijds een symbool voor onze eigen strijd zijn, en anderzijds evenzeer propaganda maken in stijl, zoals een aanplakbiljet dat doet. Wie zich veel met de grote massa bezig moet houden, zal moeten toegeven, dat al deze schijnbare kleinigheden in werkelijkheid toch zeer belangrijke kwesties waren. Een sterk sprekend symbool kan in honderdduizenden gevallen de eerste stoot geven voor belangstelling in een beweging. Om deze reden moesten wij de voorstellen, die ons van vele zijden bereikten, om onze beweging een witte vlag te geven, afwijzen. Want daardoor zou ze zich met de oude staat identificeren, of beter met die zwakke partijen, die geen hoger politiek streven kennen dan het herstel van voorbije toestanden. Bovendien is wit ook geen pakkende kleur. Het past voor verenigingen van kuise maagden, maar niet voor een beweging, die in een revolutionaire tijd een omwenteling teweeg wilde brengen.

Ook zwart werd voorgesteld, maar hoewel het als zodanig geschikt was voor onze tijd, zei het nog niets over het streven van onze beweging. En tenslotte werkt ook deze kleur niet pakkend genoeg. Wit-blauw kwam niet in aanmerking, hoe mooi dit ook werkte in esthetisch opzicht, omdat het de kleur was van een klein-Duits staatje, en tegelijk van een particularistisch en kleinzielig politiek standpunt. Overigens was het ook wel zeer moeilijk geweest, om hierin een symbool voor onze beweging te zien. Hetzelfde kon van zwart-wit worden gezegd. Van zwart-rood-goud kon, uit de aard der zaak, geen sprake zijn. Ook zwart-wit-rood niet, om de hoger vermelde redenen, althans niet in de huidige samenstelling. De werking van deze kleurencombinatie is inderdaad wel hoog boven alle andere verheven. Het is het prachtigste akkoord, dat er bestaat. Persoonlijk was ik er altijd een voorstander van, om de oude kleuren te behouden, niet alleen omdat ze voor mij als soldaat het heiligste zijn, dat ik ken, maar ook, omdat hun esthetische werking verreweg het sterkste tot mij sprak. Maar toch moest ik de talloze ontwerpen, die ons destijds uit de kringen der jonge beweging bereikten, zonder uitzondering afwijzen. Ikzelf – als leider – wilde niet dadelijk met mijn eigen ontwerp voor de dag komen, omdat het immers mogelijk was, dat een ander met een even goed of misschien ook beter plan zou komen. En inderdaad zond een tandarts uit *Starnberg* een eveneens zeer goed ontwerp in, dat overigens zeer veel overeenkomst toonde met het mijne, en alleen deze ene fout had, dat het hakenkruis met gebogen armen in een witte cirkel was geplaatst.

Ikzelf had intussen, na ontelbare pogingen, een definitieve vorm gevonden; een vlag met een rood veld, waarin een witte cirkel met een zwart hakenkruis. Na lang proberen vond ik ook een bepaalde verhouding tussen de grootte van de vlag en de grootte van de cirkel, alsmede van de vorm en de dikte van het hakenkruis. En daarbij is het tenslotte gebleven.

Er werden nu ook dadelijk overeenkomstige banden voor de armen van de mannen der ordewacht besteld, en wel een rode band, waarop zich eveneens de witte cirkel met het zwarte hakenkruis bevindt. Ook het insigne van de partij werd naar dezelfde ideeën ontworpen: een witte cirkel op een rood veld, en in het midden het hakenkruis. Een goudsmid uit München, Füsz, leverde het eerste bruikbare en ook gehandhaafde ontwerp. In het midden van de zomer van het jaar 1920 werd onze vlag voor het eerst in het openbaar vertoond. Ze paste uitstekend bij onze jonge beweging. De vlag was jong en nieuw als de beweging zelf. Niemand had haar ooit voordien gezien: ze werkte als een vlammende toorts. Wijzelf waren allemaal blij als kinderen, toen een trouwe partijgenote het ontwerp voor het eerst had uitgevoerd, en de vlag had afgeleverd. Al enkele maanden nadien bezaten wij te München een half dozijn van die vlaggen; en de ordewacht, die zich in steeds sterkere mate uitbreidde, droeg er vooral toe bij, om dit nieuwe symbool van onze beweging bekend te maken.

Want waarlijk, dit is een symbool! Niet alleen, dat door die ongeëvenaarde kleuren, die eens zoveel eer van het Duitse volk hadden gezien, en die wij allen zo liefhadden, onze eerbied voor het verleden betuigd was, maar ze waren ook de beste uitdrukking van de wil der beweging. Als nationale socialisten zien wij ons programma in die vlag. In het rood zien wij het sociale idee van de beweging, in het wit de nationalistische, in het hakenkruis de taak, te strijden voor de overwinning van de Arische mens en tevens ook voor de overwinning van het idee van de scheppende arbeid, die zelf altijd antisemitisch was en antisemitisch zal zijn.

Twee jaren later, toen de ordewacht allang was uitgegroeid tot een stormafdeling van vele duizenden mannen, toen scheen het nodig, om deze weerbaarheidsorganisatie van de jonge wereldbeschouwing nog een apart overwinningsteken te geven: de standaard. Ook deze heb ik zelf ontworpen, en daarna door een ouden getrouwen partijgenoot, door de meester goudsmid Gahr, ten uitvoer laten brengen. Sindsdien behoort de standaard tot de symbolen en veldtekenen van de nationaal-socialistische strijd.

Onze vergaderingen werden in het jaar 1920 steeds talrijker, zodat wij tenslotte dikwijls zelfs twee vergaderingen per week moesten houden. De mensen verdrongen zich voor onze aanplakbiljetten, de grootste zalen van de stad waren steeds gevuld, en tienduizenden misleide marxisten vonden de weg naar hun volksgemeenschap terug, en werden strijders voor een toekomstig vrij Duitsland. De openbare mening te München had ons keren kennen. Men sprak over ons, en voor velen werd dat woord „nationaal-socialist" al een programma op zich. Ook het aantal aanhangers en zelfs dat van de leden begon in steeds sterkere mate te groeien, zodat wij in de winter van 1920 op 1921 al als een sterke partij in München konden optreden.

Buiten de marxistische partijen was er destijds geen partij-organisatie, althans geen nationale, die zich had kunnen beroemen op zo een massale werking als wij. De Münchener-Kindl-Keller, die vijfduizend mensen kon bevatten, was meer dan eens stampvol geweest, en er was nog maar één vergaderzaal, waaraan we ons niet hadden gewaagd. Dat was het Zirkus Krone.

Tegen het einde van januari 1921 doemden voor Duitsland weer donkere wolken aan de horizon op. Het besluit van de conferentie te Parijs, waarbij Duitsland de verplichting op zich had genomen, om de krankzinnige som van honderd miljard goudmark te betalen, zou in de vorm van het dwangverdrag van Londen werkelijkheid worden. Een werkgemeenschap van volksgroepen, die te München allang bestond, wilde op grond van dit feit een groot gemeenschappelijk protest organiseren.

De tijd drong, en zelf was ik nerveus door dat eeuwige aarzelen en weifelen, wat men deed, vóór men een eenmaal genomen besluit in de werkelijkheid omzette. Men sprak van een grote vergadering aan de Königsplatz, maar liet dit plan weer varen, uit vrees, dat ze door de roden uiteengeslagen zou worden, en dacht nu aan een protestdemonstratie voor de Feldherrnhalle. Maar ook daarvan zag men af, en tenslotte stelde men voor, een gemeenschappelijke vergadering in de „Münchener-Kindl-Keller" te houden. Intussen waren er vele dagen voorbij gegaan, de grote partijen hadden van dit geweldige gebeuren niet de minste notitie genomen, en de werkgemeenschap zelf kon maar niet besluiten, om eindelijk een vaste datum te bepalen voor de demonstratie. Dinsdag de eerste februari 1921 verzocht ik dringend een definitieve beslissing te willen nemen. Men beloofde mij, woensdag een besluit te zullen nemen. Woensdag kwam ik en eiste nu een klaar en duidelijk antwoord, of en zo ja, wanneer de vergadering plaats zou vinden. Het antwoord was weer onzeker en ontwijkend; men zei, dat men „van plan was", om de werkgemeenschap tegen de volgenden woensdag op te roepen voor een demonstratie.

Toen was mijn geduld op, en ik besloot, de protest-demonstratie nu alleen te organiseren. Woensdagmiddag dicteerde ik in tien minuten het aanplakbiljet en liet gelijktijdig circus Krone voor de volgende dag, op donderdag 3 februari, afhuren. Destijds was dit een enorm waagstuk. Niet alleen, dat het nog een open vraag scheen, of wij er in zouden slagen deze reusachtige ruimte te vullen; het gevaar was ook groot, dat men de vergadering zou verstoren. Onze ordewacht was nog lang niet groot genoeg voor deze kolossale ruimte. Ik kon me ook nog niet precies voorstellen, hoe wij eigenlijk moesten optreden, voor het geval de orde verstoord zou worden. Het leek mij destijds in Krone veel moeilijker dan in een gewone zaal. Maar het bleek spoedig, dat juist het tegendeel waar was. Men kon inderdaad in die reusachtige zaal veel gemakkelijker een troepje rustverstoorders overmeesteren dan in een nauwe propvolle zaal. Er stond maar één ding vast: iedere mislukking kon ons maanden en maanden achteruit helpen. Want één enkele gelukte ordeverstoring zou onze roep van onaantastbaarheid met één slag hebben vernietigd, en zou de tegenstander hebben aangemoedigd, om, dat, wat eens gelukt was, steeds opnieuw te proberen. Dat zou een sabotage van al onze latere vergaderingen tengevolge hebben gehad, en dit nadeel had pas na vele maanden en na de zwaarste strijd overwonnen kunnen worden. Wij hadden maar een dag de tijd, om biljetten te plakken, namelijk de donderdag van de vergadering zelf. Helaas regende het 's morgens al, en de vrees scheen gegrond, dat velen onder zulke omstandigheden maar liever thuis zouden blijven, dan door sneeuw en regen naar een vergadering te gaan, waar misschien moord en doodslag zou kunnen gebeuren.

Er maakte zich trouwens die donderdagmorgen opeens een grote angst van mij meester, dat de zaal toch niet vol zou worden (dat zou mij immers zeer hebben geblameerd tegenover de werkgemeenschap), zodat ik in grote haast enige strooibiljetten dicteerde en liet drukken, teneinde die 's middags te laten verspreiden. Ze bevatten natuurlijk een oproep, om de vergadering te bezoeken. Twee vrachtauto's, die ik liet huren, werden met zoveel rood als maar mogelijk was, bekleed; er werden een paar van onze vlaggen op gezet, en beide werden met een vijftien tot twintigtal partijgenoten bemand; deze kregen bevel, om voortdurend door de stad te rijden, strooibiljetten te verspreiden, kortom, propaganda voor de grote vergadering van die avond te maken. Het was de eerste keer, dat er vrachtauto's met andere dan marxistische vlaggen door de stad reden. De bourgeoisie staarde daarom met open monden de met rood beklede vrachtauto's met hun wapperende hakenkruisen na, terwijl zich in de buitenwijken talloze vuisten balden, wier eigenaars kennelijk in woede waren ontstoken bij het aanschouwen van deze jongste „provocatie van het proletariaat". Want alleen het marxisme had het recht, om vergaderingen te houden, en om op vrachtauto's rond te rijden.

Om zeven uur was Krone nog niet goed bezet. Iedere tien minuten werd mij per telefoon verslag uitgebracht van de toestand, en ik voelde mezelf tamelijk onrustig; want om zeven uur of kwart na zeven waren de andere zalen meestal al half of zelfs dikwijls al geheel vol geweest. De reden hiervan echter bleek al gauw. Ik had geen rekening gehouden met de enorme afmetingen van de zaal. Duizend mensen maakten, dat de feestzaal van het Hofbräuhaus al zeer goed bezet was, terwijl die in het Zirkus Krone eenvoudig verdronken in de grote ruimte. Men zag ze maar nauwelijks. Korte tijd later kwamen er echter betere berichten, en om kwart voor acht heette het, dat de zaal voor driekwart bezet was, en dat er nog grote massa's voor de loketten stonden. Na de ontvangst van dat bericht begaf ik mij naar de zaal. Twee minuten over acht kwam ik voor het circus aan. Er stond nog steeds een grote menigte voor het gebouw, ten dele enkel nieuwsgierigen, maar ook vele tegenstanders, die de loop der gebeurtenissen buiten wilden afwachten.

Toen ik het geweldige gebouw betrad, maakte zich dezelfde vreugde van mij meester als een jaar geleden bij onze eerste vergadering in de feestzaal van het Münchener Hofbräuhaus. Maar pas nadat ik mij een weg had gebaand door de muren van mensen en het hoger gelegen podium had bereikt, kon ik de gehele grootte van ons succes overzien. De zaal lag als een reusachtige open schelp voor mij, en was gevuld met duizenden en nog eens duizenden mensen. Zelfs de manege was stampvol bezet. Er waren meer dan vijfduizend en zeshonderd kaarten uitgegeven, en wanneer men dan nog het totale aantal werklozen, arme studenten plus onze ordewacht erbij rekende, dan kon men wel zeggen, dat er zes en een half duizend man in de zaal aanwezig waren.

„Toekomst of ondergang" luidde het onderwerp van de avond, en mijn hart sprong op van vreugde, toen ik zo duidelijk zag, dat de toekomst daar voor mij lag. Ik begon te spreken; ik sprak ongeveer twee en een half uur, en mijn gevoel zei me al na het eerste half uur, dat de vergadering een zeer groot succes zou worden. Ik had contact met al deze duizenden enkelingen. Al na het eerste uur begon de bijval in steeds grotere spontane uitbarstingen, mij in de rede te vallen, om na twee uur weer te verminderen en over te gaan in die plechtige stilte, die ik later in deze zaal zo heel vaak heb beleefd, en die zeker voor iedereen onvergetelijk zal blijven. Men hoorde nauwelijks meer, dan de adem van die reusachtige massa, en pas, toen ik het laatste woord had gesproken, barstte het opeens los, om zijn verlossende bekroning te vinden in het Deutschlandlied, dat door allen met de diepste innigheid gezongen werd. Ik bleef nog staan kijken, hoe de kolossale ruimte langzamerhand leegliep, en hoe een geweldige zee van mensen bijna twintig minuten lang naar buiten drong door de enormen middenuitgang. Pas daarna verliet ik zelf, overgelukkig, mijn plaats en begaf me naar huis.

Van deze eerste vergadering in het Zirkus Krone te München werden foto's gemaakt. Deze tonen beter dan woorden kunnen, hoe groot die vergadering was. Burgerlijke bladen publiceerden foto's en korte berichten, doch vermeldden daarbij alleen, dat het een „nationale" demonstratie was geweest, en verzwegen, bescheiden als altijd, wie dit had georganiseerd. Hierdoor waren wij voor het eerst verre buiten het kader van de gewone partijen gekomen. Men kon ons nu niet meer stelselmatig verzwijgen. En om nu maar vooral niet de indruk te wekken, alsof deze succesvolle vergadering niets dan een ééndagsvlieg was, schreef ik dadelijk voor de volgende week een tweede vergadering in het Circus Krone uit, en het succes was even groot. Weer was de reusachtige zaal propvol met mensen, wat mij deed besluiten, om de week daarop ten derden male een vergadering in dezelfde stijl te houden. En voor de derde keer was het reusachtige gebouw van boven tot onder stampvol met mensen.

Nadat wij het jaar 1921 zo hadden ingezet, liet ik onze propaganda in nog sterkere mate door vergaderingen voeren. Ik ging er nu toe over, om niet alleen eens per week, maar soms tweemaal per week massademonstraties te houden, en in het midden van de zomer en de naherfst werden het er van tijd tot tijd drie. Wij vergaderden van nu af altijd in het Circus Krone, en mochten tot onze grote voldoening vaststellen, dat al onze avonden hetzelfde succes hadden. En het resultaat daarvan was, dat het aantal aanhangers steeds steeg, en wij ook een steeds talrijker schare nieuwe leden konden boeken. Dergelijke successen maakten natuurlijk ook onze tegenstanders onrustig. Ze merkten al spoedig, dat, al verwisselden ze ook onophoudelijk van tactiek, al trachtten ze nu eens, ons dood te zwijgen, dan weer ons te terroriseren, al hun inspanning toch vruchteloos was. Daarom besloten ze tenslotte met een laatste krachtsinspanning tot een daad van geweld, om daardoor definitief een einde te maken aan ons vergaderwerk.

Als uiterlijke aanleiding voor deze actie gebruikte men een uiterst geheimzinnige aanslag op een lid van de landdag (Provinciale Staten, vert.) Erhard Auer genaamd. Erhard Auer voornoemd zou 's avonds door de een of ander zijn beschoten. Dat wil zeggen, hij was niet werkelijk geraakt, maar er was geprobeerd hem te raken. Maar de enorme tegenwoordigheid van geest, plus de spreekwoordelijke moed, die sociaal- democratische partijleiders nu eenmaal eigen is, hadden de misdadige aanval niet alleen weten te verijdelen, maar hadden zelfs kans gezien, de schurken van daders smadelijk op de vlucht te doen slaan. Ze waren zo overhaast en zo ver gevlucht, dat het de politie ook later niet mocht gelukken, om ook maar het geringste spoor van hen te ontdekken. Deze geheimzinnige gebeurtenis nu werd door het orgaan van de sociaal-democratische partij in München gebruikt, om op mateloze wijze te hetzen tegen onze beweging en om ook, naar oude gewoonte, een zachte wenk te geven, wat er nu moest gebeuren. Er was zodoende voor gezorgd, dat wij ons niet al te veel gingen verbeelden, maar dat proletarische vuisten bijtijds zouden ingrijpen. En enkele dagen nadien was het ogenblik om in te grijpen al gekomen. Een vergadering in de zaal van het Münchener Hofbräuhaus, waar ik zelf zou spreken, was uitgekozen voor deze definitieve afrekening.

Op de 4de november 1921 kreeg ik 's avonds tussen zes en zeven uur de eerste positieve berichten, dat de vergadering absoluut verstoord zou worden, en dat men van plan was, om speciaal voor dit doel uit verschillende rode bedrijven grote arbeidersmassa's naar de vergadering te sturen. Het was aan een ongelukkig toeval te danken, dat wij deze waarschuwing niet al eerder ontvingen. Wij hadden dezelfde dag het oude eerbiedwaardige gebouw in de Sterneckergasse te München verlaten, waar wij steeds de verschillende boeken en andere partijbehoeften hadden verkocht, en waren naar een nieuwe zaak verhuisd, d.w.z. wij hadden de oude verlaten, maar konden de nieuwe nog niet betrekken, omdat daar nog gewerkt werd.

Omdat de telefoon eveneens in de oude afgesloten was, en in de nieuwe nog niet was aangelegd, heeft men op deze dag een groot aantal malen tevergeefs getracht, ons telefonisch op de hoogte te stellen van de voornemens van de heren. Dit had tengevolge, dat de vergadering zelf slechts door een zeer zwakke afdeling van de ordewacht beschermd was. Er was slechts een numeriek zwakke troep van een zesenveertig man aanwezig, maar het alarmeringsapparaat was nog niet zo geperfectioneerd, dat wij 's avonds binnen het uur een flinke versterking konden laten aanrukken. Daar kwam nog bij, dat ons immers al zo vaak alarmerende berichten van dat soort hadden bereikt, waarvan keer op keer niets bleek waar te zijn. Het oude gezegde, dat aangekondigde revoluties meestal uitblijven, was tot die dag steeds waar gebleken.

Dientengevolge gebeurde er die dag ook niet alles, wat er gedaan had kunnen worden, om tegen ordeverstoring met de meest meedogenloze vastberadenheid op te treden. En tenslotte was het onze vaste overtuiging, dat juist de feestzaal van het Münchener Hofbräuhaus wel uitermate ongeschikt werkterrein was voor de ordeverstoorders, en dat het hun daar zeker nooit zou lukken, ons uiteen te jagen. Wij hadden zo een overlast veel eerder in de grootste zalen verwacht, vooral in het Circus Krone. Op dit punt heeft deze dag ons een belangrijke les gegeven. Wij hebben later al deze kwesties met vrijwel wetenschappelijke methodiek bestudeerd, en zijn daarbij van tijd tot tijd tot even ongelooflijke als interessante conclusies gekomen, die in de hierop volgende periode van de grootste betekenis bleken voor de organisatie en tactiek van onze stormafdelingen.

Toen ik om kwart voor acht de hal van het Hofbräuhaus betrad, was er echt geen twijfel meer mogelijk over de voornemens van de heren. De zaal was meer dan vol, en de politie had daarom verboden, dat er nog meer werden toegelaten. De tegenstanders, die zeer vroeg waren komen opdagen, bevonden zich in de zaal, en onze aanhangers stonden grotendeels buiten. De kleine troep S.A. wachtte mijn komst in de hal af. Ik liet de deuren naar de grote zaal sluiten, en gaf aan mijn vijf- of zesenveertig man het bevel, aan te treden. Ik heb de jongens er toen goed van doordrongen, dat ze waarschijnlijk vandaag voor het eerst moesten tonen, dat ze tot het uiterste trouw waren aan de beweging, en dat niemand van ons de zaal mocht verlaten, tenzij dan, dat wij er dood werden uitgedragen; ik zei hun, dat ik zelf in de zaal zou blijven, en dat ik niet geloofde, dat ook maar één van hen mij zou verlaten, maar dat, indien ik zelf iemand zag, die zich als een lafaard gedroeg, ik die man persoonlijk de band van de arm zou rukken en hem het insigne zou ontnemen. Daarna spoorde ik hen aan, om bij de minste schijn van ordeverstoring, onmiddellijk in te grijpen, en er steeds aan te denken, dat de aanval de beste verdediging is.

Een driemaal „Heil!", dat ditmaal rauwer en heser klonk dan anders, was het antwoord. Daarna begaf ik me naar de zaal, en kon nu met eigen ogen de situatie overzien. Ze zaten er in zeer groten getale, en trachtten mij met de ogen te doorboren. Talloze gezichten waren met verbeten haat naar mij toegekeerd, terwijl weer anderen zeer duidelijke kreten slaakten en daarbij spottende grimassen maakten. Nou zou er dan voorgoed „een einde worden gemaakt aan dat zooitje van ons", wij mochten onze darmen wel goed nakijken, vóór we begonnen, men zou ons nou eens voorgoed de bek dichtslaan, en wat er nog meer voor mooie uitdrukkingen bestaan in die trant. Ze waren zich bewust van hun overmacht, en hun moed en zekerheid waren dientengevolge enorm.

Toch kon de vergadering worden geopend, en kon ik beginnen te spreken. Nu stond ik in de feestzaal van het Hofbräuhaus altijd aan een van de lange zijkanten van de zaal, en mijn podium was een gewoon cafétafeltje. Ik bevond me dus eigenlijk midden tussen het publiek. Misschien maakte ook dit feit, dat er een goede stemming ontstond, want juist in deze zaal is de geestdrift zo hoog gestegen als nergens anders. Links voor mij zaten en stonden enkel tegenstanders. Dat waren stuk voor stuk forse mannen en jonge kerels, grotendeels uit de Maffei-fabriek, van Kustermann, uit de Isariazählerfabrieken, enz. Ze waren langs de linkermuur al tot vlak bij mijn tafeltje gekomen, en begonnen nu bierpullen te verzamelen, d.w.z. ze bestelden onophoudelijk bier en zetten de leeggedronken pullen onder de tafel. Zodoende ontstonden daar hele batterijen, en het zou mij zeer hebben verbaasd, wanneer het ook deze dag goed zou zijn afgelopen.

Na ongeveer anderhalf uur – zolang had ik, niettegenstaande alle interrupties nog kunnen spreken – leek het er een ogenblik op, alsof ik de situatie meester werd. De leiders van de ordeverstoorders schenen dat zelf ook te voelen; want ze werden steeds onrustiger, verlieten vaker de zaal, kwamen weer binnen, en trachtten, nu kennelijk nerveus, hun mensen te overtuigen.

Een kleine psychologische fout, die ik beging bij de beantwoording van een interruptie, en waarvan ik me, op hetzelfde ogenblik, dat ik het woord had uitgesproken, bewust werd, gaf het signaal voor de uitbarsting. Een paar boze interrupties, en plotseling sprong er een man op een stoel, en brulde „Vrijheid!" in de zaal. Op dit signaal begonnen de vrijheidsstrijders hun werk. Na enkele seconden was de gehele zaal een brullend en schreeuwend kluwen van mensen, waarover, als de schoten van een houwitser, ontelbare bierpullen vlogen; daartussen hoorde men het gekraak van stoelpoten, het breken van de pullen, gekerm, gejoel en schreeuwen van pijn. Het was een lawaai van jewelste. Ik bleef op mijn plaats staan, en kon zien, hoe prachtig mijn jongens hun taak vervulden. Ik had wel eens willen zien, hoe een burgerlijke vergadering zulk een aanval had verdragen!

Het feest was nog niet begonnen, of mijn stormers, zoals ze van die dag af hebben geheten, vielen al aan. In troepjes van acht of tien man wierpen ze zich als wolven op de tegenstanders, en het gelukte hun inderdaad, om deze stuk voor stuk uit de zaal te ranselen. Al na vijf minuten zag ik er bijna geen meer, die niet al rood van het bloed was. En hoevelen heb ik toen niet naar hun werkelijke waarde leren schatten; in de eerste plaats mijn dappere Maurice, de Hesz, die tegenwoordig (1926) mijn privé-secretaris is, en vele anderen, die hoewel ze zelf al zwaar gewond waren, steeds weer aanvielen, zolang ze maar op hun benen konden staan. Dat helse spektakel duurde twintig volle minuten, maar toen waren de tegenstanders, die misschien een zeven tot acht honderd man sterk waren, door mijn kerels, die nog niet eens met zijn vijftigen waren, grotendeels uit de zaal geslagen, en de trappen af gejaagd. Alleen achter in de linkerhoek van de zaal, hield nog een grote troep stand, en verweerde zich geducht. Toen, plotseling, klonken er ergens van de ingang van de zaal twee pistoolschoten in de richting van het podium, en nu barstte een woest geknal los. Het was toch, alsof er weer iets in je wakker werd, bij zulk een opfrissen van oude oorlogs herinneringen. Van waar ik stond, was niet te zien, wie er eigenlijk schoot, maar men kon een ander ding wél vaststellen, namelijk, dat de woede van mijn bloedende jongens van dat ogenblik af nog zeer was toegenomen, en dat tenslotte de laatste ordeverstoorders overmeesterd en uit de zaal gewerkt werden. Er waren ongeveer vijfentwintig minuten verlopen, de zaal zelf zag eruit, alsof er een granaat ontploft was. Vele van mijn aanhangers werden juist verbonden, anderen moesten worden weggebracht, maar wij waren de baas gebleven, op ons terrein. Herman Esser, die deze avond voorzitter was van de vergadering, verklaarde: „De vergadering wordt voortgezet. De spreker heeft het woord", en ik sprak door.

Nadat wij de vergadering zelf al hadden gesloten, kwam er plotseling een inspecteur van politie binnengestormd, en kraaide terwijl hij hevig met de armen zwaaide: „De vergadering is ontbonden". Onwillekeurig moest ik lachen om deze meneer, die mosterd na de maaltijd bracht; het was echt iets voor de politie, om zich zo op te blazen. Hoe kleiner de heren, des te groter moeten ze tenminste schijnen. Wij hadden die avond werkelijk veel geleerd, en ook onze tegenstanders hebben de hun toebedeelde les niet weer vergeten. Want het heeft tot de herfst van het jaar 1923 geduurd, eer de „Münchener Post" ons weer met de vuisten van het proletariaat heeft bedreigd.

ACHTSTE HOOFDSTUK DE STERKE STAAT HET STERKST OP EIGEN VOETEN

Ik heb al eerder melding gemaakt van het bestaan van een werkgemeenschap van Duitse volksverenigingen, en zou hier het probleem van deze werkgemeenschappen in 't kort willen uiteenzetten.

In het algemeen verstaat men onder een werkgemeenschap een groep van verenigingen, die, om de arbeid te vergemakkelijken, een wederzijdse overeenkomst sluiten, waarbij ze een gemeenschappelijke leiding kiezen, die meer of minder te zeggen heeft, en nu gemeenschappelijke daden ook tezamen uitvoert. Daaruit alleen volgt al, dat hier van verenigingen, groepen of partijen sprake moet zijn, waarvan doel en methoden niet al te ver uiteen liggen. Men beweert, dat dit dan ook steeds het geval is. Nu stemt het de gewone gemiddelde burger verheugd, en het kalmeert hem zeer, te weten, dat zulke groepen elkaar eindelijk door middel van zulk een „werkgemeenschap" hebben gevonden, en dus het „gemeenschappelijke" hebben gevonden, en „minder de nadruk leggen op de verschillen". En dan is men nog algemeen de overtuiging toegedaan, dat zo een bundeling een enorme toename van kracht betekent, en dat de groepjes, die steeds zwak waren, nu plotseling een macht zouden zijn geworden. Meestal echter is deze mening onjuist.

Het is belangwekkend, en, mijns inziens ook van belang voor een beter inzicht in deze materie om een antwoord te vinden op de vraag, hoe het eigenlijk mogelijk is, dat er allerlei groepen verenigingen of soortgelijke formaties kunnen ontstaan, die alle beweren, dat zij hetzelfde doel nastreven. Tenslotte zou het toch logisch zijn, dat één doel slechts door één groepering werd nagestreefd, en het gezond verstand zou toch zeggen, dat niet meer dan één beweging één bepaald doel moet nastreven. Ongetwijfeld werd dat doel aanvankelijk ook slechts door één organisatie nagestreefd. Een man verkondigt ergens een waarheid, roept anderen op, om met hem een bepaalde kwestie op te lossen, stelt een doel en bouwt een beweging op, die ten doel heeft, om zijn plan te verwerkelijken. Dan wordt er dus een vereniging of een partij gesticht, die, al naar haar doelstelling is, of bestaande misstanden wil opruimen, of in de toekomst een bijzondere toestand wil bereiken.

Wanneer zo een beweging eenmaal tot stand is gekomen, dan bezit ze daardoor praktisch een zeker voorrecht. Nu moest het eigenlijk vanzelf spreken, dat alle mensen, die hetzelfde doel nastreven als die beweging, zich dan ook bij haar aansluiten en haar kracht zodoende versterken, om daardoor het gemeenschappelijke doel beter te kunnen dienen. Vooral iedere man die intellectueel hoog staat, behoorde zulk een aansluiting te beschouwen als het geijkte middel, om de gemeenschappelijke strijd tot een werkelijk resultaat te doen leiden. Dientengevolge zou er, indien het gezond verstand en de eerlijkheid (want hierop komt het, zoals ik later zal bewijzen, in belangrijke mate aan) de wereld regeerden, voor één doel ook maar één middel mogen bestaan. Dat dit niet het geval is, kan aan twee oorzaken worden toegeschreven. De eerste daarvan zou ik bijna tragisch willen noemen, terwijl de tweede van miserabel allooi is en in de menselijke zwakheid zelf moet worden gezocht. Uiteindelijk beschouw ik echter beide slechts als feiten, die geschikt zijn, om de wil als zodanig, en de energie en intensiteit van die wil op te voeren, en zo door een bewuste veredeling van de menselijke energie de oplossing van het probleem in kwestie eindelijk mogelijk te maken. De tragische oorzaak, die maakt, dat het bij de oplossing van een bepaalde taak meestal niet bij een enkele vereniging blijft, is de volgende: iedere daad van grote stijl op deze aarde zal over het algemeen de vervulling zijn van een wens, die allang in miljoenen mensen sluimerde, die allang een diep verlangen was van zeer velen.

Het kan zelfs gebeuren, dat men eeuwenlang vurig heeft verlangd naar de oplossing van een bepaalde kwestie, omdat een bestaande toestand de ziel zwaar benauwt, zonder dat deze algemene wens ooit werd vervuld. Volkeren, die absoluut niet meer in staat zijn, om de heroïsche weg te vinden, die naar de redding uit deze nood leidt, zou men impotent kunnen noemen, terwijl wij de levenskracht van een volk, en de bedoeling van de Voorzienigheid, dat dit volk zal leven, die door deze levenskracht nogmaals bevestigd wordt, het duidelijkst bewezen zien, wanneer er op een dag een man opstaat, die zijn diepste wensen vervult. En dat wel vooral, wanneer die man opstaat, om het van een drukkend slavenjuk te verlossen, of om het uit een andere nood te redden, of om eindelijk vrede te brengen aan zijn ziel, die onzeker en daarom rusteloos is geworden.

Nu is het typisch voor zulke tijdsverschijnselen, dat duizenden meewerken, om de oplossing te bereiken, dat velen zich geroepen voelen, en dat het noodlot zelf verschillende mensen naar voren brengt, om nu door het vrije spel der krachten definitief de overwinning te schenken aan de sterkste en flinkste; wat dus tevens betekent, dat die sterkste en flinkste het probleem moet oplossen. Zo kan het bijvoorbeeld gebeuren, dat men eeuwen lang, ontevreden met de vormen van het „Godsdienstig leven", verlangt naar een vernieuwing, en dat uit deze drang der zielen dozijnen en meer mannen opstaan, die nu, op grond van hun inzicht en hun kennis, menen dat zij geroepen zijn, om de godsdienstige nood te lenigen, door als profeten van een nieuwe leer of althans als strijders tegen een bestaande te moeten optreden. Ongetwijfeld zal ook hier – omdat de natuurlijke ordening nu eenmaal zo een ontwikkeling wenst – de sterkste de ware geroepene zijn, die de taak moet vervullen; maar de anderen komen gewoonlijk pas zeer laat tot de ontdekking, dat juist deze man alleen geroepen is. Zij beschouwen zich integendeel alleen als gelijkberechtigd, en als evenzeer geroepen om de kwestie op te lossen, en hun medemensen weten gewoonlijk in het geheel niet te onderscheiden, wie van deze velen de man is, die hun steun verdient. Want er kan maar één zijn, die bereid is tot het uiterste.

Zo treden er in de loop der eeuwen, ja dikwijls in eenzelfde periode, verschillende mannen op, en stichten bewegingen, waarvan de doelstellingen, althans naar hun beweringen te oordelen, overeenkomen, of dat althans in de ogen van de grote massa doen. Het volk zelf koestert wel bepaalde wensen en is algemene overtuigingen toegedaan, zonder dat het zich echter precies rekenschap weet te geven van het eigenlijke karakter van dit doel of dit verlangen, of zelfs over de praktische uitvoerbaarheid ervan. Het tragische hiervan is, dat die mannen allen, op volkomen verschillende manieren, naar eenzelfde doel streven, zonder dat ze elkaar kennen; wat dus maakt, dat ze volkomen en eerlijk geloven in hun eigen taak en zich daarom verplicht achten, om, zonder met anderen rekening te houden, hun eigen weg te gaan. Dat zulke bewegingen, partijen, religieuze sekten, volkomen los van elkaar ontstaan, alleen gedragen door de algemene wil van de tijd, en dan een parallel lopende werkzaamheid ontplooien, is datgene, wat ons althans op het eerste gezicht tragisch toeschijnt, omdat men al te zeer de mening is toegedaan, als zou die versnipperde kracht, in één organisatie gebundeld, sneller en zekerder tot succes leiden. Dit is echter niet het geval. Integendeel: de natuur zelf beslist met onverbiddelijke logica, door de verschillende groepen tegen elkaar te laten concurreren, en om de zegepalm te laten strijden: zij laat daarbij die beweging de overwinning behalen, die de duidelijkste, meest rechte en veiligsten weg heeft gekozen.

Hoe zou de juistheid of onjuistheid van een methode uiterlijk anders bepaald kunnen worden, dan door het spel van de krachten vrije baan te laten, door de definitieve beslissing onafhankelijk te maken van de doctrinaire beslissing van mensheid betweter, en door de onfeilbare bewijsvoering van het zichtbare succes te laten beslissen, wat tenslotte immers altijd de juistheid van een daad definitief vaststelt. Wanneer dus ergens verschillende groepen langs ongelijke wegen op eenzelfde doel afmarcheren, dan zullen zij, voorzover ze althans weten van de verwante pogingen, hun eigen wegen des te scherper bekritiseren, die zo mogelijk verkorten, en alle krachten inspannen, om het doel sneller te bereiken.

Zo een strijd heeft dus een veredeling van iedere strijder afzonderlijk tengevolge, en het is niet zelden gebeurd, dat de mensheid haar successen juist te danken had aan de lessen, die men had opgestoken uit de mislukking van vroegere pogingen. Het feit, dat er aanvankelijk, zonder dat hier van bewuste schuld aan enige zijde sprake kan zijn, een verschrikkelijke versplintering heerst, is, hoe tragisch ons dit op het eerste gezicht ook moge toeschijnen, in werkelijkheid de garantie om tenslotte de beste methode te doen volgen. Wanneer wij nu de geschiedenis bezien, dan hadden, naar de meesten menen, de beide wegen, die eens tot oplossing van het Duitse eenheidsvraagstuk schenen te kunnen leiden, niet tegen elkaar moeten zijn gesteld, maar integendeel zijn samengesmolten. Die wegen, waarvan de belangrijkste vertegenwoordigers en strijders Oostenrijk en Pruisen, of Habsburg en Hohenzollern heetten, hadden tot één moeten worden gemaakt, en de verenigde krachten van beide partijen hadden langs die weg naar de eenheid moeten streven. Maar dan zou men de weg zijn gegaan van diegene van beide, die uiteindelijk het meest te betekenen had gehad; was dit besluit echter ten gunste van Oostenrijk uitgevallen, dan zou het nooit tot een Duits Rijk zijn gekomen. En nu ontstond dat Rijk, dat de sterkste Duitse eenheid betekende, juist uit datgene, wat miljoenen Duitsers met bloedend hart hadden beschouwd als het laatste en vreselijkste stadium van onze broedertwist; de Duitse keizerskroon werd in werkelijkheid op het slagveld bij Koniggratz veroverd, en niet bij de gevechten voor Parijs, zoals men later meende.

  Zodoende was de stichting van het Duitse Rijk als zodanig dus niet het gevolg van een gemeenschappelijk streven langs gemeenschappelijke wegen, maar integendeel het resultaat van een bewuste of soms ook onbewuste strijd om de hegemonie, een strijd, waarbij Pruisen dan tenslotte de overwinning wist te behalen. En wie niet door partijpolitiek blind is geworden voor de waarheid, die zal moeten toegeven, dat de zogenaamde menselijke wijsheid nooit datzelfde wijze besluit zou hebben genomen als datgene, wat de wijsheid van het leven – dat wil dus zeggen, het vrije spel der krachten – tenslotte heeft verwerkelijkt. Want wie zou tweehonderd jaar geleden in de Duitse landen op de gedachte hebben kunnen komen, dat het Pruisen der Hohenzollern en niet Habsburg eens oercel, stichter en leraar van het nieuwe Rijk zou zijn?! En wie zou, aan de andere kant, in onze dagen nog kunnen ontkennen, dat het noodlot toch de meest wijze weg heeft gekozen, en wie zou eigenlijk nog in staat zijn, zich een Duits Rijk voor te stellen, dat rustte op de principes van een rotte en gedegenereerde dynastie? Nee, de natuurlijke ontwikkeling heeft tenslotte, al is het dan ook niet dan na eeuwenlange strijd gebeurd, tenslotte toch de beste gebracht op de plaats, waar hij hoorde. Dat was zo, dat is zo, en dat zal ook eeuwig zo blijven. Daarom is er geen reden tot klagen, wanneer verschillende mensen zich op weg begeven, om eenzelfde doel te bereiken, want de sterkste en snelste komt op deze wijze te voorschijn en zal de overwinnaar zijn. Nu bestaat er nog een tweede oorzaak, die ook maakt, dat in het leven van volkeren dikwijls bewegingen, die schijnbaar van dezelfde soort zijn, hun schijnbaar eendere doel toch langs verschillende wegen trachten te bereiken. Deze oorzaak is niet alleen niet tragisch, maar is zelfs uiterst miserabel te noemen.

Ze is gelegen in het diep treurige mengsel van jaloezie, afgunst, eerzucht en diefachtigheid, die men helaas in sommige exemplaren van het soort mens van tijd tot tijd verenigd vindt.

Zo gauw er namelijk een man is opgestaan, die diep doordrongen is van de nood van zijn volk, en die nu nadat hij volkomen zekerheid heeft gekregen over het karakter van de ziekte, ernstige pogingen aanwendt, om aan die nood een eind te maken – zo gauw zo'n man een doel heeft gekozen en de weg heeft vastgesteld, die tot dit doel kan leiden, beginnen de kleine en de allerkleinste mensjes op te letten, en volgen ze met grote ijver de daden van deze man, die de aandacht van het publiek wist te trekken. Deze mensen zijn, wat dat betreft precies mussen, die, schijnbaar zonder de minste belangstelling, maar in werkelijkheid met grote spanning een gelukkiger collega gadeslaan, als deze een stukje brood heeft gevonden, maar die heel zeker plotseling in een onverwacht ogenblik toeschieten en het roven. Wanneer er maar één is, die een nieuwe methode probeert, dan zullen dadelijk vele luie lanterfanters verbaasd en opgeschrikt zijn, en op het idee komen, dat er mogelijk een vet hapje aan het eind van deze weg zou kunnen liggen. En zo gauw ze dan hebben uitgevist, waar dat hapje ongeveer te vinden is, gaan ze er als de wind van door, om langs een anderen weg, – zo mogelijk langs een snellere – het doel te bereiken. Wanneer de nieuwe beweging nu eenmaal gesticht is, en haar bepaald program heeft ontvangen, dan komen die andere lieden en beweren, dat zij datzelfde doel nastreven; maar nu zijn ze niet zo eerlijk, om zich bij die beweging aan te sluiten, en dus het eerstgeboorterecht daarvan te erkennen. Geen sprake van: zij bestelen het program en stichten daarop een eigen nieuwe partij. Ze zijn daarbij nog zo onbeschaamd, aan de herzenloze medemensen te verzekeren, dat ze al sinds lang precies hetzelfde hadden gewild als de andere; en het gelukt hen zelfs niet zelden, zich daardoor in een gunstig licht te stellen, in plaats van ten prooi te vallen aan de algemene verachting, zoals men zou mogen verwachten. Want is het niet een teken van bijzonder grote onbeschaamdheid, om eerst de taak, die een ander in zijn vanen heeft geschreven, over te nemen, om de programmapunten van die ander te nemen, en om het daarna te doen voorkomen alsof hijzelf dit alles had voortgebracht, en kalm zijn eigen wegen te gaan?

Die onbeschaamdheid blijkt echter wel bijzonder uit het feit, dat deze zelfde elementen, die eerst door hun nieuwe stichtingen scheuring hebben gemaakt, naar de ervaring leert, het meeste praten over de noodzakelijke eensgezindheid en eenheid, zo gauw ze menen te moeten vaststellen, dat de voorsprong van de tegenstander toch niet meer ingehaald kan worden. De zogenaamde versnippering van volksgezindten is aan deze feiten te danken. Nu waren er echter in de jaren 1918 en 1919 een gehele reeks zich volks noemende groepen, partijen enz. ontstaan, zonder dat men de stichters daarvan enig verwijt zou kunnen maken, omdat dit eenvoudig noodzakelijk moest volgen uit de natuurlijke ontwikkeling der dingen. Al in het jaar 1920 was de N.S.D.A.P. langzamerhand als overwinnares uit al dit kleine gedoe opgerezen. De principiële eerlijkheid van ieder van de stichters persoonlijk kon nu nooit prachtiger blijken dan uit het, bij velen waarlijk bewonderenswaardige besluit, om hun eigen, kennelijk minder succesvolle beweging op te offeren aan sterkere, dat wil dus zeggen, dat eigen beweging in die andere op te lossen of onvoorwaardelijk bij de grote te doen aansluiten. Dit moet vooral worden gezegd van de voorvechter der voormalige Duits-Socialistische Partij te Neurenberg, Julius Streicher. De N.S.D.A.P. en de D.S.P. waren met dezelfde doelstellingen, maar volkomen los van elkaar, ontstaan. De belangrijkste voorman der D.S.P. was, naar ik al zei, Julius Streicher uit Neurenberg, die destijds nog een leraarsfunctie bekleedde. Aanvankelijk was ook hij diep overtuigd van de taak en de toekomst van zijn beweging. Maar toen hij duidelijk en onbetwistbaar de grotere kracht en de sterkere groei vam de N.S.D.A.P. kon vaststellen, zette hij zijn werkgemeenschap stop, en drong er bij zijn aanhangers op aan, dat zij zich bij de N.S.D.A.P. aansloten, die in de strijd tussen beide organisaties de overwinning had weten te behalen, en in haar rijen doorstreden voor het gemeenschappelijke doel.

Een besluit, dat enerzijds zeer zwaar moest wegen voor de persoonlijkheid van de man, en anderzijds getuigde van een buitengewoon zuivere en fatsoenlijke mentaliteit. Er is dan ook in het geheel geen versplintering overgebleven uit deze eerste dagen van de beweging; bijna altijd heeft de eerlijke wil van de mannen van toen gemaakt, dat men de eerlijke rechten en juiste weg wist te vinden. Hetgeen wij nu de versplintering van de volkse elementen noemen, is, zoals ik al liet uitkomen, uitsluitend het gevolg van de tweede van de beide door mij genoemde oorzaken: eergierige lieden, die voordien nog nooit eigen ideeën, dus nog veel minder een eigen doel hadden gehad, voelden zich plotseling „geroepen" en merkwaardig genoeg, precies op het ogenblik, dat ze het succes van de N.S.D.A.P. onmiskenbaar zagen naderen. Plotseling ontstonden er programma's, die in ieder opzicht copieën waren van het onze; men streed voor ideeën, die men aan ons ontleend had; men kwam tot doelstellingen, waarvoor wij al jarenlang vochten; men nam methodes te baat, die de N.S.D.A.P. allang had gebruikt. Men trachtte op alle manieren een redelijk excuus te vinden voor de stichting van al die nieuwe partijen; maar men kon over het algemeen zeggen, dat de onwaarheid der frasen gelijke tred hield met de adel van de motieven, die men voorwendde. In werkelijkheid had hier slechts één reden meegesproken: de persoonlijke eerzucht der stichters, die met alle geweld iets wilden betekenen; en omdat zij te klein waren, om uit zichzelf iets anders voort te brengen, dan een groten moed, en dat dat nog van het soort, dat men in het burgerlijk leven

„diefachtig" pleegt te noemen, de moed namelijk, om de gedachten van anderen over te nemen.

Er kon destijds eenvoudig geen idee of voorstelling opkomen, of er was dadelijk zo'n kleptomaan die zich ervan meester maakte, en het voor zijn nieuwe zaakje benutte. Zij, die zo handelden, waren echter precies dezelfde lieden, die later met tranen in de ogen kwamen klagen over de „verdeeldheid onder de volkselementen", en onophoudelijk praatten over de „noodzaak tot eenheid", in de stille hoop, dat ze de anderen tenslotte toch zo gek zouden krijgen, dat die het eeuwig aanklagende geschreeuw moe zouden worden, en, behalve de nu gestolen ideeën, ook nog hun bewegingen zouden prijsgeven. Indien hun dit echter niet lukte, en de nieuwe ondernemingen, tengevolge van de geringe geestelijke capaciteiten van hun eigenaars, niet zo rendabel werden, als men zich dat had voorgesteld, dan placht men dadelijk een toontje lager te gaan zingen, en was al dankbaar, wanneer men in een zogenaamde werkgemeenschap aanvaard werd. Destijds verenigde zich alles, wat niet op eigen benen kon staan, tot zulke werkgemeenschappen; waarschijnlijk in de mening dat acht kreupelen tezamen een gladiator zouden vormen. Indien er zich temidden van al die kreupelen werkelijk een gezonde bevond, dan had die wel zijn gehele kracht nodig, alleen al om de anderen op de been te houden, en dat zou hem tenslotte ook tot een kreupele maken. Die samenwerking door middel van zogenaamde werkgemeenschappen hebben wij altijd als een kwestie van tactiek beschouwd; maar toch mogen wij daarbij de volgende principiële inzichten nooit uit het oog verliezen. Door de vorming van een werkgemeenschap worden zwakke groepen nooit in sterke veranderd, maar wel kan en zal een sterke groep door zulk een samenwerking niet zelden zelfs verzwakt worden. De opvatting, dat uit een samenwerking van zwakke groepen ooit een factor van kracht zou kunnen ontstaan, is ten ene male onjuist, omdat de praktijk heeft bewezen, dat de meerderheid in iedere vorm en onder alle omstandigheden slechts de domheid en de lafheid zal vertegenwoordigen. Wat dus ten gevolge heeft, dat ieder aantal groepen, zo gauw ze onder de zelfgekozen leiding van meer dan één persoon staan, aan de domheid en de lafheid ten prooi zullen zijn. Ook wordt door zo een bundeling het natuurlijke vrije spel van krachten belemmerd, waardoor dus de strijd, die de beste naar voren brengt, uitgeschakeld is, en de noodzakelijke definitieve overwinning van de gezondste en sterkste voor altijd onmogelijk is gemaakt.

Zulk een samengaan in werkgemeenschappen e.d. is dus in rechtstreekse strijd met de natuurlijke ontwikkeling, want meestal belemmert ze de oplossing van het probleem veel meer dan dat ze haar in de hand werkt. Nu kan het wel eens gebeuren, dat de algemene leiding van een beweging, die vooruitziet, om zuiver tactische redenen, toch met verwante groepen voor korte tijd en ter behandeling van bepaalde vragen een verbintenis aangaat, en misschien ook gemeenschappelijk maatregelen treft. Maar dit mag nooit tengevolge hebben, dat zulk een toestand permanent wordt, indien de beweging niet zelf daardoor afstand wil doen van haar taak. Want wanneer ze zich eenmaal definitief heeft vastgewerkt in zulk een vereniging, dan verliest ze de mogelijkheid, en het recht, om volledig tot ontplooiing te komen, zoals dat in de bedoeling van de natuurlijke ontwikkeling had gelegen, om zo haar mededingers te overwinnen, en als overwinnares het gestelde doel te bereiken. Laat men toch vooral nooit vergeten, dat alles op deze wereld, wat werkelijk groot is, niet door coalities werd veroverd, maar dat het steeds het succes van een enkelen overwinnaar was. De door coalities behaalde resultaten dragen al uit hoofde van hun herkomst de kiem voor latere afbrokkeling in zich, en zelfs voor vernietiging van het pas bereikte. Een waarlijk grote geestelijke omwenteling is uitsluitend en alleen denkbaar en bestaanbaar na een titanenstrijd van geweldige individuen, maar nooit als onderneming van een coalitie.

Zo zal ook zeker de volksstaat nooit geboren worden uit de wil van een werkgemeenschap, die uiteraard tot compromissen geneigd is, maar alleen door de ijzeren wil van een enkele beweging, die tegen alle anderen in, haar weg heeft gevonden en veroverd.

NEGENDE HOOFDSTUK PRINCIPIËLE IDEEËN OVER DE BETEKENIS EN DE ORGANISATIE DER S.A.

De kracht van de oude staat berustte op drie pijlers: de monarchistische staatsvorm, het ambtenaren corps en het leger. De revolutie van het jaar 1918 heeft de staatsvorm door een andere vervangen, heeft het leger vernield, en het ambtenarencorps uitgeleverd aan de corruptie van de partijen. Hierdoor zijn echter de belangrijkste steunpilaren van een zogenaamd staatsgezag gebroken. Deze berust bijna altijd uitsluitend op de volgende drie elementen, die trouwens de basis vormen van iedere vorm van gezag. Het eerste fundament voor het gezag wordt altijd gevormd door de populariteit er van.

Een gezag, dat echter alleen op dit fundament rust, is nog uiterst zwak, onzeker, en wankelend. Iedere drager van zo een gezag, dat uitsluitend op populariteit is gebaseerd, moet daarom trachten, de basis van dit gezag te versterken en te beveiligen door machtsvorming. Wij zien dus, dat de macht het tweede fundament van ieder gezag vormt. Zo een gezag is al belangrijk stabieler en veiliger, maar meestal absoluut niet krachtiger dan het eerste. Wanneer zich nu populariteit en macht paren, en zij erin slagen het een zekere tijd uit te houden, dan kan het gezag op een nog steviger basis worden gevestigd, n.l. op de traditie. En wanneer populariteit, macht en traditie samensmelten, dan kan het gezag als onwankelbaar worden beschouwd.

Door de revolutie is deze laatste meest volkomen mogelijkheid geheel uitgeschakeld. Er was zelfs niet eens meer een traditioneel fundament voor het gezag. De ineenstorting van het oude Rijk, de vernietiging van de oude staatsvorm, en van de oude wapens en Rijkssymbolen maakte plotseling een eind aan de traditie. Het gevolg hiervan was, dat het staatsgezag wel zeer zwaar werd geschokt. Zelfs de tweede pijler van het staatsgezag, de macht, ontbrak. Om de revolutie trouwens enkel maar te kunnen teweegbrengen, was men gedwongen geweest, om de belichaming van de georganiseerde kracht en macht van de staat, het leger, te ondergraven, en men had zelfs de bedorven gedeelten van het leger als revolutionaire strijd elementen moeten gebruiken. En al waren de front-troepen ook niet in gelijke mate als de andere besmet, toch werden ze, naarmate ze de roemrijke plaatsen, waar ze vier en een half jaar heldhaftig hadden gevochten, verder achter zich hadden liggen, meer en meer aangetast door het vitriool der ontreddering, dat hen uit het vaderland tegemoet stroomde. En wanneer ze dan in hun demobilisatie-garnizoenen waren aangekomen, dan mondde ook deze troep uit op de chaos, van de „vrijwillige gehoorzaamheid" uit de soldatenraden periode.

Natuurlijk kon men op deze muitende troepen soldaten, die hun dienst in het leger opvatten als een achturige werkdag, geen gezag meer baseerden. En daarmee was ook het tweede element, datgene, wat pas vastheid schenkt aan het gezag, uit de wereld geholpen, en zodoende bleef er voor de revolutie enkel nog de eerste pijler, die van de populariteit over, om haar gezag op te grondvesten. Maar deze pijler was nu juist een buitengewoon wankele. Weliswaar lukte het de revolutie, om met één enkele geweldige slag het oude staatsgebouw aan puin te slaan, maar eigenlijk was dit toch alleen maar mogelijk, omdat de oorlog het normale evenwicht in de structuur van ons volk al had verbroken.

Ieder volk kan in drie grote groepen worden onderverdeeld: in een toppunt van goede menselijke eigenschappen enerzijds, waarin alle deugden vertegenwoordigd zijn, en wel vooral moed en offervaardigheid, anderzijds de uiterste slechtheid, met die verstande, dat bij die groep alle egoïstische driften en fouten te vinden zijn. Mensen die beide uitersten ligt als derde groep, de grote gemiddelde massa, waarin men geen schitterend heldendom en al evenmin de gemeenste misdadigersmentaliteit aantreft.

Perioden van vooruitgang voor een volk worden gekenmerkt doordat in deze tijden het bijzonder goede deel absoluut de leiding heeft, en men kan zelfs zeggen, dat alleen in dat geval van werkelijke vooruitgang sprake kan zijn.

Perioden, waarin een normale gelijkmatige ontwikkeling plaatsvindt, of waarin een stabiele toestand heerst, kenmerken zich, en bestaan door het kennelijk domineren van alle elementen van de middengroep, waarbij de beide uitersten elkaar in evenwicht houden, of eventueel opheffen.

Perioden, waarin van een ineenstorting van het volk kan worden gesproken, worden bepaald, doordat de slechtste elementen domineren. Daarbij is het echter opmerkelijk, dat de grote massa, die ik hier als de middengroep zou willen aanduiden, alleen dan zich kennelijk manifesteert, wanneer de beide uitersten elkaar binden in onderlinge strijd, terwijl ze steeds gewillig gehoorzaamt aan de groep, die als overwinnaar uit deze strijd komt. Wanneer de besten overheersen, zal de massa achter deze aanlopen; wanneer de slechtsten de overhand krijgen, dan zal ze zich daartegen althans niet verzetten; want deze massa in het midden zal zelf nooit strijden.

Nu heeft de oorlog in zijn bloedige heerschappij van vier en een half jaar het innerlijke evenwicht van deze drie groepen in zoverre gebroken, dat men – hoeveel waardering men ook moge hebben voor de vele offers, die de middengroep bracht – zal moeten vaststellen, dat de groep van de beste mensen bijna volkomen ontkracht werd. Want het is werkelijk ontzettend, wat er in deze vier en een half jaar is vergoten aan onvervangbaar Duits heldenbloed. Laat men al die honderdduizenden incidentele gevallen eens optellen, waarbij steeds weer sprake was van: vrijwilligers vóór, vrijwillige patrouille tochten, vrijwillige bodedienst, vrijwilligers voor telefoon troepen, vrijwilligers voor het oversteken van bruggen, vrijwilligers voor duikboten, vrijwilligers voor vliegtuigen, vrijwilligers voor stormbataljons, enz. altijd en altijd weer, vier en een half jaar lang in duizend gevallen vrijwilligers en nog eens vrijwilligers — en het resultaat is steeds hetzelfde: Het is altijd, of het nu de baardeloze jongeling is of de man op rijpere leeftijd, degene die gloeit van vaderlandsliefde, en vervuld is van grote persoonlijke moed of het hoogste plichtsbesef, die zich meldt.

Er deden zich tienduizend, ja honderdduizend van deze gevallen voor; en langzamerhand werd dit soort mensen zeldzamer en zeldzamer. Wat niet viel, werd verminkt of ging langzamerhand, door de kleinheid van de anderen, onder in de gemiddelde massa. Laat men nu echter vooral eens bedenken, dat er in het jaar 1914 gehele legers werden gevormd uit de zogenaamde vrijwilligers, die dank zij de misdadige gewetenloosheid van onze parlementaire deugnieten, geen goede vooropleiding hadden genoten, en zodoende nu als weerloos kanonnenvlees aan de vijand waren overgeleverd. De viermaal honderdduizend man, die destijds bij de gevechten in Vlaanderen vielen, of verminkt werden, konden ons volk door geen offer vergoed worden. Het verlies van deze mensen betekende meer, dan dat ons actief met zulk een aantal werd verminderd. Door hun dood schoot de weegschaal, die nu aan de goede kant te weinig te dragen had, omhoog; en de gemene misdadige en laffe elementen, kortom het slechte uiterste kon nu een veel sterkere invloed uitoefenen, dan vroeger het geval was geweest. Want hier sprak nog een factor mee:

Niet alleen, dat op de slagvelden vier en een half jaar achtereen grote verwoestingen waren aangericht onder de besten, maar de slechtsten waren bovendien op buitengewone wijze bewaard gebleven. Ongetwijfeld stond er tegenover iedere vrijwillige held, die na de heilige offerdood de weg naar het Walhalla opging, een lafaard, die zeer voorzichtig voor de dood uit de weg ging, liever maar geen gevaar liep, en meer of minder nuttig werk verrichtte in het Vaderland. Aan het eind van de oorlog konden wij dus het volgende constateren: de grote middengroep der natie heeft haar deel aan het verplichte bloedoffer betaald; de groep der besten heeft zich met ongeëvenaarde heldenmoed bijna geheel opgeofferd; de slechtsten, enerzijds geholpen door de waanzinnigste wetten, en anderzijds door het verwaarlozen van de artikelen van de krijgswet, zijn helaas volkomen bewaard gebleven.

Dit wel bewaarde schuim van ons volk heeft later de revolutie ontketend; en het was daartoe alleen in staat, omdat er geen groep van de besten meer was, om hun werkzaamheid te neutraliseren – die groep had het leven gelaten. Dat betekent echter, dat de Duitse revolutie, al van het begin af, slechts in beperkte mate populair wist te worden. Het was niet het Duitse volk als zodanig dat hier de rol van Kaïn speelde, maar het was het lichtschuwe tuig van de deserteurs en souteneurs, enz. De frontsoldaat verheugde zich, dat de bloedige strijd ten einde was, hij was gelukkig, dat hij het vaderland weer kon betreden, en vrouw en kind mocht terugzien. Maar met de revolutie had hij in werkelijkheid niets uit te staan; hij had met haar niets op, en met de verwekkers en organisatoren ervan nog veel minder. In die vier en een half jaar, dat hij de zwaarste strijd had uitgevochten, was hij de hyena's van de partijen volkomen vergeten, en hun gehele getwist en geruzie raakte hem niet meer. Slechts bij een zeer klein gedeelte van het Duitse volk was de revolutie werkelijk populair geweest, en wel bij dat deel van de knechten der revolutie, die de rugzak hadden gekozen tot herkenningsteken voor alle ereburgers van deze nieuwe staat. Ze hadden de revolutie niet om de revolutie lief, zoals zo vele heden ten onrechte nog menen, maar om de gevolgen ervan.

Maar op de populariteit, die de nieuwe staat onder deze marxistische vrijbuiters genoot, kon een staatsgezag al bezwaarlijk voorgoed gebaseerd worden. En toch had juist die jonge republiek tot elke prijs gezag nodig, indien ze niet wilde, dat de laatste overblijvers van de besten uit ons volk zich opnieuw zouden bundelen, zouden opstaan en vergelden, om zo na een korte chaotische periode, weer een einde te maken aan haar heerschappij.

Die dragers van de omwenteling vreesden in die dagen niets zozeer als de mogelijkheid, dat ze in de kolking van hun eigen chaos weer iedere bodem onder de voeten zouden verliezen, en plotseling door een ijzeren vuist, zoals die in zulke perioden meer dan eens groeit uit het leven der volkeren, te worden gegrepen, om wederom in andere omstandigheden te worden geplaatst. De republiek moest zich tot iedere prijs consolideren. Zodoende was ze bijna onmiddellijk gedwongen, om naast de wankelende zuil van haar zwakke populariteit weer een machtsorganisatie te scheppen, om hierdoor een sterker gezag te kunnen doen gelden. Toen de voorvechters van de revolutie in december 1918, januari en februari 1919 voelden, hoe hun de grond al weer onder de voeten wegzonk, zochten ze naar mensen, die bereid zouden zijn, om de zwakke positie, die zij op de liefde van het volk hadden kunnen bouwen, door de kracht van wapenen te versterken. De „anti-militaristische" republiek had soldaten nodig. Omdat echter het eerste en enige steunpunt voor haar staatsgezag – namelijk haar populariteit – enkel voortkwam uit de groepen der souteneurs, dieven, inbrekers, deserteurs, lafaards, enzovoorts, dus uit die delen van het volk, die wij de slechtsten moeten noemen, daarom was iedere poging, om in deze kringen mensen te vinden, die bereid waren, hun leven veil te hebben voor het nieuwe ideaal, vergeefse moeite geweest. De groep, die de revolutionaire idee droeg, en de revolutie zelf had uitgevoerd, was niet bij machte, en al evenmin bereid, om de soldaten te leveren, die nodig waren, om haar te verdedigen. Want deze groep wilde in het geheel geen republikeinse staat organiseren, maar wilde enkel de bestaande ontbinden, om zodoende hun eigen instincten meer de vrije loop te kunnen laten. Hun leus was niet: ordening en opbouw van de Duitse republiek, maar: het leegplunderen van de staat.

Zodoende kon de kreet om hulp, die de door het volk geroepen mannen destijds in grote nood uitstootten, geen beantwoording vinden bij deze groep, en moest integendeel wel tot verweer en verbittering aanleiding geven. Want men beschouwde zo een poging als woordbreuk en een slag in het gezicht van hun geloof in de republiek. Men zag immers in de vorming van een gezag, dat niet meer alleen en uitsluitend op zijn populariteit, maar ook op zijn macht steunde, het begin van een nieuwe strijd tegen datgene, wat voor deze elementen het essentiële van iedere revolutie is; tegen het recht op diefstal en tegen het recht op een tuchteloze heerschappij van die horde van dieven en plunderaars, kortom van dat kwade gespuis, dat uit de tuchthuizen is losgebroken en van zijn ketenen is bevrijd. De door het volk gekozen mannen mochten net zoveel roepen als ze wilden, maar er kwam niemand uit hun eigen rijen opdagen, en het antwoord: „Verraders!", dat ze naar het hoofd kregen geslingerd, gaf duidelijk genoeg te kennen, hoe de dragers van hun populariteit over hun maatregelen dachten. Destijds werden er voor het eerst talrijke jonge Duitsers bereid gevonden, om, naar zij meenden voor rust en orde, de soldatenrok weer aan te trekken; karabijn of geweer op de schouder te nemen, en met de stalen helm op het hoofd, op te treden tegen de vernielers van het vaderland. Ze sloten zich uit eigen vrijen wil aaneen tot vrijkorpsen, en begonnen, hoewel ze de revolutie brandend haatten, diezelfde revolutie te beschermen en daardoor praktisch te bestendigen. Ze handelden echter zo, omdat ze waarlijk het beste voor hadden. De werkelijke organisator en raddraaier van de revolutie, de internationale Jood, had destijds de toestand juist ingezien. Het Duitse volk was nog niet rijp, om in het bloedige moeras van het bolsjewisme te worden getrokken, zoals met het Russische was gebeurd. Dit lag voor een groot deel aan het feit, dat de Duitse intellectueel en de Duitse handarbeider qua ras nog steeds betrekkelijk dicht bij elkaar stonden. Verder kwam dit ook, doordat zelfs de meest talrijke groepen van de bevolking toch altijd enige ontwikkeling hadden doorgemaakt, zoals dat buiten Duitsland enkel in de andere West-Europese staten het geval is, maar wat in Rusland beslist niet voorkwam. Daar was het intellect zelf al grotendeels van een andere nationaliteit, of althans van een niet-Slavisch ras. De dunne intellectuele bovenlaag van het toenmalige Rusland kon ieder ogenblik verdwijnen, tengevolge van het feit, dat iedere tussenvorm, die deze laag met de grote massa van het Russische volk had kunnen verbinden, ten enenmale ontbrak.

Het geestelijke en ook het morele niveau van deze laatste groepen was echter onrustbarend laag. Nauwelijks was het in Rusland gelukt, om de onontwikkelde, grote massa, die schrijven noch lezen kon, op te hitsen tegen de intellectuele bovenlaag, die haar zo volkomen vreemd was, of het lot van dit land was beslist, en de revolutie was gelukt; de Russische analfabeet was daardoor de weerloze slaaf geworden van zijn Joodse dictatoren, die op hun beurt wel weer zo verstandig waren, om op deze dictatuur het etiket „Volks dictatuur" te plakken. In Duitsland kwam daar nog het volgende bij: Even zeker als het feit, dat de revolutie enkel tengevolge van de langzame verrotting van het leger mogelijk was, stond het ook vast, dat niet de front soldaat de ware drager van de revolutie en de vernieler van het leger was geweest, maar het meer of minder lichtschuwe gespuis, dat of in de garnizoenen in het vaderland zat, of als „afgekeurd", ergens in het burgerlijk leven werkzaam was. Dit leger werd nog versterkt door tienduizenden deserteurs, die zonder bijzonder risico het front de rug toe konden keren. De werkelijke lafaard is natuurlijk altijd nergens zo bang voor als de dood. De dood stond echter aan het front dag aan dag in duizend verschillende vormen voor zijn ogen.

Indien men zwakke, weifelende, of zelfs laffe kerels toch hun plicht wil laten doen, dan is er altijd slechts één recept geweest dat hielp: de deserteur moet weten, dot zijn desertie juist datgene tengevolge heeft, wat hij wil ontvluchten. Aan het front kan men sterven, als deserteur moet men sterven. Alleen door zo een paardenmiddel tegen iedere poging tot desertie te gebruiken, kan men maken, dat niet alleen de enkeling, maar ook het geheel de afschrikwekkende werking ervan gevoelde. En hierin lagen nu de betekenis en het doel van de artikelen van de krijgswet.

Het was een mooie droom, dat men de grote strijd om het bestaan van een volk zou kunnen uitvechten, zonder daarbij andere steunpunten te hebben dan de vrijwillige trouw, geboren uit het inzicht in de noodzakelijkheid van de strijd. De vrijwillige plichtsvervulling bepaalt altijd de daden van de besten, maar niet die van de doorsneemens. Daarom zijn zulke wetten noodzakelijk, evenals bijvoorbeeld de wet tegen diefstal, die immers ook niet tegen de principieel eerlijke mensen is gemaakt, maar voor de weifelende, zwakke elementen. Zulke wetten moeten afschrikwekkend werken op de slechten, en zodoende beletten, dat er een toestand ontstaat, waar tenslotte de eerlijke als de domkop zou worden beschouwd, en waar deze zodoende in steeds sterkere mate tot de conclusie zou komen, dat het veel meer zin had, om ook maar mee te stelen, dan met lege handen toe te zien, of zich zelfs te laten bestelen. Het was dan ook onjuist, te menen, dat men in een strijd, die, naar menselijke berekening, jarenlang kon duren, die hulpmiddelen zou kunnen ontberen, die in een eeuwenlange, zelfs duizenden jaren oude praktijk de geijkte methoden waren gebleken, om zwakke en weifelende mensen in ernstige tijden en in ogenblikken, die het uiterste vragen van de zenuwen, toch te dwingen, hun plicht te doen.

Voor de heldhaftige vrijwilliger had men natuurlijk geen krijgswet nodig, maar wel voor de laffe egoïsten, die in de uren, dat hun volk in nood is, hun leven hoger achten, dan dat van het geheel. Zo een karakterloze zwakkeling kan echter niet anders dan door toepassing van de zwaarste straf worden weerhouden, om aan zijn lafheid toe te geven. Wanneer mannen steeds met de dood worstelen, en het wekenlang zonder voldoende rust moeten uithouden in met slijk gevulde gaten in de grond, en dan dikwijls nog met de slechtst denkbare verzorging, dan is het niet voldoende, dat men de dienstplichtige, die zijn zekerheid verliest, met gevangenis- of zelfs tuchthuisstraf bedreigt, om hem in toom te houden, maar alleen door de onverbiddelijke toepassing van de doodstraf. Want in de praktijk is gebleken, dat zulk een man in dergelijke omstandigheden de gevangenis nog een duizendmaal aangenamer verblijf acht dan het slagveld, aangezien immers in de gevangenis zijn onschatbare leven niet wordt bedreigd. Dat men in de oorlog echter praktisch de doodstraf uitschakelde, en de krijgswet dus in werkelijkheid buiten werking stelde, dat is iets, wat zich op vreselijke wijze gewroken heeft. Vooral in het jaar 1918 stroomde er een geheel leger van deserteurs over de etappe en het vaderland binnen, en hielp mee, om die grote misdadige organisatie te vormen, die wij daarna als de ware veroorzaker van de revolutie, na de 7de november 1918 plotseling voor ons zagen. Het front zelf had daarmee eigenlijk niets te maken. Alleen hebben de mannen aan het front natuurlijk allen zeer sterk naar de vrede verlangd. Doch juist dit feit vormde een groot gevaar; voordat de revolutie het vaderland begon te naderen, luidde de bange vraag, die de revolutionairen van die dagen steeds opnieuw stelden: Wat zullen de fronttroepen doen? Zullen die dit goedvinden? In deze weken moest de revolutie in Duitsland althans uiterlijk gematigd schijnen, wanneer ze niet het risico wilde lopen, om plotseling en in zeer korten tijd door enkele Duitse divisies volkomen in de pan te worden gehakt.

Want wanneer destijds ook maar één enkele divisiecommandant het besluit had genomen, om met zijn trouw gebleven divisie de rode vodden af te scheuren, en de leden van de „soldatenraden" tegen de muur te laten zetten, en eventueel verzet met werpers en handgranaten te breken, dan zou deze ene divisie binnen de vier weken zijn aangegroeid tot een leger van zestig divisies. En daarvoor sidderden de Joodse raddraaiers meer dan voor iets anders. En juist om dit te verhinderen, moest men de revolutie enigszins matigen; ze mocht niet in bolsjewisme ontaarden, maar moest onder de gegeven omstandigheden „rust en orde" voorwenden. Vandaar de talrijke vergaande concessies, het beroep op het oude ambtenaren corps, op de oude leiders van het leger. Men had ze minstens nog gedurende enigen tijd nodig, en pas, toen de moren hun plicht hadden vervuld, kon men het er op wagen, om hun de „hun toekomende" trap te geven, en de republiek uit handen van de oude staatsdienaars over te nemen en over te leveren aan de klauwen van de gieren van de revolutie.

Alleen langs die weg mocht men hopen, dat men de oude generaals en ambtenaren een rad voor de ogen zou kunnen draaien, om door schijnbaar onschuldige en zachte maatregelen ieder eventueel verzet te voorkomen, en van tevoren te ontwapenen. De praktijk heeft getoond, hoe goed dit gelukt is.

Maar de revolutie was niet gemaakt door de elementen, die rust en orde wilden, maar hoofdzakelijk door oproerkraaiers, dieven en plunderaars. En deze heren gingen allerminst akkoord met deze gang van zaken, terwijl het om tactische redenen evenzeer een onmogelijkheid was, om hun een en ander uiteen te zetten en te verklaren. Naarmate nu de sociaal-democratie in kracht was toegenomen, had deze haar oorspronkelijk karakter van brute revolutiepartij steeds meer verloren. Niet, dat ze haar ideeën had herzien, of dat ze niet meer de revolutie als hoogste doel beschouwden, of dat haar leiders andere dingen nastreefden; geenszins. Maar datgene, wat er tenslotte overbleef, was enkel nog het plan tot de revolutie, gedragen door een lichaam, dat niet bij machte was, dat plan uit te voeren. Met een partij van tien miljoen leden kan men geen revolutie meer maken. Zo een beweging is niet meer een maximum van activiteit, maar is de grote massa van het midden, dus de traagheid.

Het Jodendom zag dit in, en splitste nog tijdens de oorlog de sociaal-democraten in twee delen: d.w.z. de sociaal-democratische partij, die aan de wet van de traagheid gehoorzaamde, die de grondwet is van alle massa en als een zwaargewicht zich vastklemde aan de nationale verdediging, en anderzijds de radicaalste en meest actieve krachten die men uit haar rijen had gehaald en waarmee men hieruit bijzonder sterke stoottroepen had gevormd. De onafhankelijk socialistische partij en de Spartakusbund waren de stormtroepen van het revolutionaire marxisme. Zij moesten het revolutionaire feit volbrengen, en dan konden de massa's van de sociaal-democratische partij, die al tientallen jaren op de revolutie waren voorbereid, door hun gewicht de toestand bestendigen. Het marxisme wist daarbij precies, wat het aan de laffe bourgeoisie had, en behandelde haar dan ook „en canaille".

Men nam er in het geheel geen notitie van, omdat men wist dat de slaafse kruiperigheid van die politieke bouwsels van een vorige overleefde generatie nooit meer bij machte zou zijn tot ernstige weerstand. Zo gauw de revolutie gelukt was, en de belangrijkste pijlers van de oude staat als vernietigd konden worden beschouwd, moest de natuurlijke ontwikkeling van de revolutie worden geremd; het gros van het sociaaldemocratische leger bezette de veroverde posities, en de onafhankelijk socialistische en spartakistische stormtroepen werden opzij geschoven. Maar dat ging niet zonder strijd.

Niet alleen, dat de energieke stoottroepen der revolutie zich niet bevredigd en dus bedrogen voelden, en zelf nu de strijd wilden voortzetten, maar hun bandeloos optreden was tenslotte ook niet naar de zin van de raddraaiers der revolutie. Want nauwelijks was de omwenteling achter de rug, of er bleken onder de revolutionairen zelfs al twee partijen te bestaan, namelijk: de partij die rust en orde wilde, en die, welke naar bloedige terreur streefde. Maar wat was nu vanzelfsprekender, dan dat de gehele bourgeoisie prompt met vliegende vaandels de zijde van de „rust en orde" koos? Nu hadden die miserabelste van alle politieke organisaties opeens weer de mogelijkheid tot activiteit herkregen. Waarbij ze, zonder dat ze dat nu dadelijk hoefden toe te geven, toch in het geheim alweer grond onder hun voeten voelden, en een zekere solidariteit konden voelen ten opzichte van die macht, die zij wel haatten, maar die zij nog veel heviger vreesden.

Aan de Duitse politieke bourgeoisie was de hoge eer te beurt gevallen, om met de driemaal vervloekte marxistische leiders aan één tafel te mogen plaatsnemen, teneinde te beraadslagen over de bestrijding van de bolsjewisten. Zodoende ontstond al in de maanden december 1918 en januari 1919 de volgende toestand:

Een minderheid, bestaande uit de ongunstigste elementen heeft een revolutie ontketend. De marxistische partijen verklaarden zich dadelijk solidair hiermee. De revolutie zelf ziet er nogal gematigd uit, en dat bezorgt haar weer de vijandschap van de fanatieke extremisten. Deze beginnen met handgranaten en machinegeweren te „werken", openbare gebouwen te bezetten, kortom, de gematigde revolutie te bedreigen. Om de verschrikkingen van zo een ontwikkeling te vermijden, wordt er een wapenstilstand gesloten tussen de dragers van de nieuwe toestand en de aanhangers van de oude, teneinde gemeenschappelijk de extremisten te kunnen bestrijden. Het resultaat is, dat de vijanden van de republiek daardoor hun strijd tegen de republiek als zodanig hebben beëindigd, en nu meehelpen, om diegenen klein te krijgen, die zelf eveneens vijanden van deze republiek zijn, zij het dan ook om geheel andere redenen. Het tweede gevolg is, echter, dat daardoor het gevaar van een strijd tussen de aanhangers van de oude en die van de nieuwe staat definitief onmogelijk wordt gemaakt.

Men kan op dit feit niet duidelijk en niet dikwijls genoeg de nadruk leggen. Alleen de man, die dit feit inziet, begrijpt, hoe het mogelijk was, dat een volk, dat voor negentiende niet aan een revolutie meedeed, dat er voor zeventiende afwijzend tegenover stond, dat voor zes tiende die revolutie haat, er zich toch tenslotte bij neerlegt, wanneer één tiende het die revolutie opdringt.

Langzamerhand verbloedden enerzijds de spartakistische strijders-op-de-barricaden, en anderzijds de nationalistische fanatici en idealisten, en toen nu langzamerhand deze beide uitersten elkaar wederzijds vernietigden, overwon als altijd de kleurloze massa in het midden. De bourgeoisie en het marxisme aanvaardden beide de toestanden, zoals-ze-nu-eenmaal-was, en vonden elkaar. De republiek begon zich te „consolideren". Dat belette natuurlijk de burgerlijke partijen voorlopig nog niet, om nog een tijdlang de monarchistische idee te verkondigen, om met de geesten van een voorbije wereld de kleinere geesten van hun aanhangers te kalmeren en opnieuw te kunnen vangen.

Eerlijk was dit niet. In hun hart hadden ze allen allang gebroken met de monarchie, en de slechtheid van de nieuwe toestand begon ook velen uit de bourgeoisie te bekoren. En nu, in onze dagen (1926) voelt de gewone burgerlijke politicus zich meer op zijn gemak in het corruptieslijk van de republiek, dan in de hardheid en reinheid, die hij zich uit de vroegere staat nog weet te herinneren. Zoals ik al zei, was de revolutie na de vernietiging van het oude leger gedwongen om ter versterking van haar staatsgezag een nieuwe machtsfactor te scheppen. Onder de gegeven omstandigheden kon ze die alleen opbouwen uit aanhangers van een wereldbeschouwing, die eigenlijk lijnrecht tegen de hare inging. Daardoor alleen kon er langzamerhand een nieuwe weermacht ontstaan, die in haar omvang was begrensd door de vredesverdragen, en in de loop van de tijd, wat zijn opvattingen betrof, kon worden omgevormd tot een instrument van de nieuwe staatsopvatting.

Indien men zich nu afvraagt, hoe het komt – afgezien van al de werkelijke fouten van de oude staat, die hiertoe ook het hunne bijdroegen, – dat de revolutie als actie kon gelukken, dan komt men tot de conclusie, dat dit gebeurde:

1e. tengevolge van het feit, dat onze opvatting van plichtsvervulling en gehoorzaamheid verstarde, en,

2e. tengevolge van de laffe lijdzaamheid van de partijen, die de staat in stand zeiden te houden.

Hierbij dient nog het volgende te worden opgemerkt: De verstarring van onze opvatting van plichtsvervulling en gehoorzaamheid is uiteindelijk het gevolg van onze volkomen nationale en altijd enkel staatse opvoeding. Dientengevolge heeft men ook hier middel en doel verward. Plichtsbesef, plichtsvervulling en gehoorzaamheid kunnen nooit zelf doeleinden zijn, evenmin trouwens als de staat zelf dat kan; maar alles moet middel zijn, om een gemeenschap van wezens, die naar ziel en lichaam gelijksoortig zijn, het bestaan op aarde mogelijk te maken en te beveiligen. Op het ogenblik, dat het volkslichaam kennelijk ineenstort, en klaarblijkelijk de zwaarste lasten te dragen zal krijgen door de daden van enkele misdadigers, op zo een ogenblik betekenen én gehoorzaamheid én plichtsbesef tegenover deze misdadigers niets anders dan een doctrinaire vormendienst, en zelfs volkomen waanzin, wanneer anderzijds door „ongehoorzaamheid" en „plichtsverzaking" een volk van de ondergang te redden zou zijn. Volgens de nu van kracht zijnde burgerlijke staatsopvatting heeft de chef van een divisie, die destijds van hogerhand order kreeg, om niet te schieten, zijn plicht gedaan, toen hij niet schoot, omdat de burgerlijke wereld de gedachteloze formele gehoorzaamheid nu eenmaal liever heeft dan het leven van haar eigen volk. De nationaal-socialistische opvatting eist echter, dat men op zulke ogenblikken niet gehoorzaamt aan zwakke meerderen, maar alleen aan de volksgemeenschap. Op zo'n ogenblik geldt de verantwoordelijkheid, die de enkeling ten aanzien van zijn gehele natie bezit. En het was één van de redenen, waarom de revolutie kon slagen, dat ons volk — of beter onze regeringen — het levende juiste besef van deze begrippen had verloren.

Ten aanzien van het tweede punt zou ik het volgende willen opmerken:

De diepere reden voor de lafheid van de „conservatieve" partijen is vooral gelegen in het feit, dat het energieke en goedwillende deel van ons volk haar rijen verlaten had, om op het slagveld te verbloeden. De burgerlijke partijen, die wij de enige kunnen noemen, die nog op de grondslag van de oude staat stonden, meenden dat zij — afgezien van deze strijd tegen de buitenlandse vijand — hun opvattingen alleen langs geestelijke weg en met geestelijke middelen mochten verdedigen, omdat alleen de staat het recht had, ook de andere middelen te benutten. Men moet zo een opvatting niet alleen beschouwen als een symptoom van een langzaam groeiende decadente zwakte, maar ook als klinkklare waanzin in een tijd, waarin de politieke tegenstander dit standpunt al lang had verlaten, en nu zo openlijk verkondigde, dat hij al zijn politieke doeleinden zo mogelijk ook met geweld wilde bereiken.

Op het ogenblik, dat in de wereld van de burgerlijke democratie haar eigen telg, het marxisme, verscheen, was haar beroep op de verschillende partijen, om de strijd alleen met „geestelijke wapenen", uit te vechten, een krankzinnigheid, die haar eens duur te staan zou komen. Want het marxisme zelf was van oudsher de opvatting toegedaan, dat het al of niet gebruiken van een wapen enkel uit utiliteit standpunt bezien moet worden, en dat het succes steeds de morele rechtvaardiging betekent voor de daad. Hoe juist deze opvatting is, dat bleek wel in de dagen tussen 7 en 11 november 1918. Destijds bekommerde het marxisme zich niet in het minst om parlementarisme en democratie, maar bracht beide de doodssteek toe door middel van brullende en schietende misdadigersbenden. Het spreekt vanzelf, dat de burgerlijke kletsorganisaties op datzelfde moment machteloos waren.

Na de revolutie, toen de burgerlijke partijen, al hadden ze ook de firmanaam veranderd, plotseling weer opdoken en hun leiders plotseling weer uit de donkere kelders en doorluchte zolders van de verborgenheid te voorschijn kwamen, hadden ze, als alle vertegenwoordigers van zulke oude formaties, geen enkele fout afgeleerd, en er geen enkele deugd bijgeleerd. Hun politiek programma lag in het verleden, voorzover ze zich althans niet innerlijk al verzoend hadden met de nieuwe toestand; maar het was hun hoogste doel, om zo mogelijk te kunnen deelnemen aan de nieuwe gang van zaken, en daarbij bleven hun wapenen als altijd enkel hun woorden.

Ook na de revolutie hebben de burgerlijke partijen keer op keer op de ellendigste manier gebukt voor de straat. Toen de wet tot bescherming van de republiek aangenomen zou worden, was daarvoor eerst geen meerderheid te vinden. Maar toen er tweemaal honderdduizend marxisten kwamen demonstreren, kregen de hoeren burgerlijke „staatslieden" het zo te kwaad, dat ze, dwars tegen hun eigen overtuiging in, het wetsvoorstel aannamen, uit angst, dat de woedende massa er anders wel voor zou zorgen, dat ze bij het verlaten van de Rijksdag mak werden als lammetjes. Helaas bleef dat uit, tengevolge van het feit, dat de wet aangenomen werd. Zodoende verliep de ontwikkeling van de nieuwe staat dan ook, alsof er in het geheel geen nationale oppositie bestond.

De enige organisaties, die in deze tijd de moed en de kracht hadden bezeten, om zich tegen het marxisme en zijn misleide massa's teweer te stellen, waren in de eerste plaats de vrijkorpsen, later de „zelfbeschermingsorganisaties", „burgerwachten", enz. en tenslotte de traditionele organisaties. De reden echter, waarom ook zij geen noemenswaardige invloed op de ontwikkeling van de Duitse geschiedenis wisten uit te oefenen, was in het volgende gelegen: Zoals de zogenaamde nationale partijen generlei invloed wisten uit te oefenen, doordat ze niet beschikten over een organisatie, die op straat gezag had kunnen inboezemen, zo konden die zogenaamde weerbaarheidsorganisaties op hun beurt weer geen invloed uitoefenen, doordat hun iedere politieke idee en vooral ieder politiek doel ontbrak. Datgene, wat eens had gemaakt, dat het marxisme zo'n succes had, was de volmaakte samenwerking geweest tussen het politieke streven en het brute optreden. De oorzaak, dat het nationale Duitsland volkomen ontbloot was van werkelijke invloed op de ontwikkeling in Duitsland, was gelegen in het feit, dat de brute kracht en het geniale politieke streven zo ver van elkaar en niet eendrachtig naast elkaar stonden. Hoe het streven van de „nationale" partijen ook gericht was, geen van alle was in staat het te verdedigen, en wel allerminst, om dit op straat te doen.

De weerbaarheidsorganisaties hadden alle macht in handen, waren heer en meester op straat en in de staat, maar bezaten geen politieke idee en geen politiek doel, waaraan hun macht, ten bate van het nationale Duitsland dienstbaar gemaakt werd, of zelfs had kunnen worden. In beide gevallen was het de sluwheid van de Jood, die kans zag, om door hen wijs toe te spreken, en in hun mening te versterken, de bestaande toestand te vereeuwigen of althans deze noodlottige geschiedenis te versterken. Het was de Jood, die door middel van zijn pers, met oneindige sluwheid de idee van het „nietpolitieke karakter" der weerbaarheidsorganisaties wist te lanceren, evenals hij anderzijds steeds het „zuiver geestelijke" van de strijd prees en ondersteunde. Miljoenen Duitse domoren kletsten deze onzin na, zonder ook maar half te beseffen, hoezeer ze zichzelf daarmee ontwapenden en aan handen en voeten gebonden, uitleverden aan de Jood. Maar ook hiervoor is vanzelfsprekend weer een natuurlijke verklaring. Het feit, dat er een grote scheppend nieuw idee ontbreekt, betekent ten allen tijde een beperking van de strijdbaarheid. De overtuiging, dat men het recht heeft, om ook de meest meedogenloze wapenen te gebruiken, spruit steeds voort uit het bestaan van een fanatiek geloof, aan de noodzaak van de overwinning van een nieuwe ordening, die volkomen een omwenteling teweeg zal brengen in de omstandigheden op aarde. Een beweging, die niet voor dergelijke verheven doeleinden en idealen strijd, zal daarom nooit de moed bezitten, om ook van de scherpste wapenen gebruik te maken. Het tonen van een nieuwe grote idee is het geheim geweest van de Franse revolutie; de Russische heeft haar overwinning aan de idee te danken, en het fascisme heeft enkel uit de idee de kracht kunnen putten, om een volk de zegeningen van een zeer uitgebreide hervorming te doen ondergaan. Burgerlijke partijen zijn hiertoe nooit in staat.

Maar het waren niet alleen de burgerlijke partijen, die het hoogste heil op politiek gebied verwachtten van een restauratie van het verleden, maar ook de weerbaarheidsorganisaties, voorzover die zich dan al met politieke doeleinden bezig hielden. De tendensen van oudstrijder verenigingen en van de Kyffhäuserbund ontwaakten hier en droegen er het hunne toe bij, om het scherpste wapen, waarover het nationale Duitsland destijds kon beschikken, in politiek opzicht af te stompen, en het te doen ontaarden in deze tijd van een huurlingenbestaan voor de republiek. Het feit, dat zij zelf daarbij het beste wilden, en, meer nog, vast geloofden, het beste te doen, doet niet het minste aan de wanhopige krankzinnigheid van deze gebeurtenissen af. Langzamerhand kreeg het marxisme in de Reichswehr, die vaste vorm aannam, de noodzakelijke steun voor zijn gezag en begon daarop consequent en logisch de gevaarlijk blijkende nationale weerbaarheidsorganisaties af te breken, omdat die nu overbodig waren geworden. Enkele bijzonder stoutmoedige leiders, die men met wantrouwen bezag, werden voor het gerecht gedaagd, en achter slot en grendel gezet. En allen ondergingen het lot, dat zij zelf hadden verdiend. Met de stichting van de N.S.D.A.P. had zich voor het eerst een beweging vertoond, waarvan het doel niet, zoals bij de burgerlijke partijen, gelegen was, in een min of meer mechanische restauratie van het verleden, maar integendeel in het streven, om het huidige tegennatuurlijke staatsmechanisme te vervangen door een organische volksstaat.

De jonge beweging ging daarbij van de eerste dag af, van het standpunt uit, dat een idee met geestelijke middelen verdedigd moet worden, maar dat deze geestelijke strijd zo nodig ook met gewelddadige middelen mogelijk gemaakt moet worden. Omdat zij zelf zozeer overtuigd is van de geweldige betekenis van deze nieuwe leer, spreekt het voor haar vanzelf, dat geen offer te groot mag zijn, om het doel te bereiken. Ik heb al gewezen op de beweegredenen, die de een beweging, indien zij althans het hart van het volk wil veroveren, verplichten, om zich uit eigen kracht te verdedigen tegen de pogingen van de tegenstander, om haar te terroriseren. Tevens is het een aloude ervaring van de wereldgeschiedenis, dat een terreur, die door een wereldbeschouwing wordt gedragen, nooit door de gewone macht van de staat kan worden gebroken, maar onveranderlijk alleen voor een nieuwe wereldbeschouwing kan bukken, die even moedig en vastberaden optreedt als zijzelf.

Deze waarheid zal de officiële staatsbehoeders van alle tijden onaangenaam in de oren klinken, maar daardoor verliest het feit niets van zijn juistheid. De staatsmacht kan alleen voor rust en orde instaan, wanneer de staat berust op de wereldbeschouwing, die men op dat bepaalde moment algemeen is toegedaan, zodat de uiteraard betrekkelijk zeldzame misdadigers de enige gewelddadig optredende elementen zijn, en dat deze niet zijn te vinden onder een groep, die lijnrecht staat tegenover de ideeën, waarop de staat is gebaseerd. Want in dit laatste geval kan de staat eeuwenlang de gewelddadigste maatregelen nemen, hij zal deze tegenstander tenslotte toch niet kunnen vernietigen, en zal de nederlaag lijden.

De Duitse staat wordt hevig in het nauw gebracht door het marxisme. Hij heeft zeventig jaren lang tegen deze wereldbeschouwing gestreden, en het is hem niet mogen lukken, de overwinning van dat marxisme te beletten; hij werd uiteindelijk toch tot volledige capitulatie gedwongen, niettegenstaande de duizenden jaren tuchthuis en gevangenisstraf, die hij uitdeelde, en de bloedige maatregelen, die hij keer op keer trof tegen de strijders van de hem bedreigende, marxistische wereldbeschouwing (ook dit zal de normale burgerlijke hogere ambtenaar natuurlijk willen loochenen, maar het zal hem natuurlijk niet lukken, een gewillig oor te vinden voor zijn beweringen).

De staat echter, die op de 9de november 1918 de voeten van het marxisme kuste, zal morgen niet plotseling als de overwinnaar van datzelfde marxisme opstaan. Integendeel: de burgerlijke zwakzinnigen op de ministerszetels dazen heden ten dage (1926) al over de noodzaak, om niet tegen de arbeiders te regeren – en onder „arbeiders" verstaan ze dan – het marxisme. Door nu zo de arbeiders met het marxisme te identificeren, begaan ze niet alleen een laffe en grove vervalsing van de waarheid, maar trachten ze tevens door zulk een motivering hun eigen nederlaag tegen de idee en de organisatie van het marxisme te verdoezelen. Het feit echter, dat de huidige staat volkomen onderworpen is aan het marxisme, legt pas echt aan de nationaal-socialistische beweging de plicht op, om niet alleen op geestelijk gebied de overwinning van haar idee voor te bereiden, maar om ook de verdediging tegenover de nog in overwinningsroes verkerende internationale zelf ter hand te nemen. Ik heb al beschreven, hoe er langzamerhand door de eisen van de praktijk een zaalwacht ontstond in onze jonge beweging, hoe deze langzamerhand het uitgesproken karakter van een ordewacht aannam, en naar een organisatorische vorm streefde. Hoezeer de langzamerhand ontstane formatie uiterlijk ook op een zogenaamde weerbaarheidsorganisatie mocht lijken, toch kon zij daarmee zeer bepaald niet worden vergeleken. Naar ik al zei, hadden de Duitse weerbaarheidsorganisaties geen bepaalde eigen politiek idee. Het waren werkelijk alleen organisaties tot zelfverdediging, die meer of minder doelmatig waren geschoold en georganiseerd, zodat ze eigenlijk enkel een illegale versterking van de aanwezige legale machtsmiddelen van de staat vormden. Hun vrijkorps achtig karakter was enkel gebaseerd op de wijze van hun scholing, en op de toestand van de staat in die tijd; maar zij verdienden deze naam zeker niet, omdat zij geen vrijwillige strijdorganisaties voor een bepaalde vrije, eigen overtuiging waren.

Niettegenstaande de oppositionele houding, die enkele leiders en zelfs gehele groepen aannamen ten aanzien van de republiek, beschikten ze toch niet over zo'n overtuiging. Want het is niet voldoende, dat men van de minderwaardigheid van een bestaande toestand overtuigd is, om van een overtuiging in diepere zin te kunnen spreken, want deze kan alleen gebaseerd zijn op het weten van een nieuwe toestand en op het innerlijk beleven van een toestand, die men wil en moet bereiken en waarvoor men zichzelf op het spel wil zetten, omdat men hierin zijn hoogste taak ziet. De toenmalige ordewacht van de nationaal-socialistische beweging onderscheidt zich principieel van alle weerbaarheids-organisaties, omdat ze niet in het minst een dienares was van de door de revolutie geschapen toestanden, maar integendeel uitsluitend streed voor een nieuw Duitsland. Deze ordewacht bezat aanvankelijk slechts het karakter van een zaalwacht. Haar eerste taak was zeer beperkt:

ze moest het ons mogelijk maken, om vergaderingen te houden, die namelijk zonder haar door de vijand finaal onmogelijk waren gemaakt. Destijds al was ze in die zin opgevoed, dat ze steeds onvoorwaardelijk tot de aanval overging, maar dat niet, omdat ze, zoals men in domme volkskringen in Duitsland placht te kletsen, de gummiknuppel aanbad, doch omdat ze begreep, dat de grootste geest uitgeschakeld kan worden, wanneer hij met een gummiknuppel wordt neergeslagen. En er zijn uit de geschiedenis talloze gevallen bekend, van de grootste genieën, die het leven lieten onder de slagen van de ellendigste kleine knechten. Zij wilde niet het geweld tot doel verheffen, maar wilde de verkondigers van een geestelijk doel beschermen tegen overlast van de zijde van het geweld. En daarbij heeft ze ingezien, dat ze niet de plicht heeft, om een staat te beschermen, die niet op haar beurt de natie beschermt – maar integendeel, dat zij de natie moet beschermen tegen al degenen, die volk en staat dreigen te vernietigen.

Na de vechtpartij in de vergadering in het Hofbräuhaus te München kreeg de ordewacht eens voor altijd ter blijvende herinnering aan de heldhaftige stormaanvallen van het kleine groepje van destijds, de naam stormafdeling. Zoals deze naam al zegt, vormde ze daardoor slechts een afdeling van de beweging. Ze is een van de organen van de beweging, evenals de propaganda, de pers de wetenschappelijke instellingen, enzovoort. Hoe noodzakelijk het was, dat zij beter werd opgezet, dat bleek niet alleen bij die gedenkwaardige vergadering, maar ook bij onze poging, om de beweging langzamerhand van München ook naar de rest van Duitsland te doen overslaan. Vanaf het ogenblik, dat het marxisme begonnen was, in ons een gevaar te zien, liet ze geen gelegenheid ongebruikt voorbijgaan, om iedere poging tot het houden van een nationaal-socialistische vergadering al in de kiem te smoren, of eventueel de orde zo te verstoren, dat de vergadering moest worden afgelast. Daarnaast sprak het volkomen vanzelf, dat de partijorganisaties van het marxisme van alle richtingen iedere bedoeling en iedere daad in die zin in de vertegenwoordigende lichamen blindelings dekten. Wat moest men echter zeggen van burgerlijke partijen, die, hoewel ze zelf door het marxisme waren neer geknuppeld, en het op vele plaatsen niet durfden wagen, om hun redenaars in het openbaar te laten optreden – toch een volkomen onbegrijpelijke domme satisfactie gevoelden, wanneer wij op de een of andere wijze de nederlaag leden tegen het marxisme. Zij waren gelukkig, omdat de kracht, waartegen zij niet op konden, en die integendeel henzelf neersloeg, ook door ons niet overwonnen kon worden.

Wat moest men in 's hemelsnaam zeggen van rijksambtenaren, van commissarissen van politie, of zelfs van ministers, die zich met een werkelijk zeer onfatsoenlijk tekort aan eerlijke overtuiging, naar buiten als „nationale" mannen plachten voor te stellen, maar bij alle conflicten, die wij, nationaal-socialisten, met het marxisme hadden, voor dat marxisme de schandelijkste handlangers diensten verrichtten? Wat moest men zeggen van mensen, die in hun zelfvernedering zover gingen, dat ze voor een miserabele loftuiting in een Joodse krant zonder meer die mannen gingen vervolgen, die heldhaftig hun eigen leven in de waagschaal stelden, en er zodoende toe hadden meegewerkt, dat zij, burgerlijke politici, nog leefden en niet al enkele jaren eerder door de rode horde als stuk gereten lijken aan de lantarenpalen waren opgehangen.

Dit waren zo erbarmelijke figuren, dat de onvergetelijke, nu helaas overleden president Pôhner, die streng en rechtschapen was, en alle kruipers en gluipers haatte, eens het volgende harde vonnis over hen velde: „Ik heb in mijn hele leven nooit iets anders willen zijn dan eerst Duitser en dan ambtenaar, en ik zou nooit in mijn leven aangezien willen worden voor een van die knechten, voor een van die hoeren van ambtenaren, die zich prostitueren met iedereen, die toevallig op een bepaald ogenblik de baas weet te spelen". Daarbij was het nog wel bijzonder betreurenswaardig, dat dit slag mensen niet alleen langzamerhand tienduizenden van de eerlijkste en braafste Duitse ambtenaren in zijn macht kreeg, maar hen ook nog besmette met zijn eigen overtuiginglooosheid, en integendeel de eerlijke met felle haat vervolgde, en hen tenslotte uit hun betrekking en hun functie wist te werken, terwijl men nog huichelachtig en oneerlijk genoeg was, om zich naar buiten nog steeds als „nationale mannen" voor te doen.

Van dergelijke lieden hadden wij nooit enige steun te verwachten, en wij hebben die hulp dan ook niet dan uiterst zelden ontvangen. Alleen een goede organisatie van onze eigen verdedigingstroepen was in staat, om enerzijds te maken, dat onze beweging zich vrijelijk kon ontplooien, en anderzijds zorg te dragen, dat die algemene belangstelling en dat algemeen respect haar deel werd, dat men steeds heeft voor de aangevallene, die zich verdedigt. De belangrijkste van de richtlijnen, die ons bij de inwendige opbouw van deze stormafdeling voor ogen stond, was wel die, om er niet alleen een lichamelijk geschoolde troep van te maken, maar ook een absoluut overtuigd verdedigster van de nationaal-socialistische idee, en ook, om haar aan een ijzeren discipline te onderwerpen.

Ze mocht niets gemeen hebben met een weerbaarheids- organisatie naar burgerlijk model, maar al evenmin met een geheim genootschap. De reden, die mij er toe bracht, om mij al in die dagen zo scherp mogelijk te verzetten tegen de mogelijkheid, dat de S.A. van onze N.S.D.A.P. een z.g. weerbaarheidsorganisatie werd, vloeide voort uit de volgende overweging:

Zuiver zakelijk beschouwd, is het niet mogelijk, dat een volk door niet-officiële organisaties weerbaar wordt gemaakt, behalve dan met behulp van buitengewone steun van staatswege. Indien men ergens een andere mening dienaangaande is toegedaan, dan geeft men daarmee alleen blijk, van een grenzenloze overschatting van zijn eigen capaciteiten. Indien men met „vrijwillige discipline" organisaties wil scheppen, die enige militaire waarde hebben, zijn deze nu eenmaal steeds aan bepaalde grenzen gebonden. Men mist hierbij de belangrijkste steun, waarop ieder commando moet berusten, namelijk het recht om te straffen.

Wel was het in de herfst, of beter in de lente van het jaar 1919 nog mogelijk, om z.g. vrijkorpsen te vormen, en nog afgezien van het feit, dat deze destijds voor het grootste gedeelte bestonden uit oude frontsoldaten, die bij het oude leger geschoold waren, legden deze organisaties hun aanhangers zodanige verplichtingen op, dat deze zich wat hun onvoorwaardelijkheid en gestrengheid betrof, in niets onderscheidden van militaire groepen. Alleen was de tijd, gedurende welke zij hun rekruten in beslag namen, beperkt. En dit onvoorwaardelijke ontbreekt ten enenmale aan de vrijwillige weerbaarheidsorganisaties van onze dagen. Hoe groter de organisatie wordt, des te slapper de discipline, en des te bescheidener moeten de eisen zijn, die men aan ieder van de mannen afzonderlijk kan stellen; en het geheel zal hoe langer hoe meer gaan lijken op een van de oude nietpolitieke oud- strijders verenigingen.

Een vrijwillige opvoeding tot de militaire dienst in grotere organisaties zal zonder gegarandeerd onvoorwaardelijk recht tot commanderen onuitvoerbaar zijn. Er zullen altijd maar zeer weinig mensen bereid zijn, om zich uit eigen vrijen wil te onderwerpen aan een dwang tot gehoorzaamheid, zoals bij het

leger natuurlijk en vanzelfsprekend wordt geacht. Verder kan van een werkelijke scholing geen sprake zijn, tengevolge van de bespottelijk geringe middelen, waarover de z.g. weerbaarheidsorganisaties tot dit doel kunnen beschikken. Zo een instelling had het echter juist als het belangrijkste deel van haar taak moeten beschouwen, om te zorgen, dat ze haar mensen de beste en voorbeeldigste opleiding gaf, die men zich denken kon. Nu zijn er sinds de oorlog acht jaar verlopen, en in deze tussentijd is geen enkele lichting van onze Duitse jeugd meer stelselmatig opgeleid. En het kan toch niet de taak van een weerbaarheidsorganisatie zijn, om de al geschoolde oudere lichtingen te verzamelen, daar men in dat geval dadelijk wiskunstig zuiver kan berekenen, wanneer het laatste lid deze organisatie zal verlaten. Want ook de jongste soldaat uit het jaar 1918 zal twintig jaar later niet meer bruikbaar zijn voor de dienst, en dit tijdstip komt al bedenkelijk dichtbij. Dat betekent dus, dat al die z.g. weerbaarheidsorganisaties langzamerhand steeds meer op oud-strijders verenigingen moeten gaan lijken.

Maar dit kan onmogelijk de bedoeling zijn van een organisatie, die zich nu eenmaal niet oud-strijders- maar weerbaarheids- organisatie noemt, en dus in haar naam al wil uitdrukken, dat ze haar taak niet alleen ziet in de handhaving van de traditie en de onderlinge solidariteit tussen oud-soldaten, maar dat ze de weerbaarheidsgedachte wil ontwikkelen, en in praktijk wil brengen, dus in het scheppen van een weerbare formatie. Dan is het echter een absolute vereiste, dat de elementen, die tot nog toe niet militair waren geschoold, nu ook worden opgeleid, en dat blijkt in de praktijk een onmogelijkheid te zijn. Men kan geen soldaten vormen door één of twee uur les per week. Gezien de enorm hoge eisen, die de militaire dienst in onze dagen aan iedere enkeling stelt, is een tweejarige diensttijd misschien nog maar juist voldoende, om een ongeschoolde jonge man te veranderen in een goed soldaat. Wij hebben tenslotte allen aan het front de vreselijke gevolgen gezien van de ongeschooldheid van jonge soldaten. Troepen vrijwilligers, die 15-20 weken lang met ijzeren vastberadenheid en de grootste toewijding waren geschoold, bleken aan het front toch nog niets anders dan kanonnenvlees te zijn. De enige mogelijkheid, om van jonge rekruten, die een opleiding van vier tot zes maanden achter de rug hadden, bruikbare strijders te maken, was, om ze in te delen bij oude ervaren soldaten; ze werden dan door de „ouden" geleid, en groeiden zo langzaam aan naar hun taak toe.

Hoe hopeloos is daartegenover de poging, om zonder een precies omschreven recht en macht tot bevelen, zonder voldoende middelen, door een cursus van één of twee uur per week een troep jonge mannen tot soldaten te vormen! Misschien is het mogelijk, om daardoor oude soldaten weer op peil te brengen, maar zeker kan men op die manier nooit soldaten vormen. Hoe onbetekenend en volkomen waardeloos de resultaten van zo een handelwijze zouden zijn, blijkt wel het duidelijkst uit het feit, dat in dezelfde tijd, waarin een zogenaamde vrijwillige weerbaarheidsorganisatie met buitengewoon veel moeite en zorgen een paar duizend oorspronkelijk al goedwillende mensen (een ander soort kan zij nooit bereiken) opvoedt of tracht op te voeden tot het weerbaarheidsidee – dat in dezelfde tijd de staat zelf door zijn pacifistisch-democratische opvoeding miljoenen en nog eens miljoenen jonge mensen consequent van hun natuurlijke instincten beroofd, hun logisch vaderlands denken vergiftigt, en zo langzamerhand een kudde schapen van hen maakt, die iedere willekeur kalm verdraagt.

Hoe gering en bespottelijk is, hiermee vergeleken, alle moeite die de weerbaarheidsorganisaties doen, om de Duitse jeugd vatbaar te maken voor haar ideeën. Maar het volgende punt is bijna nog belangrijker, en heeft gemaakt, dat ik altijd al een tegenstander was van alle plannen, om de jeugd militair weerbaar te maken door middel van vrijwillige organisaties. Stel eens, dat het niettegenstaande al de eerder genoemde moeilijkheden toch een organisatie zou lukken, om jaar op jaar een aantal Duitsers tot weerbare mannen op te leiden, en dat zowel wat hun mentaliteit als wat hun lichamelijke oefening en hun vaardigheid in het hanteren van wapenen betreft, dan zou het resultaat toch nihil zijn in een staat, die in zijn gehele opzet afwijzend, ja zelfs vijandig staat tegenover zo een weerbaarmaking, omdat dit in lijnrechte strijd is met het oogpunt van de leiders – (lees: de vernielers) van deze staat. Zo een resultaat zou echter zeker waardeloos zijn onder regeringen, die niet alleen metterdaad hebben bewezen, dat de militaire kracht van de natie hun koud laat, maar die vooral ook in het geheel niet bereid zouden zijn, om een beroep te doen op deze kracht, behalve dan ter ondersteuning van haar eigen vloekwaardig bestaan. En heden ten dage is dat nog het geval.

Of is het soms niet iets bespottelijks, dat een regering op het ogenblik een paar maal tienduizend man in het twijfelende licht van de schemering tot soldaten wil scholen, terwijl dezelfde staat luttele jaren geleden acht en een half miljoen van de best geschoolde soldaten smadelijk aan hun lot overliet, en niet alleen geen gebruik meer maakte van hun diensten, maar hen zelfs als dank voor hun offers nog in het openbaar liet beledigen? Men wil nu dus soldaten opleiden ten dienste van een regering, die de roemrijkste soldaten van vroeger bekladde en bespoog, die hen de eretekenen van de borst liet rukken, de cocardes ontnam, de vaandels in het slijk trapte, en hun prestaties kleineerde? Of heeft deze huidige regering bijgeval ooit ook maar één enkele stap gedaan, om het oude leger weer in ere te herstellen, en om de vernielers en lasteraars van dat leger ter verantwoording te roepen? Niet in het minst. Integendeel: wij kunnen nog heden zien, hoe deze laatsten de hoogste functies in de staat bekleden. Wat zei men ook weer in Leipzig (waar het hoogste rechtscollege van het Duitse Rijk zetelt. Vert.): „Het recht gaat met de macht".

 Waar echter in de huidige republiek de macht in handen van dezelfde mannen ligt, die eens de revolutie ontketenden, en omdat deze revolutie het gemeenste landverraad, sterker: de ellendigste schurkenstreek van de hele Duitse geschiedenis is, zou er waarlijk moeilijk een gegronde reden aan te geven zijn, waarom juist de macht van deze karakters door de vorming van een nieuw jong leger vergroot zou moeten worden. Wanneer men zijn gezond verstand gebruikt, kan men althans niets ten gunste van zo'n idee zeggen.

 De waarde, die deze staat, ook na de revolutie van 1918, hechtte aan de militaire versterking van zijn positie, bleek wel zeer duidelijk uit de houding, die hij innam ten aanzien van de toen bestaande grote zelfverdedigingsorganisaties. Zolang deze organisaties gebruikt konden worden, om knechten van de revolutie, die zelf te laf waren, in bescherming te nemen, waren ze niet onwelkom, zo gauw echter de weerstandkracht van ons volk afnam en het peil ervan daalde, waardoor dus het gevaar voor dat soort heren verminderde, waardoor de organisaties dus een versterking van de nationaalgezinde politieke groepen vormden, waren ze teveel, en stelde men alles in het werk, om hen te ontwapenen, en hen, zo mogelijk, zelfs uiteen te jagen.

 De geschiedenis kent maar een gering aantal gevallen, waarin vorsten hun dankbaarheid toonden. Maar alleen bij een patriot van de nieuwe stempel kan het opkomen, om te rekenen op de dankbaarheid van revolutionaire moordenaars, brandstichters, plunderaars en volksverraders. Ik voelde me in ieder geval, steeds wanneer ik het vraagstuk, of er vrijwillige weerbaarheidsorganisaties in het leven geroepen moesten worden, naging, gedwongen om me af te vragen: Voor wie leid ik deze jonge mannen op? Waartoe worden ze gebruikt, en wanneer moeten ze worden opgeroepen? Het antwoord op deze vraag geeft tegelijkertijd de beste richtlijnen, waaraan men zich te houden heeft. Wanneer de huidige staat gebruik zou maken van geschoolde reserves in deze trant, dan zou dat nooit gebeuren, om de nationale belangen naar buiten te verdedigen, maar integendeel, om de volksverkrachters te beschermen tegen de misschien toch eens losbarstende algemene woede van hun eigen bedrogen, verraden en verkochte volk.

De S.A. van onze N.S.D.A.P. mocht alleen al om die reden niets uitstaande hebben met een militaire organisatie. Ze was een wapen en een school van de nationaal-socialistische beweging, en ze moest haar taak op een geheel ander gebied zoeken dan de weerbaarheidsorganisaties. Het zou echter ook geen geheim genootschap moeten worden. Het doel van geheime genootschappen kan niet anders dan illegaal zijn. Daardoor is zo een organisatie echter al aan bepaalde grenzen gebonden. Het is niet mogelijk, vooral ook door de praatzieke neigingen van het Duitse volk, om een organisatie van enige omvang op te bouwen, en het bestaan daarvan dan volkomen geheim te houden, of de doeleinden ervan ook maar te versluieren. Ieder plan, om zo'n organisatie in het leven te roepen, zal op duizend verschillende manieren verhinderd worden: Niet alleen, omdat onze politie-autoriteiten tegenwoordig over een staf van souteneurs en soortgelijk tuig beschikken, die voor het judasloon van dertig zilverlingen alles verraden, wat ze maar kunnen vinden en wat ze zouden kunnen bedenken, maar ook de aanhangers van de organisatie zelf kunnen nooit tot een zodanig volkomen zwijgen worden opgevoed, als in dit geval noodzakelijk is. Slechts door jarenlang zorgvuldig selecteren zal men de mensen kunnen vinden, die en dan nog in zeer kleine groepen, geheime organisaties kunnen vormen. Maar zulke organisaties zouden alleen al door haar geringe afmetingen slechts zeer weinig waarde kunnen hebben voor de nationaal-socialistische beweging. Datgene wat wij nodig hadden, en nog heden ten dage nodig hebben, waren en zijn niet honderd of tweehonderd stoutmoedige samenzweerders, maar honderdduizend strijders voor onze wereldbeschouwing. Er moet niet door geheime bijeenkomsten worden gewerkt, maar door geweldige massale opmarsen. Dolk, gif en pistool kunnen geen vrij baan maken voor onze beweging; dat kan alleen de verovering van de straat. Wij moeten het marxisme doen begrijpen, dat het nationaal-socialisme de toekomstige beheerser van de straat is, en dat hij eveneens eenmaal in de staat het heft in handen zal hebben.

Aan geheime organisaties is verder nog het grote gevaar verbonden, dat de leden dikwijls de grootte van hun taak volkomen onderschatten en menen, dat het lot van een volk werkelijk door een enkele moord plotseling in gunstige zin beïnvloed zou kunnen worden. Zo een mening kan historisch juist zijn, wanneer een volk gebukt gaat onder de tirannie van de een of andere geniale onderdrukker, van wie men weet, dat de gehele innerlijke standvastigheid en de verschrikking van die tirannie alleen berust op de buitengewone persoonlijkheid van die ene man. In zo een geval kan er plotseling een offervaardig man opstaan uit het volk, en het moordend staal in de borst van de gehaten enkeling sloten. En alleen het republikeinse gemoed van schuldbewuste kleine schurken zal zo een daad als het afschuwelijkste beschouwen, wat men zich denken kan, terwijl de grootste vrijheidszanger van ons volk de moed heeft gehad, om in zijn „Tell" een verheerlijking van een zodanig optreden te geven. In de jaren 1919 en 1920 bestond het gevaar, dat de leden van de geheime genootschappen, gegrepen door de grote voorbeelden uit de geschiedenis, en ontroerd door het grenzenloze ongeluk van het vaderland, trachtten, om zich te wreken op de verwoesters van ons vaderland, in de mening, dat zij daardoor een einde zouden maken aan de nood van ons volk. Iedere poging in die trant was echter volkomen overbodige waanzin, omdat het marxisme immers in het geheel niet had overwonnen door de buitengewone genialiteit en de persoonlijke betekenis van de enkeling, maar hoofdzakelijk door de oneindig miserabele houding en de laffe plichtsverzaking van de bourgeoisie. De scherpste kritiek, die men op onze bourgeoisie kan oefenen, is de vaststelling, dat de revolutie zelf niet een enkele figuur van enige betekenis heeft weten voort te brengen, en dat zij, de bourgeoisie, zich toch heeft onderworpen aan die revolutie. Het is altijd nog begrijpelijk, dat men capituleert voor een Robespierre, een Danton of een Marat, maar het is een schande, te hebben gebukt voor een houterige vent als Scheidemann, een dikzak als meneer Erzberger, voor een Friedrich Ebert en al die talloze andere politieke dwergen.

Er was immers letterlijk niet één figuur te vinden, die men als het genie van de revolutie, en dus als het ongeluk van het vaderland had kunnen beschouwen; er was niets anders te vinden dan revolutie wandluizen, dan rugzak spartakisten, en gros en en detail. Het had niet de minste zin gehad, om een van deze individuen uit de weg te ruimen, maar dit had op zijn best tengevolge gehad, dat een paar andere even grote en even dorstige bloedzuigers wat eerder op hun plaatsje kwamen. Men kon zich in die jaren eenvoudig niet scherp genoeg verzetten tegen die samenzweerdersmening, die haar oorzaak en motivering vond in werkelijk grote perioden van onze geschiedenis, maar die voor ons dwergen tijdperk iedere betekenis had verloren. Ook de kwestie, of men zogenaamde landverraders al dan niet uit de weg moet ruimen, dient men op dezelfde wijze te bezien. Het is bespottelijk en onlogisch, om een sujet, dat een kanon heeft verraden, om het leven te brengen, terwijl de hoogste functies bekleed worden door het canaille, dat het gehele Rijk verkocht, dat het vergeefse offer van twee miljoen doden op hun geweten heeft, miljoenen verminkten moet verantwoorden, maar in volkomen gemoedsrust zijn republikeinse handeltjes drijft. Kleine landverraders op te ruimen is zinloos in een staat, waarvan de regering zelf al deze landverraders hun straf kwijtscheldt. Want zodoende kan het gebeuren, dat de eerlijke idealist, die op een dag voor zijn volk een schurk van een vaan vluchtige uit de weg ruimt, door grote landverraders – die stuk voor stuk de kogel verdienen – ter verantwoording wordt geroepen. En dan komt inderdaad de belangrijke vraag op: Moet men zo'n verraderlijke kleine knecht door een andere knecht uit de weg laten ruimen, of door een idealist? In het eerste geval is het succes twijfelachtig, en kan men later bijna zeker zijn van het verraad: in het tweede wordt een kleine schoft vernietigd, en het leven van een, misschien onvervangbaar, idealist op het spel gezet.

Overigens ben ik hierbij van mening, dat men niet de kleine dieven moet ophangen en de grote laten lopen, maar dat er eens een Duitse Rijksrechtbank bijeen moet komen, en vele tienduizenden van de lieden, die het verraad in november 1918 en alles, wat daar bij hoort hebben georganiseerd, en er dus ook de schuld van dragen, te vonnissen en terecht te stellen. Zo een voorbeeld zal dan ook voor de kleine vaan vluchtige eens en voor altijd een goede les zijn. Al deze overwegingen tezamen brachten mij ertoe, om de leden steeds weer te verbieden, aan geheime organisaties deel te nemen, en zorgvuldig ervoor te waken, dat de S.A. zelf niet zo een karakter aannam. Ik heb in die jaren de nationaal-socialistische beweging verre gehouden van experimenten, want al werden die ook meestal door jonge Duitsers uitgevoerd, die bewonderenswaardig idealistisch gezind waren, hun daad kostte tenslotte alleen hun zelf het leven, terwijl die niet het minste wist te verbeteren aan het lot van het vaderland.

Wanneer de S.A. dus geen militaire weerbaarheidsorganisatie mocht zijn, en geen geheim genootschap, dan moesten daaruit de volgende consequenties worden getrokken:

1e. De opleiding van de S.A. moet niet op militaire principes berusten, maar moet van zodanige aard zijn, dat hierdoor in de behoeften van de partij wordt voorzien. De lichamelijke oefening van de leden, die natuurlijk ook deel uitmaakt van deze opleiding, mag niet in hoofdzaak bestaan uit militaire exercitie-oefeningen. Boksen en jiujitsu bleken mij altijd van groter nut te zijn dan welke schietoefening ook, die noodzakelijk slecht moest zijn, omdat het niet anders dan half werk kon betekenen. Laat men aan de Duitse natie zes miljoen prachtig geoefende sportieve lichamen geven, die allen gloeien van vaderlandsliefde, en zijn opgevoed tot de hevigste slagvaardigheid, en een nationale staat zal, zo nodig, uit deze jonge mannen binnen de twee jaar, een leger hebben opgebouwd, indien er althans een zekere basis aan geoefende soldaten aanwezig is. Deze basis kan echter onder de huidige omstandigheden alleen de Reichswehr zijn, en niet de een of andere, in halfslachtigheden gestikte weerbaarheidsorganisatie. De lichamelijke scholing moet iedere enkeling doordringen van het besef van zijn eigen meerderheid, en moet hem dat zelfvertrouwen geven, dat altijd en altijd weer alleen op het besef van eigen kracht kan berusten; bovendien moet ze hem al die vaardigheden op sportief gebied bijbrengen, die hem als wapen kunnen dienen bij de verdediging van de beweging.

2e. Om van te voren al ieder geheim karakter van de S.A. te voorkomen, moet, nog afgezien van haar kleding, die dadelijk iedereen doet zien wie zij is, de uitgebreidheid van haar mensenmateriaal haar al van tevoren de weg wijzen, die voor de beweging het nuttigste is, en die een volkomen open is. Zij mag niet in het verborgen bijeenkomen, maar moet onder de bloten hemel marcheren, en daarmee kennelijk aan een werk worden gezet, dat aan alle legenden van „geheime" organisaties voorgoed een einde maakt. Om te maken, dat ze ook voor zichzelf niet de minste lust gevoelde, om door kleine samenzwerinkjes haar behoefte aan daden te bevredigen, moest zij van het allereerste begin af, volledig worden ingewijd in het grote idee van de beweging, en zo volkomen geschoold worden voor haar latere taak, die bestaat in de verdediging van dit idee, dat ze al dadelijk een wijdere blik zou hebben, waardoor de enkeling zijn roeping niet meer zou zien in het afmaken van de een of andere kleinere of grotere schoft, maar in de strijd voor de oprichting van een nieuwe nationaal-socialistische volksstaat, waarvoor hij zijn gehele leven moest wagen.

Daardoor ontgroeide nu echter de strijd tegen de huidige staat aan die atmosfeer van kleine wraaknemingen en kleine samenzwerinkjes, en werd opgeheven tot de grootheid van een vernietigingsoorlog van onze wereldbeschouwing tegen die van het marxisme en zijn organisaties.

3e. De opbouw van de organisatie van de S.A., haar formering en uitrusting moet, in overeenstemming met de opzet van de organisatie, niet naar het voorbeeld van het oude leger gebeuren, maar volgens een bepaalde doelmatigheid, die door haar taak wordt voorgeschreven.

Deze opvattingen, die in de jaren 1920 en 1921 mijn denken en doen bepaalden, en die ik langzaam aan trachtte over te dragen op de jonge organisatie, hadden een zodanig succes, dat wij in het midden van de zomer van het jaar 1922 al over een aanzienlijk aantal stormtroepen beschikten, die in de naherfst van het jaar 1922 langzamerhand hun speciale kenmerkende uitmonstering ontvingen.

Voor de verdere uitbouw der S.A. waren drie gebeurtenissen van bijzonder belang:

1e. De grote algemeens demonstratie van alle nationaal-gezinde groeperingen tegen de wet tot bescherming van de republiek in de nazomer van het jaar 1922 op de Königsplatz te München. De nationaal- gezinde groepen te München hadden destijds een manifest laten verspreiden, dat als protest tegen de aanneming van de wet tot bescherming van de republiek bedoeld was, en opriep tot een reusachtige demonstratie te München. Ook de nationaal-socialistische beweging zou hieraan deelnemen. De streng gedisciplineerde opmars van de partij werd ingeleid door zes Münchense aanvalseenheden, die gevolgd werden door de politieke secties van de partij. In een optocht zelf marcheerden twee muziekcorpsen, en er werden ongeveer vijftien vaandels meegedragen. De aankomst van de nationaal-socialisten op het al half gevulde grote plein, waar zich overigens nog geen enkel vaandel bevond, wekte enorme geestdrift. Zelf genoot ik de eer, om als een van der redenaars een menigte van zestigduizend man te mogen toespreken. De demonstratie had een daverend succes, vooral, omdat hier voor het eerst, ondanks alle rode bedreigingen, bewezen werd, dat ook het nationale München op straat kon marcheren. Leden van de rode bond tot bescherming van de republiek, die trachtten, de opmars van de colonnen door terreur te verhinderen, werden binnen enkele minuten door S.A.-troepen met bebloede koppen uiteengeslagen. De nationaal- socialistische beweging heeft destijds voor het eerst bewezen, dat ze de vaste wil had, om in de toekomst ook voor zichzelf het recht op de straat te laten gelden, en daarmee het monopolie te breken, dat de internationale volksverraders en vijanden van het vaderland op dit gebied meenden te hebben. Het resultaat van deze dag was het nu onbestrijdbare bewijs, dat onze opvattingen over de opbouw der S.A. juist waren. Zij werd nu energiek verder uitgebouwd op de beproefde en succesvol bevonden grondslag en dat wel zodanig, dat al enkele weken nadien het dubbele aantal troepen stond opgesteld.

2e. De tocht naar Koburg in oktober 1922. Volks- organisaties hadden het voornemen opgevat, om in Koburg een zogenaamde „Duitse Dag" te houden. Ik ontving zelf een uitnodiging, met de opmerking, dat het gewenst was, dat ik mij door een aantal partijgenoten liet begeleiden. Dit verzoek, dat mij 's morgens om elf uur bereikte, kwam mij wel zeer gelegen. Een uur later waren de orders voor een bezoek aan deze „Duitse Dag" al uitgedeeld. Ik wees achthonderd man S.A. aan, om als „begeleiding" dienst te doen. Deze zouden in ongeveer veertien groepen van München per extra trein naar het Beiers geworden stadje worden getransporteerd. Eensluidende bevelen gingen ook naar de nationaal- socialistische S.A.-troepen, die intussen op andere plaatsen gevormd waren. Het was de eerste keer, dat er in Duitsland zo een extra trein reed. In alle plaatsen, waar nieuwe S.A.-mannen instapten, baarde het transport groot opzien. Velen hadden onze vaandels nog nooit gezien; deze maakten een zeer diepe indruk. Toen wij het station te Koburg betraden, werden wij ontvangen door een deputatie van de leiding van de „Duitse Dag", die ons een bevel — wat men „overeenkomst" beliefde te noemen — van de vakvereniging, anders gezegd van de onafhankelijk socialistische en de communistische partij bracht, luidende, dat het ons niet was toegestaan, om de stad anders dan met opgerolde vaandels, zonder muziek, en niet in marsorde te betreden. Ik wees deze smadelijke voorwaarden onmiddellijk van de hand, maar vergat ook niet, om tegenover de aanwezige heren van de leiding mijn verbazing te doen kennen, dat met deze lieden onderhandeld werd, en zelfs overeenkomsten werden gesloten, en verklaarde, dat de S.A. onmiddellijk in mars formatie moest aantreden, en met muziek voorop en vliegende vaandels door de stad zou marcheren.

En zo gebeurde het dan ook.

Al op het plein voor het station werden wij ontvangen door een menigte van vele duizenden, die joelden en schreeuwden. De voorbeeldige stichters van de Duitse republiek begroetten ons vol liefde. De liefkozende naampjes als „moordenaars", „bandieten", „rovers", „schurken", waren niet van de lucht. De S.A. bleef voorbeeldig kalm, de troepen stelden zich op het plein voor het station op, en namen aanvankelijk in het geheel geen notitie van al de onbeschoftheden. Angstige politie-autoriteiten lieten de troep in de ons allen onbekende stad, niet naar ons kwartier, een aan de buitenrand der stad gelegen schietbaan marcheren, maar naar de Hofbräuhauskeller die dicht bij het centrum van de stad lag. Links en rechts van de kolonnen groeide het kabaal van de ons begeleidende volksmassa's steeds meer aan. Nauwelijks had de laatste troep de binnenplaats van het gebouw betreden, of grote mensenmassa's trachtten met oorverdovend geschreeuw hen te volgen. Om dit te verhinderen, liet de politie het gebouw sluiten. Omdat dit werkelijk een ondraaglijke toestand was, liet ik nu de S.A. nogmaals aantreden, sprak haar kort en krachtig toe, en eiste van de politie, dat ze de poorten onmiddellijk opende. Na lang aarzelen gaf ze toe. Wij marcheerden nu de weg, waarlangs wij gekomen waren, weer terug, om ons kwartier te bereiken, en daar moest nu dan eindelijk worden ingegrepen. Toen men door geschreeuw en beledigingen de gemoedsrust van onze troepen niet had kunnen verstoren, begonnen de vertegenwoordigers van het ware socialisme, van gelijkheid en broederschap, met stenen te gooien. Toen was ons geduld ten einde en tien minuten lang beten wij links en rechts van ons af, met als gevolg, dat er een kwartier later niets roods meer te bespeuren viel op straat. 's Nachts kwam het nog tot ernstige botsingen. S.A.-patrouilles hadden nationaal-socialisten gevonden, die alleen door de stad hadden gelopen, toen waren overvallen en op ontzettende wijze toegetakeld. Daarop maakten wij korte metten met onze tegenstander. En de volgende morgen al was de rode terreur, die Koburg jaren geteisterd had, gebroken.

Met echt marxistisch-Joodse onwaarachtigheid trachtte men nu door strooibiljetjes de „kameraden van het internationale proletariaat" nogmaals de straat op te jagen, waarbij men de ware gang van zaken volkomen verdraaide, en het voorstelde, alsof onze „moordbenden" de uitroeiingsoorlog tegen vreedzame arbeiders te Koburg waren begonnen. Om half twee zou de grote „demonstratie van het volk" worden gehouden, waar men tienduizenden arbeiders uit de gehele omgeving verwachtte. Ik liet daarom, vastbesloten als ik was om de rode terreur voorgoed te breken, om twaalf uur de S.A. die intussen tot vijfhonderd man was aangegroeid, aantreden, en ging met haar op mars naar de vesting Koburg, die vlak tegenover het grote plein was gelegen, waarop de meeting zou worden gehouden. Ik wilde eens zien, of ze het nog eens zouden wagen, om ons lastig te vallen. Toen wij het plein betraden, waren er, in plaats van de beloofde tienduizend man, slechts enkele honderden bijeen, die zich bij onze komst over het algemeen koest hielden, en ten dele ook aan de haal gingen. Slechts op enkele punten trachtten troepen roden, die intussen van buiten waren gekomen, en nog geen kennis met ons hadden gemaakt, om ons weer lastig te vallen, maar in een ommezien werd hun de lust daartoe grondig ontnomen. En nu kon men zien, hoe de bevolking, die zich tot nog toe in een angstig zwijgen had gehuld, langzaam wakker werd, moed vatte, ons door toejuichingen durfde begroeten, en ons 's avonds bij ons vertrek op vele plaatsen spontaan ovaties bracht.

Plotseling verklaarde het spoorwegpersoneel op het station, dat de trein niet zou rijden. Ik liet daarop aan een paar van de belhamels meedelen, dat ik in dat geval van plan was, om alles bijeen te vangen, wat ik maar aan rode bonzen in handen kon krijgen, en dat wij dan zelf zouden rijden, waarbij we dan op de locomotief en de kolenwagen, en in iedere wagon een paar van de broeders der internationale solidariteit wilden meenemen. Ik vergat ook niet, er de heren op attent te maken, dat een rit met onze eigen krachten uiteraard der zaak een buitengewoon riskante geschiedenis zou zijn, en dat het niet uitgesloten moest worden geacht, dat het ons allen tezamen de nek zou kosten. Maar het zou ons dan een waar genoegen zijn, dat wij tenminste niet alleen naar het hiernamaals zouden gaan, maar in gelijkheid en broederschap met de rode heren.

Toen vertrok de trein exact op tijd, en wij kwamen de volgenden morgen ongedeerd te München aan. Te Koburg werd daardoor voor het eerst sinds het jaar 1914 de gelijkheid van alle burgers voor de wet hersteld. Want wanneer tegenwoordig de een of andere verwaande kwast van een hogere ambtenaar het in zijn hoofd haalt, om ons mee te delen, dat de staat het leven van zijn burgers beschermt, dan was dat destijds althans niet juist; want de burgers moesten zich in die tijd verdedigen tegen de aanhangers van de staat. De betekenis van deze dag konden wij aanvankelijk niet eens ten volle overzien. Niet alleen, dat het zelfvertrouwen van de zegevierende S.A. en haar geloof aan het juiste inzicht van de leiding buitengewoon versterkt werd, maar ook de buitenwacht begon zich meer en meer met ons bezig te houden, en velen zagen plotseling in, dat de nationaal-socialistische beweging de organisatie was, die naar alle waarschijnlijkheid eens geroepen zou zijn, om een einde te maken aan de marxistische waanzin.

Alleen de democratie kermde, hoe het mogelijk was, dat men zich niet rustig de hersens liet inslaan, maar dat wij in een democratische republiek de euvelen moed hadden, om tegen een brutale aanval met stokken en vuisten in plaats van met pacifistische liederen op te treden. De burgerlijke pers was in het algemeen of miserabel of gemeen, zoals altijd, en slechts enkele eerlijke kranten, spraken er hun tevredenheid over uit, dat de marxistische struikrovers tenminste in één plaats op hun nummer waren gezet. In Koburg zelf echter heeft toch een deel van de marxistische arbeiders, een deel, dat overigens zelf slechts als verleid moest worden beschouwd, door de vuisten van nationaal-socialistische arbeiders leren inzien, dat ook deze arbeiders voor idealen streden, omdat de ervaring nu eenmaal wel heeft geleerd, dat men alleen bereid is te vechten voor iets, waarin men gelooft, en wat men liefheeft. Het grootste profijt trok echter de S.A. zelf wel hieruit. Ze groeide nu zeer snel, zodat er bij de landdag op de 27ste januari 1923 al om en bij de zesduizend man aan de wijding van de vaandels deelnam, waarbij de eerste troepen geheel in uniform waren.

De ervaringen in Koburg hadden duidelijk bewezen, hoe noodzakelijk het was – en dat niet alleen om de korpsgeest aan te kweken, maar ook om verwisselingen te vermijden, en te voorkomen, dat men elkaar wederzijds niet herkende – om een uniforme kleding voor de S.A. in te voeren. Tot nog toe had ze enkel een band om de arm gedragen – nu kwamen er de tuniek en de bekende pet bij. De ervaringen, te Koburg opgedaan, hadden voorts nog tengevolge, dat wij nu begonnen, om in alle plaatsen, waar de rode terreur sinds vele jaren iedere vergadering van andersdenkenden had belet, die terreur stelselmatig te breken en de vrijheid van vergadering te herstellen. Van dit ogenblik af werden in Beieren telkens weer nationaal-socialistische bataljons naar zulke plaatsen gebracht, en langzamerhand bezweek in Beieren de ene rode burcht na de andere voor de nationaal-socialistische propaganda.

De S.A. was steeds meer in haar taak gegroeid, en, had zich daardoor steeds meer verwijderd van het karakter van een zinloze en onnodige weerbaarheidsorganisatie en was uitgegroeid tot een levende strijdorganisatie voor de oprichting van een nieuwe Duitse staat. Deze logische ontwikkeling duurde tot maart 1923. Daarna had er iets plaats, wat mij dwong, de ontwikkeling van de beweging van richting te doen veranderen.

3e. In de eerste maanden van het jaar 1923 werd het Roergebied door Fransen bezet, en dit had grote gevolgen voor de ontwikkeling van de S.A. Het is ook heden nog niet mogelijk, en vooral in verband met het nationale belang niet geraden, om openlijk daarover te spreken of te schrijven. Ik kan er nu tenminste iets over zeggen, omdat dit onderwerp al herhaaldelijk in het openbaar is behandeld, en de openbare mening er dus al het een en ander van weet. De bezetting van het Roergebied kwam voor ons niet onverwacht en deed de gegronde hoop opkomen, dat er nu definitief zou worden gebroken met de laffe politiek van terugkrabbelen en toegeven, en dat de weerbaarheids-organisaties daardoor een zeer bepaalde taak te vervullen zouden krijgen. Ook de S.A., die toen al vele duizenden jonge krachtige mannen omvatte, mocht zich niet afzijdig houden van de vervulling van deze nationale plicht. In de lente en de zomer van het jaar 1923 werd ze omgesmeed tot een militaire strijdorganisatie. De latere ontwikkeling, zoals die zich in het verdere verloop van het jaar 1923 afspeelde, was grotendeels een uitvloeisel van deze reorganisatie.

Omdat ik elders in grote trekken de ontwikkeling van het jaar 1923 onder de loep neem, wil ik me er hier toe beperken vast te stellen, dat de reorganisatie van de S.A., wanneer de veronderstellingen, die ons er destijds toe brachten om die wijzigingen aan te brengen, (namelijk dat de regering nu zou overgaan tot het bieden van actieve weerstand tegen Frankrijk) niet juist bleken te zijn, dat in dat geval die maatregelen ten opzichte van de beweging schadelijk moesten werken. Het einde van het jaar 1923 was, hoe ontzettend het op het eerste gezicht ook moge schijnen, op de keper bezien, feitelijk noodzakelijk, omdat deze gebeurtenissen met één slag een einde maakten aan de nieuwe vorm van de S.A. die door de houding van de Duitse regering doelloos en daardoor voor de beweging schadelijk was geworden. En hierdoor werd nu de mogelijkheid geschapen, om op een dag weer te beginnen op te bouwen op het punt, waar wij eens gedwongen waren geweest, de juiste weg te verlaten.

De N.S.D.A.P., die in het jaar 1925 opnieuw was gesticht, moet de S.A. nu weer opnieuw opbouwen, opleiden en organiseren volgens de vroeger genoemde beginselen. Ze moet daarmee terugkeren tot de oorspronkelijke gezonde opvattingen en moet het nu weer als haar hoogste taak beschouwen, om van haar S.A. een instrument te maken, waardoor de strijd van de beweging om haar wereldbeschouwing gesteund en versterkt werd. Ze mag niet dulden, dat de S.A. verlaagd wordt tot een soort weerbaarheidsorganisatie of geheim genootschap; ze moet integendeel alles doen, om uit die S.A. een trouwe garde van honderdduizenden te maken, die het nationaal-socialistische idee en daarmee tenslotte het hart van de volksidee verdedigt.

TIENDE HOOFDSTUK HET FEDERALISME ALS MASKER

In de winter van het jaar 1919, en meer nog in de lente en de zomer van 1920 zag de jonge partij zich gedwongen, haar standpunt te bepalen ten aanzien van een vraagstuk, dat al in de loop van de oorlog tot een kwestie van de eerste rang was uitgegroeid. Ik heb in het eerste deel, bij de bespreking van de symptomen, die de dreigende ineenstorting van het Duitse Rijk deden vrezen, voorzover deze dan binnen mijn gezichtsveld waren gekomen, al gewezen op de merkwaardige vorm, waarvan zowel de Engelsen als de Fransen zich bedienden, en die erop gericht was, om de oude kloof tussen Noord- en Zuid-Duitsland opnieuw in het leven te roepen. In de lente van het jaar 1915 verschenen de eerste systematisch anti-Pruisische strooibiljetten, waarin Pruisen als de enige schuldige aan de oorlog werd voorgesteld. Toen het jaar 1916 aanbrak, was deze hetze uitgegroeid tot een volledig, en even handig als gemeen systeem. Die ophitsing van de Zuid-Duitsers tegen de Noord-Duitsers, die speculeerde op de meest minderwaardige instincten van de mens, begon ook al na korte tijd vruchten te dragen. Men mag nooit vergeten, dat zowel de regerings- als de leger-autoriteiten – of beter, als de Beierse generaals en andere hoge militaire functionarissen – deze grote onvergeeflijke fout maakten, dat zij hun plicht op schandelijke wijze vergaten, en lang niet streng en vastbesloten genoeg hiertegen optraden.

Deze heren namen in het geheel geen tegenmaatregelen! Integendeel, men scheen het hier en daar zelfs met een zeker welgevallen aan te zien, en was misschien kortzichtig genoeg, om te menen, dat een dergelijke propaganda niet alleen de gelijkwording van de verschillende delen van het Duitse volk tegenwerkte, maar dat de federatieve krachten hierdoor zelfs automatisch versterkt zouden worden. Men had alleen Pruisen willen verzwakken, door die propaganda oogluikend toe te laten, maar heel Duitsland heeft er de gevolgen van moeten dragen. Die gevolgen maakten, dat de ineenstorting sneller kwam, dan anders het geval was geweest; en het belangrijkste gevolg van deze ramp was toch waarlijk niet, dat de band tussen de Duitse staten losser werd; veel belangrijker was, dat alle Duitse staten zonder uitzondering verpletterd werden.

In de staat, waar de kunstmatig gevoede haat tegen Pruisen het ergste was, brak het eerst de revolutie tegen het eigen koningshuis uit. Nu zou het onjuist zijn te menen, dat deze anti-Pruisische stemming alleen een gevolg was van de vijandelijke propaganda, en dat er in het geheel geen omstandigheden waren, die deze mentaliteit enigszins verontschuldigden. De onwaarschijnlijke organisatie van onze volkshuishouding in de oorlogsjaren had tengevolge, dat een haast tot in het krankzinnige doorgevoerde organisatie het hele rijk onder curatele stelde en — uitbuitte; en dat was wel een van de belangrijkste oorzaken voor het ontstaan van deze anti-Pruisische stemming. Want voor de normale kleine man waren de oorlogsinkoopbureaus, die nu eenmaal hun hoofdzetel te Berlijn gevestigd hadden, identiek met Berlijn, en was Berlijn eenvoudig een ander woord voor Pruisen. Dat de organisatoren van die roofinstellingen, die men oorlogsinkoopbureaus geliefde te noemen, al evenmin Berlijners als Pruisen, ja zelfs in het geheel geen Duitsers waren, dat was iets, wat tot het overgrote deel van de bevolking niet doordrong. Men zag alleen het grove onrecht en het onophoudelijk ingrijpen van deze gehate instelling in de hoofdstad, en concentreerde nu natuurlijk al zijn haat op die hoofdstad en Pruisen tegelijk, en dat in des te sterkere mate, omdat er van zekere zijde niet alleen niets werd gedaan om zo'n opvatting te bestrijden, maar men zo iets zelfs met heimelijke voldoening begroette.

De Jood was veel te handig, en begreep destijds al maar al te duidelijk, dat de schandelijke rooftocht, die hij onder de dekmantel van de oorlogsinkoopbureaus tegen het Duitse volk voerde, verzet zou wekken en moest wekken. Maar zolang dit verzet niet zulke vormen aannam, dat het hemzelf naar de keel vloog, had hij geen reden, daarvoor te vrezen. Maar om nu een zodanig gerichte uitbarsting van de tot wanhoop en woedende verontwaardiging gedreven mensen te voorkomen, was er geen beter recept denkbaar dan om die woede elders een uitlaat te doen vinden. Als het aan hen lag, mocht Beieren gerust tegen Pruisen en Pruisen tegen Beieren te keer gaan, hoe meer hoe liever! Hoe feller de onderlinge strijd woedde, des te zekerder was de Jood van zijn veiligheid en rust. De algemene aandacht was door dit alles volkomen afgeleid van deze made op het lichaam van de volkeren – men scheen haar bestaan vergeten te zijn. En wanneer al eens het gevaar scheen op te duiken, dat waakzame elementen, die ook in Beieren talrijk waren, erop aandrongen, dat men toch zijn ogen de kost gaf, dat men ook eigen hart en nieren eens onderzocht, en dat men zich toch wat matigde, waardoor de verbitterde strijd dreigde te kalmeren, dan hoefde de Jood te Berlijn niets anders te doen, dan een nieuwe provocatie te ensceneren en de gevolgen af te wachten.

En onmiddellijk stortten alle profiteurs van de strijd tussen Noord en Zuid op ieder incident van die aard, en bliezen zolang, tot de smeulende verontwaardiging weer tot een vuur met hoogopslaande vlammen was geworden. Het was een sluw en geraffineerd spel, dat de Jood destijds speelde met de verschillende Duitse stammen. Hij hield ze zodoende steeds bezig, en leidde hun aandacht af, om hen ondertussen des te grondiger te kunnen uitplunderen. Toen kwam de revolutie.

En al was het dan tot 1918 — of beter tot de maand november van dit jaar — voor de gewone gemiddelde Duitser, en wel in het bijzonder voor de weinig ontwikkelde arbeider en kleine bourgeois nog niet mogelijk geweest, de onvermijdelijke gevolgen van die twist tussen de Duitse stammen onderling, vooral wat de kwestie Pruisen-Beieren betrof, volkomen te overzien, toch had men tenminste van het zich „nationaal" noemende deel van de bevolking mogen verwachten, dat het de noodlottige gevolgen begreep. Want de actie was nog maar net gelukt, of de leider en organisator van de revolutie trad ook al op voor „Beierse" belangen. De internationalistische Jood Kurt Eisner begon Beieren tegen Pruisen uit te spelen. Men had nu toch moeten begrijpen, dat deze Oosterling, die als journalist nu eens hier dan daar in Duitsland rondzwierf, wel in de laatste plaats de aangewezen man was, om de Beierse belangen te vertegenwoordigen, en dat Beieren juist hem zo koud moest laten als maar iets op Gods aardbodem.

Toen Kurt Eisner zeer bewust de revolutionaire beweging in Beieren tegen het overige deel van het Rijk richtte, deed hij dat niet in het minst, om Beierse belangen te verdedigen, maar enkel als zaakgelastigde van het Jodendom. Hij maakte gebruik van de bestaande instincten en antipathieën van het Beierse volk, om met behulp daarvan, Duitsland gemakkelijker aan stukken te kunnen slaan. Het bolsjewisme had zich dan zonder de minste inspanning van het verpletterde Rijk meester kunnen maken. De door hem gebruikte tactiek werd ook na zijn dood voortgezet. Het marxisme, dat juist voor de kleine staten in Duitsland en hun vorsten nooit iets anders dan de venijnigste spot had overgehad, deed nu, als „onafhankelijke partij" ook plotseling een beroep op diezelfde gevoelens en instincten, die zich in vorstenhuizen en staatjes-in-den-staat het duidelijkst manifesteerden. De strijd van de radenrepubliek tegen de oprukkende bevrijdingstroepen was vooral voorgesteld en gepropageerd als een „strijd van Beierse arbeiders tegen het Pruisische militarisme". En dat is ook de verklaring, waarom het neerslaan van de radenheerschappij te München, volkomen in tegenstelling met de gevolgen van dit ingrijpen elders in Duitsland, niet leidde tot een gezondere mentaliteit bij de grote massa, maar integendeel aanleiding werd tot een nóg groter verbittering en verbetenheid tegen Pruisen.

De virtuositeit, waarmee de bolsjewistische agitators de vernietiging van de radenrepubliek hadden weten voor te stellen als een overwinning van het „Pruisische militarisme" op het „anti-Pruisisch" en „anti-militaristisch" gezinde Beierse volk, droeg rijke vrucht. Terwijl Kurt Eisner nog bij de verkiezingen voor de Wetgevende Vergadering van Beieren, die te München zitting hield, geen tienduizend stemmen bijeen wist te krijgen, en de communistische partij zelfs de drieduizend niet bereikte, was het aantal stemmen van beide partijen na de ineenstorting van de radenrepubliek tot bijna honderdduizend aangegroeid.

Al in deze tijd deed ik — zij het dan ook nog zonder organisatie – al het mogelijke, om deze krankzinnige haatzaai campagne tussen de Duitse stammen onderling tegen te gaan. Ik geloof niet, dat ik in mijn leven ooit een minder populaire zaak heb voorgestaan dan destijds mijn strijd tegen het anti-Pruisisch gehits. Te München waren al tijdens de radenheerschappij de eerste massavergaderingen gehouden, waar de haat tegen het overige Duitsland, maar wel vooral tegen Pruisen, dermate tot kookhitte was opgejaagd, dat het voor een Noord-Duitser niet alleen levensgevaarlijk was, om zo een vergadering bij te wonen, maar dat zulke vergaderingen meestal geheel openlijk eindigden met het krankzinnige geschreeuw van: „Los van Pruisen!" – „Weg met Pruisen" – „Oorlog tegen Pruisen!", een stemming die door een bijzonder pronkstuk van een voorstander van Beierse hoogheidsrechten in de Duitse Rijksdag eens samenvatte in de strijdkreet:

„Liever Beiers sterven, dan Pruisisch bederven!"

Men moet de vergaderingen van die dagen hebben bijgewoond, om te begrijpen, wat het voor mij betekende, toen ik voor de eerste maal, omringd door een handjevol vrienden, van een vergadering in de Löwenbräukeller te München gebruik maakte, om mijn stem tegen deze waanzin te laten horen. Het ware kameraden uit de oorlog, die mij destijds bijstonden, en misschien kan men zich enigszins in onze gevoelens verplaatsen, wanneer men weet, dat de herenloos geworden menigte, die tegen ons brulde, en ons dreigde neer te slaan, voor het allergrootste deel tijdens de oorlog als hele en halve deserteurs in het achterland van het front, of in het vaderland zijn tijd had zoekgebracht. Voor mij hadden deze scènes het voordeel, dat de schare van mijn getrouwen zich nu pas werkelijk één met mij voelde, en zijn lot al gauw door dure eden op leven en dood met het mijne had verbonden.

Deze gevechten, die zich steeds herhaalden, en gedurende het gehele jaar 1919 van tijd tot tijd plaats vonden, schenen in de eerste dagen van het jaar 1920 nog in hevigheid toe te nemen. Er waren vergaderingen – ik denk hier in het bijzonder aan een bijeenkomst in de Wagnerzaal aan de Sonnenstrasse te München, – waar mijn ondertussen gegroeide troep het zwaar te verantwoorden had. Het liep er zelfs niet zelden op uit, dat men dozijnen van mijn aanhangers mishandelde, neersloeg, op hen intrapte, tot ze tenslotte, meer dood dan levend, uit de zaal werden gesmeten.

De strijd, die ik eerst als eenling, enkel ondersteund door mijn kameraden uit de oorlog, was begonnen, werd nu als een taak, die ik bijna heilig zou willen noemen, door de beweging voortgezet. Ik ben er nog heden trots op, te kunnen zeggen, dat wij destijds – met bijna geen andere hulp dan die van onze Beierse aanhangers, – er toch in slaagden, om dit mengsel van domheid en verraad langzaam, maar zeker om zeep te brengen. Ik zeg domheid en verraad, omdat ik, hoezeer ik ook overtuigd ben, dat de grote massa van de meelopers dom was, en het-niet-zo-kwaad-meende, niet kan aannemen, dat die onnozelheid ook bij de organisatoren en aanstichters ervan te vinden was. Ik beschouwde hen – en doe dat heden nog – als betaalde verraders in Franse dienst en soldij. Er is immers één geval bekend – het geval Dorten – waarbij dit ook al zonneklaar is gebleken.

    Iets, wat destijds ons optreden bijzonder gevaarlijk maakte, was de handigheid, waarmee men zijn eigenlijke bedoelingen wist te verbergen achter federalistische motieven, die men als enige doelstellingen naar voren schoof. Dat het opwarmen van de haat tegen Pruisen met federalisme als zodanig niets uitstaande heeft, ligt wel voor de hand. Ook maakt het een vreemde indruk, wanneer een „federatief streven" tracht, een andere bondsstaat te ontbinden of te verdelen. Want een federalist, die Bismarcks opvatting over het Rijk aanhaalde, en dit eerlijk meende, zou niet de wens kunnen doen horen, om van die door Bismarck geschapen, of althans voltooide Pruisische staat delen af te scheuren, of zelfs openlijk zulke separatistische stromingen te ondersteunen. Hoe zou men te München niet geschreeuwd hebben, wanneer een conservatieve Pruisische partij het in de hand had gewerkt, dat Franken van Beieren zou worden losgescheurd, of dit zelfs in openlijke actie had geëist en gesteund. Bij al dit gedoe kon men enkel medelijden hebben met degenen onder de eerlijke federalisten, die het gemene

schurkenspel niet doorzagen; want zij waren het bij dit spel, die het ergste bedrogen werden. Door de federalistische idee zo te belasten, groeven haar eigen aanhangers haar graf. Men kan onmogelijk een federalistische vorm van het Rijk propageren, wanneer men zelf de belangrijkste hoeksteen van zo een staatsgebouw, namelijk Pruisen, beledigt, bezwaddert en bevuilt; of met andere woorden, wanneer men het dus Pruisen onmogelijk maakt om bondsstaat te zijn, voor het geval zo een rijksconstructie dan mogelijk zou zijn. Dit alles was nog des te ongelooflijker, omdat de strijd van die z.g. „federalisten" daarbij hoofdzakelijk gericht was tegen dat Pruisen, dat het minste met de novemberdemocratie te maken heeft. Want de smaad en de aanvallen van deze zogenaamde „federalisten" waren niet gericht tegen de geestelijke vaders van de grondwet van Weimar – die overigens zelf voor het grootste deel Zuid-Duitsers of Joden waren – maar tegen de mannen van het oude conservatieve Pruisen, dus de absolute tegenpolen van die grondwet van Weimar. Men moet zich er niet over verbazen, dat men daarbij alles deed, om te vermijden, dat hierbij misschien een Jood in het gedrang zou kunnen komen, maar misschien ligt hier de oplossing voor het gehele raadsel.

    Gelijk de Jood vóór de revolutie de aandacht van zijn oorlogsinkoopbureaus – of beter nog, van zichzelf wist af te leiden, en kans zag, de massa, en vooral die in Beieren, tegen Pruisen in het geweer te brengen, moest hij ook trachten de nieuwe en nu tienmaal grotere rooftocht na de revolutie, op de een of andere wijze te maskeren. En ook in dit geval slaagde hij erin, om de zogenaamde „nationale elementen" in Duitsland tegen elkander op te hitsen: conservatief denkende Beieren tegen Pruisen, die even conservatieve opvattingen huldigden. En weer wist hij het op de sluwste manier te doen, door verschillende malen een zo grof en zo tactloos optreden te provoceren – van alles, wat er in het Rijk gebeurde, hield hij immers de touwtjes in handen – dat het bloed van diegene tegen wie dit optreden geschiedde, wel telkens opnieuw moest gaan koken. Maar dan richtte de woede zich nooit tegen de Jood, doch eeuwig en altijd tegen de Duitse broeder. De Beier kreeg niet dat Berlijn te zien, dat gevormd werd door vier miljoen hardwerkende, vlijtige productieve mensen, maar enkel het andere, het luie, bedorven Berlijn uit de ergste uithoeken van het Westen (waar de rijke buurten zijn. Vert.) Maar zijn haat richtte zich niet tegen dit bedorven Westen, doch tegen de „Pruisische" stad. Het was werkelijk vaak om er wanhopig van te worden. Die handigheid van de Jood, om de aandacht van zijn daden af te leiden en elders bezig te houden, kan men ook heden ten dage weer bestuderen.

In het jaar 1918 kon er nog geen sprake zijn van een stelselmatig antisemitisme. Ik herinner me nog met hoe grote moeilijkheden men te kampen had, wanneer men het woord Jood maar uitsprak.. Men werd of dom en niet begrijpend aangestaard, of zo fel mogelijk aangevallen. Onze eerste pogingen, om de ware vijand het masker van het gelaat te trekken, schenen destijds bijna geen enkele kans van slagen te hebben, en het duurde zeer lang, voor de toestand langzamerhand een gunstige wending nam: zo onjuist als enerzijds de organisatorische vorm was van de „Schutz und Trutzbund", zo verdienstelijk — was niettegenstaande dat – zijn werk, dat hij het Joodse vraagstuk als zodanig weer op het tapijt heeft gebracht. In ieder geval begon er in de winter van 1918 of 1919 langzaam aan zoiets als antisemitisme op te komen. Later heeft toen de nationaal-socialistische beweging het Joodse vraagstuk nog heel wat steviger aangepakt. Haar belangrijkste prestatie is, zij dit probleem uit de nauwe kringetjes van de beter gesitueerde en kleinburgerlijke milieus tot de drijvende kracht van een grote volksbeweging heeft gemaakt. Maar nauwelijks was men erin geslaagd, om het Duitse volk ten aanzien van dit vraagstuk te doordringen van de grootheid van de dragende en bindende idee van deze strijd, of de Jood stond al klaar met een tegenzet. Hij greep weer naar zijn oude beproefde wapen. Hij heeft met onwaarschijnlijke snelheid in de volksbeweging zelf de fakkel van de twist gesmeten en er het zaad van de tweedracht gezaaid. Om te voorkomen, dat het Jodendom nu een geconcentreerde stormaanval zou moeten weerstaan, was er onder de gegeven omstandigheden maar één oplossing mogelijk: hij moest de ultramontaanse kwestie ter sprake brengen, en de daaruit voortvloeiende strijd tussen katholicisme en protestantisme benutten, om de aandacht van het algemeen op andere vraagstukken te concentreren. De mannen, die zojuist het Joodse vraagstuk ter sprake hadden gebracht, begingen nu enige onvergeeflijke en kapitale fouten, waarmee zij de door henzelf in het vuur gebrachte kwestie onnoemelijk veel schade berokkenden. Maar de Jood heeft in ieder geval zijn doel bereikt: De katholieken en protestanten zitten elkaar lustig in de haren, en de doodsvijand van alles, wat Arisch, en alles, wat Christelijk was, lachte in zijn vuistje.

Gelijk men eens kans had gezien, om de openbare mening jaren aaneen bezig te houden met de strijd tussen federalisme en unitarisme, en ook hier een verlammende tweedracht wist te zaaien, terwijl de Jood de vrijheid van de natie versjacherde, en ons vaderland verried aan het internationale grootkapitaal, zo lukt het hem nu weer, om de twee Duitse confessies tegen elkaar op te jagen, waarbij hun beider grondslagen door het gif van het internationale Jodendom worden stuk gevreten en ondermijnd. Laat men zijn ogen eens gebruiken, en zien, wat een verwoestingen de Joodse verbastering dag aan dag in ons volk aanricht; laat men ook eens bedenken, dat deze bloedvergiftiging pas na eeuwen, of misschien in het geheel niet meer uit ons volkslichaam verwijderd kan worden; laat men voorts bedenken, hoe dit rasbederf de laatste Arische waarden in het Duitse volk ontkracht, en zelfs niet zelden vernietigt, zodat onze kracht als cultuur dragende natie zich kennelijk meer en meer in dalende lijn beweegt, en wij gevaar lopen, om – althans wat onze grote steden betreft – tot hetzelfde peil te zinken, waar Zuid-Italië zich nu al bevindt. Deze verpesting van ons bloed, waarvoor honderdduizenden in ons volk eenvoudig blind schijnen te zijn, wordt heden ten dage echter stelselmatig gepleegd door de heren Joden. Stelselmatig misbruiken deze zwartharige parasieten op het leven van de volkeren van onze onervaren jonge meisjes en vernielen daardoor iets wat op deze aarde nimmer kan worden vergoed.

De christelijke kerkgenootschappen zien allebei – inderdaad allebei – onverschillig toe, hoe hier edele en onvergelijkelijke schepselen, die Gods Genade aan deze aarde schonk, worden ontwijd en bedorven. De toekomst van onze aarde wordt echter niet beslist door de kwestie, of de protestanten over de katholieken dan wel de katholieken over de protestanten zullen zegevieren, maar door het vraagstuk, of de Arische mens behouden blijft of uitsterft. Maar toch strijden de beide kerkgenootschappen in onze dagen in het geheel niet tegen de vernietiger van deze mens, maar trachten zij enkel elkaar wederzijds te vernietigen. Juist de man, die volks denkt, zou het nu als zijn meest heilige plicht moeten beschouwen, om, binnen zijn eigen kerkgenootschap, ervoor te zorgen, dat men niet altijd praat over Gods wil, maar dat men die wil ook daadwerkelijk vervult en Gods werk niet laat aanranden.

Want Gods werk gaf de mensen eens hun gestalte, hun karakter en hun eigenschappen. Wie Zijn werk vernielt, strijdt daardoor tegen de schepping van de Heer, dat wil dus zeggen, tegen de goddelijke wil. Daarom moge ieder naar deze hoogste gehoorzaamheid streven, en vooral binnen zijn eigen kerkgenootschap, en moge het als zijn eerste en heiligste plicht beschouwen, om partij te kiezen tegen degene, die door zijn streven, woord of daad zich bemoeit met dingen, die buiten zijn eigen kerkgenootschap zijn gelegen, en die tracht in het andere te stoken. Want de strijd tegen karaktereigenschappen van de ene confessie tegen de andere moet in Duitsland, gezien de verdeeldheid op religieus gebied, zoals wij die nu eenmaal kennen, noodzakelijkerwijze leiden tot een vernietigingsoorlog tussen beide confessies. Onze omstandigheden zijn van zodanige aard, dat wij in het geheel geen vergelijking kunnen trekken tussen ons land en Frankrijk, Spanje, of zelfs Italië.

Men kan bijvoorbeeld in alle drie de genoemde landen een strijd tegen het klerikalisme of ultramontanisme propageren, zonder het risico te lopen, dat bij zulk een poging het Franse, Spaanse of Italiaanse volk uiteen zou vallen. Men mag dit echter in Duitsland niet doen, omdat de protestanten ongetwijfeld aan zo'n strijd zouden deelnemen. Maar daardoor zou dat verweer, dat anders enkel een verzet van katholieken tegen de politieke aanmatigingen van hun eigen kerkelijke overheden zou zijn, onmiddellijk het karakter krijgen van een protestantse aanval op het katholicisme. Zo'n aanval, die men, zelfs wanneer hij ten onrechte gebeurt, van zijn geloofsgenoten nog wel verdraagt, wordt onmiddellijk en zo nadrukkelijk mogelijk afgewezen, wanneer de bestrijder een andere geloofsbelijdenis is toegedaan.

Dit gaat zover, dat zelfs mensen, die anders onmiddellijk bereid zouden zijn, een kennelijk onjuist element in hun eigen confessie af te schaffen, deze bereidheid onmiddellijk laten varen en zich scherp te weer stellen, zo gauw van andere zijde dan uit hun eigen kerk zo een correctie wordt aangeraden of zelfs wordt geëist. Dit voelen zij als een even onrechtmatige, als ontoelaatbare, en onbehoorlijke poging tot inmenging in aangelegenheden, die de buitenstaander niets aangaan. En ook de motivering, dat deze inmenging gebeurt met het oog op het hogere recht van het nationaal belang, verontschuldigt zo een poging niet voor de aanhangers van de aangevallen leer, omdat in onze dagen de religieuze gevoelens altijd nog dieper zitten dan alle nationale en politieke eisen. En dit wordt ook niet in het minst veranderd, door de beide confessies tot een verbitterde onderlinge strijd op te hitsen; dit zou enkel kunnen veranderen, wanneer men, door het aankweken van wederzijdse verdraagzaamheid, aan de natiën toekomst schonk van een dergelijk formaat, dat ze ook op dit gebied verzoenend zou werken. Ik durf hier te verklaren, dat ik die mannen, die er in onze dagen naar streven, om de volksbeweging in de chaos van religieuze twisten te betrekken, als ergere vijanden van mijn volk beschouw, dan de eerste de beste internationale communist. Want de nationaal-socialistische beweging heeft de taak, om deze laatste te bekeren.

Degene echter, die uit haar eigen rijen voortkomt en tracht, haar van haar eigenlijke doel te verwijderen, begaat de grootste zonde. Hij is – onverschillig, of hij zich daarvan al dan niet bewust is – een strijder voor Joodse belangen. Want het is op dit ogenblik, nu de volksbeweging een gevaar voor het Jodendom begint te worden, onweersprekelijk in het belang van het Jodendom, dat die beweging door religieuze onenigheid verscheurd wordt. En ik wens zeer de nadruk te leggen op die woorden verscheurd wordt; want alleen iemand, die geen greintje van de geschiedenis af weet, kan menen, dat deze beweging nu plotseling een vraagstuk tot oplossing kan brengen, waarop hele eeuwen en grote staatslieden schipbreuk hebben geleden. Overigens spreken de feiten voor zichzelf. De heren, die in het jaar 1924 plotseling ontdekten, dat de strijd tegen het „ultramontanisme" de hoogste taak van de volksbeweging was, hebben niet het ultramontanisme vernietigd, maar hebben de volksbeweging verscheurd. Ik moet er ook voor waken, dat het niet in het een of ander onrijpe brein in de nationaal-socialistische beweging opkomt, te denken, dat hij datgene kan waartoe zelfs Bismarck niet bij machte was. Het zal altijd de eerste taak van de leiding van de nationaal-socialistische beweging zijn, om te zorgen, dat iedere poging, om de nationaal-socialistische beweging in deze strijd te betrekken, onverbiddelijk wordt gesmoord, en dat de propagandisten van zo een onjuiste opvatting ogenblikkelijk uit de beweging worden verwijderd. En dit was ons inderdaad tot de herfst van het jaar 1923 ook volkomen gelukt. In de rijen van onze beweging konden de strengst gelovige protestanten naast de meest gelovige katholieken zitten, zonder dat ze ooit op enigerlei wijze met hun godsdienstige overtuiging in strijd hoefden te komen. Integendeel, de geweldige gemeenschappelijke strijd, die zij tezamen voerden tegen de verwoester van de Arische mensheid, had hun juist geleerd, respect en eerbied voor elkaar te krijgen. En dan moet men daarbij nog bedenken, dat de beweging juist in deze jaren de scherpste strijd tegen het Centrum uitvocht, hoewel natuurlijk niet om religieuze, maar uitsluitend om nationale, volkse en economische redenen. Het succes, dat wij destijds behaalden bewijst ons gelijk in die jaren, terwijl het tevens even scherp het ongelijk van al deze beweters aantoont.

Het is in de laatste jaren dikwijls zover gekomen, dat volksgroepen zo volkomen blind waren door hun eeuwige geloofstwisten, dat ze zelfs niet ziende werden, en de waanzinnigheid van hun handelwijze niet inzagen, toen atheïstische marxistische kranten plotseling tot advocaten van religieuze overtuigingen werden, om door het aanslepen van dikwijls werkelijk ongelooflijk domme argumenten nu eens de ene en dan weer de andere zijde te belasten, en zodoende het vuur steeds heftiger te doen oplaaien.

Maar juist voor een volk als het Duitse, dat in de geschiedenis al zo dikwijls heeft bewezen, in staat te zijn, om voor hersenschimmen oorlog te voeren tot de dood erop volgt, zal iedere strijdkreet levensgevaarlijk zijn.

Altijd weer zal ons volk door zo een roep van de werkelijk reële vraagstukken, die voor zijn bestaan van belang zijn, worden afgeleid. Terwijl wij in godsdienstige twisten elkaars krachten uitputten, werd om ons heen de wereld verdeeld. En terwijl de volksbeweging overlegt, of het ultra montane gevaar groter is dan het Joodse of omgekeerd, bederft de Jood de volksgrondslagen van ons volksleven, en vernietigt ons volk daardoor voor altijd. Ik kan de nationaal-socialistische beweging en daarmee ook het Duitse volk, ten aanzien van deze „volks" strijders maar één ding toewensen: God behoede u voor zulke vrienden – met uw vijanden zult ook u wel alleen kunnen afrekenen.

De strijd tussen federalisme en unitarisme, die in de jaren 1919, '20, '21 en ook nadien op zo sluwe wijze door de Joden gepropageerd werd, dwong ook de nationaal-socialistische beweging, hoe scherp en afwijzend deze ook tegenover dit gehele vraagstuk stond, om haar standpunt te bepalen ten opzichte van de belangrijkste der behandelde vraagstukken. Moet Duitsland een bondsstaat of een centraal geregeerde staat zijn, en hoe moet men die begrippen in de praktijk opvatten? De tweede vraag lijkt mij de belangrijkste van de twee, omdat ze niet alleen één van de belangrijkste grondslagen is, die voor het begrip van het geheel vereist wordt, maar ook, omdat ze ophelderend en verzoenend werkt. Wat is een bondsstaat?

Onder bondsstaat verstaan wij een vereniging van soevereine staten, die zich uit eigen vrije wil, op grond van hun soevereiniteit aaneensluiten, en daarbij dat deel van hun individuele vrijheidsrechten aan het geheel afstaan, waardoor het bestaan van de gemeenschappelijke bond mogelijk gemaakt en gewaarborgd wordt. Aan deze theoretische formulering blijkt in de praktijk geen enkele van de huidige bondsstaten geheel te voldoen. De Amerikaanse Unie bijvoorbeeld niet, omdat bij het overgrote deel van de staten in het geheel geen sprake kan zijn van een oorspronkelijke soevereiniteit, maar waarvan vele pas in de loop van de tijd als het ware in het totale grondgebied der Unie getekend werden. Daarom zijn de „staten" van de Unie ook meestal slechts kleinere en grotere, dikwijls met de liniaal afgetekende, willekeurige stukken grondgebied, die hun ontstaan aan administratieve noodzakelijkheden te danken hebben, en die eerder geen eigen soevereiniteit-als-staat bezaten, en zo'n geheel van rechten ook niet konden bezitten.

Want de Unie was immers niet het product van al deze staten, doch vele staten waren integendeel juist door de Unie geschapen. De tamelijk uitgebreide rechten, die hierbij aan de verschillende staten zijn gelaten, of beter, zijn toegewezen, zijn niet alleen in overeenstemming met het gehele karakter van deze statenbond, maar voornamelijk ook met de grootte van zijn oppervlak, zijn territoriale afmetingen, die immers bijna gelijk zijn aan die van een werelddeel. Men kan zodoende bij de staten van de Amerikaanse Unie niet spreken van staatssoevereiniteit van elk onderling, maar uitsluitend van hun grondwettelijk vastgelegde en gewaarborgde rechten, of beter misschien bevoegdheden.

Ook voor Duitsland gaat de bovengenoemde definitie niet geheel en al op. Hoewel in Duitsland ongetwijfeld het eerst de verschillende staten, en dat inderdaad wel als onafhankelijke staten, hadden bestaan, en het Rijk inderdaad uit hen werd opgebouwd. Het eerste begin, de vorming van het Rijk is niet gebeurd op grond van vrije wil, of de samenwerking van de delen, maar integendeel tengevolge van de hegemonie van een van de staten n.l. Pruisen. Het grote verschil, dat er op zuiver territoriaal gebied al is, is de grote verscheidenheid van de Duitse staten; en dit alleen maakt al een hemelsbreed verschil uit met een constructie als bijvoorbeeld die van de Amerikaanse Unie. Het verschil in grootte tussen het grondgebied van de kleinste van de vroegere Duitse bondsstaten met de grotere of zelfs de allergrootste staat, bewijst de ongelijkheid van de geleverde prestaties, maar ook de ongelijkheid van hun aandeel aan de totstandkoming van het Rijk en aan de vorming van de bondsstaat. In werkelijkheid kon men echter bij de meeste van deze staten ook eigenlijk niet spreken van een werkelijke soevereiniteit, tenzij dan, dat men aan het woord „staatsgezag" geen andere betekenis geeft dan die van een ambtelijken term.

In werkelijkheid waren, niet alleen vroeger, maar ook in onze dagen vele van deze zogenaamde „soevereine staten" ter ziele gegaan, en was daarmee ook duidelijker dan door enig ander ding de zwakte van deze „soevereine" producten bewezen. Maar het is niet onze bedoeling, om vast te stellen, hoe al deze staten in de loop van de geschiedenis ontstonden, doch om te constateren, dat hun grenzen bijna in geen enkel opzicht met de grenzen van het verspreidingsgebied van hun stam samenvallen. Het zijn zuiver politieke formaties, en zij zijn grotendeels ontstaan in de droevige tijd, toen de machteloosheid van het Duitse Rijk het grootst was, en toen de versplintering van ons Duitse vaderland, dat immers enerzijds uit die machteloosheid voortkwam, en haar anderzijds ook tot gevolg had — de ergste vormen had aangenomen.

De grondwet van het oude Rijk hield daarmee ook min of meer rekening — in zoverre dan, dat zij niet aan alle staten gelijke rechten in de bondsraad gaf, maar hen in verschillende groepen indeelde, al naar de grootte en de werkelijke betekenis, alsook naar hun medewerking, bij de totstandkoming van het Rijk verleend.

De vrijheidsrechten, die de staten afstonden teneinde de vorming van het Rijk mogelijk te maken, werden slechts voor een uiterst gering gedeelte uit eigen vrije wil losgelaten, grotendeels waren ze praktisch niet aanwezig, óf werden onder de druk van de Pruisische overmacht eenvoudig genomen. Nu ging Bismarck daarbij niet van het beginsel uit, dat men de staten alles moest ontnemen, wat men hun maar enigszins ontnemen kon, maar integendeel, dat men alleen datgene van hen moest vragen, wat onmisbaar was voor het Rijk. Dit was een even gematigd als wijs beginsel, dat enerzijds zoveel mogelijk rekening hield met gewoonten en traditie, en daardoor anderzijds maakte, dat het Rijk van de beginne af kon rekenen op veel liefde en veel toegewijde medewerking. Het is echter principieel onjuist, om uit dit besluit van Bismarck, als zijn overtuiging te distilleren, dat het Rijk daarmede voorgoed over voldoende vrijheidsrechten beschikte. Dit was zeer bepaald niet Bismarcks overtuiging; integendeel, maar hij wilde enkel datgene aan de toekomst overlaten, wat op dat ogenblik moeilijk te verwezenlijken en te verdragen zou zijn geweest.

Hij hoopte op de langzaam vervolmakende werking van de tijd, en op de invloed van de ontwikkeling als zodanig, waarvan hij op de duur meer succes verwachtte dan van een poging, om de toen bestaande weerstand van de verschillende staten te breken. Hij heeft daarmee wel het duidelijkst getoond en bewezen, welk een groot staatsman hij was. Want in werkelijkheid is de soevereiniteit van het Rijk voortdurend toegenomen ten koste van die van de samenstellende staten. De tijd heeft datgene gedaan, wat Bismarck verwachtte.

Door de ineenstorting van Duitsland en de vernietiging van de monarchistische staatsvorm is deze ontwikkeling noodzakelijkerwijze nog versneld. Want omdat de Duitse staten slechts zelden een gehele stam omsloten en daarom bijna nooit een eenheid vormden, maar meestal hun bestaan aan zuiver politieke oorzaken te danken hadden, moest de betekenis van deze kleine staten wel in het niet verzinken op het ogenblik, dat de belangrijkste belichaming van de politieke ontwikkeling van deze staten, namelijk de monarchistische staatsvorm en de vorstenhuizen, werden uitgeschakeld. Een groot aantal van deze „staten" verloor hierdoor zozeer ieder innerlijk houvast, dat zij tegelijkertijd uit eigen vrije wil afzagen van een verder onafhankelijk voortbestaan, en zich uit zuivere doelmatigheids-overwegingen bij andere staten aansloten, of uit vrije wil in grotere overgingen; wat wel het overtuigendste bewijs was voor de onwaarschijnlijke nietigheid van de werkelijke soevereiniteit van deze kleine bouwsels, en voor de geringe waardering die zelfs hun eigen burgers voor hen voelden.

Wanneer dus kan worden gezegd, dat de opruiming van het monarchistische regeringsstelsel en zijn dragers al een harde slag heeft toegebracht aan het federatieve karakter van het Rijk, dan geldt dit in nog veel sterkere mate voor de aanvaarding van de voorwaarden, die uit het „vredes"-verdrag voortkwamen. Dat het muntrecht, dat tot nog toe in het bezit van de bondsstaten was geweest, aan het Rijk werd afgestaan, werd vanzelfsprekend en natuurlijk op het ogenblik, dat het Rijk zich door de verloren oorlog zodanige financiële verplichtingen zag opgelegd, dat deze door de bijdragen van elk van de landen afzonderlijk nooit meer bijeengebracht konden worden. En ook de verdere stappen, die tengevolge hadden, dat het Rijk ook de posterijen en spoorwegen overnam, waren noodzakelijke gevolgen van het slavenjuk, dat op ons volk zou gaan drukken, en dat door de vredesverdragen langzamerhand inderdaad op zijn schouders kwam te rusten. Het Rijk was gedwongen, om steeds nieuwe grote waarden te onteigenen, teneinde te kunnen voldoen aan de verplichtingen, die door middel van steeds nieuwe afpersingen werden opgelegd.

Hoe volkomen waanzinnig dikwijls ook de vormen waren, waarvan het Rijk zich bediende, wanneer het zich een en ander toe-eigende, toch was het feit als zodanig logisch en begrijpelijk. De partijen en mannen, die eens niet alles hadden gedaan, om te maken, dat de oorlog in ons voordeel afliep, hadden hieraan schuld. Vooral in Beieren lag de schuld in deze bij die partijen, die tijdens de oorlog alleen hun egoïstische particularistische doeleinden hadden nagestreefd, en zodoende aan het Rijksidee krachten hadden onttrokken, die zij later, toen die oorlog verloren was, tienvoudig moesten terugbetalen. De wraak van de geschiedenis! Alleen kwam de straf van de hemel maar zelden zo snel na de zonde als in dit geval. Dezelfde partijen, die nog slechts enkele jaren tevoren de belangen van elk van de bondsstaten – en dit was wel vooral in Beieren het geval – boven het belang van het Rijk hadden gesteld, moesten nu beleven, hoe onder de druk van de gebeurtenissen, het belang van het Rijk de onafhankelijkheid van elk van de bondsstaten om hals bracht. Alles door hun eigen schuld.

Het is een ongeëvenaarde huichelarij, om nu tegenover de grote kiezersmassa (want dit is immers het enige publiek, waarvoor de agitatie van onze hedendaagse partijen bedoeld is) te klagen over het verlies van de soevereine rechten van de verschillende staten, terwijl al deze partijen zonder uitzondering elkaar hebben overtroffen in maatregelen om het verdrag van Versailles zo letterlijk mogelijk te doen uitvoeren – iets, wat natuurlijk uiteindelijk ook tot diepgaande veranderingen in Duitsland zelf moest leiden. Het Rijk van Bismarck was naar buiten vrij en ongebonden. Financiële verplichtingen van zo belangrijke en tegelijk volkomen onproductieve aard, als het Duitsland van Dawes te dragen heeft, kende dit rijk niet. Maar zijn binnenlandse soevereiniteit was beperkt tot enige volstrekt nodige belangen. Zodoende kon het gerust een eigen muntrecht ontberen en leven van de bijdragen der bondsstaten; en het spreekt vanzelf, dat zowel het behoud van de eigen soevereine rechten als de betrekkelijke bescheidenheid van de financiële bijdragen aan het Rijk maakten, dat de wil tot het Rijk sterker en bewuster was. Het is echter onjuist, en zelfs oneerlijk, om nu propaganda te willen maken met de bewering, dat het gevolg zou zijn van de financiële afhankelijkheid van de bondsstaten ten opzichte van het Rijk, dat de geestdrift voor het Rijk nu zozeer ontbreekt. Nee, dat is waarlijk geen juiste voorstelling van zaken. Het gebrek aan geestdrift voor de Rijksidee is niet een gevolg van het verlies van de soevereine rechten van de staten, maar is het gevolg van de miserabele wijze, waarop het Duitse volk in deze dagen door zijn staat wordt vertegenwoordigd. Niettegenstaande alle plechtigheden ter ere van de nieuwe standaard en de nieuwe grondwet, heeft het huidige Rijk zich bij geen enkele groep van de bevolking geliefd weten te maken, en wetten tot bescherming van de republiek kunnen wel maken, dat men goed uitkijkt, voor men zich vergrijpt aan de republikeinse instellingen, maar kunnen er nooit in slagen, om de liefde van één enkele Duitser op te wekken.

De al te grote zorg, die men aan de dag moet leggen, om de republiek met strafwetboek en tuchthuis tegen haar eigen burgers te beschermen, is de vernietigendste en vernederendste kritiek op de gehele instelling zelf. Maar ook nog om een andere reden is de bewering, waarmee bepaalde partijen tegenwoordig leuren, als zou het verdwijnen van de geestdrift voor het Rijk te wijten zijn aan het feit, dat het Rijk zich van bepaalde soevereine landsrechten heeft meester gemaakt, een onwaarheid. Laat men zich toch niet verbeelden, dat de liefde van de bondsstaten voor het Rijk groter zou zijn geweest, wanneer dit laatste zijn soevereine rechten niet had uitgebreid, maar de totale bijdragen dezelfde zouden zijn als nu het geval is. Integendeel: Indien de bondsstaten in onze dagen contributies zouden moeten dragen van een zodanige hoogte als het Rijk nodig heeft, om de slavernijverdragen te vervullen, dan zou de haat tegenover het Rijk nog oneindig veel groter zijn. De bijdragen van de bondsstaten aan het Rijk zouden niet alleen zeer moeilijk te innen zijn geweest, maar zouden ongeveer door middel van executoriale verkopen geïnt moeten worden. Want omdat de republiek nu eenmaal gebaseerd is op de vredesverdragen en noch de moed noch enig plan heeft, om zich daarvan te bevrijden, dient ze haar verplichtingen na te komen. Maar de schuld hiervoor komt weer op rekening van die partijen, die onophoudelijk bezig zijn, om de volgzame kiezersmassa's voor te praten, dat het nodig is, dat de bondsstaten hun zelfstandigheid terugkrijgen. Maar onderwijl werken diezelfde heerschappen een politiek in de hand, die noodzakelijkerwijze moet leiden tot de vernietiging van alles, wat er nog van die soevereine rechten over is.

Ik zeg noodzakelijkerwijze, omdat het tegenwoordige Rijk eenvoudig geen andere kans heeft, om zich van zijn lasten, die het zich door een vloekwaardige binnen- en buitenlandse politiek ziet opgelegd, te ontdoen. Ook hier komt het een uit het ander voort, en iedere nieuwe schuld, die het Rijk door zijn misdadige behartiging van de Duitse belangen naar buiten, op zich laadt, moet in het binnenland door een sterkere druk naar beneden worden verrekend; dit dalende peil vereist op zijn beurt weer een langzame opruiming van alle soevereine rechten van de bondsstaten, opdat daarin niet weer cellen van verzet kunnen ontstaan of kunnen blijven bestaan. Het volgende moet trouwens worden genoemd als een algemeen en karakteristiek onderscheid tussen de huidige politiek van het Rijk en die, die toen van kracht was: Het oude Rijk zorgde in het binnenland voor vrijheid en betoonde naar buiten zijn kracht, terwijl de republiek naar buiten zwakte toont en in het binnenland de burgers onderdrukt. In beide gevallen vloeit het een logisch uit het andere voort: De krachtige nationale staat heeft in het binnenland minder wetten nodig, door de grotere liefde en aanhankelijkheid van zijn burgers, terwijl de internationale slavenstaat niet dan door geweld zijn onderdanen kan dwingen, om de harde herendiensten voor hem te vervullen. Want het behoort wel tot de meest onbeschaamde brutaliteiten van dit regime, dat het over „vrije burgers" durft te spreken. „Vrije burgers" leefden er alleen in het oude Duitsland. De republiek, die een slavenkolonie van het buitenland is, heeft geen burgers, maar op zijn best onderdanen. Daarom bezit ze ook geen standaard, maar kent enkel een, door wettelijke voorschriften en bepalingen beschermd gedeponeerd handelsmerk. Dit symbool heeft op ons volk dadelijk de indruk gemaakt, de democratische hoed van Gessler te zijn en zal daarom ook nooit een plaats weten te veroveren in het hart van dit volk. De republiek, die destijds zonder het allerminste gevoel voor traditie en zonder respect voor de grootheid van het verleden, de symbolen van deze beide grote waarden vertrapte, zal eens met verbazing vaststellen, hoe weinig haar onderdanen om haar eigen symbolen blijken te geven.

Ze heeft zichzelf door haar gedragingen gestempeld tot een intermezzo in de Duitse geschiedenis. Zodoende is deze staat tegenwoordig, om, indien hij zijn eigen bestaan wil voortzetten, gedwongen, de soevereine bondsstaatsrechten in steeds sterkere mate te beperken, niet alleen van algemeen materiaal standpunt gezien, maar ook om ideële redenen. Want wanneer hij door zijn financiële afpersings politiek de laatste druppel bloed uit zijn burgers wringt, is hij tevens genoodzaakt, om hen ook van hun laatste rechten te beroven, omdat hij anders op een dag zou moeten aanschouwen, hoe uit de algemene ontevredenheid de vlam van het verzet opslaat. Het tegengestelde van het bovengenoemde geval doet de nationaal-socialist tot de volgende principiële stelling besluiten: Een krachtig nationaal Rijk, dat de belangen van zijn burgers naar buiten in ieder opzicht behartigt en beschermt, kan zijn burgers vrij laten, zonder bezorgd behoeven te zijn voor de innerlijke kracht van de staat. Anderzijds kan een krachtige nationale regering echter zelf de vrijheid van de enkeling, en ook die van de bondsstaten verregaand beperken, zonder hierdoor een verzwakking van het Rijksidee behoeven te vrezen, wanneer men de burger dergelijke maatregelen slechts kan doen zien als een middel, om aan de grootheid van zijn volk te bouwen. Ongetwijfeld laten alle staten op aarde langzamerhand het federatieve idee min of meer los. Heden al is het simpelweg krankzinnig, om te spreken van de „staatssoevereiniteit" van de bondsstaten, iets, wat alleen al door de belachelijke kleinheid van deze bouwsels tot de onmogelijkheden moet behoren. De betekenis van de samenstellende staten wordt zowel, wat het verkeer als wat de regering betreft, steeds minder.

Het moderne verkeer, de moderne techniek doet afstanden en minuten steeds meer ineen schrompelen. Datgene, wat vroeger een staat was, is in onze dagen maar nauwelijks meer een provincie, en staten van heden komen overeen met gehele reeksen staten uit vroeger eeuwen. Zuiver technisch gezien is het in onze dagen niet moeilijker om een staat als Duitsland te besturen, dan honderd twintig jaar geleden, om een provincie als Brandenburg te leiden. Het is tegenwoordig gemakkelijker om van München naar Berlijn te reizen, dan het honderd jaar geleden was, om van München uit, Starnberg te bereiken. En het gehele Rijksgebied van onze dagen is, in verhouding tot de stand van ons huidig verkeer, kleiner dan een middelmatig bondsstaatje in de tijd van de Napoleontische oorlogen. Wie opzettelijk blind wil zijn voor datgene, wat nu eenmaal uit de feiten voortvloeit, die blijft bij zijn tijd achter. Alle tijden kenden mensen, die zo redeneerden, en ook in de toekomst zullen die er steeds zijn. Ze zijn echter maar nauwelijks in staat, om een enigszins remmende invloed uit te oefenen, en kunnen de loop van de geschiedenis natuurlijk nooit tot stilstand brengen. Wij, nationaal-socialisten, mogen niet blind blijven voor de consequenties van deze waarheden. Ook hier mogen wij ons niet laten vangen in het frasen net van onze zogenaamde nationale burgerlijke partijen. Ik noem de beweringen frasen, omdat deze partijen enerzijds zelf niet eens in ernst geloven, dat een verwerkelijking van hun plannen mogelijk is, terwijl ze anderzijds zelf schuldig of medeplichtig zijn aan de huidige ontwikkeling. Vooral in Beieren is dat anti-centralistisch streven waarlijk niets anders dan een partij heibel zonder serieuze ondergrond. Telkens wanneer deze partijen hun leuzen in de werkelijkheid hadden moeten omzetten, schoten ze onveranderlijk jammerlijk tekort.

Praktisch was het enige verzet, dat op zo een z.g. „roof van de soevereine rechten van Beieren" merkbaar werd, een tamelijk afstotend gekef en verder niets. Ja, wanneer er werkelijk eens iemand de moed bleek te bezitten, om zich serieus tegen dit krankzinnige systeem te verzetten, dan vonden dezelfde partijen het nodig, om hem — aangezien hij niet de huidige staat als grondslag aanvaardde — in de ban te doen en te verdoemen, en zolang te vervolgen, tot men hem of door de gevangenis, of door een wederrechtelijk spreekverbod tot zwijgen had gebracht. Juist hieruit moeten onze kameraden, meer dan uit iets anders de innerlijke onwaarachtigheid van die zogenaamd federalistische groepen inzien. Zij gebruiken nu het federalistische staatsidee, evenals een deel van hen immers vroeger de Godsdienst benutte, namelijk enkel als een middel voor hun dikwijls gore partijbelangetjes. Terwijl dus enerzijds een zekere versterking van het eenheidsbeginsel vooral op verkeersgebied niet meer dan natuurlijk schijnt, kan toch anderzijds voor ons als nationaal-socialisten de plicht bestaan, om zo scherp mogelijk in verzet te komen tegen een dergelijke gang van zaken in de huidige staat, in die gevallen namelijk, waar de maatregelen enkel bedoeld zijn, om een noodlottige buitenlandse politiek te dekken, en mogelijk te maken. Juist omdat het Rijk in onze dagen de spoorwegen, posterijen, financiën, enz. van de verschillende bondsstaten, niet uit hogere nationale overwegingen in handen neemt, maar alleen om daardoor de middelen en panden te bezitten, waardoor het een politiek van volkomen vervulling van de verdragen zou kunnen voeren, moeten wij, nationaal-socialisten, alles doen, wat maar enigszins geschikt schijnt, om de praktische verwerkelijking van zo een politiek te bemoeilijken, en zo mogelijk te beletten. Een van de vele middelen is dan echter de strijd tegen deze centralisering van onmisbare instellingen van ons volk, die alleen geschiedt, om daardoor over de miljarden en de onderpanden te kunnen beschikken, waardoor onze na-oorlogspolitiek tegenover het buitenland kan worden voortgezet. En het was hierom, dat de nationaal-socialistische beweging tegen zulke pogingen in verzet is gekomen.

Het tweede motief, dat ons ertoe kan brengen, om ons te verzetten tegen zo een centralisering, is dit, dat hierdoor de innerlijke macht van een regeringsstelsel, dat in zijn totale uitwerkingen de verschrikkelijkste rampen over de Duitse natie heeft gebracht, zou kunnen worden vergroot. Het huidige Joodse democratische rijk, dat een ware vloek is geworden voor de Duitse natie, tracht de kritiek van die bondsstaten, die nog niet totaal van de geest van deze tijd zijn doordrongen, van iedere betekenis te beroven, door ze tot volledige onbeduidendheid terug te brengen. Daartegenover hebben wij, nationaal-socialisten, alle reden, om te proberen, de oppositie van deze bondsstaten niet alleen een basis te geven in de vorm van een zodanige kracht in de staat, dat het succes waarschijnlijk wordt, maar om hun strijd tegen de gehele centralisatie diepere zin te geven en uit te bouwen tot de uitdrukking van een hoger nationaal en algemeen Duits belang. Terwijl dus de Beierse Volkspartij er om kleinzielige en particularistische redenen naar streeft, om voorrechten voor de Beierse staat te verwerven, moeten wij deze bijzondere positie gebruiken in dienst van een hoger nationaal belang, dat tegenover het huidige democratische bewind is gericht.

Het derde motief, dat er ons toe kan brengen, om ons tegen de hedendaagse centralisatie te verzetten, is onze overtuiging, dat een groot gedeelte van die maatregelen, waardoor bezittingen van bondsstaten aan het Rijk komt, in werkelijkheid niet een verenigend en in geen geval vereenvoudigend werken, maar dat het er in vele gevallen enkel om te doen is, om de organen van de bondsstaten te beroven van die soevereine rechten, teneinde deze dan in dienst van de partijen van de revolutie te stellen. Nog nooit is er in de geschiedenis van Duitsland op brutalere wijze vriendjespolitiek gevoerd dan onder de democratische republiek. Een groot gedeelte van de huidige centraliserings- woede komt voor rekening van die partijen, die eens beloofden, om de flinke man nu eens de gelegenheid te geven, vooruit te komen, maar te zelfdetijd bij de bezetting van postjes uitsluitend rekening hielden met de partijen, waartoe de aspiranten behoorden. Vooral Joden vulden sinds het bestaan van de republiek in ongelooflijke getale de door het Rijk geroofde economische lichamen en bestuursapparaten, zodat deze in onze dagen tot domeinen van het jodendom zijn geworden.

Om tactische redenen legt vooral deze derde overweging ons de plicht op, om iedere maatregel, die tot verdere centralisering zou leiden, zo nauwgezet mogelijk te onderzoeken en die zo nodig te bestrijden. Maar ons standpunt moet daarbij altijd de hogere nationale belangen dienen, en nooit de bekrompen particularistische. Deze laatste opmerking is noodzakelijk, om te voorkomen, dat onze aanhangers gaan denken, dat wij, nationaal-socialisten, het recht van het Rijk, om een hogere soevereiniteit uit te oefenen dan de bondsstaten, ontkennen. Maar dienaangaande mag men in onze rijen geen ogenblik in onzekerheid verkeren. Omdat de staat als zodanig, voor ons slechts een vorm is, en de essentie ervan gevormd wordt door zijn inhoud nl. de natie, het volk, behoeft het geen betoog, dat ieder ander belang van lager orde moet zijn dan de soevereine belangen van dat volk. En laat mij hier zeer nadrukkelijk mogen zeggen, dat wij binnen onze natie vertegenwoordigd, geen enkele staat met soevereine macht en vrijheidsrechten dulden.

Er moet en zal een einde komen aan dat waanzinnige stelsel, dat maakt, dat de bondsstaten bij elkaar en ieder apart in het buitenland diplomatieke vertegenwoordigers bezitten. Zolang zoiets nog mogelijk blijkt, mogen wij ons niet verbazen, dat het buitenland nog steeds twijfelt aan de hechtheid van het Rijk, en zich dus ook gedraagt naar deze conclusie. Deze legaties en gezantschappen zijn een zoveel te groter paskwil, omdat zij tegenover de afbreuk, die zij ons doen, letterlijk niets positiefs kunnen stellen. Wanneer de gezant van het Rijk niet bij machte is, de belangen van de een of andere Duitser in het buitenland te behartigen, dan zal de gezant van een in de huidige wereldbouw belachelijk aandoend bondsstaatje daartoe nog veel minder in staat zijn. Men moet deze kleine bondsstaten niet anders beschouwen dan als uitgangspunten voor het streven naar ontbinding, een ideaal, dat wel vooral door één bepaalde staat nog altijd graag wordt gezien, en dat zijn aanhangers zowel in als buiten het Duitse Rijk telt. Het feit, dat de een of andere adellijke familie, die vaak al aan ouderdomszwakte lijdt, in zo een gezantenbaantje een nieuwe voedingsbodem vindt voor een meestal al zeer schriel geworden loot, mag voor ons, nationaal-socialisten, niet het minste gewicht in de schaal leggen. Onze diplomatieke vertegenwoordiging in het buitenland was al tijdens het oude Rijk zo gebrekkig, dat het volkomen overbodig is, om nog meer gelijksoortige ervaring op te doen. De betekenis van de bondsstaten als zodanig, zal in de toekomst ongetwijfeld meer op cultureel gebied moeten worden gezocht. De vorst, die het meeste voor de betekenis van Beieren heeft gedaan, was niet de een of andere verstokte anti-Duitse particularist; integendeel, het was Ludwig I, een man, die evenzeer groot-Duits gezind als kunstlievend was. Door de krachten van de staat in de eerste plaats te gebruiken voor de versterking van de culturele positie van Beieren, en niet voor de versterking van zijn macht tegenover de andere bondsstaten, heeft hij beter en duurzamer werk gepresteerd, dan anders ooit mogelijk zou zijn geweest. Door München destijds van een onbetekenende provinciale residentiestad te maken tot een grote metropool van de Duitse kunst, schiep hij een middelpunt van schoonheid en genialiteit, die maakt, dat nog heden de Franken — toch een stam van geheel anderen aard dan de Beieren — deel blijven uitmaken van deze staat. Stel nu eens, dat München niet zo'n ontwikkeling had beleefd, dan zou men in Beieren hetzelfde hebben kunnen zien, wat nu in Saksen gebeurde, alleen met dit verschil, dat de stad Nurnberg, die men een Beiers Leipzig zou kunnen noemen, niet een Beierse, maar een Frankische stad zou zijn geworden.

München is niet groot gemaakt door de lieden, die „weg met Pruisen" schreeuwden, maar door de koning, die van haar een prachtig sieraad voor de Duitse natie wilde maken, een sieraad, dat men moest opmerken en bekijken — en dat ook opgemerkt en bekeken werd. En dit feit bergt een les voor de toekomst in zich. De betekenis van de staten, die samen Duitsland vormen, zal in de toekomst in het geheel niet meer op staatkundig gebied liggen, noch op het gebied van de macht; ik geloof, dat zij of door de handhaving en verdediging van hun eigenschappen als stam, of door culturele prestaties betekenis zullen krijgen. Maar zelfs hier zal de tijd vervlakkend werken. De snelheid en het gemak van het moderne verkeer schudt de mensen in zo sterke mate door elkaar, dat langzaam maar onophoudelijk de grenzen van de stammen vervagen en zodoende zelfs culturele inhoud langzamerhand overal gelijk begint te worden.

Het is van het grootste belang, dat men het leger buiten al deze particularistische invloeden houdt. De toekomstige nationaal-socialistische staat mag niet de fouten van het verleden herhalen, door het leger een taak te laten vervullen, waarvoor het niet geschikt is, en waarmee het zich niet mag ophouden. Het Duitse leger heeft niet tot doel, om een school te zijn ter handhaving van de eigenaardigheden van de verschillende stammen, maar integendeel één, waar alle Duitsers moeten leren elkaar te begrijpen, en zich naar elkaar te schikken. Al datgene, wat overigens in het leven van de natie steeds gescheiden zal blijven, dient door het leger tot eendrachtige samenwerking te worden gebracht. Verder moet iedere jongeman door het leger leren, een ruimer zicht te krijgen, en in te zien, dat zijn horizon niet die van zijn landje alleen is, maar die van de gehele Duitse natie. Hij moet leren, niet de grenzen van zijn provincie, maar die van zijn vaderland te zien; want dit vaderland zal hij eens moeten beschermen.

Daarom is het ook onzinnig, om de jonge Duitser in zijn provincie te laten; integendeel, het doelmatigste is, om hem gedurende zijn diensttijd Duitsland te laten zien. Dit is heden ten dage des te noodzakelijker, omdat de jonge Duitser niet meer, zoals vroeger, als gezel door Duitsland zwerft, en daardoor zijn gezichtsveld vergroot. Wanneer men eenmaal tot dit inzicht is gekomen, moet het dan niet een bijzonder krankzinnige maatregel heten, wanneer men de jongeman uit Beieren bij voorkeur in München laat blijven, de Frank in Nürnberg, de man uit Baden in Karlsruhe, de Württemberger in Stuttgart, enz. en zou het niet veel verstandiger zijn, om de jonge Beiernaar de Rijn en de Noordzee eens te laten zien, de Hamburger de Alpen, de Oostpruis het Duitse Middelgebergte, enz.? De soldaten moeten alle uit één streek gerekruteerd zijn, maar moeten niet in diezelfde streek in garnizoen liggen. Wij kunnen afwijzend staan tegenover iedere poging tot centralisering, maar nooit, waar dit het leger betreft!

Integendeel, indien wij geen enkele poging in die zin wilden aanvaarden, dan zouden wij ons toch moeten verheugen over deze ene. Wij moeten de vereniging van alle bondslegers tot één Rijksleger toejuichen, en dat niet alleen omdat de handhaving van aparte legers door de verschillende staten iets absurds zou zijn, wanneer wij de grootte van het huidige leger zien; en wij mogen ook in de toekomst, wanneer het Duitse leger weer een volksleger kan zijn, deze vereniging nooit meer ongedaan maken.

Overigens zal een nieuw zegevierend idee iedere beperkende bepaling in dit opzicht moeten afwijzen, die haar activiteit en de voortstuwing van haar ideeën zou kunnen verlammen. Het nationaal-socialisme moet principieel het recht opeisen, om zijn principes aan de gehele Duitse natie op te dringen, zonder zich daarbij te laten belemmeren door oude binnenlandse grenzen, en om dat Duitse volk op te voeden naar zijn ideeën en gedachten.

Evenmin als de kerken zich beperkt en gebonden voelen door politieke grenzen, laat de nationaal-socialistische idee zich weerhouden door de provinciegrenzen binnen ons vaderland. De nationaal-socialistische leer is niet de dienares van de particuliere politieke belangen der verschillende bondsstaten, maar moet eens het leidend idee van de hele Duitse natie worden. Zij moet het leven van een volk bepalen en hervormen, en moet daarom voor zichzelf het absolute recht opeisen, om grenzen die getrokken zijn door een ontwikkeling die wij bestrijden, volkomen te negeren.

De vrijheid van de enkeling zal des te groter zijn, naarmate de overwinning, die haar ideeën weten te behalen, absoluter is.

Elfde hoofdstuk Propaganda en Organisatie

Het jaar 1921 is voor mij en de beweging in vele opzichten van bijzonder belang geweest. Na mijn toetreding tot de Duitse Arbeiderspartij nam ik dadelijk de propaganda leiding op me. Het was mijn vaste overtuiging, dat propaganda op dat ogenblik verreweg het belangrijkste werk was. Voorlopig was het immers niet in de eerste plaats zaak, om ons het hoofd te breken over organisatorische kwesties, als wel, om de idee zelf in wijdere kring bekend te maken. De propaganda moest de organisatie ver voor zijn, en moest het mensenmateriaal veroveren, waarmee de eerste later zou kunnen werken. Ook ik ben een vijand van ál te snel, en ál te schoolmeesterachtig organiseren. Het resultaat van zo een optreden is meestal een levenloos mechanisme, en bijna nooit een levend organisme. Want organisatie is iets, wat zijn bestaan te danken heeft aan het organische leven en de organische ontwikkeling. Alle ideeën, die een bepaalde schare van aanhangers hebben verworven, zullen er naar streven, om die aanhangers organisch te verenigen, en deze innerlijke organisatie is van zeer grote betekenis. Men dient echter ook hierbij steeds rekening te houden met menselijke zwakten, die de enkeling ertoe brengt, om zich althans aanvankelijk instinctief te verzetten tegen iedere belangrijke persoonlijkheid. Zo gauw een organisatie van bovenaf machinaal wordt opgebouwd, bestaat er het grote gevaar, dat een mogelijk weinig waardevolle figuur, die eenmaal werk heeft verricht, maar wiens eigenschappen men nog niet precies kent, uit jaloezie zal maken, dat beteren niet dan met zeer grote moeite uit de beweging naar voren kunnen komen. De schade, die een beweging hierdoor lijdt, kan, vooral wanneer de organisatie nog jong is, noodlottig zijn.

Om deze rede is het doelmatiger, om een idee eerst gedurende een zekere tijd van één centraal punt uit te propageren, en pas daarna het langzamerhand aangroeiende mensenmateriaal zorgvuldig te onderzoeken, of er leiders onder te vinden zijn. Daarbij zal dikwijls blijken, dat mensen, die niet de minste betekenis schenen te bezitten, toch geboren leiders zijn. Maar het zou volkomen onjuist zijn, om uit het, feit, dat iemand over veel theoretische kennis beschikt, de gevolgtrekking te maken, dat dit de meest karakteristieke bewijzen voor leiders- capaciteiten zouden zijn. Men ziet integendeel dikwijls, dat het omgekeerde juist is. Het gebeurt slechts uiterst zelden, dat grote theoretici tegelijkertijd grote organisatoren zijn, omdat de grootte van de theoreticus en de programma opsteller in de eerste plaats afhangen van het inzicht in, en de formulering van theoretisch juiste wetmatigheden, terwijl de organisator in de eerste plaats psycholoog moet zijn. Hij moet de mensen aanvaarden zoals ze zijn, en moet hen daarom kunnen doorzien.

Hij mag ze niet overschatten, en mag hen, in hun massa, al evenmin onderschatten. Hij moet integendeel trachten, om evenzeer rekening te houden met de zwakke als met de bruut, en moet, met alle factoren rekening houdend, zo een bouwwerk scheppen, dat een levend organisme is, en grote en duurzame kracht bezit, en daardoor geschikt is, om een idee te dragen, en haar de weg naar het succes te banen.

Het komt echter nog zeldzamer voor, dat een groot theoreticus tegelijk een groot leider is. De agitator zal veel eerder leiderscapaciteiten bezitten dan de theoreticus; dat is een waarheid, die velen, die een vraagstuk uitsluitend wetenschappelijk behandelen, onaangenaam in de oren zal klinken, en die toch begrijpelijk is. Een agitator, die bij machte is, om een idee bij de grote massa ingang te doen vinden, moet steeds psycholoog zijn, zelfs dan, wanneer hij slechts een demagoog zou zijn. Hij zal altijd nog beter geschikt zijn voor leider, dan de theoreticus, die de wereld en de mensen niet kent.

Want leider zijn betekent: de massa's in beweging kunnen brengen. De gave, om ideeën te vormen, heeft met leiderscapaciteiten niets uitstaande. Het heeft overigens niet de minste zin, om te gaan twisten over de kwestie wat nu van groter belang is, de formulering of de verwezenlijking van menselijke idealen en menselijke doelstellingen. Het is met deze beide dingen, zoals met zoveel in dit leven: het één zou absoluut geen zin hebben zonder het ander. Het schoonste theoretische inzicht verliest zijn doel en zijn waarde, wanneer de leider ontbreekt, die zo een idee in het hart van de massa draagt. En wat zou anderzijds de genialiteit en het élan van de leider betekenen, wanneer de geniale theoreticus de idealen voor deze menselijke strijd niet had opgesteld? Het zeldzaamste, wat men echter op deze aarde kan aantreffen, is de vereniging van theoreticus, organisator en leider in één persoon: hij, die over deze drie gaven beschikt, mag een groot man heten.

Zoals ik al zei, heb ik mij in de eerste tijd van mijn activiteit met de propaganda beziggehouden. Die propaganda had ten doel, om langzamerhand een kleine kern van mensen te verzamelen, en deze te doordringen van de nieuwe leer, om zodoende het materiaal te vormen, waarmee later het eerste begin van een organisatie zou kunnen worden opgebouwd.

Daarbij was het doel van de propaganda meestal verstrekkender dan dat van de organisatie. Wanneer een beweging van plan is, een wereld af te breken, en een andere op de plaats van de oude te bouwen, dan moeten haar leiders zich volkomen bewust zijn van de juistheid van de volgende principes:

Iedere beweging zal het verworven mensenmateriaal om te beginnen in twee grote groepen moeten indelen, in aanhangers en leden. Het is de taak van de propaganda, om aanhangers te werven; de taak van de organisatie is, om leden te maken. Hij, die verklaart, het eens te zijn met de idealen van de beweging, is aanhanger; hij die voor de beweging strijdt, is lid. De sympathie van de aanhanger wordt gewonnen door de propaganda. Het lid wordt er door de organisatie toe gebracht, om zelf mee te werken, teneinde nieuwe aanhangers te winnen, waaruit dan weer nieuwe leden kunnen groeien.

Omdat aanhanger zijn enkel betekent, dat men een idee passief aanvaardt, terwijl het lidmaatschap vereist, dat men metterdaad voor de idee opkomt, en haar verdedigt, zal men tegenover tien aanhangers nooit meer dan een of twee leden tellen. Aanhanger zijn betekent, dat men de juistheid van een beginsel inziet. Men is lid, omdat men de moed bezit, de verworden waarheid zelf te verdedigen en te verbreiden. Het inzicht in zijn passieve vorm is geschikt voor de grote meerderheid van de mensheid, die traag en laf is. Het lidmaatschap vereist de wil tot de daad, en daarom zal slechts een minderheid ervoor in aanmerking komen.

De propaganda zal er dientengevolge onophoudelijk voor dienen te zorgen, dat een idee nieuwe aanhangers krijgt, terwijl het de taak van de organisatie moet zijn, om er met uiterste nauwlettendheid voor te waken, dat alleen de meest waardevolle elementen uit de aanhangers tot leden worden gemaakt. De propaganda hoeft zich daarom in het geheel niet het hoofd te breken over de betekenis van iedere enkeling in de massa, die zij heeft bewerkt, en al evenmin over zijn capaciteiten, zijn kunnen, zijn begripsvermogen of zijn karakter, terwijl de organisatie de taak heeft, ook deze massa zo nauwgezet mogelijk te onderzoeken, teneinde er die krachten uit te zoeken, die waarlijk in staat zijn, de overwinning van de beweging mogelijk te maken. De propaganda tracht, om een leer aan het gehele volk op te dringen; de organisatie neemt alleen diegenen op, die niet om psychologische redenen de verdere voortgang van het idee zouden kunnen belemmeren.

De propaganda bewerkt de totale bevolking in de richting van een bepaald idee, en maakt haar rijp voor de tijd van de overwinning van dit idee, terwijl de organisatie die overwinning behaalt, door die aanhangers, die de strijd voor de overwinning schijnen te willen en te kunnen voeren, in een duurzame, organische en strijdbare bond te verenigen. De overwinning van een idee zal des te eerder mogelijk zijn, naarmate de propaganda de gehele bevolking grondiger en vollediger heeft bewerkt, en naarmate de organisatie, die de strijd in de praktijk uitvoert, veelomvattender, strenger en hechter is. Daaruit volgt, dat het aantal aanhangers niet groot genoeg kan zijn, maar dat het aantal leden eerder te groot dan te klein wordt. Wanneer de propaganda een geheel volk onder de invloed van haar idee heeft gebracht, dan kan een organisatie met een handjevol mensen de consequenties trekken.

Propaganda en organisatie, dus aanhangers en leden staan daarbij in een bepaalde wederzijdse verhouding. De organisatie kan des te kleiner zijn, naarmate de propaganda beter heeft gewerkt; en het getal van de leden kan des te kleiner zijn, naarmate het aantal van de aanhangers des te groter is, en omgekeerd: Naarmate de propaganda slechter is, zal de organisatie des te groter moeten zijn, en naarmate het aantal aanhangers kleiner is, zal het aantal leden groter moeten zijn, wanneer men tenminste nog kans op succes wil hebben. De eerste taak van de propaganda is de werving van mensen voor de latere organisatie; de eerste taak van de organisatie is de werving van mensen om de propaganda voort te zetten. De tweede taak van de propaganda is de ondergraving van de bestaanden toestand en om te zorgen, dat overal in die bestaanden toestand de nieuwe leer de kop opsteekt, terwijl de tweede taak van de organisatie de strijd om de macht moet zijn, om hierdoor het definitieve succes voor de nieuwe leer te behalen.

Het grootst en sterkst nawerkende succes zal altijd dan worden bevochten, wanneer de nieuwe wereldbeschouwing ten naaste bij alle mensen heeft bewerkt of hun haar mening zo nodig met geweld heeft opgedrongen, terwijl de organisatie van het idee, dus de beweging slechts zo velen mag omvatten, als onvoorwaardelijk noodzakelijk zijn, om de belangrijkste knooppunten van de betreffenden staat te bezetten. Dat wil dus, met andere woorden zeggen:

In iedere werkelijk grote en waarlijk revolutionaire beweging zal eerst de propaganda de idee van deze beweging moeten verspreiden. Ze zal daarom onophoudelijk trachten, om de nieuwe ideologie tot de anderen te doen doordringen, dus, om deze mensen aan haar kant te krijgen, of althans, om hun tot dusverre beleden overtuiging aan het wankelen te brengen. Omdat de verspreiding van een leer, dus de propaganda, door een stevig gebouwd lichaam moet geschieden, zal de leer een sterke organisatie moeten bouwen. De organisatie rekruteert haar leden uit de algemene aanhangerskring, die door de propaganda is gewonnen. Het aantal aanhangers zal des te sneller groeien, naarmate de propaganda intensiever wordt gevoerd, en deze zal wederom des te beter kunnen werken, naarmate de organisatie, die achter haar staat, groter en sterker is. Daarom is het de hoogste taak van de organisatie, om te voorkomen, dat er inwendige onenigheid tussen de leden van een beweging zou ontstaan, die tot een splitsing, en daarmee tot een verzwakking van de arbeid in de beweging zou kunnen leiden; voorts moet ze er voor waken, dat de vastberaden agressiviteit niet uitsterft, maar voortdurend wordt vernieuwd en versterkt. Dat hoeft echter nog niet te betekenen, dat het aantal leden tot in het oneindige blijft stijgen; integendeel, omdat slechts een geringe minderheid van de mensheid energie en moed bezit, zou een beweging die haar organisatie tot in het eindeloze uitbreidt, tenslotte noodzakelijkerwijze door zo een groei verzwakt moeten worden. Organisaties, dus aantallen leden, die een bepaalde hoogte overschrijden, verliezen langzamerhand hun strijdbaarheid, en zijn niet meer bij machte, om de propaganda voor een idee vastbesloten en offensief te ondersteunen, of eventueel te benutten.

Hoe groter en hoe dieper revolutionair een idee nu is, des te actiever zullen haar leden zijn, omdat de revolutionaire kracht van de leer een gevaar voor de dragers betekent, wat de kleine bange bourgeois uiteraard op een afstand houdt. Deze lieden zullen het gevoel hebben, aanhangers te zijn, maar zullen weigeren, om openlijk hiervoor uit te komen door als lid toe te treden. Dat betekent echter, dat de organisatie van een waarlijk revolutionair idee slechts het actiefste gedeelte van haar aanhangers tot leden zal weten te maken. Maar juist deze activiteit van de beweging, die door de natuurlijke selectie gewaarborgd is, biedt de beste garantie, dat de verdere propaganda even actief zal worden gevoerd, en tevens, dat de strijd voor de verwerkelijking van het idee eveneens met succes zal worden bekroond. Het grootste gevaar; dat een beweging kan bedreigen, is een ledental, dat door al te snelle successen abnormaal is toegenomen. Want hoezeer alle laffe en egoïstische lieden zich ook verre houden van een beweging, die een harde strijd moet voeren, – op het ogenblik, dat de ontwikkeling van de toestand een groot succes van die partij bewerkstelligt, of zulk een succes zeer waarschijnlijk maakt, wensen deze lieden plotseling alle als leden tot de organisatie te worden toegelaten. Dat is ook de rede, waarom zo vele zegevierende bewegingen vlak voor de eindoverwinning, of beter gezegd, vlak vóór zij hun laatste doel hebben bereikt, plotseling een onverklaarbare innerlijke zwakte vertonen, en verlammen, de strijd opgeven, en tenslotte afsterven.

Tengevolge van de vroegere overwinningen zijn er zoveel slechte, onwaardige, en vooral ook laffe elementen in de organisatie gekomen, dat deze minderwaardigen tenslotte de overhand krijgen tegenover de strijdbaren, en de beweging nu dwingen om uitsluitend hun persoonlijke belangen te dienen, haar doen afdalen tot het miserabele peil van hun heldhaftigheid, en niets doen, om de overwinning van de oorspronkelijke idee ook inderdaad te behalen. Het fanatiek gewilde doel is daardoor vervaagd, de strijdbaarheid verlamd, of, zoals de burger in zo een geval zo treffend pleegt te zeggen:

„men heeft water in zijn wijn gedaan". En dan kan men inderdaad geen al te hoge eisen meer stellen.

Daarom is het volstrekt noodzakelijk, dat de levenswil van een beweging haar op het ogenblik, dat zij successen behaalt, eenvoudig dwingt, om de opname van nieuwe leden stop te zetten, en voortaan niet dan met de grootste voorzichtigheid, en na een grondig onderzoek er toe overgaat, om haar organisatie te vergroten. Alleen zo zal zij de kern van haar beweging waarlijk fris en gezond kunnen houden. Ze moet ervoor zorgen, dat in het vervolg alleen deze kern de beweging verder leidt, wat dus wil zeggen, de propaganda verzorgt, die moet maken, dat zij algemeen aanvaard wordt; het moet deze kern zijn, die de maatregelen treft, die nodig zijn, om haar ideeën te verwerkelijken. De organisatie moet niet alleen alle belangrijke posities in het veroverde gebied bezetten met mannen uit de oude kern van haar beweging, maar ook het gehele bestuur moet hieruit worden gerekruteerd. En dat wel net zolang, tot de huidige beginselen en doctrines van de partij tot fundamenten en inhoud van de nieuwe staat zijn geworden. En pas daarna kan men langzaam aan het bewind overlaten aan de nieuwe grondwet, die uit de geest van de beweging geboren is. Zo een stadium wordt echter meestal ook weer door strijd bereikt, omdat het niet zozeer een kwestie van menselijk inzicht is als wel van de wisselwerking van krachten, die men van tevoren wél kan overzien, maar niet voor altijd kan besturen.

Alle grote bewegingen, of ze nu van religieuze of van politieke aard zijn, hebben hun geweldige successen uitsluitend te danken aan het inzicht in, en de benutting van deze krachten, en alle duurzame successen zijn eenvoudig ondenkbaar zonder deze wetten. Ik heb als propagandaleider van de partij niet alleen alles gedaan, wat in mijn macht lag, om de fundamenten te leggen voor de grootheid van de toekomstige beweging, maar heb er, door een zeer radicale opvatting van dit werk ook naar gestreefd, dat de beweging alleen het beste materiaal te verwerken kreeg. Want naarmate mijn propaganda radicaler en opzwiepender werd, moest dit de zwakkelingen en weifelende zielen verre houden, en voorkwam het hun binnendringen in de eerste kern van onze organisatie. Misschien zijn ze aanhangers gebleven, maar dan zeer zeker niet openlijk, en geestdriftig, maar integendeel in angstige stilzwijgendheid aangaande hun eigen overtuiging. Hoeveel duizenden hebben mij destijds niet verzekerd, dat ze het in hun hart volkomen met alles eens waren, maar toch onmogelijk lid konden worden. De beweging was zo radicaal, dat het moeilijk en zelfs gevaarlijk was, om er lid van te zijn, zodat men het de eerzame, vreedzame burger niet kwalijk kon nemen, wanneer hij zich althans voorlopig nog afzijdig hield, al stond hij ook innerlijk geheel aan onze zijde. En dat was goed zo.

Wanneer deze mensen, die het innerlijk niet eens waren met de revolutie, destijds allemaal tot onze partij waren toegetreden, dan konden wij ons nu als een vrome congregatie, maar niet meer als een jonge strijdlustige beweging beschouwen. De levende en agressieve vorm, waarvan ik me toentertijd bij de propaganda bediende, heeft de radicale tendensen in onze beweging versterkt en gewaarborgd, omdat daardoor voortaan alleen werkelijk radicale mensen – afgezien dan van enkele uitzonderingen – bereid waren, om als lid toe te treden.

En toch heeft onze propaganda nog zo gewerkt, dat er al na korte tijd honderdduizenden waren, die ons niet enkel in hun hart gelijk gaven, maar die onze overwinning wensten, al waren ze ook zelf te laf, om hiervoor offers te brengen of hiervoor op te komen. Tot het midden van het jaar

1921 was deze activiteit, die alleen op de werving van aanhang berekend was, nog voldoende, en voor de beweging nog van het grootste nut. Maar bijzondere gebeurtenissen in het midden van de zomer van dit jaar maakten het gewenst, om nu, nadat allengs het succes van de propaganda gebleken was, de organisatie uit te bouwen, waardoor deze een evenredig deel van onze aandacht kreeg.

De poging van een groepje volksgezinde fantasten, met de welwillende medewerking van de toenmalige partijvoorzitter, om zich van de leiding meester te maken, had tengevolge, dat dit intrigetje aan zijn eind kwam, en dat de algemene ledenvergadering mij met algemene stemmen tot algemeen leider der beweging benoemde. Terzelfder tijd werd ook het nieuwe beginsel aanvaard, dat de eerste voorzitter van de beweging volkomen aansprakelijk stelt, principieel alle besluiten van commissies verwerpt, en een andere manier van werken invoert, die totnogtoe de beste vruchten heeft afgeworpen. Ik heb vanaf de 1ste augustus 1921 deze innerlijke reorganisatie van de beweging ter hand genomen, en ben daarbij geholpen door een reeks buitengewone krachten, die ik meen nog speciaal te moeten vermelden.

Bij de poging, om de resultaten van de propaganda nu ten bate van de organisatie aan te wenden, en daarmee in de werkelijkheid om te zetten, moest ik een aantal oude gewoonten opruimen, en zekere principes invoeren, die geen van de bestaande partijen bezat of ook maar aanvaardde. In de jaren 1919 en 1920 bezat de beweging naast haar leiding een bestuurscommissie, die gekozen was door ledenvergaderingen, die op hun beurt weer door de statuten waren voorgeschreven. De commissie bestond uit een eerste en een tweede penningmeester, een eerste en tweede secretaris, en als leiding een eerste en tweede voorzitter. Daarnaast hadden nog een vertegenwoordiger van de leden, de propagandaleider en verschillende bijzitters zitting in deze commissie.

Deze bestuurscommissie was eigenlijk, – hoe belachelijk dat ook leek –, datgene, wat de beweging zelf het felste wilde bestrijden, het parlementarisme. Want het sprak vanzelf, dat daarbij een beginsel werd toegepast, dat van de kleinste plaatselijke groep via de latere districten, gouwen en provinciën leidde tot de Rijksleiding en dat zodoende precies hetzelfde systeem belichaamde, waaronder ook wij allen te lijden hadden, en heden (1926) nog lijden. Het was volstrekt noodzakelijk, om hier eens op een dag een verandering aan te brengen, vóór de beweging tengevolge van die slechte basis van haar inwendige organisatie voor altijd bedorven zou zijn, en daardoor dus voorgoed de capaciteiten zou hebben verspeeld, om eenmaal haar hoge doel te vervullen. De zittingen van de bestuurscommissie, waar notulen werden bijgehouden, en waar de meerderheid van stemmen besliste, vormde in wezen een klein parlement. Ook hier ontbrak iedere persoonlijke verantwoordelijkheid en verantwoording. Ook hier heerste hetzelfde onverstand en hetzelfde wanbegrip, als in de officiële vertegenwoordigende lichamen. Men benoemde voor deze commissie secretarissen, mannen voor de kas, vertegenwoordigers van de leden van de organisatie, mannen voor de propaganda, en voor honderd dingen meer, maar liet hen dan toch tezamen hun standpunt bepalen ten aanzien van ieder vraagstuk, en liet hen door stemming beslissen. Hierdoor besliste de man, die voor de propaganda zitting had, mee over een kwestie, die de kashouder aanging, en deze besliste op zijn beurt mee over dingen, die de organisatie betroffen, enz. en de man van de organisatie stemde weer over iets, wat alleen zaak van de secretaris had moeten zijn. Maar een gezond verstand kan waarlijk niet inzien, waarom men eigenlijk speciaal iemand aanstelde voor de propaganda, wanneer de kassier, de secretaris, de vertegenwoordiger der leden, enz. allemaal mochten meespreken over een kwestie van propagandistische aard; evenmin als men het zou kunnen inzien, waarom een grote fabriek altijd de bazen of de constructeurs van andere afdelingen en andere branches zou laten beslissen over kwesties, die volkomen buiten hun eigen gebied vallen.

Ik heb me niet onderworpen aan deze krankzinnige instelling, maar ben al na korte tijd weggebleven van deze vergaderingen. Ik voerde de propaganda, en daarmee uit – en overigens liet ik niet toe, dat de eerste de beste leek probeerde, mij op dit gebied zijn mening op te dringen. Ik bleef immers anderzijds ook van de zaken der anderen af. Toen de aanvaarding van de nieuwe statuten en mijn benoeming tot eerste voorzitter mij intussen het nodige gezag en recht hadden gegeven, was het met deze onzin ook dadelijk gedaan.

De eerste voorzitter is verantwoordelijk voor de totale leiding van de beweging. Hij geeft aan de onder hem geplaatste krachten uit de bestuurscommissie, en ook aan de voorts nog nodige medewerkers, het werk op, dat ze moeten verrichten. Daardoor is ieder van deze heren volkomen verantwoordelijk voor de hem opgedragen taak. Hij is alleen rekening en verantwoording schuldig aan de eerste voorzitter, die voor de samenwerking van allen moet zorgen, of eventueel door bepaalde personen te kiezen, en algemene richtlijnen voor te schrijven, deze samenwerking zelf tot stand moet brengen.

Dit verantwoord gelijkheidsprincipe is langzamerhand een vanzelfsprekend iets in de beweging geworden, althans, wat de leiding van de partij aangaat. Bij de kleine plaatselijke groepen en misschien ook nog in de districten en gouwen, zal het jaren duren, voor men deze beginselen zal kunnen verwerkelijken, omdat lafaards en knoeiers er zich natuurlijk altijd tegen zullen verzetten; zij zullen de volledige verantwoordelijkheid voor een daad steeds een onaangename last vinden; zij voelen zich vrijer en plezieriger, wanneer ze bij iedere moeilijke beslissing in de rug gedekt zijn door de meerderheid van een zogenaamde commissie. Het lijkt mij echter noodzakelijk, om zo beslist mogelijk tegen zo'n mentaliteit op te treden, om geen concessies te doen aan de angst voor verantwoordelijkheid, om daardoor – zij het ook pas na lange tijd – een opvatting te doen post vatten over de plicht en de capaciteiten van de leider, die zal maken, dat alleen degenen, die daartoe echt geroepen en uitverkoren zijn, als leiders zullen optreden.

Maar in ieder geval moet een beweging, die de parlementaire waanzin te lijf wil gaan, zelf geheel van parlementaire smetten vrij zijn. Alleen dan kan zij de kracht verwerven, om de strijd aan te binden. Een beweging, die in een periode, waarin het meerderheidsidee alles en iedereen beheerst, zich principieel op het standpunt van het leidersbeginsel stelt, en de daaruit voortvloeiende verantwoordelijkheid laat gelden, zal met wiskunstige zekerheid er op kunnen rekenen, dat eens op een dag de oude toestand vernietigd zal worden, en zij de overwinning behaalt. Dit idee leidde binnen de beweging tot een volledige reorganisatie. En de logische consequentie ervan maakte, dat er een zeer scherpe scheidingslijn werd getrokken tussen de commerciële en de politieke tak van de beweging. Het verantwoordelijkheidsprincipe werd nu ook op de gehele handelsafdeling van de partij toegepast, en maakte deze tak nu gezond, door haar geheel van politieke invloeden te bevrijden, en haar aandacht uitsluitend en alleen te concentreren op het zuiver economische.

Toen ik mij in de herfst van het jaar 1919 aansloot bij de partij, die destijds zes leden telde, bezat deze geen verkoopafdeling en geen employé, zelfs geen formulieren of stempels; er was letterlijk geen enkel gedrukt stuk te vinden. Eerst deed een café in de Herrengasse dienst als vergaderlokaal, en later een aan de Gasteig. Dat was een onhoudbare toestand. Ik ging dan ook al korte tijd nadien aan het werk, en bezocht een hele reeks restaurants en hotels, op zoek naar een extra kamertje of een ander onderdak voor de partij. In het vroegere Sterneckerbräu-café in het „Tal" bevond zich een klein vertrek, dat wel iets op een gewelf leek, waar vroeger de parlementsleden van Beieren hun kroeg hadden gehouden. Het was er donker en somber – en daardoor was het natuurlijk voor zijn vroegere bestemming ideaal geweest, maar paste heel wat minder goed voor de nieuwe bestemming, die wij eraan hadden willen geven. Het steegje, waarop het enige raam uitzag, was zo smal, dat het ook op de heldersten zomerdag niet licht werd in het vertrek. Dit werd ons eerste handelskantoor. Omdat de huur echter maar vijftig mark per maand was (voor ons destijds een geweldig bedrag), konden wij echter geen al te hoge eisen stellen, en mochten zelfs niet eens aanmerkingen maken, toen men vlak voor onze komst nog vlug even de destijds voor de heren parlementsleden aangebrachte tegels van de muur haalde, waardoor het vertrek nu werkelijk meer op een graftombe dan op een bureau leek.

En toch was dit eigen kamertje al een geweldige vooruitgang. Na enige tijd kregen wij elektrisch licht, en na nog langere tijd een telefoon; er werd een tafel met een paar geleende stoelen ingezet, daarna een open stelling, later nog een kast. Twee ladekasten, die het eigendom waren van de huisbaas, moesten dienst doen, om er de strooi- en aanplakbiljetten, enz. in te bewaren. Het stelsel, dat men totnogtoe had gehuldigd, of m.a.w. het bestuur door een commissie, die eens per week bijeen kwam, was op de duur onhoudbaar. Alleen een door de beweging gesalarieerd employé kon zorgen, dat het zakelijke gedeelte naar behoren gebeurde. Dat was destijds zeer moeilijk. De beweging had nog maar zo weinig leden, dat het een kunst was, om daaruit iemand te vinden, die geschikt was, om deze taak te vervullen; zijn persoonlijke eisen zouden zo laag mogelijk moeten zijn, om aan de vele, die de beweging aan hem stelde, te kunnen voldoen.

Na lang zoeken vonden wij in een oud frontkameraad van mij, een zekere Schüssler de eerste leider van de zakelijke afdeling van de partij. Eerst kwam hij dagelijks van zes tot acht op ons nieuwe kantoor, later van vijf tot acht, daarna iedere namiddag; en korte tijd nadien werd hij geheel in dienst genomen, en was nu van 's morgens vroeg tot laat in de nacht aan het werk. Hij was even ijverig als eerlijk en betrouwbaar, deed zelf alles, wat hij maar kon, en was een bijzonder trouw lid van de beweging. Hij bracht een kleine schrijfmachine merk „Adler" mee, die zijn eigendom was. Dit was het eerste instrument van die aard in dienst van onze beweging. Later nam de partij door afbetaling dit instrument van hem over. Een kleine brandkast scheen nodig te zijn, om de cartotheek en de ledenlijsten tegen diefstal te beveiligen. Wij kochten dit voorwerp dus niet, om er de grote sommen in op te bergen, die wij destijds zouden hebben bezeten. Integendeel, alles was even armoedig, en ik heb vaak van het weinige, wat ik zelf had opgespaard, moeten bijpassen.

Anderhalf jaar later was ons kantoor te klein, en verhuisden wij naar een nieuwe lokaliteit in de Corneliusstraat. Weer was het een herberg, waar wij onze intrek namen, maar nu bezaten wij al meer dan een enkel vertrek: er waren nu al drie lokalen, plus een groot vertrek met loketten. Destijds vonden wij dat al veel. Wij bleven daar tot November 1923.

In December 1920 kochten wij de „Völkischen Beobachter". Deze krant, die – zoals haar naam al aanduidde – in het algemeen voor volksbelangen opkwam, zou nu tot officieel orgaan van de N.S.D.A.P. worden gemaakt. Het blad verscheen eerst tweemaal per week, werd in het begin van 1923 een dagblad, en kreeg tegen het eind van Augustus van het jaar 1923 zijn, later bekend geworden, grote formaat.

Ik heb destijds, omdat ik een volkomen nieuweling was op het gebied van de journalistiek, heel wat leergeld moeten betalen. Het feit, dat er tegenover de geweldige Joodse pers ternauwernood een enkel, werkelijk belangrijk volksblad bestond, moest op zichzelf al te denken geven. Dit was

— naar ik zelf in de praktijk keer op keer heb kunnen vaststellen, — voor een zeer groot gedeelte een gevolg van het feit, dat er maar zo buitengewoon weinig volksondernemingen waren, die op een zakelijk juiste basis stonden. Ze waren veel te veel gebaseerd op het beginsel, dat de overtuiging belangrijker was dan het gepresteerde werk. Een volkomen onjuist standpunt, omdat de overtuiging immers nooit iets uiterlijks mag zijn, maar juist in zijn werkprestaties op de mooiste manier tot uitdrukking komt. Wie werkelijk waardevol werk verricht voor zijn volk, geeft daarmee blijk van een even waardevolle overtuiging, terwijl een ander, die enkel een overtuiging voorwendt, zonder in werkelijkheid voor zijn volk enig werk te verrichten, iedere werkelijke overtuiging slechts schaadt. Hij belast ook de gemeenschap door zo'n overtuiging. Ook de „ Völkische Beobachter" was, zoals de naam al zegt, een z.g. „volks" orgaan, met alle voordelen en alle — veel talrijker — fouten en gebreken, die aan volksinstellingen eigen waren. De inhoud van het blad was eerlijk en mannelijk, maar de zakelijke basis was onhoudbaar. Ook hier ging men uit van de mening, dat volkskranten door giften uit het volkskamp in leven gehouden moeten worden, in plaats van kort en goed in te zien, dat zij de concurrentiestrijd tegen de anderen moeten kunnen volhouden, en dat het volkomen onzedelijk is, om de nalatigheden en fouten van de zakelijke leiding van de onderneming te willen dekken door de bijdragen van goed menende patriotten.

In ieder geval heb ik alles gedaan om aan deze, mijns inziens funeste toestand een einde te maken, en het geluk hielp mij daarbij enigszins, door mij in aanraking te brengen met de man, die sindsdien niet alleen als directeur van de krant, maar ook als leider van de zakelijke afdeling van de partij, onschatbare diensten aan onze beweging heeft bewezen. In het jaar 1914, dus aan het front, maakte ik kennis met de huidige algemene leider van de zakelijke afdeling van de partij, Max Amann, die destijds mijn meerdere was. In de vier oorlogsjaren had ik bijna voortdurend de gelegenheid, om de buitengewone kundigheid, de vlijt en de pijnlijke nauwgezetheid van mijn latere medewerker te constateren. In het midden van de zomer van 1921, toen de beweging een zware crisis doormaakte, en een aantal van onze employés mij niet meer voldeed, en wij zelfs met een hunner de onaangenaamste ervaringen hadden opgedaan, wendde ik mij tot mijn vroegere regimentskameraad, die ik op een goede dag plotseling weer ontmoette, en verzocht hem, als leider van de zakelijke afdeling te willen optreden. Na lang aarzelen — Amann bekleedde een betrekking waar toekomst in zat, — stemde hij tenslotte toe, waarbij hij echter de voorwaarde stelde, dat hij nooit als loopjongen voor de een of andere impotente commissie zou behoeven te dienen; hij wilde maar één man als zijn meerdere erkennen.

Deze eerste leider van de zakelijke afdeling van de partij, die werkelijk volkomen deskundig was op commercieel gebied, heeft een buitengewoon verdienstelijk werk verricht, door in de zakelijke omstandigheden van de partij orde te scheppen. Sindsdien is onze zakelijke afdeling steeds een toonbeeld van orde gebleven, zoals geen van de lagere instanties van de beweging bereiken, dus laat staan, overtreffen kon. Maar zoals altijd in het leven, zijn bijzondere capaciteiten niet zelden aanleiding tot afgunst en jaloersheid. Dat moest men natuurlijk ook hier verwachten, en op de koop toe nemen.

Al in het jaar 1922 waren er over het algemeen vaste richtlijnen gegeven voor de zakelijke, en ook voor de zuiver organisatorische ontwikkeling van de beweging. Er bestond al een volledige centrale cartotheek, waarin alle leden van de beweging voorkwamen. De financiële positie van de beweging was eveneens op gezonde leest geschoeid. Lopende uitgaven moesten door lopende inkomsten worden gedekt – buitengewone inkomsten werden enkel voor bijzondere uitgaven benut. Door dit stelsel bleef de beweging niettegenstaande moeilijke tijden, op enkele kleinere rekeningen na, praktisch vrij van schulden, en slaagde er zelfs in, haar bezit voortdurend in waarde te doen toenemen. Het werk gebeurde precies als bij een particuliere onderneming: de employé moest door zijn prestaties tonen, wat hij waard was, en enkel een beroep op de befaamde „overtuiging" was niet voldoende. De overtuiging van iedere nationaal-socialist komt in de eerste plaats tot uiting in de ijver en de kundigheid, die hij betoont bij het verrichten van het werk, dat de volksgemeenschap hem heeft opgedragen. Wie op dit punt zijn plicht niet vervult, heeft niet het recht zich te beroepen op zijn overtuiging, omdat hij zelf tegen die overtuiging zondigt. De nieuwe directeur van de zakelijke afdeling van de partij was zeer bepaald — en dwars tegen alle mogelijke invloeden in — van mening, dat de kantoren van de partij niet mochten dienen om aan minder werklustige aanhangers of leden een gemakkelijk baantje te bezorgen. Een beweging, die zo fel gekant is tegen de corruptie van de partijen in ons huidig bestuursapparaat, moet haar eigen instellingen van dergelijke smetten vrij houden.

Het volgende geval deed zich voor: er kwamen mensen bij ons, die vroeger aanhangers van de Beierse Volkspartij (het politiek katholicisme in Beieren vert.) waren geweest, maar die hun vak in ieder opzicht uitmuntend verstonden; de administratie van de krant nam hen als employés in dienst. De resultaten van dit stelsel waren over het algemeen zeer goed. Juist door deze eerlijke en rechtstreekse waardering van het door ieder gepresteerde werk heeft de beweging de harten van deze employés sneller en absoluter veroverd, dan anders ooit mogelijk was geweest. Later werden het goede nationaal-socialisten, en dat bleven ze; en niet enkel met de mond, maar gaven daarvan ook blijk, door hun werk voor de nieuwe beweging consciëntieus, naar behoren en eerlijk te verrichten. Het spreekt vanzelf, dat een partijgenoot, die goed bekend stond, de voorrang genoot boven een even goed aangeschreven niet-partijgenoot. Maar niemand werd alleen op grond van zijn lidmaatschap van de partij aangesteld. De beslistheid, waarmee de nieuwe leider van de zakelijke afdeling deze principes voorstond, en ze uiteindelijk niettegenstaande alle tegenwerking ook wist te verwerkelijken, zou later van het grootste nut blijken voor de beweging. Alleen daardoor was het mogelijk, dat tijdens de moeilijke jaren van de inflatie, toen tienduizenden ondernemingen vernietigd werden, en duizenden kranten het leven moesten laten, de zakelijke leiding van de beweging zich niet alleen wist te handhaven, en haar taak kon vervullen, maar dat de „Völkische Beobachter" toch steeds meer kon worden uitgebreid. Zij werd destijds al tot de grote bladen gerekend.

Het jaar 1921 was voorts ook nog een belangrijk jaar, omdat het mij door mijn positie als partijvoorzitter lukte, om ook in de verschillende takken van de handelsafdeling van de partij, de invloed van de idem zoveel commissieleden uit te schakelen. Dit was van het grootste belang, omdat een werkelijk knappe kerel nooit genegen zou zijn, om een taak te vervullen, wanneer enige imbecielen voortdurend hun neus staken in zijn werk, alles beter wisten, en in werkelijkheid een wanhopigen chaos achterlieten. En dan waren die lieden, die alles konden, meestal maar zo bescheiden, om zich terug te trekken, en elders een terrein te zoeken voor hun controlerende en inspirerende werkzaamheid.

Er waren lieden, die letterlijk in een voortdurende ziektetoestand verkeerden, waarin ze meenden, dat overal „iets achter zat", en die zo ongeveer voortdurend zwanger waren van de prachtigste plannen, ideeën, ontwerpen en methoden. Hun hoogste en heiligste ideaal was dan gewoonlijk, om een commissie te vormen, die dan als controlerend orgaan het werk van de anderen vakkundig moest besnuffelen. Hoe beledigend en hoe on-nationaal-socialistisch het echter is, dat mensen, die van een werk niets afweten, daarover voortdurend de werkelijke vaklieden kunnen lastig vallen, dat was iets, wat waarschijnlijk in het geheel niet tot het merendeel van de commissieleden doordrong. Ik heb het in ieder geval als mijn plicht beschouwd, om in deze jaren alle goed werkende krachten van de beweging, die tegelijkertijd ook verantwoordelijkheidsbesef hadden, te beschermen tegen deze elementen, en te zorgen, dat onze employés steeds door ons in de rug werden gedekt, en hun werkkracht vrijelijk konden ontplooien. Het beste middel echter, om zulke commissies, die niets uitvoeren, of enkel praktisch onuitvoerbare besluiten namen, onschadelijk te maken, was, om hun eens wat werkelijk werk op te dragen. Het was belachelijk om te zien, hoe snel zo'n clubje dan wegvluchtte, en plotseling onvindbaar werd. Ik moest daarbij denken aan onze grootste instelling op dit gebied, aan de Rijksdag. Hoe zouden al de leden van dat parlement niet plotseling verdwenen zijn, wanneer men hun niet maar liet kletsen, maar hun een werkelijke taak opgaf, waarvoor ieder van deze blaaskaken persoonlijk verantwoordelijk zou worden gesteld.

Ik heb destijds al geëist, dat er, evenals overal in het particuliere zakenleven, ook voor de verschillende zakelijke afdelingen van de beweging naar een kennelijk intelligente employé, bestuurder of leider moest worden gezocht, net zolang tot zo iemand gevonden was. Maar zo'n man moest dan ook over onbeperkt gezag en onbeperkte vrijheid van handelen beschikken, ten aanzien van zijn ondergeschikten, terwijl hij volledige verantwoording schuldig was aan zijn meerderen; hierbij moet nog worden gezegd, dat niemand, die niet zelf het werk-in-kwestie beter wist te doen, gezag kan doen gelden over ondergeschikten. In de loop van twee jaar heb ik deze opvatting in steeds sterkere mate weten door te drijven, en nu is ze al een vanzelfsprekend iets op alle gebieden, waar de algemene leiding rechtstreeks te zeggen heeft. Het succes van deze opvatting bleek echter pas op de 9de november 1923: toen ik, vier jaar vóórdien lid van de beweging werd, was er zelfs geen stempel aanwezig. Op de 9de november werd de partij ontbonden en haar vermogen in beslaggenomen. Dit vermogen beliep destijds, met inbegrip van alle bezittingen en de krant al een bedrag van meer dan honderd zeventigduizend goud-mark.

Twaalfde hoofdstuk Het vraagstuk der vakverenigingen

De snelle groei van onze beweging dwong ons, al in het jaar 1922 om ons standpunt te bepalen ten aanzien van een vraagstuk, dat ook heden (1926) nog niet volkomen is opgelost. Bij onze pogingen, om de methoden te bestuderen, die ons het eerste en het gemakkelijkste een weg konden banen naar het hart van de grote massa, ontmoetten wij telkens weer het bezwaar, dat de arbeider nooit geheel en al aan onze zijde kon staan, zolang de verdediging van zijn economische en beroepsbelangen nog in handen van andersdenkenden en van hun politieke organisaties lag.

Dit bezwaar was natuurlijk voor een zeer groot gedeelte juist. Men was algemeen van mening, dat een arbeider, die ergens werkzaam was, niet eens kon leven, wanneer hij niet lid werd van een vakvereniging. Niet alleen, dat zijn beroepsbelangen op den duur alleen op die wijze beveiligd leken, maar ook zijn positie in de onderneming was op den duur alleen denkbaar als lid van een vakvereniging. Het merendeel van de arbeiders was in vakverenigingen georganiseerd. Over het algemeen waren het deze vakverenigingen geweest, die de strijd voor de lonen hadden uitgevochten, en de tarief contracten, waardoor de arbeiders nu zeker waren van een bepaald inkomen, hadden afgesloten. Ongetwijfeld kwamen de resultaten van deze strijd uiteindelijk aan alle arbeiders van de onderneming ten goede, en dat maakte, dat vooral de fatsoenlijke arbeiders het niet in overeenstemming konden brengen met hun geweten, om het loon, dat de vakverenigingen hadden veroverd, wel te incasseren, maar zelf afzijdig te blijven van die strijd. Met de normale burgerlijke werkgevers kon men moeilijk over deze vraagstukken spreken. Zij hadden niet het minste begrip (of wilden geen begrip hebben) voor de materiele, en al evenmin voor de morele zijde van het geval. Uiteindelijk beschouwen ze immers iedere organisatie van de arbeiders in hun bedrijf als strijdig met hun eigen economische belangen, zodat de meesten al om deze rede niet in staat zijn, om een onbevangen oordeel te vormen. Men moet zich dus hier weer, zoals zo dikwijls, tot de buitenstaanders wenden, die niet in de verzoeking komen, om door de bomen het bos niet te zien. Deze mensen zullen dan, wanneer ze van goede wil zijn, veel eerder inzicht kunnen krijgen in een probleem, dat toch in ieder geval een van de belangrijkste is in ons huidig en toekomstig volksbestaan.

Ik heb al in het eerste deel het karakter, het doel en de noodzakelijkheid van vakverenigingen besproken. Daarbij ben ik van het standpunt uitgegaan, dat de werknemer, zolang er niet door (meestal onvruchtbare) wettelijke maatregelen, of door een algemene nieuwe opvoeding, verandering komt in de verhouding tussen hem en zijn werkgever, hij wel genoodzaakt is, om zijn belangen zelf te verdedigen, waarbij hij zich dan kan beroepen op zijn recht als gelijkwaardig contractant in het economische leven. Ik legde er voorts de nadruk op, dat zo een behartiging van zijn rechten stellig in het belang van de hele volksgemeenschap was, wanneer daardoor sociale misstanden, die tenslotte de toestand van de gehele volksgemeenschap ernstig zouden schaden, voorkomen konden worden. Verder verklaarde ik, dat de noodzaak tot organiseren zolang aanwezig moest worden geacht, als er onder de ondernemers lieden zijn, die niet alleen uit zichzelf geen gevoel voor hun sociale plichten hebben, maar die zelfs de meest elementaire menselijke rechten niet willen erkennen; en daaruit concludeerde ik, dat, wanneer de noodzaak van een dergelijke zelfverdediging erkend wordt, de vorm ervan uiteraard slechts kan bestaan in een bundeling van de arbeiders in vakverbonden. Deze algemene zienswijze is ook in het jaar 1922 volkomen ongewijzigd gebleven. Maar wel was het nodig, dat er een duidelijke en scherp gestelde formulering werd gevonden voor ons standpunt ten aanzien van deze vraagstukken. Men kon zich bezwaarlijk voortaan maar tevreden stellen met bepaalde inzichten, zonder daaruit praktische conclusies te trekken. Het ging om de beantwoording van de volgende vragen:

1e. Zijn vakverenigingen noodzakelijk?

2e. Moet de N.S.D.A.P. zelf vakverenigingen scheppen, of haar leden op de een of andere manier tot zo een bundeling bewegen?

3e. Hoe moet een nationaal-socialistische vakverbond er uitzien? Wat is onze taak, en wat is het doel van dat vakverbond?

4e. Hoe roepen wijdergelijke vakverenigingen in 't leven?

Ik meen, dat ik de eerste kwestie eigenlijk al duidelijk genoeg heb beantwoord. Mijns inziens kunnen de vakverenigingen onder de huidige omstandigheden beslist niet worden gemist. Integendeel, ze behoren tot de allerbelangrijkste instituten in het economische leven van de natie. Hun betekenis ligt echter niet alleen op sociaal gebied, maar in nog veel sterkere mate op algemeen nationaal gebied. Want indien een juiste vakverbondspolitiek in de levensbehoeften van de grote massa voorziet, en tegelijkertijd deze massa opvoedt, dan zal het volk, waarvan deze massa deel uitmaakt, zijn weerstandsvermogen in de strijd om het bestaan buitengewoon versterkt zien.

De vakverbonden zijn vooral noodzakelijk als bouwstenen voor het toekomstige economische parlement, of eventueel van de corporaties. De tweede kwestie is ook nog vrij gemakkelijk te beantwoorden: Wanneer de vakbeweging belangrijk is, dan spreekt het vanzelf, dat het nationaal-socialisme niet enkel in theorie, maar ook in de praktijk zijn standpunt in dat opzicht moet bepalen. Maar de vraag naar het hoe, wordt al heel wat moeilijker. De nationaal-socialistische beweging, waarvan het uiteindelijke doel de nationaal-socialistische volksstaat is, dient zich steeds bewust te zijn, dat alle toekomstige organen van deze staat uit de beweging zelf moeten voortkomen. Het is de grootste fout, die men kan begaan, om te denken, dat men met geen enkele andere basis dan de macht, plotseling zonder voorbereiding een bepaalde reorganisatie kan uitvoeren, wanneer men niet van tevoren al de beschikking heeft over een bepaalde kern van mensen, die vooral een zekere doctrinaire scholing moeten hebben doorgemaakt. Ook hier geldt het beginsel, dat de geest, die de vorm bezielt en vult, steeds belangrijker zal zijn dan de uiterlijke vorm, die altijd zeer gemakkelijk mechanisch kan worden geconstrueerd.

Het is bijvoorbeeld zeer goed mogelijk, om een staatsorganisme eenvoudig op bevel, en door middel van dictatoriale maatregelen te dwingen, het leidersprincipe te aanvaarden. Dit principe zal echter enkel levend blijken, wanneer het zich uit de kleinste kiemen geleidelijk aan heeft ontwikkeld, en door de voortdurende selectie, die de harde werkelijkheid van het leven onophoudelijk toepast, in de loop van vele jaren tenslotte het nodige leidersmateriaal bijeen weet te krijgen, om dit beginsel in werkelijkheid om te zetten. Men mag dus nooit denken, dat men plotseling uit een aktetas het ontwerp voor een nieuwe grondwet zou kunnen halen, en dat men deze nieuwe grondwet dan maar eenvoudig door een machtspreuk van boven af zou kunnen „invoeren". Men kan zoiets natuurlijk wel proberen, maar het resultaat zal zeker geen levensvatbaarheid hebben en zal meestal een doodgeboren kind zijn. Dat doet me al te sterk denken aan het ontstaan van de grondwet van Weimar, en aan de daarbij aangewende poging, om het Duitse volk nu met de nieuwe grondwet ook een nieuwe vlag te geven, en dat wel een, die met het leven van ons volk in de laatste vijftig jaar niets meer uitstaande had. Ook de nationaal-socialistische staat moet oppassen voor zulke experimenten. Deze kan enkel opgroeien uit een allang bestaande organisatie. Deze organisatie moet oorspronkelijk al kiemen van nationaal-socialistisch leven in zich hebben gedragen, om uiteindelijk een levende nationaal-socialistische staat te kunnen scheppen.

Naar ik al zei, zullen de kiemcellen van de economische kamers in de vertegenwoordiging van de verschillende beroepen, dus vooral in de vakverenigingen moeten worden gezocht. Wanneer deze latere vertegenwoordiging van de beroepen, en ook het centrale economische parlement echter nationaal-socialistische instellingen willen zijn, dan moeten ook deze belangrijke kiemcellen draagsters zijn van de nationaal-socialistische overtuiging en opvattingen. De organen van de beweging moeten op de staat worden overgedragen, maar de staat is niet in staat, om plotseling de nodige instellingen uit de grond te stampen, wanneer men althans nog iets anders wenst dan volkomen levenloze producten.

Dit meest elementaire standpunt dwingt de nationaal-socialistische beweging al, om de noodzaak van eigen werkzaamheid op het gebied van de vakbeweging te erkennen. Verder is ze hiertoe ook nog verplicht, omdat een werkelijk nationaal-socialistische opvoeding van werkgever en werknemer tot hun gezamenlijk opgaan in de volksgemeenschap niet door theoretische lessen, oproepen of vermaningen geschiedt, maar integendeel alleen mogelijk zal zijn door dagelijkse strijd.

De beweging moet de grote economische groepen tot die strijd en door die strijd opvoeden, en ze, wat de grondbeginselen betreft, tot elkaar brengen. Zonder zulk voorbereidend werk blijft iedere hoop, dat er in de toekomst een ware volksgemeenschap zal ontstaan, niets dan een mooie droom. Die algemene stijl, die echt maken zal, dat de nieuwe tijd ook inderdaad een tijd met een diepgeworteld nieuw karakter zal zijn, en niet een die slechts uiterlijk verschilt van zijn voorgangers – kan alleen een product zijn van het grote algemene ideaal, waarvoor de beweging strijdt. Daarom moet zij niet alleen de vakverenigingsidee als zodanig aanvaarden, maar moet tevens zorg dragen, dat de praktijk van de nationaal-socialistische vakbeweging aan haar vele aanhangers en leden de nodige opvoeding voor de komende nationaal-socialistische staat geeft.

De beantwoording der derde vraag volgt uit het voorgaande. De nationaal-socialistische vakvereniging is geen instrument ten dienste van de klassenstrijd, maar integendeel een beroeps- vertegenwoordigingsorgaan. De nationaal-socialistische staat kent geen „klassen", maar in politiek opzicht enkel burgers met volkomen gelijke rechten en daarom ook gelijke algemene plichten, en daarnaast ook staatsonderdanen, die echter in politiek opzicht volkomen rechteloos zijn. De vakvereniging, zoals het nationaal-socialisme zich die denkt, heeft niet tot taak, om een bepaalde groep binnen een volk te bundelen, deze langzamerhand tot klasse om te vormen, en daarmee dan de strijd tegen andere, soortgelijke geconstrueerde bouwsels binnen het volk aan te binden. Dit is een taak, waarmee de vakvereniging als zodanig in het geheel niets te maken heeft; deze taak nam zij eerst op zich, op het ogenblik, dat ze een wapen in de hand van het marxisme werd. De klassenstrijd behoort niet bij de vakvereniging, doch het marxisme heeft een instrument voor zijn klassenstrijd van haar gemaakt. Dat marxisme schiep het economische wapen, waarvan het internationale Jodendom zich nu bedient, om de vrije onafhankelijke staten hun economische grondslag te ontnemen, om hun nationale industrie en handel lam te leggen, en om daardoor vrije volkeren onder het slavenjuk van het internationale Joodse grootkapitalisme te dwingen.

De nationaal-socialistische vakvereniging moet integendeel bepaalde groepen van deelnemers aan het nationale productieproces in organisaties bundelen, en daardoor de zekerheid van de nationale economie zelf verhogen, en haar versterken door een einde te maken aan al die misstanden, die uiteindelijk het nationale volkslichaam afbreken, en de levende kracht van de volksgemeenschap, maar daarmee immers ook de kracht van de staat verminderen, waardoor ze bovendien niet in de laatste plaats de economie zelf in het ongeluk storten.

Voor de nationaal-socialistische vakvereniging is de staking dus ook niet een middel, om de nationale productie te vernietigen en te schaden, maar integendeel, om haar te verhogen en gezonder te maken, door al die fouten te bestrijden, die tengevolge van hun on-sociale karakter de capaciteit van de economie, en daardoor het leven van het geheel belemmeren. Want de capaciteit van de enkeling staat steeds in oorzakelijk verband met de algemene juridische en sociale positie, die hij bekleedt in het productieproces, en met het enkel daaruit voortvloeiend inzicht, dat een bloei van die nationale economie ook inderdaad in zijn eigen belang is.

De nationaal-socialistische werknemer moet weten, dat de bloei van de nationale gemeenschap voor hem zelf materieel voordeel meebrengt. De nationaal-socialistische werkgever moet weten, dat het geluk en de tevredenheid van zijn werknemers de eerste voorwaarde is voor het bestaan, en de ontwikkeling van zijn eigen economische grootheid. Nationaal-socialistische werknemer en nationaal-socialistische werkgever zijn beiden lasthebber en vertegenwoordiger van de gehele volksgemeenschap. De hoge mate van persoonlijke vrijheid, die hun hierbij wordt toegestaan, is te verklaren uit het feit, dat de ervaring heeft geleerd, dat de capaciteit van de enkeling meer wordt opgevoerd door een verregaande vrijheid, dan door dwang van bovenaf, en dat zulks verder nog zeer geschikt is, om te voorkomen, dat de natuurlijke selectie, die de flinksten, kundigsten en ijverigsten moet uitzoeken, zou worden lamgelegd.

Daarom is de staking voor de nationaal-socialistische vakvereniging een middel, dat slechts zolang mag — en waarschijnlijk moet — worden aangewend, als er geen nationaal-socialistische volksstaat bestaat. Nu zal deze staat echter een eind maken aan de massale strijd van de beide grote groepen — werknemers en werkgevers — (een strijd, die steeds vermindering van de productie tengevolge moet hebben, en als zodanig steeds de totale volksgemeenschap schaadt), en zal nu zelf de zorg voor en de bescherming van het recht van allen op zich nemen. De economische kamers zelf zullen de plicht hebben, om de nationale economie te doen functioneren, en om te zorgen, dat deze schadelijke fouten en gebreken worden opgeruimd. Datgene, wat heden ten dage door de strijd van miljoenen wordt uitgevochten, zal eens in de gildenkamers en in het centrale economische parlement worden beslecht. Daardoor zullen de ondernemer en de arbeider niet meer onophoudelijk om bonen en tarieven vechten, waarbij de economische positie van beiden wordt verzwakt, maar zij zullen samen een oplossing voor deze problemen vinden in een hogere instantie, die steeds vóór alles bedacht moet zijn op het belang van het gehele volk en de gehele staat.

Ook hier moet, zoals overal, het ijzeren beginsel gelden, dat het vaderland vóór de partij komt. De taak van de nationaal-socialistische vakvereniging is de opvoeding en voorbereiding tot het eigenlijke doel, dat luidt: Gemeenschappelijke arbeid van allen voor het behoud en de beveiliging van ons volk en zijn staat, al naar ieders aangeboren en door de volksgemeenschap ontwikkelde capaciteiten en krachten.

De vierde vraag: Hoe komen wij aan zulke vakverenigingen? was destijds verreweg het moeilijkst te beantwoorden! Het is over het algemeen gemakkelijker, op onbebouwde grond een nieuw bouwwerk te stichten, dan op een oud terrein, waar al een soortgelijk fundament bestaat. In een plaats, waar een zaak-van-een-bepaald-slag nog ontbreekt, kan men gemakkelijk zo een onderneming opzetten. Moeilijker wordt het, wanneer er al een soortgelijke onderneming bestaat, en het moeilijkste wanneer daarbij omstandigheden geschapen zijn, waaronder slechts een van alle kan bloeien. Want hier staan de stichters voor de taak, om niet alleen hun eigen nieuwe zaak hier in te voeren, maar zij moeten, om te kunnen bestaan, datgene, wat tot nog toe ter plaatse gevestigd was, vernietigen.

Een nationaal-socialistische vakvereniging zou onmogelijk naast andere vakbonden kunnen bestaan. Want ook deze vakvereniging moet zich bewust zijn van haar taak voor onze wereldbeschouwing, en van haar hieruit geboren plicht tot onverdraagzaamheid tegenover andere soortgelijke en vijandelijke organisaties, alsmede van de noodzaak, die voor haar als nationaal-socialistische vakbeweging bestaat, om er de nadruk op te leggen, dat zij noodzakelijk is en geen ander buiten haar. Ook hier is geen overeenkomst en geen compromis met verwante bewegingen mogelijk, maar enkel de handhaving van het eigen absoluut en uitsluitend gelijk.

Nu waren er slechts twee mogelijkheden, om de gewenste ontwikkeling te doen geschieden:

1e. Men kon een eigen vakvereniging oprichten, en dan langzamerhand de strijd tegen de internationale marxistische vakverenigingen aanbinden, of men kon

2e. in de marxistische vakverenigingen doordringen, en trachten deze zelf met de nieuwe geest te doordringen, of om ze eventueel om te bouwen tot instrumenten van de nieuwe gedachtewereld.

Aan de eerste methode waren de volgende bezwaren verbonden: Onze financiële moeilijkheden waren toentertijd nog steeds zeer groot. De inflatie, die langzamerhand op steeds ergere wijze haar invloed op ons volk liet gelden, maakte het nog moeilijker voor ons, omdat er in deze jaren nauwelijks kon worden gesproken van tastbare materiële voordelen, die de vakvereniging voor haar leden kon verwerven. De arbeider had, zo bezien, destijds niet de minste reden, om zich door betalingen in een vakvereniging te doen opnemen. Zelfs de al bestaande marxistische vakbonden stonden bijna voor een bankroet, tot de geniale actie van de heer Cuno in het Roergebied hun plotseling de miljoenen in de schoot wierp. Deze zogenaamd nationale rijkskanselier verdient de naam van „redder der marxistische vakverenigingen".

Wij hoefden destijds niet te hopen op dergelijke financiële buitenkansjes, en niemand kon er iets voor voelen, om lid te worden van een nieuwe vakvereniging, die hem, door haar financiële onmacht, niets had kunnen bieden. Anderzijds voelde ik me genoodzaakt, om me er met hand en tand tegen te verzetten, dat zo een nieuwe organisatie enkel een gemakkelijk en lui baantje voor een paar meer of minder grote geesten zou worden. De persoonskwestie speelde trouwens toch ook een zeer belangrijke rol. Er stond destijds niet één man tot mijn beschikking, die ik de oplossing van dit geweldige probleem had kunnen toevertrouwen. Wie in die tijd de marxistische vakverenigingen metterdaad verpletterd zou hebben, en in plaats van deze instelling van de allesvernietigende klassenstrijd, de nationaal-socialistische vakbondsidee had doen zegevieren, die zou daardoor tot de belangrijkste kopstukken van ons volk hebben behoord, en hij had verdiend, dat zijn buste eenmaal in het Walhalla te Regensburg voor het nageslacht zou worden bewaard. Maar ik heb geen enkele krachtfiguur gekend, die het hoofd van die buste had kunnen zijn. Het is ten enenmale onjuist, om zich op dit punt van de wijs te laten brengen door het feit, dat de internationalistische vakverenigingen zelf immers ook slechts over middelmatige figuren beschikten. Dit feit zegt tenslotte niets; want toen de laatste gesticht werden, bestond er niets buiten haar. In onze dagen moet de nationaal-socialistische beweging een allang bestaande enorme en tot in alle details vervolmaakte reuzenorganisatie te lijf gaan.

De veroveraar moet echter altijd genialer zijn dan de verdediger, wanneer hij deze wil bedwingen. De burcht van het marxistische vakverbond kan tegenwoordig wel door gewone bonzen worden bestuurd; ze kan echter niet dan door de ontembare energie en de geniale kundigheid van een tegenstander van waarlijk groot formaat worden ingenomen. Wanneer zo een man niet te vinden is, dan heeft het ook geen zin, om te trachten het noodlot te dwingen, en nog veel onzinniger is het te trachten een gunstige beslissing te forceren door een man van mindere kwaliteiten. Hier is het zaak, om gebruik te maken van het inzicht, dat het in het leven dikwijls beter is, om iets eerst te laten rusten, dan om het – door gemis aan de nodige krachten – slecht of half te beginnen. Een andere overweging, die men vooral niet als „demagogie" moet kwalificeren, deed zich hierbij ook nog gelden. Ik had destijds, en bezit ook heden nog de onverwoestbare overtuiging, dat het gevaarlijk is, om een grote strijd om politiek en wereldbeschouwing, al te vroeg met economische kwesties te verbinden. Dit geldt vooral voor ons Duitse volk. Want bij ons zal in zo een geval de economische strijd onmiddellijk maken, dat de politieke strijd al zijn kracht en energie moet afstaan aan de economische. Wanneer men eenmaal tot de overtuiging is gekomen, dat men ook door spaarzaamheid een huisje zou kunnen krijgen, dan zal men zich enkel nog op deze taak concentreren, en zal er geen tijd meer overblijven voor de politieke strijd tegen diegenen, die toch van plan zijn, om hun op een kwade dag hun gespaarde guldentjes weer te nemen.

In plaats van in de politieke strijd te vechten voor hun nieuw verworven inzicht en hun nieuwe overtuiging, gaan zij dan meestal volkomen op in hun bouwplannen, en blijken dan tenslotte toch meestal bedrogen uit te komen. De nationaal-socialistische beweging staat nu nog meer aan het begin van haar worsteling. Grotendeels moet ze het beeld van haar wereldbeschouwing nog vormen en vervolmaken. Ze moet met alle beschikbare energie vechten voor de verwezenlijking van haar grote idealen, en ze heeft alleen dan kans op succes, wanneer ze zich met haar totale kracht in de strijd werpt.

Hoezeer echter zo een concentratie van alle beschikbare kracht op economische problemen, de strijdbaarheid kan verlammen, dat zien wij juist in onze dagen aan een klassiek voorbeeld. De revolutie van november 1918 werd niet door de vakverenigingen ontketend, maar gebeurde geheel tegen haar wil. En de Duitse bourgeoisie strijdt niet voor de Duitse toekomst, omdat zij meent, dat de opbouwende arbeid van het economisch leven in voldoende mate voor deze toekomst zorgt. Wij moesten uit zulke ervaringen leringen trekken; want bij ons zou hetzelfde zich voordoen. Naarmate wij de totale kracht van onze beweging meer concentreren op de politieke strijd, zullen wij des te eerder mogen rekenen op een algemeen succes; wanneer wij ons echter al te vroeg ophouden met vak bonds- en bouwproblemen, dan zal het voordeel voor onze zaak als zodanig veel geringer zijn. Want hoe groot het gewicht van deze belangen ook moge zijn, ze zullen toch pas algemeen behartigd kunnen worden wanneer wij al bij machte zijn, om de openbare macht in dienst van deze ideeën te stellen. Tot dat ogenblik zouden deze vraagstukken de beweging enkel verlammen — en dat wel des te heviger, naarmate zij zich vroeger daarmee bezighield, en naarmate haar wil ter bereiking van haar idealen daardoor te sterk werd beïnvloed. Dan zou het gemakkelijk zover kunnen komen, dat beweegredenen, die het belang van het vakverbond eiste, de politieke beweging stuurden, in plaats van dat de wereldbeschouwing het vakverbond in de door haar gewenste banen dwingt.

Werkelijk nut kan een nationaal-socialistisch vakverbond voor de beweging zowel als voor ons volk, alleen dan hebben, wanneer ze in ideologisch opzicht al zozeer doordrenkt is van onze nationaal-socialistische ideeën, dat er geen kans meer bestaat, dat ze alsnog in marxistisch vaarwater verzeild raakt. Want een nationaal-socialistisch vakverbond, dat zijn enige taak zou zien in zijn concurrentiestrijd met het marxistische, ware erger dan geen vakverbond. Het moet de strijd tegen het marxistische vakverbond niet alleen als organisatie, maar in de eerste plaats als idee aanbinden. Het moet in dat marxistische vakverbond de verkondiger van de klassenstrijd en de idee van de klassen treffen, en moet de plaats van dat vakverbond innemen, en dan de verdedigster van de beroeps belangen der Duitse burgers worden. Al deze motieven spraken toentertijd, en spreken ook heden ten dage nog tegen het oprichten van eigen vakverenigingen, tenzij dan, dat er plotseling een krachtfiguur naar voren kwam, die kennelijk door het noodlot uitverkoren was, om juist dit probleem tot oplossing te brengen.

Er waren dus maar twee andere mogelijkheden: men kon aan de eigen partijgenoten de raad geven, de vakvereniging te verlaten, of wel men adviseerde hen, om in de bestaande te blijven, en daar zoveel mogelijk afbrekend te werken. Over het algemeen heb ik deze laatste mogelijkheid aanbevolen.

Vooral in de jaren 1922 en 1923 kon ik dat met een gerust hart doen; want het financiële voordeel, dat het vakverbond had van de leden, die ze uit onze rijen rekruteerde, was, omdat onze beweging nog zeer jong, en het aantal van deze leden dus nog uiterst gering was, praktisch gelijk aan nul. De schade, die wij het vakverbond hierdoor toe brachten, was echter zeer groot, want zijn nationaal-socialistische leden bekritiseerden het scherper dan iemand anders en ondermijnden het daardoor van binnen uit. Ik heb me destijds zeer beslist verzet tegen experimenten, die al van tevoren tot mislukken gedoemd waren.

Ik zou het als een misdaad hebben beschouwd, om een arbeider van zijn karig loon nog weer idem zoveel af te nemen voor een instelling, waarvan ik niet overtuigd was, dat ze inderdaad iets voor haar leden zou kunnen doen. Wanneer een nieuwe politieke partij op een dag weer verdwijnt, dan is dat bijna nooit een nadeel, doch schier altijd een voordeel, en niemand heeft het recht, daarover een jammerklacht te laten horen; want wat de enkeling aan een politieke partij geeft, beschouwt hij als geld, waarvan hij niet rechtstreeks vruchten kan verwachten. Maar wie contributies betaalt aan een vakverbond, heeft er recht op, dat bepaalde, hem beloofde tegenprestaties ook geleverd worden. Wanneer men geen rekening houdt met deze verplichting, dan zijn de oprichters van zo een vakverbond zwendelaars, of op zijn best onnadenkende mensen, die ter verantwoording moeten worden geroepen. Wij hebben ons in het jaar 1922 dan ook in overeenstemming met deze opvatting gedragen. Anderen wisten het schijnbaar beter en richtten vakbonden op. Ze verweten ons, dat wij er geen hadden, als het treffendste bewijs van ons gebrekkig en bekrompen inzicht.

Maar het duurde niet lang, of al deze nieuwe lichamen verdwenen weer, zodat het eindresultaat hen in precies dezelfde omstandigheden plaatste, als die, waarin wij ons bevonden. Alleen met dit verschil, dat wij noch ons zelf, noch anderen hadden bedrogen.

DERTIENDE HOOFDSTUK DE DUITSE BONDGENOOTSCHAPSPOLITIEK NA DE OORLOG

De chaotische wijze, waarop de buitenlandse politiek van het Rijk te werk ging, en die wel vooral tot uitdrukking kwam in het feit, dat men volkomen naliet, om principiële richtlijnen voor een doelmatige bondgenootschaps- politiek vast te leggen en op te volgen, werd na de oorlog niet alleen niet verbeterd, maar werd zelfs nog veel erger. Want, terwijl de schuld aan onze mislukte buitenlandse politiek vóór de oorlog hoofdzakelijk op rekening van de algemene politieke begripsverwarring geschoven kon worden, was dat na de oorlog te wijten aan het feit, dat men de eerlijke wil miste, om een juiste politiek te voeren. Het sprak vanzelf, dat die groepen, die door de revolutie eindelijk hun idealen verwezenlijkt hadden gezien, onmogelijk veel konden voelen voor een bondgenoot- schapspolitiek, waarvan het einddoel tenslotte toch het herstel van een vrije Duitse staat zou moeten zijn. Niet alleen dat een zodanige ontwikkeling lijnrecht in strijd zou zijn geweest met de bedoelingen van de misdadigers van november 1918, maar ook de politieke reactie in het binnenland op zo een succesvolle vrijheidsstrijd op het gebied van de buitenlandse politiek zou de huidige machthebbers (1925) in het Rijk noodlottig zijn geworden. Men kan zich onmogelijk een nationale wederopstanding denken, waarbij de natie niet voordien tot een nationalistische overtuiging is bekeerd, terwijl trouwens anderzijds ieder buitengewoon succes in de buitenlandse politiek noodzakelijkerwijze dergelijke reacties moet wekken. Iedere strijd voor de vrijheid leidt, naar de ervaring leert, tot een versterking van het nationale gevoel, van het zelfbewustzijn, maar daardoor ook tot een grotere fijngevoeligheid ten aanzien van anti-nationale personen en stromingen. Toestanden en personen, die men in vredestijd oogluikend toelaat, of dikwijls in het geheel niet opmerkt, worden in perioden van oplaaiend nationaal enthousiasme niet alleen afgekeurd, maar worden op een wijze bestreden, die hun niet zelden noodlottig wordt. Laat men bijvoorbeeld eens denken aan de algemene angst voor spionnen, die bij het begin van een oorlog plotseling opvlamt uit de hitte van de menselijke hartstochten, en die tot het hardhandigste, dikwijls ook het meest onrechtvaardige optreden aanleiding kan geven, hoewel iedereen zal inzien, dat het gevaar voor spionnen in de lange vredesjaren veel groter is, ook al zal men daar dan, om voor de hand liggende redenen, niet zoveel aandacht aan schenken.

Het fijne instinct van de heren staats parasieten, die door de gebeurtenissen van november zijn komen bovendrijven, waarschuwt hen alleen al om die reden, dat een scherpzinnige bondgenootschapspolitiek kon helpen, om ons volk weer te doen opstaan, dat daardoor de nationale hartstochten weer zouden oplaaien, en dat er hierdoor maar al te snel een eind zou komen aan hun misdadig bestaan. Hierdoor wordt het ook begrijpelijk, waarom de regeringsinstanties, die sinds het jaar 1918 aan het roer zijn, in hun buitenlandse politiek zo volkomen tekort schoten, en tegelijk, waarom de houding van de regering bijna altijd in strijd was met de belangen van de Duitse natie. Want hun gedragingen, die op het eerste gezicht iedere lijn schijnen te missen, ontpoppen zich hij nader inzien als niets anders dan de logische consequenties van de weg, die de November-revolutie in 1918 voor het eerst in alle openlijkheid bewandelde.

Nu moet men ook hier een onderscheid maken tussen de verantwoordelijke leiders, of beter de „leiders, die-verantwoordelijk-hadden-moeten-zijn" van onze regering, het gewone gemiddelde slag van onze parlementaire knoeiers, en de grote domme kudde schapen, die door ons ál te geduldige volk wordt gevormd. De eerste categorie weet, wat ze wil; de rest loopt mee, zij het uit domheid en gebrek aan inzicht, zij het, omdat ze ook weet, wat ze wil, of omdat ze te laf is, om onverbiddelijk de strijd aan te binden tegen datgene, waarvan zij de schadelijke invloed zelf heeft geconstateerd. Zolang de N.S.D.A.P. slechts een kleine, vrijwel onbekende vereniging was, konden de problemen van de buitenlandse politiek, naar het oordeel van vele van onze aanhangers, buiten beschouwing blijven. Dit wel vooral, omdat immers juist onze beweging zich principieel op het standpunt stelde, dat de nationale onafhankelijkheid nooit een geschenk van de hemel kan zijn, en ook niet door aardse machten wordt cadeau gedaan, maar integendeel onmogelijk iets anders kan zijn dan de vrucht van een innerlijke krachtsontplooiing.

De strijd voor de nationale onafhankelijkheid kan alleen dan losbarsten, wanneer de oorzaken van onze ineenstorting worden opgeheven, en de profiteurs van die ramp worden vernietigd. Men kan dus al wel begrijpen, dat de jonge beweging op grond van haar principes aanvankelijk meer belangstelling had voor haar binnenlandse hervormingsplannen dan voor de problemen van de buitenlandse politiek. Nauwelijks echter had zij zich van kleine onbetekenende vereniging tot organisatie van groter betekenis weten op te werken, of zij zag zich al genoodzaakt, om ook haar standpunt te bepalen ten aanzien van deze vraagstukken. Zij diende nu dus richtlijnen vast te stellen, die niet alleen niet in strijd waren met de fundamentele opvattingen van onze wereldbeschouwing, maar zelfs een logisch uitvloeisel waren van deze zienswijze.

Juist het feit, dat ons volk zo ontzettend weinig scholing heeft gekend op het gebied van de buitenlandse politiek, verplicht de jonge beweging, om aan de leiders en aan de grote massa een aantal algemene beginselen en een bepaalden vorm van denken op dit gebied bij te brengen, omdat dit wel de eerste voorwaarde is voor iedere verwezenlijking van de voorbereidselen, die getroffen moeten worden, om te kunnen komen tot de herovering van de onafhankelijkheid van ons volk en van een waarlijke soevereiniteit van het Rijk.

Het belangrijkste beginsel, dat ons hierbij steeds voor ogen moet staan, is dit, dat ook de buitenlandse politiek slechts een middel is tot het ene grote doel, en dat dit doel uitsluitend en alleen bestaat in het voortstuwen van ons eigen volk. Geen overweging op dit gebied mag ooit worden geleid door een andere gedachte dan deze: Brengt zo een maatregel ons volk, nu of in de toekomst, voordeel, of zal dit er schade van ondervinden? Dit is het enige vooroordeel, dat bij de behandeling van dit vraagstuk zijn invloed mag doen gelden. Politieke, religieuze, humane, en alle andere motieven blijven volkomen buiten beschouwing.

Vóór de oorlog had de Duitse buitenlandse politiek ten doel, om de voeding van ons volk en zijn kinderen op aarde te verzekeren, door gebruik te maken van alle middelen, die aan dit doel dienstbaar konden zijn, alsmede door alle hiertoe benodigde hulpkrachten te baat te nemen, welke hulpkrachten wel in de eerste en voornaamste plaats uit bruikbare bondgenoten zouden bestaan; en heden ten dage is dit doel precies hetzelfde, met slechts één enkel verschil:

Vóór de oorlog was het zaak, om zorg te dragen voor de handhaving van het Duitse volk, daarbij rekening houdend met de aanwezige kracht van de onafhankelijke en machtige staat, maar heden dient men het volk eerst die kracht in de vorm van een vrije en machtige staat terug te geven, die eveneens de handhaving van de steun aan, en de voeding van ons volk nastreeft. Met andere woorden: Het doel van de Duitse buitenlandse politiek zou in onze dagen gelegen moeten zijn in de voorbereiding van de morgen te beginnen herovering van onze vrijheid. Daarbij dient men steeds één belangrijk fundamenteel beginsel in het oog te houden, namelijk het volgende: De mogelijkheid, om de onafhankelijkheid van een volk te heroveren, is niet absoluut afhankelijk van de eenheid van het staatsgebied, maar wel van het bestaan van zo een gedeelte van het volk, wonend in een zodanige staat – hoe klein ook, die over de nodige vrijheid beschikt, dat zij niet alleen de draagster van de geestelijke gemeenschap van het gehele volk kan zijn, maar tevens de voorbereidster van de gewapenden strijd om de vrijheid.

Wanneer een volk van honderdmiljoen mensen gemeenschappelijk het juk van de slavernij draagt, teneinde de staatkundige eenheid te handhaven, dan is dat erger, dan wanneer zo'n staat en zo'n volk in vele delen uiteengescheurd zouden zijn, en slechts één der delen in het bezit van zijn volledige vrijheid gebleven was. Hierbij wordt dan vooropgesteld, dat dit laatste vrije deel vervuld zou zijn van het besef van zijn heilige taak, om niet alleen voortdurend de geestelijke en culturele vrijheid te verkondigen, maar om ook de gewapende voorbereiding ter hand te nemen, die dan uiteindelijk de bevrijding en hereniging van de nu onderdrukte delen zou bedoelen. Verder dient men te bedenken, dat het probleem van de herovering van verloren gebiedsdelen van een staat en van verloren groepen van de bevolking altijd in de eerste plaats afhankelijk is van de herovering van de politieke macht en onafhankelijkheid door het moederland, dat dus in zo een geval de belangen van de onderdrukte gebieden absoluut ondergeschikt moeten worden gemaakt aan het grote belang, dat het hoofdgebied zijn vrijheid herovert. Want de bevrijding van onderdrukte, losgescheurde delen van een volk, of provinciën van een rijk, wordt niet een feit, omdat de onderdrukte bevolking dat zo graag wil, en al evenmin, omdat de bevolking van de rompstaat zo protesteert, maar alleen en uitsluitend door de werking van de machtsmiddelen van de meer of minder soeverein gebleven overblijfselen van het vroegere vaderland.

Daarom is het een eerste vereiste voor de herovering van verloren gebieden, dat men de overgebleven rompstaat zoveel mogelijk steunt, en dat men bezield is met de onwrikbare wil, om de daardoor ontstane nieuwe kracht op het juiste ogenblik te gebruiken voor de bevrijding en hereniging van het gehele volk. Dat wil dus zeggen, dat men de belangen van de afgescheurde delen principieel achterstelt bij het ene grote belang te zorgen, dat de overgebleven staat een zodanige kracht en macht kan opbouwen, als nodig is om de wil van de vijandelijke overwinnaar te herzien. Want onderdrukte gebieden worden niet door protesten, hoe vlammend ook, herenigd met het overgebleven deel van hun rijk, doch alleen en uitsluitend door een slagvaardig zwaard. De leiding van de binnenlandse politiek van een volk heeft tot taak, om dit zwaard te smeden; de leiding van de buitenlandse dienst er in de eerste plaats voor te zorgen, dat dit smidswerk ongehinderd kan geschieden, en in de tweede plaats dient zij strijdgenoten te zoeken.

In het eerste deel van dit werk heb ik de halfslachtigheid van onze bondgenootschaps politiek van vóór de oorlog besproken. Er waren vier verschillende mogelijkheden geweest, om ons volk instand te houden, en zijn voedselvoorziening te regelen; daarvan had men de vierde en slechtste gekozen. Men koos een koloniale en handelspolitiek, in plaats van een gezonde Europese bodempolitiek. En deze vergissing werd nog veel groter, doordat men meende, hierdoor een gewapend conflict in Europa te kunnen voorkomen. Het resultaat van deze poging, om van alle wallen tegelijk te eten, was, dat men van geen enkele wal at; en de wereldoorlog was in feite niet anders dan de laatste kwitantie voor de schuld, die het Rijk op zijn schouders had geladen door zijn foutieve buitenlandse politiek. Toen al was de derde mogelijkheid, d.w.z. versterking van onze eigen macht op het vasteland, door gebiedsuitbreiding in Europa, de juiste geweest, waarbij dan juist hierdoor weer een vergroting van ons koloniaal bezit binnen de grenzen van het bereikbare gekomen zou zijn. Zo'n politiek had uiteraard alleen gevoerd kunnen worden met Engeland als bondgenoot, of door een zodanige ontplooiing van onze militaire macht, dat alle eisen van culturele aard, gedurende veertig of vijftig jaar, volkomen op de achtergrond zouden zijn geraakt. Toch zou dit in zo'n geval zeer goed te verantwoorden zijn geweest.

De culturele betekenis van een natie is bijna altijd onafscheidelijk verbonden met haar politieke vrijheid en onafhankelijkheid, wat dus betekent, dat dit laatste de bestaansvoorwaarde is voor het eerste. Daarom kan geen offer, dat voor onze politieke vrijheid moet worden gebracht, ooit te groot zijn. Wat de algemeen culturele belangen door een overmatige ontwikkeling van het militaire apparaat moeten inboeten, dat zullen ze later ruimschoots kunnen terugontvangen. En men kan zelfs zeggen, dat er na zo een geconcentreerde krachtsontwikkeling in één richting, ter handhaving van de onafhankelijkheid van de staat, een zeker herstel van het evenwicht, of een ontspanning pleegt op te treden, in de vorm van een dikwijls bijna verbluffende plotselinge bloei van de tot nog toe verwaarloosde culturele krachten van het volk. De Griekse bloeiperiode onder Perikles was een uitvloeisel van de noodtoestand tijdens de Perzische oorlogen, en de Romeinse staat begon zich te wijden aan hogere culturele taken na de druk van de Punische oorlogen. Nu kan men natuurlijk zo een onvoorwaardelijk achterstellen van alle overige volksbelangen bij die allergrootste taak, die bestaat uit de voorbereiding van de strijd, waardoor de staat beveiligd wordt, niet afhankelijk maken van de besluitvaardigheid van een meerderheid van parlementaire domkoppen of deugnieten. De vader van Frederik de Grote was bij machte, om, met het opzij schuiven van ieder ander belang, alle krachten te concentreren op het voorbereiden van de oorlog, maar de vaders van onze Joodse parlementair-democratische waanzin kunnen dat niet. Daarom kon onze militaire voorbereiding van een veroveringsveldtocht in Europa alleen al om deze rede niet dan een zeer middelmatige zijn, zodat het voor ons volk wel zeer geraden was, om zich bruikbare bondgenoten te verschaffen.

Maar omdat men nu eenmaal in het geheel niets wilde weten van een stelselmatige voorbereiding van de oorlog, zette men de gedachte aan verovering van nieuw grondgebied binnen Europa opzij, en legde zich integendeel toe op een koloniale en commerciële politiek, en schakelde daardoor de mogelijkheid van een bondgenootschap met Engeland, dat anders zeker niet onbereikbaar was geweest, volkomen uit, zonder daaruit nu de enig logische conclusie te trekken, en zich tot Rusland te wenden. En tenslotte struikelde men – door iedereen, behalve de Habsburgse erfzonde verlaten – en raakte in een oorlog verwikkeld.

Om onze buitenlandse politiek in deze dagen te karakteriseren, moet er allereerst worden vastgesteld, dat er geen sprake is van enige vaste lijn. Men bewandelde voor de oorlog ten onrechte de vierde weg, hoewel men die ook half ging, en voortdurend op twee gedachten hinkte — maar sinds de revolutie kan men er ook met de beste wil ter wereld geen vaste lijn in ontdekken. In ergere mate nog dan voor de oorlog ontbreekt ieder spoor van stelselmatig overleg, tenzij dan, dat men er op uit is, om zelf ook de laatste mogelijkheid voor ons volk, om ooit weer tot herstel van zijn oude kracht te komen, voorgoed om zeep te brengen. Een nuchter en onbevooroordeeld onderzoek naar de huidige machtsverhoudingen in Europa leidt tot de volgende conclusie:

Sinds driehonderd jaar wordt de geschiedenis van ons continent hoofdzakelijk bepaald door Engeland's streven, om tot een evenwicht in Europa te komen, waarbij de verschillende machten zich zodanig moeten ontwikkelen, dat ze wederzijds tegen elkaar opwegen, om zich zodoende de nodige dekking in de rug te verschaffen voor activiteit op het gebied der wereldpolitiek.

De traditionele tendens van de Britse diplomatie, die in Duitsland, wat traditie betreft, alleen met het Pruisische leger kan worden vergeleken, was er al sinds de regering van Koningin Elizabeth stelselmatig op gericht, om te verhinderen, dat enige grote mogendheid op het vasteland van Europa boven het gewone doorsnee formaat uitgroeide; zo nodig greep men met gewelddadige middelen in, en maakte een einde aan zo een ontwikkeling. De machtsmiddelen, die Engeland in zo'n geval placht te benutten, waren van zeer uiteenlopende aard, en verschilden, al naar de te vervullen taak en naar de toestand, waarin men zich geplaatst zag; de vastberadenheid en wilskracht, waarmee zij werden gehanteerd, waren echter steeds even groot. En naarmate in de loop van de tijd Engeland's positie ongunstiger werd, voelde de leiding van het Britse rijk des te sterker de behoefte, om de algemene verlamming van alle staten in Europa, een verlamming, die het gevolg is van de onderlinge statenrivaliteit, te doen voortduren. De politieke bevrijding van de vroegere kolonie Noord-Amerika maakte, dat men zich nu nog meer dan vroeger inspande, om te zorgen, dat Europa een onvoorwaardelijk zekere rugdekking was. Daarom concentreerde de kracht van de staat zich — na de vernietiging van Nederland en Spanje als grote zeemachten — op het opkomende Frankrijk, tot men tenslotte, na de val van Napoleon I, reden had om aan te nemen, dat deze sterkste militaire macht niet meer de kans had, om zich van de hegemonie in Europa meester te maken.

Nu concentreerde de Britse politiek zich op Duitsland, doch dat gebeurde pas na verloop van enige tijd; dit niet alleen, omdat Duitsland nog geen nationale eenheid was, en er dientengevolge van een direct gevaar voor Engeland moeilijk sprake kon zijn, maar ook, omdat de openbare mening niet dan zeer moeilijk tot nieuwe idealen kan worden opgevoed. Het nuchter inzicht van de staatsman wordt hier overgebracht in de wereld van het gevoel, waardoor het niet alleen in een veel strijdbaarder vorm wordt gegoten, maar tevens in een veel duurzamere. Daarom zal de staatsman zich na het bereiken van een bepaald doel dadelijk kunnen gaan bezighouden met nieuwe taken, maar de massa zal pas door een langdurige propaganda kunnen worden rijp gemaakt voor nieuwe gevoelens, en zelf weer tot werktuig kunnen worden van de nieuwe levensbeschouwing.

Intussen had Engeland al in de jaren 1870 en '71 zijn nieuwe koers bepaald. Duitsland maakte helaas geen gebruik van de ogenblikken van aarzeling, die tengevolge van Amerika's invloed op de wereldmarkt, en van de ontwikkeling van Ruslands macht, ontstonden; hierdoor moest de oorspronkelijke tendens van de Britse politiek uiteraard nog vaster komen te staan. Engeland beschouwde Duitsland als een macht, wiens betekenis op handelsgebied, en dientengevolge in de wereldpolitiek — grotendeels als gevolg van zijn ontzagwekkende industrialisering — zo dreigende afmetingen begon aan te nemen, dat men de krachten van deze twee staten op zeer veel gebieden al kon vergelijken. De „vreedzame economische" wereldverovering, het product van de hoogste wijsheid van onze staatslieden werd de reden, waarom de Engelse politiek een front tegen Duitsland opbouwde. Dat dit tenslotte uitliep op een uitgebreid georganiseerde aanval, lag wel volkomen in de lijn van een diplomatie, die haar taak nu eenmaal niet zocht in het bewaren van een problematische wereldvrede, maar in de versterking van de Britse wereldheerschappij. Dat Engeland zich daarbij bediende van alle staten, die maar over enige militaire macht beschikten, was wel evenzeer in overeenstemming met zijn traditionele voorzichtigheid bij het taxeren van de kracht van de tegenstander als met zijn besef van zijn eigen zwakke positie van dit moment. Men mag dit niet als „al te ruim van geweten" kwalificeren, omdat zo een grote oorlogsvoorbereiding niet naar haar heldhaftigheid, maar alleen en uitsluitend naar haar doelmatigheid mag worden beoordeeld.

Een diplomatie dient ervoor te zorgen, dat een volk niet heldhaftig ondergaat, maar werkelijk behouden blijft. Iedere weg, die naar dit doel leidt, is dan goed, en het moet misdadig plichtsverzuim heten, wanneer zo'n weg niet wordt bewandeld. Toen in Duitsland de revolutie was uitgebroken, hoefde Engeland niet meer bezorgd te zijn voor de dreiging van een Germaanse hegemonie op aarde. Sinds die dag was het ook niet meer in Engeland's belang, om te streven naar een absolute uitroeiing van Duitsland uit de rij der volkeren. Integendeel; de ineenstorting, die in november 1918 plaats vond, was juist oorzaak, dat de Britse diplomatie zich voor een nieuwe toestand geplaatst zag, die zij aanvankelijk in het geheel niet voor mogelijk had gehouden.

Viereneenhalf jaar lang had het Britse wereldrijk gestreden om een eind te maken aan het vermeende overwicht van een bepaalde mogendheid op het vaste land. Nu stortte die mogendheid plotseling zo tot niets ineen, dat ze geheel van de landkaart scheen te worden gewist. Er bleek een zodanig tekort te bestaan aan weerbaarheid, zelfs aan de meest primitieve wil tot zelfbehoud, dat het wel scheen, dat het evenwicht in Europa door een gebeurtenis, die nauwelijks 48 uur duurde, volkomen verbroken scheen: Duitsland was vernietigd en Frankrijk was de sterkste macht op het vasteland van Europa.

De enorme propaganda, die het Britse volk in deze oorlog dwong, om vol te houden, die het mateloos ophitste, en op alle oerinstincten en hartstochten speculeerde, moest nu wel als lood drukken op de besluiten van de Britse staatslieden. Engeland was ten strijde getrokken, om Duitsland's handel te vernietigen, en tegelijk Duitsland's economische en koloniale macht. Dat doel was bereikt, maar iedere verdere vernietiging was in strijd met de Britse belangen. Van een volkomen opheffing van Duitsland's bestaan als grote mogendheid konden enkel Engeland's vijanden voordeel hebben.

Maar in de novemberdagen van het jaar 1918 tot diep in de zomer van 1919 was de Engelse diplomatie totaal niet in staat, om van koers te veranderen, omdat ze in deze lange oorlog immers meer dan ooit tevoren op de gevoelens van de grote massa had speculeerd. Zo een koerswijziging was, zowel met het oog op de eenmaal veroorzaakte mentaliteit onder het eigen volk, in verband met de huidige machtsverhoudingen, volkomen onmogelijk. Frankrijk had was de baas geworden, en kon de anderen zijn wil voorschrijven. En de enige staat die in staat zou zijn geweest, om in deze maanden van sjacheren en pingelen een ommekeer in de toestand te brengen, Duitsland zelf, lag te stuiptrekken in een burgeroorlog, en gaf, bij monde van zijn zogenaamde staatslieden, keer op keer zijn bereidwilligheid te kennen, om letterlijk ieder dwangverdrag te ondertekenen. Wanneer nu onder de volkeren een natie, tengevolge van een volkomen gebrek aan wil tot zelfbehoud, buiten staat is gesteld, om als „actief bondgenoot" te fungeren, dan daalt zij gewoonlijk af tot het peil van een slavenvolk, en dan ondergaat haar land het lot van een kolonie.

Juist om Frankrijks macht niet abnormaal te doen toenemen, was Engeland wel genoodzaakt, om zelf het voorbeeld van Frankrijks rooflust na te volgen. In werkelijkheid heeft Engeland zijn oorlogsdoel niet bereikt. Niet alleen, dat het niet wist te voorkomen, dat een der Europese staten boven de normale machtsverhoudingen op het vasteland uitgroeide, maar het bleek een zodanige ontwikkeling zelfs zeer in de hand te hebben gewerkt. Militair gezien, had Duitsland in het Westen een even sterke, en in het

Oosten een sterkere buurman. Daar kwam nog bij, dat het op zee verre achterstond bij Engeland. Frankrijk en Rusland waren alleen al ruimschoots voldoende, om iedere bovenmatige versterking van Duitsland te belemmeren en tegen te gaan. Verder moest de buitengewoon ongunstige strategische positie van het Rijk ook als een factor worden beschouwd, waardoor ons land niet in staat was, om gemakkelijk tot al te grote machtsontplooiing te komen. Die positie was vooral daarom zo ongunstig, omdat enerzijds de kustvlakte te klein en te nauw was, om als uitgangspunt voor een aanval op Engeland dienst te doen, terwijl het landfront daarentegen buitengewoon breed was en volkomen open lag.

De positie van de huidige Franse staat was een geheel andere: in militair opzicht was het de grootste macht op het vasteland, en had geen enkele serieuze tegenstander te vrezen; zijn zuidelijke grenzen met Spanje en Italië waren praktisch door de natuur beschermd; de grens met Duitsland was beveiligd, doordat ons vaderland volkomen machteloos was, en de Franse kust lag als één lang front voor de zenuwknopen van het Britse Rijk. De Engelse levenscentra waren niet alleen een dankbaar object voor vliegtuigen, maar ook voor verdragend geschut, terwijl de verkeersverbindingen van de Britse handel open en bloot lagen voor de werking van duikboten. Een duikboot- aanval, die de lange Atlantische Oceaankust als basis nam, zou de vreselijkste verwoestingen tengevolge kunnen hebben.

De strijd tegen de Duitse machtsontplooiing leidde dus in politiek opzicht tot de vestiging van de Franse hegemonie op het vasteland. Het militaire resultaat was, dat Frankrijk de grootste landmacht was geworden, en dat de oorlogsvloot van de Verenigde Staten even groot was geworden als de Engelse. In economisch opzicht was Engeland gedwongen, om uitermate belangrijke gebieden, die geheel onder Britsen invloed stonden, af te staan aan zijn voormalige bondgenoten.

Terwijl Engelands traditionele politiek er steeds op uit was, om van Europa min of meer een soort van Balkan in het groot te maken, had Frankrijk er steeds naar gestreefd, om Duitsland dat lot te doen ondergaan. Engeland wenste en wenst nog heden, dat geen vastelands mogendheid tot internationale betekenis uitgroeit, wat dus betekent, dat het een bepaald evenwicht in de Europese machtsverhoudingen gehandhaafd wenst te zien, omdat het zo een evenwicht beschouwt als voorwaarde voor een Britse hegemonie op aarde.

Frankrijk wenste en wenst, dat Duitsland geen eensgezinde onverdeelde mogendheid wordt, en dat het oude stelsel van een reeks Duitse bondsstaatjes, die eveneens elkaar wederzijds in evenwicht houden, en die geen centrale leiding bezitten, blijft voortduren. Bovendien wenst het de linkeroever van de Rijn te bezetten als basis en garantie voor zijn hegemonie in Europa. Het uiteindelijk doel van de Franse diplomatie zal steeds lijnrecht tegenover dat van de Britse staan.

Wie het hierboven behandelde als grondslag neemt, om Duitslands mogelijkheden inzake het verwerven van nieuwe bondgenoten te beoordelen, die moet tot de conclusie komen, dat praktisch de enige mogelijkheid gelegen is in steun zoeken bij Engeland. Hoe erg de gevolgen van de Engelse politiek in de oorlog voor Duitsland ook waren en zijn, toch mag men nooit uit het oog verliezen, dat Engeland tegenwoordig niet meer absoluut gebaat is bij een vernietiging van Duitsland, en dat Engelands politiek zelfs van jaar tot jaar meer moet uitlopen op een verzet tegen Frankrijks mateloze honger naar de hegemonie.

En nu wordt een bondgenootschapspolitiek niet bepaald door vroegere oneenigheden, maar wordt integendeel bevrucht door het dieper inzicht in vroeger opgedane ervaringen. De ondervinding had ons echter moeten leren, dat bondgenootschappen, die enkel een negatief doel hebben, aan innerlijke zwakte lijden. Het noodlot van het ene volk kan enkel aan dat van het andere worden geketend door het vooruitzicht van een gemeenschappelijk succes, in de zin van gemeenschappelijke veroveringen, gebiedsuitbreidingen, of in het kort, van een machtsvergroting van beide partijen.

Hoe gering het inzicht van ons volk in de buitenlandse politiek was, blijkt wel het duidelijkst uit de voortdurend opduikende berichten in de kranten, dat deze of gene vreemde staatsman min of meer sympathiek staat tegenover Duitsland, in de mening, dat zo een veronderstelde opvatting zal maken, dat de man, van wie sprake is, een voor ons gunstige politiek zal voeren. Dit is werkelijk een buitengewoon krankzinnig idee, een speculatie op de onwetendheid van de gewone gemiddelde bourgeois-die-aan-politiek-doet. Er bestaat geen enkele Engelse, Amerikaanse of Italiaanse staatsman, die ooit positief „pro-Duits" gezind was. Iedere Engelse staatsman zal natuurlijk in de eerste plaats Engelsman zijn, iedere Amerikaanse diplomaat, Amerikaan, en men zal geen Italiaan kunnen vinden, die bereid is, een andere politiek te voeren dan een pro-Italiaanse. Wie dus meent, dat bondgenootschappen met vreemde naties kunnen worden opgebouwd op de pro-Duitse gezindheid van de aan het roer zijnde staatslieden, die is of een oneerlijk man, of een ezel. De eerste voorwaarde voor ieder samengaan van twee volkeren is nooit gelegen in wederzijds respect of wederzijdse sympathie, maar in het vooruitzicht, dat beide partijen voordeel kunnen behalen. Dat wil dus zeggen, dat enerzijds een Engels staatsman altijd pro-Engelse politiek zal voeren en nooit pro-Duitse, maar dat het anderzijds zeer goed mogelijk is, dat zeer bepaalde doelstellingen van deze pro-Engelse politiek, om de meest uiteenlopende redenen, lijken op pro-Duitse strevingen.

Dit behoeft uiteraard slechts tot op zekere hoogte het geval te zijn, en kan op een dag omslaan in het absolute tegendeel; maar de kunst van een vooraanstaand staatsman blijkt meestal daaruit, dat hij ter verwezenlijking van eigen nationale verlangens altijd juist die bondgenoten weet te vinden, die voor de behartiging van hun belangen precies dezelfde weg moeten bewandelen. Het praktische nut van dit of dat bondgenootschap kan dientengevolge alleen worden geconcludeerd uit de antwoorden op de volgende vragen:

Voor welke staten is het tegenwoordig geen levensbelang, dat de Franse economische en militaire macht, door de volledige uitschakeling van een Duits Centraal-Europa, een onvoorwaardelijk overheersende hegemonistische positie inneemt? En welke staten zullen met het oog op hun eigen bestaansvoorwaarden, en hun eigen traditionele politiek, een zodanige ontwikkeling als een bedreiging voor hun eigen toekomst voelen?

Want dat is iets, waaraan men geen ogenblik mag twijfelen: de onverbiddelijke doodsvijand van het Duitse volk is en blijft Frankrijk. Het komt er niet in het minst op aan, wie er in Frankrijk regeerde of zal regeren, of het nu Bourbons zijn of Jacobijnen, Bonapartes of burgerlijke democraten, klerikale republikeinen dan wel bolsjewisten, het einddoel van iedere buitenlandse politiek zal steeds gelegen zijn in een greep naar de Rijngrens, en in een poging, om Duitsland te verscheuren en te ontbinden, teneinde zich daardoor in het ongestoorde bezit te stellen van deze stroom.

Engeland wenst niet, dat Duitsland wereldmacht wordt, maar Frankrijk wil geen mogendheid, die Duitsland heet; wat toch waarlijk nog een zeer aanmerkelijk verschil is! Heden ten dage strijden wij echter niet voor een positie als wereldmacht; het gaat nu alleen maar om het bestaan van ons vaderland, en om het dagelijks brood voor onze kinderen. Wanneer wij, van deze conclusies uitgaand, de staten van Europa aan ons oog laten voorbijgaan, dan blijven er slechts twee over, die voor een bondgenootschap in aanmerking zouden kunnen komen: Engeland en Italië. Engeland wenst niet, dat Frankrijks militaire macht, nu bevrijd van ieder tegenwicht in Europa, een politiek gaat voeren, die zonder de minste twijfel eens in botsing zal moeten komen met de Britse belangen. Engeland kan onmogelijk een Frankrijk wensen, dat in het bezit is van de enorme West-Europese ijzer- en kolen-bekkens, en hierdoor de gelegenheid krijgt, om zich op te werken tot een dreigende betekenis op de wereldmarkt. En Engeland kan al evenmin een Frankrijk wensen, dat tengevolge van de machteloosheid van alle andere Europese mogendheden, een zo onwrikbaar vaste hegemonistische positie verovert, dat het voor Frankrijk niet alleen mogelijk, maar zelfs vrijwel noodzakelijk wordt, om weer de grotere lijn van een Franse wereldpolitiek te volgen. De Zeppelinbommen, die men zich uit vroeger jaren nog goed wist te herinneren, zouden nu iedere nacht duizendmaal talrijker kunnen terugkomen; Frankrijks militaire overwicht drukt zwaar op het hart van het Britse wereldrijk.

Maar ook Italië kan en zal een verdere versterking van Frankrijks hegemonie in Europa niet wensen. Italië's toekomst zal steeds worden bepaald door de ontwikkeling van de landen, die om de Middellandse Zee gelegen zijn. Het was waarlijk niet het verlangen, om Frankrijk te vergroten, dat Italië er toe bewoog, om de wapens op te nemen, – maar de wil, om de gehate mededinger in de Adriatise Zee de doodssteek toe te brengen. Iedere verdere versterking van Frankrijk's machtspositie op het vasteland betekent echter een toekomstig nadeel voor Italië, waarbij men zich nooit moet verbeelden, dat het feit, dat er een zekere bloedverwantschap bestaat tussen twee volkeren, hen zou beletten, om rivalen te worden.

Wanneer wij dus de stand van zaken zo koel en nuchter mogelijk onder ogen zien, dan komen wij tot de conclusie, dat het voornamelijk deze twee staten: Engeland en Italië zijn, wier meest natuurlijke eigen belangen althans in hoofdzaken, niet in botsing komen met de bestaansvoorwaarden van de Duitse natie, en dat deze belangen zelfs tot op zekere hoogte identiek zijn met onze bestaansvoorwaarden.

Nu mogen echter bij de beoordeling van zo'n mogelijkheid, om een bondgenootschap tot stand te brengen, drie factoren nooit uit het oog worden verloren. Een van de drie is van ons afhankelijk, de beide andere van de eventuele aanstaande bondgenoten. Is het eigenlijk wel mogelijk, om met het huidige Duitsland een bondgenootschap aan te gaan? Kan een macht, die in een bondgenootschap steun wil vinden voor de verwezenlijking van zijn eigen offensieve voornemens, een bondgenootschap sluiten met een staat, waarvan de regeringen sinds tal van jaren voorbeelden zijn van het ellendigste dilettantisme en het lafste pacifisme, en waar de meerderheid van het volk democratisch-marxistisch verblind is, en de belangen van eigen volk en land op de schandelijkste wijze verraadt? Bestaat dan de mogelijkheid, dat enige mogendheid heden ten dage kan hopen, dat hij een waardevol verdrag kan sluiten met zo een staat, en kan denken, dat hij eens, tezamen met die staat, gemeenschappelijke belangen kan nastreven, wanneer die staat kennelijk al evenmin de moed als de lust bezit, om ook maar één vinger uit te steken ter verdediging van zijn eigen leven? Wanneer een mogendheid een bondgenootschap nog als iets anders wil en moet beschouwen, dan als een waarborg voor de handhaving van een toestand van langzaam wegrotten, in de trant van dat noodlottige Drievoudig Verbond tussen Duitsland, Oostenrijk en Italië, zal zij dan ooit bereid zijn, haar lot onvoorwaardelijk te verbinden met dat van een anderen staat, waarvan de meest karakteristieke uitingen bestaan uit een kruipende onderdanigheid naar buiten, gepaard aan een schandelijke onderdrukking van alle nationale deugden binnen haar grenzen?

Van een staat, die geen grootheid meer kent, omdat hij die uit hoofde van zijn hele gedrag niet meer verdient; met regeringen, die aan hun burgers niet het minste respect weten in te boezemen, waardoor het buitenland natuurlijk al bezwaarlijk een grotere bewondering kan opbrengen voor een dergelijk bewind? Nee, een staat, die nog zelfrespect bezit, en die van bondgenootschappen nog iets anders verwacht dan de provisie voor schraapzuchtige parlementsleden, zal geen bondgenootschap sluiten met het tegenwoordige Duitsland, en kan dat trouwens ook niet. Het feit, dat wij heden niet waardig worden geacht voor bondgenoot, is immers de eigenlijke reden van de solidariteit van de vijandelijke rovers.

Omdat Duitsland zich nooit verdedigt, behalve dan door een paar vlammende „protesten" van de zijde van onze parlementaire uitverkorenen, omdat de andere volkeren geen reden hebben, om voor ons te vechten, en God principieel geen laffe volkeren bevrijdt, – hoe al onze patriottische verenigingen ook mogen janken, blijft er zelfs voor die staten, die geen directe voordelen kunnen verwachten van onze volkomen vernietiging, geen andere mogelijkheid, dan om maar deel te nemen aan Frankrijks rooftochten, al was het alleen maar, om door zo'n deelname aan die roof tenminste te voorkomen, dat alleen Frankrijk zou worden versterkt.

In de tweede plaats mag men de moeilijkheden niet onderschatten, die verbonden zouden zijn met een poging, om de gevestigde mening van grote groepen van de bevolking in de tot nog toe vijandelijke landen door massale propaganda ten gunste van ons te beïnvloeden. Men kan nu eenmaal een volk niet jarenlang voor „barbaren", „rovers" en „vandalen" uitmaken en dan plotseling zonder enigen overgang ontdekken, dat het tegendeel juist is, en het volk meedelen, dat men de voormalige vijand aanbeveelt als bondgenoot voor morgen. Maar nog meer aandacht vraagt een derde feit, dat van essentieel belang zal zijn voor de vorming van nieuwe bondgenootschappen in Europa:

Want terwijl de voordelen, die een verdere vernietiging van de Duitse staat aan Groot-Brittannië zou opleveren, zeer gering zouden zijn, opent zo een ontwikkeling voor het internationale Joodse beurskapitaal de prachtigste verschieten. De onenigheid tussen de officiële Britse staatkunde en de toonaangevende beursjoden blijkt nergens duidelijker, dan bij de uiteenlopende standpunten betreffende de vraagstukken van de Britse buitenlandse politiek.

Het Joodse grootkapitaal wenst — in tegenstelling met de eisen, die het welzijn van de Britse staat voorschrijft — niet alleen, dat Duitsland op economisch gebied geheel vernietigd wordt, maar tevens dat ons volk in politiek opzicht volkomen wordt geknecht.

De verinternationalisering van onze Duitse economie, d.w.z. de overlevering van de Duitse arbeidskracht in het bezit van het Joodse grootkapitaal is alleen volkomen mogelijk in een bolsjewistische staat.

Wanneer de marxistische stormtroep van het internationale Joodse beurskapitaal er echter in wil slagen, om definitief een einde te maken aan Duitsland als nationale staat, dan kan dat alleen maar gebeuren met de welwillende medewerking van anderen. Daarom moeten Frankrijks legers net zolang stormlopen op de Duitse staat, tot het Rijk innerlijk murw geworden is, en geen weerstand meer weet te bieden aan de bolsjewistische stormtroep van het internationale Joodse grootkapitaal.

Daarom is het tegenwoordig vooral de Jood, die hitst en hitst, opdat Duitsland volkomen vernietigd zal worden. Waar ter wereld wij ook aanvallen op Duitsland ondernomen zien, kunnen wij onveranderlijk achter elk geval opnieuw de Jood vinden als veroorzaker en opstoker hiervan; het waren immers ook, zowel vóór als tijdens de oorlog de Joodse beurskranten, die in samenwerking met de marxistische pers, stelselmatig de haat tegen Duitsland steeds hoger deden oplaaien, tot tenslotte staat na staat zijn neutraliteit opgaf, de werkelijke belangen van zijn volk vergat, en in dienst trad van de wereldoorlogscoalitie.

Hieruit blijkt duidelijk genoeg, hoe het internationale Jodendom de toestand ziet. Duitsland moet een bolsjewistisch land worden, m.a.w. de nationaal volksgezinde intellectuelen moeten worden uitgeroeid, om daardoor de Duitse arbeidskracht nog meer uit te persen ten bate van het Joodse grootkapitaal; terwijl dit alles dan tenslotte nog niets anders is dan een voorspel vóór de totale bevrediging van de Joodse honger naar macht. En zoals al zo vaak in de geschiedenis, zal Duitsland bij deze geweldige worsteling de doorslag moeten geven. Wanneer ons volk en onze staat tenslotte ten prooi vallen aan deze goud- en bloeddorstige tirannen der volkeren, dan komt de gehele aarde in de macht van deze poliep; wanneer Duitsland er in slaagt, zich uit deze omklemming los te wringen, dan heeft men reden om te hopen, dat dit grootste gevaar voor alle volkeren op aarde geweken is.

Terwijl dus enerzijds wel vaststaat, dat het Jodendom al zijn krachten zal inspannen, om zijn ondermijningswerk te voltooien, om de vijandschap van de andere naties tegen Duitsland niet alleen te doen voortduren, maar zelfs zo mogelijk nog dieper te maken, is het anderzijds even zeker, dat dit streven slechts voor een gering deel samenvalt met de werkelijke belangen van de zo misleide en vergiftigde volkeren. In het algemeen zal nu het Jodendom zich steeds bedienen van die wapens, die het in verband met de mentaliteit van deze naties als de werkzaamste beschouwt, en waarvan het de grootste resultaten verwacht.

In ons volk, waar de eenheid van bloed helaas zo ver te zoeken is, zijn het daarom de, uit dit volk opgekomen, min of meer „wereldburgerlijke" pacifistische ideeën, kortom, de internationale tendensen, waarvan het zich bedient, bij zijn strijd om de macht; in Frankrijk maakt het gebruik van het chauvinisme, dat het overal heeft geconstateerd, en juist heeft beoordeeld; kortom het speculeert altijd op de belangrijkste eigenschappen, waaruit de mentaliteit van een volk is opgebouwd. Pas wanneer het op die wijze een zekere allesoverheersende invloed op economisch en politiek gebied heeft weten te verwerven, dan pas bevrijdt het zich van de beperkingen, die deze geleende wapens hebben opgelegd, en toont nu even duidelijk zijn ware bedoelingen van zijn wil en zijn strijd. Het verwoest nu in een steeds sneller tempo, tot het zo de ene staat na de anderen in een puinhoop verandert, en daarop tenslotte de soevereiniteit van het eeuwige Joodse Rijk kan worden opgericht.

In Engeland en eveneens in Italië is het verschil tussen de betere autochtone staatkunde en de wil van de internationale Joodse beursmacht overduidelijk, en dit verschil komt zelfs af en toe op zeer krasse wijze tot uiting. Alleen in Frankrijk bestaat tegenwoordig meer dan ooit een innerlijke eensgezindheid tussen de plannen van de beurs, dus van de Joden, die de beurs leiden, en de wensen van een chauvinistisch gezinde nationale diplomatie. En juist om deze reden is en blijft Frankrijk verreweg de gevaarlijkste vijand. Dit volk, dat steeds meer vernegert, vormt, door zijn verbondenheid met het Joodse streven naar wereldheerschappij, een sluipend gevaar voor het voortbestaan van het blanke ras in Europa. Want de verpesting, die dit land tot stand bracht, door in het hart van Europa, aan de Rijn, negerbloed te brengen, is enerzijds evenzeer in overeenstemming met de sadistisch-perverse wraakzucht van deze chauvinistische erfvijand van ons volk als anderzijds met het ijzige overleg van de Jood, die op deze wijze de verbastering van het Europese vasteland in het hart wil laten beginnen, die het blanke ras wil besmetten met minderwaardig bloed, en het zodoende wil beroven van de grondslagen, die het nodig heeft, om eigen heer en meester te kunnen zijn.

Wat Frankrijk, onder de zweep van zijn eigen wraakzucht, en stelselmatig geleid door de Jood, thans in Europa misdoet, is niets anders dan een aanslag op het leven van het blanke ras, en wanneer er eens een generatie tot het inzicht zal komen, dat de rassenschande de erfzonde van de mensheid is, dan zal deze al haar furiën tegen dit volk ophitsen, ter verzoening van deze daad. Maar deze Franse bedreiging legt Duitsland de plicht op, om alle gevoelsargumenten opzij te zetten, en de hand te reiken aan een ieder, die dezelfde bedreiging voelt als wij, en ook niet van plan is, om de Franse overheersing te dulden of te verdragen. In Europa zullen er voor Duitsland in de eerste jaren slechts twee bondgenoten mogelijk zijn, n.l. Engeland en Italië.

Wie de moeite neemt, om heden eens om te zien, en de leiding van de Duitse buitenlandse politiek sinds de revolutie na te gaan, die zal, wanneer hij ziet, hoe onze regeringen voortdurend en met schier onbegrijpelijke regelmaat faalden, slechts twee dingen kunnen doen: hij zal of maar berusten in het onvermijdelijke, of anders zal hij in gloeiende verontwaardiging uitbarsten, en onverbiddelijk de oorlog verklaren aan zo een regime. Deze daden kunnen onmogelijk meer aan een gebrek aan inzicht worden geweten. Want datgene, wat voor ieder denkend mens eenvoudig een volkomen onmogelijkheid zou zijn geweest, dat wisten de geestelijke titanen van de novemberpartijen (dus die partijen, die de revolutie van 1918 en de daardoor ontstanen toestand hadden aanvaard of veroorzaakt. Vert.) te presteren: ze trachtten bij Frankrijk in een goed blaadje te komen.

Inderdaad, men heeft het bestaan, om al deze jaren lang, met de roerende onnozelheid van een onverbeterlijke fantast, telkens opnieuw te proberen, om goede maatjes te worden met Frankrijk, telkens opnieuw in het stof te kruipen voor de „grande nation"; en men meende in letterlijk iedere sluwe streek van de Franse beul onmiddellijk het eerste voorteken van een veranderende mentaliteit te moeten zien. De lieden, die in onze politiek in werkelijkheid aan de touwtjes trokken, zijn natuurlijk nooit zo dom geweest, om in een dergelijke waanzinnige hersenschim te geloven. Zij beschouwden dat geflikflooi tegenover Frankrijk alleen maar als het meest voor de hand liggende middel, om iedere praktische bondgenootschapspolitiek onmogelijk te maken. Zij verkeerden nooit in twijfel omtrent de ware bedoelingen van Frankrijk en zijn agenten. Wat hun ertoe bracht, om toch precies te doen, alsof ze serieus geloofden, dat Duitsland's lot veranderd kon worden, was eenvoudig het nuchtere inzicht, dat ons volk anders waarschijnlijk een andere weg zou hebben gekozen.

Natuurlijk is het ook voor ons niet gemakkelijk, om in onze eigen beweging de gedachte ingang te doen vinden, dat Engeland misschien onze toekomstige bondgenoot zal zijn. Onze Joodse pers verstond immers steeds weer de kunst, om de haat vooral op Engeland te concentreren, waarbij menige goede sul van een Duitser zich maar al te vlot liet lijmen en meepraatte over de „wederopbouw" van onze vloot, mee protesteerde tegen de diefstal van onze koloniën, ried, om ze te gaan halen, en op die wijze zijn deel bijdroeg tot het materiaal, dat de Joodse schurk dan aan zijn stamgenoten in Engeland kon doen toekomen, opdat ze er praktisch voordeel uit konden putten voor de propaganda. Want dat wij niet voor „onze positie als zeemogendheid" moeten strijden, dat was iets, wat langzamerhand wel tot de hoofden van onze aan-politiek- doende-onnozele burgerlijke halzen mocht doordringen.

Al voor de oorlog was het krankzinnig geweest, om de kracht van de Duitse natie op zo'n doel te concentreren, wanneer onze positie in Europa niet van te voren terdege beveiligd was. Maar in onze dagen heeft zo'n verwachting nog een heel andere betekenis, en wordt dan ook in het rijk van de politiek onder de misdaden gerekend. Vaak was het om wanhopig van te worden, wanneer men moest aanzien, hoe de Joden, die aan de touwtjes trokken, kans zagen om de aandacht van ons volk op volkomen onbelangrijke dingen af te leiden; en hoe deze heren het opjoegen tot demonstraties en protesten, terwijl Frankrijk in dezelfde tijd het ene stuk na het andere uit het lichaam van ons volk scheurde, en men ons stelselmatig van de grondslagen van onze onafhankelijkheid trachtte te beroven.

Ik moet hierbij een enkel woord wijden aan een bijzonder stokpaardje, dat in deze jaren met buitengewone vaardigheid door de Jood werd bereden: ik bedoel hier nadrukkelijk de Zuid-Tiroolse kwestie. Wanneer ik me juist hiermee bezighoud, dan is dat niet in de laatste plaats, om eens voorgoed af te rekenen met al dat leugenachtige gespuis, dat, speculerend op de vergeetachtigheid en domheid van de grote massa, in dit geval de brutaliteit heeft, om het te doen voorkomen, alsof het gloeide van nationale verontwaardiging, een mentaliteit, die de heren parlementairen bedriegers vreemder is, dan eerlijke begrippen over eigendom het aan een ekster zijn. Ik zou er hier nog de nadruk op willen leggen, dat ik persoonlijk behoorde tot degenen, die in de jaren, toen over het lot van Zuid-Tirol (en niet van Zuid-Tirol alleen) werd beschikt – dus van augustus 1914 tot en met november 1918 – op de plaatsen stonden, waar ook dit gebied metterdaad werd verdedigd, namelijk aan het front. Ik heb in die jaren mijn deel van de strijd niet gedragen, om Zuid-Tirol verloren te doen gaan, maar om te zorgen, dat het, als iedere andere Duitse provincie, voor het vaderland behouden zou blijven.

Maar wie destijds niet meevochten, dat waren de parlementaire struikrovers, alsmede dit gehele gespuis van politiekelingen. Integendeel, terwijl wij streden, in de stellige overtuiging, dat alleen een overwinning in deze oorlog zou kunnen maken, dat Zuid-Tirol en de andere grenslanden voor het Duitse volk bewaard konden blijven, hebben deze Ephialtessen zolang tegen deze oorlog gestookt, en hebben zoveel ondermijnd, tot de strijdende Siegfried tenslotte door de onverwachte dolkstoot viel. Want de onwaarachtige moord-en-brand-redevoeringen van mooie mannen uit het parlement op de Rathausplatz te Wenen, of voor de Feldherrnhalle te München, hielpen natuurlijk al verbazend weinig, om te maken, dat Zuid-Tirol in Duitse hand bleef, dat deden enkel de strijdende bataljons aan het front. En zij, die dat front braken, hebben Zuid-Tirol verraden, en alle andere Duitse landen tegelijk.

Maar wie meent, dat het vandaag de dag mogelijk is, om het Zuid-Tiroolse vraagstuk door protesten op te lossen, of door verklaringen, optochten van verenigingsooms, of door andere gebeurtenissen in die trant, die is óf een doortrapte schurk, Of een kleine Duitse bourgeois. Daarover mag men werkelijk geen ogenblik in twijfel verkeren, dat de herovering van de verloren gebieden nooit tot stand komt, door Onzen Lieve Heer op plechtige toon aan te roepen, en ook niet door maar een vrome hoop op de Volkenbond te vestigen, maar uitsluitend en alleen door geweld van wapenen. Nu blijft dus alleen de vraag, wie er bereid is, om de herovering van deze verloren gebieden door wapengeweld te wagen. Wat mijn persoon betreft, meen ik hier wel met een zuiver geweten te kunnen verklaren, dat ik altijd nog wel de moed zou hebben, om aan het hoofd van een stormbataljon, gerekruteerd uit parlementskletsers en andere partijleiders, en vermeerderd met een aantal hofraden, deel te nemen aan een herovering van Zuid-Tirol.

Het zou me werkelijk een onzegbaar genoegen doen, wanneer er eens een paar shrapnells uiteenbarstten boven de hoofden van zulk een „vlammende-protest-demonstratie". Ik denk, dat een vos in het kippenhok niet zoveel gekakel zou horen, en dat het pluimvee zich niet zo snel in veiligheid zou brengen als zo een prachtige verzameling protesterende heren.

Maar het minderwaardigste is bij die schreeuwers altijd, dat ze zelf niet geloven, dat er op deze wijze iets te bereiken valt. Ze weten zelf het beste, hoe zinledig en onbetekenend hun gedoe eigenlijk is. Maar zij blijven het doen voorkomen, alsof er wel wat bereikt kon worden, omdat het natuurlijk altijd heel wat gemakkelijker is, om te kletsen voor de herovering van Zuid-Tirol, dan om ervoor te vechten, dat dit gebied Duits blijft. Ieder doet, wat hij kan. Wij offerden destijds ons bloed, en nu vermoeit dit stelletje zijn kaakspieren.

Dan is het nog bijzonder verheffend, om te aanschouwen, hoe vooral de Weense legitimisten (aanhangers van het huis Habsburg. Vert.) gloeiend van geestdrift, in de weer zijn, om Zuid-Tirol te veroveren. Hun verheven en doorluchtig vorstenhuis heeft weliswaar, nu (1925) zeven jaar geleden, door de dubbele schurkenstreek van meineed en verraad, meegeholpen, om Zuid-Tirol over te leveren aan de wereldcoalitie, door aan dat monsterverbond de overwinning te bezorgen, en toen hebben deze zelfde lieden de politiek van hun verraderlijk vorstenhuis gesteund, en zich zomin aan Zuid-Tirol als aan enig ander Duits gebied iets gelegen laten liggen, maar tegenwoordig kan dat allemaal veel gemakkelijker, want nu wordt deze strijd alleen met „geestelijke wapenen" uitgestreden en het vereist toch inderdaad heel wat minder moeite, om zich op een „protestvergadering" uit diepe en edele verontwaardiging de keel schor te praten, dan om bijvoorbeeld tijdens de bezetting van het Roergebied eens een brug in de lucht te laten vliegen.

De reden, waarom men in de laatste jaren van zeer bepaalde zijde de Zuid-Tiroolse kwestie tot het eigenlijke kernprobleem trachtte te maken, en het voor te stellen, alsof de verhouding tussen Duitsland en Italië alleen bepaald werd door dit vraagstuk, ligt nogal voor de hand. Het is van het grootste belang voor de Joden, en voor de aanhangers van het huis Habsburg, dat Duitsland absoluut buiten staat wordt gesteld, om ooit weer een zodanige bondgenootschapspolitiek te voeren, die tot de wedergeboorte van een vrije Duitse natie zou kunnen leiden. Al dit bedrijf gebeurt dan ook niet in het allerminst uit liefde voor Zuid-Tirol — want dat heeft er in het geheel geen nut, maar enkel schade van — maar uit angst voor de mogelijkheid, dat Duitsland en Italië vriendschappelijke betrekkingen zouden kunnen aanknopen. Gezien deze feiten, kan men het niet anders dan een noodzakelijk uitvloeisel van de algemene onwaarachtigheid en lasterlijkheid van deze lieden noemen, wanneer zij het, met een gezicht, alsof dat iets heel gewoons was, doen voorkomen, alsof wij Zuid-Tirol hadden verraden. Dat is iets, wat deze heren zo duidelijk mogelijk aan het verstand moet worden gebracht, want in werkelijkheid is Zuid-Tirol verraden door de volgende vier categorieën:

1e. door iedere Duitser, die in de jaren 1914 tot 1918 gezond van lijf en leden was, en niet aan het front stond, noch zijn diensten ter beschikking van zijn vaderland had gesteld.

2e. door iedereen, die er in deze jaren niet toe heeft bijgedragen, om de weerstandskracht van ons volkslichaam te vergroten, waardoor de oorlog met kracht kon worden voortgezet, alsmede om het uithoudingsvermogen te vermeerderen, zodat het deze strijd kon volhouden.

3e. door een ieder, die meewerkte aan het uitbreken van de revolutie van november 1918 — onverschillig, of dat nu door actief deelnemen geschiedde, dan wel door laffe lijdzaamheid — waardoor het enige wapen, dat Zuid-Tirol had kunnen redden, werd stukgeslagen, en

4e. door al die partijen met hun aanhangers, die hun handtekeningen plaatsten onder de schandelijke verdragen van Versailles en Saint Germain.

Inderdaad, mijne dappere heren, die met de mond protesteert, dat is de ware stand van zaken! Het enige, wat heden ten dage mijn standpunt te dit opzicht bepaalt, is het nuchtere inzicht, dat men verloren gebieden niet door de welbespraaktheid van een paar gewiekste praters in het parlement terugkrijgt, maar enkel door een scherp zwaard, dus door bloedige strijd.

En dan durf ik ook te verklaren, dat ik, nu de beslissing in deze eenmaal gevallen is, het niet alleen onmogelijk acht, om Zuid-Tirol door een oorlog terug te krijgen, maar omdat ik persoonlijk zo'n herovering ook zou afwijzen, omdat ik vast overtuigd ben, dat dit vraagstuk de nationale geestdrift niet in die mate zou kunnen doen opvlammen als absoluut noodzakelijk zou zijn, om een overwinning te kunnen behalen. Integendeel, het is mijn stellige overtuiging, dat het een misdaad zou zijn, om zoveel Duits bloed te wagen voor tweemaal honderdduizend volksgenoten, terwijl vlak naast deze streek een gebied ligt, waar zeven miljoen versmachten onder het juk van een vreemde slavernij, en waar de wateren van de lichaamsslagader van Duitsland moeten aanzien, hoe Afrikaanse negerstammen onder ons volk huishouden.

Wanneer de Duitse natie een einde wil maken aan de huidige toestand, waarin zij voortdurend met uitroeiing wordt bedreigd, dan moet zij niet in haar oude fouten van voor de oorlog vervallen; dan moet zij er daarentegen voor zorgen, dat zij niet God en alle mensen tegen zich in het harnas jaagt, maar dan zal ze zich bewust moeten worden, wie haar gevaarlijkste vijand is, en dan zal zij hem met haar totale geconcentreerde kracht te lijf moeten gaan. En wanneer deze overwinning dan gekocht moest worden, door iets anders op te offeren, dan zullen de komende geslachten ons toch niet veroordelen; zij zullen de diepe nood en de zware zorgen, die ons dwongen tot een zo bitter besluit, des te beter kunnen doorvoelen, naarmate het uit die daad voortgevloeide succes schitterender was. Wat ons tegenwoordig moet leiden is altijd en altijd weer het principiële inzicht, dat het probleem van de herovering van het verloren grondgebied van een rijk in de eerste plaats een kwestie is van de herovering van de politieke onafhankelijkheid en macht van de rompstaat.

De eerste taak, die er bestaat voor de buitenlandse politiek van enige krachtige Duitse regering, is gelegen in een scherpzinnige bondgenootschapspolitiek, die zo een nationale wedergeboorte mogelijk zal maken. En juist wij, nationaal-socialisten, moeten oppassen, dat wij niet op sleeptouw worden genomen door onze nationalisten-met-de-mond, die volkomen onder Joodse invloed staan. Het zou een grote ramp zijn, wanneer ook onze beweging zich ging oefenen in het protesteren, en vergat, de strijd voor te bereiden.

Een van de oorzaken, waardoor Duitsland te gronde ging, was die onzinnige illusie, dat men een bondgenoot kon hebben (en dan nog een bondgenoot, die ons een Nibelungen-trouw betoonde) aan die levenloze staat van de Habsburgers. Het beste middel om te zorgen, dat onze nationale wedergeboorte voor altijd onmogelijk was, zou zijn gelegen in een even fantastische sentimentele behandeling van onze huidige kansen op het gebied van de buitenlandse politiek.

Het is noodzakelijk, dat ik me hier ook nog even, zeer in het kort, bezighoud met de verschillende bezwaren, die tegen mijn antwoorden op de genoemde drie kwesties, zullen worden ingebracht, ik bedoel de kwesties, of men:

1e. ooit een verbond zal willen sluiten met het huidige Duitsland, dat zo kennelijk zwak en krachteloos is.

2e. of de vijandelijke naties in staat zouden zijn tot zulk een wijziging van hun standpunt, en

3e. of de, nu eenmaal bestaande invloed van het Jodendom niet sterker zal blijken dan alle inzicht en allen goeden wil tezamen, waardoor dus alle plannen definitief zouden worden gedwarsboomd, en in het water zouden vallen.

Ik meen, dat ik het eerste punt voor de helft al heb beantwoord. Natuurlijk zal niemand een verbond sluiten met het huidige Duitsland. Geen mogendheid ter wereld zal haar lot willen ketenen aan dat van een staat, waarvan de regeringen van een zodanig soort zijn, dat ze werkelijk ieder vertrouwen moeten beschamen. Wij moeten ons ten stelligste verzetten tegen de pogingen van vele van onze volksgenoten, om de huidige miserabele mentaliteit onder de bevolking als verzachtende omstandigheid of zelfs als verontschuldiging te laten gelden voor het gedrag der regering.

Ongetwijfeld legt ons volk sinds 1918 een betreurenswaardige karakterloosheid aan de dag, alsook een verpletterende onverschilligheid ten aanzien van de hoogste volksbelangen, en een vaak ongelooflijke lafheid. Maar laat men toch nooit uit het oog verliezen, dat dit volk toch precies hetzelfde is als datgene, dat enkele jaren voor deze het bewonderenswaardigste voorbeeld van de hoogste menselijke deugden aan de wereld bood. Vanaf de eerste dagen van augustus van het jaar 1914, tot het einde van de geweldige volkerenstrijd heeft geen volk op aarde meer mannenmoed, meer taaiheid en groter bereidheid, te lijden, getoond. Niemand zal willen beweren, dat het smadelijke heden de eerlijkste afbeelding van het ware karakter van ons volk is. Wat wij heden om ons heen en in ons moeten beleven, is niets anders dan het vreselijke gevolg van de meineed van de 9de november 1918, dat ons nu ons verstand en onze zinnen schijnt te moeten kosten. Het woord van de dichter, dat slechte daden gedoemd zijn, om steeds weer andere slechtheden voort te brengen, bevat hier meer waarheid dan ooit. Maar ook in deze tijd zijn de goede eigenschappen van ons volk niet geheel en al verloren gegaan; ze slapen slechts in de diepte van het hart van ons volk, en menigmaal kan men deugden als bliksemstralen zien opblinken aan het diepzwarte firmament, uitingen, die het latere Duitsland eens zal gedenken, omdat het de eerste symptomen waren van het beginnend herstel. Meer dan eens zijn duizenden en duizenden jonge Duitsers bijeengekomen, met de vaste wil om, het koste wat het kost, hun jonge leven weer vrijwillig en met vreugde als in 1914, ter beschikking te stellen van hun vaderland. En miljoenen mensen werken weer, vlijtig en ijverig, alsof de revolutie en haar verwoestingen nooit bittere ernst waren geweest. De smid staat weer voor zijn aambeeld, de boer stapt weer achter zijn ploeg voort; in zijn studeerkamer zit de geleerde, en allen spannen ze zich evenzeer in, en doen ze hun plicht met dezelfde nauwgezetheid. De onderdrukking door onze vijanden wordt niet meer met een vergoelijkend lachje aanvaard, zoals vroeger gebeurde; integendeel, nu staren verbitterde en door zorgen doorploegde gezichten naar dat juk.

Zeer zeker heeft er een grote verandering plaatsgevonden in de algemene mentaliteit. Wanneer dit alles ook heden nog niet tot uiting komt in een wedergeboorte van de politieke machtsidee en van de wil tot zelfbehoud in ons volk, dan is dat te wijten aan diegenen, die ons volk sinds 1918 niet bij de gratie Gods, maar enkel en alleen bij hun eigen gratie regeren tot de dood er op volgt. Ja, inderdaad, wanneer men ons volk heden ten dage beklaagt, dan heeft men toch zeker wel het recht, de vraag te stellen: Wat werd er gedaan, om verbetering in die toestand aan te brengen? Is het feit, dat de besluiten van onze regeringen — die die naam in werkelijkheid immers maar nauwelijks verdienen — bij het volk zo weinig weerklank vonden, werkelijk alleen maar een teken, dat de levenskracht van de Duitse natie tot het uiterste minimum is gedaald, of moet daar niet ook nog uit worden opgemaakt, dat men absoluut niet wist, hoe men met dit kostbaarste goed moest omgaan? Wat hebben onze regeringen gedaan, om in dit volk de geest van trots zelfbewustzijn, van mannelijke volhardendheid, en felle haat te doen herleven?

Toen in het jaar 1919 het vredesverdrag als een zware last op de schouders van het Duitse volk werd gelegd, had men met het volste recht kunnen verwachten, dat juist dit werktuig van een mateloze onderdrukking het verlangen naar vrijheid in Duitsland buitengewoon zou doen toenemen. Vredesverdragen, die volkeren als geselslagen treffen, slaan niet zelden de eerste roffel voor de komende opstanding. Wat had men niet een dreunende roffel van dit vredesverdrag van Versailles kunnen maken! Dit instrument, dat een grenzeloze verdrukking en de smadelijkste vernederingen bracht, had, wanneer een wilskrachtige regering er het juiste gebruik van had weten te maken, een onvergelijkelijk middel kunnen zijn, om de nationale hartstochten tot kookhitte op te zwiepen. Wanneer men tenminste maar de moed had bezeten, en in staat was geweest, om deze sadistische wreedheden op geniale wijze te gebruiken voor een propaganda, die het volk van onverschilligheid tot verontwaardiging, en van verontwaardiging tot ziedende woede had kunnen brengen.

Men had ieder van deze punten in de hersens en in het hart van dit volk kunnen branden, net zolang, tot de gemeenschappelijk gevoelde schaamte en de gemeenschappelijke haat uit zestig miljoen hoofden, van mannen en vrouwen, de vlammen hadden doen uitslaan tot één vuurzee, waaruit dan onwrikbaar een wil was opgerezen en een schreeuw was losgebarsten: „Wij willen weer wapens hebben!" Inderdaad, daartoe had zo'n vredesverdrag kunnen dienen. De grenzenloosheid van de onderdrukking, die het ons oplegt, en de schaamteloosheid van de eisen, die het ons durfde stellen, leveren het machtigste propagandistische wapen, om de ingeslapen levensgeesten weer te wekken. Maar dan moet ook ieder ABC-boekje op school en ook de laatste en onbelangrijkste krant, dan moet iedere schouwburg en iedere bioscoop, zo goed als iedere aanplakzuil en iedere lege schutting dienstbaar worden gemaakt aan deze ene grote taak, tot tenslotte het angstige gebedje van de leden van onze nationale verenigingen verandert in de vurigste bede, die ook het hart van het kleinste en minste jongetje in Duitsland vervult: „Almachtige God, zegen straks onze wapenen; wees even rechtvaardig als Gij altijd waart; oordeel nu opnieuw, of wij onze vrijheid nu waardig zijn, en veroordeel ons niet; Heer, zegen onzen strijd!"

Maar men heeft alles verzuimd, en heeft niets gedaan. Wie verbaast zich er dan nog over, dat ons volk niet is, zoals het moest en kon zijn? Wanneer de anderen ons volk nog steeds beschouwen als hun loopjongen, als de gewillige hond, die dankbaar de handen likt, die hem eerder sloegen.

Ongetwijfeld maakt ons volk zelf het ons ook zeer moeilijk om heden ten dage een bondgenootschap te sluiten, maar onze regeringen zorgden, dat zoiets bijna een onmogelijkheid was. Het moet aan hun minderwaardigheid worden geweten, wanneer er na acht jaar van mateloze onderdrukking nog maar zo weinig wil tot de vrijheid te vinden is. Terwijl dus een actieve bondgenootschaps- politiek afhankelijk is van de waardering, die men voor ons volk voelt, is deze waardering op haar beurt weer afhankelijk van het bestaan van een regering, die weigert, de handlanger te zijn van vreemde staten, en die geen slavendrijver is over zijn eigen volk, maar uitsluitend en alleen de heraut van het geweten van de natie.

Wanneer er echter aan het hoofd van ons volk en van onzen staat een leiding staat, die hierin haar taak ziet, dan zullen er geen zes jaar verlopen, of de moedige buitenlandse politiek van het Rijk zal worden ondersteund door de even moedige vaste wil van een volk, dat hongert naar zijn vrijheid.

Het tweede bezwaar, n.l. dat het zo moeilijk is, om de mentaliteit van de vijandige volkeren te wijzigen in die van vrienden en bondgenoten, kan waarschijnlijk wel het beste worden beantwoord door het volgende:

De algemene anti-Duitse psychose, die in de andere landen door de oorlogspropaganda is ontstaan, zal noodzakelijkerwijze zolang blijven bestaan, tot de wedergeboorte van de Duitse levenswil een onloochenbaar feit is geworden, en Duitsland weer de karaktertrekken vertoont van een staat, die op het Europese schaakbord een belangrijke partij speelt, en die als tegenspeler van betekenis kan zijn. Pas wanneer zowel de regering als het volk onvoorwaardelijk en gegarandeerd zeker belangrijke en sterke pijlers kunnen zijn van een bondgenootschap, kan enige mogendheid op de gedachte komen, om haar openbare mening door binnenlandse propaganda te herzien. Ook dat vereist natuurlijk weer jaren van ononderbroken en technisch knap werk.

Juist het feit, dat een wijziging in de mentaliteit van het volk een zo lange voorbereiding nodig heeft, maakt, dat men hij het besluiten tot een stap als deze, de grootste voorzichtigheid in acht neemt, d.w.z. men zal niet met zo'n werk beginnen, wanneer men niet absoluut overtuigd is, dat het ook inderdaad zin heeft, en dat het op den duur zijn vruchten zal afwerpen. Men zal er niet aan denken, om zich er door het lege gebluf van een meer of minder geestig minister van buitenlandsezaken toe te laten bewegen, om de mentaliteit van zijn natie te onzen gunste te veranderen; nee, hiertoe is het noodzakelijk, dat men een tastbare waarborg bezit van de werkelijke waarde, die zo'n veranderde mentaliteit zou hebben. Anders zou dit tot een volkomen versplintering van de openbare mening leiden. De betrouwbaarste waarborg, dat het later inderdaad mogelijk zal zijn, om een bondgenootschap met ons aan te gaan, is niet gelegen in de hoogdravende woorden van sommige heren uit de regering, maar integendeel in de kennelijke stabiliteit van de leidende beginselen van de regering, en daarnaast in een even standvastige openbare mening. Het geloof hierin zal des te sterker zijn, naarmate zij intensiever propaganda voert, ter voorbereiding en ter ondersteuning van haar taak, en naarmate deze regeringshouding des te duidelijker de wil van de openbare mening weerspiegelt. Men zal dus een volk, dat zich in onze positie bevindt, als bondgenoot willen aanvaarden, wanneer de regering en de openbare mening even fanatiek blijk geven van hun vaste wil, om de strijd voor de vrijheid te voeren.

Past wanneer deze toestand bereikt is, zullen andere staten bereid gevonden worden, om een begin te maken met een wijziging van hun openbare mening, omdat ze pas na dit te hebben geconstateerd, bereid zullen zijn, om, teneinde hun eigen belangen beter te kunnen behartigen, een metgezel te kiezen, die hun hiertoe geschikt lijkt, m.a.w., om een bondgenootschap te sluiten.

Nu is er echter nog iets anders nodig: Omdat de wijziging van een bepaalde mentaliteit van een volk zwaar werk vereist, en aanvankelijk vaak verkeerd begrepen zal worden, is het tegelijkertijd een misdaad en een domheid, om door eigen fouten aan deze anderswillende elementen de wapenen voor hun tegenwerking te leveren. Men moet begrijpen, dat het een bepaalden tijd zal moeten duren, voor een volk de diepere bedoelingen van zijn regering volkomen heeft begrepen, omdat men nu eenmaal geen uiteenzettingen kan gaan houden over het uiteindelijk doel van een bepaalde politieke voorbereiding, maar zijn steun moet vinden, of in het blinde geloof van de massa, of wel in het intuïtief inzicht van de intellectueel hogerstaande leidende groepen. Omdat veel mensen echter niet beschikken over dit politieke zesde zintuig, dat helderziendheid heet, en het om redenen van politieke aard een onmogelijkheid is, om de beweegredenen voor een bepaalde daad aan de grote klok te hangen, daarom zal steeds een gedeelte van de intellectuele leidinggevende groep gekant zijn tegen bepaalde nieuwe tendensen, waarvan de betekenis er niet zo bovenop ligt, en zal daardoor gemakkelijk de schijn kunnen wekken, alsof het niets dan experimenten waren. En zo weet men de ongeruste conservatieve elementen in de staat tot verzet te prikkelen.

Maar dit feit maakt het voor ons, meer dan enig ander, tot onze eerste plicht, om ervoor te zorgen, dat dergelijke lieden, die een wederzijdse toenadering zouden saboteren, zoveel mogelijk worden ontwapend, en dat wel vooral, wanneer het toch al niets anders betreft dan het leeg, fantastisch en onverwezenlijkbaar gedaas van opgeblazen verenigings-patriotten en kleinburgerlijke kroeg politici. Want dat al dat geschreeuw om een nieuwe oorlogsvloot, om de herovering van onze koloniën, enz., in werkelijkheid niets anders is dan een leeg spel van woorden, waar iedere praktische en realiseerbare idee ten enenmale aan ontbreekt, dat zal men tenslotte, wanneer men de kwestie rustig onder ogen ziet, wel bezwaarlijk kunnen bestrijden. De manier echter, waarop men in Engeland deze buitengewoon onzinnige uitingen van onze onnozele of krankzinnige verzetslieden – die echter in beide gevallen in waarheid onze doodvijanden dienen – politiek uitbuit, kan niet gunstig voor Duitsland worden genoemd. zo put men zich uit voor schadelijke demonstratietjes tegen God-en-alle-mensen, en vergeet daarbij het eerste beginsel, waarop ieder succes gebaseerd is, namelijk het volgende: Wat gij doet, doet dat ook ten volle. Wanneer men tegen vijf of tien staten tegelijk zit te pruilen, dan laat men na, om de totale krachten van wil en lichaam te concentreren, teneinde onze meest perfide vijand het zwaard in het hart te kunnen stoten, en offert zodoende tevens de mogelijkheid op, om ons door een bondgenootschap voor deze strijd te versterken.

Ook hier is een taak voor de nationaal-socialistische beweging weggelegd. Zij moet ons volk leren, om de kleinigheden te vergeten, en in grote lijnen te denken, om zijn aandacht niet te verdelen over duizend-en-één bijzaken, maar integendeel steeds in het oog te blijven houden, dat het doel, waarvoor wij heden ten dage moeten vechten, enkel het bestaan van ons volk is, en dat de enige vijand, die wij moeten treffen, die mogendheid is en blijft, die het op dat volksbestaan voorzien heeft. En ongetwijfeld kunnen er nog vele andere feiten zijn, die in ons branden. Maar dat is nog in het geheel geen reden, om daarom maar ieder gezond verstand te laten varen, en een abnormaal grote keel te gaan opzetten tegen de gehele wereld, in plaats van onze krachten te concentreren, om ons met alles, waarover wij beschikken, tegen onze gevaarlijkste vijand te weer te stellen.

Overigens heeft het Duitse volk niet het minste morele recht, om de andere mogendheden aan te klagen wegens hun gedrag, zolang het niet zelf de misdadigers ter verantwoording heeft geroepen, die hun eigen land verkochten en verrieden. Het kan toch bezwaarlijk heilige ernst worden genoemd, wanneer men wel uit de verte tegen Engeland, Italië, enz. uitvalt, maar in eigen land de schurken, die ons de wapenen uit de handen sloegen, de morele ruggegraat braken en het verlamde Rijk voor dertig zilverlingen versjacherden, vrij laat rondlopen.

De vijand doet nu doodeenvoudig datgene, wat wij hadden mogen verwachten: Wij mochten wel eens een voorbeeld nemen aan zijn daden en gedragingen. Hij echter, die absoluut niet van plan is, een zo hoogstaand standpunt te aanvaarden, moge tenslotte nog wel bedenken, dat hem dan geen andere mogelijkheid meer geboden is, dan maar te berusten, omdat er dan in de toekomst van geen enkele bondgenootschapspolitiek meer sprake kan zijn. Want wanneer wij Engeland niet als bondgenoot mogen aanvaarden, omdat het onze koloniën roofde, Italië niet, omdat het Zuid-Tirol bezit, en Polen en Tsjecho-Slowakije uit de aard der zaak al evenmin, dan blijft er, wanneer we Frankrijk buiten beschouwing laten – dat ons, tussen haakjes, ook nog Elzas-Lotharingen ontstal – geen enkel land in Europa over.

Het is overbodig, om de vraag te stellen, of het Duitse volk daar vóór- of nadeel van zou hebben. De enige vraag blijft altijd, of het een simpele domkop is, die zulke ideeën verkondigt, of een sluwe misdadiger. Wanneer ergens een leider deze meening blijkt toegedaan, dan ben ik vast overtuigd, dat hij altijd tot de laatste categorie behoort. Men kan dus zeggen, dat het, menselijk gesproken, zeer goed mogelijk is, dat de mentaliteit van die volkeren, die tot nog toe als vijanden tegenover ons stonden, weer kan worden gewijzigd, maar dan alleen, wanneer de innerlijke kracht van onze staat en onze kennelijke levenswil, ons weer waard maken, om als bondgenoot te worden aanvaard; en wanneer wij tevens ervoor zorgen, dat de regering niet weer door onhandigheid of misdadigheid, de tegenstanders van zo een bondgenootschap met vroeger vijandige volkeren opnieuw reden geeft, om hun actie te beginnen.

Het derde bezwaar valt het moeilijkst te beantwoorden: Is het denkbaar, dat de vertegenwoordigers van de werkelijke belangen van die naties, die voor een bondgenootschap in aanmerking zouden komen, hun plannen zullen weten door te zetten, tegen de wil van de Joodse doodsvijand van alle vrije volks- en nationale staten in? Kunnen de krachten van b.v. de traditionele Britse staatkunde, de noodlottige Joodse invloed nog vernietigen, of niet?

Deze vraag is, naar ik al zei, zeer moeilijk te beantwoorden. Er spelen hier teveel factoren een rol, dan dat hier een beslist antwoord gegeven kon worden. Maar één ding staat in ieder geval vast: Er is één staat, waar de huidige staatsmacht zozeer gestabiliseerd is, en zo waarlijk dienstbaar aan de nationale belangen, dat er geen sprake meer kan zijn van een internationaal Joodse invloed van enige betekenis op de nastreving en verwerkelijking van politieke noodzakelijkheden.

De strijd, die het fascistisch Italië tegen de drie belangrijkste wapenen van het internationale Jodendom voert, levert, al gebeurt dat mischien volkomen onbewust (iets, wat ik persoonlijk niet kan geloven) het beste bewijs, dat men zich ook hier — zij het indirect — inspant, om de giftanden van deze internationale macht uit te trekken. Het verbod van de vrijmetselarij, de vervolging van de internationale pers, voorts de steeds doorgaande vernietiging van het internationale marxisme, en daartegenover de onophoudelijke versterking van de fascistische staatsopvatting, zullen de Italiaanse regering in de loop der jaren in steeds sterkere mate in staat stellen, de belangen van het Italiaanse volk steeds beter te behartigen, zonder dat zij zich ook maar in het minst bekommert om het gesis van de internationale hydra.

In Engeland is de toestand heel wat moeilijker. In dit land, waar de „meest vrije democratie" aan het bewind heet te zijn, heerst het Jodendom — via de openbare mening — nog bijna absoluut. En toch vindt ook daar een voortdurende worsteling plaats tussen de vertegenwoordigers van de

Britse staatsbelangen en de voorstanders van de Joodse werelddictatuur. Hoe hard deze beide tegenstrijdige belangen dikwijls botsen, dat kon men na de oorlog voor de eerste maal duidelijk zien uit het verschil tussen de standpunten, die de Britse regering enerzijds, en de pers anderzijds innamen tegenover het Japanse probleem.

Onmiddellijk na afloop van de oorlog herleefde de oude spanning tussen Amerika en Japan. Natuurlijk konden ook de grote mogendheden in Europa niet onverschillig blijven tegenover dat nieuwe oorlogsgevaar. Maar hoe sterk de banden des bloeds ook mogen zijn, zij kunnen toch niet verhinderen, dat er in Engeland een zeker gevoel van bezorgdheid ontstaat tegenover de groeiende betekenis van de Unie op internationaal economisch, zowel als op machtsgebied. Uit de voormalige kolonie, het kind van de grote moeder, schijnt een nieuwe heerschare te zullen opgroeien. En men kan zich indenken, dat Engeland heden ten dage onrustig en bezorgd het tijdstip ziet naderen, waarop het niet meer zal heten „Engeland beheerst de zeeën", maar „de zeeën der Unie"!

Het is veel moeilijker, om iets te beginnen tegen de reusachtige Amerikaanse statenkolos, met de enorme rijkdommen, die de praktisch nog maagdelijke bodem bergt, dan tegen het samengeperste Duitse rijk. Wanneer ooit ook hier om de laatste beslissing gestreden moet worden, dan zou Engeland, wanneer het alleen stond, het onderspit moeten delven. Daarom grijpt het verlangend naar de gele vuist, en zoekt zijn heil in een bondgenootschap, dat van rassenstandpunt gezien, misschien onverantwoordelijk is, maar dat toch de enige mogelijkheid is voor het Britse Rijk, om zijn positie op aarde tegenover het opkomende Amerikaanse continent te versterken. Terwijl de Engelse regering dus, niettegenstaande het feit, dat Engeland en de Unie zij aan zij hadden gestreden op de Europese slagvelden, toch niet bereid was, om het verbond met zijn Aziatische partner te beëindigen, viel de gehele Joodse pers op dit bondgenootschap aan. Hoe is het mogelijk, dat de Joodse organen, die tot 1918 zo getrouwe aanhangers van Engeland waren en zijn strijd tegen het Duitse Rijk zoveel mogelijk ondersteunden, nu opeens ontrouw worden en hun eigen wegen kiezen?

De vernietiging van Duitsland was niet zozeer een Engels als wel een Joods belang, terwijl ook in onze dagen een vernietiging van Japan feitelijk niet in het belang van de Britse staat is, maar alleen in overeenstemming zou zijn met de wensen van de leiders van het Joodse wereldrijk, waarnaar men nu zo vurig verlangt. Terwijl Engeland zijn beste krachten geeft, om zijn positie op aarde te handhaven, organiseert de Jood de aanval, om die positie te veroveren. Hij ziet de tegenwoordige Europese staten al als willoze werktuigen in zijn hand, hetzij langs de omweg van een zogenaamde „Westerse democratie" of wel in de vorm van een directe beheersing door het Russische bolsjewisme. Maar niet alleen de oude wereld houdt hij zodoende in zijn klauwen, ook de nieuwe wereld wordt door hetzelfde lot bedreigd. Het zijn Joden, die de beurs in de V. S. regeren. Ieder jaar maakt hen in sterkere mate tot controleurs van de arbeidskracht van een volk van honderdtwintigmillioen; maar tot hun grote verontwaardiging zijn er nog steeds enkelen op eigen benen blijven staan.

Met sluwe handigheid kneden ze de openbare meening, en vormen deze om tot een strijdwapen voor hun toekomst. De meest vooraanstaande figuren menen al de vervulling van hun oud-testamentiseverkiezingsleus te zien naderen, die hun beloofde, dat zij alle volkeren der aarde zouden verslinden. Eén enkele onafhankelijke staat temidden van deze talloze gedenationaliseerde koloniën zou in staat kunnen zijn, om het gehele werk ter elfder ure nog ineen te doen storten. Want een bolsjewistisch gemaakte wereld kan alleen bestaan, wanneer ze alles omvat. Wanneer ook maar één staat zijn nationale kracht en grootheid weet te bewaren, dan zal en moet het Joodse satrapenrijk, zoals iedere tyrannie op deze aarde, bezwijken voor de kracht van de nationale idee.

Nu weet de Jood maar al te goed, dat het hem met zijn duizendjarige aanpassing wel zal gelukken, om Europese volkeren te onderwijzen, en tot geslachtloze bastaards te maken; maar hij weet ook, dat hij er zeker nooit in zal slagen, om een Aziatische nationale staat als bijvoorbeeld Japan onder een dergelijk juk te dwingen. Hij kan tegenwoordig zonder veel moeite voor een Engelsman of een Duitser, voor een Amerikaan of een Fransman doorgaan, maar hij is niet in staat, om zich als gele Aziaat voor te doen. Daarom tracht hij de Japanse nationale staat te vernietigen door de kracht van soortgelijke nationale bouwsels, die immers heden nog bestaan, teneinde zich van deze lastige tegenstrever te ontdoen, vóór de laatste staatsmacht onder zijn zweep tot een dwingelandij over weerlozen is ontaard. Hij is bang voor een nationale Japanse staat in zijn Joods duizendjarig rijk en wenst daarom, dat Japan wordt vernietigd, voor hij zijn eigen dictatuur vestigt.

Daarom hitst hij nu de volkeren tegen Japan op, evenals hij eens tegen Duitsland deed, en zodoende is het mogelijk, dat de Joodse pers in Engeland op een ogenblik, dat de Britse diplomatie nog combinaties tracht samen te stellen op grond van het bondgenootschap met Japan, al oproept tot de strijd tegen die bondgenoot, en nu onder het geschetter van de democratische proclamaties en de strijdkreet: „Tegen het Japanse militarisme en imperialisme!" de oorlog voorbereidt, waarin Japan dan vernietigd zal moeten worden. Zo heeft de Jood heden in Europa zijn belangen losgemaakt van die van zijn gastheren. En daarmee zal ook algemeen de strijd tegen het Joodse wereldgevaar inzetten. En wederom heeft juist de nationaal-socialistische beweging hier de grootse taak te vervullen: Zij moet namelijk de ogen van het volk openen voor de toestand van de andere naties, en moet het telkens en telkens opnieuw herinneren aan de ware vijand van onze hedendaagse wereld. Zij moet een einde maken aan de haat tegen andere Arische volkeren, want in hoeveel opzichten deze ook van ons kunnen verschillen, toch zullen zij steeds het bloed, of de grote lijn van hun cultuur met ons gemeen hebben. In plaats daarvan dient zij allen toorn en alle haat te laden op het hoofd van de boosaardige vijand van de mensheid, die immers de werkelijke veroorzaker van alle leed is. Maar ze moet er ook voor zorgen, dat de doodsvijand van de gehele wereld tenminste in ons land als zodanig ontmaskerd wordt, en dat onze strijd tegen die vijand als een lichtend baken en een belofte van een nieuwe tijd, de volkeren de weg moge wijzen naar het waarachtig heil van een strijdende Arische mensheid.

Overigens moge dan het verstand ons op die weg geleiden en moge onze wil onze kracht zijn. De heilige plicht, die ons gebiedt, zo te handelen als wij doen, moge ons doorzettingsvermogen geven en ons vertrouwen blijke onze hoogste toeverlaat.

Veertiende hoofdstuk Oriëntering op het Oosten, of macht over het Oosten?

Er zijn twee redenen, die mij ertoe bewegen, om de verhouding tussen Duitsland en Rusland nog aan een apart onderzoek te onderwerpen.
1e. betreft het hier een vraagstuk, dat misschien wel het doorslaggevendste is van de gehele Duitse buitenlandse politiek.
2e. is dit probleem ook de toetssteen, die bepaalt, of de jonge nationaal-socialistische beweging al dan niet in staat is, om scherp te denken en juist te handelen.

Ik moet toegeven, dat vooral het tweede punt mij dikwijls met grote bezorgdheid vervult; omdat onze jonge beweging haar aanhangers nu eenmaal niet uit het leger der onverschilligen haalt, maar grotendeels uit de meest extreme groepen, is het niet meer dan natuurlijk, dat het inzicht van deze mensen in problemen van onze buitenlandse politiek voorlopig nog belast is met de vooroordelen of de politieke bekrompenheid van de groepen, waartoe zij oorspronkelijk behoorden. En dit geldt heus niet alleen voor de man, die van links tot ons komt. Integendeel! Hoe schadelijk de lessen, die zij tot nog toe hadden genoten, ook mochten werken, toch werden deze in zeer veel gevallen weer geneutraliseerd door een restant natuurlijk en gezond instinct. In zo'n geval was het dus alleen maar noodzakelijk, om de vroeger opgedrongen overtuiging te vervangen door een betere, waarbij wij dan heel vaak juist de beste bondgenoten vonden in het gezonde instinct en de wil tot zelfbehoud, die nog bewaard zijn gebleven. Het is daarentegen veel moeilijker, om iemand tot zuiver politiek denken te brengen, wanneer niet alleen zijn opvoeding tot die dag toe volkomen ontbloot was van gezond verstand en van iedere logica, maar hij buitendien ook nog de laatste rest natuurlijk instinct op het altaar van de objectiviteit had geofferd. Juist de z.g. intellectuelen in ons land zijn het moeilijkst ertoe te bewegen, om hun eigen belangen en die van hun volk op werkelijk positieve en logischer wijze naar buiten te behartigen.

Zij zijn niet alleen beladen met de lode last van de meest waanzinnige denkbeelden en vooroordelen, maar hebben ten overvloede ook nog iedere gezonde drang tot zelfbehoud verloren. Ook de nationaal-socialistische beweging heeft het zwaar te verantwoorden tegen deze lieden, en wel daarom zo zwaar, omdat ze helaas, niettegenstaande hun volkomen onmacht, meestal bezeten zijn van een abnormale verbeelding, die maakt, dat ze op andere, meestal zelfs gezondere mensen uit de hoogte neerzien.

Dit zijn niet anders dan aanmatigende en arrogante betweters, die in het geheel niet in staat zijn, de dingen nuchter te onderzoeken en te beschouwen; en deze beide eigenschappen mag men toch wel als eerste voorwaarde voor iedere daad en ieder ideaal op het gebied van de buitenlandse politiek beschouwen.

Omdat juist deze kringen de laatste tijd zo bijzonder druk in de weer zijn, om onze buitenlandse politiek het roer om te doen gooien, en een andere koers te nemen, die wel de noodlottigste zou zijn, die men zich kan voorstellen, omdat hij regelrecht in strijd zou zijn met de werkelijke belangen van ons volk, en uitsluitend in dienst zou staan van hun hersenschimmige ideologie, voel ik mij verplicht, om mijn aanhangers hier het belangrijkste vraagstuk van de buitenlandse politiek namelijk de verhouding tot Rusland uiteen te zetten, en dat wel zo diepgaand als nodig is, om te maken, dat iedereen het begrijpt, en zo uitgebreid als binnen het kader van een werk als dit, mogelijk is. Hierbij wil ik, voor ik aan het eigenlijke onderwerp begin, nog de volgende algemene opmerking maken: Wanneer wij „buitenlandse politiek" opvatten als de regeling van de verhouding, die er bestaat tussen een bepaald volk en de rest van de wereld, dan zal de wijze van regeling afhankelijk zijn van bepaalde zeer reële feiten. Als nationaal-socialisten kunnen wij voorts de volgende stelling formuleren over het karakter der buitenlandse politiek:

De buitenlandse politiek van de volksstaat dient het bestaan van het in deze staat begrepen volk mogelijk te maken, door tussen de getalssterkte en groeikracht van het volk enerzijds, en quantiteit en qualiteit van zijn grondgebied anderzijds, een zodanig gezond en natuurlijk evenwicht tot stand te brengen, dat dit volk bestaan kan. Als gezond evenwicht mag men altijd alleen maar die toestand beschouwen, waarbij het volk zijn totale voeding uit eigen bodem en grondgebied kan betrekken.

Iedere andere toestand, al duurt die honderden of zelfs duizenden jaren, is desalniettemin ongezond, en zal het volk-in-kwestie vroeger of later schaden, of misschien wel te gronde richten. Alleen een levensruimte van voldoende afmetingen kan een volk zijn vrijheid van bestaan waarborgen. Daarbij mag men de grootte van die „noodzakelijke afmetingen" van ons woongebied niet alleen beoordelen naar de eisen van het heden, en zelfs niet eens naar de grootte van de bodemopbrengst per hoofd van de bevolking. Want al in het eerste deel zette ik onder het hoofd „Duitse bondgenootschapspolitiek voor de oorlog" uiteen, dat het grondgebied van een staat niet alleen betekenis bezit als directe voedingsbron van de bevolking, maar ook nog een strategische. Wanneer een volk zijn voeding als zodanig gewaarborgd heeft door de grootte van zijn grondgebied, dan is het toch ook nog noodzakelijk, om daarnaast nog zorg te dragen voor de beveiliging van dat grondgebied zelf. En die beveiliging moet worden gezocht in de algemene politieke betekenis van de staat, een factor, die op zijn beurt weer in zeer belangrijke mate wordt bepaald door overwegingen van strategische aard.

Zodoende zal het Duitse volk alleen maar een toekomst kunnen hebben, wanneer het een positie als wereldmacht inneemt. Bijna tweeduizend jaar lang maakte de behartiging van de belangen van ons volk – zoals wij onze meer of minder geslaagde werkzaamheid op het gebied der buitenlandse politiek zouden moeten noemen – deel uit van de wereldgeschiedenis. Wij zijn zelf daarvan nog getuige geweest, want de reuzenstrijd der volkeren in de jaren 1914-1918 was niets anders dan de strijd van het Duitse volk om zijn bestaan op aarde; maar de wijze, waarop die gebeurtenis plaats vond, noemen wij wereldoorlog.

Het Duitse volk nam als vermeende wereldmacht aan deze strijd deel. Ik zeg vermeend, want in werkelijkheid was het er geen. Wanneer het grondgebied van het Duitse volk in het jaar 1914 in een andere verhouding had gestaan tot het aantal der volksgenoten, dan zou Duitsland werkelijk een wereldmacht zijn geweest, en dan had de oorlog – andere factoren hier buiten beschouwing gelaten – gunstig voor ons kunnen aflopen. Maar het is hier niet mijn taak, of ook maar mijn wens, om hier uiteen te zetten, wat er had kunnen gebeuren, wanneer deze of gene factor had ontbroken, of in anderen zin had gewerkt. Maar toch acht ik het onvoorwaardelijk noodzakelijk, om de bestaande toestand onverbloemd en nuchter te tonen, en te wijzen op de beangstigende zwakte van die toestand, teneinde tenminste in de rijen van de nationaal-socialistische beweging het inzicht in onze nationale noden te verdiepen.

Duitsland is in onze dagen geen wereldmacht. Zelfs in het geval, dat onze militaire onmacht overwonnen zou worden, zouden wij toch nog geen aanspraak op deze kwalificatie kunnen doen gelden. Wat betekent tegenwoordig op onze aarde een staat, waarvan het politiek grondgebied beperkt is tot de bespottelijk geringe afmetingen van nauwelijks vijfmaal honderdduizend vierkante kilometer? Wanneer men het alleen territoriaal beziet, dan zinkt de oppervlakte van het Duitse Rijk volkomen in het niet tegenover die van de zogenaamde wereldmachten. Laat men nu Engeland niet als tegenargument gaan aanvoeren, want het Engelse moederland vormt in werkelijkheid slechts de grote hoofdstad van het Britse wereldrijk, dat bijna een vierde deel van het aardoppervlakte beslaat. Voorts moeten wij in de eerste plaats de Verenigde Staten, en daarnaast Rusland en China tot de reuzenstaten rekenen. Dit zijn allen staten, waarvan het grondgebied dat van het Duitse Rijk meer dan tien maal overtreft. En zelfs Frankrijk moet tot deze staten worden gerekend. Niet alleen, dat het zijn leger in steeds sterkere mate aanvult uit de voorraden gekleurd mensenmateriaal, dat zijn reuzenrijk telt, maar ook als ras „vernegert" het in een zo snel tempo, dat men werkelijk kan spreken van het ontstaan van een Afrikaanse staat in Europa.

De koloniale politiek van het huidige Frankrijk kan in geen enkel opzicht de vergelijking doorstaan met die van het Duitsland van voor de oorlog. Indien de ontwikkeling van Frankrijk nog gedurende driehonderd jaar zou voortgaan op de wijze, zoals dat nu het geval is, dan zouden ook de laatste resten Frankisch bloed zijn opgelost in de ontstane EuropeesAfrikaanse mulattenstaat, en zou er één geweldig ongedeeld woongebied zijn ontstaan van de Rijn tot de Congo, dat bewoond werd door een lager ras, dat langzamerhand uit een voortdurende verbastering ontstond. Daarin onderscheidt de Franse koloniale politiek zich van de Duitse.

De vroegere Duitse koloniale politiek was halfslachtig, zoals alles, wat wij deden. Zij heeft het woongebied van het Duitse ras niet vergroot, en heeft al evenmin getracht, — een poging, die overigens misdadig had moeten heten — om het Rijk te versterken door de kleurlingen in de strijd te werpen. De Askaris in Duits-Oost-Afrika waren inderdaad een kleine weifelende stap op die weg. Maar tenslotte dienden zij slechts ter verdediging van de kolonie zelf. De idee, om zwarte troepen aan een oorlog in Europa te doen deelnemen, was, geheel afgezien van de praktische onmogelijkheid, om dat tijdens de wereldoorlog te doen, bij ons ook nooit beschouwd als een stelsel, dat onder gunstiger omstandigheden wel verwezenlijkt had moeten worden. Nee, dat was bij ons nimmer het geval geweest, in tegenstelling met Frankrijk, dat van het begin af aan, alle koloniale politiek alleen maar had beschouwd als een middel, om aan zwarte soldaten te komen.

Zo zien wij dan in onze tijd op aarde een aantal mogendheden, die Duitsland niet alleen in zielental verre overtreffen — ten dele althans — maar die daarnaast in hun grondgebied de grootste steun bezitten voor hun politieke machtspositie. Nog nooit was de positie van het Duitse Rijk tegenover de bestaande wereldmachten zo ongunstig als aan het begin van onze jaartelling, tweeduizend jaar geleden, en nu. Destijds kwamen wij als een jong volk baanbrekend in een wereld van vervallende staatslichamen, en wij hielpen zelf mee, om de laatste van deze staten, Rome, ten val te brengen. En nu staan wij in een wereld, waarin verschillende grote mogendheden in opkomst zijn, en waar ons eigen Rijk steeds meer aan betekenis moet inboeten. Het is noodzakelijk, dat wij deze bittere waarheid koel en nuchter voor ogen houden. Het is noodzakelijk, dat wij de ontwikkeling van het Duitse Rijk, wat woongebied en zielental betreft, zoals die zich door de eeuwen heeft afgespeeld, nagaan en vergelijken. Ik ben er zeker van, dat iedereen dan met ontzetting tot dezelfde conclusie zal moeten komen, die ik bij de aanvang van deze beschouwing al vermeldde:

Duitsland is geen wereldmacht meer, onverschillig of het nu in militair opzicht zwak of sterk is. De verhouding tussen Duitsland en de andere grote staten op aarde is een wanverhouding geworden, en dit alleen tengevolge van de vrijwel noodlottige buitenlandsepolitiek van onze regeringen, terwijl deze weer een gevolg is van het feit, dat wij er in het geheel niet aan hebben gedacht, om ons op een wijze, die ik bijna „als bij testament" zou willen noemen, één bepaald doel voor ogen te stellen, terwijl die houding natuurlijk ook moet worden toegeschreven aan het feit, dat wij ieder gezond instinct en iedere drang tot zelfbehoud hebben verspeeld. Wanneer de nationaal-socialistische beweging zich werkelijk wil wijden aan de vervulling van een grote historische taak voor ons volk, dan moet zij, doordrongen van het inzicht in, en vol verdriet over zijn huidige werkelijkheid op aarde, stoutmoedig en doelbewust de strijd aanbinden tegen de doelloosheid en de impotentie, die tot dusverre de buitenlandse politiek van het Duitse Rijk leidden. Zij moet dan, zonder ook maar in het minst rekening te houden met „tradities" en „vooroordelen", de moed vinden, om ons volk en daarmee de kracht van dat volk, te bundelen voor de opmars langs die weg, die ons redt uit de benauwing van ons huidig leefgebied, en die ons daarmee tevens voorgoed verlost van het gevaar, dat wij op deze aarde zouden moeten ondergaan, of gedoemd zouden zijn, als slavenvolk in dienst van anderen te moeten staan.

De nationaal-socialistische beweging moet trachten, aan deze wanverhouding tussen ons zielental en ons grondgebied — grondgebied is hier opgevat als voedingszekerheid, en als steunpunt voor onze politieke macht — tussen ons groot historisch verleden en de uitzichtloosheid van onze huidige machteloosheid, een einde te maken. Zij mag daarbij nooit uit het oog verliezen, dat wij als behoeders en vertegenwoordigers van de hoogste mensensoort op aarde tevens de hoogste verplichting dragen, en zij zal des te beter aan deze verplichting kunnen voldoen, naarmate zij er beter voor zorgt, dat het Duitse volk ook tot het besef van zijn ras komt, dus zich niet alleen meer bekommert om het fokken van honden, paarden en katten, maar zich ook erbarmt over zijn eigen bloed.

Wanneer ik de Duitse buitenlandse politiek, zoals die zich tot heden aan ons voordeed, doelloos en impotent noem, dan wordt die bewering bewezen door het feit, dat onze politiek werkelijk in ieder opzicht tekort schoot. Indien ons volk geestelijk minderwaardig, of te laf zou zijn geweest, dan hadden de resultaten van zijn worsteling op aarde niet erger kunnen zijn, dan heden het geval is. Men late zich ook door de ontwikkeling van het Rijk in de laatste tientallen jaren geen rad voor de ogen draaien, want men kan de kracht van een rijk niet aan dat rijk zelf afmeten, maar enkel en alleen door vergelijking met andere staten. Maar juist zo een vergelijking levert het bewijs, dat de kracht van de andere staten niet alleen regelmatiger is toegenomen, maar dat ook het eindresultaat belangrijker was; dat Duitsland in zijn ontwikkeling, niettegenstaande alle schijnbare machtstoename, toch meer en meer achterbleef bij de andere staten, en zelfs ver achterbleef, kortom, dat het verschil in grootte in ons nadeel toenam. Ja, wij bleven zelfs in getalssterkte hoe langer hoe meer achter bij de anderen. Omdat ons volk nu in heldenmoed zeker door geen ander op aarde overtroffen wordt, en, zelfs wanneer men met alle factoren rekening houdt, van alle volkeren op aarde verreweg het grootste bloedoffer bracht voor de handhaving van zijn bestaan, kan de oorzaak voor de mislukking alleen gelegen zijn in de verkeerde manier, waarop dit volk in de strijd werd geworpen.

Wanneer wij in dit verband de politieke ervaringen van ons volk in meer dan duizend jaren nagaan, en al de oorlogen en gevechten aan ons geestesoog voorbij laten trekken, en het hierdoor totstand gekomen eindbeeld bezien, zoals dat nu .voor ons ligt, dan zullen wij moeten toegeven, dat deze zee van bloed eigenlijk slechts drie gebeurtenissen heeft opgeleverd, die wij als blijvende resultaten van politieke – en meer in het bijzonder van buitenlandsch-politieke feiten mogen beschouwen:

1e. de kolonisatie van de Oostmark, die grotendeels door Bajuwaren is geschied.

2e. de verovering en penetratie van het gebied ten Oosten van de Elbe, en

3e. de organisatie van de Brandenburgsch-Pruisische staat door de Hohenzollerns, als voorbeeld en kristallisatiekern voor een nieuw Rijk.

Waarlijk een leerzame waarschuwing voor de toekomst! Die twee eerste grote successen van onze buitenlandse politiek zijn de bestendigste gebleken. Zonder hen zou ons volk in het geheel geen rol meer kunnen spelen. Dit waren de eerste geslaagde pogingen, die helaas door geen andere meer gevolgd werden, om de grootte van het grondgebied meer in overeenstemming te brengen met het stijgende zielental. En het mag werkelijk een noodlottig feit heten, dat onze Duitse geschiedschrijvers nimmer bij machte zijn gebleken, om aan deze twee successen, die toch de geweldigste prestaties van onze gehele geschiedenis zijn geweest, en voor het nageslacht van groter betekenis waren, dan wat dan ook, het gewicht te hechten, dat zij verdienen; terwijl zij daarentegen ongeveer alles hebben verheerlijkt: fantastisch heldendom, en talloze avontuurlijke twisten en oorlogen, in plaats van nu eindelijk eens in te zien, hoe volkomen onbetekenend het merendeel van deze gebeurtenissen is geweest voor de grote levenslijn der natie.

Het derde grote succes van onze politiek is gelegen in het ontstaan van de Pruisische staat, en de hieruit voortgekomen geboorte van een bijzonder staatsidee, alsmede in de drang tot zelfbehoud en zelfverdediging, die zich aan de eisen van onze hedendaagse wereld heeft aangepast, en zijn belichaming en organisatie vindt in het Duitse leger. De omvorming van het persoonlijke weerbaarheidsidee tot die van de nationale dienstplicht, is een product van deze staat en van zijn nieuwe staatsopvatting. De betekenis van dit feit kan onmogelijk te hoog worden aangeslagen. Juist het Duitse volk, dat door zijn verdeeldheid van bloed zozeer behept is met overdreven individualisme, herkreeg, door middel van de disciplinering door het Pruisische leger tenminste een deel van zijn, sinds lang verloren gegaan organisatorisch vermogen terug.

Datgene, wat bij de andere volkeren nog in de oorspronkelijke vorm aanwezig is in het bindende oerinstinct van hun kuddegemeenschap, dat ontving onze volksgemeenschap, althans gedeeltelijk, door onze militaire opleiding terug. Daarom is de opheffing van de militairen dienstplicht, die voor zovele andere volkeren volkomen zonder betekenis zou blijven, voor ons ook zulk een groot gevaar. Wanneer er tien generaties Duitsers opgroeiden, zonder de corrigerende en opvoedende invloed van de militaire scholing te ondervinden, wat dus zou betekenen, dat zij volkomen waren overgeleverd aan de slechte invloed van de verdeeldheid van hun bloed, en de daar weer uit voortvloeiende verdeeldheid in de wereldbeschouwingen, en ons volk zou werkelijk zijn laatste restje zelfstandigheid hebben verloren. De Duitse geest zou dan alleen nog maar door middel van enkelingen binnen vreemde naties, zijn deel bijdragen tot de cultuur, en men zou de oorsprong van deze culturele prestaties zelfs niet eens opmerken. Wij zouden eenvoudig culturele mest zijn, en niets anders, totdat tenslotte het laatste restje Noord-Arisch bloed in onze aderen bedorven of vernietigd zou zijn. Het is een merkwaardig feit, dat de betekenis van deze werkelijke politieke successen, die ons volk wist te behalen in de meer dan duizend jaar, dat het nu al strijdt, veel beter werden begrepen, en veel juister werden beoordeeld door onze tegenstanders, dan door onze eigen volksgenoten. Wij dwepen ook heden nog met een heroïsme, dat ons volk beroofde van miljoenen vertegenwoordigers van het zuiverste en beste bloed, zonder dat een zo uitermate kostbaar offer ook werkelijke resultaten opleverde. Het onderscheid tussen de werkelijke politieke successen van ons volk en het nutteloos wagen van ons bloed, is van het grootste gewicht voor ons gedrag in het heden en in de toekomst.

Wij, nationaal-socialisten, mogen nooit en te nimmer meejubelen in het koor van het platte soort hoera-patriotten. Het is levensgevaarlijk, om te doen als deze lieden, en de ontwikkeling, die ons volk in de laatste jaren voor de oorlog doormaakte, bepalend te achten voor de weg, die wij zelf moeten gaan, in onze dagen. Uit de gehele negentiende eeuwse geschiedenis zou men niet één feit, werkelijk uit die tijd afkomstig, kunnen noemen, dat ons enige verplichting in die zin zou kunnen opleggen. Wij dienen onze taak — in tegenstelling met het gedrag van de vertegenwoordigers van deze tijd — weer in de eerste plaats te zoeken in een vervulling van die eerste eis, die altijd bij onze buitenlandse politiek de doorslag moet geven: om namelijk evenwicht te scheppen tussen de grootte van het grondgebied en het aantal volksgenoten. Ja, wij kunnen uit het verleden alleen deze les putten, dat ons, bij de bepaling van het doel van onze buitenlandse politiek, steeds twee beweegredenen moeten leiden:

1e. dat de uitbreiding van ons grondgebied het doel van onze buitenlandse politiek moet zijn, terwijl

2e. het doel van onze binnenlandse politiek gelegen moet zijn in het scheppen van een innerlijk sterk en onverdeeld fundament, dat op de pijlers van een sterke wereldbeschouwing rust.

Ik wil nog even in het kort mijn standpunt uiteenzetten ten opzichte van de vraag, in hoeverre de aanspraken op grondgebied zedelijk en moreel gerechtvaardigd zijn. Dit is noodzakelijk geworden, omdat er helaas zelfs in volkskringen alle mogelijke zalvende kletskousen optreden, die alles in het werk stellen, om te maken, dat het Duitse volk het herstel van het in 1918 begane onrecht als zijn enig einddoel op het gebied van de buitenlandse politiek zal gaan beschouwen, en die het nodig vinden, om aan de hele wereld hun volks sympathie te betuigen, wanneer aan deze eisen eenmaal voldaan is. Ik zou hierbij het volgende willen vooropstellen: De eis, om de oude grenzen van het jaar 1914 te herstellen, is een politieke waanzinnigheid van een dergelijk formaat, en met zodanige gevolgen, dat zo een eis eenvoudig misdadig geheten moet worden. Nog geheel afgezien van het feit, dat de grenzen van het Rijk in 1914 allesbehalve logisch waren. Want ze waren in werkelijkheid enerzijds niet ruim genoeg, omdat ze niet alle mensen van Duitse nationaliteit omvatten, en anderzijds, omdat ze strategisch gezien, ondoelmatig waren. Ze waren niet een gevolg van een welbewuste politieke daad, maar slechts toevallige-grenzen-van-het-ogenblik in de politieke strijd, die nog geenszins als afgelopen beschouwd kan worden; ten dele waren ze zelfs de gevolgen van verschillende toevalligheden.

Men zou met hetzelfde, en in vele opzichten zelfs met meer recht een ander toevallig jaar uit de Duitse geschiedenis kunnen kiezen, om het herstel van de op dat ogenblik bestaande grenzen tot het einddoel van onze buitenlandse politiek te verklaren. Die bovenstaande eis is echter wel echt weer iets voor onze burgerlijke wereld, die ook hier weer geen enkele vruchtbare gedachte voor de toekomst bezit, integendeel alleen in het verleden leeft, en dat dan nog in het naaste verleden, want zelfs wanneer zij terugblikt, is ze te kortzichtig, om verder te zien dan haar eigen tijd. De wet van de traagheid bindt haar aan de bestaande toestand, en doet haar in verzet komen tegen iedere wijziging in de toestand, maar zonder dat de actieve kracht van dit verzet ooit verder komt, dan om te volharden in het bestaande. Dientengevolge spreekt het ook vanzelf, dat de politieke horizon van deze lieden nooit verder reikt dan tot het jaar 1914. Maar door het herstel van de grenzen van 1914 te proclameren tot het politieke doel van hun daden, smeden zij steeds opnieuw de al uiteenvallende bond onzer vijanden bijeen.

Dat is de enige verklaring voor het merkwaardige feit, dat, acht jaar na een wereldoorlog, waaraan staten met de meest uiteenlopende wensen en bedoelingen deelnamen, de coalitie van de toenmalige overwinnaars zich nog steeds in een min of meer strenge eenheid weet te handhaven. Destijds profiteerden al deze staten van Duitsland's ineenstorting. De vrees voor onze kracht verdreef destijds de begerigheid en jaloersheid van elk van de grote mogendheden. Zij beschouwden een zodanige besnoeiing van ons rijk, dat iedereen ervan kon erven, als de beste waarborg, dat ons volk niet weer zou kunnen opstaan. Hun slechte geweten en de angst voor de kracht van ons volk leveren samen de beste lijm, die ook heden nog in staat blijkt, de leden van het verbond bijeen te houden. En zij hebben zich niet in ons misrekend! Door het herstel van de grenzen van het jaar 1914 als politiek program voor Duitsland vast te stellen, jaagt onze burgerlijke wereld ieder lid van deze bond, dat zich misschien had willen losmaken, ijlings weer terug, eenvoudig omdat deze staat dan wel moet vrezen, dat hij aangevallen zal worden, wanneer hij geïsoleerd staat van de andere, terwijl hij daardoor natuurlijk ook de bescherming van de andere bondgenoten zal moeten ontberen. Iedere staat voelt zich door die leus getroffen en bedreigd. Daarenboven is die leus nog in tweeërlei opzicht krankzinnig:

1e. omdat de machtsmiddelen ontbreken, om dit plan uit de rook van de verenigingsavondjes in werkelijkheid om te zetten, en

2e. omdat het succes, indien dit plan te verwezenlijken zou zijn, toch weer zo bedroevend zou zijn, dat het waarlijk niet de moeite waard is, om daarvoor opnieuw het bloed van ons volk te wagen.

Want niemand zal toch een ogenblik kunnen menen, dat het herstel van die grenzen van het jaar 1914 anders dan door bloed bereikt zou kunnen worden? Alleen kinderlijk naïeve geesten kunnen zich geruststellen met de gedachte, dat ze door listen en gebedel een verbetering in het verdrag van Versailles zouden kunnen aanbrengen. En daarbij laat ik nog buiten beschouwing, dat voor zo een poging een Talleyrand nodig zou zijn, die wij niet bezitten. De ene helft van onze vooraanstaande politici bestaat uit zeer sluwe, maar even karakterloze elementen, die trouwens ons volk vijandig gezind zijn, terwijl de andere helft uit goedige onschuldige en gedweeë zwakzinnigen is samengesteld. Bovendien hebben de tijden zich sedert het Weense Congres enigszins veranderd. Men ziet tegenwoordig geen vorsten meer met hun vorstelijke maitressen sjacheren en mazzelen om staatsgrenzen; tegenwoordig is het het onvermurwbare internationale Jodendom, dat strijdt om de heerschappij over de volkeren.

Geen volk kan deze hand anders dan door het zwaard van zijn keel verjagen. Alleen de verenigde geconcentreerde kracht van een hoog opvlammende nationale hartstocht, is bij machte om die internationale onderdrukking van de volkeren te voorkomen. Maar zo een gebeurtenis zal altijd met het vloeien van bloed gepaard gaan. Wanneer men echter de overtuiging is toegedaan, dat wij voor de toekomst van Duitsland onder alle omstandig-heden alles op het spel moeten zetten, dan heeft men – nog volkomen afgezien van wat het politieke inzicht zou voorschrijven, alleen al omdat alles op het spel staat – de plicht, een waardig doel te formuleren en na te streven.

De grenzen van het jaar 1914 hebben voor de Duitse natie niet de minste betekenis. Zij betekenden geen bescherming in het verleden, en zijn geen kracht voor de toekomst. Het Duitse volk zal door deze grenzen zijn innerlijke eenheid niet terugkrijgen, en ook zijn voeding wordt er niet door gewaarborgd, terwijl ze, van militair standpunt gezien, niet doelmatig, en zelfs niet bevredigend genoemd kunnen worden; tenslotte zijn ze ook niet in staat, om de verhouding, die er tegenwoordig bestaat tussen ons en de andere wereldmachten, of beter de werkelijke wereldmachten, te verbeteren. Wanneer wij die grenzen al terugkregen, zou toch de afstand tot Engeland er niet korter op worden, de grootte van de Verenigde Staten zouden we er al evenmin door kunnen bereiken, en zelfs Frankrijks positie zou er geen noemenswaardige verzwakking door ondergaan.

Slechts van één resultaat zouden wij zeker kunnen zijn: zelfs, wanneer zo een poging resultaten zou afwerpen, dan zou ze toch inhouden, dat wij ons volkslichaam opnieuw van kostbaar bloed beroven, en dat wel in zo sterke mate, dat er voor besluiten en daden, die het leven en de toekomst van de natie werkelijk beveiligden, geen waardevol bloed meer beschikbaar zou zijn. Integendeel, in de roes van zo een goedkoop succes zou men des te eerder van het zoeken van een nieuw, hoger ideaal afzien, omdat de „nationale eer" nu immers gerepareerd was, en de commerciële ontwikkeling, althans voor de nabije toekomst weer enige nieuwe mogelijkheden zag.

Daarentegen moeten wij, nationaal-socialisten, onverbiddelijk vasthouden aan ons doel op het gebied van de buitenlandse politiek, n.l. om ervoor te zorgen, dat het Duitse volk op aarde de hoeveelheid grondgebied krijgt, waarop het recht heeft. En dit streven is het enige, dat voor God en de mensen een bloedvergieten rechtvaardigt. Voor God, omdat wij op de wereld zijn gezet, teneinde de eeuwige strijd om het dagelijks brood te voeren als wezens, die niets kado krijgen, en die hun positie als heren en meesters van de aarde alleen te danken hebben aan de genialiteit en de moed, waarmee ze die positie weten te veroveren en te behouden; en tegenover ons nageslacht, omdat wij niemands bloed vergoten, wanneer dat vergoten bloed niet duizend nieuwe volksgenoten aan het nageslacht schonk. De grond, waarop eenmaal Duitse boerengeslachten krachtige zonen kunnen voortbrengen, is een voldoende reden, om de zonen van heden te wagen, en de toekomst zal de verantwoordelijke staatslieden, ook al worden ze door het heden vervolgd, vrijspreken, omdat er inderdaad geen bloed aan hun handen kleeft, en ze niet schuldig staan aan opoffering van het volk.

Ik moet mij hierbij ten scherpste keren tegen die volksschrijvers, die menen, zo een verovering van nieuw grondgebied als een aantasting van de heiligste mensenrechten te moeten beschouwen, en die zich dientengevolge verzetten tegen deze plannen. Men weet immers nooit, wie er achter zo'n individu staat. Eén ding is echter zeker: dat de verwarring, die zij weten te stichten, de vijanden van ons volk zeer welkom is en zeer gelegen komt. Door zo'n houding helpen zij op misdadige wijze mee, om in ons volk de wil tot de enig juiste wijze van behartiging van zijn levensbelangen te verzwakken en te vernietigen. Want geen volk bezit op deze aarde ook maar een vierkanten meter grondgebied op verlangen van hogerhand en in overeenstemming met hoger recht. Duitslands grenzen zijn slechts toevallige grenzen en geven slechts de toestand op een willekeurig ogenblik van de huidige politieke strijd weer; en met de grenzen van het woongebied van de andere volkeren is dat eveneens het geval. En evenals de verdeling van de aardoppervlakte ook alleen in de ogen van een hersenloze stommeling onveranderlijk kan zijn, maar in werkelijkheid steeds een schijnbaar rustpunt is in een voortgaande ontwikkeling, die tot stand wordt gebracht door voortdurende werking van de geweldige natuurkrachten, en waarin misschien morgen al grotere krachten verwoestend of omvormend kunnen optreden, zo is het ook in het leven van de volkeren met de begrenzing van hun woongebieden gesteld.

Staatsgrenzen worden door mensen gemaakt, en door mensen gewijzigd. Het feit, dat een volk erin slaagt, om zich van een bovenmatig groot grondgebied meester te maken, betekent niet, dat daarmee aan ieder volk van hogerhand de verplichting is opgelegd, om dat gebied nu maar voor eeuwig als het bezit van de ander te beschouwen en te eerbiedigen. Het zegt ten hoogste iets over de kracht van de veroveraars en de zwakte van degenen, die deze verovering toelieten. En het recht wordt dan uitsluitend en alleen door deze kracht bepaald. Wanneer het Duitse volk in onze dagen, samengedrongen op een al te ondragelijk klein grondgebied, een wanhopige toekomst voor zich ziet, dan is dat geen voorschrift van het noodlot, en een verzet tegen deze toestand betekent niet een strijd tegen het noodlot. Evenmin als het b.v. door toedoen van een hogere macht was, dat een ander volk over meer grondgebied kan beschikken dan het Duitse, of dat zo'n hogere macht beledigd wordt door het feit, dat de bodem zo onrechtvaardig verdeeld is. Net zoals onze voorvaderen het grondgebied, waarop wij nu leven, niet van de hemel ten geschenke kregen, maar met inzet van hun leven moesten veroveren, zo zullen ook wij in de toekomst ons grondgebied, en dat betekent: ons leven, ook niet door volksgenade toegewezen krijgen, maar alleen door de kracht van een overwinnend zwaard.

Hoezeer wij heden ten dage allen ook de noodzaak van een afrekening met Frankrijk inzien, toch zou zo'n afrekening voor de grote lijn van onze ontwikkeling volkomen vruchteloos blijven, wanneer dat ons enig doel op het gebied van de buitenlandse politiek zou zijn. Een dergelijke strijd kan en zal alleen dan zin hebben, wanneer hieruit een vergroting van ons woongebied kan voortvloeien. Want wij moeten de oplossing voor onze bevolkingsmoeilijkheden niet zoeken in koloniale veroveringen, maar uitsluitend in het verwerven van een kolonisatiegebied, dat de oppervlakte van het moederland zelf uitbreidt, en daardoor niet alleen zorgt, dat de nieuwe kolonisten het innigste contact bewaren met hun vaderland, maar tevens aan het gehele complex de voordelen schenkt, die door die vergroting van zijn oppervlakte ontstaan.

De volksbeweging moet niet de advocate van andere volkeren zijn, maar de verdedigster en voorvechtster van haar eigen natie. Anders is ze overbodig, en heeft ze wel zeer zeker niet het recht, om ook maar de minste aanmerking te maken op het verleden, want dan doet ze de fouten daarvan precies na. De vroegere Duitse politiek werd, zeer tot haar nadeel, door dynastieke belangen bepaald. Maar onze toekomstige politiek mag niet door de corresponderende waanzin, door de volksvertederingen-voor-iedereen worden misleid. Wij zijn, om het duidelijk te zeggen, niet de politieagenten, die voor de „arme kleine naties" moeten opkomen, maar de soldaten van ons eigen volk. En wij, nationaal-socialisten, moeten nog verder gaan: Het recht op grondgebied kan een plicht tot verovering worden, wanneer een groot volk zonder zo'n gebiedsuitbreiding ten ondergang gedoemd zou zijn. En dat natuurlijk vooral wanneer het niet het een of ander obscuur negervolkje betreft, maar de Germaanse moeder van al het leven, dat aan de huidige cultuur op aarde haar gezicht heeft gegeven. Duitsland zal een wereldmacht zijn, of het zal niet zijn. Maar om wereldmacht te kunnen worden, heeft het die grootheid nodig, die maakt, dat de staat kan uitgroeien tot een mogendheid van betekenis, en dat zijn burgers kunnen leven.

Daardoor sturen wij, nationaal-socialisten, onze buitenlandse politiek bewust in een anderen koers dan die, die men voor de oorlog volgde. Wij beginnen opnieuw op de plaats, waar men zes eeuwen geleden ophield. Wij maken een einde aan de eindeloze Germaanse emigratie in Westelijke of Zuidelijke richting, en richten het oog weer op het land in het Oosten. Wij breken eindelijk met de koloniale en commerciële politiek van voor de oorlog, en gaan over tot de bodem politiek van de toekomst.

Wanneer wij echter heden ten dage in Europa spreken over uitbreiding van grondgebied, dan kan het niet anders, of wij denken in de eerste plaats aan Rusland en de van dat land afhankelijke randstaten. Het noodlot zelf schijnt ons hier een vingerwijzing te willen geven. Door Rusland aan het bolsjewisme over te leveren, beroofde het het Russische volk van die groep intellectuelen, die tot nog toe zijn bestaan als staat had bewerkstelligd en gewaarborgd. Want de organisatie van het Russische staatslichaam was geen gevolg van de politieke capaciteiten van het Slavendom in Rusland, maar integendeel slechts een prachtig voorbeeld van de staatvormende werkzaamheid van een Germaanse minderheid temidden van een lagerstaand ras. Zo zijn vele machtige rijken op aarde tot stand gekomen. Meer dan eens zijn lagerstaande volkeren, dank zij de leiding van

Germaanse bewindvoerders en organisatoren, opgezwollen tot geweldige staatslichamen, die bleven bestaan, zolang de kern van het staatvormende ras onverbasterd bleef. Sinds eeuwen teerde Rusland op deze Germaanse kern in zijn hogere bevolkingsgroepen. Men mag wel zeggen, dat die kern nu volkomen uitgeroeid en vernietigd is. Haar plaats wordt nu ingenomen door de Jood.

En terwijl de Rus niet in staat is, om uit eigen kracht het Joodse juk af te schudden, is de Jood niet bij machte, om dit machtige rijk op de duur in stand te houden. Hij is zelf geen organiserende kracht, maar enkel een ontbindend ferment. Het reuzenrijk in het Oosten staat aan de vooravond van een ineenstorting. En het einde van de Joodse heerschappij over Rusland zal tevens het einde van Rusland als staat zijn. Wij zijn door het noodlot uitverkoren, om getuige te worden van een catastrofe, die de geweldigste bevestiging van de juistheid van de volksrassentheorie zal zijn.

Onze taak, de missie van de nationaal-socialistische beweging echter is, om ons eigen volk tot een zodanig politiek inzicht te brengen, dat het zijn eigen toekomstbeeld niet ziet in de bedwelmende indruk van een nieuwe tocht van Alexander de Grote, maar integendeel in de noeste arbeid van de Duitse ploeg, waarvoor het zwaard enkel de bodem moet verwerven. Dat het Jodendom tegenover zo'n politiek het scherpste verzet aantekent, spreekt vanzelf. Het voelt duidelijker dan wie ook, welke gevolgen zo een politiek voor zijn eigen toekomst moet hebben. Juist dit feit had eigenlijk aan alle, werkelijk nationaal gezinde mannen moeten bewijzen, hoe juist zo een heroriëntering is. Maar helaas zien wij het omgekeerde gebeuren. Niet alleen in Duitsnationale, maar zelfs in „volks" kringen keert men zich ten scherpste tegen de idee van zo een Oost-politiek, waarbij men zich, zoals bijna altijd bij soortgelijke omstandigheden, beroept op de woorden van een groter man. Bismarck's geest wordt geciteerd, om een politiek te dekken, die even krankzinnig als onmogelijk is, en voor het Duitse volk de grootste nadelen oplevert. Bismarck had zelf destijds steeds zo grote waarde gehecht aan goede betrekkingen met Rusland. Dat is tot op zekere hoogte juist. Maar men vergeet daarbij volkomen te vermelden, dat hij ook hoge prijs stelde op goede betrekkingen met Italië, en dat diezelfde meneer Bismarck zelfs destijds een verbond sloot met Italië, om Oostenrijk zodoende beter klein te krijgen. Waarom wordt deze politiek dan niet eveneens voortgezet? „Omdat het huidige Italië niet hetzelfde is als het Italië van die dagen", zal men zeggen.

Goed! Maar dan moet ik tegen uw redenering ook het argument te berde brengen, dat het huidige Rusland niet het Rusland van die dagen is. Het is nooit in Bismarck opgekomen, om een politieke methode, om een tactiek principieel voor altijd vast te leggen. Hij was juist veel te veel de meester van het ogenblik, dan dat hij zichzelf zodanig gebonden had. De vraag mag dus niet luiden: „Wat heeft Bismarck destijds gedaan?", maar integendeel: „Wat zou hij nu doen?" En deze vraag is gemakkelijker te beantwoorden. Hij had een veel te scherp inzicht in de politiek, dan dat hij ooit een bondgenootschap zou hebben gesloten met een staat, die ten ondergang gedoemd was.

Overigens heeft Bismarck al in zijn tijd de kolonisatie en handelspolitiek met gemengde gevoelens bezien, omdat het er voor hem voorlopig enkel om ging, om het door hem geschapen staatsgebouw zo zeker mogelijk te consolideren en te versterken. Dit was ook de enige reden, waarom hij destijds dankbaar was voor de Russische dekking in de rug, die maakte, dat hij de handen vrij kreeg voor het Westen. Maar datgene, wat destijds van nut was, zou nu schadelijk zijn.

Al in de jaren 1920/1921, toen de jonge nationaal-socialistische beweging zich langzamerhand tegen de politieke horizon begon af te tekenen, en hier en daar werd beschouwd als de vrijheidsbeweging van de Duitse natie, wendde men zich van verschillende zijden tot de partij, met het doel, om tussen haar en de vrijheidsbewegingen in andere landen een zeker contact tot stand te brengen. Dit lag in de lijn van de „Bond der onderdrukte naties", waarin destijds velen hun heil zagen. In hoofdzaak betrof het daarbij de vertegenwoordigers van enkele Balkan-staten, verder om diegenen uit Egypte en Indië, die eigenlijk op mij steeds de indruk maakten van praatzieke en opschepperige individuen. Maar er waren niet weinig Duitsers, vooral in het nationale kamp, die zich door zulke opgeblazen Oosterlingen verblinden lieten, en de een of andere willekeurigen Indische of Egyptische student, die toevallig was komen aanlopen, nu maar dadelijk aanvaardden als „vertegenwoordiger" van Indië of Egypte.

Men zag meestal in het geheel niet in, dat er letterlijk niemand achter deze lieden stond, en dat ze zeker door niemand gemachtigd waren, om enig verdrag met enigen buitenlander af te sluiten, zodat het praktische resultaat van iedere betrekking met hen absoluut nihil was, wanneer men tenminste de verloren tijd niet nog als verlies zou willen boeken. Ik heb mij steeds verzet tegen dergelijke pogingen. Niet alleen, dat ik wel wat beters te doen had, dan weken te verknoeien met zo volkomen onvruchtbare „besprekingen", maar ik achtte ook, zelfs wanneer er daarbij sprake was geweest van gemachtigden van zulke naties, de gehele opzet van de zaak onjuist en zelfs schadelijk. Het was voor de oorlog al erg genoeg, dat de Duitse bondgenootschapspolitiek tengevolge van het ontbreken van eigen actieve agressieplannen ontaardde in een verdedigend verbond van oudere staten, die in de wereldgeschiedenis hun tijd al hadden gehad. Het verbond met Oostenrijk en evenzo dat met Turkije hadden weinig goede zijden. Terwijl de grootste militaire en industriële machten van de aarde zich verenigden in een actief aanvallend verbond, verzamelden wij een paar oude, impotent geworden staten, en trachtten met deze rommel, die zeker ten ondergang gedoemd was, een tegenwicht te vormen tegen een actieve wereld coalitie. Duitsland heeft het bittere antwoord op deze vergissing van zijn buitenlandse politiek ontvangen. Maar dit antwoord schijnt nog steeds niet bitter genoeg te zijn geweest, om te beletten dat onze eeuwige fantasten prompt weer in diezelfde fout vervielen.

Want de poging, om door een „Bond van onderdrukte naties" de almachtige overwinnaars te kunnen ontwapenen, is niet alleen bespottelijk, maar ook funest, omdat ons volk hierdoor telkens opnieuw wordt afgeleid van de werkelijke mogelijkheden, zodat het, in plaats van de werkelijkheid onder ogen te zien, fantastische maar onvruchtbare hersenschimmen en illusies najaagt. De Duitser lijkt werkelijk wel een beetje op de verdrinkende, die zich aan iedere strohalm vastklampt. Daarbij kunnen het toch overigens zeer ontwikkelde mensen zijn, die dit doen. Zo gauw zich maar ergens het dwaallicht van een kans op uitkomst vertoont – hoe fantastisch dat ook moge zijn – slaan deze mensen onmiddellijk op hol achter het visioen aan. Of er nu sprake is van een „bond van onderdrukte naties", of een Volkenbond, of een ander fantastische nieuwe uitvinding, er zullen toch altijd duizenden goedgelovige zielen klaarstaan, om haar vanen te volgen.

Ik herinner me nog goed de even naïeve als onbegrijpelijke hoop, die in de jaren 1920 en 1921 plotseling alom in volkskringen opdook, als zouden Engelands dagen in Indië geteld zijn. Het een of ander soort Aziatische kunstenmakers – het mogen voor mijn part ook werkelijke Indische „vrijheidsstrijders" zijn geweest, die destijds door Europa rondzwalkten – hadden kans gezien, om mensen, die anders heus hun verstand wel gebruikten, de idee-fixe in te prenten, als zou het Britse wereldrijk, welks belangrijkste steunpunt in Brits-Indië is gelegen, juist daar zijn macht zien tanen. Dat ook in dit geval hun eigen wens enkel de vader van alle gedachten was, dat zagen ze natuurlijk niet in. En al evenmin, hoe krankzinnig hun verwachtingen waren. Want wanneer ze van het einde van de Britse heerschappij over Indië tevens het einde van het Britse wereldrijk en de Engelse macht verwachten, dan geven ze daarmee toch zelf toe, dat juist Indië voor Engeland van de allergrootste betekenis is.

Maar dan is het toch ook niet meer dan waarschijnlijk, dat deze kwestie, waarmee werkelijk leven en dood gemoeid zijn, niet alleen aan een Duitse volksprofeet als zevenmaal verzegeld geheim bekend is, maar vermoedelijk ook aan de Britse staatslieden zelf. Het is toch wel wat erg kinderlijk, om te veronderstellen, dat men in Engeland niet bij machte zou zijn, om de betekenis van het Keizerrijk Indië voor de Britse wereldunie naar juiste waarde te schatten. En het is enkel een somber bewijs voor het feit, dat de wereldoorlog ons werkelijk niets heeft geleerd, alsmede voor onze volkomen blindheid en voor de vastberadenheid van de Angelsaksers, wanneer men zich inbeeldt, dat Engeland Indië zou loslaten, zonder het uiterste te beproeven. Verder is het een bewijs voor onze volkomen onwetendheid aangaande de methoden waarvan de Engelsen gebruikmaken, om dit land te beïnvloeden en te besturen. Engeland zal Indië alleen kunnen verliezen, wanneer het of zelf zijn bestuursmechanisme verbastert — iets, waarvan heden ten dage in Indië beslist geen sprake is – of, wanneer het door het zwaard van een machtige vijand overwonnen wordt.

Indische opstandelingen zullen daar echter nooit in slagen. Hoe moeilijk het is, om Engeland te verslaan, dat hebben wij Duitsers wel duidelijk genoeg ondervonden. Nog afgezien van het feit, dat ik als Germaan, Indië nog altijd liever in Engelse handen zie dan in andere.

Precies even ijdel is de hoop op de legendarische opstand in Egypte. De „heilige oorlog" kan een Duits kaarttafeltje die aangename rilling bezorgen, dat nu anderen bereid zijn, voor ons hun bloed te geven — want die laffe speculatie, is, eerlijk gezegd, al altijd in het geheim, de vader van dergelijke verwachtingen geweest — maar in werkelijkheid zou zo een oorlog onder het trommelvuur van Engelse machinegeweer compagnieën en de hagel van brisantgranaten een bloedig einde vinden. Het is nu eenmaal volkomen onmogelijk, om een machtige staat, die bereid is, om zo nodig tot zijn laatste druppel bloed voor zijn bestaan te vechten, door een coalitie van onvolwaardigen te overwinnen. Als volksman, die de waarde van de mensen afmeet naar hun ras, is het mij al verboden, om het lot van mijn volk te ketenen aan dat van die z.g. „onderdrukte naties", eenvoudig, omdat ik zie, dat zij van minder ras zijn.

Maar ten opzichte van Rusland moeten wij heden ten dage hetzelfde standpunt innemen. Het huidige Rusland, dat volkomen van zijn Germaanse bovenlaag is ontdaan, kan geen bondgenoot zijn voor de vrijheids strijd der Duitse natie; waarbij ik dan de ware bedoelingen van zijn nieuwe heersers nog buiten beschouwing laat. Wanneer men het echter alleen van militair standpunt beziet, dan moet men wel tot de conclusie komen, dat een oorlog van Duitsland met Rusland tegen het Westen van Europa, wat dan waarschijnlijk wel zou betekenen: tegen de gehele rest van de wereld, tot ongeveer noodlottige gevolgen zou moeten leiden. De strijd zou niet op Russisch, maar op Duits grondgebied worden uitgevochten, zonder dat Duitsland van Rusland ook maar de geringste werkelijke steun zou kunnen ontvangen. De machtsmiddelen van het huidige Duitse Rijk zijn zo beklagenswaardig gering, en zo volkomen onvoldoende voor enige actie naar buiten, dat het een onmogelijkheid zou zijn, om de grenzen naar het Westen en naar Engeland ook maar in de geringste mate te beschermen, waardoor dus juist het Duitse industriegebied open en bloot zou liggen voor de aanvallen van de geperfectionneerde aanvalswapenen van onze vijanden. Daar komt bij, dat Duitsland en Rusland gescheiden zijn door de Poolse staat, die geheel in Franse handen is. Voor het geval er dus een oorlog van Duitsland en Rusland tegen het Westen zou losbarsten, zou Rusland eerst Polen vernietigd moeten hebben, vóór het één enkelen soldaat aan enig Duits front zou kunnen brengen. En daarbij gaat het dan nog niet in de eerste plaats om soldaten, maar hoofdzakelijk om de technische hulpmiddelen. Op dit punt zouden wij ons weer in een soortgelijke toestand bevinden als tijdens de wereldoorlog, alleen ditmaal in nog veel ergere mate.

Tijdens de oorlog deden al onze roemruchte bondgenoten een beroep op de Duitse industrie, en Duitsland moest de technische zijde van de oorlog bijna geheel alleen voor zijn rekening nemen, terwijl Rusland in deze toekomstige oorlog als technische factor volkomen buiten beschouwing zou blijven. De algemene motorisering van de wereld, die zich in de volgende oorlog alop overweldigende wijze zal vertonen, en die beslissend zal blijken, zou door ons bijna op geen enkele wijze beantwoord kunnen worden. Want niet alleen, dat Duitsland zelfs op dit zeer belangrijke gebied beschamend bij de anderen achter is gebleven, maar het zou bovendien van het weinige, dat het bezit, ook Rusland nog moeten voorzien, dat zelfs heden nog niet een enkele fabriek bezit, waarin een werkelijk rijdende auto kan worden gefabriceerd. Dat zou dus betekenen, dat een dergelijke strijd enkel een afslachting zou zijn. Duitslands jeugd zou nog zwaarder bloedoffers moeten brengen, want – zoals altijd – zouden wij alleen de last van de strijd moeten dragen, en het resultaat zou dan ook de onafwendbare nederlaag zijn. Maar zelfs, wanneer wij veronderstellen, dat er een wonder gebeurde, en dat zo een strijd niet zou uitlopen op een volkomen verplettering van Duitsland, dan zou het uiteindelijk resultaat toch zijn, dat het leeggebloede Duitse volk omringd bleef door sterke militaire machten, wat dus zou betekenen, dat er in zijn werkelijke toestand niet de minste verandering was gekomen.

Laat men nu niet met het argument komen, dat er bij een verbond met Rusland niet dadelijk aan een oorlog gedacht hoeft te worden, of dat men zich eerst grondig zou kunnen voorbereiden, wanneer zulk een oorlog inderdaad noodzakelijk zou blijken. Nee! Een verbond, dat niet de bedoeling heeft, om op de een of andere wijze een oorlog te voeren, heeft geen zin, en is waardeloos. Bondgenootschappen sluit men alleen om te strijden. Ook al ligt het conflict op het ogenblik, dat het verdrag wordt gesloten, in een nog zo verre toekomst, de diepere reden ertoe is desalniettemin de kans op een oorlog.

En laat men nu niet menen, dat er één mogendheid was, die een andere betekenis zou hechten aan het sluiten van zo een verbond. Er zijn slechts twee mogelijkheden: of een Duits-Russische coalitie bleef enkel op papier staan, en dan had ze doel noch waarde voor ons of ze werd uit de letter van het verdrag in de concrete werkelijkheid omgezet — en dan zou de rest van de wereld gewaarschuwd zijn. Hoe naïf, om te denken, dat Engeland en Frankrijk in zo een geval een jaar of tien zouden wachten, tot het Duits-Russisch verbond zijn technische voorbereidselen voor de oorlog voltooid zou hebben. Oh, nee; het onweer zou onmiddellijk boven Duitsland losbreken.

Daardoor zou alleen al het feit van de afsluiting van een bondgenootschap met Rusland het signaal zijn voor een nieuwe oorlog. Een oorlog, die dan zou eindigen met Duitslands ondergang. Daar komt dan nog het een en ander bij:

1e. De huidige machthebbers in Rusland denken er in het geheel niet aan, om een eerlijk bondgenootschap aan te gaan, dus laat staan, om zich er aan te houden. Laat men toch nooit vergeten, dat de bestuurders van het huidige Rusland gemene misdadigers zijn met bloedbevlekte handen, dat ze een uitvaagsel der mensheid zijn, dat zich begunstigd door de toestanden in een tragisch uur van een groten staat meester maakte. Laat men daarnaast ook niet uit het oog verliezen, dat deze machthebbers behoren tot een volk, dat de beestachtigste wreedheid paart aan de onbegrijpelijkste vaardigheid in het liegen, en dat zich tegenwoordig meer dan ooit geroepen voelt, om de gehele wereld onder zijn bloedig juk te dwingen. Laat men toch nooit vergeten, dat de internationale Jood, die heden in Rusland absoluut heerst, Duitsland niet beschouwt als een bondgenoot, maar een staat, die eenzelfde lot moet ondergaan. Men sluit echter geen verdrag met een partner, die geen ander doel nastreeft, dan de vernietiging van de ander. Men sluit zo een verdrag zeker niet met individuen, die geen enkel verdrag als heilig zouden beschouwen, omdat ze niet als de vertegenwoordigers van eer en eerlijkheid op aarde leven, maar als representanten van leugen, bedrog, diefstal, plundering en roof. Wanneer een mens meent, dat hij met parasieten verdragen kan sluiten, dan lijkt hij op de boom, die, in zijn eigen voordeel, tracht, een verbond aan te gaan met een maretak (die van de sappen van de boom leeft. Vert.).

2e. Duitsland zou voortdurend blootstaan aan hetzelfde gevaar, waaraan Rusland eens bezweek. Alleen de onnozele burgerlijke hals is in staat, om zich in te beelden, dat het bolsjewisme van de baan is. Hij heeft er in zijn oppervlakkigheid geen vermoeden van, dat het hier een kwestie van instinct betreft, dus dat het Joodse volk instinctief naar de wereldheerschappij streeft, dat het hier dus een streven betreft, even natuurlijk als de instinctieve wil van de Brit, om zich eveneens meester te maken van deze aarde. En gelijk de Angelsakser deze weg op zijn eigen manier bewandelt, en de strijd uitvecht met zijn eigen wapens, doet de Jood dit ook. Hij volgt zijn methode, die bestaat in het binnensluipen in de volkeren, en strijdt met zijn wapenen: leugen en laster, vergiftiging en besmetting, en voert de strijd tot het einde, d.w.z. tot de bloedige uitgroeiing van zijn gehate vijanden. Wij moeten het Russische bolsjewisme beschouwen als de poging die het Jodendom in de twintigste eeuw aanwendt, om tot de wereldheerschappij te komen, evenals het in andere perioden van de geschiedenis door andere gebeurtenissen – al droegen deze dan ook een soortgelijk karakter – hetzelfde doel trachtte te bereiken. Dit streven ligt in de diepste kern van zijn wezen besloten. Geen ander volk zal uit zichzelf zijn drift tot uitbreiding van zijn volk en zijn macht beteugelen; het zal hiermee voortgaan, tot uitwendige omstandigheden het dwingen, om met een bepaalde toestand genoegen te nemen, of tot ouderdoms verschijnselen het tot impotentie doemen, en de Jood zal er uit zichzelf al evenmin toe overgaan, om zijn weg naar de werelddictatuur, uit zelfgewilde bescheidenheid af te breken, en zal ook zijn eeuwig streven niet kunnen onderdrukken. Ook voor hem zijn er slechts twee mogelijkheden: of krachten, die buiten hem zijn gelegen, werpen hem weer terug, of zijn eigen ondergang maakt een eind aan zijn streven naar de wereldheerschappij.

De impotentie van de volkeren, hun eigen dood door ouderdom wordt echter bepaald door de wijze, waarop ze hun taak, die bestaat in het zuiverhouden van hun bloed, vervullen. En deze taak vervult de Jood beter dan enig ander volk op aarde. Dientengevolge zet hij zijn noodlottige tocht voort, net zolang tot een andere kracht hem tegemoet treedt, en na een geweldige worsteling de hemelbestormer weer tot Lucifer terugwerpt.

Duitsland is nu het volgende grote strijddoel van het bolsjewisme. Er is waarlijk alle kracht nodig, die een idee met een taak op aarde kan schenken, om ons volk nogmaals te doen opstaan, om het los te rukken uit de omklemming van deze internationale draak en een einde te maken aan de verpesting van ons bloed binnen onze eigen grenzen, opdat de daardoor vrijkomende krachten van de natie hun invloed kunnen doen gelden voor een zodanige beveiliging van ons volk, dat catastrofen als die, die ons nu troffen, tot in de verste tijden, onmogelijk zullen zijn. Indien men echter dit doel nastreeft, dan is het volkomen waanzinnig, om een bondgenootschap te sluiten met een macht, die de doodsvijand van onze eigen toekomst tot heer en meester heeft.

Hoe wil men ons eigen volk uit deze gevaarlijke benauwende omarming redden, wanneer men zo een omklemming zelf vrijwillig op zich neemt? Hoe wil men de Duitse arbeider duidelijk maken, dat het bolsjewisme een vloekwaardige misdaad tegen de mensheid is, wanneer men zelf een bondgenootschap sluit met de organisaties van dit kind van de hel, en het dus daardoor eigenlijk erkent? Met welk recht veroordeelt men dan degenen uit de grote massa, die sympathie gevoelen voor een bepaalde wereldbeschouwing, wanneer de leiders van de staat zelf de vertegenwoordigers van deze wereldbeschouwing tot bondgenoten kiezen? De strijd tegen de Joodse verbolsjewisering van de aarde eist dat men een ondubbelzinnige houding aanneemt tegenover Sowjet-Rusland. Men kan de duivel niet met Beëlzebub uitdrijven. Nu er zelfs volksgroepen dwepen met de idee van een verbond met Rusland, zou ik deze willen raden, eens in Duitsland rond te zien, en zich bewust te worden, op wiens steun ze bij zo een plan kunnen rekenen. Of is het al zover gekomen in deze dagen, dat volksmannen heil voor het Duitse volk verwachten van een daad, die door de internationale marxistische pers wordt aangeraden en ondersteund? Sinds wanneer strijden volksmannen in een harnas, dat de Jood als schildknaap ons voorhoudt?

Men kon het oude Duitse Rijk zeker met recht verwijten, dat het bij zijn bondgenootschaps politiek een geweldige fout maakte: dat het n.l. zijn verhouding tot alle mogelijke staten bedierf door zijn voortdurend veranderende politiek, dat het zo ziekelijk zwak was, om de wereldvrede tot iedere prijs, ook ten koste van het eigen volk, in stand te houden. Maar één ding mocht men het niet kwalijk nemen: dat het n.l. de goede verstandhouding met Rusland niet bewaarde. Ik erken openlijk, dat ik het juister had geacht, wanneer Duitsland al voor de oorlog had afgezien van zijn krankzinnige koloniale politiek, geen handels- en geen oorlogsvloot had gebouwd, en, in bondgenootschap met Engeland, een anti-Russische politiek had gevoerd – en daarmee dus een einde had gemaakt aan de van zwakte getuigende pogingen, om het iedereen naar de zin te maken, en tot een vastberaden Europese politiek was overgegaan, met als doel: de verovering van nieuw grondgebied op ons vasteland.

Ik vergeet niet, dat het gehele gedrag van het pan-slavistische Rusland van die dagen tegenover Duitsland niets anders was dan een voortdurende brutale bedreiging; ik vergeet de voortdurende proefmobilisaties niet, die enkel ten doel hadden, om Duitsland te intimideren; ik kan de stemming van de openbare mening in Rusland niet vergeten, die zich al voor de oorlog te buiten ging aan haatdragende uitvallen tegen ons volk en ons rijk, en ik kan de Russische grote pers niet vergeten, die altijd veel meer met Frankrijk dweepte dan met ons. Maar toch, niettegenstaande dat alles, was er vóór de oorlog nog een tweede mogelijkheid geweest, men had Rusland tot bondgenoot kunnen nemen, om zich tegen Engeland te keren.

Tegenwoordig is de toestand een geheel andere. Voor de oorlog was het nog mogelijk geweest, om allerlei bezwaren opzij te zetten, en toch met Rusland samen te gaan, maar nu is dit ten enenmale uitgesloten. De wijzer op de wereldklok is sindsdien verder gegaan en geweldige dreunende slagen verkondigen ons nu het uur, waarop het lot van ons volk beslist moet zijn. De toestand van consolidering, waarin zich nu de grote staten op aarde bevinden, is voor ons het laatste waarschuwingssignaal, om halt te houden op de weg, die wij bewandelen, en ons volk uit de wereld der dromen weer tot de harde werkelijkheid terug te leiden, en het de weg te wijzen naar de enige toekomst, die het oude Rijk weer tot nieuwe bloei kan brengen.

Wanneer de nationaal-socialistische beweging zich, met het oog op deze grote en belangrijkste taak, bevrijdt van alle illusies, en het verstand als enigen leidsman aanvaardt, dan kan de catastrofe van het jaar 1918 straks nog de kostelijkste vruchten afwerpen voor de toekomst van ons volk. Deze ineenstorting kan dan maken, dat de buitenlandse politiek van ons volk een geheel ander karakter aanneemt en kan voorts binnenslands, steunend op het vaste fundament van zijn nieuwe wereldbeschouwing, ook tot een definitieve stabilisering van zijn buitenlandse politiek komen. Het kan dan eindelijk datgene krijgen, wat Engeland bezit, wat zelfs Rusland bezat, en wat Frankrijk steeds dezelfde besluiten deed treffen, die uiteindelijk steeds in zijn belang waren: n.l. een politiek testament. Het politiek testament, dat de houding van de Duitse natie ten aanzien van de andere volkeren bepaalt, moet noodzakelijker-wijze altijd luiden :

Duldt nooit het ontstaan van een tweede grote mogendheid op het vasteland van Europa. Beschouwt iedere poging, om aan Duitslands grenzen een tweede militaire macht op te bouwen, of zelfs een staat, die in staat zou zijn, zich tot een militaire macht te ontwikkelen, als een aanval op Duitsland, en acht het niet alleen uw recht, maar zelfs uw plicht om met alle middelen, met inbegrip van die van het geweld, het ontstaan van zo een staat te voorkomen, of eventueel om hem – voor het geval hij al ontstaan is – weer te vernietigen. Zorgt ervoor, dat de kracht van ons volk niet op koloniën gebaseerd mag zijn, maar op de vaderlandse bodem in Europa. Oordeelt het Rijk nimmer beveiligd, wanneer het niet over voldoende grondgebied beschikt, om aan alle kinderen, die in eeuwen uit ons volk geboren zullen worden, zijn eigen stuk land te geven. Vergeet nooit, dat het heiligste recht op deze wereld het recht is op de grond, die men zelf wil bebouwen, en dat het heiligste offer het bloed is, dat men voor deze aarde vergiet.

Ik zou deze beschouwingen niet willen beëindigen, zonder nogmaals te wijzen op de enige bondgenootschappen, die op dit ogenblik voor ons in Europa mogelijk zijn. Ik heb al in het vorige hoofdstuk, bij de bespreking van Duitslands bondgenootschaps mogelijkheden, Engeland en Italië aangewezen als de enige twee staten, waarmee wij een nauwer contact moeten zoeken, omdat dit werkelijk veel nut voor ons zou kunnen hebben. Ik wil hier nog even een enkel woord wijden aan de militaire betekenis van zo een verbond.

De militaire gevolgen van het sluiten van zo een verbond zouden werkelijk in ieder opzicht het tegendeel zijn van die, die uit een akkoord met Rusland voortvloeiden. Het belangrijkste is, om te beginnen, het feit, dat een toenadering tussen ons met Engeland en Italië als zodanig in het geheel geen oorlogsgevaar betekent. De enige macht, die er belang bij zou hebben, om zich te verzetten tegen het totstandkomen van het verbond zou Frankrijk zijn, en daartoe zou het de kracht missen. Maar door dat feit zou zo een bondgenootschap Duitsland in staat stellen, om in alle kalmte die voorbereidingen te treffen, die binnen het kader van zo een coalitie toch getroffen moesten worden, om met Frankrijk af te rekenen.

Want de grote betekenis van zo'n bond zou immers juist daarin zijn gelegen, dat Duitsland na het sluiten van zo een verdrag niet plotseling aan een vijandelijke aanval wordt blootgesteld, maar dat de vijandelijke alliantie zelf aan scherven valt, dat de Entente, die voor ons de oorzaak was van zo oneindig veel kommer en ellende, zichzelf oplost, en dat de doodsvijand van ons volk, Frankrijk daardoor geïsoleerd wordt. En ook al zou het succes aanvankelijk er slechts een van morele aard zijn, toch zou het voldoende zijn, om Duitsland een mate van bewegingsvrijheid te verzekeren, zoals wij ons nu niet kunnen voorstellen. Want de beslissing in Europese aangelegenheden zou niet meer in handen van Frankrijk liggen, maar in die van het nieuwe Engels-Duits-Italiaanse verbond.

Verder zou het verbond tengevolge hebben, dat Duitsland met één slag uit zijn ongunstige militaire positie zou zijn. De machtigste flank dekking enerzijds, de volledige verzekering van onze voorziening van levensmiddelen en grondstoffen anderzijds, zou het zegenrijke resultaat zijn van deze nieuwe groepering der staten. Maar het zou van bijna nog groter betekenis zijn, dat het nieuwe verbond staten verenigde, die elkaar technisch, in velerlei opzicht bijna volkomen konden aanvullen. Duitsland zou hierdoor voor het eerst bondgenoten krijgen, die niet als bloedzuigers ten koste van onze eigen economie leefden, maar zelfs die hun deel houden en zouden bijdragen om onze technische uitrusting op de schitterendste wijze te vervolmaken. En laat men ook dit laatste feit niet over het hoofd zien: dat het in beide gevallen bondgenoten betrof, die niet met Turkije of het huidige Rusland te vergelijken zijn.

De grootste wereldmacht op aarde en een jonge nationale staat zouden andere mogelijkheden bieden voor een strijd in Europa dan de rottende staatslijken, die in de vorige oorlog Duitslands bondgenoten waren. Ongetwijfeld moeten er – naar ik in het vorige hoofdstuk al uiteenzette – zeer grote moeilijkheden overwonnen worden, om zo een verbond tot stand te brengen. Maar was het bijgeval minder moeilijk, om de Entente te scheppen? Datgene, wat aan een Koning Edward VII lukte, ten dele zelfs bijna dwars tegen natuurlijke belangen in, dat zal ons ook gelukken, wanneer wij zo bezield zijn met het besef van de noodzakelijkheid van zo een ontwikkeling, dat wij de kracht vinden, om onszelf te overwinnen, en al onze daden door dit streven laten bepalen. En dit is juist op dat moment mogelijk, waarop wij in het diepe besef van de dwingende nood, onze chaotische buitenlandse politiek van de laatste decenniën overboord werpen, en één vasten doelbewuste weg gaan en die blijven gaan. Onze toekomstige buitenlandse politiek mag niet op het Westen en evenmin op het Oosten geconcentreerd zijn, maar moet Oost-politiek zijn, dat wil zeggen, moet erop uit zijn, om de nodige bodem voor ons Duitse volk te vinden.

Maar omdat men daarvoor kracht nodig heeft, en de doodsvijand van ons volk, Frankrijk, ons onverbiddelijk worgt en ontkracht, moeten wij ieder offer dragen, dat tot resultaat kan hebben, dat er toe kan bijdragen, om het Franse streven naar de hegemonie in Europa schipbreuk te doen lijden. In deze dagen is iedere macht, die evenals wij, Frankrijks heerszucht op het vasteland ondragelijk acht, onze natuurlijke bondgenoot. Geen weg mag te moeilijk voor ons zijn, en geen concessie te groot, wanneer het eindresultaat daarvan maar kan zijn dat onze felste vijand wordt verpletterd. En wij kunnen de genezing van onze kleinere wonden rustig aan de balsem van de tijd overlaten, wanneer het ons is gelukt, om de grootste wond uit te branden en te sluiten.

Natuurlijk moeten wij heden ten dage het haatdragende gekef van de binnenlandse vijanden van ons volk aan horen. Maar wij, nationaal-socialisten, moeten ons hierdoor niet laten weerhouden, om datgene te verkondigen, wat, volgens onze diepste overtuiging, volstrekt noodzakelijk is. Wel moeten wij heden tegen de stroom der openbare mening optornen, omdat de Joodse arglistigheid erin geslaagd is, om de gedachteloosheid van het Duitse volk te misbruiken; wel slaan de golven menigmaal dreigend hoog om ons op, maar wie zich met de stroom laat drijven, wordt gemakkelijker over het hoofd gezien dan de man, die tegen de stroom vecht. Nu zijn wij nog maar een klip, doch al binnen enkele jaren kan het noodlot ons tot een dam doen uitgroeien, waarop de stroom vastloopt, om een andere bedding te zoeken. Daarom is het noodzakelijk, dat juist de nationaal-socialistische beweging door alle anderen wordt herkend als de draagster van een bepaald politiek ideaal.

Wat de hemel ook met ons van plan is, men moet ons toch steeds al aan het vizier kunnen herkennen. Zo gauw wij zelf de grote noodzakelijkheid inzien, die onze buitenlandse politiek dient te bepalen, dan zal dit inzicht ons de kracht geven tot de volharding, die wij menigmaal hard nodig zullen hebben, wanneer deze of gene het te kwaad krijgt onder het trommelvuur van de jagende troep van de vijandelijke persknechten, en hij de wens in zich zal voelen opkomen, om tenminste op dit of dat gebied concessies te doen, en met de wolven te huilen, teneinde tenminste niet alles en iedereen tegen zich te hebben.

Vijftiende hoofdstuk Het recht tot zelfverdediging

Het ogenblik, dat wij in november van het jaar 1918 de wapens neerlegden, was het signaal, om een politiek in te leiden, die naar menselijke berekening langzamerhand op onze algehele onderwerping moest uitlopen. Historische voorbeelden van soortgelijke aard bewijzen, dat volkeren, die eens, zonder dat daartoe de zeer dwingende noodzaak aanwezig was, de wapens neerlegden, zich in de tijd, die daarop volgde, liever de grootste vernederingen en afpersingen lieten welgevallen, dan opnieuw een beroep te doen op het geweld, teneinde daardoor te trachten, haar lot te veranderen. Dit is psychologisch zeer verklaarbaar.

Een verstandig overwinnaar zal zijn eisen, zo mogelijk, steeds in delen aan de overwonnene opleggen. Hij heeft dan alle reden, om te verwachten, dat een volk, dat karakterloos geworden is, — en dat is ieder volk, dat zich vrijwillig onderwerpt, — elk van deze kleinere onderdrukkingen op zichzelf niet meer voldoende reden zal achten, om nogmaals naar de wapenen te grijpen. En naarmate nu het aantal afpersingen, dat op zo een wijze gedwee wordt aanvaard, groter is, des te minder zal men zich gerechtvaardigd voelen, om tegen een nieuwe, schijnbaar op zichzelf staande, maar in werkelijkheid steeds weerkerende, onderdrukking toch eindelijk in verzet te komen, en dat des te meer, wanneer men toch al zoveel meer en zoveel groter ongeluk zwijgend en geduldig verdroeg. Carthago's ondergang is het verschrikkelijke voorbeeld van zo een langzame, door eigen schuld veroorzaakte terechtstelling van een volk. Daarom komt Clausewitz in zijn boek „Drie bekentenissen" tot een zeer juiste conclusie, en legt die vast voor alle tijden, met de woorden: „de schandvlek van een laffe capitulatie is nooit uit te wissen; deze druppel gif gaat door het bloed van het volk in de nakomelingschap over, waardoor de kracht van latere generaties zal verlammen en ondermijnen"; terwijl integendeel „zelfs de vernietiging van deze vrijheid na bloedige en eervolle strijd de wedergeboorte van het volk verzekert en de kern van het leven is, waaruit eenmaal weer een nieuwe grote boom zijn sterke betrouwbare wortels in de aarde zal boren".

Natuurlijk zal een natie, die haar eer en haar karakter verspeeld heeft, zich om zo een leer niet kunnen bekommeren. Want wie zo een doctrine ter harte neemt, kan immers in het geheel niet zo diep zinken; integendeel, alleen een volk, dat deze leer vergeet of er niet meer van wil weten, zakt ineen. Daarom mag men niet verwachten van de lieden, die op de meest karakterloze wijze hebben gebukt voor geweld, dat zij plotseling tot inkeer komen, om nu op grond van hun verstand en hun ervaringen, als mensen, anders te handelen dan voordien. Integendeel, juist deze lieden zullen zo een leer beslist weigeren, net zolang tot het volk volkomen gewend is aan zijn slavenjuk, óf tot de betere krachten naar de oppervlakte dringen, om de macht uit handen van die vloekwaardige volksbedervers te slaan. In het eerste geval plegen deze mensen zich in het geheel niet zo onaangenaam te gevoelen, omdat een verstandig overwinnaar hun zelden het ambt van slavenopzichter toewijst, een functie, die zulke karakterloze figuren dan meestal nog onbarmhartig uitoefenen over hun eigen volk, dan enig monster, dat de vijand zelf heeft aangesteld.

De ontwikkeling sinds het jaar 1918 bewijst ons nu, dat de hoop, dat men door zich vrijwillig te onderwerpen, de tegenstander genadig zou kunnen stemmen, de politieke opvattingen en daden van de grote massa helaas op noodlottige wijze heeft bepaald. Ik zou vooral daarom de nadruk willen leggen op het doen en laten van de grote massa in dit opzicht, omdat ik moet bekennen, niet te kunnen geloven, dat het gedrag van de leiders van ons volk zijn oorsprong vond in hetzelfde verderfelijke misverstand. Omdat de leiding, die sinds het einde van de oorlog over ons wel en wee beschikte, nu geheel openlijk uit Joden bestond, mag men waarlijk niet aannemen, dat onze rampzalige toestand werkelijk uitsluitend veroorzaakt zou zijn door gebrekkig inzicht; integendeel, men moet wel tot de overtuiging komen, dat men van deze zijde opzettelijk alles in het werk stelt, om ons volk te gronde te richten. En wanneer men zich maar eenmaal op dit standpunt stelt, en van hieruit het schijnbaar waanzinnige optreden van de leiding onzer buitenlandse politiek beschouwt, dan blijkt overduidelijk, welk een uiterst geraffineerde, ijskoude logica hier in dienst van de Joodse droom van en de Joodse strijd om de wereldheerschappij werkzaam is.

Dit feit doet ons ook begrijpen, waarom dezelfde periode — de jaren 1806-1813, die voldoende bleek, om het volkomen verpletterde Pruisen weer met nieuwe levenskracht en strijdbereidheid te bezielen, nu niet alleen ongebruikt is voorbijgegaan, maar integendeel een periode van steeds grotere verzwakking voor onze staat was. Zeven jaar na november 1918 werd het verdrag van Locarno ondertekend!

De toestand ontwikkelde zich daarbij op een wijze als ik eerder al beschreef: Van het ogenblik af, dat die schandelijke wapenstilstand ondertekend was, miste men iedere energie en iedere moed, om tegen de later steeds weerkerende vijandelijke onderdrukkings maatregelen verzet aan te tekenen. Onze vijanden echter waren veel te verstandig, om teveel ineens te vragen. Ze beperkten hun afpersingen steeds tot een omvang, die huns inziens — en eveneens naar de mening van de Duitse regering — op dit ogenblik nog wel in een zodanige mate te verdragen zou zijn, dat men niet behoefde te vreezen voor een uitbarsting der volkswoede. Maar naarmate men een groter aantal van dergelijke dwangverdragen had ondertekend en geslikt, scheen het steeds minder gerechtvaardigd, om nu plotseling om één enkele afpersing of één enkele opgelegde schande in verzet te komen, terwijl men dat in zovele andere soortgelijke gevallen niet had gedaan. Dit is nu een van die „druppels gif", waar Clausewitz het over heeft: de eerste karakterloze daad, die steeds weer door nieuwe ergere wordt opgevolgd, en tenslotte als verschrikkelijkste erfenis van het verleden op ieder toekomstig besluit drukt.

Die karakterloosheid kan tot een zo loodzware last worden, dat een volk maar nauwelijks meer in staat is, hem van zijn schouders te werpen, maar integendeel door die last definitief wordt neergedrukt tot het bestaan van een slavenras. Zo volgden ook in Duitsland de ontwapeningsverdragen de decreten, die ons het slavenjuk oplegden, de politieke ontmanning en economische plundering elkaar op, en slaagden er tenslotte tezamen in, om die morele mentaliteit te scheppen, die het Dawesverdrag een geluk achtte, en het verdrag van Locarno voor een succes aanzag. Wanneer men het geheel dan van een hoger standpunt beziet, kan men echter toch nog één gelukkige omstandigheid vinden in het feit, dat men wel mensen kan bedriegen, maar dat het nooit lukt, om de hemel om te kopen. Want de zegen des hemels lag niet op dit werk. Sindsdien zijn nood en zorgen altijd en overal de metgezellen van ons volk geweest, en de enige absoluut trouwe bondgenoot, die wij kennen, is de ellende. Het noodlot heeft ook in dit geval geen uitzondering gemaakt, maar heeft ons gegeven, wat ons toekwam. Omdat wij blind zijn geworden voor wat de eer betekent, leert ons noodlot ons tenminste, wat het betekent, om in vrijheid zijn brood te kunnen verdienen. De mensen hebben nu al geleerd, om brood te schreeuwen, en eenmaal zullen ze nog leren bidden om de vrijheid. Hoe bitter en hoe kennelijk de verplettering van ons volk in de jaren na 1918 ook was, toch was men juist in deze dagen met de grootste vastberadenheid opgetreden tegen een ieder, die zich vermat, om datgene, wat later steeds gebeurde, al in die dagen te voorspellen. De leiding van ons volk was even ellendig slecht als arrogant, en dat wel vooral in die omstandigheden, waar het gold, af te rekenen met waarschuwende stemmen, die haar te onaangenaam in de oren klonken, omdat ze kritiek uitoefenden.

Dan kon men – en kan men ook heden (1925) nog – aanschouwen, dat de ergste parlementaire leeghoofden, werkelijk mensen, die niets anders waren dan kleine ambachtslieden, zadelmakers (en dat niet alleen naar hun beroep, want zoiets zou natuurlijk nog niets hebben gezegd over hun capaciteiten, maar kleine ambachtslieden-naar-den-geest, grutters met een grutters-overtuiging) plotseling op een voetstuk werden gezet, en staatslieden haatten, om dan van dat podium de nietswaardige gewone stervelingen van katoen te geven.

Daarbij deed en doet het niets terzake, dat zo een „staatsman" zich meestal al in de zesde maand ontpopt heeft als de oppervlakkigste van alle knoeiers, wiens gedrag en opvattingen alom niets dan spot en hoon weten te verwekken, dat hij naar alle kanten vastzit, en het meest eclatante bewijs heeft geleverd voor zijn volkomen ongeschiktheid! Nee, dat doet er in het geheel niet toe, integendeel: naarmate de parlementaire staatslieden van deze republiek des te minder tot werkelijke prestaties bij machte zijn, zullen ze des te woedender diegenen gaan vervolgen, die prestaties van hen durven verwachten, die zich vermeten, te constateren, dat hun werkzaamheid tot dusverre nog geen vruchten afwierp, en tevens durven voorspellen, dat het resultaat in de toekomst hetzelfde zal zijn. Wanneer men echter zo een parlementaire man van eer eenmaal definitief vastzet, zodat deze politieke goochelaar werkelijk niet meer kan ontkennen, dat zijn gehele werkzaamheid op niets is uitgelopen, en dat de resultaten bedroevend zijn, dan vindt hij duizenden en nog eens duizenden redenen om deze mislukkingen goed te praten, en wil alles toegeven, behalve dat hij zelf de hoofdoorzaak is van al die treurige resultaten.

Men had uiterlijk in de winter van 1922 algemeen moeten inzien, dat Frankrijk, ook na het sluiten van het vredesverdrag met ijzeren consequentie voortging, om alles in het werk te stellen ten einde zijn oorspronkelijk oorlogsdoel toch nog te bereiken. Want niemand zal toch kunnen denken, dat Frankrijk in de beslissende strijd van zijn gehele geschiedenis, gedurende vier jaar het toch al niet overvloedige bloed van zijn volk waagde, alleen om naderhand de door die oorlog veroorzaakte schade door herstelbetalingen weer vergoed te krijgen! Zelfs Elzas-Lotharingen alleen zou nog geen voldoende verklaring zijn geweest voor de energie, waarmee Frankrijk de oorlog gevoerd had, ware het niet, dat hier over een deel van het werkelijk zeer grootse programma van de Franse buitenlandse politiek beslist werd. Dit doel luidt echter: de ontbinding van Duitsland in een mengelmoes van kleine staatjes. En daarvoor heeft het chauvinistische Frankrijk gestreden, waarbij het echter in werkelijkheid zijn volk als huurlingen verkocht aan het internationale Jodendom.

Dit Franse oorlogsdoel had al door de oorlog zelf bereikt kunnen worden, wanneer, naar men aanvankelijk te Parijs hoopte, de strijd op Duits grondgebied zou worden uitgevochten. Laat men zich eens voorstellen, dat de bloedige veldslagen van de wereldoorlog niet aan de Somme, in Vlaanderen, in Artois, bij Warschau, Nisjni-Nowgorod, Kowno, Riga en waar niet al meer hadden plaatsgevonden, maar in Duitsland, aan de Roer, de Main en de Elbe, bij Hannover, Leipzig, Neurenlferg, enz., en men zal moeten toegeven, dat in dat geval een volledige verplettering van Duitsland tot de mogelijkheden had behoord. Het is zeer de vraag, of onze jonge bondsstaat vier en een half jaar lang eenzelfde beproeving verdragen zou hebben als Frankrijk, dat al sinds eeuwen streng gecentraliseerd was, en uitsluitend naar het ene onbestreden middelpunt, Parijs, zag. Dat deze geweldigste worsteling van de volkeren zich buiten de grenzen van ons vaderland afspeelde, was niet alleen de onsterfelijke verdienste van het onovertroffen oude leger, maar ook het grootste geluk voor onze toekomst. Het staat voor mij volkomen vast – zozeer, dat het me vaak benauwt – dat er anders nu allang geen Duits Rijk meer zou zijn geweest, enkel nog wat „Duitse staten". Dit is ook de enige reden, waarom het bloed van onze gevallen vrienden en broeders tenminste niet geheelvoor niets gevloeid is.

Daardoor liep alles anders af! Wel stortte Duitsland in november 1918 in een ogenblik ineen, maar toen deze ramp het Vaderland trof, stonden de legers nog diep in de vijandelijke landen. De eerste zorg, die Frankrijk destijds bezighield, was niet de ontbinding van Duitsland, maar integendeel het probleem: Hoe krijgen we de Duitse legers zo snel mogelijk uit Frankrijk en België? En daarom zag de regering te Parijs haar eerste taak ter beëindiging van de wereldoorlog in de ontwapening der Duitse legers, en de terugdringing van al deze miljoenen naar Duits gebied; en pas daarna kon men zich wijden aan de vervulling van het oorspronkelijke en eigenlijke oorlogsdoel. Nu waren Frankrijks handen op deze vervulling al aanmerkelijk afgenomen. Engeland had in de oorlog een werkelijke overwinning behaald, omdat Duitslands koloniale en handelsmacht volkomen vernietigd was, en ons land tot een staat van tweede rang was gedegradeerd. Maar nu was het niet alleen niet in Engelands belang om de Duitse staat volkomen van het leven te beroven, maar men had daar zelfs alle reden om te wensen, dat Frankrijk toch in de toekomst een mededinger in Europa zou vinden. Daardoor werd de Franse diplomatie gedwongen om pas na de oorlog met vaste wil de mogelijkheden, waarmee het in de oorlog een begin had gemaakt, verder uit te buiten; en het woord van Clémenceau, dat de vrede voor hem niets anders was dan de voortzetting van de oorlog, kreeg diepere betekenis.

Men moest nu onophoudelijk, bij iedere mogelijke gelegenheid, het Rijk doen schudden op zijn grondvesten. Door enerzijds steeds nieuwe ontwapenings decreten op te dwingen, en tengevolge van de, hierdoor mogelijk geworden economische uitbuiting anderzijds, hoopte men in Parijs de rijkseenheid langzamerhand minder sterk te kunnen maken. Duitslands nationaal eergevoel moest vernietigd worden, want des te eerder konden de economische druk en de eeuwige nood op politiek gebied afbrekend werken. Wanneer zo een stelsel van politieke onderdrukking en economische plundering tien en twintig jaar lang wordt voortgezet, dan moet dat langzamerhand ook de beste staat ruïneren, en onder bepaalde omstandigheden ontbinden. En daarmee zou het Franse oorlogsdoel dan definitief bereikt zijn.

Men had in de winter van 1922 op 1923 toch allang moeten inzien, dat dit in werkelijkheid Frankrijks bedoeling was. Maar wanneer dit het geval was, dan bestonden er voor ons maar twee mogelijkheden meer: Of men hoopte, dan Frankrijks streven langzamerhand te doen verlammen door de taaiheid van de Duitse staat Of wel men zou eindelijk tot het onvermijdelijke besluiten, door bij de een of andere bijzonder krasse eis, het stuur van het Rijksschip om te werpen en Frankrijk te lijf te gaan. Dit zou dan natuurlijk een strijd op leven en dood moeten zijn, waarbij wij enkel kans op leven zouden hebben, wanneer wij erin slaagden, om Frankrijk te isoleren, dat deze tweede oorlog niet weer een oorlog van Duitsland tegen de gehele wereld zou worden, maar een zelfverdediging van Duitsland tegen Frankrijk, dat onophoudelijk de wereld in beroering bracht, en de vrede verstoorde.

Ik wil er hier de nadruk op leggen, en het is ook mijn vaste overtuiging, dat deze tweede oorlog eenmaal komen moet en komen zal. Ik kan nu eenmaal nooit geloven, dat Frankrijks bedoelingen ten opzichte van ons ooit anders zouden kunnen worden; want ze zijn in de grond van de zaak niets anders dan uitvloeisels van Frankrijks wil tot voortbestaan. Wanneer ikzelf Fransman zou zijn, en Frankrijks grootheid mij dientengevolge even lief ware, als mij Duitslands grootheid nu heilig is, dan kon ik, en wilde ik, ook tenslotte niet anders doen dan een Clémenceau doet. Het Franse volk, dat niet alleen langzamerhand in aantal afneemt, maar dat vooral de beste elementen van zijn ras in kwaliteit en kracht ziet verminderen, kan tenslotte zijn positie op aarde alleen in stand houden, wanneer het er in slaagt, om Duitsland te verpletteren.

De Franse politiek kan duizend verschillende omwegen maken, maar uiteindelijk zal het toch steeds weer dit doel als grootste wens en diepste verlangen voor zich hebben. Het is echter onjuist, om te menen, dat een zuiver passieve wil — die dus enkel op eigen behoud bedacht is — op de duur weerstand kan bieden aan een even sterke, maar actieve opzet. Zolang dit eeuwige conflict tussen Duitsland en Frankrijk onopgelost blijft voortbestaan in de vorm van een Duits verzet tegen een Franse aanval, dan zal het nooit worden beslist, maar wel zal.

Duitsland in de loop der eeuwen de ene positie na de andere verliezen. Men ga de verschuiving van de Duitse taalgrens sinds de twaalfde eeuw eens na, en men zal dan wel bezwaarlijk meer in staat zijn, om nog resultaten te verwachten van een standpunt en een ontwikkeling, die ons tot nog toe al zoveel schade hebben gedaan. Pas wanneer men dit in Duitsland volkomen zal hebben ingezien, en men de levenswil van de Duitse natie niet meer laat verkommeren door een al te simpel passief verzet, maar zich schrap zet voor een definitieve en actieve afrekening met Frankrijk, en de laatste beslissende strijd begint, waarbij het voor ons om de allergrootste belangen gaat; pas dan zal men in staat zijn, om voorgoed een einde te maken aan de eeuwige en onvruchtbare worsteling tussen ons en Frankrijk; maar dit dan natuurlijk op voorwaarde, dat Duitsland de vernietiging van Frankrijk enkel beschouwt als middel, om ons volk daarna eindelijk in een andere richting de mogelijke uitbreiding van grondgebied te kunnen geven. Er leven op dit ogenblik tachtig miljoen Duitsers in Europa!

Maar de juistheid van onze buitenlandse politiek zal pas worden ingezien, wanneer er — over nauwelijks honderd jaar — tweehonderdvijftigmillioen Duitsers op dit continent zullen leven; en dan geen tweehonderdvijftigmillioen fabriekskoelies in dienst van de rest van de wereld, die als haringen in een ton opeengepakt zijn, maar boeren en arbeiders, die door hun arbeid wederzijds in elkaars behoeften voorzien. In december van het jaar 1922 scheen de verhouding tussen Duitsland en Frankrijk weer bijzonder gespannen te zijn. Frankrijk wenste ons opnieuw het een en ander af te persen, en had hiervoor onderpanden nodig. De economische plundering moest worden voorafgegaan door een politieke druk, en Frankrijk was overtuigd, dat een bruut ingrijpen in een van de knooppunten van het Duitse zenuwstelsel de enige mogelijkheid was, om ons „onwillig" volk een nog zwaarder juk op te leggen. Frankrijk hoopte, dat de bezetting van het Roergebied niet alleen in moreel opzicht Duitslands ruggegraat voorgoed zou breken, maar dat ons dit ook economisch zodanig zou benauwen, dat wij of wij wilden of niet, iedere verplichting, ook de zwaarste, wel op ons zouden moeten nemen. Hier ging het hard tegen hard. En Duitsland begon met dadelijk toe te geven, en tenslotte zakte het verzet geheel ineen.

De bezetting van het Roergebied was een kans; het noodlot bood ons hier weer eens de gelegenheid, om ons te verlossen uit onze ellende. Want deze daad, die op het eerste gezicht zo een zware ramp leek, bleek bij nadere beschouwing een prachtige en veelbelovende mogelijkheid in zich te sluiten, om een einde te maken aan de Duitse lijdensweg. Op het gebied van de buitenlandse politiek heeft de bezetting van het Roergebied voor het eerst kloof gemaakt tussen Frankrijk en Engeland, en dat niet alleen tussen de Franse en de Britse diplomaten, die laatste het bondgenootschap met Frankrijk toch uitsluitend en alleen uit nuchtere, mathematische overwegingen had gesloten, beschouwd en gehandhaafd; nee, dit optreden had ook de sympathie van zeer grote groepen der Engelse bevolking voor Frankrijk volkomen gedood. Vooral het Britse economische leven begon zich zeer onbehaaglijk te gevoelen door deze nieuwe buitengewone versterking van continentale macht, en deed ook maar zeer weinig moeite, om dit gevoel te verbergen.

Want Frankrijk verkeerde hierdoor niet alleen, zuiver militair gezien, in een positie, zoals zelfs Duitsland vroeger niet had gekend, maar het kwam nu in het bezit van economische steunpunten, die zijn politieke rivaliteit verbonden met een bijna monopolistische economische positie. Hierdoor waren de belangrijkste ijzer- en kolen gebieden van Europa verenigd in handen van een natie, die haar belangen – wel volkomen in tegenstelling met Duitslands gedrag – tot nog toe even vastberaden als actief had behartigd, en die hiermee tevens de algemene aandacht vestigde op het feit, dat het in de grote oorlog een zeer belangrijke militaire macht was gebleven. Toen Frankrijk het kolenbekken aan de Roer bezette, ontnam het Engeland daardoor al datgene, wat dit land in de oorlog bereikt had; en nu was de overwinning niet meer in handen van de actieve en vlijtige Engelse diplomatie, maar in die van maarschalk Foch, en daarmee van Frankrijk.

Ook in Italië sloeg de stemming tegen Frankrijk, die toch sinds het einde van de oorlog al niet rooskleurig was geweest, nu om tot openlijke haat. Dit was het grote historische ogenblik, waarop de bondgenoten van gisteren tot andere opvattingen konden komen, om morgen als vijanden tegenover elkaar te staan. Dat het toch anders afliep, en dat de bondgenoten elkaar nu niet – zoals in de tweede Balkanoorlog – plotseling onderling te lijf gingen, was alleen toe te schrijven aan het feit, dat Duitsland geen Enver Pacha bezat, maar een rijkskanselier die Cuno heette.

Maar die inval van de Fransen in het Roergebied bood Duitsland niet alleen op het gebied van de buitenlandse, maar ook op dat van de binnenlandse politiek de prachtigste mogelijkheden voor de toekomst. Een groot deel van ons volk, dat in Frankrijk nog steeds de strijder voor vooruitgang en vrijzinnigheid zag, – tengevolge van de voortdurende beïnvloeding door zijn leugenachtige pers – werd plotseling van zijn blindheid genezen. Het jaar 1914 had de dromen van de internationale solidariteit der volkeren uit de hoofden van onze Duitse arbeiders verjaagd, en had hen plotseling weer terug gevoerd in de wereld, van de eeuwige strijd waar ieder individu zich met het andere voedt, en waar de dood van de zwakkere het leven van de sterkere betekent. En de lente van het jaar 1923 oefende dezelfde werking uit.

Toen de Fransman zijn bedreigingen in daden omzette, en aanvankelijk nog voorzichtig en aarzelend het Neder Duitse kolen gebied begon te bezetten, toen was voor Duitsland het grote beslissende ogenblik aangebroken. Als ons volk toen zijn mentaliteit had herzien, en tevens een andere houding had ingenomen, dan had het Duitse Roergebied voor Frankrijk kunnen worden, wat Moskou was voor Napoleon. Er waren immers maar twee mogelijkheden: Ofwel, men liet zich ook dit nog aanleunen en deed weer niets, ofwel men richtte het oog van het gehele Duitse volk op de streek van de dreunende smidsen en van de rokende hoogovens, en wekte daardoor alom de gloeienden wil om een einde te maken aan deze eeuwige schande, en liever al de verschrikkingen te dragen, die uit een verzet zouden voortkomen, dan deze eindeloze ontzetting en terreur nog langer te verdragen.

Nu is het de onuitwisbare verdienste van de toenmalige rijkskanselier Cuno, dat hij een derde weg heeft weten te vinden; maar nog roemruchter is de verdienste van de gehele kliek van Duitse burgerlijke partijen, die deze derde weg heeft bewonderd en ondersteund. Ik wil hier eerst, zo kort mogelijk, de tweede methode onder de loep nemen:

Met de bezetting van het Roergebied had Frankrijk het Verdrag van Versailles op eclatante wijze geschonden. Daarmee had het partij gekozen tegen een aantal mogendheden, die onze grenzen hadden gewaarborgd, maar wel voornamelijk tegen Engeland en Italië. Van deze zijden kon Frankrijk niet meer hopen op enige ondersteuning voor zijn egoïstische persoonlijke rooftocht. Het avontuur – want dat was het tenslotte – moest dus uit zichzelf op de een of andere wijze tot een gelukkig einde leiden. Voor een nationale Duitse regering stond er maar één mogelijkheid open, namelijk die, die onze eer ons voorschreef. Het stond vast, dat men voorlopig niet de kracht bezat, om Frankrijk met geweld van wapenen te lijf te gaan; maar het was absoluut noodzakelijk, dat men zich bewust werd, dat iedere onderhandeling, die niet door macht gesteund werd, bespottelijk en onvruchtbaar zou zijn. Het was volkomen krankzinnig, om, wanneer men niet in staat was tot actief verzet, het standpunt:

„Wij gaan naar geen enkele conferentie toe", in te nemen; maar het was nog veel krankzinniger, om tenslotte toch naar een conferentie te gaan, zonder zich ondertussen enige wapens te hebben gesmeed.

Niet, dat men die bezetting van het Roergebied ooit door militaire tegenmaatregelen had kunnen verhinderen. Alleen een waanzinnige had Duitsland kunnen aanraden, hiertoe over te gaan. Maar op grond van Frankrijk kon en moest men de tijd, dat de bezetting voltooid werd, gebruiken – met volledige negering van de bepaling van het Verdrag van Versailles, dat nu toch door Frankrijk zelf was gebroken – alles in het werk te stellen, om zich die militaire machtsmiddelen te verschaffen, die men dan later aan de onderhandelaars op hun weg kon meegeven. Want het stond al van het begin af vast, dat er op een goede dag aan een conferentietafel beslist zou worden over dit door Frankrijk bezette gebied.

Maar men moest zich evenzeer bewust zijn van het feit, dat zelfs de beste onderhandelaars weinig successen kunnen behalen, zolang de basis, waarop zij staan, niet de sterke beschermende arm van hun volk is. Een zwak kleermakertje kan niet met atleten disputeren, en een weerloos onderhandelaar moest nog steeds het zwaard van Brenner als tegenwicht tegen zijn recht op de vijandelijke zijde van de weegschaal dulden, wanneer hij zelf zijn zwaard niet op zijn zijde kon leggen, om het evenwicht te herstellen. Of was het soms niet een miserabel gezicht, om al die komedies, die „conferenties" werden genoemd, te moeten aanschouwen, die sinds 1918 onveranderlijk aan ieder dwangverdrag waren voorafgegaan? Dit onterende schouwspel, dat men aan de gehele wereld bood, door ons, alsof men ons enkel wilde honen, pas aan de conferentietafel uit te nodigen, om ons dan besluiten en programma's voor te leggen, die allang van tevoren waren gereed gemaakt, en waarover natuurlijk wel gepraat mocht worden, maar zonder enig resultaat, omdat de ontwerpen toch als onveranderlijk moesten worden beschouwd. Nu was het natuurlijk waar, dat men onder onze onderhandelaars niet dan met moeite iemand had kunnen vinden, die boven de banaalste middelmaat uitstak, en dat ze over het algemeen maar al te zeer het honende en grove woord rechtvaardigden, dat Lloyd George zich in tegenwoordigheid van de vroegere Duitse gezant, Simon, eens liet ontvallen, „dat de Duitsers blijkbaar geen kans zagen, om lieden met ook maar het allerminste sprankje genialiteit tot hun leiders en vertegenwoordigers te benoemen."

Maar zelfs de grootste genieën zouden maar zeer weinig hebben kunnen bereiken, gezien de vastberaden wil tot macht, die het vijandelijke volk beheerste, en de trieste weerloosheid, die ons deel was op ieder gebied. Maar wie in de lente 1923 de bezetting van het Roergebied door Frankrijk had willen benutten, om tot herstel van onze militaire machtsmiddelen te komen, die moest eerst de natie geestelijk wapenen, die moest haar wilskracht versterken, en moest al degenen vernietigen, die deze kostbaarste nationale kracht bedierven.

Evenals het ons in het jaar 1918 duur te staan kwam, dat men in de jaren 1914 en 1915 niet van de gelegenheid gebruik had gemaakt, om de marxistische draak eens en vooral de kop in te drukken, moest het nu ook de noodlottigste gevolgen hebben, wanneer men er in de lente van het jaar 1923 niet toe overging, om voorgoed af te rekenen met de marxistische landverraders en moordenaars van ons volk.

Iedere gedachte aan de mogelijkheid van werkelijk verzet tegen Frankrijk was klinkklare waanzin, zolang men niet de strijd aanbond tegen die invloeden, die vijf jaar eerder het Duitse weerstandsvermogen op de slagvelden door hun actie in het vaderland zelf en in het leger hadden gebroken. Alleen een bourgeois was in staat de krankzinnige opvatting te verdedigen, dat het marxisme nu misschien anders was geworden, en dat het leidersgespuis uit 1918, dat destijds zonder de minste gewetens- bezwaren het offer van de twee miljoenen gevallenen tot vruchteloosheid doemde, alleen maar om zich gemakkelijker van de verschillende warme zachte regeringszeteltjes te kunnen meester maken, nu in 1923 plotseling bereid zou zijn, om zijn plicht te doen tegenover het nationale geweten.

Het was ongelooflijk en getuigde van een volkomen krankzinnigheid, dat men nu in staat was, te hopen, dat de landverraders van 1918 nu plotseling strijders voor de vrijheid van Duitsland zouden worden. Ze dachten er niet aan! Zomin als een hyena het vreten van lijken kan afleren, evenmin kan een marxist het verraad aan zijn vaderland laten. Laat men nu niet komen aanzetten met dat allerdomste argument, dat er vroeger toch ook zoveel arbeiders voor Duitsland hadden gebloed. Duitse arbeiders, zeker, maar toen waren het ook geen internationalistische marxisten meer.

Wanneer de Duitse arbeiders in het jaar 1914 in hun hart nog marxisten waren geweest, dan zou de oorlog al na drie weken zijn afgelopen.

Duitsland zou ineengestort zijn, vóór nog de eerste soldaat een stap over de grens had gezet. Nee, het feit, dat het Duitse volk destijds nog streed, bewees, dat de marxistische dwaalleer nog niet de diepste kernen van ons volk had aangetast. Maar naarmate de Duitse arbeider en Duitse soldaat in de loop van de oorlog weer meer en meer in de klauwen van de marxistische leiders viel, ging hij weer voor zijn vaderland verloren.

Wanneer men in het begin van de oorlog, en gedurende de strijd, eens een twaalf- tot vijftienduizend van deze Hebreeuwse volksbedervers een paar gifgasaanvallen had laten doormaken, zoals honderdduizenden van onze allerbeste Duitse arbeiders uit alle kringen en alle beroepen die moesten verduren, dan zou het offer van miljoenen mensenlevens niet tevergeefs zijn geweest. Integendeel: Wanneer men twaalfduizend schurken te rechter tijd uit de weg geruimd had, waren er misschien een miljoen fatsoenlijke Duitsers, die voor onze toekomst van het grootste belang hadden kunnen zijn, in leven gebleven. Maar het was nu eenmaal een van de eigenschappen van de „burgerlijke diplomatie", dat ze zonder de minste gewetensbezwaren miljoenen een bloedige dood kon laten sterven op de slagvelden, terwijl ze daarentegen een tien- of twaalfduizend volksverraders, beursjobbers, woekeraars en bedriegers als heilig en kostbaar nationaal bezit beschouwde, en hun onaantastbaarheid openlijk uitriep.

Men kan moeilijk beslissen, wat in deze burgerlijke wereld het grootst is: het idiotisme, de zwakte en de lafheid, of de door en door minderwaardige mentaliteit. Dit is waarlijk een, door het noodlot tot de ondergang gedoemde klasse, die alleen helaas een geheel volk met zich in de afgrond sleurt.

Maar in het jaar 1923 bevond men zich in precies dezelfde omstandigheden als in 1918. Onverschillig, welke wijze van verzet men ook verkoos, de eerste voorwaarde was steeds, dat het marxistische gif uit ons volkslichaam werd gesneden. En naar mijn overtuiging was het destijds de eerste en belangrijkste plicht van een waarlijk nationale regering geweest, om de krachten te zoeken en te vinden, die vastbesloten waren, om het marxisme te vernietigen, en om deze krachten dan hun gang te laten gaan; het was haar plicht, om niet de stupiditeit van „rust en orde" te aanbidden op een ogenblik, dat de buitenlandse vijand ons vaderland de vernietigendste slag toebracht, terwijl binnen onze grenzen op alle hoeken van de straat het verraad loerde. Nee, een waarlijk nationale regering moest destijds wanorde en onrust wensen, als alleen daardoor tenslotte principieel met de marxistische doodsvijanden van ons volk kon en zou worden afgerekend. Wanneer men dit naliet, dan was iedere gedachte aan de mogelijkheid van verzet, in welke vorm ook, klinkklare waanzin.

Zo een afrekening op werkelijk grote, wereldhistorische schaal, gebeurt natuurlijk niet naar het schema, dat de een of andere „Geheimrat" of een oud uitgedroogd ministertje ontworpen heeft, maar volgens de eeuwige wetten, die het leven op aarde bepalen, en die de strijd voor dit leven eisen en blijven eisen. Men had zich moeten herinneren, dat de bloedigste burgeroorlogen dikwijls een gestaald en gezond volkslichaam schiepen, terwijl een kunstmatige vrede meer dan eens het ergste bederf en de grootste rotting tengevolge hadden. Het lot van de volkeren kan men niet met glacé-handschoenen op een anderen koers sturen. Daarom moest men in het jaar 1923 zo meedogenloos mogelijk ingrijpen, om de adders in handen te krijgen, die ons volkslichaam vergiftigden. Alleen wanneer men hierin slaagde, had het zin, om een actieve weerstand voor te bereiden.

Ik heb me destijds keer op keer de keel schor gepraat, en heb getracht, om tenminste aan de zogenaamde nationale kringen duidelijk te maken, wat er ditmaal op het spel stond, en dat er — wanneer men weer dezelfde fouten beging als in 1914 – weer een eind zou komen als in 1918. Ik heb hun steeds weer verzocht, om het noodlot vrijelijk zijn gang te laten gaan, en onze beweging in staat te stellen, om haar rekening met het marxisme te vereffenen; maar ik sprak voor dovemansoren. Ze wisten het allemaal beter, tot en met de leiding van onze weermacht en het einde van het gehele incident was de jammerlijkste capitulatie, die men nog ooit had beleefd.

Destijds werd ik tot in het diepst van mijn hart overtuigd, dat de tijd van de Duitse bourgeoisie voorbij is, en dat zij geen enkele taak meer te vervullen heeft. Destijds begreep ik, dat al deze partijen alleen maar uit concurrentie nijd tegen het marxisme te keer gaan, en helemaal niet het ernstige voornemen hadden, om het te vernietigen; ze hadden zich allang gewend aan de gedachte, dat het vaderland nu eenmaal vernietigd en vernield was, en de enige wens, die hen nu vervulde, was die, om ook aan het lijkmaal te mogen aanzitten. Alleen daarvoor „streden" ze nog. En ik moet eerlijk bekennen, dat ik in deze jaren een zeer diepe bewondering ging voelen voor die grote man bezuiden de Alpen, die, vol brandende liefde voor zijn volk, geen compromissen sloot met de binnenlandse vijanden van Italië, maar die hen op alle manieren en met alle middelen trachtte te vernietigen. Wat Mussolini tot een van de groten van deze aarde maakt, is zijn vaste wil, om Italië niet met marxisme te delen, maar om zijn vaderland te redden van het internationalisme, door dat te verdelgen.

Hoe bedroevend klein zijn de Duitse leiders in onze dagen, die ook staatslieden heten; en het is waarlijk een walgelijk schouwspel te zien, hoe deze nullen zich met de meest ongebreidelde arrogantie aanmatigen, om een man te bekritiseren, die duizendmaal groter is dan zij; en hoe smartelijk is het, te moeten bedenken, dat dit gebeurt in een land, waar, nauwelijks een halve eeuw geleden, een Bismarck het roer van de staat in handen had. Gezien die toegeeflijke houding van de bourgeoisie tegenover het marxisme, was in 1923 al van tevoren het lot van iedere poging tot een actief verzet aan de Roer beslist. Het was al te krankzinnig, om, met de doodsvijand van ons volk in eigen rijen, tegen Frankrijk te velde te willen trekken. En alles, wat men overigens nog kon doen, was toch ook niets meer dan wat spiegelgevechten, bestemd om het nationalistische element in Duitsland wat te bevredigen, om het „woedende volk" te kalmeren – of, beter gezegd, te duperen. Wanneer ze in ernst hadden geloofd aan de mogelijkheid, dat datgene wat ze deden, resultaten had kunnen afwerpen, dan hadden ze toch moeten inzien, dat de kracht van een volk niet in de eerste plaats wordt bepaald door zijn wapens, maar door zijn wil, en dat men, vóór men vijanden buiten de grenzen kan overwinnen, eerst die in het binnenland moet verpletteren; zo niet, dan wee ons volk, wanneer zijn strijd niet al de eerste dag met de overwinning wordt bekroond. zo gauw zich ook maar de schim of schaduw van een nederlaag vertoont boven een volk, dat niet volkomen vrij is van binnenlandse vijanden, zal zijn weerstandsvermogen ineenstorten, en zal de tegenstander definitief de overwinning behalen.

Dat had men dus al in de lente van 1923 kunnen voorspellen. Laat men toch niet spreken over de geringe kansen, die wij zouden hebben, om tegen Frankrijk een militair succes te behalen. Want wanneer een Duits optreden tegen de Franse inval aan de Roer alleen maar de vernietiging van het marxisme in ons land tengevolge had gehad, dan zou al daardoor alleen het succes aan onze zijde zijn geweest. Een Duitsland, dat verlost was van deze doodsvijanden van zijn bestaan en zijn toekomst, zou over zodanige krachten hebben beschikt, dat een wereld van vijanden niet in staat geweest was, om het weer klein te krijgen. Op de dag, dat het marxisme in Duitsland vernietigd wordt, breken in feite zijn ketenen voor altijd. Want wij zijn in de loop van onze geschiedenis nog nooit door de kracht van onze tegenstanders overwonnen, maar altijd alleen door onze eigen fouten en door de vijanden in het eigen kamp. Omdat de Duitse regering niet de moed bezat, om tot zo een heldhaftige daad over te gaan, had ze eigenlijk geen andere weg meer kunnen bewandelen dan de eerste, wat dus betekende, dat men nu in het geheel niets deed, en alles eenvoudigweg maar op zijn beloop liet. Maar in deze grote ure heeft de hemel aan het Duitse volk een groot man geschonken, de heer Cuno. Hij was eigenlijk geen staatsman of politicus van beroep, en vanzelfsprekend nog veel minder van nature, maar hij was meer een soort van politiek noodhulpje, dat enkel werd gebruikt voor het opknappen van bepaalde gevalletjes; zijn eigenlijke terrein was de handel. En dat werd een vloek voor Duitsland, omdat deze koopman, die aan politiek deed, nu ook de politiek voor een zakelijke onderneming ging aanzien, en zich dienovereenkomstig gedroeg.

„Frankrijk bezet het Roergebied; wat bevindt zich in het Roergebied? Steenkool! Dus bezet Frankrijk het Roergebied vanwege de steenkool". En wat was nu natuurlijker in de ogen van meneer Cuno dan om te gaan staken, opdat de Fransen geen steenkool zouden krijgen, wat dus naar de mening van meneer Cuno tengevolge zou hebben, dat ze ongetwijfeld op een goede dag het Roergebied weer zouden ontruimen, omdat de onderneming niet rendabel bleek. In die trant ongeveer redeneerde de „grote" „nationale" „staatsman", die men te Stuttgart en elders tot „zijn volk" liet spreken, en die door dat volk met verrukte verbazing werd aangehoord.

Maar voor een staking diende men natuurlijk ook de marxisten op zijn hand te hebben, want het waren immers in de eerste plaats de arbeiders, die moesten staken, om de arbeider (en voor zulk een burgerlijk staatsman is arbeider en marxist altijd precies hetzelfde) ook in het eenheidsfront met alle andere Duitsers op te nemen. Men moet werkelijk de verrukking van die burgerlijke partijpolitieke schimmel plantages over zo een geniaal idee hebben aanschouwd, om er zich een voorstelling van te kunnen maken. Nationaal en geniaal tegelijk — dat was nu precies wat ze in hun hart de hele tijd al hadden gezocht! De brug naar het marxisme was gevonden, en nu stond dan voor de nationale zwendelaar de mogelijkheid open, om met een echt hou-en-trouw-Duits gezicht en nationale frasen de internationale landverrader de hand toe te steken. En deze nam de geboden hand dadelijk in de zijne. Want evenzeer als Cuno voor zijn „eenheidsfront" de marxistische leiders nodig had, hadden de marxistische leiders behoefte aan Cuno's geld. Op deze wijze waren ze dus allebei gered. Cuno kreeg zijn eenheidsfront, dat uit nationale kletskousen en antinationale boeven was samengesteld, en de internationale bedriegers konden, met staatsgeld, hun verhevenste taak vervullen, d.w.z. de nationale economie vernielen en ditmaal zelfs op staatskosten. Werkelijk een onsterfelijke idee, om door een betaalde algemene staking een natie te redden, maar in ieder geval een leus, waarmee zelfs de onverschilligste deugniet geestdriftig kan instemmen.

Dat men een volk niet door bidden alleen kan bevrijden, dat weet men over 't algemeen wel; maar het is natuurlijk waar, dat de historie nog nooit heft bewezen, of men een volk bijgeval niet vrij kan luieren. Wanneer meneer Cuno destijds niet tot een betaalde algemene staking had opgeroepen, en niet daarop zijn „eenheidsfront" had gebaseerd, maar van iederen Duitser slechts twee uur werk meer had verlangd dan anders, dan zou hij al op de derde dag hebben kunnen vaststellen, dat dit „eenheidsfront" niets anders was dan een hersenschim. Volkeren bevrijdt men niet door nietsdoen, doch alleen door offers. Nu kon zulk een z.g. „lijdelijk verzet" uiteraard niet erg lang worden volgehouden. Want alleen een man, die niet het allerminste van de oorlog afweet, is in staat om zich te verbeelden, dat hij bezettingslegers met zo bespottelijke middelen zou kunnen verjagen. Maar dat verjagen zou toch het enige doel kunnen zijn, waarop zulk een actie gericht was, een actie, die miljarden kostte, en die er in zeer belangrijke mate toe bijdroeg, om onze valuta volkomen tot in de kern te ondermijnen.

Natuurlijk konden de Fransen het zich – met een zeker gevoel van opluchting – gemakkelijk gaan maken op het ogenblik dat ze zagen van welke middelen het verzet zich bediende. Ze hadden immers juist door ons eigen voorbeeld een van de beste methoden geleerd, om een onwillige burgerbevolking tot gehoorzaamheid te dwingen, wanneer haar gedrag een ernstig gevaar betekent voor de bezettende macht. Het had ons, negen jaar geleden, immers slechts een ogenblik gekost, eer wij de benden Belgische franctireurs tot rede hadden gebracht en de burgerbevolking hadden doordrongen van de ernst van de toestand, toen het ernaar uitzag, dat de Duitse legers ernstig nadeel zouden kunnen ondervinden van hun gedragingen. Op het ogenblik, dat het lijdelijk verzet in het Roergebied werkelijk een gevaar was gaan betekenen voor Frankrijk, zouden de bezettingstroepen binnen een week spelenderwijs een wreed einde hebben gemaakt aan geheel deze kinderachtige onzin.

Want de vraag, waar alles uiteindelijk om draait, is de volgende: Wat wil men doen, wanneer de tegenstander tenslotte genoeg krijgt van dat lijdelijk verzet en nu met bruut geweld ertegen gaat optreden? Is men van plan om zich dan te blijven verzetten? zo ja, dan moet men, of men wil of niet, rekenen op de hevigste en bloedigste vervolgingen. Maar dan loopt dit alles dus uit op hetzelfde, waar ook een actief verzet toe leidt – namelijk op de strijd. Daarom heeft ieder z.g. lijdelijk verzet alleen iets te betekenen, wanneer daarachter het vaste besluit staat, om, zo nodig door openlijke strijd of door een heimelijke guerrilla, dit verzet te doen voortduren. Over het algemeen zal het al of niet doorgaan van zo een worsteling afhangen van de overtuiging, dat er kans op succes bestaat. Op het ogenblik, dat een belegerde vesting, die hevige vijandelijke aanvallen te verduren heeft, zich gedwongen ziet om zijn laatste hoop op ontzet op te geven, dan geeft ze praktisch daardoor zichzelf op, vooral in die gevallen, waar de verdedigers de zekerheid wordt geboden, dat ze door zich over te geven, het leven zullen behouden, terwijl anders waarschijnlijk de dood hen wacht.

Laat men de bezetting van een omsingelde burcht beroven van haar geloof, en de verdedigingkrachten zullen onmiddellijk verlammen. Daarom had een lijdelijk verzet aan de Roer, in verband met de uiterste consequenties, waartoe het kon en moest leiden, wanneer het werkelijk aan zijn doel beantwoordde, alleen zin, wanneer daarachter een actief front werd opgebouwd. Dan had men inderdaad ongelooflijke prestaties uit ons volk kunnen halen. Wanneer ieder van deze West-falen geweten zou hebben, dat het vaderland ondertussen een leger van tachtig of honderd divisies formeerde, dan zouden de Fransen een lelijke pijp hebben gerookt. Er zijn altijd meer dappere mannen bereid zich op te offeren voor een actie, die kans op succes biedt, dan voor iets, dat kennelijk nutteloos is.

Het was een klassiek geval, dat ons, nationaal-socialisten, dwong om ten scherpste partij te kiezen tegen een z.g. nationaal denkbeeld. En wij deden dit ook. Ik werd in deze maanden zeer vaak aangevallen door lieden, wier hele „nationale overtuiging" bestond uit een mengsel van domheid en uiterlijke schijn en die alleen maar mee schreeuwden, omdat ze zich aangelokt voelden tot de aangename sensatie, dat ze nu opeens zonder risico ook nationaal konden doen. Ik heb dit zeer miezerige eenheidsfront steeds als uiterst bespottelijk beschouwd, en de geschiedenis stelde mij in het gelijk.

Op het ogenblik, dat de vakverenigingen hun kassen wel ongeveer gevuld hadden met het geld van Cuno, en het lijdelijk verzet voor de beslissing kwam te staan óf het van een luierend verweer al of niet zou overgaan tot een actieve aanval, maakten de rode hyena's zich onmiddellijk los van de nationale kudde en werden weer tot datgene, wat ze altijd waren geweest.

Meneer Cuno vertrok met de stille trom weer naar zijn schepen, maar Duitsland was een ervaring rijker, en een grote verwachting armer geworden. Tot laat in de zomer hadden vele officieren — en waarlijk niet de slechtsten — in hun hart niet geloofd, dat alles op zo'n smadelijke wijze zou aflopen. Zij hadden allen gehoopt dat men, zoal niet openlijk dan toch in stilte, de voorbereidselen zou treffen om deze zeer brutale inval van Frankrijk tot een keerpunt in de Duitse geschiedenis te doen worden. Ook in onze rijen waren er velen, die hun hoop op het leger hadden gevestigd. En deze hoop was zo sterk, dat ze de daden en vooral de opleiding van talloze jongemannen beslissend beïnvloedde.

Maar toen de smadelijke ineenstorting kwam, en de regering na miljarden van ons nationaal vermogen te hebben verspild en vele duizenden jonge Duitsers – die zo dom waren geweest om geloof te hechten aan de beloften van de regeerders — te hebben opgeofferd, op zo ongelooflijk smadelijke wijze capituleerde, toen laaide de verontwaardiging hoog op over zo een verraad van ons arme volk. En miljoenen begrepen toen plotseling goed en duidelijk, dat de enige mogelijkheid om Duitsland te redden de radicale opruiming van geheel dat heersende systeem was.

Nooit nog was de tijd rijper hiervoor en nooit eiste hij luider zo een oplossing als juist op het ogenblik, dat zich enerzijds het meest openlijke landverraad schaamteloos openbaarde, terwijl anderzijds een volk door economisch wanbeheer aan de langzame hongerdood werd prijsgegeven. Omdat de staat zelf alle wetten van goede trouw en geloofwaardigheid met voeten trad, spotte met de rechten van zijn burgers, maakte dat miljoenen van zijn trouwste zonen tevergeefs offers hadden gebracht en miljoenen anderen hun laatste spaarpenningen ontroofde, had hij niet meer het recht, om van zijn onderdanen iets anders te verwachten dan haat. En deze haat tegen de bedervers van ons volk en ons vaderland moest op de een of andere manier tot uitbarsting komen. Ik kan hier niet beter doen dan de slotzin herhalen van mijn laatste redevoering bij het grote proces in het voorjaar van 1924: „De rechters van deze staat mogen ons gerust veroordelen, wegens ons gedrag in die dagen, maar de godin van de geschiedenis, die over een hogere waarheid en een juister recht beschikt, zal dit oordeel glimlachend verscheuren en zal ons allen vrijspreken van iedere schuld en smet."

Maar dan zal ze ook diegenen voor haar rechterstoel dagen, die heden de macht bezitten en recht en wet vertreden, die ons volk nood en ellende brachten, en die bij de ramp voor ons vaderland hun eigen ik hoger stelden dan het welzijn van het geheel. Ik wil hier geen beschrijving geven van die gebeurtenissen, die tot de 8ste november 1923 hebben geleid, noch van die, welke die dag beëindigden. Ik wil dat daarom niet, omdat ik er voor de toekomst niet het minste heil van verwacht, en voor alles, omdat het geen nut heeft om oude, dichtgegroeide wonden weer open te scheuren; omdat het bovendien ook nutteloos is, om te spreken over de schuld van mensen, die misschien in de grond van hun hart toch allen eenzelfde liefde voor hun volk voelden en die er alleen niet in slaagden om de gemeenschappelijke weg te vinden of die die weg niet wisten te gaan.

Ik zou met het oog op de grote nood van ons vaderland, die ons allen gemeenschappelijk benauwt, nu ook diegenen niet meer willen krenken, en daardoor misschien van ons verwijderen, die toch op een dag in de toekomst het grote eenheidsfront van alle in hun hart getrouwe Duitsers zullen moeten vormen, dat de strijd zal aanbinden tegen het gemeenschappelijk front van de vijanden van ons volk. Want ik weet, dat eenmaal de tijd zal komen, waarop zelfs diegenen, die destijds als vijanden tegenover ons stonden, met eerbied de nagedachtenis zullen eren van die anderen, die voor hun Duitse volk de bittere weg des doods zijn gegaan.

Ik wil hier, aan het einde van het tweede deel van mijn boek, de aanhangers en strijders van onze leer nogmaals herinneren aan deze zestien helden, aan wie ik het eerste deel van dit werk al opdroeg, omdat zij zichzelf in het volste bewustzijn van hun daad, voor ons hebben opgeofferd. Zij moeten de twijfelenden en de zwakken steeds weer terugroepen ter vervulling van een plicht, die zij zelf uit de kracht van hun geloof ten volle hebben vervuld, en waarvan zij de uiterste consequentie op zich hebben genomen. En tot deze wil ik ook die man rekenen, die een van de besten was onder ons allen, en die zijn leven gewijd heeft aan het ontwaken van zijn, van ons volk, door zijn verzen, door zijn gedachten, en tenslotte door de daad:

DIETRICH ECKART.

NAWOORD

Op de 9de november 1923, in het vierde jaar van haar bestaan werd de Nationaal-Socialistische Duitse Arbeiderspartij voor het gehele Rijksgebied ontbonden en verboden verklaard. Nu, in november 1926, staat ze weer in het gehele Rijk vrij voor ons, sterker en innerlijk vaster dan ooit te voren. Alle vervolgingen tegen de beweging en tegen de persoon van haar leiders konden niets tegen haar beginnen. De juistheid van haar ideeën, de zuiverheid van haar streven, de offervaardigheid van haar aanhangers hebben gemaakt, dat ze tot nog toe uit alle onderdrukkingen krachtiger te voorschijn kwam.

Wanneer ze temidden van onze huidige parlementaire corruptie steeds dieper tot het besef komt van het diepste karakter van haar strijd en zich voelt als de zuivere belichaming van de waarde van persoon en ras en zich daarnaar gedraagt, dan kan men met bijna wiskunstige zekerheid zeggen, dat ze eenmaal de overwinning zal moeten behalen. Even zeker als Duitsland noodzakelijkerwijze eenmaal de positie, die het toekomt, weer zal moeten innemen, wanneer het volgens dezelfde beginselen wordt geleid en georganiseerd.

Een staat, die zich in het tijdperk van de rassenvergiftiging wijdt aan de verzorging van de beste elementen van zijn ras, moet op een goede dag meester over de aarde worden. Laten de aanhangers van onze beweging dat nooit vergeten, wanneer ze zich ooit gedwongen zouden voelen om met angst in het hart de grootte van de offers te vergelijken met de kans op succes.

EINDE

ADOLF HITLER

ANDERE PUBLICATIES

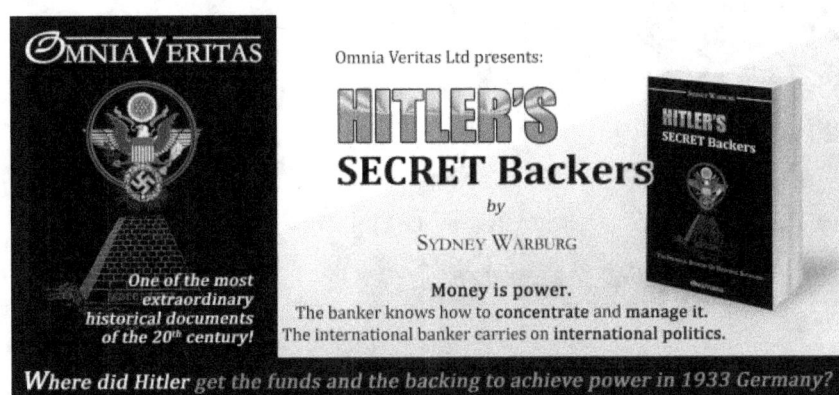

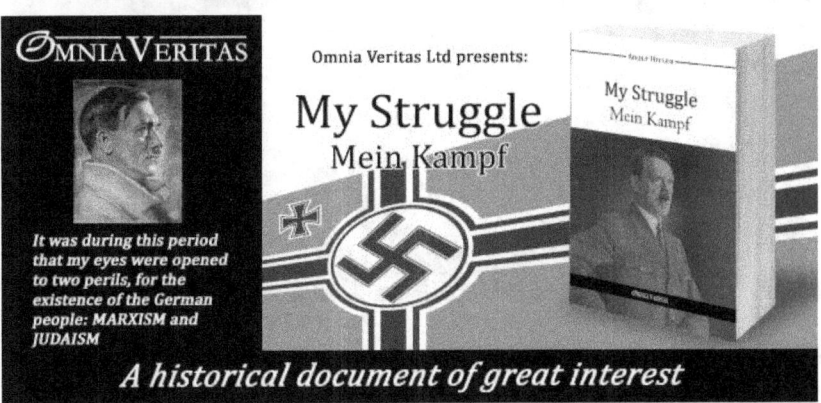

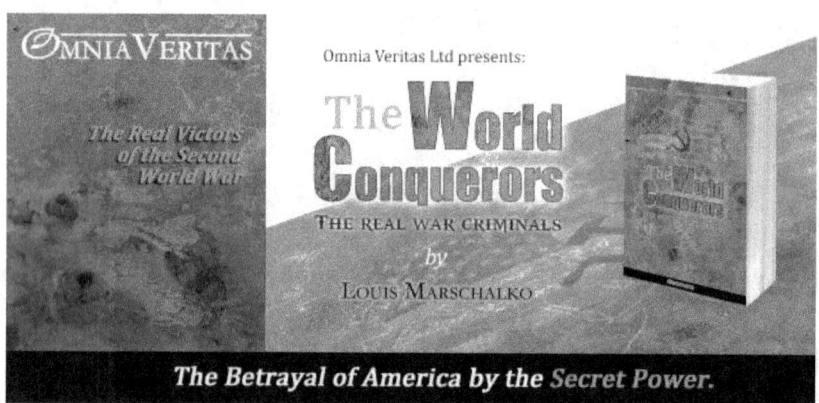
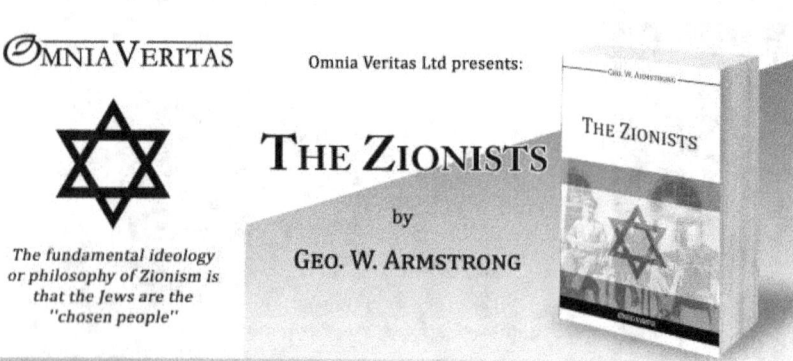

www.omnia-veritas.com

www.ingramcontent.com/pod-product-compliance
Lightning Source LLC
Chambersburg PA
CBHW071359230426
43669CB00010B/1394